# किया अनकिया

[पुरुषोत्तम अग्रवाल के प्रतिनिधि लेखन का संचयन]

# किया अनकिया

[पुरुषोत्तम अग्रवाल के प्रतिनिधि लेखन का संचयन]


सम्पादक

**ओम थानवी**

सह-सम्पादक

आनन्द पाण्डेय



**राजकमल प्रकाशन**

ISBN : 978-81-267-2866-4

**मूल्य** : ₹ 750



**पहला संस्करण** : 2015

**प्रकाशक** : राजकमल प्रकाशन प्रा. लि.
1-बी, नेताजी सुभाष मार्ग, दरियागंज
नई दिल्ली-110 002

**शाखाएँ** : अशोक राजपथ, साइंस कॉलेज के सामने, पटना-800 006
पहली मंजिल, दरबारी बिल्डिंग, महात्मा गांधी मार्ग, इलाहाबाद-211 001
36 ए, शेक्सपियर सरणी, कोलकाता-700 017

वेबसाइट : www.rajkamalprakashan.com
ई-मेल : info@rajkamalprakashan.com

**मुद्रक** : बी.के. ऑफसेट
नवीन शाहदरा, दिल्ली-110 032

KIYA ANKIYA
Purushottam Agrawal Ke Pratinidhi Lekhan Ka Sanchayan
*Editor :* Om Thanvi
*Co-Editor :* Anand Pandey

# मुक़ाम अभी बाक़ी हैं

विज्ञान और जीवट के मिलाप ने षष्ठिपूर्ति के समारोहों की अहमियत कुछ घटा दी है। यह जानते हुए भी हमने पुरुषोत्तमजी को इसके लिए मनाया कि उनके साठा-पाठा होने का मित्रगण जश्न मनाएँगे। क्यों न मनाएँ? ख़ुशियाँ मौक़े ढूँढ़ती हैं और हम मौक़ों की तलाश में रहते हैं! जब मित्रों में एक अहम अपने — और हमारे बीच के — जीवन के साठ साल पूरे कर रहे हों, इसे जीवन औरं रचनाकर्म की उपलब्धि के बतौर भले नहीं, सफ़र के एक अहम पड़ाव के नाते तो देखा ही जाना चाहिए।

'उपलब्धि के बतौर भले नहीं' कहने का आशय यह नहीं कि पुरुषोत्तमजी साठ की चट्टान पर जब घड़ी-भर सुस्ताने बैठें तो उनकी पीठ पर लदी उपलब्धियाँ कहने को थोड़ी होंगी। देखा जाए तो अपने रोज़गार — समीक्षा-कर्म, प्रशासन आदि — के समानान्तर वे इतना काम कर आए हैं कि अन्य 'सठियाए' मित्रों को थोड़ा रश्क हो सकता है। इसके बावजूद, हम जानते हैं, उनकी ऊर्जा, प्रतिबद्धता और सक्रियता को देखते अभी उपलब्धियों के बड़े मुकाम बाक़ी हैं। इसलिए मैंने इस मोड़ को महज़ एक पड़ाव कहा। इस सिलसिले में 'अज्ञेय' का एक संस्मरण मैंने पुरुषोत्तमजी को सुनाया था कि विदेश में उन्होंने जब साठ वर्ष पूरे किए, लम्बी सफ़ेद दाढ़ी वाले एक वृद्ध ने उनके प्रति शुभाशंसा यों प्रकट की थी—"चलो, कुछ करने का वक़्त आया।" सब जानते हैं कि साठ की उम्र में 'अज्ञेय' जुझारू क्रान्तिकारी जीवन, कवि, कथाकार, आलोचक, पत्रकार और यायावरी आदि में ऊँचे मुक़ाम हासिल कर चुके थे। और बुज़ुर्ग से उन्हें कुछ और बड़ा करने का आशीर्वाद मिला।

पुरुषोत्तमजी अज्ञेय नहीं हैं, न हम मित्रों में कोई आशीर्वाद वाली वय में है (मैं तो वर्ज़िश के दौर में हूँ!), लेकिन ख़याल है कि आज पुरुषोत्तम अग्रवाल, कृष्णा सोबती, नामवर सिंह, कुँवर नारायण या कृष्ण बलदेव वैद के सम्मुख बैठकर कहें कि साठ का हुआ, तो उन्हें शायद यही सुनने को मिले — और लिखो!

निश्चय ही वे और लिखेंगे। लेकिन इस किताब की योजना में शरीक़ होते हुए मैंने जब उनके किए और दिए पर नज़र डाली, 'अनकिए' का अन्दाज़ा लगाना टेढ़ा काम ज़ाहिर हुआ। सम्भावनाएँ कभी कम नहीं होतीं। कथा-सृजन में गहरा गोता उन्होंने हाल में लगाया है। पहले कहानी और फिर उपन्यास के रूप में विन्यस्त 'नाकोहस' कथा-साहित्य में नई ज़मीन तोड़ता है। इससे पहले वे यात्रा-संस्मरण की विधा में भी सक्रिय हुए हैं। कविताएँ जब-तब लिखते ही आए हैं। व्यंग्य और डायरी तथा टीपें भी। नाटक और सिनेमा पर बहुत लिखा है। अख़बारों में नियमित लिखते रहे हैं — 'जनसत्ता' में 'मुखामुखम' प्रकाशित करने का सौभाग्य मुझे भी मिला है — और टेलीविज़न संवादों में नियमित शिरकत वे करते हैं। इस गति को देखते हुए कहना

अतिरंजना न होगा कि जब हम उनके पचहत्तरवें वर्ष में जमा होंगे, आगे के लिए उन्होंने कौन-सी विधा छोड़ रखी होगी!

पुरुषोत्तमजी की मुख्य पहचान आलोचक की रही है। इस संकलन की अधिकांश सामग्री किसी न किसी रूप में उनके आलोचक व्यक्तित्व से आ जुड़ती है। हिन्दी का प्रोफ़ेसर आमतौर पर अपने स्वभाव में ही आलोचक होता है। यह अच्छाई है या बुराई, कहना मुश्किल है। महाविद्यालयी-विश्वविद्यालयी शिक्षकों-आलोचकों की इतनी किताबें — असम्पादित शोध-कार्य सहित — हर साल निकलती हैं कि ढंग की किताबें उस भीड़ में अक्सर छुप या खो जाती हैं। दो तथ्य इस सम्बन्ध में ग़ौर करने के क़ाबिल हैं : पिछले अनेक दशकों में आलोचना में जमे-जमाए नाम ही क़ायम हैं; स्थापित हो सकने योग्य नए नाम अधिक दिखाई नहीं देते। दूसरी बात, ग़ैर-पेशेवर — ख़ासकर सृजनात्मक लेखकों — की आलोचना शिक्षकों की आलोचना से बेहतर साबित हुई है। इसकी एक बड़ी वजह हिन्दी साहित्य की 'राजनीति' हो सकती है। उसी के चलते महाविद्यालयों-विश्वविद्यालयों में नियुक्तियाँ और पाठ्यक्रम आकार लेते हैं। उसी के चलते शोध और कथित आलोचना की राह बनती है। यह अकारण नहीं है कि देश के सबसे अहम विश्वविद्यालयों के शिक्षण, शोध और आलोचना में कुछ लेखकों को वह महत्त्व आज भी नहीं मिलता जिसके वे वास्तविक हक़दार हैं।

पाठ्यक्रम में कुछ साहित्यकारों की उपेक्षा चाहकर भी नहीं हो पाती। लेकिन राजनीतिक और इतर पूर्वग्रहों के कारण आलोचना के घेरे से उन्हें बाहर रखा जाता रहा है, या उन्हें तिरस्कार के भाव में समेटा जाता है। छात्रों की पूरी-की-पूरी पीढ़ी को उस राजनीति ने इस तरह के अँधेरे का आदी बनाया है।

पुरुषोत्तम अग्रवाल इसके सुखद अपवाद हैं। न वे हमेशा पाठ्य-पुस्तकों वाली जड़-भाषा में लिखते हैं, न एकांगी विचार से लेखकों-कृतियों को देखते हैं। इस संकलन के शुरू में उनकी आलोचना के कुछ ऐसे ही आलेखों को रखा गया है। मार्क्सवादी पुरुषोत्तम उन आलोचकों से नितान्त जुदा हैं जो विचारधारा की जड़ता में अपनी मेधा को बाँधकर चलते हैं। इसलिए उनकी दृष्टि मार्क्स के साथ गांधी को भी गहरे टटोलती है। 'त्यागपत्र' की टीका करते हुए जैनेन्द्र कुमार को उनके गांधी-विचार के साथ आधुनिक दृष्टि से देखते हैं। तारकोव्स्की की एक फ़िल्म का स्मरण करते हुए जैनेन्द्र कुमार के द्वैध को पकड़ते हैं और अपने कथा-सूत्र में घटनाओं का सहारा न ढूँढ़ने वाले जैनेन्द्र की सम्प्रेषणीयता पर बल देते हैं। लेकिन लेखक की अपनी चिन्तनधारा उसकी रचना पर हावी हो जाए, इसका एकाधिकार मार्क्सवादी लेखकों के हिस्से ही तो नहीं! बड़ी सजगता से पुरुषोत्तम अपने निष्कर्ष की ओर बढ़ते हुए पूछते हैं — 'त्यागपत्र' जिज्ञासा की बेचैनी कम, अवसाद की विरक्ति क्यों अधिक उपजाता है? अपने उपन्यासकार को बचाए रखने के लिए सहज पर लगातार बल देनेवाले जैनेन्द्र के 'दार्शनिक' को बार-बार असहज हस्तक्षेप क्यों करना पड़ता है?

> ''दिक़्क़त यह है कि जैनेन्द्र जी के तमाम चिरन्तन प्रश्न एक चिरन्तन उत्तर को पहले से सिद्ध मानकर चलते हैं। वह उत्तर यह है कि दोष और दुख की व्याख्या नहीं की जा सकती, विधाता के अतर्क्य विधान के बाहर कहीं उसकी धारणा नहीं की जा सकती, और स्वभावतः उसे दूर नहीं किया जा सकता। पूर्वप्राप्त उत्तर की यह धारणा जैनेन्द्र के मानस में इतनी बद्धमूल है कि इसके विपरीत जा सकने वाली हर सम्भावना के ख़िलाफ़ वे स्वयं जैसे सेंसर का काम करने लगते हैं। उसका लेखन

प्रश्नों का अनुसन्धान कम, उत्तर का प्रचार अधिक करता है। ऐसे विशिष्टाभिप्रायमूलक लेखन के जो ख़तरे हो सकते हैं, वे जैनेन्द्र के लेखन में भी हैं। अपने उत्तर तक जैनेन्द्र रचना की प्रक्रिया में नहीं पहुँचते, उसे अर्जित नहीं केवल सम्प्रेषित करते हैं। यही कारण है कि वे प्रश्नों के प्रति शाश्वत मुद्रा अपनाते हैं, जबकि सचाई यह है कि शब्दश: एक जैसे दिखने वाले प्रश्न का भी मर्म दो युगों में ठीक एक-सा नहीं होता। निश्चय ही, मनुष्य सारभूत रूप में शाश्वत है, लेकिन स्वयं इस सार का गठन एक अनवरत प्रक्रिया है, जिसकी तीव्रता सामयिक सन्दर्भ से रची-बसी होती है। उसकी पीड़ाओं, वेदनाओं का एक अनिवार्य आयाम काल है, जिसे जैनेन्द्र कुमार इतनी सावधानी से अमूर्त बना देते हैं।''

और यहाँ जैनेन्द्र और प्रेमचन्द को एक साथ क़रीब और दूर खड़ा किया गया है। जैनेन्द्र होरी की नियति पर बल देने की अधिक ज़रूरत महसूस करते थे, ''जिसके सामने होरी और शोषक दोनों लाचार हैं।'' यह नियति की अवधारणा दोनों महान कथाकारों के बीच भेद की अहम रेखा है। वैसे यह विवेचन एक पूरी किताब की भूमिका-भर लगता है। पुरुषोत्तमजी शायद कभी इसे विस्तार देना चाहें। लेकिन मैंने इस आलेख की चर्चा सिर्फ़ यह ज़ाहिर करने के लिए की कि हमारी कालजयी कृतियों की छवि को ठेस पहुँचाए बग़ैर कैसे उनकी ख़ासियत और उनके झोल को मेरे जैसे जिज्ञासु पाठक के समक्ष कोई इतनी सहजता से रख सकता है।

दूसरा उदाहरण मैं उनके कविता के विवेचन का देना चाहता हूँ। शमशेर बहादुर सिंह के काव्य को एक वाक्य में वे इस तरह परिभाषित करते हैं—''संश्लेषण और संक्षिप्तता का आग्रह उनकी कविता की विशिष्टता, सम्भावना और सीमा का आधार है।'' संश्लिष्ट होने के बावजूद शमशेर की कविता बौद्धिक बोझ से बरी है। उसमें काव्योचित लालित्य है। साथ ही समय-बोध की ज़िम्मेदारी का अहसास भी। इस बात को पुरुषोत्तम हमारे समक्ष यों रखते हैं—''दार्शनिक प्रत्ययों या काव्य-बिम्बों में परिभाषित किए बिना भी हम उस डरावनी व्यथा का अनुभव तो करते ही हैं जो मनुष्यत्व के लगातार छीजते चले जाने की परिणति है।'' ग़ौर करें — मनुष्यत्व का छीजना। कविता में लय के प्रति अतिरिक्त सजगता। शब्दों की किफ़ायत, प्रेम और प्रकृति के साहचर्य की ललक को देख अक्सर शमशेर के काव्य-सरोकार को रूपवादी जनवाद समझा गया। पर इन परतों को यहाँ हम बड़ी सरलता से खुलता पाते हैं। हम समझते हैं कि 'परिष्कृत और आग्रही सौन्दर्याकांक्षा' ऐन्द्रिक 'जादू' रचती है, 'प्रफुल्लता' व्यंजित करनेवाले बिम्बों की 'रचना' होती है, मनुष्यत्व के छीजने की व्यथा इनके बीच हमेशा बनी रहती है। व्यथा को नकारे बिना उसकी अनुभूति को रचते हुए सौन्दर्य की प्रतिष्ठा करना — पुरुषोत्तम इसे 'कला की नैतिकता' करार देते हैं। शमशेर की चन्द पंक्तियों के उद्धरण के साथ पुरुषोत्तमजी की टीप देखिए :

*कला सबसे बड़ा संघर्ष बन जाती है*
*मनुष्य की आत्मा का—*
*प्रेम का कँवल कितना विशाल हो जाता है*
*आकाश जितना*
*और केवल उसी के दूसरे अर्थ-सौन्दर्य हो जाते हैं*
*मनुष्य की आत्मा में।*

''कला सबसे बड़ा संघर्ष है — मनुष्य की आत्मा और आकाश जितने विशाल प्रेम और उसी के दूसरे अर्थ-सौन्दर्य का। कला का संघर्ष केवल कला-रूपों और मनुष्य की नियति से

असम्बद्ध शब्द-समूहों का संघर्ष नहीं है। यह संघर्ष यदि है तो इसी वजह से कि इसका बोध मनुष्य की आत्मा का सरोकार है। शमशेर इसी सरोकार के कवि हैं।"

शमशेर की कविता पर सुन्दर आलेख के बाद पुरुषोत्तम मन में उठता सवाल भी सामने रख जाते हैं। वे कहते हैं, शमशेर की कविता निराश नहीं करती, पर यह असन्तोष ज़रूर महसूस होता है कि क्या शमशेर सरीखे सार्थक कवि को इस बात ने कभी सताया है कि विज्ञान, दर्शन, विचार आदि के समक्ष कविता के स्वतंत्र अस्तित्व का औचित्य क्या है? यहाँ आप पुरुषोत्तमजी से सहमत हो सकते हैं और — मेरी तरह — असहमत भी। इस सवाल का जवाब मैं उलटकर बननेवाले एक सीधे सवाल में देखता हूँ कि क्या विज्ञान, दर्शन या विचार (आदि) कविता से बड़े होते हैं? लेकिन सृजनात्मक आलोचना की यही ख़ूबी होती है कि वह अपने निष्कर्षों को थोपती नहीं, सवालों की शक्ल में कुछ उधेड़बुन आपके ज़ेहन के लिए भी छोड़ जाती है।

कुछ पुरानी लगभग शाश्वत उधेड़बुनों से टकराने की जद्दोजहद भी पुरुषोत्तम अग्रवाल करते हैं। मसलन यह कि क्या साहित्य समाज को बदलता है? प्रेमचन्द, जैनेन्द्र, अज्ञेय, निर्मल वर्मा आदि अनेक साहित्यकारों ने इस सवाल पर विचार किया है। हिन्दी समाज इस मुद्दे पर हाँ और ना के शिक्षालयी वाद-विवाद का जैसे अखाड़ा है। पुरुषोत्तम कविता के हवाले से साफ़-साफ़ शब्दों में इस सिलसिले को इस तरह एक नया मोड़ देते हैं—"कविता समाज को बदल नहीं देती; बदलाव की बेचैनी को शब्द और अर्थ ज़रूर देती है।" बदलाव की बेचैनी में सरोकार का स्पष्ट बोध है, जो उनकी विचार-पद्धति से जुड़ता है। लेकिन आगे इसे वे महज़ शब्द और अर्थ की व्याप्ति पर जा ठहराते हैं। पता नहीं उनके हमख़याल कितने आलोचकों को यह 'परिभाषा' रास आएगी। मताग्रही आलोचक साहित्य को बदलाव का उपकरण समझाते आए हैं। कथा-सम्राट प्रेमचन्द ने कविता के बारे में एक दफ़ा कहा था कि कविता ऐसी हो जैसे इक़बाल का शेर : "जिस खेत से दहकाँ को मयस्सर न हो रोटी / उस खेत के हर गोशे-गन्दुम को जला दो!" इस बात पर अज्ञेय प्रेमचन्द से जा उलझे थे, कि यह तो अन्तत: किसान को उपदेश हुआ; रोटी मिले न मिले, फ़सल को जला डालने की बात वह कब सोचेगा? रघुवीर सहाय और अज्ञेय के बीच भी इस मुद्दे पर लम्बी बात हुई थी। सहायजी की फ़िक्र थी कि चीज़ें जड़ से कैसे बदलें! अज्ञेय इसमें 'दम्भ' देखते थे कि कुछ लोग मान लें कि हमें सबको (समाज को) बदल देना है, यह तो अपने आपको विशिष्ट वर्ग में रख लेने की एक क़वायद हुई! निर्मल वर्मा ने इस पहलू पर कला के सन्दर्भ में इस तरह विचार किया था — कई लोग कहते हैं कि कला हमें बदल देती है, पर कला जीवन में कोई बुनियादी बदलाव नहीं ला पाती; कला यह ज़रूर करती है कि बड़े परोक्ष ढंग से, बड़े नरम ढंग से, बग़ैर बोले, चुपचाप आसपास की ज़िन्दगी से हमारा रिश्ता बदल देती है। क्या पुरुषोत्तम अग्रवाल भी कुछ इस तरह की अवधारणा प्रतिपादित कर रहे हैं, जब कहते हैं कि कविता बदलाव की बेचैनी को ज़ुबाँ देती है?

देखिए, एक अदद अवधारणा मुझे कहाँ-कहाँ ले गई! एक आलोचक के कर्म में निहित विचारोत्तेजना का प्रत्यक्ष प्रमाण भला और किस रूप में आपको दिया जा सकता है?

प्रस्तुत संकलन में अनेक कथाकारों और कवियों पर टीकाएँ हैं, मैंने इक्के-दुक्के उदाहरण केवल झलक देने की ग़रज़ से दिए हैं।

पुरुषोत्तमजी के व्यक्तित्व और काम की विविधता और उसका फ़लक देखने के लिए जो विभाजन संकलन में किए गए हैं, निश्चय ही विज्ञ पाठक उनमें 'अकथ कहानी प्रेम की' को ज़रूर तलाश करना चाहेंगे। ऐसी जिज्ञासा स्वाभाविक होगी क्योंकि यह कृति उनका अब तक

का सम्भवत: सबसे महत्त्वपूर्ण काम है। मेरी अपनी समझ में वह किताब हिन्दी आलोचना में क्लासिक का दर्ज़ा पाने का वज़न रखती है। उस किताब का एक अध्याय 'भगति नारदी मगन सरीरा' निबन्धों के साथ रखा गया है। वैसे तो नमूने के तौर पर कोई भी अध्याय रखा जा सकता है, लेकिन इस अध्याय में भक्ति की अवधारणा, कबीर के गुरु रामानन्द की घोषणा के साथ उत्तर भारत में नए अर्थ में उसकी दस्तक, कबीर की वाणी में उसका रूपान्तरण, निर्गुण संवेदन, निर्गुण भक्ति परम्परा में बराबरी और भागीदारी के सिद्धान्त के प्रतिपादन की बारीक़ियाँ तो मिल ही जाती हैं, मानवाधिकार बनाम अस्मितावाद की राजनीति का विवेचन भी हमें आधुनिक सन्दर्भों में हासिल होता है। और निबन्धों की तरह इसमें भी कुछ सहज सूत्र बरबस ध्यान खींचते हैं। मेरी प्रति में एक रेखांकित सूत्र यह है — ''बिना परम्परा के कोई आधुनिकता नहीं होती।''

इस संकलन का सबसे महत्त्वपूर्ण आलेख एक व्याख्यान है — 'मजबूती का नाम महात्मा गांधी'। यह व्याख्यान दिल्ली के गांधी शान्ति प्रतिष्ठान में दिया गया था। इस बात को दस बरस हो गए। मुझे याद है, इसकी चर्चा स्व. बाबूलाल शर्मा ने मुक्त कंठ से की थी। बाद में पुरुषोत्तमजी से मैंने इसकी सीडी प्राप्त की। वैसे एक और व्याख्यान पुस्तक में शरीक किया गया है, जो प्रेमचन्द पर है। वह भी शानदार व्याख्यान है। लेकिन गांधी जी पर एक मार्क्सवादी का बोलना बुलाने वालों के लिए भी कम दिलचस्प घटना न थी, जैसा कि वक्ता ने वहाँ कहा भी। अपने इस रूप में, पूरे व्याख्यान में, पुरुषोत्तम गांधीवादी नहीं तो गांधी के एक सहृदय और गहन अध्येता के रूप में सामने ज़रूर आते हैं। हिंसा और अहिंसा के द्वैध को इस तरह गांधीवादियों ने भी कितना समझा होगा। वे कहते हैं, महात्मा गांधी मजबूरी का नाम नहीं है, न अहिंसा मजबूरी का प्रतिफलन है। असल में मजबूरी तो हिंसा है। वह कहीं से दृढ़ता और शक्ति को प्रकट नहीं करती। राज्यसत्ता के लिए हिंसा व्यवस्था की मजबूरी है। क्रान्तिकारी राज्यसत्ता के अन्याय और अनीति के कारण हिंसा के लिए मजबूर होते हैं। शिक्षक अनुशासन के नाम पर हिंसा को विवश होते हैं और छात्र इसलिए कि उनकी बात समाज सुनता नहीं। हिंसा नैतिक मजबूरी है और एक तरह की अपंगता भी।

आगे यह साफ़ करते हुए कि हमारा समय क्रूर हिंसा के साधारणीकरण और विकेन्द्रीकरण का है, वे आजकल के कथित 'क्रान्तिकारियों' — मसलन माओवादी समुदाय — की निन्दा करते हैं। मार्टिन लूथर किंग (जू.) के उस प्रसिद्ध कथन की याद दिलाते हैं कि हमें अब हिंसा और अहिंसा में किसी को नहीं चुनना पड़ता, असल चुनाव अहिंसा और सर्वनाश के बीच रह गया है। अहिंसा का पुरज़ोर सन्देश हम जानते हैं, हमारे दौर में गांधी जी ने दिया — इस विनय के साथ कि मैं कोई नई बात नहीं कहता हूँ, सत्य और अहिंसा शाश्वत हैं पर्वतों की तरह। लेकिन पुरुषोत्तम कहते हैं कि गांधीजी जिस अर्थ में अहिंसा की बात करते हैं, मानवीय विचार के इतिहास में वह सर्वथा अपूर्व और मौलिक है। उनकी अहिंसा धार्मिक 'अहिंसा' का विस्तार-भर नहीं है। उनकी अहिंसा केवल एक आदर्श नहीं है। ''गांधी जी के लिए अहिंसा आपके दैनन्दिन जीवन की — सार्वजनिक और व्यक्तिगत जीवन की — बुनियादी कसौटी है।...बुनियादी जीवन-मूल्य।''

इसके बाद वक्ता पुरुषोत्तम उस मोड़ पर आते हैं, जो मौजूदा दौर में अत्यन्त मौज़ूँ विवेचन साबित होता है। धर्म के नाम पर होनेवाली हिंसा। ''संसार का हर धर्म वध और हत्या के बीच अन्तर करता है। हत्या अस्वीकार्य है, वध न केवल स्वीकार्य है बल्कि कई स्थितियों में करणीय भी है।'' यहाँ गोडसे के अलावा कौन चरित्र प्रासंगिक हो सकता है, जिसने हमेशा अपने कुकर्म में औचित्य (!) ज़ाहिर करने के लिए हत्या की जगह वध शब्द का इस्तेमाल किया। धर्म के नाम पर पवित्र और अपवित्र हिंसा के बीच एक विभाजन-रेखा सब जगह हर धर्म में खींच दी जाती

है। गोडसे से लेकर आज के आतंकवादियों तक की हिंसा और किस चिड़िया का नाम है ?

लेकिन क्रान्तिकारियों की हिंसा ? अलजीरिया के स्वाधीनता-संग्राम के दौरान लिखी गई फ़्रांज़ फ़ेनन की मशहूर किताब 'रैचिड ऑफ़ द अर्थ' में प्रतिपादित उस स्थापना को पुरुषोत्तम 'सबसे महत्त्वपूर्ण सैद्धान्तिक स्थापना' बताते हैं, जिसमें कहा गया था कि "उत्पीड़ित की हिंसा उसकी खोई हुई मानवता को फिर पाने का अनुष्ठान है। और इस अर्थ में वह अत्यन्त पवित्र और ज़रूरी है।" पुरुषोत्तम कहते हैं, अपने इस 'बहुत मौलिक' प्रतिपादन में फ़ेनन "एक मायने में समूची वापमन्थी परम्परा को उसके स्वाभाविक नैतिक निष्कर्ष पर पहुँचा रहे थे।" नैतिक निष्कर्ष ? फ़्रांज़ फ़ेनन को तीसरी दुनिया का मार्क्स कहा जाता है, लेकिन नेक इरादों के बावजूद हिंसा की 'क्रान्तिकारी' समझ में उसके औचित्य का रेखांकन किस तरह कथित 'पवित्र' हिंसाओं से दूर है और कितना — इसका खुलासा पुरुषोत्तमजी से शायद एक और व्याख्यान की माँग करता है। चे गेवारा ने भारत आने पर 'सत्याग्रह' को समझना चाहा था। हवाना में चे के बेटे के सौजन्य से मुझे भारत-यात्रा की वह गोपन रिपोर्ट मिल गई थी जो चे गेवारा ने क्यूबा लौटकर फिदेल कास्त्रो को सौंपी थी। उसका मैंने अनुवाद करवाया। उसमें चे साफ़ कहते हैं कि हमने हमेशा बन्दूक़ (ज़ुल्म) के बदले बन्दूक़ (क्रान्ति) का रास्ता ही सुना था; भारत की आज़ादी की लड़ाई अहिंसा और सत्याग्रह को हथियार बनाकर लड़ी गई और सफल साबित हुई।

मुझे कोई सन्देह नहीं कि पुरुषोत्तम अग्रवाल का यह गहन अध्ययन और विश्लेषण आगे हमें और अनेक नए निष्कर्ष देगा। वे अनूठे बौद्धिक हैं, उनकी आलोचना और कबीर-गांधी का सामाजिक अध्ययन जगह-जगह इसे पुष्ट करता है।

कहना न होगा, 'किया अनकिया' विभिन्न विधाओं में पुरुषोत्तमजी के अब तक के दाय की बानगी-भर है। कुछेक चीज़ें चाहकर भी जुटाई नहीं जा सकीं, वरना उनके व्यक्तित्व के और रंग नुमायाँ होते — मसलन रेडियो और टेलीविज़न संवादों में उनकी उपस्थिति। सामाजिक महत्त्व के अनेक ज्वलन्त मुद्दों पर इन लोक-माध्यमों पर उन्होंने जब-तब सार्थक टिप्पणियाँ की हैं। कुछ चर्चाओं का साक्षी और भागीदार मैं स्वयं रहा हूँ। काश, उन चर्चाओं की क़लमबन्द इबारत हासिल हो पाती ! इसी तरह, गांधीजी की हत्या से सम्बन्धित दस्तावेज़ों को नष्ट करने की साज़िश की आशंका में वे सूचना-अधिकार के आन्दोलनकर्ता के रूप में सक्रिय हुए। अँगरेज़ी में लिखी उस याचिका और सरकार के (जैसे-तैसे) जवाब आदि को तीस्ता सीतलवाड ने अपनी हाल में प्रकाशित किताब 'बियोंड डाउट' में शामिल किया है। उसका भी अनुवाद हम वक़्त पर न करवा सके।

बहरहाल, 'पिक्चर अभी बाक़ी है'। शुरू में ही मैंने निवेदन किया कि साठ का होना एक पड़ाव मात्र है। आगे उनके व्यक्तित्व और कर्तृत्व के जाने और कितने रंग खुलेंगे और खिलेंगे !

फ़िलहाल उन्हीं की लिखी इबारतों के इस संकलन को षष्ठिपूर्ति पर उन्हीं को सौंपते हुए उनके मित्र-समूह की ओर से मैं उन्हें मुबारकवाद पेश करता हूँ।

इस संकलन में आनन्द पाण्डेय का सामग्री जमा करने में अहम योगदान रहा। भाभीजान सुमन केशरी का भी। राजकमल प्रकाशन में मित्रवर सत्यानन्द निरुपम और सुश्री सुमन परमार ने पुस्तक के हर पहलू पर पैनी नज़र रखी। अशोक महेश्वरी को धन्यवाद देना अब औपचारिक लगने लगा — उन्हें भी लगता होगा — पर इतना उत्साह हिन्दी की किसी मेधा के जश्न में प्रकाशक कब लेते हैं कि दस रोज़ में साढ़े तीन सौ पृष्ठों की किताब तैयार कर आयोजन में आपके समक्ष पेश भी कर दें।

**—ओम थानवी**

# अनुक्रम

# आलोचना

# आत्मव्यथा में मिले ज्ञान की सीमा

*त्यागपत्र* पर टिप्पणी लिखने की बात सोचते ही मुझे एकाएक तारकोवस्की की फ़िल्म *सोलारिस* का एक प्रसंग याद आया। इस प्रसंग में, मनुष्य निरपेक्ष विज्ञान के सर्वसत्तावाद का दम्भी प्रवक्ता मनुष्य की नियति के सभी प्रश्नों को 'सेकंडरेट दॉस्तॉयवस्की' कहकर रद्द कर देता है। ज़ाहिर है कि यह लेखक मनुष्य की उपेक्षा करने वाली किसी भी पद्धति के लिए आज भी बेहद असुविधाजनक है। यह प्रसंग दॉस्तॉयवस्की की प्रासंगिकता का विलक्षण रेखांकन करता है।

लेकिन *त्यागपत्र* के सन्दर्भ में, इस प्रसंग की याद आने का क्या मतलब ? मुझे इस सवाल का जवाब एकाएक नहीं, टिप्पणी की प्रक्रिया में ही मिला।

जैनेन्द्र कुमार को प्रेमचन्द से शिकायत रही है कि प्रेमचन्द के उपन्यासों में देश बहुत बिखरा हुआ है और इसी कारण वे विश्व के श्रेष्ठ उपन्यासकारों में नहीं गिने जा सकते। (दिल्ली विश्वविद्यालय के प्रेमचन्द शताब्दी समारोह में भाषण, सन् 1980) यहाँ देश का अभिप्राय जीवन की स्थूल घटनाओं से है। जैनेन्द्र जी के अपने उपन्यासों में घटनाएँ सिर्फ़ इंगित करती है, और प्रसंग केवल प्रश्नों के प्रेरक हैं। तो, क्या इस कारण जैनेन्द्र विश्व के श्रेष्ठ उपन्यासकारों में नहीं गिने जा सकते ?

*त्यागपत्र* की ही बात करें। इस उपन्यास के केन्द्रीय संवेदना तथा रूपबन्ध में निश्चय ही ताज़गी और सम्प्रेषणीयता है। उपन्यास के वाचक का मुख्य सवाल है—'यह दुनिया में क्या-क्या हमने खड़ा कर लिया है जो दो के मनों के स्नेह को ऐसे फाड़ देता है। मन क्या फटने के लिए है ? क्या वे आपस में जुड़े रहने के लिए नहीं हैं ? निश्चय ही मनुष्य के संबंधों में ऐसा कुछ है जो मनुष्य की सहजता के विरुद्ध पड़ता है। वह क्या है ?'

दिलचस्प बात यह है कि इस यक्ष-प्रश्न के प्रति जैनेन्द्र के रवैये में एक विचित्र-सी विरक्ति है, जिससे विरोधाभास उत्पन्न होता है। सारभूत मनुष्य के अमूर्त स्तर से वे हरेक चीज़ पर प्रश्नचिह्न लगाते हैं, लेकिन प्रश्न करने की इस प्रक्रिया को 'स्पेसीफ़िक' कहीं नहीं होने देते। उलटे, समस्या की सारभूत वेदना के विशिष्ट और मूर्त आयाम के प्रति विरक्तिपूर्ण उदासीनता बरतते हैं। यह सारभूत वेदना सर्वथा स्पष्ट शब्दों और मार्मिक भंगिमा में कहीं गई है कि 'यह क्या है, ओ जगत्पिता! तेरी लीला के नीचे यह सब आर्त्तनाद क्या है ?' लेकिन इस वेदना के 'स्पेसीफिक' आयाम—कम-से-कम एक आयाम के प्रति *त्यागपत्र* की मृणाल का रवैया यह है—'समाज टूटा तो फिर हम किसके भीतर बनेंगे ? या कि किसके भीतर बिगड़ेंगे ? इसलिए मैं इतना ही कह सकती हूँ कि समाज से अलग होकर उसकी मंगलाकांक्षा में खुद ही टूटती रहूँ।'

इस आत्मविसर्जन को जैनेन्द्र 'आत्मव्यथा से मिला ज्ञान' कहते हैं। इसकी परिणति या तो मृणाल के आत्मविसर्जन में होती है, या प्रमोद के से असहाय आत्मनिर्णय में, जिसे कि जजी से उसका त्यागपत्र सूचित करता है।

जैनेन्द्र की कला की खूबी (और त्यागपत्र की ताज़गी) इस बात में है कि वे अपने मन्तव्य के सम्प्रेषण के लिए घटनाओं का सहारा कम-से-कम लेते हैं। विश्वसनीय या प्रातिनिधिक पात्रों की रचना जैसे प्रतिमानों को भी कोई खास चिन्ता उन्हें नहीं है। उनका विश्वास संकेत कर देने में है, उसके बाद वे पाठक पर विश्वास करते हैं। इस मायने में *त्यागपत्र* के पात्र यदि प्रदत्त नैतिकता से जूझते हैं तो उनका स्रष्टा उपन्यास के प्रदत्त अनुशासन से। *त्यागपत्र* की संरचनागत संवेदना प्रचलित तर्क का अतिक्रमण करती है। मृणाल स्वयं टूटकर भी समाज की मंगलाकांक्षा किसी कायरता के कारण करती हो, ऐसा नहीं है। कक्षा में पिटने से लेकर गन्दी बस्ती में मरने तक वह दूसरों का दोष स्वयं पर लेकर उन्हें क्षमा कर देनेवाली करुणा का मूल्य चुकाती है। प्रत्यक्ष संघर्ष के अभाव का यह मतलब नहीं कि उसके जीवन में कष्ट, लांछन और व्यथा का अभाव है। दरअसल मृणाल और प्रमोद दोनों ही की व्यथा का कारण उस दुनिया से बाहर आने का जोखिम उठाना है, 'जहाँ रास्ता बनाया है और खुद को खोजने की ज़रूरत नहीं है। जिज्ञासा जहाँ शान्त है और प्रश्न अवज्ञा का द्योतक है।'

बने-बनाए रास्ते के प्रति यह वितृष्णा स्वयं में अत्यन्त प्रासंगिक है, लेकिन फिर क्यों *त्यागपत्र* स्वयं जिज्ञासा की बेचैनी कम, अवसाद की विरक्ति अधिक उपजाता है?

यह सवाल भी है कि दायित्व के विरुद्ध सहज पर लगातार बल देनेवाले जैनेन्द्र के प्रश्न उनके पात्रों पर आरोपित क्यों लगते हैं? जैनेन्द्र के उपन्यासकार को बचाए रखने के लिए उनके दार्शनिक को क्यों बार-बार इतना असहज हस्तक्षेप करना पड़ता है?

दिक़्क़त यह है कि जैनेन्द्रजी के तमाम चिरन्तन प्रश्न एक चिरन्तन उत्तर को पहले से सिद्ध मानकर चलते हैं। वह उत्तर यह है कि दोष और दुख की व्याख्या नहीं की जा सकती, विधाता के अतर्क्य विधान के बाहर कहीं उसकी धारणा नहीं की जा सकती, और स्वभावतः उसे दूर नहीं किया जा सकता। पूर्वप्राप्त उत्तर की यह धारणा जैनेन्द्र के मानस में इतनी बद्धमूल है कि इसके विपरीत जा सकनेवाली हर सम्भावना के ख़िलाफ़ वे स्वयं जैसे सेंसर का काम करने लगते हैं। उसका लेखन प्रश्नों का अनुसन्धान कम, उत्तर का प्रचार अधिक करता है। ऐसे विशिष्टाभिप्रायमूलक लेखन के जो ख़तरे हो सकते हैं, वे जैनेन्द्र के लेखन में भी हैं। अपने उत्तर तक जैनेन्द्र रचना की प्रक्रिया में नहीं पहुँचते, उसे अर्जित नहीं केवल सम्प्रेषित करते हैं। यही कारण है कि वे प्रश्नों के प्रति शाश्वत मुद्रा अपनाते हैं, जबकि सचाई यह है कि शब्दशः एक जैसे दीखने वाले प्रश्न का भी मर्म दो युगों में ठीक एक-सा नहीं होता। निश्चय ही, मनुष्य सारभूत रूप में शाश्वत है, लेकिन स्वयं इस सार का गठन एक अनवरत प्रक्रिया है, जिसकी तीव्रता सामयिक सन्दर्भ से रची-बसी होती है। उसकी पीड़ाओं, वेदनाओं का एक अनिवार्य आयाम काल है, जिसे जैनेन्द्र कुमार इतनी सावधानी से अमूर्त बना देते हैं।

पूर्वसिद्ध उत्तर को शाश्वत दीखनेवाले प्रश्नों की परिणति के रूप में प्रस्तुत करने की प्रवृत्ति का ही फल यह होता है कि मनुष्य की जटिलता के स्थान पर जैनेन्द्र के पात्रों में एक तरह की 'प्रिडिक्टिबल' आत्मव्यथा और उसकी परिणति दीखती है। खासकर उनके नारी पात्रों में। इसी दोहराव को ढाँपने के लिए जैनेन्द्र के दार्शनिक को उनके उपन्यासकार की बार-बार मदद करनी पड़ती है—जो साहित्य के अपने सन्दर्भ में बहुत स्वागत योग्य घटना नहीं मानी जा सकती।

जीवन के प्रश्नों की प्रक्रिया के सभी सम्भव आयामों के रेखांकन से जो गतिशील बोध या 'विज़न' उपलब्ध हो सकता है, जैनेन्द्र की दार्शनिकता उसकी सम्भावना को ही नकार देती है। विज़न से मेरा आशय संबंधों या समझ के किसी वैकल्पिक मॉडल से नहीं है। रचना के

विषय के रूप में लिए गए समय, मनुष्य और परिवेश के जटिल अन्तर्संबंधों के गतिशील आकलन से विज़न की सम्भावना बनती है, लेकिन जैनेन्द्र अपनी व अपने पात्रों की जिज्ञासा की गति को पूर्वसिद्ध निराशा से लगातार दबाए रखते हैं, और इसी कारण अवसाद या विरक्ति को सार्थक सन्दर्भ नहीं दे पाते।

यह स्मरणीय है कि *त्यागपत्र* में वेदना के भावुक विगलन का सायास निषेध किया गया है। यह भी महत्त्वपूर्ण है कि घटनाओं का प्रयोग-न्यूनतम होने के बावजूद, चरित्र-विधान के अटपटेपन के बावजूद इस उपन्यास में लगातार रोचकता है। इन बातों का महत्त्व तब और बढ़ जाता है, यदि हम *त्यागपत्र* का प्रकाशन वर्ष याद रखें। ये बातें उस रचनात्मक सामर्थ्य का संकेत करती हैं, जो यदि प्रश्नों को विज़न का सन्दर्भ देतीं तो निश्चय ही *त्यागपत्र* भी मानवीय नियति की सच्ची जिज्ञासा का प्रतीक बन जाता। लेकिन हुआ यह है कि तमाम अवसाद के साथ जैनेन्द्र केवल असहाय विरक्ति को व्यक्त कर पाते हैं।

जैनेन्द्र ने एक जगह लिखा है कि यदि वे *गोदान* के लेखक होते तो होरी की पीड़ा के सामाजिक सन्दर्भ पर नहीं, उस नियति पर बल देते, जिसके सामने होरी व उसके शोषक दोनों लाचार हैं। सचमुच प्रेमचन्द और जैनेन्द्र कुमार के बीच अन्तर देश के बिखरा होने या न होने का नहीं 'नियति' की अवधारणा का है। मनुष्य की नियति दॉस्तॉयवस्की का भी सतत सरोकार रही, लेकिन उन्होंने इस नियति का अनुसन्धान किया था, पूर्वसिद्ध उत्तर की संवादिता में व्याख्या भर नहीं। यही कारण है कि अपने घोषित मताग्रहों के परे जाकर दॉस्तॉयवस्की विविध सन्दर्भों में प्रासंगिक हो उठते हैं। उनकी बेचैनी में पाठक भी हिस्सेदार होता है। कई मर्तबा दुख और वेदना के लिए स्वयं को ज़िम्मेदार मानने के कारण अहसास तक। दूसरी ओर जैनेन्द्र कुमार की दार्शनिक भंगिमा कभी-कभी सिर्फ़ 'मैनरिज़्म' लगने लगती है। उनके पात्र ही आत्मव्यथा में रस नहीं लेने लगते, प्रत्युत स्वयं लेखक भी इस आत्मव्यथा से तृप्त-सा होता दीखता है।

*त्यागपत्र* निश्चय ही महत्त्वपूर्ण उपन्यास है, और प्रासंगिक भी क्योंकि 'आत्मव्यथा से मिला ज्ञान' और उसकी अभिव्यक्ति मनुष्य के लिए कभी अप्रासंगिक नहीं हो सकती। फिर *त्यागपत्र* में तो वह ताज़गी और सहजता भी है, जो कि जैनेन्द्र के परवर्ती उपन्यासों में दार्शनिकता के फ़ार्मूले के लिए जगह छोड़ती चली गई है। लेकिन यह सच है कि मनुष्य की संवेदना आत्मव्यथा तक ही सीमित नहीं है, अपने आन्तरिक निषेधों के कारण जैनेन्द्र उसे सीमित करने का प्रयत्न करते हैं—यह उनकी सबसे दुखद सीमा है।

['पूर्वग्रह' के जैनेन्द्र केन्द्रित अंक में प्रकाशित]

# अरथ अमित आखर अति थोरे

*आज की चीख़-पुकार में*
*एक बहुत कोमल तान*
*खो गई है*
*उसे पाना है।*

विजय सोनी के चित्रों पर प्रतिक्रिया व्यक्त करते हुए लिखी गईं ये पंक्तियाँ शमशेर के कविकर्म की मूल प्रतिज्ञा व्यक्त करती हैं। वह कोमल तान क्या है? यों तो इसकी परिभाषा करने का प्रयत्न कविता में भी असम्भव और अरोचक न होता; लेकिन शमशेर वैसे विश्लेषणात्मक मिज़ाज़ के कवि हैं नहीं। उनकी काव्यदक्षता संश्लेषणापरक है। संश्लेषण और संक्षिप्तता का आग्रह उनकी कविता की विशिष्टता, सम्भावना और सीमा का आधार है।

यह बात अपनी जगह लेकिन दार्शनिक प्रत्ययों या काव्यबिम्बों में परिभाषित किए बिना भी हम सब उस डरावनी व्यथा का अनुभव तो करते ही हैं, जो मनुष्यत्व के लगातार छीजते चले जाने की परिणति है। कुछ ऐसा है जो बहुत शुभ और सुन्दर है, और जो जीवन को जटिलतर होती जा रही संरचना में खो रहा है। इस शुभ की पुनर्रचना भी अन्ततः जीवन में ही सम्भव है। कविता बजाते खुद मनुष्यत्व की पुनर्रचना नहीं, बल्कि इस ओर प्रवृत्त चेष्टा की गवाही है। कविता समाज को बदल नहीं देती; बदलाव की बेचैनी को शब्द और अर्थ ज़रूर देती है।

शमशेर की कविता में यह बेचैनी बड़ी गहरी है। उतनी ही जितनी परिष्कृत और आग्रही उनकी सौन्दर्याकांक्षा है। उनका सरोकार मनुष्यत्व के छीजने की व्यथा को दर्ज करने तक सीमित नहीं है। वे इसका सकारात्मक प्रतिवाद करते हैं ऐन्द्रिक जादू के मार्फ़त प्रफुल्लता व्यंजित करने वाले बिम्बों की रचना करते हुए। लेकिन इस जादू के अन्तस्थल में लगातार बहती टीस की धारा है, जो ऐसी कविताों में सृजनात्मक, बल्कि नैतिक अवसाद का आयाम उत्पन्न कर देती है। व्यथा को नकारे बिना, उसकी अनुभूति को भी रचते हुए, सौन्दर्य की प्रतिष्ठा ही कला की अपनी नैतिकता है। ठीक इसी अर्थ में, शमशेर के अपने शब्दों में :

*कला सबसे बड़ा संघर्ष बन जाती है*
*मनुष्य की आत्मा का—*
*प्रेम का कँवल कितना विशाल हो जाता है*
*आकाश जितना*
*और केवल उसी के दूसरे अर्थ सौन्दर्य हो जाते हैं*
*मनुष्य की आत्मा में।*

कला सबसे बड़ा संघर्ष है—मनुष्य की आत्मा, आकाश जितने विशाल प्रेम और उसी के दूसरे अर्थ—सौन्दर्य का। कला का संघर्ष केवल कलारूपों और मनुष्य की नियति से असम्बद्ध

शब्द समूहों का संघर्ष नहीं है। यह संघर्ष यदि हे तो इसी वजह से कि इसका बोध मनुष्य की आत्मा का सरोकार है। शमशेर इसी सरोकार के कवि हैं।

यह स्मरणीय है कि शमशेर ने कला, भाषा और माध्यम के अर्थ और प्रकार्य का अनुसन्धान कई कविताओं में किया है। ये कविताएँ कला के अर्थ और भाषा के संघर्ष के बारे में उपदेश देने और फतवेबाजी करने की कविताएँ नहीं हैं। बल्कि उदात्त भावबोध और ईमानदार सवालों की कविताएँ है। कला का संघर्ष कालनिरपेक्ष और देशातीत नहीं है। आत्मा के सौन्दर्य की खोज एवं रचना शमशेर ने एकदम निजी से लेकर अन्तर्राष्ट्रीय घटनाओं तक के मूर्त सन्दर्भ में की है। इन घटनाओं पर टिप्पणियों में शमशेर की पक्षधरता स्पष्ट है। मार्के की बात यह है कि शमशेर के लिए पक्षधरता और उसका आधारभूत विचार तथा काव्यदक्षता एक-दूसरे के विकल्प नहीं हैं। उनकी कविताओं में ये दोनों ही अपरिहार्य हैं। उनकी सृजनात्मक महत्त्वाकांक्षा शब्द और अर्थ विचार और ध्वनि की समग्र गतिशीलता को कविता में सम्भव कर पाने की रही है। न्यूनतम शब्द, निर्भ्रान्त वक्तव्य और स्पष्ट पक्षधरता के उत्तेजक समन्वय से ही ऐसी कविता सम्भव होती है :

*सत्य का क्या रंग? पूछो एक संग*
*एक-जनता का दुख एक*
*हवा में उड़ती पताकाएँ अनेक*
*दैन्यदानव*
*क्रूर स्थिति*
*कंगाल बुद्धि : मजूर घर भर*
*एक-जनता का-अमर वर;*
*एकता का स्वर*
*अन्यथा स्वातंत्र्य इति।*

न्यूतम शब्दों की इस अपरिहार्य वयवस्था में व्यंजित चेतावनी सिर्फ़ काव्यदक्षता को ही नहीं, एक विशेष नजरिए को भी व्यक्त करती है। कवि का नजरिया सर्वाधिक विश्वसनीय ढंग से उसकी भाषा में ही व्यक्त होता है। इस लिहाज से यह बात स्मरणीय है कि शमशेर के यहाँ अर्थ-आमतौर से ग़लत या अपर्याप्त शब्द का चुनाव नहीं करता। स्वत:स्फूर्त बिम्ब का शब्दायन हो या वक्तव्य का सम्प्रेषण, शमशेर साधारणतया अपरिहार्य शब्द का ही चयन करते हैं। यही वजह है कि वे ऐसे सिद्ध कवि हैं जो कुल छब्बीस शब्दों में व्यक्त भावबिम्ब के ज़रिए, सदियों से रूढ़िबद्ध मिथकीय बिम्ब में बिलकुल नया आशय भर देते हैं। उनकी कविता 'सीता' देखें। हम जानते हैं कि कंचनमृग के लिए सीता की लालसा झूठी चमक के प्रति विवेकहीन आकर्षण की परिणति थी, जिसने अन्तत: सीता ही के लिए अकथ वेदना उत्पन्न की; लेकिन शमशेर की सीता जिस हिरण की बात रकती है, वह नींद की स्याह निश्‍चिन्तता की चुनौती देता जागरण है—मौत की रंगीन चुनौती का दुर्निवार आकर्षण, इस दुर्निवारता से आकृष्ट सीता राम से 'जाने' का आग्रह नहीं; सुविधा व सुरक्षा की पर्णकुटी को छोड़कर 'चलने' का आह्वान कर रही हैं :

*नींद के पहाड़ों के पार*
*सोने का जागरण है*
*मौत का*

*एक रंगीन हरण है*
*रात के पहाड़ों के पार।*

*राम, यह पर्णकुटी छोड़ो*
*चलो, उधर।*

इस मिथक से जुड़ा एकायामी संस्कार, शमशेर की इस अत्यन्त संकुल रचना से यकायक अस्तव्यस्त हो उठता है। मिथक का अपना आशय नहीं, उसका परिवेश भी एक नए अर्थ से संस्कारित हो उठता है—लेकिन कितने शान्तभाव से और कितने चुपचाप।

बेहद विनम्र और शान्त ढंग से शब्द का अभूतपूर्व प्रयोग—शमशेर की अपनी विशेषता है। उनकी श्रेष्ठ कविताओं को रूप से विलग 'अर्थ' या 'सन्देश' में रिड्यूस कर पाना कठिन है। संक्षिप्तता के प्रति उनका पूर्वग्रह कविता में संश्लिष्ट समग्रता के प्रति उनके काव्याग्रह का परिणाम है। कविता में शमशेर का अघोषित आदर्श है : *अरथ अमित आखर अति थोरे!*

इस आदर्श को सम्भव करने के लिए शमशेर जोखिम उठाने में नहीं हिचकिचाते। यह जोखिम अधूरे समझे जाने का भी है, और गलत समझे जाने का भी। विचार, अनुभव, इन्द्रिय बोध के लगभग अपरिभाषेय अर्थस्वर को सम्प्रेष्य काव्यसत्ता का रूप देने के लिए शमशेर की काव्य चेतना भाषा अनुभव और विचार तीनों ही के धरातल पर अद्भुत जद्दोजहद करती है। उदाहरण सामने रखने से बात स्पष्ट हो जाएगी :

''मोहन राकेश के साथ एक तटस्थ बातचीत'' शमशेर की प्रसिद्ध कविताओं में से है। सबसे पहले तो शीर्षक ही के 'तटस्थ' शब्द पर हमारा ध्यान जाता है। कवि का लक्ष्य मोहन राकेश को श्रद्धांजलि देना नहीं है; मौत का फ़लसफ़ा बयान करना तो और भी नहीं है। कविता मृत्युविषयक भावुकता की भी कविता नहीं है। जिस मनोदशा की यह कविता है, उसमें अपने सगे को खो देने का दुख, मृत्यु के प्रति जिज्ञासा और इस दुखद अनुभव में भी सक्रिय सामाजिक चेतना है। कविता मृत्यु की आकस्मिक दृष्टि के निर्णायक खरेपन की उत्तेजना को रेखांकित करती है, ठेठ शमशेरीय मासूमियत के साथ :

*मौत कोई सेंटीमेंट की चीज़ नहीं*
*वह एक ठोस हस्ती है व्यक्ति के लिए*
*हर व्यक्ति के लिए*
*मौत हमारी आँखों में अचानक*
*देखती है—अचानक देखने लगती है*
*यह दृष्टि कितनी खरी होती है*
*अचानक*
*मोहन राकेश*

**जरा-से 'स्पेस'** में तीन बार 'अचानक' शब्द का प्रयोग व्यंजित किए बिना नहीं रहता कि खरेपन का कुछ संबंध उस क्षण की आकस्मिकता से भी है जिसकी कौंध में कम से कम एक बार बहुत-सी चीज़ें साफ़ हो जाती हैं। कविता सिर्फ़ एकालाप नहीं है, मोहन राकेश के विशिष्ट व्यक्तित्व की अलमस्त उपस्थिति को रेखांकित कर शमशेर इसे संवाद बना देते हैं। आगे शमशेर उस लोक की गुमशुदगी में जा पाने के लिए राकेश से ईर्ष्या करते

दीखते हैं, जिसकी परछाइयाँ नर्माहट, ठंडक बहुत बार स्वयं कवि ने चुपचाप छू ली हैं। इस छुअन के साथ कवि का लगाव है लेकिन सीधा, सपाट और निश्चित नहीं :

*और एक ऐसी खिला*
*जो हम स्वयं हैं—ऐसा महसूस करते हैं*
*जहाँ यह गन्दगी*
*आज की सियासत की*
*आज की गन्दी कला की*
*आज की झूठ की*
*आज के फरेब और आज के पैसे की*
*आज के वीभत्स शासक और शोषक की*
*नहीं है*
*शायद नहीं है।*

मृत्यु की गर्माहट, ठंडक और 'अद्‌भुत अपनाव' शेमशेर यहाँ जगत मात्र को माया मानने का परिणाम नहीं नहीं है : अपनाव का यह अहसास ज़माने की कुछ खास सिफतों से वितृष्णा के बरक्स है, यह वितृष्णा भी परिभाषित है—इसके घटक हैं—झूठ, फरेब, वीभत्स शासक और शोषक। इनसे विकर्षित कविमन 'उस' लोक की परछाइयों से आकृष्ट होता है। अब केवल एक शब्द पर गौर करें। 'शायद'—इस एक शब्द से शमशेर स्वयं अपने इस आकर्षण की अनिश्चितता और इस लोक-वस्तुजगत-की अपरिहार्यता को बेहद बलपूर्वक रेखांकित करते है।

'जन्नत' की जिस 'हकीकत' और मर कर भी न पाए जानेवाले जिस 'चैन' का पर्दाफ़ाश करने के लिए कोई भी कवि बिम्ब गढ़ेगा या कम से कम एक वाक्य रचेगा—उसे शमशेर कुल एक सन्देहवाचक शब्द से व्यक्त कर देते हैं : एक शब्द 'शायद' उस लोक की परछाइयों के अवास्तव और इस लोक की अपरिहार्यता के वास्तव को व्यंजित करते हुए हमें ऐसी जगह खड़ा कर देता है, जहाँ सारे विषाद, आवेश और वेदना के साथ महाजीवन की विस्मयकारी अनिवार्यता को स्वायत्त करने के सिवा कोई चारा नहीं है। शमशेर केवल बिम्बबद्ध मूर्त्त न ही में नहीं, ऐन अमूर्त शब्द में भी गहन काव्यानुभव सम्प्रेषित कर सकते हैं।

इन्हीं पक्तियों को विचार के कोण से परखें। कविता अन्ततः जीवनाग्रही विचार की ही व्यंजना करती है, लेकिन यह आग्रह बना बनाया फोकट का माल नहीं है। यह 'मृत्यु पर जीवन की विजय' सरीखे किसी वक्तव्य का काव्यानुवाद नहीं है। यह कवि के अपने अनुभव और विचार के संघात की व्यंजना है—इसीलिए इसमें अकर्मण्य आश्वस्ति नहीं, एक बेचैनी है। ज्यादा आसान यह होता कि कवि जीवन की अपरिहार्यता को स्वयंसिद्ध की तरह सजा कर पेश कर दे, लेकिन शमशेर अपने अनुभव की प्रक्रिया में पाठक को साझेदार बनाते हैं : 'उस लोक' का अनाव संस्कारजनित अनुभव है, और 'शायद' में व्यंजित आशंका इस संस्कार पर विचार की चोट। इसलिए अन्त में न तो अनुभव अछूता रह गया है, न विचार अमूर्त्त—एक दूसरे से संस्कारित होकर दोनों ही में कुछ रूपान्तरण घटित हुआ है। एक नया बोध सम्भव हुआ है—नैतिक अवसाद और अपरिहार्य जीवन का बोध। ये पंक्तियां जीवन के इकहरे प्रशस्ति गान की पंक्तियाँ नहीं हैं—और जो अवसाद है वह केवल तात्कालिक भी नहीं है।

अनुभव और विचार के इतने जटिल गुंफन को शमशेर न्यूनतम शब्दों में कैसे ले आते हैं ? इसका प्रमुख कारण है उनका 'सेंस ऑफ़ एडवेंचर', जिसकी व्याप्ति विचार, अनुभव और शब्द तीनों में है। वे मृत्यु की उपस्थिति के रूढ़िबद्ध अनुभव के पार जाना चाहते हैं, इस अनुभव और मृत्यु विरोधी विचार दोनों ही को एक दूसरे के परिपार्श्व में परखना चाहते हैं, और इस समूची प्रक्रिया को शब्दबद्ध कर लेना चाहते हैं। इसीलिए वे अपनी कविता में 'स्टॉक' प्रतिक्रियाओं और भाषायी फार्मूलों का संवेदना, अनुभव और भाषिक संरचना सभी धरातलों पर सतत प्रतिवाद करते हैं। अपने इसी 'सेंस ऑफ़ एडवेंचर' के कारण, अपने वैचारिक आग्रह से प्रतिबद्ध होते हुए भी शमशेर उन कवियों से कतई अगल हैं जो विचार निरूपण को साम्प्रदायिक (या राजनीतिक कह लें) आचार्यों का शास्त्र सम्मत विशेषाधिकार मानते हैं। ऐसे कवि जान-बूझकर अपनी भूमिका आचार्यों द्वारा निरूपित विचार ब्रह्म का बहुविध कीर्तन करने तक सीमित कर लेते हैं। इस प्रकार वे विचार की ही नहीं, भाषा की भी ऊबड़-खाबड़ चुनौतियों से भी पाकदामन हो जाते हैं, और कुल मिलाकर भावाकुल कविताएँ लिखने में स्वयं को सार्थक मान बैठते हैं। मार्क्सवाद में शमशेर की आस्था असंदिग्ध है, लेकिन वैचारिक तंत्र की एक एक रेखा के प्रति मूढ़ समर्पण और विचार से विरक्ति-शुतुरमुर्गी वृत्ति के इन दोनों ही रंगों का शमशेर में सुखद अभाव है।

शमशेर रागात्मक ऊष्मा के ही नहीं, समृद्ध भावबोध के कवि है। इस समृद्धि में नैतिक सरोकार, जीवन्तता और अपने माध्यम के प्रति सर्जक की उत्कंठा समाविष्ट हैं। शमशेर के बिम्बों की 'जटिलता' और उनकी शब्द कृपणता को देखते हुए मुक्तिबोध द्वारा इस बात पर असन्तोष जाहिर करना स्वाभाविक ही था कि शमशेर शब्द संकेतों से रंग संकेतों का काम लेना चाहते हैं। सवाल है कि ऐसा क्यो हैं ?

अमूर्त भाषा के प्रयोग में शमशेर की दक्षता का एक उदाहरण हमने अभी देखा ही है। उनकी बिम्बबद्ध कविताओं की विशेषता यह है कि उनके बिम्ब धारणा या वाक्य के रूप में कविमानस में स्वायत्त हुए विचार, बोध या वेदना को मूर्त्त करने के लिए नहीं गढ़े गए हैं। ऐसी कविताओं में काव्यवस्तु का 'पर्सेप्शन' ही बिम्ब में किया गया है। इन स्वतःस्फूर्त बिम्बों को सम्प्रेष्य वस्तु और सम्प्रेषक बिम्ब के सुविधाजनक युग्म में तोड़ पाना कई बार कठिन बल्कि नामुमकिन होता है फिर इन बिम्बों को रूपायित करने के लिए केवल अपरिहार्य शब्दों का प्रयोग करने की शमशेरीय शैली ! बिम्ब की संश्लिष्टता और अभिप्रेत अर्थ के लिए अचूक शब्द की तलाश का उत्तेजक उदाहरण इन पंक्तियों में है :—

*एक नीला आइना*
*बेठोस-सी यह चाँदनी*
*और अन्दर चल रहा हूँ मैं*
*उसी के महातल के मौन में*
*मौन में इतिहास का*
*कन किरन जीवित, एक, बस।*

*एक पल के ओट में है कुल जहान।*

बेठोस...चाँदनी जो कुछ भी हो, ठोस नहीं है। दरअसल चाँदनी की कई मुमकिन विशेषताओं में से शमशेर उसके ठोस न होने पर ही बल देना चाहते हैं। यह विशेषता तरल

होने से अलग, कोमल या उज्ज्वल से भी भिन्न। सो, शमशेर सामान्य (लगभग अकाव्यात्मक) शब्द ठोस के पहले निषेधवाचक उपसर्ग लगाकर उसे चाँदनी की एक ऐसी विशेषता का सुनिश्चित वाचक बना देते हैं, जिसका बोध अब तक अपर्याप्त वाचकों के कारण धुँधलाया रहता था। वाच्य और वाचक के अचूक संबंध का अनुसन्धान शमशेर की कविता की अपनी पहचान है। उनकी कविता से गुज़रते हुए यह अहसास बड़ी शिद्दत से होता है कि चीज़ों को सही नाम देना भाषाका खिलवाड़ नहीं, बल्कि गम्भीर विचार और कविता का प्राथमिक दायित्व है। इस दायित्व की उपेक्षा शमशेर को ऐसा कुछ छूट गया लगता है कि वे इस मार्मिक विरोधाभास से कतराने की बजाय इसे स्वीकार करते हैं :

*ओ स्पर्श!*
*मुझे क्षमा करना*
*कि तुम मुझी में होकर मुझी से परे हो*
*ओ माध्यम क्षमा करना*
*कि मैं तुम्हारे पार जाना चाहता रहा हूँ।*

अपनी 'एडवेंचर' वृत्ति और दायित्वबोध के कारण ही शमशेर बहुत 'सरल' कवि नहीं हैं। उनकी कविता भावक से धैर्य बल्कि 'एक तरह के आदर भाव' (मलयज के शब्द) की माँग करती है, यह आदरभाव उस कवि का अधिकार है, जो कविकर्म के हर पहलू को इतनी दारुण गम्भीरता से साधने की चेष्टा करता है।

हिन्दी की बहुसंख्यक आलोचना की विडम्बना यह है कि कुछ आलोचकों के लिए शमशेर का महत्त्व केवल रूप के प्रयोगों के काण है, विचार तो उनकी कविता में बस यों ही है। न भी होता तो कविता वही रहती है, जो है! दूसरी तरफ़ ऐसे आलोचक हैं जो फटाफट कविता का सन्देश ग्रहण कर उससे पिंड छुड़ा लेना चाहते हैं। ऐसा साररूप सन्देश शमशेर की कविता में कई बार खोजे भी नहीं मिलता तो ऐसे आलोचकगण बेधड़क उन पर 'पतनशील रहस्यवाद' का आरोप लगा देते हैं। कितना सुविधाजनक है यह भुला देना कि प्रतिबद्धता या संलग्नता की पड़ताल के लिए कवि का भाषिक व्यवहार उसके घोषित वैचारिक आग्रह से कहीं अधिक प्रासंगिक है।

सुविधाजनक और काल्पनिक रूप से अपवर्जी शब्दयुग्मों में कविता के चिथड़े करने की अभ्यस्त आलोचना के लिए शमशेर की कविता निःसन्देह कष्टदायिनी है। इस कवि के मानस में निज़ी और सार्वजनिक, वैयक्तिक और सामाजिक, कालातीत और के वैसे साफ़-सुथरे आले और ताख़ नहीं हैं जिन पर माल माँग के मुताबिक सजा दिया गया है।

## 2

*हल्के से दर्द की एक तड़प*
*सच्ची तड़प*
*मैंने अगलों के यहाँ देखी है...*

मनुष्य के दर्द की इसी तड़प के कारण शमशेर की कविता प्रासंगिक है। इसी तड़प को सचाई के साथ झेलने से कविता में तथागतीकरण की आकांक्षा उपजती है—जहाँ चेतना अपने देशकाल से सम्बद्ध हैं, लेकिन उससे सीमाबद्ध नहीं। ऐसी कविता अमानवीयकरण

की हर स्थिति का प्रतिवाद करती है, भले ही शमशेर संकोचवश स्वयं अपनी कविताओं की सामाजिक उपयोगिता पर प्रश्नचिह्न लगाते रहें! कविता की सामाजिक उपयोगिता केवल लोकप्रिय नारे दे देने या राजनीतिक घटनाओं को कविता का विषय बना लेने से परिभाषित नहीं होती, संवेदना का परिष्कार और शब्द का संस्कार—ये भी कविता की सामाजिक उपयोगिता के ही पहलू हैं, और शमशेर की कविता हमारे समय के बारे में हमें अधिक संवेदनशील बनाती है, वाच्य और वाचक के संबंध को अधिक वास्तविक बनाती है—इस मायने में उसकी उपयोगिता गहरी है।

निस्सन्देह शमशेर 'कवियों के कवि' हैं। ऐसे कवि जिनसे अपेक्षा की जाती है कि वे भाषा के सम्प्रेषण को ही नहीं, शब्दों की अर्थक्षमता को भी संपन्नतर करेंगे। यह काम शमशेर की कविता ने किया भी है, लेकिन ऐसा लगता है कि उस हद तक नहीं जिस हद तक किया जा सकता था। ऐसा क्यों है?

इस अपर्याप्तता का एक कारण तो शमशेर की कविता का संश्लेषणपरक स्वभाव ही है। इसने उन्हें एक वैशिष्ट्य तो दिया है, उनकी सम्भावनाओं को सीमित भी किया है। मलजय ने इस बात को ठीक ही रेखांकित किया था कि शमशेर 'विज़न' के नहीं 'मूड्स' के कवि हैं : बेशक ये 'मूड्स' कोई हल्की-फुल्की या आत्मकेन्द्रित मनोदशाएँ नहीं हैं। इनके वस्तुनिष्ठ आधार है। मनोदशाओं को सन्दर्भ देनेवाला विचार भी शमशेर की कविता में अनुस्यूत है।

दरअसल संक्षिप्तता के आग्रह और बिम्बपरक 'पर्सेप्शन' के कारण शमशेर अनुभव और वास्तविकता के विशद विश्लेषण की ओर कम से कम अपनी कविता में प्रवृत्त नहीं होते। कविता में अनुभव की समग्रता वे ज़रूर लाते हैं लेकिन एक निष्पत्ति के रूप में, मुक्तिबोध की तरह प्रक्रिया के रूप में नहीं। इसी वजह से विखंडन के अनुभव से उत्पन्न अवसाद उनकी कविता में है, लेकिन स्वयं इस अनुभव को दहला देनेवाली प्रक्रिया का डरावनापन नहीं। जैसाकि मैंने शुरू में ही इशारा किया, मनुष्यत्व की कोमल तान के खोते जाने का अहसास ही शमशेर की कविता का विषय है, स्वयं इस मनुष्यत्व की परिभाषा और इसके लोप की प्रक्रिया का विश्लेषण उनकी स्वनिर्धारित सीमा के बाहर है।

यह कहना निरर्थक है कि शमशेर की कविताओं में देश और काल की अनुभूतियाँ निजी अनुभूतियों से दब गई है। कारण यह कि श्रेष्ठ कवि की निजी अनुभूतियाँ देशकाल की अनुभूतियों से निरपेक्ष नहीं होतीं। फिर शमशेर ने तो अनुभूतियों को ही नहीं, ठेठ राजनीतिक घटनाओं तक को कविता का विषय बनाया है। खासियत यह है कि ऐसा करते हुए भी उनका अभिप्रेत अनुभव-संश्लेष को न्यूनतम शब्दों में व्यक्त करना ही है। इस अभिप्राय के विपरीत नागार्जुन की कविताएँ याद करें। वहाँ एक दूसरी ही चीज़ है जिसे मेरे मित्र डॉ. सुरेश शर्मा 'समकालीन इतिहास को निरन्तर कविता में लाते रहना' कहते हैं। नागार्जुन समकालीन राजनीतिक घटनाओं पर जब टिप्पणी करते हैं तो वह टिप्पणी अमूमन आवेगधर्मी और अभिधापरक होती है। छोटी-बड़ी विविध राजनीतिक घटनाओं को नागार्जुन कविता में ले आते हैं; जबकि शमशेर समकालीन राजनीति पर सुगुंफित, संक्षिप्त प्रतिक्रिया करने के क्रम में राजनीतिक सचाई की दुनिया को आधार बनाकर कविता की अपनी दुनिया सिरजते हैं। नागार्जुन का आवेग कविता की दुनिया के अपने वैशिष्ट्य की भी बहुत अधिक परवाह नहीं करता। प्रसंगवश, इस तुलना का अभीष्ट कवियों का छोट-बड़ तय करना नहीं, उनके वैशिष्ट्य का रेखांकन करना है।

कविता की अपनी शर्तों के प्रति सचेत रहना आवश्यक है। यह चेतना शमशेर में है। शब्द का अधिकतम 'सृजनात्मक' प्रयोग और विचार व अनुभव का द्वन्द्वात्मक परिष्कार भी उनकी कविता में है। इसी कारण उनकी कविता निराश नहीं करती। एक तरह का असन्तोष अवश्य महसूस होता है। मेरे मन में सवाल उठता है : क्या शमशेर सरीखे सार्थक कवि को इस बात ने कभी सताया है कि विज्ञान, दर्शन, विचार आदि के समक्ष कविता के स्वतंत्र अस्तित्व का औचित्य क्या है ? निश्चय वे विचार के किसी ढाँचे के प्रति अन्धभक्ति से ग्रस्त नहीं हैं। लेकिन क्या इतना पर्याप्त है ? अनुभव और विचार के जिस सार्थक संघात की चर्चा मैंने ऊपर की है, कविता का अत्यधिक संश्लेषण प्रेम क्या उसकी सम्भावनाओं को सीमित नहीं कर देता ?

['साक्षात्कार' अगस्त-नवम्बर, 1986]

# जीवन से बड़ा एक सपना

मध्यकालीन चर्च ने अपने विरोधियों, धर्म-द्रोहियों को सबक़ सिखाने के लिए एक संस्था रची थी—इंक्विजिशन। इस संस्था के सर्वोच्च पदाधिकारी—'ग्रैंड इंक्विजिटर' की देख-रेख में मध्यकालीन यूरोप में लाखों स्त्री-पुरुषों को महाभयंकर यातनाएँ दी गईं ताकि सब लोग दीनो-दुनिया के मामलों में चर्च का प्रभुत्व स्वीकार कर लें—स्वतंत्र चिन्तन और अन्तरात्मा के विवेक जैसी 'फ़ालतू चीजों' से छुट्टी पा जाएँ। 'पावर' के चमत्कार को नमस्कार करना सीख जाएँ। लौकिक और लोकोत्तर पर धर्मसत्ता का एकाधिकार स्वीकार कर लें। 'कष्टदायी स्वतंत्रता का बोझ' उतार फेंकें और आनन्द से अपना लोक-परलोक सुधारें। ईसा मसीह के प्रेम और करुणा की चर्च द्वारा की गई इस अद्‌भुत व्याख्या की पवित्र (!) हिंसा की चपेट में आस्थावान ईसाई भी आए। गैर ईसाइयों—यहूदियों, पैगनों की तो बिसात ही खैर क्या थी।

दॉस्तॉयवस्की के उपन्यास 'करामाज़ोव बंधु' का नायक इवान एक फ़ैंटेसी रचता है। इस फ़ैंटेसी में, धरती पर फिर से चले आए ईसा मसीह को ग्रैंड इंक्विजिटर के हुजूर में पेश किया जाता है, और वह ईसा मसीह से कहता है—

"शांति, बल्कि मृत्यु तक, शुभाशुभ के बीच चुनाव की स्वतंत्रता से बेहतर है मनुष्य के लिए...इस स्वतंत्रता का प्रलोभन बहुत बड़ा है, लेकिन यही तकलीफ की सबसे बड़ी वजह भी है। हमने आत्मा के स्वतंत्र विवेक के स्थान पर चमत्कार, रहस्य और सत्ता को स्थापित कर के तुम्हारी भूल सुधार दी है। तुम्हारे डरावने उपहार—स्वतंत्र विवेक—से पिंड छुड़ाकर मनुष्य खुशी से नाच उठे हैं। कष्टदायी स्वतंत्रता का भयावह बोझा उनके दिलों से उतर गया है। तुम्हीं बताओ, क्या यह नेक काम नहीं है? क्या हम मनुष्यों से सच्चा प्रेम नहीं करते?"...

"और अब तुम फिर से चले आए सब किए-धरे पे पानी फेरने, हमारी नेक राह में रोड़े बिछाने...जाओ...वापस जाओ...और खबरदार, अब कभी लौटकर न आना...कभी भी नहीं।"

इवान की फ़ैंटेसी के ईसा यह धिक्कार सुनते हैं, चुपचाप, एक भी शब्द बोले बिना, अन्त में ग्रैंड इंक्विजिटर का मुँह चूमते हैं—बाहर निकल जाते हैं।

दॉस्तॉयवस्की के बृहद् उपन्यास का यह अंश पाठक की स्मृति में घर कर लेता है—'बैकड्रॉप' सा बन जाता है—मन के रंगमंच का। विवेक और 'पावर', स्वतंत्रता और 'निश्चिंतता' (!) के मुखामुखम के इस भयावह रूपक की छाप बनी रहती है और कुछ प्रसंगों में यह छाप एकदम सक्रिय स्मृति का रूप ले लेती है।

कुँवर नारायण की कविताओं से समग्र रूप से गुजरते हुए इस छाप ने सक्रिय स्मृति का रूप लिया, क्यों? धर्मसत्ता के प्रतिनिधि द्वारा मुक्तिदाता का ऐसा प्रचंड तिरस्कार करता एकालाप और मुक्तिदाता—मसीहा—का ऐसा मौन प्रतिवाद इन कविताओं से गुजरते हुए बार-बार याद आता रहा—क्यों?

समाधान शायद इस विचार के दौरान ही कहीं हो जाए। तब तक हम बात शुरू करें, अठारहवीं सदी के जर्मन कवि होल्डरिन के सवाल को सामने रखते हुए—'किसी दरिद्र समय में कवियों के होने का मतलब क्या है?'

सबसे पहले तो, हर समय की अपनी दरिद्रता की विशिष्ट सूरत पहचानने और समझने के लिए! कवियों, वस्तुतः सर्जनात्मक समुदाय के किसी भी सदस्य, के होने का मतलब अपने छोटे से समुदाय के परस्पर प्रशंसा संबंधों को निभाने तक सीमित नहीं होना चाहिए। समय की जो दरिद्रता आँखों से ओझल हो गई है, या कर दी गई है, उसे पहचानने की कोशिश करना रचनात्मकता का धर्म है। शब्दों के जो अर्थ भ्रष्ट कर दिए गए हैं, उनकी फिर से पहचान, अर्थों का पुनराविष्कार कविता का काम है। नैतिक और राजनैतिक के बीच जो फ़र्क़ सहज लगने लगा है, उसके प्रति असहज होना सच्चे कवि कर्म का प्रमाण है।

मानवीय अस्तित्व, चेतना और विशिष्ट ऐतिहासिक स्थिति को टुकड़ों में बाँट कर देखना बहुतों को बहुत स्वाभाविक लगता है। समग्र बोध के 'डरावने उपहार' से पिंड छुड़ा चुके लोग अपनी-अपनी मर्जी का टुकड़ा चुनकर सचमुच 'खुशी से नाच उठते हैं।' प्रसंग चाहे ईसा जैसे मसीहा का हो, चाहे कबीर जैसे कवि का, अन्तरात्मा की स्वतंत्रता और समग्रता का विवेक ऐसे लोगों को नहीं सुहाता। कोई नैतिक को राजनैतिक से जुदा करके खुश है, कोई समकालीन को ऐतिहासिक से। किसी को केवल समयबद्ध से वास्ता है, किसी को केवल समयातीत से। किसी को केवल सामाजिक चाहिए, किसी को केवल आध्यात्मिक। किसी को केवल लौकिक से मतलब है, किसी को केवल लोकोत्तर से।

ऐसे खंड-खंड बोध और इससे अनिवार्यतः उपजने वाले पाखंड को दूर करने की उम्मीद कविता से की जाती है। कविता रोजमर्रा की जिन्दगी को शाश्वत सरोकारों से जोड़नेवाली विधा मानी जाती है। किसी समय और स्थानविशेष की 'दरिद्रता' को दरिद्रता के अन्यान्य रूपों, अनुभवों और सरोकारों से जोड़ने वाली विधा। इस तरह कविता 'दरिद्र समय' की दरिद्रता की विशिष्टता और सामान्यता के अन्तस्संबंध का बोध संपन्न करती है और शायद इसी तरह कविगण होल्डरिन के सवाल के उत्तर बनने का प्रयास करते हैं।

हमारा समय भी एक विशिष्ट दरिद्रता का समय है, कविता के भीतर भी, बाहर भी। कवि विनोद कुमार शुक्ल ने याद दिलाया है—'यह ऐसा गरीब समय है, जिसमें गरीबी मुद्दा नहीं। यह ऐसी भुखमरी का समय है जिसमें पेट भरना कोई मुद्दा नहीं बनता।' इस गरीबी की पहचान कराना कविता का काम है, लेकिन इस पहचान की प्रामाणिकता निर्भर करती है, दरिद्रता के अन्य पहलुओं की भी साथ-साथ पहचान पर। गरीबी को मुद्दों की सूची से ही हटा देने वाले समय की गरीबी के और भी पहलू हैं—गरीबी का मुद्दों की सूची से हट जाना स्वयं नैतिक कल्पना की दरिद्रता का ही प्रमाण है।

कविता के भीतर, यह ऐसा कल्पना-दरिद्र समय है जिसमें कवियों ने खंड-खंड दृष्टि को खुशी-खुशी अपना लिया है। 'वक्त के चेहरे को आईना-ए-हुस्न-ए-यार में देखने' की चुनौती स्वीकारने की बजाय; 'राजनीति के आगे मशाल लेकर चलनेवाली सच्चाई' की भूमिका निभाने की बजाय राजनीति के निर्देशों पर कदमताल करना सीख लिया है। कवियों को ज़रूर अपनी पसन्द की राजनीति के लिहाज से 'करेक्ट' होने का सुख मिला है, लेकिन कविता के भीतर कल्पना-दरिद्र समय पसरता चला गया है।

यह कल्पना-दरिद्र समय तुरंता संस्कृति का समय है। बाहर वक्त की कमी है, भीतर धीरज की। फ़ास्ट फूड और इंस्टैंट कॉफ़ी की तरह समाधान भी तुरंता किस्म के चाहिए। छायावादी कविता के सांस्कृतिक सन्दर्भ को विजयदेव नारायण साही ने 'सन्तुलन के नाटक का युग' कहा था। हमारा वर्तमान सपाटे के समाहार का दौर है। ऐसा 'सिस्टम' बन चला है, जो समाधान की दिशा और समस्या रखने के ढंग को पहले से तय कर देता है। विचार, भाव, संवेदना मानकीकृत हो चले हैं। प्रतिवाद तक के मानकीकृत सिस्टम हैं और स्वयं उन सिस्टमों को चुनौती देना साहस का काम है। विवेक की प्रक्रिया पर नहीं, बल परिणति पर है। परिणति भी ऐसी जो कविता के बाहर ही अर्जित कर ली गई है, कविता को तो सिर्फ़ उसका वहन करना है। 'ब्रह्म निरूपण' आचार्य लोग करते हैं, कवियों का काम लोकरंजन के लिए उपदेश करने तक सीमित है। आलोचना का ध्यान कविता में निहित विवेक-प्रक्रिया पर नहीं, पहले से अपना ली गई भंगिमा और उस भंगिमा को सूक्ति में बदलती आखिरी पंक्ति या पंक्तियों पर केंद्रित है। अब इंस्टैंट के इस युग में 'निरवधि काल: विपुला च पृथिवी' के भरोसे कोई कब तक कविता लिखे, सो आलोचना का ध्यान आकृष्ट करने के लिए कवि नए सूक्तिपरक रूढ़िवाद का निर्वाह करने लगे हैं। कविता और आलोचना के बीच इत्मीनान की सुखद जुगलबन्दी है और यह इत्मीनान तुरंता समाधान की आशा को, तज्जनित सरलता की आकांक्षा को काव्य-संस्कार का स्थायी भाव बना रहा है। बोध को खंड-खंड करने की खुशी से उपजा यह इत्मीनान कविता के भीतर-बाहर की निरंतर समस्या का समकालीन रूप है।

सवाल है : ज़रूरत ही क्या है कविता की, और कवियों की—यदि कविता भी फ़ार्मूले और 'क्लीशे' में बदल जाए? ज़रूरत ही क्या कविता की यदि वह भी याद न दिला पाए कि सिर्फ़ पूँजीवादी खगोलीकरण ही नहीं, संकीर्ण जनपदीयता भी समस्या ही है। खगोलीकरण के अशुभ रूपों में प्रतिवाद का प्रस्थान स्वयं खगोलीकृत, विश्वजनीन चेतना में ही खोजा जाना चाहिए—संकीर्ण जनपदीयता और 'शुद्धता' प्रेमी अस्मितावाद में नहीं। क्या ज़रूरत है कविता के स्वतंत्र अस्तित्व की, यदि उसे उधार लिए गए आर्ष वाक्यों को सिद्ध करने की रंगस्थली ही बन जाना है। कैसे उत्तर देंगे कवि यदि वे प्रश्न तक स्वयं के नहीं, दूसरों के ही सुझाए पूछेंगे?

यदि उपरोक्त प्रश्न आपको दु:खी या चिंतित करते हैं, तो कम से कम, कुछ आश्वस्ति पाने के लिए कुँवर नारायण की कविताओं से गुजर जाइए। अपने समय की दरिद्रता की पहचान भी मिलेगी और उस दरिद्रता से टकराने को कटिबद्ध नैतिक विवेक की संपन्नता का सुखद स्पर्श भी।

कुँवर नारायण के काव्य-संसार में 'नैतिक' की केंद्रीयता को लक्ष्य किया गया है लेकिन कभी-कभी ऐसे लहजे में मानो इस काव्य-संसार में 'नैतिक' राजनैतिक से कवि की विरक्ति का भी प्रमाण हो। वास्तविकता यह है कि कुँवर नारायण का काव्य-संसार अपनी विवेक-संपन्नता का सर्वाधिक भास्वर प्रमाण नैतिक-राजनैतिक के अन्तर, बल्कि कई बार तो विरोध को स्वीकार करने से इनकार करने में देता है। इस तरह के आरोपित द्वैतभाव और खंड-खंड दृष्टि को नकारने की प्रतिज्ञा कुँवर नारायण कविता में भी निभाते हैं और वक्तव्य में भी। तीसरा सप्तक में संकलित कविताओं के वक्तव्य में उन्होंने कहा था—"अस्तित्व की मैंने दो बुनियादी परिस्थितियाँ मानी हैं—एक तो व्यक्ति और अज्ञात, तथा दूसरी व्यक्ति और उसका सामाजिक वातावरण। अस्तित्व की आस्था संबंधी समस्याएँ मूलत: अनस्तित्व की भयानक शून्यता से उपजती हैं...'मैं क्या हूँ? मैं क्यों हूँ?' का चिर असन्तुष्ट प्रश्न जीवन की हर आस्था को रौंदता

रहता है। इससे भिन्न वह वस्तुवादी पक्ष है जो परोक्ष के प्रति सर्वथा निरपेक्ष रहकर सामाजिक यथार्थ को ही सम्पूर्ण सत्य मानकर चलता है जिसके लिए व्यक्ति की सामाजिक उपयोगिता ही उसके जीवन की परम सार्थकता है जो जीवन के प्रत्यक्ष मूल्यों के आगे किसी अतिभौतिक रहस्य को नहीं मानता।

"मेरी कविताओं में उपर्युक्त दोनों ही पक्षों से जीवन की तथा उसकी सांस्कृतिक, धार्मिक, नैतिक आदि संचित और सम्भावित मान्यताओं की विवेचना मिलेगी।"

महत्त्वपूर्ण बात यह है कि कुँवर नारायण यह विवेचना सम्भव करते हैं—संवेदना और विचार के नाजुक सन्तुलन को अपनी काव्य-भाषा में निरंतर साधते हुए। सामाजिक और आध्यात्मिक, नैतिक और राजनैतिक में से किसी एक पक्ष को डॉग्मा बना लेने के प्रलोभन का निरंतर प्रतिवाद उनकी कविता को अद्भुत ऊर्जा और सघनता देता है—और अपनी स्थिति को बेबाकी से कहने का साहस भी—

*"नहीं चाहिए तुम्हारा यह आश्वासन*
*जो केवल हिंसा से अपने को सिद्ध कर सकता है।*
*नहीं चाहिए वह विश्वास, जिसकी चरम परिणति हत्या*
*हो।*

*मैं अपनी अनास्था में अधिक सहिष्णु हूँ।*
*अपनी नास्तिकता में अधिक धार्मिक।*
*अपने अकेलेपन में अधिक मुक्त।*
*अपनी उदासी में अधिक उदार।"*

ये पंक्तियाँ यों तो कवि के 'आत्मजयी' नचिकेता ने कही, लेकिन इन्हें स्वयं कवि द्वारा अपने लिए तय की गई कसौटी के रूप में पढ़ने में भी कोई हर्ज नहीं। और यह कहने में अतिशयोक्ति भी नहीं कि कवि बहुत दूर तक इस कसौटी पर खरा उतरा है। उपरोक्त पंक्तियाँ जब रची गईं, तब हिंसा के महिमामंडन का प्रलोभन उतना ही जबर्दस्त था, जितना कि 'अकेलेपन' या 'मुक्ति' में से एक को डॉग्मा बना लेने का लालच। अस्तित्व के समग्र बोध के स्थान पर सामाजिक या आध्यात्मिक में से एक ही को महत्त्वपूर्ण मानना और दूसरे को फ़िजूल या छद्म समझना तो जैसे आधुनिक मानस की जन्म-कुंडली में ही लिखा है। जन्म-कुंडली के लेख की जगह आत्मविवेक की इबारत लिखने की जिद्द करने वाले हर समय में विरल ही होते हैं। कुँवर नानारायण ऐसे ही विरल कवि हैं।

कुँवर नारायण की अध्यात्म-सजग सामाजिक संवेदना से ही परिभाषित होती है उनकी अहिंसा दृष्टि। 'मैं क्या हूँ, मैं क्यों हूँ' जैसे 'चिर असन्तुष्ट प्रश्न' के साथ निरंतर मुखामुखम से ही सम्भव होता है उनका वह सुन्दर संकोच जिसके कारण उनकी प्रेम कविताएँ कवि के अपने प्रेमानुभव के वर्णन से कहीं ज्यादा सम्भव करती हैं वह अवकाश जिसमें उनकी कविता का भावक खुद अपने प्रेम की आवाज सुन सके।

अहिंसा दृष्टि का आग्रह केवल नैतिक भंगिमा नहीं, वह राजनैतिक वक्तव्य भी है। 'हिंसा और अहिंसा क्या है—जीवन से बढ़कर हिंसा क्या है'—जैसी पंक्तियाँ अमूमन हिंसा-अहिंसा के बुनियादी मंथन से पिंड छुड़ाने की विधि के रूप में पढ़ी (शायद कही भी!) जाती हैं—गोकि इसी पंक्ति को सचमुच व्यथापूर्ण सवाल के रूप में भी कहा और पढ़ा-सुना जा सकता है। शर्त यह है कि हिंसा के स्वरूप और मानवीय संबंधों को निर्धारित करने वाले उपकरण के

रूप में उसके इतिहास का कुछ बोध हमें हो। इस तथ्य का हम ध्यान रखें कि केवल धर्म ही नहीं, विविध विचारधाराएँ भी पवित्र और अपवित्र हिंसा में फ़र्क़ करती हैं। हिंसा अपने आप में आपत्तिजनक नहीं मानी जाती, वह तभी आपत्तिजनक मानी जाती है जबकि वह किसी और के द्वारा किसी और लक्ष्य की सिद्धि के लिए की जाए। जब अपने धर्म/विचार/आस्था के 'आश्वासन' को 'सिद्ध' करने के लिए हिंसा की जाए तो वह वैदिकी/पवित्र/क्रांतिकारी हिंसा है—जिसका महिमामंडन ही कवियों का दायित्व है।

ऐसे 'स्वाभाविक' बोध से आगे बढ़ सकें तो यह देखना असम्भव तो नहीं कि हिंसा स्वयं को रिप्रोड्यूस भी करती है। 'सही' विचार या आस्था के नियंत्रण से मुक्त होकर हिंसा पवित्र-अपवित्र का भेद मिटा डालती है। हिंसा अपने आप में आलोचनात्मक विश्लेषण का, नैतिक समीक्षा का विषय है, केवल तभी नहीं, जबकि वह किसी 'अन्य' द्वारा 'अपवित्र' लक्ष्यों के पक्ष में की जाए। हाना एरेंट की गम्भीर चेतावनी याद करें—'हिंसा, किसी भी गतिविधि की तरह दुनिया में बदलाव तो करती ही है, लेकिन बदलाव होता है, और अधिक हिंसापूर्ण दुनिया की दिशा में।'

इक्कीसवीं सदी की मानवीय चेतना के पास अनगिनत यादें हैं यह समझाने वाली कि साधन शुचिता का आग्रह कोरी, हवाई नैतिकता का 'रिटॉरिक' नहीं, बल्कि मानवीय कर्म की प्रामाणिकता का मूलभूत प्रतिमान है। ऐसी प्रामाणिकता से वंचित राजनैतिक कर्म में, 'राज' और 'नैतिक' के बीच जो अलंघ्य खाई पैदा हो जाती है, उस खाई को इतिहास विधाता की इच्छा भी यों तो माना ही जा सकता है, लेकिन कवि होने का मतलब ही है ऐसी 'इच्छा' से जिरह करना। आस्तिकों, आस्थावानों के ईश्वर का ही नहीं, आधुनिकों, परिवर्तनकामियों के 'इतिहास' का भी मनोवैज्ञानिक रूप एक ओर साहस का उद्‌गम है, तो दूसरी ओर अंतिम भय का रूप भी:

*तुम इस जीवन के आगे मेरा निदान निश्चय हो*
*घबरा कर जिसे रचा है वह महाशक्ति सम्भव हो*
*है वहाँ काल का भय भी*
*कुछ फीका-फीका लगता...*
*मेरे साहस के उद्‌गम! तुम मेरा अन्तिम भय हो!'*

धर्मसत्ता हो या राजसत्ता—वह चाहती है अन्तिम भय के लौकिक या अलौकिक स्रोत पर एकाधिकार। मनुष्य का विवेक छटपटाता है—'गलत बाजी को मिटाकर फिर सिरे से खेल सकने' के लिए—

*'अगर तुमने यही चाहा*
*कि मैं भी खेलता तुम से*
*तुम्हारी ही तरह दिल से*
*तो मेरे पाँव भी उस न्याय पर टिकते*
*जहाँ से शह बराबर डाल सकता मैं*
*तुम्हारी ही तरह...*
*मुझे भी गलत बाजी को मिटाकर*
*फिर सिरे से खेल सकने की वही सामर्थ्य दी होती।!'*

ऐसी सामर्थ्य पाने का भरोसा दिलाना ही 'मसीहा' का वह अपराध था, जिसके कारण ग्रैंड इंक्विजिटर ने उसे चेतावनी दी थी: 'खबरदार अब कभी लौटकर न आना!'

'फिर सिरे से खेल सकने की सामर्थ्य' का हमारे अपने समय में एक अर्थ यह भी है—प्रतिशोध भाव से मुक्त हो सकने का नैतिक बल जुटाना। प्रतिशोध हिंसा द्वारा स्वयं को रिप्रोड्यूस करने की, स्वयं को शाश्वत बनाने की ऐतिहासिक प्रक्रिया की विधि है—हिंसा को मनुष्य के 'सहज-संस्कार' (!) की गरिमा दिलाने वाली मनोवैज्ञानिक विधि। ऐतिहासिक स्मृतियों को खास ढंग से संजोने की विधि। ऐसे ढंग से कि और अधिक हिंसा न केवल राजनैतिक बल्कि संस्कारगत, मानसिक ज़रूरत लगने लगे। प्रतिशोध और घृणा सहज, स्वास्थ्यकारी लक्षण प्रतीत होने लगें और प्रेम एक रोग-सा लगने लगे।

लेकिन स्मृतियाँ शायद किसी और ढंग से भी सँजोई जा सकती हैं। ऐतिहासिक अन्यायों की जिम्मेवारी किन्हीं जनसमूहों के स्थान पर शायद व्यवस्थाओं के नाम भी की जा सकती हैं। परंपरा की विशिष्टता के पूरे बोध को शायद विश्व नागरिकता की संवेदना में भी गूँथा जा सकता है। सारे के सारे जनसमूहों से प्रतिशोध लेने की भावना से परिभाषित होने वाली सामूहिकता के विकल्प की कल्पना की जा सकती है। हिंसा के पुनरुत्पादन की प्रतिशोध विधि से अपने तथा दूसरे के मन को युक्त करने का अनुष्ठान किया जा सकता है और इस तरह पवित्र/अपवित्र हिंसा की नहीं, (हिंसा मात्र की मूलगामी समीक्षा) की जा सकती है।

ऐसी समीक्षा यों तो 'आत्मजयी' से लेकर आज तक, कुँवर नारायण के काव्य-कर्म में विन्यस्त है। अहिंसा दृष्टि उनकी समूची काव्य-वस्तु में व्याप्त है, लेकिन इसका सर्वाधिक सघन, मार्मिक और विडम्बनापरक विन्यास हुआ है, बहुचर्चित कविता 'एक अजीब-सी मुश्किल' में—

*'एक अजीब-सी मुश्किल में हूँ इन दिनों*
*मेरी भरपूर नफरत कर सकने की ताकत*
*दिनोंदिन क्षीण पड़ती जा रही*

*अंग्रेजों से नफरत करना चाहता*
*जिन्होंने दो सदी हम पर राज किया*
*तो शेक्सपीयर आड़े आ जाते*
*जिनके मुझ पर न जाने कितने अहसान हैं*

*मुसलमानों से नफरत करने चलता*
*तो सामने ग़ालिब आकर खड़े हो जाते*
*अब आप ही बताइए किसी की कुछ चलती है*
*उनके सामने?*

*और वह प्रेमिका*
*जिससे मुझे पहला धोखा हुआ था*
*मिल जाए तो उसका खून कर दूँ*
*मिलती भी है, मगर*
*कभी मित्र*
*कभी माँ*
*कभी बहन की तरह*
*तो प्यार का घूँट पीकर रह जाता*

*दिनोंदिन मेरा यह प्रेम-रोग बढ़ता ही जा रहा*
*और इस वहम ने पक्की जड़ पकड़ ली है*
*कि वह किसी दिन मुझे*
*स्वर्ग दिखा कर ही रहेगा।'*

यह कविता पहले 'प्रेम-रोग' शीर्षक से छपी थी—और वही बेहतर शीर्षक था। प्रतिशोध के 'स्वास्थ्य' के बरक्स प्रेम का 'रोग'। 'कबीर बिगर्‌यौ, तुम जिन बिगरो मेरे भाई!'

सांस्कृतिक स्मृति की कौंधें कुँवरनारायण की कविताओं में बहुतों ने लक्ष्य की हैं। ध्यान देने की बात है वह कोशिश जो कुँवर नारायण निरंतर करते हैं—स्वकीय/परकीय का भेद मिटाने की कोशिश। बहुत ही सकारात्मक रूप से उनकी संवेदना 'कॉस्मोपॉलिटन' संवेदना है। इस कविता में यह संवेदना बहुत ही मार्मिक ढंग से विन्यस्त है। कितना 'सहज' और 'स्वाभाविक' है कि हम भारतीय अंग्रेजों से नफरत करें कि 'उन्होंने दो सदी हम पर राज किया' लेकिन...।

और कविता कौंधा देती है साम्राज्यवादी व्यवस्था तथा सर्जनात्मक प्रतिभा के बीच का फ़र्क़ आपकी चेतना में। रद्द कर देती है अस्मितावादी 'एसेंसियलाइजेशन' को, याद दिला देती है भारतीय स्वाधीनता संग्राम की मूलभूत प्रतिज्ञा, विरोध विदेशी राज से है, 'विदेशी' मनुष्य मात्र से नहीं। अपने सांस्कृतिक आत्म की भरपूर चेतना के साथ अपने व्यक्तिगत आत्म के विफल प्रेम की स्मृति को गूँथती यह कविता दोनों ही सन्दर्भों में प्रतिशोध को 'स्वभाव' मानने का प्रतिवाद करती 'प्रेम-रोग' की स्वर्गिक सम्भावना में आस्था रखती अद्‌भुत कविता है। ऐसे सघन प्रेम-रोग की कविता, जो मुहावरे के 'खून के घूँट' को भी 'प्यार के घूँट' में बदल डालती है।

बात इसी एक कविता की नहीं। संकीर्ण जनपदीयता और उसी के तनिक विकसित रूप—संकीर्ण राष्ट्रवाद के बरक्स कुँवर नारायण की नैतिक संवेदना और सांस्कृतिक स्मृति अपने/पराए की पहचान का वैकल्पिक प्रस्ताव रचती है। इस प्रस्ताव में नचिकेता भारतीय होने के कारण 'अपने' और शेक्सपीयर अंग्रेज होने के कारण 'पराए' नहीं। दोनों ही 'अपने' हैं, क्योंकि दोनों कवि के प्रिय मूल्यों—जिज्ञासा, सर्जनात्मकता और स्वाधीन चिन्ता—के रूपक हैं। कवि कुँवर नारायण के प्रिय मिथकीय, ऐतिहासिक व्यक्तित्वों का समूह और उनकी स्मृतियों का संचय 'रक्त संबंधों' के आधार पर नहीं, साझे मूल्यों के आधार पर रचा गया है। अभिनव गुप्त से लेकर अमीर खुसरो तक, सरहप्पा से लेकर सबीना तक।

जिन नैतिक मूल्यों के आधार पर कवि अपने संबंधों और स्मृतियों का संचय रचता है, उनकी राजनैतिक परिणतियाँ, उनके राजनैतिक निहितार्थ क्या अलग से गिनाने की ज़रूरत है? अगर सचमुच है, तो यह ज़रूरत कवि की नहीं, पाठक की ही सीमाओं को व्यंजित करती है।

अध्यात्म-सजग समाज संवेदना और अहिंसा दृष्टि के साथ ही कुँवर नारायण की कविताओं में गुँथी हुई है बहुत मार्मिक और सूक्ष्म प्रेम संवेदना। कयास लगाया जा सकता है कि बहुत गहरी प्रेमानुभूति ही इस संश्लिष्ट, संपन्न काव्य-संवेदना में फलीभूत हुई है। इतना तो कविताओं से ही स्पष्ट है कि ये कविताएँ प्रेम करते मन की नहीं, प्रेम को याद करते मन की कविताएँ हैं। याद इतनी गहरी, इतनी जीवंत कि जिसमें 'करने' से व्यंजित सायासता अटपटी लगने लगती है, जिसमें पहले और बाद का फ़र्क़ मिट जाता है—बाकी बचती है दर्दभरी कौंध—

*'सोचते-सोचते सो गया था एक गहरी नींद*
*जैसे अब सुबह न होगी*

*कि एक आहट से खुल गईं आँखें*
*जैसे वही हो दरवाजे पर*
*बरसों बाद*
*जिसे बहुत पहले आना था'।*

हमारे समय की दरिद्रता का, प्रेम के प्रसंग में, मार्मिक अंकन रोलाँ बार्थ ने किया है—"प्रेमी का विमर्श आज आत्यंतिक अकेलेपन का विमर्श है। इसे बोलने वाले शायद हजारों हैं—सुनने वाला शायद कोई नहीं। आसपास की भाषाओं ने और मुहावरों ने इसे पूरी तरह त्याग दिया है। ये भाषाएँ इसकी उपेक्षा ही नहीं, निन्दा भी करती हैं। सत्ता और सत्ता की प्रक्रियाओं से प्रेमी का विमर्श पूरी तरह खारिज है।"

खारिज क्या, सत्ता और सत्ता की प्रक्रियाओं में (विडंबना यह है कि सत्ता को बदलने का दावा करने वाली प्रक्रियाओं में भी) प्रेमी का विमर्श लगभग अपराध है। कविता इस 'अपराध' की सार्वभौम अभियुक्त है। इस अभियोग को स्वीकार करने की जिद्द ही भाषा के विशिष्ट प्रयोग को कविता बनाती है। 'प्रेमी के विमर्श' को खारिज करने का दौर यों तो कविता में भी आया था, लेकिन सौभाग्य से कविता ने अपनी जिद्द के चलते उस दौर को ही खारिज कर दिया। हमारी अपनी कविता में प्रेमी के विमर्श की पुन:प्रतिष्ठा उसके शुभ और सार्थक जिद्दीपन की आश्वस्तिदायक वापसी का ही प्रमाण देती है।

लेकिन इस प्रसंग में भी कुँवर नारायण की कविताओं का मिजाज कुछ और ही है। अनुभव को स्मृति में बदल चुकी ये कविताएँ अपने प्रेम का विमर्श तो गढ़ती हैं, लेकिन ज्यादा अवकाश भावक को देती हैं कि वह अपना विमर्श गढ़ सके। इन कविताओं में प्रेम की बात करता कवि वस्तुत: पाठक को मौका और न्यौता देता है कि वह स्वयं अपने प्रेम की बात सुन सके। कवि के अपने प्रेमानुभव का वर्णन (यदि उसे वर्णन कहा जा सके तो) इतना सांकेतिक और झीना है कि वह बस एक 'बैकड्रॉप' है और मंच पर पाठक स्वयं अपने प्रेम को संवाद और एकालाप करते देख-सुन सकता है। कवि के लिए उसके प्रेम का अनुभव सघन रूप से वैयक्तिक है। शायद यही वजह है कि अभिव्यक्ति में संकोच और सांकेतिकता की, लेकिन उतने ही सघन रूप से वह सामाजिक भी है और आध्यात्मिक भी। (असल में तो 'आध्यात्मिक' की बनावट ही प्रेम के ताने-बाने से होती है):

*'एक शून्य है*
*मेरे और तुम्हारे बीच*
*जो प्रेम से भर जाता है*

*एक शून्य है*
*मेरे और संसार के बीच*
*जो कर्म से भर जाता है*

*एक शून्य है*
*मेरे और अज्ञात के बीच*
*जो ईश्वर से भर जाता है*

*एक शून्य है*

*मेरे हृदय के बीच*
*जो मुझे मुझ तक पहुँचाता है।'*

यह शून्य है, प्रेम का, जो अब केवल स्मृति है। व्यक्ति को नष्ट कर देने वाली आत्महंता स्मृति नहीं, 'मुझे मुझ तक पहुँचाने' में प्रेम को फलीभूत करने वाली वेदना प्रकाशित स्मृति। स्मृति जिसकी रेखाएँ इतनी झीनी भी नहीं कि कवि की जीवन कथा में पहचानी ही न जा सकें, स्मृति इतनी वायवीय भी नहीं कि दैहिकता के नक्श ही न बचे हों।

*'उसके स्कर्ट से जूझती शरारती हवा*
*उसकी आँखों में एक मासूम परेशानी*
*कि 'ये मानती क्यों नहीं?'*
*मेरा केवल उन आँखों में हँसना रह-रह*
*याद हैं दो नीली आँखें कुछ इसी तरह।'*

कितना स्वाभाविक है कि कुँवर नारायण 'कवि सरहप्पा' के अद्‌भुत, साहसपूर्ण प्रेम का आख्यान याद करते हैं। यह आख्यान स्वयं सरहप्पा, उन्हें याद करते कवि और इस याद से गुजरते भावक—तीनों के ही प्रेमानुभव के मूलभूत अर्थ-अभेद और मुक्ति को एक सूत्र में गूँथ देता है। दो देहों के भेद को अभेद में बदलने की अभीप्सा, 'निषेधों को पार करने के दुस्साहस' की डगर पर चल कर काया से उगते वसन्त का रूप लेती है—और कविता में गूँज उठता है—'उस खेल का कवित्व', 'मनुष्य के मुक्त होने का अर्थ'।

*दोनों मिलकर खेलते एक खेल*
*जिसमें दोनों जीतते हैं एक साथ।*
*बचा रह जाता*
*उस खेल का कवित्व,*
*और स्त्री-पुरुष, ऊँच-नीच के अभेद में*
*मनुष्य के मुक्त होने का अर्थ।'*

कुँवर नारायण की प्रेम कविताएँ—प्रेम के अथाह वैभव—के स्पर्श की, उस स्पर्श के प्रति कृतज्ञ स्मृतियों की कविताएँ हैं। अपने आपको बस पृष्ठभूमि में रखते हुए, भावक के लिए उसकी अपनी प्रेम कृतज्ञता का वितान रचते, 'अपनी उदासी में अधिक उदार' प्रेम की कविताएँ।

अध्यात्म-सजग समाज संवेदना, अहिंसा दृष्टि और प्रेम कृतज्ञता से परिभाषित काव्यदृष्टि स्वाभाविक ही है—कि 'झूठ या सच से नहीं/इस तरह सोचने वालों के बहुमत' से 'डरती' है। इस दृष्टि की जनपक्षीयता असंदिग्ध है, लेकिन अधिक महत्त्वपूर्ण है—झूठ या सच के मनमाने, साफ़-सुथरे विभाजन के परे जाकर उस धुँधलेपन की पड़ताल करने का साहस जिसे 'इस तरह सोचने वालों का बहुमत' या तो समझ नहीं पाता या समझना नहीं चाहता। यह दृष्टि ठेठ राजनैतिक सन्दर्भ में एक बहुत ही ज़रूरी और बहुधा उपेक्षित दायित्व का निर्वाह करती है। दायित्व राजनैतिक को नारेबाजी से बचाते हुए उसकी नैतिक पड़ताल का। दायित्व 'राज' और 'नैतिक' के बीच की खाई को लाँघने का। दायित्व रोजमर्रा की जिन्दगी के राजनैतिक संबंध सूत्रों और स्वयं राजनैतिक कार्यवाहियों, प्रक्रियाओं पर गहरा, सघन विचार करने का। सार्थक कवि की राजनैतिक चेतना ऐसे विचार से—संवेदना और स्मृतिसंपन्न विचार से—भी प्रमाणित होती है—और कुँवर नारायण की राजनैतिक चेतना ऐसी सार्थकता को अपने कवि-कर्म में साधने का निरंतर प्रयत्न करती रही है।

हिंसा की चिन्ता और उस पर संवेदनासंपन्न चिन्तन कुँवर नारायण का केन्द्रीय नैतिक/राजनैतिक सरोकार है। भय, प्रतिशोध और प्रतिहिंसा की विवशता 'डर' और 'खूँख्वारियत' के खतरे और सुरक्षा के फ़र्क़ को धुँधला कर देती है। नैतिकताविहीन राजनीति हर वक्त को ऐसे मुश्किल वक्त में बदल देती है जो आदमी और जानवर के फ़र्क़ को भी मिटा डालने पर उतारू है—

*'शायद उसी मुश्किल वक्त में*
*जब मैं एक डरे हुए जानवर की तरह*
*उसे अकेला छोड़ कर बच निकला था खतरे से सुरक्षा*
*की ओर*
*वह एक फँसे हुए जानवर की तरह*
*खूँख्वार हो गया था'।*

जो 'खूँख्वार' हो गया था उसकी निन्दा करना आसान है। बहुत से अहिंसा प्रेमी ऐसी निन्दा के जरिए नैतिक ऊँचाई पा लेते हैं, लेकिन गहरी अहिंसा दृष्टि का ध्यान उस पर है जो खतरे से सुरक्षा की ओर बच निकला था। फँसे हुए जानवर के खूँख्वार होने का डरे हुए जानवर के डर या चतुराई से क्या रिश्ता है? कवि की नैतिकता इस असुविधाजनक सवाल को उठाने में ही है—खूँख्वारियत की कोरी निन्दा या उसके महिमामंडन में नहीं।

कुँवर नारायण 'जनता' नामक अमूर्तन का भी महिमामंडन नहीं करते। वे इस अमूर्तन को ठोस ऐतिहासिक या मिथकीय कर्ताओं के माध्यम से जाँचते-परखते हैं। ऐसे कर्ताओं पर ध्यान देती उनकी कविता जनसंघर्षों को परखती है अधिक आत्मीय सन्दर्भ में। कर्ताओं की पहचान, बल्कि उनकी काव्य-रचना ज़रूरी है, वरना तो 'जनता' नामक अमूर्तन से न तो ठोस लगाव सम्भव है, न उस अमूर्तन के नाम पर होने वाले राजनैतिक, नैतिक-अनैतिक कर्मों की पड़ताल—

*'जनता का क़ुसूर नहीं होता। उसने तो*
*हर बार की तरह इस बार भी*
*सिर्फ़ जला दिया था हंगामों और पटाखों के बीच*
*रद्दी अखबारों का बना एक पुतला और'।*

लेकिन जब कविता नैतिक कर्ताओं की पहचान या रचना करती है तो सम्मेदीन नामक चरित्र अपनी समकालीनता और साधारणता के साथ ही, पाठकीय स्मृति में बसे चिर-परिचित मिथकीय चरित्र का भी रूप ले लेता है। व्यक्ति के रूप में, जिसका मारा जाना पहले से तय है, वह निहत्था सम्मेदीन नैतिक संघर्षशीलता का शाश्वत, मिथकीय रूप बन जाता है। जान पर खेल कर लड़ी जा रही उसकी लड़ाई चतुर व्यावहारिकता, साक्षी मनुष्य को अकेला छोड़ कर सुरक्षा की ओर चल देने वाले 'जानवर के डर' का 'खब्ती' प्रतिकार बन जाती है—

*'बचाए रखना*
*उस उजाले को*
*जिसे अपने बाद*
*जिन्दा छोड़ जाने के लिए*
*जान पर खेलकर आज*
*एक लड़ाई लड़ रहा है*
*किसी गाँव का कोई खब्ती सम्मेदीन।'*

धर्म है—इस उजाले को बचाए रखना, ताकि कुछ तो फ़र्क़ बचा रहे। 'धर्मयुद्ध और कीटयुद्ध' में। कर्त्तव्य है सम्मेदीन के खब्त को अपनाना ऐन अपने आसपास के सन्दर्भ में—आज के भारत के सन्दर्भ में—इस वक्त में जो कि—

*'अजीब वक्त है*
*बिना लड़े ही एक देश-का-देश*
*स्वीकार करता चला जाता*
*अपनी ही तुच्छताओं की अधीनता!'*

नैतिक और राजनैतिक के बीच संवाद के बिन्दु खोजती संवेदना गहन-चिन्तन के साथ जब मिलती है तो 'जंगी प्रतिहिंसा के नरभक्षी प्रेत' को साफ़ देख पाती है। यह देख पाना इत्मीनान की जुगलबन्दी से बाहर आना है। इस 'नरभक्षी प्रेत' को ही मानव का स्वभाव मान लेने की 'सहजता' ने जो नरक, इतिहास में और हमारे आसपास में रच दिया है, उस नरक से "समझती हुई दृष्टि" के साथ गुजरना सचमुच 'सजा' ही है। मिथकीय चरित्र को यह सजा धर्मच्युत होने के फलस्वरूप मिली थी, नैतिक विवेक संपन्न कवि के लिए तो यह उसकी नियति ही है—

*'सजा सिर्फ़ इतनी थी*
*कि नरक से होते हुए गुजर जाना था।*
*नर और कुंजर के फ़र्क़ को मिटाते ही*
*मिट गया जो*
*वह एक शोकातुर पिता था।*
*जो बचा रह गया*
*हमारे बीच*
*जंगी प्रतिहिंसा का नरभक्षी प्रेत*
*पशु है न मानव—*
*दोनों के बीच का मिटा हुआ अन्तर है।*
*सजा सिर्फ़ इतनी थी*
*कि इस अन्तर को समझती हुई दृष्टि से*
*नरक देखना पड़ा था धर्मराज को।'*

कहते हैं, अश्वत्थामा अमर है और अमर है उसके माथे का रिसता घाव, उसकी आत्मा में रिसती प्रतिहिंसा। यह अद्वितीय कविता जो मार्मिक संकेत करती है वह है—उन धर्मराज की तरफ़ जिन्होंने नर और कुंजर के फ़र्क़ को मिटाया था।

कुछ लोगों के लिए सारा इतिहास ही सतत प्रतिहिंसा का आख्यान है। ऐसे लोगों के नैतिक (!) और राजनैतिक आत्मबोध में वे स्वयं सदा 'शिकार' हैं—सर्वथा निर्दोष हैं। सच-झूठ के सरल बहुमत में सारी चीजों को घटा देने पर काम ऐसे लोगों की रणनीति का अनिवार्य अंग है और बहुत से लोग जाने-अनजाने शिकार बनते हैं ऐसी रणनीति के। प्रतिहिंसा के आख्यान में बदले जा रहे इतिहास से जिरह कुँवर नारायण की कविता का केंद्रीय सरोकार है। इस आख्यान के रूपक बनते हैं—मध्यकाल का नालंदा और अभी कुछ बरस पहले की अयोध्या जिसे देखता कवि प्रभु से निवेदन करने को विवश है—

*'सविनय निवेदन है प्रभु कि लौट जाओ*
*किसी पुराण-किसी धर्मग्रन्थ में*

*सकुशल सपत्नीक...*
*अबके जंगल वो जंगल नहीं*
*जिनमें घूमा करते थे—वाल्मीक!'*

लेकिन, उम्मीद नहीं छोड़ती कविता। नहीं छोड़ती शब्द और अर्थ की पुनः प्रतिष्ठा करने का संकल्प। इस संकल्प को धारण करने वाले कवि ही उत्तर देते हैं—'किसी दरिद्र समय में कवियों की ज़रूरत' को लेकर उठाए गए सवालों का। संकल्प कविता का उपयोग स्वयं भाषा की छानबीन के लिए करने का, और भाषा का उपयोग भीतर-बाहर निरंतर की संश्लिष्ट वास्तविकता की छानबीन के लिए करने का। ऐसी कविता किसी नितान्त कविता-रहित जिन्दगी में भी सचमुच बहुत कुछ हो सकती है और हर समय की तरह हमारे समय को भी ऐसी कविता की ज़रूरत है—

*'हम बचाए रख सकते हैं उसके लिए*
*अपने अन्दर कहीं*
*ऐसा एक कोना*
*जहाँ जमीन और आसमान*
*जहाँ आदमी और भगवान के बीच दूरी*
*कम से कम हो।'*

अपनी ही नहीं, आधुनिक हिन्दी कविता मात्र की भाषा के सामने मौजूद सर्जनात्मक चुनौती को कुँवर नारायण ने 'तीसरा सप्तक' के वक्तव्य में, इन शब्दों में लक्ष्य किया था, "...एक पचास वर्ष की बालभाषा को युग के ऐसे प्रौढ़ व्यक्तित्व को अभिव्यक्ति देनी है जिसकी जानकारी के पीछे तीन हजार साल पुरानी परंपरा और सामने आधुनिक जीवन के सैकड़ों नए-नए पहलू हैं।"

शुरू से लेकर अब तक की कविताएँ सिलसिलेवार पढ़ी जाएँ तो कुँवर नारायण की भाषा से बदलते मिजाज को लक्ष्य किया जा सकता है। आरम्भिक कविताओं पर नयी कविता के दौर की काव्य-भाषा की स्वाभाविक छाप स्पष्ट है। इस छाप के बावजूद—छटपटाहट है कविता के वाक्य-विन्यास को आरोपित सजावट से जुदा कर सहज वाक्य-विन्यास के निकट लाने की। यह छटपटाहट व्यक्त होती है उसी दौर की ऐसी पंक्तियों में—

*'दोनों ही बत्तख हैं*
*दोनों ही पानी हैं*
*छोटी-सी तलैया के*
*राजा और रानी हैं।*
*और—*

'कभी बचपन में सुनी थी/शाहजादे की कहानी/याद आता है/समुंदर पार कैसे दानवी/माया-नगर में वह बिचारा भूल जाता है,...'

आगे चल कर यह वाक्य-विन्यास कुँवर नारायण की कविता के लिए स्वभावसिद्ध हो गया है। लेकिन उनकी विशेषता यह है कि उन्होंने सहज वाक्य-विन्यास को बोध के सरलीकरण का पर्याय अधिकांशतः नहीं बनने दिया। सहज रहते हुए सरलीकरण से बचे रहना साधना की, कठिन अभ्यास की माँग करता है। 'सहज-सहज सब कोई कहै—सहज न चीन्हे कोये!'

'बाल भाषा' में 'प्रौढ़ व्यक्तित्व को अभिव्यक्ति' देने की चुनौती को कुँवर नारायण ने बहुत गहरे में लिया और जीया है। परंपरा की स्मृति और 'सैकड़ों नए-नए' पहलुओं को धारण

करने वाली अपनी विशिष्ट काव्य-भाषा सम्भव करने के लिए जो साधना उन्होंने की होगी, उसका अनुमान ही किया जा सकता है। पृष्ठ पर मौजूद कविता में तो हम केवल वह अनायासता देखते हैं, जिसके पीछे इतना सचेतन आयास और इतना सतत अभ्यास है। कुँवर नारायण इस महत्त्वपूर्ण सच्चाई के प्रति सजग हैं कि 'कलाकार-वैज्ञानिक के लिए कुछ भी अग्राह्य नहीं।' यह सजगता उनकी भाषा में विन्यस्त नैतिक बोध को 'नैतिकतावाद' से एकदम अलग कर देती है। वे इस गहरी सच्चाई से भी वाक़िफ़ हैं कि 'चिन्तन की वास्तविक भाषा काव्यात्मक ही होती है।' चिन्तन चाहे दार्शनिक प्रश्नों पर किया जाए—चाहे वैज्ञानिक तथ्यों पर—बात जब अस्तित्व की गतिविधि की हो, तो भाषा को काव्यात्मक होना ही पड़ता है—क्योंकि काव्यात्मक भाषा ही प्रत्यक्ष दीखने वाले विरोधों के परे जा कर मूलभूत सत्यों को धारण करने का हौसला कर पाती है।

स्वयं के कवि कर्म के नैतिक आग्रहों के साथ मिल कर, अपनी भाषा की विशिष्ट ऐतिहासिक स्थिति का यह बोध कि उसकी अपनी उम्र भले पचास ही साल हो, लेकिन उसकी स्मृति की उम्र तीन हजार साल है, कुँवर नारायण की भाषा को उसकी अपनी पहचान देता है। एक निबन्ध में उन्होंने 'काव्य-मीमांसा' को याद किया है: ''बुद्धि के तीन हिस्से माने गए हैं—स्मृति, मति और प्रज्ञा—तथा तीनों को ही कवि के लिए आवश्यक कहा गया है...याद रखनेवाली बुद्धि स्मृति, वर्तमान को सोचने वाली बुद्धि, मति तथा भविष्यद्रष्टा बुद्धि को प्रज्ञा कहा गया है।''

चिन्तन की भाषा 'काव्यात्मक' होती है, क्योंकि चिन्तन को संवेदना से और संवेदना को चिन्तन से विच्छिन्न नहीं होना चाहिए। बुद्धि के तीनों हिस्से कवि के लिए आवश्यक भी इसी कारण कहे गए हैं। अविच्छिन्नता की यह आवश्यकता पूरी हुई या नहीं—इसका प्रमाण कवि के वक्तव्यों में नहीं, कविताओं में ही खोजा जाना चाहिए।

जब स्मृति केवल परंपरा-प्रेम की रूढ़ि बन जाए तो मति और प्रज्ञा से उसका संबंध टूट जाता है। सांस्कृतिक स्मृतियों के कवि कुँवर नारायण इस संबंध का अपनी भाषा में पुनर्वास करते हैं। उनका स्मृति-कोष चीजों, घटनाओं और शब्दों के चयन में संकीर्ण जनपदीयता और संकीर्ण परंपरा-बोध से मुक्ति का सचेत प्रयत्न करता है। खगोलीकरण का इन दिनों कुछ ऐसा आतंक है कि बहुत से लोगों को विश्वजनीनता और सार्वभौमिकता कविता तक में संदिग्ध लगने लगी है। ऐसी संदिग्धता की भाषा में रची गई कविता संकीर्ण राष्ट्रवाद के अनुकूल होगी या अन्तर्राष्ट्रीय जनवाद के? दूसरी ओर, जिस भाषा की परंपरा में कवि, बतौर कवि के जन्मा है, उस भाषा की परंपरा को धारण किए बिना कविता क्या सचमुच कविता हो पाएगी?

इस प्रश्न का सार्थक उत्तर वही कविता दे सकती है जो स्मृति, मति और प्रज्ञा को; गत, वर्तमान और आगत के बोध के एक बहुत ही नाजुक सन्तुलन को धारण करने में सक्षम हो। कुँवर नारायण की कविता में आनेवाली, दुनियाभर के इतिहास की सांस्कृतिक स्मृतियों की कौंधें; उनके आसपास रचा गया वाक्य-विन्यास एक नाजुक सन्तुलन उनकी भाषा में लाता है। बहुत ही सधे हाथों से तराशा गया यह सन्तुलन भावक की स्मृति में भी मार्मिक कौंध पैदा करता है—

*'घर रहेंगे, हमीं उनमें रह न पाएँगे*
*समय होगा, हम अचानक बीत जाएँगे।'*

अनायास याद आते हैं, भर्तृहरि 'कालो न यातो वयमेव यातास्तृष्णा न जीर्णा वयमेव जीर्णाः'! सचमुच, 'प्रौढ़ व्यक्तित्व को अभिव्यक्ति' देती कविता जब रची जाती है तो कविता की पूरी परंपरा या उसके कुछ मार्मिक क्षण ऐन आसपास स्पंदित हो उठते हैं।

मिथकों के प्रति गम्भीर संवेदनशीलता रखते हुए कुँवर नारायण उन्हें न तो जबरन इतिहास बनाते हैं, न उनमें अपने समकालीन राजनैतिक आग्रहों को ठूँसते हैं। भाषा के प्रति संवेदनशील कवि जानता है कि मिथकों की वास्तविक सार्थकता उनकी बहुलार्थ सम्भाव्यता में ही है, सुज्ञात, सुपरिभाषित ऐतिहासिक तथ्य या व्यक्ति बन जाने में नहीं। कवि मिथक की पुनर्रचना करता है। इस पुनर्रचना में उसके अपने आग्रहों का आना स्वाभाविक, बल्कि निर्णायक है, लेकिन इस पुनर्रचना की विश्वसनीयता, कवि के अभिप्रेत को व्यंजित कर सकने की क्षमता निर्भर करती है—भाषा के उसी नाजुक सन्तुलन पर। आधुनिक मानस, मिथकों की अन्तर्वस्तु को सचमुच निश्चित रूप से नहीं जानता। जानता होता हो तो वे मिथक होते ही कैसे? चुनौती मिथक को मनचाहे उपदेश के बदलने से बचने की ओर उसे वक्त की बर्फ में जम गया मान लेने से बचने की है। यों जम गया होता, तो भी, वह मिथक होता कैसे?

मिथक की अनिवार्य गतिशीलता और बहुलार्थकता माँग करती है प्रौढ़ कवित्व की। 'आत्मजयी' की पंक्तियाँ हैं—

*'यह सब धर्म नहीं— धर्म सामग्री का प्रदर्शन है।*
*अन्न, घृत, पशु, पुरोहित, मैं...*
*शायद इस निष्ठा में हर सवाल बाधा है।*
*जिसमें मनुष्य नहीं, अदृश्य का साझा है।*
*तुम सब चतुर और चमत्कारी।*
*बहुमत यही है— ऐसा ही सब करते— '*

'अदृश्य का साझा', 'बहुमत'—इस तरह के शब्द मिथकीय नचिकेता के रहे होंगे या ये शब्द पुनर्रचित नचिकेता के हैं? कहना मुश्किल है—क्योंकि इस मिथक की अन्तर्वस्तु और जो हो या न हो, जिज्ञासा और साहस अवश्य है। नचिकेता के प्रश्न धर्म के वास्तविक स्वरूप से सम्बन्धित थे, और धर्म का प्रचलित स्वरूप चाहे जितना बदल जाए, उसके 'वास्तविक स्वरूप' की जिज्ञासा तो बनी रहेगी। मिथक की वस्तु की रक्षा करते हुए ही उसे अपने समय के सरोकारों से जोड़ने का यह प्रयत्न एक भी शब्द की लापरवाही से विफल हो सकता है।

सन्दर्भ मिथकों, किंवदंतियों या ऐतिहासिक व्यक्तियों का हो चाहे आसपास के पर्यवेक्षण का, कुँवर नारायण भाषा के नाजुक सन्तुलन को हाथ से छूटने नहीं देते। इस सन्तुलन के ही फलस्वरूप डर और खूँख्वारियत की परस्पर निर्भरता किसी भयानक खबर की तरह पाठक तक पहुँचती है। नर और कुंजर का भेद मिटाने वाले नैतिक विचलन की परिणति उस भयानक युद्ध तक सीमित न रह कर न जाने कितनी छोटी-छोटी लड़ाइयों और कितने शीत युद्धों तक पहुँचने का समाचार पाठक तक पहुँचता है।

और साथ ही, मुहावरों का रूपान्तरण हो जाता है। खून का घूँट प्यार के घूँट में बदल जाता है, किसी एक वस्तु से जुड़े मुहावरों पर कवि दृष्टि पड़ती है तो वह वस्तु—'तारा'-जैसे अपने विविध वाचक रूपों में पाठक से बतियाने लगती है। दीखने, चमकने, टूटने, फूटने और खोने के रूपों में।

ये कविताएँ भी अपने विविध रूपों में आप से बोलने-बतियाने को उत्सुक हैं। बोलने-बतियाने को इनके पास जीवन तो है ही, जीवन से बड़ा एक सपना भी है और उस सपने का लक्ष्य हैं आप—

*'तुम शुरू होना— एक घटना*
*मैं याद रखूँगा*
*पहला अंक-प्रस्तावना*

*तुम बोलते रहना— एक ध्वनि*
*मैं सुनूँगा*
*पहला शब्द— कैसे बना*

*तुम देखते रहना— कोई स्वप्न*
*मैं रचूँगा*
*पहला स्वप्न— एक रचना*

*तुम लिख कर मिटा देना मुझे*
*मैं लिख कर सिद्ध करता रहूँगा*

*बार-बार तुम्हें— जीवन से बड़ा एक सपना।'*

जीवन से बड़ा एक सपना—जो कवि का प्रेम है—जो कवि की प्रतिज्ञा है।

['आलोचना' अप्रैल-जून 2008]

# प्रार्थना और चीख के बीच

*मैं देखता हूँ*
*धीरे-धीरे पास आते अन्त को:*
*नदी एकाकार होती है समुद्र से अनजाने*
*जल लौट आता है*
*समय और कामना में—*
*पहली बार मैं पहचानता हूँ;*
*शब्दों के अवसाद में*
*प्रार्थना और चीख के बीच स्थगित कविता*
*जो कहीं नहीं रखी जा सकती।*

ये पंक्तियाँ बीसवीं सदी के सातवें दशक की हैं, और इक्कीसवीं सदी के पहले बरस की हैं ये पंक्तियाँ—

*मैंने शब्दों को जली हुई हड्डियों की तरह राख के ढेर से*
*कभी नहीं उठाया*
*और न ही उन्हें मवाद-भरे रिसते घाव की तरह कभी छुपाया:*
*मैंने भव्य संगीत नहीं सुना*
*मनुष्य की चमड़ी के लैम्पशेड के मद्धिम प्रकाश में—*
*फिर भी*
*क्यों लगता है मुझे कि मैं ज़िम्मेदार हूँ;*
*कि मैं होता उस अधरात तो अपने पड़ोसियों का हाँका होने पर*
*भयातुर देखता रहता*
*उन्हें ले जाए जाते;*
*ईश्वर से, जिस पर मेरा कोई भरोसा नहीं,*
*करता एक डरपोक प्रार्थना*
*और अपनी भाषा को धो-पोंछकर साफ़ कर लेता*
*कीचड़, खून और डर से;*
*दिन में घरघुसे लिखता*
*धूप की, उज्ज्वल दिन की निर्मल कविता*
*मैं नहीं था*
*पर होता तो चुप होता*
*इसलिए मैं अपने बचे हुए को बीते हुए की तरह देखना चाहता हूँ*

*हरे के विवर में उभरती पीले की दरार की तरह*
*मैं अपनी प्रार्थना में दबी चीख सुनना चाहता हूँ।*

नहीं कह सकता कि आश्विट्ज को देखते या स्मरण करते हुए उपरोक्त पंक्तियाँ जब कवि के मन में उतर रहीं थीं, तो 'प्रार्थना और चीख के बीच स्थगित कविता' की स्मृति उससे सीधे-सीधे मुखातिब थी या नहीं, लेकिन कहीं-न-कहीं से अपनी छाया तो डाल ही रही होगी। असल में तो, जहाँ प्रार्थना और चीख के बीच स्थगित कविता 'रखी' जा सके, वह जगह तलाशने की कोशिश वाजपेयी जी के सारे रचना-कर्म और संस्कृति-कर्म की पहचान ही है। यह और बात है कि इस पहचान को पहचानने की कोशिशें कदरन कम हुईं हैं।

ये दो कविताएँ उस काव्य-यात्रा के दो छोरों पर हैं, जो 'प्रार्थना और चीख के बीच स्थगित कविता' की अपनी जगह पहचानने और तलाशने की यात्रा है। लाजबाव शब्द-संयम के कारण 'आश्विट्ज-1' बहुत गहरा नैतिक प्रभाव छोड़ती है, केवल भावोद्रेक नहीं करती। कवि की चेतना के दो पहलुओं—भोगने वाले नागरिक और रचने वाले कवि—के बीच दूरी सचमुच ज़रूरी है, रचना को सतही भावुकता से बचाने के लिए। लेकिन, स्वयं कवि द्वारा या अन्यों द्वारा नागरिक के तौर पर किए जाने वाले व्यवहार की नैतिक समीक्षा कविता की संवेदना और रचना का वैध विषय तो है ही। आश्विट्ज यातना-कैम्प ही नहीं, उन ऐतिहासिक पलों का रूपक भी है जिनमें कवि द्वारा बतौर नागरिक के किया गया व्यवहार उसकी कविता और संवेदना के दावों का प्रतिमान भी बनता है। वह नात्शी क्रूरता और यहूदियों की बदकिस्मती का ही नहीं, मनुष्य-मन के गुहान्धकार का भी रूपक है। इस अंधकार के ठोस स्मारक के सामने खड़े अशोक वाजपेयी नामक कवि की वेदना हर उस इनसान की वेदना है, जो वहाँ 'मैं नहीं था' की राहत के बावजूद अपने आप से पूछता है कि मैं वहाँ होता तो क्या करता? और आश्विट्ज के बाद 'अगर हो सके' तो, क्या करेगा :

*अगर हो सके तो*
*मैं अपने समय के लिए उम्मीद की एक नई वर्णमाला लिखना चाहता हूँ:*
*कहाँ से शुरू करूँ 'अ'—*
*कुल तीन फीट ऊँची झुग्गी में नवजात शिशु के रोने*
*और बर्फ से ढँके निर्जन अरण्य के वृक्ष के कोटर में*
*अपनी माँ की प्रतीक्षा करते पक्षी से?*

*'ण' लिखूँ*
*आतंक के सामने लाठी, चश्मे और चरखे के*
*अविचलित रहने से या*
*दंगे की आग में सब कुछ राख हो जाने के बाद*
*एक लहूलुहान बुढ़िया को अपना घर खोजने में मदद करती*
*अपना सब कुछ खो चुकी औरत से?*

*उम्मीद की एक नई वर्णमाला लिखना चाहता हूँ*
*जिसमें संसार के सभी बच्चे*
*अपनी इबारत बिना हिचक और डर के लिख सकें*

कविता कवि द्वारा खुद को याद-दिहानी है कि यदि उसके अपने समय में कुछ ऐसा हो तो उसे क्या नहीं करना चाहिए, और क्या करना चाहिए। कविता स्मरण-पत्र है कवि-मानस द्वारा नागरिक को, कवि के सामाजिक व्यक्तित्व को कि अपने अनुभव में आए किसी भी आश्विट्ज-पल में कर्त्तव्य है—'अपनी प्रार्थना में दबी चीख सुनना'—ताकि 'शब्दों के अवसाद में' वह जगह बार-बार पहचानी जा सके जहाँ प्रार्थना और चीख के बीच स्थगित कविता रखनी है।

सामाजिक संवेदनशीलता और दायित्व के पैमाने पर अशोक वाजपेयी ही नहीं, किसी भी कवि को आँकने के लिए सही सवाल यही है कि ऐसे किसी पल में कवि ने क्या किया?

अवसाद के साथ, उल्लास और रोमांच के साथ और रहस्यवादी होने का 'आरोप' आमंत्रित करते हुए वाजपेयी जी ने शब्द के बारे में अनेक कविताएँ रची हैं। शब्द और भाषा में कवि की अगाध आस्था है, वैसे ही जैसे उन्हें काव्य-विषय के रूप में मोहल्ले और पड़ोस से है अपार प्रेम। उन पर व्यापक सामाजिकता के प्रति उदासीन होने के आरोप भी लगाए गए हैं। देखना चाहिए कि शब्द के प्रति यह आस्था और पड़ोस के प्रति यह प्रेम कवि को व्यापक सामाजिकता से वाकई उदासीन करता है या सामाजिक और राजनीतिक के प्रति कवि के साथ-साथ पाठक की भी निजता को ज्यादा गहरे में संवेदनशील और प्रश्नाकुल बनाता है—

*सड़ाँध और चिरायँध आ रही है भाषा से*
*खून, चिथड़े और बेरहमी से तोड़ी गई हड्डियों में लिथड़ी है भाषा*
*प्रार्थना बन गई है एक खूँखार गाली*
*पड़ोस हत्याघर, गलियाँ हिंसा की वीथिकाएँ*
*जो कल तक अपने थे आज दूसरे बना दिए गए :*
*हत्यारों के चेहरे पर खून के दाग़ नहीं, दिग्विजय की आभा है*
*मैं असहाय-सा देखता रहा कि कैसे शब्द गन्दे किए जाते हैं*
*भाषा के विन्यास में कैसे घृणा बुनी जाती है,*
*मुहल्ले पड़ोस को कैसे कविता से बाहर किया जाता है।*

यह कविता 2003 की है, याने, आश्वित्ज-1 के दो साल बाद की, याने सन् 2002 के एक साल बाद की! जो कुछ कवि के अपने देशकाल में सन् 2002 में घटा था, इस चुनौती के साथ घटा था कि क्या बचाया जा सकता है और क्या बीत जाने के लिए ही नियतिबद्ध है। आश्विट्ज की स्मृति को कविता के जरिए नैतिक आत्मानुसंधान का विषय बनाते कवि अशोक वाजपेयी और उनके नागरिक ने इस चुनौती के सामने क्या किया, यह याद करने की बात है, याद दिलाने की नहीं।

जिस कवि की पहचान ही प्रार्थना, मोहल्ला, पड़ोस जैसे अभिप्रायों के आग्रह से बनती है, उसकी कविता द्वारा प्रार्थना को खूँखार गाली में और पड़ोस को हत्याघर में बदलते देखा जाना कविता को जैसी संवेदनात्मक सघनता देता है, वैसी ही वैचारिक संपन्नता का प्रमाण देता है इस बात का रेखांकन कि—''हत्यारों के चेहरों पर खून के दाग नहीं, दिग्विजय की आभा है''। सचमुच सबसे ज्यादा खतरनाक यही है कि हत्यारे अपने चेहरे के दाग छिपाने पर विवश होने की बजाय उस पर अभिमानपूर्वक दिग्विजय की आभा धारण कर सकें। और यह हालत बनती है, चुपचाप, लम्बे अरसे तक, 'भाषा के विन्यास में घृणा बुने जाने' के फलस्वरूप, और उसी तरह, लम्बे अरसे तक, व्यवस्थित रूप से पड़ोस को हत्याघर और गलियों को हिंसा की

वीथिकाओं में बदले जाने के परिणामस्वरूप। भाषा से हमारा पहला वास्ता घर और मोहल्ले में ही पड़ता है; घर से लेकर समाज तक को हम भाषा में ही पहचानते हैं। भाषा और मोहल्ले, पड़ोस की चिन्ता करना कविता की सामाजिकता की अवहेलना करना नहीं, भाषा और कविता दोनों के अनिवार्यतः सामाजिक अस्तित्व के विशिष्ट पहलू को रेखांकित करना है।

कह सकता हूँ कि मैंने अशोक जी के लगभग सारे रचना-संसार की सैर की है और उस साहित्य-संसार की भी, जिसमें उनकी प्रशंसा या निन्दा के स्वर पिछले पाँच दशकों से गूँजते रहे हैं। अशोक वाजपेयी की जगह का एक रूपक तो यही है कि उनकी उपेक्षा नहीं की जा सकी है, निन्दा भले ही की गई हो।

इस सबसे गुजरने के बाद जो तस्वीर उभरती है वह सचमुच ऐसे इनसान की है जो अपनी जगह की तलाश करता रहा है, और न जाने कहाँ-कहाँ हो आने और कहाँ-कहाँ पहुँच जाने के बावजूद तलाश पूरी हो जाने का सन्तोष जिसके मन में नहीं आया है।

ऐसी किस जगह की तलाश है, कवि-आलोचक-रसिक और संस्कृति-कर्मी अशोक वाजपेयी को?

इस प्रश्न का एक उत्तर तो उनकी कविता 'विलाप' में ही मिलता है—''मैं विलाप करता हूँ बना नहीं पाया ऐसा घर''—अशोक जी को देह और गेह का कवि कहा गया है, और इस कहन में ऐसी ध्वनि सुनी गई है जैसे कि देह और गेह का कवि होना अपर्याप्त कवि होना हो। कुछ कवियों के यहाँ ऐसी अपर्याप्तता सचमुच हो भी सकती है, लेकिन यों अपने आप में देह और गेह कविता के लिए उपयुक्त अभिप्राय नहीं, ऐसा तो नहीं माना जा सकता। और फिर असली बात तो किसी भी कवि के जगत में इन या ऐसे अन्य अभिप्रायों के निर्वाह की है, इसी से कवि की संवेदना और मिजाज का वास्तव में पता चलता है।

तो, कैसा होता वह घर जिसे न बना पाने का विलाप करता है अशोक वाजपेयी का कवि—

*''जिसमें रहते दिदिया-काका, अम्मा-दादा, बाबा*
*ऋभु के साथ*
*जिसमें कई सदियाँ न सही, कम-से-कम एक सदी होती*
*आँगन की तरह चौड़ी-खुली*

*जिसमें परछी में कभी मिरजापुर के पण्डितजी*
*रामचरितमानस पर प्रवचन करते*
*और कोई लैम्प के नीचे बैठा करता रहता*
*ज़्बीग्न्येव हबेर्ते की कविताओं का हिन्दी अनुवाद*

*जहाँ एक किनारे बैठकर*
*मैं आनन्दमोहन दादा से सुनता रह सकता*
*निराला और रामचन्द्र शुक्ल के संस्मरण।*

ऐसा घर न बना पाने पर विलाप करते कवि को (देह और) गेह का कवि कहने में मंशा यदि यह है कि कवि के सामाजिक सरोकार शिथिल हैं, तो इस मंशा को मंजूर कर पाना मुश्किल है। हाँ, यदि यह कहें कि कवि के सामाजिक, कविता-विषयक और दीगर सरोकार भिन्न प्रकार के हैं, तो बात ठीक ही है। विचार और विचारधारा में अन्तर करने का जो आग्रह वाजपेयी जी

करते रहे हैं, कविता को किसी विचार का उपनिवेश मानने के विरुद्ध जो संघर्ष वे छेड़े रहे हैं, वह स्वयं ही सरोकारों की भिन्नता को रेखांकित करने के लिए काफ़ी है। इस कविता में ही देखें—'ऐसा घर न बना पाने' का विलाप अन्ततः 'ऐसा शहर न खोज पाने' के विलाप में बदल जाता है :

*जिसके चारों ओर परकोटा हो बर्बरों को रोकने के लिए*
*जिस पर उपहारस्वरूप खिली हों*
*फूलों की रंगारंग क्यारियाँ*
*बीच चौक में पुस्तकालय हो किसी राजप्रासाद से अधिक भव्य*
*जिसमें बटन दबाते ही*
*कबीर और शेक्सपियर की पंक्तियाँ आ जाएँ*
*कम्प्यूटर के परदों पर असंख्य भाषाओं में*

घर के बिना शहर बियाबां होता है, और शहर (या गाँव या सामाजिक-राजनीतिक समुदाय का कोई और रूप) के बिना घर डरावना सुनसान। घर और नगर का संग-साथ, इस संग-साथ के प्रति सतत सरोकार वाजपेयी जी के रचना-कर्म और व्यक्तित्व, दोनों में ही नागरिकता का भी आधार है, और रसिकता का भी। ('भारत भवन' का उपनाम 'कलाओं का घर' ही रखा गया था।) यह कविता कवि और नागरिक, दोनों के आन्तरिक और बाह्य संघर्ष की कुंजी-सी देती है। सुखद संयोग है कि उदयन वाजपेयी ने अपना एक पूरा लेख इसी कविता के आस-पास बुना है। यह कविता वाजपेयी जी द्वारा बार-बार कही गई (और उतनी ही बार सुनने-पढ़ने वालों द्वारा उपेक्षित) इस बात का भी रेखांकन है कि वे सारी उत्सवधर्मिता, ऊर्जा और बातूनीपन के बावजूद, मूलतः एक उदास और अवसन्न व्यक्ति हैं। इस व्यक्ति और कवि को गहरा बोध है ऐसा घर न बना पाने का, ऐसा शहर न खोज पाने का, और विलाप वह सिर्फ़ कविता में ही कर सकता है, क्योंकि, "उसके बाहर विलाप और स्वप्न, दोनों के लिए / कोई जगह नहीं बची"।

क्या कविता को विलाप और स्वप्न के लिए बची एकमात्र जगह मानना समाज के प्रति उदासीन होने के अर्थ में देह और गेह का कवि होना है?

अपनी जगह की तलाश के सवाल से वाजपेयी जी कविता के बाहर भी टकराते हैं। कविता लिखना शुरू करने के कोई पैंतालीस बरस बाद उसके 'वितान और विस्तार' पर निगाह डालते हैं, तो एक उपशीर्षक ही बनाते हैं—"अपनी जगह की तलाश" और कहते हैं—"कविता सच या किसी महान अनुभव की तलाश है या नहीं; मैं नहीं जानता। पर इतना तय है कि कवि कविता के माध्यम से अपनी जगह की तलाश करता है। (कविता) उसे मानवीय अनुभव, नियति, उपस्थिति, अनुपस्थिति, नश्वरता के प्रश्नों से उलझाती है। इस उलझाव के बिना कोई सार्थक तलाश मुमकिन नहीं। जो कविता इन प्रश्नों से अपने को अलग रखती है, उसे अपनी जगह न समझ आ सकती है, न ही अन्ततः मिल सकती है"।

"अगर यह कहा जाए कि मेरी कविता प्रेम और मृत्यु के बीच अपनी जगह तलाशने की कोशिश है, तो यह अनुचित न होगा"। ('पाव भर जीरे में ब्रह्मभोज', राजकमल प्रकाशन, 2003, पृ. 34.)

'मानवीय अनुभव और नियति' में सामाजिक का बोध अनिवार्य है, लेकिन क्या प्रेम, मृत्यु, नश्वरता की अनुभूतियाँ और उन्हें किसी ज्ञानात्मक संवेदन के परिप्रेक्ष्य में रखने की कोशिश अनावश्यक या अवैध है? प्रेम और अनुपस्थिति वाजपेयी जी की कविता के मुख्य

अभिप्राय अवश्य हैं, लेकिन अशोक जी के रचना-कर्म को सामने रख कर यह कहना तो मुश्किल होगा कि वे समाज के प्रति उदासीन कवि हैं। वैसे भाषा क्या किसी भी कवि या लेखक को इजाजत भी देती है ऐसी उदासीनता की ? भाषा के अपने स्वभाव की बात छोड़, केवल विषयों के चुनाव के लिहाज से ही बात करें तो भी अशोक वाजपेयी की कविता की विविधता चकित करती है, रेखांकित करती है इस तथ्य को कि हम एक बड़े कवि से मुखातिब हैं। उनके काव्य-संसार में रति, प्रकृति, ऐन्द्रिकता, अनुपस्थिति और अनन्त हैं, बेधड़क हैं लेकिन रोजमर्रा के सामान्य अनुभव और उन अनुभवों के अर्थ पर एक बुनियादी तौर से लोकतांत्रिक 'स्टांस' भी लगातार मौजूद है :

*मुझे पता है कि हमारा समय ऐसा है कि*
*किसी को किसी जुर्म के लिए नहीं*
*सिर्फ़ अपना सिर न झुकाने और ऊँचा रखने के लिए*
*सूली पर चढ़ाया जा सकता है...*

समकालीन के प्रसंग में इस लोकतांत्रिक स्टांस के साथ ही यह ज़रूर है कि नितान्त समसामयिक पर नितान्त बल के विपरीत अशोक वाजपेयी की कविता में परंपरा की निरन्तरता में अवस्थित होने का नैतिक दायित्व-बोध लगातार बना रहता है: ''हम उठाते हैं एक शब्द / और किसी पिछली शताब्दी का वाक्य-विन्यास / विचलित होता है''।

कुछ लोगों को लगता है कि सामान्य लोकतांत्रिक स्वर पर्याप्त नहीं, कविता अपने आप में राजनीति या प्रति-राजनीति नहीं हो सकती; उसे जनता या स्वतंत्रता के पक्ष में चल रही संगठित राजनीति का पक्ष लेना ही चाहिए। इस सरल बात की कठिनाइयाँ वैसे बहुत हैं, जिन पर विस्तृत चर्चा का यह अवसर नहीं। लेकिन जिस कोण से यह सवाल कई बार उठाया जाता है वह कोण एक बहुत ही बुनियादी सवाल को असुविधाजनक की बजाय कुफ़्र का दर्जा भी दे देता है। ठोस रूप में बात करें तो स्टालिन के सोवियत संघ के समर्थन में सभी मानवतावादी एक वक्त खड़े थे, टैगोर से लेकर हावर्ड फ़ास्ट तक; फिर इनमें से अनेक को मार्क्सवाद एक विफल या छली ('दि गॉड दैट फेल्ड' की सही ध्वनि यही है) देवता-सा लगा, ऐसे लोगों का अमेरिकी सत्ता-प्रतिष्ठान ने अपने ढंग से उपयोग भी किया ही, लेकिन सवाल यह भी तो है कि काटीन में क्या हुआ था ?

अप्रैल-मई 1940 में रूस के काटीन नामक जंगल में, और दीगर जगहों पर हजारों पोलैंडवासी व्यवस्थित नर-संहार के शिकार बनाए गए। इनमें बुद्धिजीवी, राजनीतिक कार्यकर्ता और आम लोग शामिल थे, जिन्हें एक सुचिन्तित आदेश के फलस्वरूप मौत के घाट उतारा गया था। दूसरे महायुद्ध के जमाने से लेकर 1990 तक, जर्मनी और सोवियत संघ के बीच चले आ रहे आरोपों-प्रत्यारोपों के बाद, अन्ततः 1990-91 में सोवियत सरकार ने वे दस्तावेज उजागर किए जिनसे मालूम पड़ा कि इस नरसंहार का विस्तृत, 'सुचिन्तित' प्रस्ताव 5 मार्च, 1940 को बेरिया ने किया, स्वीकृति दी पॉलित ब्यूरो ने और अन्तिम मंजूरी के दस्तखत किए स्टालिन ने। इस नरसंहार की दिल हिला देने वाली कलात्मक पुनर्रचना करती है आंद्रे वायदा की फ़िल्म— 'काटीन'।

'सही' राजनीति के पक्ष से किए जाने वाले वादों-दावों के सन्दर्भ में इटालो काल्विनो को याद करें तो, 'राजनीति साहित्य से और कुछ नहीं तो कम-से-कम अपने आप पर कभी-कभी सन्देह करना तो सीख ही सकती है'। कहना सिर्फ़ यह है कि संगठित राजनीति और

कविता के संबंधों के प्रसंग में, जोशीली हड़बड़ी से कहीं ज्यादा सार्थक है, समय-समय पर चेहरा बदलती रहने वाली पॉलिटिकल करेक्टनेस के प्रति मोहाविष्ट होने की बजाय, सावधान रहते हुए मानवीय संवेदनशीलता और लोकतांत्रिक मिजाज को बनाए रखने का जतन करना। इस मिजाज को बनाए रखने के लिए ये तथा ऐसी अन्य काव्योक्तियाँ याद करते रहना मुफ़ीद ही होगा :

*वे लोग होते हैं*
*जिनके हाथ दुनिया की असंख्य इबारतों में से कुछ*
*आधी-अधूरी लग जाती हैं*
*और दुनिया उन्हें दावा करने देती है कि*
*ये उनकी रची इबारतें हैं*
*ध्यान से देखने वाले को साफ़ समझ में आता है*
*कि हर कविता की इबारत के नीचे*
*कई और इबारतें तह-दर-तह दबी हुई हैं*
*दुनिया को लिखना*
*दरअसल उसे पढ़ना भर है*
*थोड़ा ध्यान से*
*कुछ अक्ल से*

प्रेम, रूपासक्ति, नश्वरता का बोध और शाश्वत जीवन की चाह—ये सब मानवीय संवेदनशीलता के उतने ही अपरिहार्य अभिप्राय हैं, जितने कि सामाजिक और ऐतिहासिक बोध और संवेदन। प्रतिमान यह है कि इनका निर्वाह कैसे किया जा रहा है? 'मुझे लो' रति का यह स्वाभाविक, मूलभूत आमंत्रण क्या केवल उत्तेजना के क्षण-विशेष तक सीमित रह जाता है, बल्कि 'वह' क्या केवल रति का आमंत्रण रह जाता है, यदि इस आमंत्रण का भाव-सन्दर्भ यह हो—"मुझे लो जैसे अँधेरा लेता है जड़ों को / जैसे पानी लेता है चन्द्रमा को / जैसे अनन्त लेता है समय को"।

वाजपेयी जी की कविता में रति, पत्थर में जीवन के स्पन्दन की पहचान बनती है। हिन्दी भाषा के अपने मुहावरे में ही नहीं, अन्यत्र भी पत्थर शब्द जड़ता ही नहीं, हृदयहीनता का भी वाचक है, इसलिए स्पन्दन का यह अभिज्ञान, रति और काम के जीवनदायी संयोग का यह रेखांकन अद्‌भुत रूप से मार्मिक अर्थ की रचना करता है :

*पत्थर होता है उत्तेजित*
*पत्थर देखता है मुग्ध*
*पत्थर देता है निमंत्रण*
*पत्थर को*
*पत्थर उठाता है भुजाएँ*
*पत्थर तोड़ता है जंघाएँ*
*पत्थर कुसुमित होता है उरोज में*
*पत्थर काँपता है*
*पत्थर पसीजता है*
*पत्थर धार-धार पसीजता है*

*पत्थर करता है*
*पवित्र*
*पत्थर को*
*पत्थर से केलि करता है पत्थर।*

अशोक वाजपेयी की रति-केन्द्रित कविताओं में विन्यस्त ऐंद्रिकता प्रेम के वायवीय संस्कार का प्रतिवाद तो है ही, प्रेम-संवेदन के बाहर, व्यापक जीवन-बोध के सन्दर्भ में, वह अमूर्तन के बरअक्स मूर्त का, टुकड़े-टुकड़े के बरअक्स समग्रता का कविसुलभ आग्रह भी है। शब्द और अर्थ की परस्पर स्पर्धारत चारुता के वज़न पर इसे मूर्त और अमूर्त, साकार और निराकार की परस्पर आकांक्षारत चारुता भी कहा जा सकता है।

शरीर और आत्मा का संबंध भी इस परस्पर आकांक्षारत चारुता का ही एक रूपक है। शरीर यदि आत्मा के बिना 'निर्जीव' है, तो आत्मा भी शरीर के बिना अस्तित्वहीन न सही, अलक्षित तो है ही। प्रेम के प्रसंग में, और उसके बाहर भी, महत्त्वपूर्ण है इस बात का रेखांकन कि 'आत्मा शरीर का अनन्त स्वप्न देखती है'। इस रेखांकन में निहित समग्रता-बोध पर कवि के आग्रह को और बल देता है, वृक्ष का रूपक :

*वृक्ष एक शरीर है*
*पृथ्वी के शरीर से उगता हुआ और अटूट*
*फूल तभी तक फूल है जब तक वह एक अंग है*
*वृक्ष का*
*और पत्तियाँ तभी तक पत्तियाँ जब तक वे वृक्ष से हिलगी हैं*
*जब तक तुम साधे हो उसके शरीर को*
*तभी तक*
*उसकी आत्मा भी तुमसे अटूट है*
*आत्मा शरीर का अनन्त स्वप्न देखती है।*

अशोक वाजपेयी की कविता में एक और सतत उपस्थिति है, अनुपस्थिति की, मृत्यु की। यह अनुपस्थिति उस संवाद की भूमि भी बनती है जो जीवन भर स्थगित रहने के बाद अनुस्थिति की छाया में ही सम्भव हो रहा है। अनुपस्थिति की छाया में संवाद हम में से बहुतों का अपना अनुभव है, शायद सभी का। इस अनुभव को सघन काव्यानुभव में बदलती हैं ये पंक्तियाँ :

*तुम्हारे पास मुझे समझने की फुर्सत नहीं थी*
*और मैं तुम्हें परखने में हमेशा अधीर रहा:*
*अब जब हमारे बीच थोड़ा-सा दुख और पछतावा भर बचा है*
*मुझ पथहारे को तुम देख पाते तो तुम्हें लगता*
*मैंने अपनी जिद पर अड़े रह कर और अपमान को न भूल कर*
*तुम्हें ही दुहराया है*
*असली दुख यह नहीं है कि*
*इतने बरस नासमझी में गुजर गए*
*बल्कि यह है कि*
*अन्ततः मैं तुम्हारी फीकी आकृति हूँ*
*जिसकी तुम्हें या मुझे*

*कभी कोई आशंका*
*या इच्छा नहीं थी*

पिता की अपरिहार्य, अपरिवर्तनीय अनुपस्थिति की छाया में हुए इस एकालाप में कहे गए 'असली दुख' की मार्मिकता तब और खुलती है जब आप याद करें कि स्वयं कवि के अनुसार पिता के साथ उसके संबंध, 'भय बल्कि घृणा' के थे। अपरिहार्य अनुपस्थिति की छाया में, कितने अनपेक्षित अर्थ पा जाती है स्मृति के जरिए संबंधों की पुनर्रचना!

माँ के साथ कवि का संबंध भिन्न प्रकार का है और उस संबंध की स्मृति का दर्द भी— "याद कितनी अविश्वसनीय है कि जो इतना निकट है उसे भी ठीक से बचाकर नहीं रख पाती"। याद माँ को ठीक से बचा कर रख पाए या न रख पाए, इतिहास माँ की और उसकी स्मृति की परवाह करे न करे, कविता पर भरोसा है कवि को, और बहुत दर्द भरे ढंग से मृत्यु और स्वयं माँ पर :

*वह इतिहास में नहीं हुई*
*अपने-हमारे जीवन में हुई*
*और अब मेरी कविता में बची हुई है*
*जिसे कौन जाने इतिहास कब*
*कचरे की टोकरी में फेंक देगा।*
*मेरी मृत्यु में अन्ततः कुछ गरिमा होगी*
*क्योंकि मुझमें मेरी माँ फिर मरेगी*
*उससे आगे जाना उसे शायद ठीक नहीं लगेगा।*

रति और मृत्यु, दोनों का गहरा सर्जनात्मक अन्वेषण करती हुई अशोक वाजपेयी की कविता इस त्रिरत्न को काव्य-मूल्य के तौर पर रेखांकित करती रही है कि रूपासक्ति के बिना कवि होना मुमकिन नहीं, जीवनासक्ति के बिना मृत्यु के प्रति विवेकपूर्ण दृष्टि सम्भव नहीं, और मृत्यु की अपरिहार्यता स्वीकार किए बिना जीवन का उत्सव मुमकिन नहीं। गहरे में प्रेम करने वाले जानते हैं कि कहीं एक विचित्र-सी समानता नहीं तो संवादधर्मिता है इन दो अनुभवों—कामना और मृत्यु के बीच—यह जानना प्रतिध्वनित-सा होता है इन शब्दों में—"चाहत में हमेशा की तरह अकेले / हिम्मत में अकेले / गोधूलि में अकेले"।

मृत्यु अकेलेपन का चरम है, इसे स्वीकारना सत्य को स्वीकारना है, कविता में भी, कविता के बाहर भी।

अशोक वाजपेयी की कविताओं से गुजरते हुए यह एहसास बहुत शिद्दत से होता है कि हम ऐसे कवि से मुखातिब हैं जिसके यहाँ लौकिक और लोकोत्तर संवादरत हैं। जिसके पास समकालीन यथार्थ की विकरालता को समझने की क्षमता ही नहीं, इस यथार्थ के समानान्तर जीवनपरक सम्भावनाएँ देखने और उनका उत्सव मनाने की भी क्षमता है, जो कविता को किसी भी विचार का उपनिवेश बनाने के प्रयत्नों का सतत मुखर प्रतिवादी स्वर बनकर बहुत प्रसन्न है, और इन प्रयत्नों को विचार मात्र से विमुखता का पर्याय मान लिए जाने से बहुत उदास। जिसका मानना है कि कविता की प्रामाणिकता किसी विचार-विशेष का अनुगमन करने में नहीं, मानवीय वेदना और संवेदना को मुखरित करने में है। वैसे ही जैसे नारद भक्ति-सूत्रों का रचयिता मानता है कि भक्ति को कहीं बाहर से सर्टीफिकेट हासिल करने की ज़रूरत नहीं, यह स्वयं ही प्रमाण है: 'प्रमाणान्तरस्यानपेक्षात्वात् स्वयं प्रमाणत्वात'!

लेकिन ऐसा भी नहीं कि कविता रानी है और अन्य सर्जनात्मक अभिव्यक्ति चेरी। ललित कार्तिकेय ने जब वाजपेयी जी से उनकी संगीत चित्रकला आदि के बारे में लिखी गई कविताओं के सन्दर्भ में कहा कि, "इन कविताओं को पढ़ते हुए लगता है कि आस्वादपरक कविताएँ हैं। इम्प्रेशनिस्टिक। वे कोई सामाजिक वैचारिक विमर्श नहीं बना पातीं"; तो वाजपेयी जी ने छूटते ही कहा, "कोई कला कविता की मुहताज नहीं है। सब अपने में भासती हैं और उनमें जीवन भासता है"। ('पाव भर जीरे में ब्रह्मभोज', राजकमल प्रकाशन, 2003, पृ. 147) कविता और अन्य अभिव्यक्तियों के परस्पर संबंध का प्रसंग हो या सर्जनात्मकता और राजनीति के संबंध का, किसी एक उपक्रम या दृष्टि के सर्वसत्तावादी आग्रह का प्रतिवाद वाजपेयी जी के लिए बुनियादी आस्था का मामला है। एक और बातचीत में, वे इस प्रसंग में अभिनवगुप्त को शब्दशः प्रतिध्वनित करते हैं। अभिनवगुप्त की प्रसिद्ध उक्ति है—'न हि एकया—दृष्टया सम्यगं निर्वर्णनं निर्वहति'—और अशोक वाजपेयी के शब्द हैं, "मनुष्य की सचाई की जटिलता का जो सबसे बड़ा इज़हार है वह यही है कि किसी एक दृष्टि में सचाई समाहित नहीं हो सकती"। (वही, पृ. 236)

वाजपेयी जी की बहुप्रशंसित और बहुनिन्दित रसिकता, 'कला-विलासिता', आयोजनप्रियता और 'उत्सव-धर्मिता' असल में इसी इज़हार पर इसरार का नतीजा है कि 'किसी एक दृष्टि में सचाई समाहित नहीं हो सकती'। जाहिर है कि शुरुआत तो युवजन-सुलभ जोश और पहलकदमी से ही होती है, लेकिन फिर बात दशा और दिशा की ओर आ जाती है। सागर के दिनों से ही कविता आरम्भ कर चुके नौजवान अशोक वाजपेयी की 'कुछ करने की हुड़क' को एक निश्चित वैचारिक परिप्रेक्ष्य और सांस्कृतिक आशय मिलना आरम्भ हुआ सेंट स्टीफ़ंस कॉलेज के दिनों से। सेंट स्टीफ़ंस के माहौल ने इस हुड़क को अंग्रेजी से प्रतिस्पर्धा का रूप दिया और साथ ही कस्बाई नौजवान के कविता-प्रेम को सांस्कृतिक-सामुदायिक ही नहीं, आध्यात्मिक आयाम भी दे दिए। 'सेंट स्टीफ़ंस के दिन' याद करते हुए वाजपेयी जी ने लिखा है—"तब इतना स्पष्ट नहीं था पर अब लगता है कि कविता मेरे लिए उन दिनों मुझ निपट मध्यवर्गीय हिन्दीभाषी पर लगभग बलात् थोप दिए गए आतंक का प्रतिरोध भी थी। मैं उसमें अपनी खोई हुई सामुदायिकता जैसे पुनरायत्त कर पाता था। तभी से मेरे मन में यह विश्वास प्रबल होना शुरू हुआ कि जो कुछ अंग्रेजी में लिखा-सोचा जा सकता है, वह हिन्दी में भी सम्भव है। मेरा घर, परिवार, प्रेम और रस-गन्ध का संसार पीछे छूट गया था पर मैं उसे गँवाना नहीं चाहता था: कविता मेरे लिए उस सबको सिर्फ़ स्मृति में नहीं, अपने रक्त की शिराओं में सजीव रखने की एक लगभग रासायनिक और निश्चय ही आध्यात्मिक कार्रवाई थी"। ('किस भूगोल में किस सपने में' सं. यतीन्द्र मिश्र, वाणी प्रकाशन, 2011, पृ. 336)

'खोई हुई सामुदायिकता' को पुनरायत्त करने की व्यक्तिगत चाह ही वाजपेयी जी के जीवन में अवसर और सामर्थ्य पाकर एक सामुदायिक उपक्रम का रूप लेती है। 'भारत भवन' के निर्माण में वाजपेयी जी का कितना गहरा मानसिक अभिनिवेश था, इसका कुछ संकेत प्रभात त्रिपाठी के लेख से मिलता है। वे याद करते हैं कि एक सड़क दुर्घटना के बाद, "उसने छूटते ही कहा था, 'भारत भवन के उद्‌घाटन के पहले तो मौत भी मुझे नहीं ले जा सकती"। इतने गहरे अभिनिवेश, उसकी परिणति—भारत भवन की सार्थकता के प्रति निभ्रान्त आस्था के साथ ही वाजपेयी जी के मन में यह कसक है कि 'भारत भवन' तथा ऐसे अन्य कामों का

मोल उनके अपने हिन्दी समाज ने नहीं समझा। यतीन्द्र मिश्र और प्रभात रंजन से बातचीत में वाजपेयीजी ने कहा था, "मैं अपना आकलन खुद करने लगूँ, ऐसी नौबत या बुढ़भस अभी नहीं आए हैं। यह काम दूसरों का है, जिन्हें ब्यौरों में बारीकी से जाकर, धीरज और जतन से आकलन करना चाहिए"। लेकिन मन में यह टीस तो है ही कि लगातार गलत समझा जाता रहा है, अवमूल्यन होता रहा है, उपरोक्त वाक्य के तुरन्त बाद के ही वाक्य हैं, "मैं तो सिर्फ़ यह भर कह सकता हूँ कि मैंने ईमानदारी और खुले मन से यह कोशिश भर की है कि हमारे समय का श्रेष्ठ धूप में चमके कि युवा प्रतिभा समय पर प्रोत्साहन पाए, कि समाज में समझदार रसिकता का विस्तार हो, कि लेखक और कलाकर्मी संवादरत हों, कि कलाओं को मनोरंजन मानकर निचला दरजा देने की सामाजिक आदत दूर हो सके, कि राजनीति के वर्चस्व के बरक्स साहित्य और कलाओं का अपनी जगह वर्चस्व हो, कि सर्जनात्मक और वैचारिक बहुलता को हर तरह से पोसा-बढ़ाया जाए"। ('पाव भर जीरे में ब्रह्मभोज', पृ. 178)

कवि अशोक वाजपेयी द्वारा अपनी जगह की तलाश का ही एक आयाम है—राजनीति के बरक्स साहित्य और कलाओं की अपनी जगह की भी तलाश। यह तलाश वे अपने कवि-कर्म और आलोचना में भी करते हैं और अपनी सांस्कृतिक सक्रियता, आयोजनप्रियता में भी। उनकी दो टूक मान्यता है, "हिन्दी साहित्य की समस्या यह नहीं है कि उसमें आभिजात्य का प्रभाव है, बल्कि यह कि उसमें आभिजात्य का अभाव और अवज्ञा है। संगीत और कलाओं पर ध्यान न देने के कारण हिन्दी आलोचना सभ्यता समीक्षा होने से रह गई है,"(वही, पृ. 168) इस सिलसिले में अरविन्द त्रिपाठी और बोधिसत्व के साथ बातचीत करते हुए कही गई इस बात से असहमति की कोई वजह नहीं दिखती, "आलोचक को शायद दुखी होने का हक नहीं है: लेकिन मैं इस दुख से उबर नहीं सका हूँ कि मेरी कलाओं संबंधी पुस्तक 'समय से बाहर' की हिन्दी में सिरे से उपेक्षा हुई है। यह हमारी सारी आलोचना के दयनीय रूप से साहित्यग्रस्त होने का भी एक प्रमाण है। हिन्दी मन में कलाओं को साहित्य से कमतर मानने का एक स्थायी, हालाँकि पूरी तरह से अतार्किक पूर्वग्रह है जिसे तथाकथित सामाजिकता की चालू अवधारणाओं ने दुर्भाग्य से पुष्ट ही किया है"। (वही, पृ. 198)

'समय से बाहर' की केन्द्रीय चिन्ता इस अतार्किक पूर्वग्रह से जूझने की है कि, "साहित्य गहरी वैचारिकता से सरोकार रखता है, कलाओं में संवेदनशीलता ही काफ़ी है। साहित्य दृष्टि का मामला है, कलाएँ कौशल और शिल्प का। साहित्य हमसे अपने समय के बारे में कुछ कहता है, कलाएँ अगर उससे उदासीन न भी हों तो उसके बारे में कुछ विचारोत्तेजक नहीं कहती हैं। साहित्य का क्षेत्र संघर्ष का है, कलाओं का क्षेत्र सेलीब्रेशन का है"। समस्या केवल साहित्य की ओर से नहीं, कलाओं की ओर से भी है, "एक ओर गम्भीर आलोचना-बुद्धि ने लगातार कलाओं की उपेक्षा की है और उन्हें विचारणीय नहीं माना है तो दूसरी ओर कलाकारों ने भी साहित्य में कोई खास दिलचस्पी नहीं ली है—कुल मिलाकर यह कहना गलत न होगा कि साहित्य और कलाओं के बीच लगभग मुँहबोला तक नहीं है। ऐसी हालत में साहित्य और कलाओं पर एक साथ बात करना या कि उनके बुनियादी अन्तरों का आदर करते हुए उनसे बनने या विकसित होने वाले समग्र दृश्य की बात करना कठिन हो गया है। क्या उनके बीच जो समानताएँ हैं वे सार्थक या गहरी न होकर सतही हैं? क्या उनसे जो दृश्य बनता है वह निरी भौतिक समवर्तिता से बनता है, उनके किसी सार्थक ढंग से, परस्पर संवादी रूप से पड़ोसी होने से नहीं?" ('समय से बाहर', वाग्देवी प्रकाशन, बीकानेर, 1994, पृ. 11)

साहित्य एक तरफ़ और संगीत तथा रूपंकर कलाएँ दूसरी तरफ़—इन अनबोले पड़ोसियों के बीच संवाद के पुल बनाने की कोशिश क्या सचमुच अनावश्यक है? कुमार गन्धर्व के सांगीतिक प्रयोग और रज़ा के चित्रों में बिन्दु और काव्य-पंक्तियाँ क्या केवल संवेदना की सूचना देती हैं, किसी वैचारिक 'स्टैंड' की नहीं? संवेदना की अपनी कोई वैचारिक आधार-भूमि और विचार का अपना कोई संवेदनात्मक परिप्रेक्ष्य होता है या नहीं? कला-प्रयत्नों से जुड़े लोग तो घोषित रूप से, चलिए मान लें कि 'विचार-विमुख' ही होते हैं, वैचारिकता का तुमुल निनाद करते रहने वाले साहित्यिकों को उपरोक्त प्रश्नों पर विचार करना चाहिए या नहीं? हिन्दी साहित्य का इतिहास क्या संगीत और चित्रकला के साथ साहित्य-परंपरा के संवाद की उपेक्षा करते हुए समझा जा सकता है, जबकि अधिकांश भक्त कवियों की रचना पांडुलिपिबद्ध होने के पहले संगीतबद्ध हुई है। अशोक वाजपेयी हों या कोई और, रूपंकर कलाओं में साहित्य के साथ उनके संबंध में रुचि रखने वाले किसी भी व्यक्ति के प्रति अपनाई जाने वाली उपहास या उपेक्षा की भंगिमा असल में अपनी अक्षमता और आलस्य को ढाँपने की चेष्टा मात्र है, जो अपनी विपन्नता के कारण दयनीय है और आक्रामकता के कारण चिन्तनीय। इस बौद्धिक विपन्नता के कारण ही यह तक नहीं दिखाई पड़ता कि भारतीय संगीत और चित्रकला की परंपरा में 'लोक' और 'शास्त्रीय' के बीच असंवाद का नहीं, परस्पर परिष्कार और प्रयोग का संबंध रहा है। बिल्कुल ठीक याद दिलाया है वाजपेयी जी ने "तथाकथित अभिजात संस्कृति भी जन-संस्कृति का किंचित् विलम्बित परिष्कार ही है"। ('पाव भर जीरे में ब्रह्मभोज', पृ. 176)

स्वाभाविक ही है कि 'भारत भवन' की परिकल्पना 'कलाओं के घर' के रूप में की गई, स्वाभाविक है कि स्व. स्वामीनाथन के अथक प्रयत्नों के फलस्वरूप वहाँ आदिवासी कला की परंपरा और समकालीनता का अद्वितीय संग्रह सम्भव हुआ। कलाओं के उस घर में जब पहली बार जाना हुआ था तो सुमन ने कहा था, 'आप नीचे उतरते हैं तो अनुभूतियों की गहराई में जाते हैं, और ऊपर आते हैं तो ताल का, भोपाल का विस्तार देखते हुए स्वयं भी कुछ विस्तृत होते हैं'।,

आगे चलकर 'भारत भवन' का क्या हुआ, क्यों हुआ—यह अपने आप में एक अलग, विस्तृत विश्लेषण का मामला है। इस तथा ऐसे अन्य प्रसंगों में उठते रहे विवादों का आकलन फिर कभी, फिलहाल यह देखें कि क्या वाजपेयी जी की आयोजनप्रियता और उत्सवधर्मिता से कोई गहरा सामुदायिक और सांस्कृतिक आशय भी जुड़ता है? अपने साहित्य और कला उपक्रमों के प्रति हिन्दी समाज की जिस असंवेदनशीलता और नाशुकरेपन को वाजपेयी जी बारम्बार रेखांकित करते रहे हैं; यहाँ संकलित बातचीतों में भी कर रहे हैं; क्या उसकी कोई चिन्ताजनक राजनीतिक परिणतियाँ भी हैं?

बहुत विस्तार में तो क्या जाएँ, यही याद कर लें कि पिछले दिनों दिल्ली विश्वविद्यालय की एकेडमिक कौंसिल ने रामानुजन का मार्मिक निबन्ध इतिहास-विषयक एक संकलन से हटाने का फ़ैसला भारी बहुमत से किया। 'टाइम्स ऑफ़ इंडिया' के अनुसार, एक सौ ग्यारह सदस्यों ने इस निबन्ध को हटाने का समर्थन किया, और इस फैसले के प्रति असन्तोष केवल नौ सदस्यों ने जाहिर किया। खबर में ध्यान देने की बात यह भी है कि संस्कृत विभाग के प्रतिनिधि ने रामायण की बहुलतापरक परंपरा को रेखांकित करने वाले इस निबन्ध का जोरदार बचाव किया। पता नहीं हिन्दी, उर्दू, अंग्रेजी विभागों के प्रतिनिधियों का रुख एकेडमिक

कौंसिल में क्या था? आशा है कि इन प्रतिनिधियों में से कुछ तो अपनी-अपनी भाषाओं के जाने-माने आलोचक-लेखक आदि होंगे ही, और आशा यह भी है कि उन्होंने बहस में हिस्सा लेते हुए साहित्य की अस्मिता पर गम्भीर विमर्श किया ही होगा, और वे उन नौ में ही शामिल होंगे जिन्होंने निबन्ध को हटाने का विरोध किया। खबरों के अनुसार, निबन्ध हटाने के पक्ष में बने बहुमत में भी विकट बहुमत विज्ञान वालों का था। 'टाइम्स ऑफ़ इंडिया' के वेब संस्करण में इस खबर पर टिप्पणी करते हुए एक सज्जन का कहना भी है कि फ़िज़ूल की बहस और वक्त बर्बादी है, इससे तो अच्छा था कि मैं कोई साइंस जर्नल पढ़ लेता। एक अन्य सज्जन का सवाल है, यह तो साहित्यिक लेख है, इतिहास की किताब में लगाया ही क्यों गया?

इस बहुमत-समर्थित फैसले की पृष्ठभूमि बहुत संगठित ढंग से पिछले कई वर्षों से बनाई जा रही थी। अन्य प्रसंग याद करें तो कुछ वर्ष पहले एक सेकुलर राजनेता कह चुके थे कि साधारण ढंग से नहीं, तस्लीमा नसरीन को घुटनों के बल हो कर माफी माँगनी चाहिए; हुसैन की विडम्बना हम सब जानते ही हैं। समाज में सर्जनात्मक प्रयत्नों के प्रति असहिष्णुता इस हद तक पहुँच चुकी है कि अनुमान लगाना कठिन है कि किस बात से, कब किसकी कोमल भावनाओं को ठेस पहुँच जाएगी। आदर्श रूप में, विश्वविद्यालय किसी भी समाज में बौद्धिक नवाचार और एडवेंचर को प्रश्रय देने का; नई पीढ़ी तक ज्ञान और रचनात्मकता का नवीनतम पहुँचाने का ही काम करते हैं, लेकिन अब विश्वविद्यालय भी कला और साहित्य को निठल्लों का मनोविनोद मानने वाले मानस के संगठित, संस्थाबद्ध रूपकों में बदलते जा रहे हैं। साहित्य और कला के प्रति अवहेलना के भाव और उसके बारे में बद्धमूल उपयोगितावादी संस्कार की ही एक परिणति यह भी है कि समाज और विश्वविद्यालय में विज्ञान (असल में उसके व्यावहारिक, बल्कि उपभोग्य रूप) के प्रति व्यामोह जितना बढ़ता जा रहा है, तार्किकता और वैचारिक सहिष्णुता उतनी ही घटती जा रही है। आखिरकार शुद्ध रूप से व्यावहारिक और तात्कालिकता-ग्रस्त 'वैज्ञानिकता' को नैतिक और बौद्धिक आत्मान्वेषण का निमंत्रण, बल्कि कई बार चुनौती देने का काम किसी भी समाज में साहित्य और कला का ही है, और उन्होंने यह काम बारम्बार किया ही है।

साहित्य और कला के इस अवदान के प्रति किसी भी समाज को कृतज्ञ होना चाहिए, यदि वह एल्डुएस हक्सले की कल्पना का 'दि ब्रेव न्यू वर्ल्ड' नहीं बनना चाहता, यदि वह 'गॉड' की जगह 'फोर्ड' को नहीं पधरा देना चाहता।

ऐसी कृतज्ञता और बहुल, विविध सर्जनात्मक उपक्रमों के प्रति उत्सुकता का संस्कार बनाना वास्तविक अर्थों में लोकतांत्रिक सत्ता के नैतिक दायित्वों में से एक है। यह समाज के विविध हलकों में सक्रिय नेताओं का भी दायित्व है, और यह निश्चय ही लेखकों-कलाकारों का अपना दायित्व भी है। यह संस्कार बनाना सिर्फ़ इसलिए ज़रूरी नहीं है कि हिन्दी या किसी भी समाज का अपने साहित्य और कला के प्रति 'नाशुकरापन' मिट सके, यह इसलिए भी ज़रूरी है क्योंकि, "स्वयं समाज को अपने समाज होने का अहसास जिन चीजों से होता है उनमें साहित्य और कलाएँ भी हैं"। ('पाव भर जीरे में ब्रह्मभोज', पृ. 167)

साहित्य और कला की सामाजिक संवेदनशीलता जितनी ज़रूरी है, साहित्य और कला के प्रति समाज की कृतज्ञता भी उतनी ही ज़रूरी है। अशोक वाजपेयी और उनके अन्तरंग बारम्बार कहते हैं कि अपने सारे बातूनीपन, यारबाशी और निरन्तर सक्रियता के बावजूद,

अपने भीतर वाजपेयी जी बहुत उदास, खामोश और अकेले इनसान हैं। इस स्थिति के अस्तित्वमूलक, आध्यात्मिक कारण तो खैर हैं ही; एक निपट मानवीय कारण यह भी लगता है कि 'मेरे अपने हिन्दी वालों ने नहीं समझा-सराहा मुझे'। हालाँकि मेरा खयाल है कि वाजपेयी जी स्वयं भी मानेंगे कि अब स्थिति वैसी नहीं रही, जैसी कुछ बरस पहले तक थी। अशोक वाजपेयी के रचना-कर्म, विविध कलाओं के प्रति लगाव और उनकी विविधवर्णी सक्रियता के प्रति हिन्दी लेखक और पाठक समुदाय की युवतर पीढ़ी में कहीं अधिक उत्सुकता और स्वीकृति का भाव है।

['कोलाज : अशोक वाजपेयी' सम्पा. पुरुषोत्तम अग्रवाल (2012), राजकमल प्रकाशन]

# धन्य और धिक्कार की शक्तियों के बारे में

जुलाई की यह उमस भरी रात। गर्मी और चिपचिपाहट से बुरा हाल। मन्नू को बुखार है। ऊपर से बिजली गुल। सुमन मन्नू को पंखा झल रही है। मैं ऋत्विक और सुधा के साथ जैसे-तैसे सैंडविच बना रहा हूँ, और मन ही मन खीझ रहा हूँ कि क्यों कमला प्रसाद जी से वादा कर दिया 'वसुधा' के परसाई अंक के लिए लिखने का। कितना लिखा कहा जा चुका है परसाई जी के बारे में। अब उसमें क्या नया जोड़ा जा सकता है ? लेख और निबन्ध ही नहीं, कुछ किताबें भी परसाई जी पर आ ही गई हैं। डॉ. विश्वनाथ त्रिपाठी की इतनी सुन्दर, सुगठित पुस्तक 'देश के इस दौर में' मैंने कई बार पढ़ी है। परसाई जी को एप्रीशिएट करने के लिए भी और त्रिपाठी जी के सहज, प्रसन्न गद्य का रस लेने के लिए भी। इस किताब के बाद मेरा लेख यदि लिखा गया तो—क्या सिर्फ़ रस्म अदायगी नहीं होगा ?

सो, क्यों न माफ़ी माँग लूँ 'वसुधा' के सम्पादकों से ? या चुप्पी साध जाऊँ। चिट्ठियों का जवाब न देने की अपनी ख्याति तो है ही, फिर डाक विभाग तो गरीब की ज़ोरू है ही। कह देंगे पत्र लिखा तो था, डाक में खो गया होगा लेकिन मैं ऐसा कर क्यों नहीं पा रहा ? लिखने का दबाव क्योंकर घुमड़ रहा है ? परसाई जी जीवित होते तब भी कोई बात थी। अपने कोई काम ही करा लेते, प्रभाष जोशी लिख ही चुके हैं कि परसाई जी नेताओं और अफसरों से अपने सम्पर्कों के चलते लोगों के काम करा देने की 'सेवाएँ' प्रदान करने लगे थे। जोशी जी स्वयं समरथ हैं, उन्हें तो भला क्या ज़रूरत होगी ऐसी सेवाओं की, लेकिन अपन क्यों अंदरूनी मजबूरी महसूस कर रहे हैं कि परसाई जी के बारे में कुछ न कुछ लिखें। व्यक्तिगत रूप से भी परसाई जी से अपनी कुल एक मुलाकात—टोटल पन्द्रह मिनट की। नया कुछ जोड़ पाने का भरोसा नहीं, रस्म अदायगी भर करने में अपना विश्वास नहीं—तो फिर वजह क्या है कि परसाई जी के बारे में लिखना ही लिखना है। इस उमस भरी रात में। बिजली की आँख-मिचौली के बीच मोमबत्ती के थरथराते सम्बल के सहारे। लिखना ज़रूर है, परसाई के बारे में।

चार बरस पहले परसाई जी का एक संकलन प्रकाशित हुआ, "ऐसा भी सोचा जाता है।" वाणी प्रकाशन से। इसके पहले पृष्ठ पर लेखक की ओर से चार वाक्य हैं : "ये निबन्ध मैंने पिछले चार सालों में लिखे हैं। इनमें विषय की विविधता है। सामाजिक, धार्मिक, सांस्कृतिक, राजनीतिक विषयों पर मेरे अनुभव और चिन्तन इन निबन्धों में हैं। इससे अधिक कुछ नहीं कहना।" जहाँ बात खुद ही बोलती हो, वहाँ अधिक कुछ कहने की ज़रूरत ही क्या ? और इस संकलन में बात जो बोल रही हो, उसका महत्त्व इस बात में है कि इन निबन्धों के जरिए हम एक प्रतिबद्ध लेखक के आत्मसंघर्ष के साथ संवाद कर सकते हैं। इन निबन्धों में परसाई जी की चेतना अपने नैतिक सरोकारों में अडिग रहती हुई भी अपने राजनीतिक और वैचारिक आग्रहों की नए सिरे से पड़ताल करती है। इन निबन्धों में कई स्थापनाएँ हैं जो शुद्ध गोत्र

मार्क्सवादियों को आज भी खटकेंगी—दस बरस पहले तो कुफ्र ही लगतीं। धार्मिक अन्धविश्वासों का विरोध जारी रखते हुए भी इन निबन्धों में विज्ञान को धर्म का विकल्प नहीं माना जा रहा है। विज्ञान ही सत्य के बोध का एकमात्र वाहक है—इस तानाशाह दृष्टि के स्थान पर हम परसाई जी के इन निबन्धों में मनुष्य की समग्र चेतना में विज्ञान के साथ धर्म की अहमियत की भी स्वीकृति का भाव पाते हैं। विज्ञान स्वयमेव नैतिक है, और जीवन के अन्य आयामों की जाँच के प्रतिमानों का 'वैज्ञानिक' होना पर्याप्त है, इस जड़ीभूत मान्यता के स्थान पर इस पुस्तक में हम पढ़ते हैं, "धर्म की साधना और विज्ञान की खोज का एक ही उद्देश्य है—मनुष्य का उदात्तीकरण, उसकी ऊर्ध्वगति, मनुष्य का मंगल।...जब धर्म मनुष्य के मंगल के ऊँचे पद से गिराया जाता है तब उसके नाम से निहित स्वार्थ अधर्मी दंगा कराकर मनुष्यों की हत्या कराते हैं। और जब विज्ञान को उसके ऊँचे लक्ष्य से स्वार्थी साम्राज्यवादी उतारते हैं तो हिरोशिमा और नागासाकी पर अणु बम गिरते हैं और लाखों मनुष्य मारे जाते हैं। वह मनुष्य ही है जो धर्म और विज्ञान का सही या गलत प्रयोग करता है। वरना धर्म पोथी में है और विज्ञान प्रयोगशाला में। ईश्वर को रामकृष्ण परमहंस ने सार्वभौमिक सत्य, विवेक और प्रेम माना है।" (पृ. 74)

मतलब यह कि अपनी अन्तर्निहित उच्चता का दावा विज्ञान, तार्किकता के आधार पर करे, या धर्म दैवीयता के आधार पर—ऐसे दावों की परख का प्रतिमान तो वास्तविक मानवीय व्यवहार ही है। मनुष्य की ऊर्ध्वगति के प्रसंग में किसकी क्या भूमिका है—इसी से मालूम पड़ेगा कि उसकी नैतिक महत्ता कितनी कम या ज्यादा है। मनुष्य की ऊर्ध्वगति, उसके मंगल की समस्याओं का वास्तविक सन्दर्भ है : समाज का शक्ति विमर्श। इस विमर्श के विभिन्न समाजों में विभिन्न रूप हैं और भूमिकाओं की प्रगतिशीलता या दुर्गतिशीलता का निर्धारण इस शक्ति विमर्श के प्रसंग में पक्षधरता से ही होता है। न तो धर्म अनिवार्यत: प्रतिक्रियावादी है, न विज्ञान स्वभावत: प्रगतिशील। ऐसे सुविधाजनक विभाजनों की सीमाएँ भयावह रूप से उजागर हो चुकी हैं और वास्तविकता, परसाई जी के ही शब्दों में यह है कि, "विज्ञान ने बहुत से भय भी दूर कर दिए हैं, हालाँकि नए भय भी पैदा कर दिए हैं। विज्ञान तटस्थ होता है। उसके सवालों का, चुनौतियों का जवाब धर्म को देना होगा। मगर विज्ञान का उपयोग जो लोग करते हैं, उनमें वह गुण होना चाहिएं, जिसे धर्म देता है। वह आध्यात्किता (स्पिरिचुअलिज्म) अन्तत: मानवतावाद। वरना विज्ञान विनाशकारी भी हो जाता है।" (पृ. 77)

मार्क्सवादी लेखक द्वारा विज्ञानवाद का ऐसा साहसिक नकार महत्त्वपूर्ण है, इससे भी अधिक महत्त्वपूर्ण है, उस सामाजिक राजनीतिक विमर्श का नकार जो समाज के बदलाव या पुनर्निर्माण के प्रसंग में राज्यसत्ता के सवालों के घेरे से बाहर निकलना ही नहीं चाहता। मुख्य या एकमात्र समस्या अर्थतंत्र और राज्यसत्ता ही है, बाकी दिशाओं में किए गए प्रयत्न केवल सुधारवाद हैं, ऐसे प्रयत्नों का कोई खास अर्थ कम से कम क्रान्तिकारियों के लिए नहीं है—इस 'प्रगतिशील' अन्धविवास से परसाई जी को लगातार उलझन होती थी। बहुत पहले से वे ट्रेड यूनियनों की इस बात के लिए आलोचना करते आ रहे थे कि उनके एजेंडा पर श्रमिक वर्ग की सामाजिक चेतना के विकास को ज़रूरी प्राथमिकता नहीं मिलती। जात-पाँत से लेकर साम्प्रदायिकता तक के सवालों पर लोक शिक्षण ट्रेड यूनियन और कम्युनिस्ट पार्टी का काम क्यों नहीं है—यह बात परसाई जी को कभी समझ में नहीं आई।

अर्थतंत्र, विज्ञान और राज्यसत्ता पर आत्यन्तिक निर्भरता आधुनिक दृष्टिकोण की बुनियादी समस्या के ही विविध पहलू हैं। मार्क्स के चिन्तन का असली दार्शनिक महत्त्व इस 'आधुनिक' चिन्तन में एकायामीपन का ऐसा विकल्प प्रस्तुत करने में ही निहित था, जिसमें उस मूल तर्क

को समझने की कोशिश की गई थी जो विभिन्न संरचनाओं के बीच अन्तस्सूत्र का काम करता है। इस विकल्प का उचित विकास सामाजिक शक्ति-विमर्श में निहित वर्चस्व और प्रतिरोध की प्रक्रियाओं को समझने की ओर होना चाहिए था। दुर्भाग्य से, मार्क्सवाद ने आधुनिकतावाद के मूल तर्क को आत्मसात कर लिया और मार्क्सवादी राजनीति राज्यसत्ता के तर्क से टकराने तक सीमित होकर रह गई। यह इस राज्यसत्तापरक मार्क्सवाद का स्वाभाविक नतीजा ही है कि सांस्कृतिक सवालों पर संगठित मार्क्सवाद का रवैया आमतौर से लीपापोती करने का होता है। मामला चाहे मुक्तिबोध की पुस्तक पर प्रतिबन्ध का हो, चाहे सहमत की 'हम सब अयोध्या' प्रदर्शनी का। यह बात अभी तक संगठित मार्क्सवाद की वैचारिकता में स्थित नहीं हुई है कि तथाकथित सांस्कृतिक सवाल असल में सामाजिक सत्ता विमर्श के सवाल है। याने तथाकथित राजनीतिक सवालों से कहीं ज्यादा गहरे अर्थ में सत्ता के राजनीति के सवाल।

ऐसे सवालों पर कम्युनिस्ट पार्टी की लापरवाही ने मुक्तिबोध को बहुत गहरे में व्यथित किया था। परसाई जी के चालीस साल के लेखन में जो व्यथा व्याप्त है, उसका भी एक ज़रूरी पहलू समाज-संस्कृति की राजनीति और उसके प्रति संगठित मार्क्सवाद की उपेक्षा से जुड़ता है। आज वाम हलकों में साम्प्रदायिकता को फ़ासीवाद कहना आम हैं, और यह भी कृपापूर्वक मान लिया गया है कि अल्पसंख्यक साम्प्रदायिकता के खतरे की उपेक्षा अन्ततः बहुसंख्यक साम्प्रदायिकता को भी बढ़ावा देती है लेकिन दसेक बरस पहले तक साम्प्रदायिकता को फ़ासीवाद कहने में काफ़ी मीन-मेख निकाली जाती थी। अकाली दल और मुस्लिम लीग के साथ मिलकर आन्दोलन चलने और सरकार बनाने की सफाई कह कर दी जाती थी कि इस तरह इन पार्टियों के मास बेस को वैज्ञानिक विचारधारा की ओर खींचा जा सकेगा। ऐसे दौर में हम लोगों ने 1983 में जिज्ञासा का पहला अंक निकाला था। परसाई जी बहुत उत्साहित थे इसके प्रति। उन्होंने पत्र लिखा—

"आपका पत्र और फोल्डर मिला। जो आप लोगों की चिन्ता है वही मेरी। मैं पिछले तीस सालों में इसी काम में लगा रहा हूँ। मगर हमारे बुद्धिजीवी और राजनेता लगातार illusions में जान-बूझ कर रहे। सही नाम नहीं दिए। फासिज्म को, जो संगठित और क्रियाशील है, महज साम्प्रदायिक प्रवृत्ति कहते रहे। मेरा खयाल है कि बुद्धिजीवियों से boldly कहना चाहिए कि सही बात यह है। आप ध्यान दें। वे शायद ध्यान न दें पर हमें कहना बन्द नहीं करना चाहिए।"

'जिज्ञासा' निकालिए। मेरे द्वारा जो करणीय हो बताइए।

परसाई जी को 'करणीय' तो हम क्या बताते, हाँ, इतना सन्तोष ज़रूर महसूस कर सकते हैं कि 'boldly' कहना बन्द नहीं किया—'जिज्ञासा' का प्रकाशन जारी न रख पाने के बावजूद।

नितान्त निर्वैयक्तिक ढंग से परसाई जी के बारे में लिख पाना मेरे लिए मुश्किल ही है। सन् चौहत्तर में, ग्वालियर के लक्ष्मीबाई कॉलेज के छात्र संघ ने उन्हें बुलाया था। उनका भाषण सुनने का वह मेरे लिए पहला और आखिरी मौका था। मैं तब तक हिन्द पॉकेट बुक से प्रकाशित 'उल्टी सीधी' पढ़कर अभिभूत हो चुका था और अपने 'राष्ट्रवादी' बुजुर्गों, रिश्तेदारों का धिक्कार भी झेल चुका था, ऐसी बेहूदा किताबें पढ़ने के लिए। अपने भाषण में परसाई जी ने क्रान्ति के लिए उत्सुक नौजवानों को अपनी प्रसिद्ध सलाह दी थी, 'इस कॉलेज के लड़के, लड़कियाँ आपस में विवाह कर लें तो बड़ा परिवर्तनकारी काम हो जाएगा।' जितनी प्रसिद्ध सलाह थी, उतनी ही अपेक्षित श्रोताओं की प्रतिक्रिया भी...'हिं हि...खी...खी... ।' लेकिन यह विचित्र लेखक था, ऊँची-ऊँची बातें करने की बजाय सीधी या ('उल्टी-सीधी'?) बात कर रहा था, सीधे शब्दों में। समाज को बदलना है तो शुरुआत खुद से करो।

और जिस बदलाव की शुरुआत खुद से होनी हो, वह काफ़ी गड़बड़ बदलाव होता है। ऐसे बदलाव की बातें समझ तो बढ़ाती हैं, सपने तो दिखाती हैं, लेकिन खुद को परेशान करने की कीमत पर।

परसाई जी के लेखन को पढ़ने में कठिनाई यही है। वह लेखन पाठक को खुद को परेशान करता है।

'ऐसा भी सोचा जाता है' में एक निबन्ध है, 'ज़रूरत है सामाजिक आन्दोलनों की।' इसके ये दो पैराग्राफ पढ़ें :

''समाज में धन्य और धिक्कार की शक्तियाँ होती हैं। ये सामाजिक सदाचरण बनाए रखती हैं। मैंने पिछले कुछ सालों से समाज को इन शक्तियों को खाते देखा है। या गलत जगह प्रयोग करते देखा है। जो चालीस साल पहले धिक्कार पाते थे, वे धन्य पाने लगे हैं और जिन्हें धन्य मिलता था, वे अपमानित, पीड़ित और अवहेलित हैं। सामाजिक शक्तियाँ तटस्थ भी हो गई हैं। चालीस साल पहले जो घूसखोर बदनाम हो गया, वह सिर उठाकर नहीं चलता था। वह समाज से धिक्कार पाता था। आज वह सफल आदमी माना जाता है। वह ऊँचा सिर करके चलता है। लोग उसकी हवेली दिखाकर तारीफ करते हैं—बड़ा चतुर है यह आदमी। देखो क्या हवेली तानी है। लाखों बैंक में हैं। एक हमारे बेटे हैं। दस साल नौकरी करते हो गए सूखी तनखा घर लाते हैं। बिलकुल बुद्धू हैं।''

''सदियों के अनुभव, विवेक, प्रज्ञा और संवेदना से जो जीवन मूल्य हमने विकसित किए थे, उन्हें आज़ादी मिलते ही चालीस सालों में नष्ट कर लिया। अब सरकार और संगठन प्राचीन शिल्प और चित्र ले जाकर विदेशों में दिखाते हैं कि इतनी महान और समृद्ध हमारी संस्कृति है। कोई पूछे कि अब आप कैसे हैं? सौन्दर्य रचना संस्कृति का अंग है। पर आप तो कुरूपता की रचना कर रहे हैं।'' (पृ. 26-27)

परसाई जी आजीवन 'धन्य' और 'धिक्कार' का विवेक जगाए रखने की कोशिश करते रहे, कुरूपता की रचना का जो अनुष्ठान उन्होंने अपनी आँखों देखा, उसकी परतों को उघाड़ने की कोशिश करते रहे। जाहिर है कि ऐसी किसी भी कोशिश के लिए एक वैचारिक फ्रेमवर्क की ज़रूरत होती ही है, जिसमें लेखक यथार्थ के अपने अनुभवों को संवेदना के रूप में ढालता है। जब लेखकीय सरोकारों और लेखक द्वारा अपनाए गए वैचारिक फ्रेमवर्क के बीच अन्तर्विरोध उत्पन्न होने लगे तो गहरे तनाव की स्थिति बनती है। किसी लेखक के मूल्यांकन का एक ज़रूरी प्रतिमान यह भी है कि उसकी रचनाशीलता इस तनाव से किस तरह जूझ रही है। इस कोण से देखने पर वह सीमा उजागर होती है, जो परसाई जी ने स्वयं अपनी रचनात्मकता पर आरोपित कर ली थी। उन्होंने कई जगह अपने नैतिक सरोकारों पर भाकपा के वैचारिक फ्रेमवर्क को हावी होने दिया, परिणामस्वरूप उनकी संवेदना पर डॉग्मैटिक वैल्यू जजमेंट हावी हो गए। जयप्रकाश जी के सम्पूर्ण क्रान्ति आन्दोलन की अन्दरूनी सीमाओं और उससे जुड़ी तत्त्वों की आलोचना और बात है, स्वयं जयप्रकाश जी को हास्यास्पद रूप में प्रस्तुत करना और बात। राजनीतिक टिप्पणी कार और सर्जनात्मक लेखक में फ़र्क़ यही है कि राजनीतिक टिप्पणीकार घटनाओं के विवरण से तुरन्त आकलन पर पहुँचना चाहता है, बल्कि सर्जनात्मक लेखक अपने प्रतिपक्ष पर भी मूल्य निर्णय देने की हड़बड़ी नहीं करता। मूल्य निर्णय वह देता अवश्य है, लेकिन सारी जटिलता को गहराई से परखकर, राजनीतिक पार्टियों की तात्कालिक राजनीतिक माँगों से निर्लिप्त रहकर। लेखक की राजनीतिक चेतना और पार्टियों की राजनीतिक माँग के बीच का फ़र्क़

स्वाभाविक है ही, लेखक के कोण से वह सर्जनात्मकता की शर्त भी है। पार्टी की समझदारी इस बात में है कि वह लेखक की राजनीतिक चेतना के अपने स्वरूप और आग्रह का सम्मान करे। दुर्भाग्य से कई बार ऐसा होता है कि पार्टी लाइन को लागू करने का उत्साह पार्टी से कहीं ज्यादा लेखक लोग ही दिखाने लगते हैं। आज़ादी के तुरन्त बाद रामविलास जी की आलोचना जिस तीक्ष्ण वेधी उत्साह से साहित्य में पार्टी लाइन लागू कर रही थी, उससे पार्टी को क्या लाभ हुआ, पता नहीं, हाँ, साहित्य में बहुत सारे ज़रूरी सवालों का परिप्रेक्ष्य ज़रूर लम्बे अरसे के लिए विकृत हो गया। निकट अतीत से ही याद करें तो अफगानिस्तान में रूसी फौजों की उपस्थिति की बाबा नागार्जुन ने जो आलोचना की, उससे क्रुद्ध होकर कवि, विचारक, चिन्तक और मनीषी अपूर्णानन्द ने बाबा को घेरने का जो अभियान चलाया, उसका मूल तर्क यही तो था कि 'पार्टी कैन डू नो रॉंग।' चिढ़ाने की गरज से नहीं, बात को समझने की ग़रज से कहा जा सकता है कि अफगानिस्तान के सवाल पर नागार्जुन का रुख बुनियादी नैतिक संवेदना का था। इस नैतिक संवेदना को 'पॉलिटिकल करेक्टनेस' की कसौटी पर कसना उल्टी गंगा बहाना है—असल में पॉलिटिकल करेक्टनेस की किसी समय प्रचलित अवधारणाओं को नैतिक संवेदना की कसौटी पर परखा जाना चाहिए और साहित्य ऐसी संवेदना की अभिव्यक्ति के प्रामाणिक रूपों में से एक है। राजनीति के पीछे चलनेवाली सच्चाई नहीं, उसके आगे मशाल दिखाती सच्चाई।

वैचारिक फ्रेमवर्क के प्रति आत्यन्तिक प्रतिबद्धता ने परसाई जी के लेखन में समस्याएँ ज़रूर पैदा कीं लेकिन इस समस्याओं से उत्पन्न बेचैनी उनके सर्जनात्मक मानस में कहीं न कहीं बनी रही। 'ऐसा भी सोचा जाता है' के निबन्धों में वह बेचैनी सतह पर आ गई है। जाति, धर्म, सामाजिक आन्दोलन, अस्मिताओं के तनाव इस सवालों पर देश के वामपन्थी पुनर्विचार के लिए विवश हुए हैं। विवश होकर विचार या पुनर्विचार करना स्वाभाविक ही है, बशर्ते कि विचार की प्रक्रिया में निश्छलता हो, पाँचवें सवार का वस्त्र धारण करने की चतुराई नहीं। परसाई जी ने इन निबन्धों की विशेषता उनके निश्छल आत्म संघर्ष में ही है। वे खुद को 'सदा सही' ठहराने की आचार्य सुलभ कोशिश नहीं करते। वे अपने स्वीकृत विचार की सीमाओं के अहसास से कतराने की कोशिश नहीं करते। इसीलिए उनके आत्मसंघर्ष का साक्ष्य देते इन निबन्धों में न आत्मदया है, न आत्म विज्ञापन। ये निबन्ध एक वामपन्थी बौद्धिक द्वारा अपने वैचारिक उपकरणों की पुन: पड़ताल का साक्ष्य देते हैं—और साथ ही बुनियादी नैतिक सरोकारों की निरन्तरता का।

परसाई जी के नैतिक सरोकारों को यदि एक शब्दसूत्र में व्यंजित करना हो तो कहना चाहिए : सक्रिय संवेदना। इसीलिए उनके व्यंग्य के सबसे ज्यादा शिकार बने हैं मध्यवर्ग की कायरता को व्यंजित करता 'बेचारा भला आदमी' और अवसरवादिता का देहधारी रूप 'भैया साब।' एक की सारी संवेदना सिर्फ़ आत्मोन्मुखी है और है और दूसरे की सारी सक्रियता भी। दूसरी ओर परसाई जी के लेखन में कुछ लोग लगातार सराहना भी पाते हैं। वह लड़की जो पाँच 'दीवानों' की कुटिलता के आगे न रोती है, न बिछ जाती है, बल्कि उन्हें मूर्ख बनाते हुए अपना सही जीवन साथी चुन लेती है। वह छात्र जो शोषक गुरु के सामने तनकर खड़ा होता है। 'धन्य' और 'धिक्कार' की शक्तियों का जो विवेक परसाई जी के मानस में स्पष्ट है, वह अपने पात्रों के प्रति उनके रवैये में बिना लाग-लपेट के स्पष्ट होता है। जो रचनात्मक आत्मसंघर्ष उनके बाद के निबन्धों में है, उसका सुर शुरू में कुछ मद्धम ही रहा, वरना परसाई जी की विवेक दृष्टि का रचनात्मक प्रतिफलन और भी मार्मिक होता।

बहरहाल, परसाई जी के लेखन ने उन्हें भी प्रभावित किया है, (और ऐसे लोग लाखों की तादाद में हैं) जो उनके वैचारिक फ्रेमवर्क से काफ़ी दूर हैं। ऐसा क्यों ? उनकी कला का सधाव सीखने योग्य है। बतरस के लहजे में शुरुआत, तीखी उक्तियाँ और पैनी नज़र इन उपकरणों के जरिए परसाई विलक्षण प्रभाव छोड़ते हैं। इस विलक्षणता का अत्यन्त मार्मिक दृष्टान्त है : 'इंस्पेक्टर मातादीन चाँद पर। इस फंतासी का पाठक अनेक हास्यजनक स्थितियों और विसंगतियों से गुजरता हुआ जहाँ पहुँचता है, वहाँ बचता है सिर्फ़ आतंक; जिसे हम स्वाभाविक मानने के आदि हो गए हैं, उस वास्तविकता के आतंक को हमारे सामने लाता यह शब्द चित्र—

''कोई आदमी किसी मरते हुए आदमी के पास नहीं जाता, इस डर से कि वह कत्ल के मामले में फँसा दिया जाएगा। बेटा बीमार बाप की सेवा नहीं करता। वह डरता है, बाप मर गया तो कहीं उस पर हत्या का आरोप न लगा दिया जाए। घर जलते रहते हैं और कोई बुझाने नहीं जाता—डरता है कि कहीं उस पर आग लगाने का जुर्म कायम न कर दिया जाए। बच्चे नदी में डूबते रहते हैं और कोई उन्हें नहीं बचाता। इस डर से कि उस पर बच्चों को डुबाने का आरोप न लगा दिया जाए। सारे मानवीय संबंध समाप्त हो रहे हैं।''

कितनी डरावनी स्थिति है! यह कहानी फंटासी में रची गई है, लेकिन जो स्थिति यहाँ बयान की गई है, वह फंटासी कहाँ है ? वह तो हमारे रोजमर्रा के जीवन का एक पहलू है—डरावना, अमानवीय। इसलिए और भी डरावना कि हम इसमें अस्वाभाविक सा कुछ लगना ही बन्द हो गया है। ऐसी कुंद संवेदना को झकझोरना ही परसाई की सक्रिय संवेदना का लक्ष्य है।

विडम्बना यह है कि यथार्थ का डरावनापन कई बार लेखकें के लिए सुलभ युक्ति, बल्कि एक तरह के 'पोस्चर' में बदल जाता है। यथार्थ के सिर्फ़ अशुभ पहलू पर जमी निगाह को 'आलोचनात्मक' होने का आत्मतोष भी आसानी से सिद्ध हो जाता है। व्यंग्य की विधा हो तो यथार्थ के प्रति लेखकीय रवैये का 'सिनिकल' हो जाना बहुत सम्भव होता है, जैसा कि 'राग दरबारी' में हुआ है। परसाई जी के समग्र लेखन को यदि एक रचना की तरह पढ़ें तो दिखता है कि 'सिनिसिज्म' के प्रति उनमें एक तरह का चौकन्नापन्न है। वे सजग हैं कि ''मनुष्य के पतन की जितनी गहराई है, उससे अधिक ऊँचाई मनुष्यता के उत्थान की है।'' (फिर उसी नर्मदा मैया की जय)

परसाई जी को अहसास है कि आदमी ऑटोमैटम (मशीन) नहीं है, वह सिर्फ़ तर्क से नहीं समझा जा सकता। इस अहसास की निष्पत्तियाँ उनके लेखक में अधिकांश जगहों पर मुखर नहीं है, यह बात और है। शायद वैचारिक फ्रेमवर्क की बाधा का एक और रूप, लेकिन इस लेख—'फिर उसी नर्मदा मैया की जय'—में परसाई जी स्पष्टतया कहते हैं, ''आदमी कब लकड़बग्घा हो जाए, कब करुणा सागर—ठिकाना नहीं है।''

यह बहुत ही रोचक है कि नई कहानी के दौर में, जबकि परसाई के लेखन की आवाज एकदम अलग सुनी जा सकती थी, नहीं सुनी गई। डॉ. नामवर सिंह ने स्वीकार किया है, ''उस समय परसाई जी की इन कहानियों ('भोलाराम का जीव', 'भूत के पाँव पीछे', 'जैसे उनके दिन फिरे') की ओर ध्यान जाना चाहिए था...वो दरअसल यशपाल की व्यंग्य करने वाली कहानियों की परंपरा में, लेकिन किसी सपाट फ़ार्मूले के मुताबिक लिखी गई कहानियाँ वो नहीं थीं। उनकी रचनाधर्मिता की अच्छी तरह जाँच की जानी चाहिए कि आखिर वह कौन सी चीज रही है जो परसाई जी को कहानियों की दुनिया से निबन्धों की ओर ले गई।''(साम्य परसाई अंक, जुलाई 1990, पृ. 296)

नई कहानी के दौर के अन्य लेखकों से तलना करते हुए श्रीलाल शुक्ल 'आत्मकथ्य' से परसाई जी की विरक्ति को रेखांकित करते हैं, उनका कहना है, "मुझे नहीं मालूम कि बोलने के मामले में वे मेरी तरह हैं या अज्ञेय की तरह, हँसते अश्क की तरह हैं या कुँअर नारायण की तरह, रहन-सहन, खान-पान में मंटों या निराला के नजदीक हैं या पंत और बच्चन के। मेरा इन मामलों में अनजान होना ही इस बात की दलील है कि परसाई का कोई निजी जन-सम्पर्क एवं सूचना प्रसारण विभाग नहीं है और है भी तो वह बहुत नामाकूल है।" ('आँखन देखी'—सं. कमला प्रसाद, 1981 पृ. 425)।

परसाई पर आलोचना का ध्यान न जाना परसाई के नामाकूल जनसम्पर्क विभाग की वजह से भी हो सकता है, लेकिन समस्या का गहनतर पहलू भी है। नई कहानी के दौर में कहानी के मूल्यांकन के प्रतिमान कविता से उधार लिए जा रहे थे, जबकि परसाई की रचनाशीलता का स्वभाव दूसरा था। कविता 'लिखी' जाती है, उसमें सजग आयास अन्तर्निहित है। गद्य मुख्यत: बोलने के लिए है। मोलियर के नाटक के पात्र जोर्दां महाशय बेचारे यह जानकर चकित हो जाते हैं कि वे जीवन भर गद्य ही बोलते रहे हैं। परसाई की कहानियाँ और निबन्ध इसी 'जीवन भर' बोले जानेवाले भाषा रूप का सर्जनात्मक विस्तार है। कविता के प्रतिमानों को कहानी पर लागू करने की पद्धति अपनाने पर यह स्वाभाविक ही था कि बतरस की अनायासता का विस्तार करने वाली और घटना को केवल दृष्टान्त की तरह बरतनेवाली रचनात्मकता आलोचना को उत्तेजित न कर पाए। यह कहना शायद अनुचित न होगा कि परसाई की कहानियाँ और निबन्ध हमें याद दिलाते हैं कि सर्जनात्मकता कविता-परक सायासता और वैशिष्ट्य के सिवाय अन्य रूप भी धारण कर सकती है। सायासता के मुहावरे में बोलचाल की शब्दावली को लाना एक उपलब्धि है, लेकिन सहज, स्वाभाविक बोलचाल के गद्य को सर्जनात्मक लेखन में बदल लेना—यह गद्य के अपने क्षेत्र की उपलब्धि है। इसका मूल्यांकन उधार के प्रतिमानों पर नहीं किया जा सकता। इसके लिए गद्य के अपने स्वभाव के प्रति संवेदनशील प्रतिमान चाहिए।

परसाई के गद्य की विशेषता को व्यक्त करने के लिए शब्द तलाशते मन में कवि भवानी प्रसाद मिश्र की पंक्ति कौंधती है, 'जैसा हम बोलते हैं, वैसा तू लिख। फिर भी हमसे अलग तू दिख।' सचमुच, क्या परसाई ऐन वैसा ही नहीं लिखते, जैसा हम बोलते हैं। और इसी तरह लिखे गए से हमको गुजारते हुए परसाई उन्हीं शब्दों, उन्हीं विन्यासों में एक अलग तरह का अवकाश रच देते हैं, जहाँ हम न केवल सच्चाइयों को बल्कि उन सच्चाइयों को गढ़नेवाली भाषा को सर्वथा अनपेक्षित तेवरों के साथ देख पाते हैं :

"सिर्फ़ यह नहीं है कि ईसा अपना सलीब खुद ढो रहा है या सूली पर टँगा है। ईसा को अपने पाँवों पर अपने हाथों से कील ठोंकने को मजबूर किया जा रहा है और वह कह रहा है—पिता इन्हें हरग़िज माफ़ मत करना, क्योंकि ये साले जानते हैं, ये क्या कर रहे हैं।"

(न्याय का दरवाज़ा)

जैसे मेरी आपकी बातचीत का कोई टुकड़ा उठा लिया गया है। लेकिन एक भयानक अर्थ कर दरवाज़ा खोलने के लिए उस टुकड़े का ऐसा उपयोग हमारे बोलने जैसा लिखनेवाले लेखक को अलग दिखा देता है। परसाई जी का लेखन सहज गद्य के सर्जनात्मक विस्तार का विलक्षण उदाहरण है। उनके यहाँ आयास दिखता ही नहीं, इतनी सहज है उनकी अभिव्यक्ति। इसलिए यदि 'सेल्फ कांशस' लेखन के दौर में उन पर ध्यान नहीं गया तो ताज्जुब की कोई बात नहीं।

सहज को स्वभाव का हिस्सा बनाना बड़ी कठिन साधना की माँग करता है। परसाई का लेखन उस 'महज साधना' को चीन्हने का लेखन है।

सहजता के ही फलस्वरूप परसाई का लेखन संवादधर्मी लेखन है। सामाजिक-राजनीतिक समस्याओं पर एकदम खरी बात करने के बावजूद परसाई अपने पाठक को चिढ़ाते प्रतीत नहीं होते। चिढ़ाने और संवाद स्थापित करने का फ़र्क़ परसाई के मानस को बखूबी मालूम है। (काश, राजेन्द्र यादव भी 'हंस' के सम्पादकीय लिखते समय इस फ़र्क़ को याद रखते! काश, मैं स्वयं इस फ़र्क़ को हमेशा याद रख पाऊँ!) यह संवादधर्मिता ही वह लक्ष्य है, जिसके कारण परसाई जी न केवल कहानी की विधा से निबन्ध की ओर जाते हैं, बल्कि आगे चलकर उनकी रचनाएँ कहानी और निबन्ध के पारंपरिक फ़र्क़ से आगे बढ़ जाती है। कहानी सरीखे चित्रण से आरम्भ कर लेखक पाठक से सीधा संवाद करने लगता है या निबन्ध—सरीखे बयान से आरम्भ कहानी का ताना-बाना गूँथने लगता है। सहमति, असहमति अपनी जगह लेकिन परसाई जी के लिए लेखन का लक्ष्य है : ज्यादा से ज्यादा लोगों के साथ संवाद (कई बार उपदेश भी), इस लक्ष्य की साधना ही महत्त्वपूर्ण है, विधाओं की शास्त्रीय शुद्धता नहीं।

'धन्य' और 'धिक्कार' की शक्तियों की परसाई जी की अपनी समझ है, दो टूक और बेझिझक सर्जनात्मकता साधने का कोई अलग आयास नहीं है, कोई दावा नहीं है, लेकिन 'जीवन पर बोले जानेवाले' गद्य की अपनी जिजीविषा में परसाई जी की गहरी आस्था है। इसी कारण वे इस गद्य का सर्जनात्मक विस्तार अपने लेखन में करते हैं—कविता के सामने किसी तरह की हीनताग्रन्थि महसूस किए बग़ैर। वे न तो गद्य में कविता की नकल करते हैं, और न कविता को कोस कर कहानी की टोपी में पंख लगाते हैं।

परसाई जी का गद्य हम लोगों को काफ़ी कुछ सिखा सकता है।

और अन्त में—डॉ. रामस्वरूप चतुर्वेदी की नई किताब आई : 'हिन्दी गद्य : विन्यास और विकास' (लोकभारती, 1996)। पुस्तक के, "प्रथम खंड में गद्य की सामान्य प्रकृति का विश्लेषण है, द्वितीय में हिन्दी गद्य के प्राय: एक हजार वर्षों का विकासक्रम सोदाहरण विस्तार में अंकित हुआ है, और तीसरे तथा अन्तिम खंड में हिन्दी के प्रमुख गद्यकारों का समग्र और स्वतंत्र रूप से विवेचन है।" (आमुख) चतुर्वेदी जी मानते हैं, "गद्य का प्रकृत संबंध बोले जाने से है, लिखना आनुषंगिक है, यह द्वैत गद्य के विन्यास को एक निजी विशेषता प्रदान करता है।" (पृ. 11)

लिखने और बोलने के उपरोक्त द्वैत से उत्पन्न विशेषताओं का पुस्तक में सविस्तार सोदाहरण विवेचन किया गया है। पुस्तक चतुर्वेदी जी की है, तो जाहिर है कि महत्त्वपूर्ण भी है। हिन्दी गद्य पर केन्द्रित इस पुस्तक में परसाई का उल्लेख केवल दो स्थानों पर है। पृष्ठ 124 पर नई कहानी के अनेक लेखकों के नामोल्लेख प्रसंग में और पृ. 211 पर, "उन पत्रकारों और पत्रिकाओं के उल्लेख के प्रसंग में जिन्होंने हिन्दी गद्य के विविध रूप और उससे जुड़ी मानसिकता को बनाने में योग दिया।"

ज़ाहिर है, हिन्दी गद्य के विकास और विन्यास में हरिशंकर परसाई का योगदान इतना ही तो है, परसाई जी नामोल्लेख भर के ही तो मुस्तहक हैं।

इति...

['वसुधा'-41, जून, 1998]

# कैसे कहें कि वाहे गुरु उन्हें माफ़ करना

पाश की कविताएँ 'जड़ीभूत सौन्दर्याभिरुचि' और जड़ीभूत विचारविमूढ़ता के विरुद्ध बेचैन आत्मा की संवेदना को ईमानदारी से तराशती कविताएँ हैं। सौन्दर्यबोध की जड़ता किसी भी अनुभव के प्रति काव्य-प्रतिक्रिया के स्वरूप और सार को बाधित करती है। इसी तरह विचार की जड़ता मनुष्य और कविता दोनों की जिन्दगी को सुविधापूर्ण फार्मूलों में बदलने की खतरनाक बेअदबी करती है। बदकिस्मती से इस बेअदबी को 'प्रतिबद्धता' मानकर आत्मतुष्ट हो जाने की प्रवृत्ति इन दिनों फिर से बढ़ाव पर है। ऐसे माहौल में, पाश की कविता से गुजरना राहत और सीख देनेवाला अनुभव है।

मैं पंजाबी कविता की परंपरा से कतई अनभिज्ञ हूँ, इसलिए पाश का स्थान निर्धारित करना मेरे लिए सम्भव नहीं। कविता से बाहर, पाश की वैचारिक बेचैनी और जद्दोजहद की जानकारी भी मुझे कम है। शायद इन सीमाओं के ही कारण भला काम यह हुआ कि मैं हिन्दी अनुवाद में उपलब्ध पाश की कविताओं को ठेठ कविता की तरह पढ़ सका, और उस दुर्लभ काव्य ऊर्जा का आभास पा सका, जिसे अपने होने का प्रमाण कविता के बाहर से नहीं जुटाना पड़ता। राजनीतिक कविता के क्षेत्र में ऐसे लोग कम हैं जो कविता और राजनीति दोनों में प्रगतिशील मूल्यों के लिए संघर्ष करें और इन दोनों गतिविधियों की विलक्षणता का सम्मान करें। आमतौर से अपनी विचारधारा का काव्यानुवाद करके ही सुकवि सन्तुष्ट हो लेते हैं कि उनहोंने कविता ही नहीं की, राजनीति भी कर डाली। कविता को राजनीतिक कार्यवाही का स्थानापन्न मानने के इस सुविधावाद का ही नतीजा है कि कोई वरिष्ठ कवि बेधड़क होकर कहे, "क्यों जाएँ पंजाब? हम कोई चूतिया हैं जो वहाँ जान देने जाएँ?" और फिर कविता के नाम पर यह रिटॉरिक लिखकर सन्तुष्ट भी हो लें, "नराधम है आतंकवादी।"

इन दिनों एक हंगेरियन बुद्धिजीवी का कथन बार-बार याद आता है। 1956 के जन-आक्रोश के दिनों में उसने अपने आप से पूछा था, "हम लेखक! हम सच तो कह रहे हैं, और हम कर ही क्या सकते हैं?" लेखक जब अपनी भूमिका 'सच' कहने-भर तक सीमित मान ले तो कई बार ऐसी भी स्थिति आती है जब लेखक को न तो 'सच' को रचना अपनी जिम्मेवारी लगे और न उसे बचाना—उसका काम तो केवल कहना है! इसी प्रसंग में वह दयनीय स्थिति भी आ जाती है जहाँ लेखक चुपचाप स्वयं को पार्टी-लाइन का पिछलग्गू बनाने में ही प्रतिबद्धता की सार्थकता समझने लगता है। उसे लगता है कि 'शोषित वर्ग के आचार्यों' (Ideologues of ruled classes) द्वारा निरूपित विचारधारात्मक 'सत्य' को साहित्य में हू-ब-हू उतार देना ही सृजन-कर्म है। आखिर ब्रहमनिरूपण आचार्यों का काम है, कवि तो केवल गुणगान कर सकते हैं। विचार और सर्जनात्मक शब्द दोनों के लिए यह स्थिति बेहद खतरनाक है। यह एक तरह से विचार का 'वस्तुकरण' है, जिसमें विचार सूक्ष्म मनोदशाओं और विविध स्थितियों के

सन्दर्भ से असम्बद्ध, निर्जीव फ़ार्मूले में बदल जाता है। साथ ही, सर्जनात्मक शब्द अपनी भूमिका तो सीमित करता ही है, विचार के इस 'वस्तुकरण' की जाँच-पड़ताल न करने के पाप का भागी भी बनता है। विचार और सर्जनात्मक शब्द के बीच दुमहिलाऊ अनुसरण का नहीं, तेजस्वी संवाद का रिश्ता होना चाहिए—इस बात को 'शोषित वर्ग के आचार्य' और रचनाकार जितनी जल्दी समझ लें, उतना अच्छा।

विचार और सर्जनात्मक शब्द के बीच सही रिश्ते की पहचान का मसला बुनियादी परिवर्तन के लिए प्रतिबद्ध विचारकों और सर्जकों के लिए बेहद महत्त्वपूर्ण है। जो समाज को बदलना चाहते हैं, वे शब्दों और उनके अर्थों की उपेक्षा नहीं कर सकते। समाज के पतन का अचूक प्रमाण होता है—शब्दों के अर्थों का विघटन। इस विघटन पर अँगुली रखना परिवर्तनकामी रचनाकर्म का सहज स्वभाव है। धूमिल की प्रसिद्ध पंक्ति है—"मेरे देश का समाजवाद उन बाल्टियों की तरह है जिन पर आग लिखा है लेकिन जिनमें रेत और पानी भरा है।" ऐसा नहीं है कि शब्दार्थ के खोखलेपन की इस विडम्बना से वामपन्थ को अपने भीतर नहीं टकराना पड़ता। थिएनमन चौक की घटनाएँ बहुत सारे शब्दों के अर्थों के विघटन को ही सूचित करती हैं।

पाश की जिन्दगी एक तरफ़ इस भयावह विडम्बना से जूझती कविता है, तो दूसरी तरफ़ 'सच' को परखने, रचने और फिर साहसपूर्वक कहने की कोशिश करती गतिविधि। शब्दों के प्रति राजनीतिक आचार्यों की असंवेदनशीलता पर पाश ने जो तीखी प्रतिक्रिया की है, उसमें बेचैनी है, ऊर्जा है, और शब्दों के प्रति बहुत गहरी ममता है—

*तुम्हें पता नहीं, कामरेड*
*तुमने शब्दों को क्या कर डाला है*
*उनमें लिपटी संवेदनाओं ने*
*भला तुम्हारा क्या छीना था?*

*सिर्फ़ अपनी सुविधा के लिए तुमने*
*शब्दों को तराशना सीख लिया है*
*जैसे हदबन्दी के लिए कोई पटवारी से मिलता है*
*तुमने उन्हें इस तरह कभी नहीं देखा*
*जैसे अंडों में मचल रहे चूजे हों*
*जैसे बारिश में चू रही साँवली दोपहर में*
*धूप घुली हो—*

*मैंने शब्दों को झेला है, उनके तीखे नुकले रूप में*
*किसी भी मौसम के कोप से भागनेवालों को*
*मैंने अपने रक्त में शरण दी है*
*मैं गुरु गोविन्द सिंह नहीं—*
*इन्हें कविता का कवच पहनाकर भेजने के बाद*
*बहुत-बहुत देर रोया हूँ*
*जब तुम्हारी तकरीर के पिटे हुए शब्द*
*प्रस्तावों की धूप में जलते हैं*

*मेरी कविता की काया*
*उनकी मौत के साथ लड़ती हुई*
*अपने बदन की नजाकत खो बैठती है*

*कामरेड, तुमने पराजितों से घृणा करना सीखा है*
*उन्हें तुम जानते भी नहीं*
*जो केवल जीत न सके*

''जो केवल जीत न सके'' उन्हें जानने की कोशिश करती हुई संवेदना तक पाश लम्बे आत्मसंघर्ष के बाद पहुँचे थे। मानवीय गरिमा में गहरी आस्था के कारण ही वे परिवर्तन के विचार के प्रति खिंचे, और इसी के कारण आगे चलकर उन्हें 'कामरेड से बातचीत' करने की ज़रूरत महसूस हुई। इस बातचीत में, अपनी विचारधारा के मूल प्रस्थान तक को ईमानदारी से परखने की हिम्मत है, वेधक जिज्ञासा है, और काव्यानुशासन का सिद्ध सधाव है। यह 'बातचीत' बतौर कविता के और बतौर सार्थक बहस के वामपन्थी कविता के इतिहास में अपनी खास जगह रखती है।

शोषित वर्ग की असन्दिग्ध पक्षधरता के साथ ही जो कवि 'शब्द' की अपनी महत्ता का मर्म भी जानता हो, उसका यह कहना बहुत मायने रखता है, ''हमारे कम्युनिस्ट कविता के लिए 'हथियार' शब्द का नंगा प्रयोग उचित समझते हैं। कम्युनिस्ट-संघर्षों में दाँव-पेंचों का रीढ़-जैसा महत्त्व होता है। मैंने अनुभव किया है कि पार्टियों की पैंतरेबाजी से अब कविता की दोस्ती नहीं हो सकती। पार्टी लेबलों से पीछा छुड़ाने के लिए मुझे बहुत-सी शरारतें करनी पड़ी हैं।'' (*साडे समियाँ विच* की भूमिका) जो लोग कविता के लिए 'हथियार' शब्द का नंगा प्रयोग करने से अभी भी बाज नहीं आना चाहते, क्या उन्हें इस 'शरारतों' के पीछे की वेदना झकझोर पाएगी? यह सवाल इसलिए भी महत्त्वपूर्ण है क्योंकि पाश की प्रतिबद्धता 'सचमुच की' है। विचारविमूढ़ता के नंगेपन से खीझे हुए इस कवि ने *साडे समियाँ विच* की पहली ही कविता में जड़ीभूत सौन्दर्याभिरुचि के प्रति अपनी अरुचि को फिर एक बार रेखांकित किया है—

*मुझसे उम्मीद न करना कि मैं*
*खेतों का बेटा होकर*
*आपके चगले हुए स्वादों की बात करूँगा*
*जिनकी बाढ़ में बह जाती है*
*हमारे बच्चों की तोतली कविता*
*और हमारी बेटियों की कंजकों-सी हँसी*

कविता की संवेदना को दयनीय रूप से सीमित करने वाले 'चगले हुए स्वादों' की सपनीली सौन्दर्य-सीमा की छद्म रंगीनी के विपरीत—

*मेरे पास सौन्दर्य की इस सपन-सीमा से इधर*
*अभी बहुत बातें करने को हैं*
*अभी मैं धरती पर छाई*
*किसी दिहाड़ीदार के काले स्याह होंठों-सी*
*रात की ही बात करूँगा*
*उस इतिहास की*

*जो मेरे बाप के धूप से झुलसे कन्धों पर उभरा है*
*या अपनी माँ की पाँव फटी*
*बिवाइयों के भूगोल की ही बात करूँगा*

पाश खेतों का बेटा था, लेकिन वह उन सपूतों में से न था जो भाषा के खिलाफ़ हल अड़ा देते हैं और जमीन की गन्ध के नाम पर आलोचना या आस्वाद से 'कंसेशन' चाहते हैं। वह उन कवियों में भी न था जो खेतों में गेहूँ की जगह बम उगाने की धमकी देकर मुशायरा लूट लेते हैं। 'सौन्दर्य की सपन-सीमा' से इधर होने का यह मतलब कतई नहीं कि पाश प्रेम तथा जीवन के कोमल रागों को क्रान्ति हो जाने तक के लिए स्थगित कर देने के पक्षधर थे। वे उन दुर्लभ कवियों में थे जो गेहूँ, बम, शब्द और महबूब के होंठों की मलाई—इन सब चीजों की अस्मिता, इनके अन्तस्संबंध, और इनमें व्यंजित जीवन के आशय की समग्रता को कविता में साधने की हिम्मत और कूवत रखते हैं। यही कारण है कि पाश की भाषा के तेवर में 'साधनावस्था' का जुझारूपन है, 'सिद्धावस्था' का इतमीनान नहीं। यही कारण है कि पाश जब सब कुछ 'सचमुच का' देखना चाहते हैं तो उनके बिम्ब भी बड़े सच्चे होते हैं। बिम्बों की यह सचाई जीवनानुभवों को सर्वथा नए कोण से देख सकने की सामर्थ्य से उपजती है। इस सामर्थ्य का ही कमाल है कि पाश की कविता 'प्रतिबद्धता' में झूठ के बिम्ब भी बड़े सच्चे हैं : शराब के मुकदमे में टाऊट की गवाही, पटवारी का ईमान और आढ़तिए की कसम! और सच के बिम्ब—

*हम चाहते हैं अपनी हथेली पर कोई इस तरह का*
*सच*
*जैसे गुड़ की पत्त में कण होता है*
*जैसे हुक्के में निकोटिन होती है*
*जैसे मिलन के समय महबूब के होंठों पर*
*मलाई-जैसी कोई चीज होती है*

साधन को ही साध्य भी मान लेने की विचारविमूढ़ता का तीखा प्रतिवाद पाश की इस कविता में स्पष्ट है—

*हम झूठमूठ का कुछ भी नहीं चाहते*
*और हम सबकुछ सचमुच का देखना चाहते हैं*
*जिन्दगी, समाजवाद, या कुछ भी और*

इस संवेदना में विचार स्वयं में प्रश्नातीत लक्ष्य नहीं है, वह बेहतर और सच्ची जिन्दगी का माध्यम है। उसकी प्रामाणिकता की मूल कसौटी है : सचमुच का सब कुछ सम्भव कर सकने में उसका योगदान। समाजवाद वस्तुकृत विचार का नारा-भर बनकर न रह जाए—पाश की प्रतिबद्धता का मूल स्रोत इस चिन्ता में है।

माध्यम चाहे विचार हो या काव्यरूप, कवि उससे टकराता है, उसकी पड़ताल करता है। इस पड़ताल में ही कविकर्म की सार्थकता है। शमशेर की पंक्ति याद आती है : ''ओह माध्यम! क्षमा करना कि मैं तुम्हारे पार जाना चाहता रहा हूँ।'' यह 'पार जाना' अपने माध्यम की पड़ताल करना ही है। पाश का अन्तिम संग्रह *साडे सीमियाँ विच* जिस निर्णायक मोड़ की सूचना देता है, उसका कारण यही है कि यहाँ तक आते-आते पाश हर चीज को निकट से, हर प्रिय-अप्रिय कोण से देखना चाह रहे थे। वे अपने आप से, अपने वैचारिक, भावनात्मक लगावों से कठोर जिरह कर रहे थे। इस संग्रह की कविताओं को देखते हुए पाश का यह कथन बिलकुल

अतिशयोक्तिपूर्ण नहीं लगता कि "पिछले दोनों संग्रहों में मेरी लगभग सभी कविताएँ लोहे की जंजीरों के प्रति मनुष्य की अनुभवशीलता थी। इस बार इस पुस्तक में मेरे सभी एहसास उन अदृश्य जंजीरों से जूझने या खीझने का इतिहास है जो लोहे की नहीं, लेकिन लोहा जिनका है।"

'लोग (या आचार्य लोग) क्या कहेंगे' की दयनीय वर्जनाओं से मुक्त होने के कारण पाश खुद पर अनावश्यक सेंसरशिप लागू नहीं करते। उनकी कविता जीवन्त, जिज्ञासु मन की विविध, कभी-कभी विरोधाभासी संवेदनाओं का साक्ष्य देती है, पार्टी लाइन का मुँह जोहती निर्जीव सुसंगति का यहाँ कोई स्थान नहीं है। महत्त्वपूर्ण यह है कि परख और पड़ताल की जीवन्तता तक पाश छलाँग लगाकर नहीं, कड़े आत्मसंघर्ष से गुजरकर पहुँचे थे। मिसाल के तौर पर पाश की कुछ आरम्भिक कविताओं में परंपरा और सांस्कृतिक सम्पदा के बारे में उच्छेदवादी रवैया साफ़ दिखता है। लेकिन यह रवैया वक्तव्य के रूप में अधिक है, काव्य-संस्कार के रूप में कम। परंपरा के प्रति अवज्ञा के ये वक्तव्य उसी विचार-प्रक्रिया का काव्यानुवाद-भर हैं, जो गांधी और टैगोर की प्रतिमाओं का शब्दशः भंजन करने को ज़रूरी सांस्कृतिक कार्यवाही मानती थी। इस अवज्ञापूर्ण उच्छेदवाद का सर्वाधिक आक्रामक रूप इन दो अंशों में देखा जा सकता है—

*टैगोर या ग़ालिब की दाढ़ी में*
*शब्द कविता नहीं होते*
*तिनका होते हैं*
*अगर तुम्हें बहुत अभिमान है*
*अपनी कला, अपने फलसफे पर*
*तो खोलो सुनहरी जिन्दोंवाले ग्रन्थ*
*तुम्हारे शेक्सपीयर ने*
*जिन्दगी की हँसी में मौत के लतीफे का*
*क्या स्थान बताया है?*
*तुम्हारे बीथोवन ने*
*माँ-बहिन की गालियों का क्या रिद्म बताया है*
*महबूब की छाती के गीतोंवालों ने*
*माँ के दूध*
*और दूध की लाज का क्या गीत लिखा है?*

याने या तो महबूब की छाती का गीत लिख जा सकता है, या फिर माँ के दूध का। उच्छेदवाद में अभिव्यक्त पनीले भावुक दृष्टिकोण की नियति ही यह है कि वह जीवन के विविध सरोकारों को पूरक नहीं, प्रतिद्वन्द्वी माने। यह माने कि वियतनाम का युग वारिस शाह का युग नहीं हो सकता—

*आज वारिस शाह की लाश*
*कँटीली नागफनी बनकर*
*समाज के बदन पर उग आई है*
*उससे कहो कि*
*यह युग वारिस का युग नहीं*
*वियतनाम का युग है*
*हर क्षेत्र में हकों के संग्राम का युग है*

इसी कविता में पाश ने प्रेमिका को पत्र लिखने की उपमा 'कागज का गर्भपात' करने से दी है। पाश आगे चलकर तो जीवन के प्रति समग्र जिज्ञासा से साधक बने ही, ऐसी कविताएँ लिखने के दौर में भी उनके काव्य-संस्कार में उपरोक्त इकहरेपन का मार्मिक प्रतिवाद मौजूद था। लेकिन उन्हें क्या कहा जाए जो अब भी पूरी गम्भीरता से मानते हैं कि एक मानवीय संबंध (माँ का दूध) दूसरे मानवीय संबंध (महबूबा की छाती) को खारिज कर देता है, एक सच्चा सरोकार (वियतनाम) दूसरे सच्चे सरोकार (वारिस शाह) की कीमत पर ही मुमकिन है! बहरहाल, हम यह देखते हैं कि एक तरफ़ यह उच्छेदवादी इकहरापन, दूसरी तरफ़ उसी दौर की कविताओं में कवि का वह सर्जनात्मक संस्कार, जिसमें वह लोकचित्त में स्थित सीता और रावण के प्रतीकों का नया अर्थ और 'धर्मयुद्ध' के पारंपरिक शब्द को नया सन्दर्भ दे रहा है—

*आ लंका के बहादुर, हम इक इकरार कर लें*
*धर्मयुद्ध में जूझने का, दशहरे रोज मनाने का*
*जुल्म अधिकारों की सीता पर*
*किसी का होने नहीं देना*
*कि दस हों या सौ हों, काटें शीश रावण का*

इसी दौर *(लौह कथा)* की एक कविता तो सचमुच विलक्षण है। कवि की पक्षधरता की आवेगपूर्ण अभिव्यक्ति तो पाश की लगभग हर कविता में है, लेकिन इस कविता (अन्त में) की विशेषता यह है कि इसमें परंपरा-प्राप्त संस्कारों का अत्यन्त सर्जनात्मक, लगभग अनायास आवाहन किया गया है। पूरी कवता उद्धृत करना आवश्यक है—

*हमें पैदा नहीं होना था*
*हमें लड़ना नहीं था*
*हमें तो हेमकुंट पर बैठकर*
*भक्ति करनी थी*
*लेकिन जब सतलुज के पानी से भाप उठी*
*जब काजी नजरुल इस्लाम की जबान रुकी*
*जब लड़कों के पास देखा जेम्स बांड*
*तो मैं कह उठा, चल भाई सन्त*
*नीचे धरती पर चलें*
*पापों का बोझा तो बढ़ता जाता है*
*और अब हम आए हैं*
*यह लो हमारा जफरनामा*
*हमारे हिस्से की कटार हमें दे दो*
*हमारा पेट हाजिर है*

यह देखना कितना उत्तेजक है कि जो कवि चालू फ़ैशन के तहत वियतनाम के पक्ष में वारिस शाह को रद्द करने की अपरिपक्वता दरसाता है, वही इस कविता में पारंपरिक धर्मरचे मुहावरे ('धरती पर पापों का बोझ') का कैसा सर्जनात्मक विस्तार कर रहा है, कितने अनुराग से सिक्खी के मिथकों और इतिहास को अपनी कविता में ला रहा है—और कितने सहज, लगभग कौतुकपूर्ण ढंग से। कवि के चित्त में मौजूद हेमकुंट और जफरनामा से लगाव के संस्कार यहाँ कविता के सघन प्रभाव को सम्भव कर रहे हैं। हेमकुंट उत्तराखंड में एक स्थान है, जहाँ कहते हैं कि दशम

गुरु गोविन्द सिंह ने पूर्वजन्म में तपस्या की थी। 'जफरनामा' औरंगजेब को सम्बोधित उन्हीं दशम गुरु की फारसी काव्यकृति है, जो वस्तुत: तत्कालीन सत्ता के विरुद्ध विद्रोह का घोषणापत्र है।

पाश का काव्य-संस्कार परंपरा से सर्जनात्मक रिश्ते, बहुस्तरीय जिज्ञासा, गहरे आवेग और सहज विवेक से परिभाषित होता है। उनके काव्य-संस्कार में आवेग और विवेक का प्रीतिकर सन्तुलन है। जहाँ तक विवेक का अंकुश ढीला पड़ा है, वहाँ आवेग भावोच्छवास में बदलने लगता है और बिम्ब-योजना भाषा के बेतहाशा प्रयोग में। मसलन 'युद्ध और शान्ति' कविता में, जहाँ कवि फिर एक बार उच्छेदवाद के फेर में भी पड़ गया है, तथा भाषा के बेतहाशा प्रयोग के बहाव में दर्जनों तुके-बुतुके बिम्ब जुटाने के चक्कर में भी। वैसे, आमतौर से पाश के बिम्ब एकदम ताजे और अत्यन्त गतिशील हैं। उनकी भाषा में ऐसा कसाव है, मुहावरे की ऐसी खास शख्सियत है कि सचमुच पाश की नकल नहीं की जा सकती।

यह त्रासद तथ्य अपनी जगह है कि इन दिनों चल रही पाश-चर्चा की पृष्ठभूमि में कवि की नृशंस हत्या है। यह तथ्य हमें यह भी याद दिलाता है कि पाश कवि और नागरिक दोनों ही रूपों में मानवता के मूलभूत सरोकारों और विशिष्ट गतिविधियों की अपनी चुनौतियों के प्रति कितने संवेदनशील थे। कोरी साहित्यिक या राजनीतिक गतिविधियों तक सीमित न रहकर जीवन की समग्रता के प्रति जिज्ञासु चित्त की उथल-पुथल का अद्भुत साक्ष्य पाश की कविता और जिन्दगी से मिलता है। यह कोई संयोग नहीं कि पाश ने बच्चों को अपने ढंग से पढ़ाने के लिए गाँव में स्कूल चलाया और सितारों को नजदीक से देखने के लिए अपना टेलीस्कोप बनाया! शासक वर्ग की चालबाजियों और आतंकवाद के राक्षस का कविता में और कविता के बाहर सक्रिय प्रतिरोध किया। पाश की हत्या का तात्कालिक कारण यह था कि उन्होंने अमेरिका से 'ऐंटी-47' नामक बुलेटिन का प्रकाशन जारी कर रखा था। इसके अक्टूबर '86 के अंक में उन्होंने एक बेहद तीखा लेख लिखा, 'पंजाबियत के दुश्मन खालिस्तानी'। इसमें उन्होंने बहुत प्रखर ढंग से रेखांकित किया कि आतंकवाद केवल भारतीय जनता की एकता को ही तोड़ने की नहीं, बल्कि सिख धर्म के वास्तविक स्वरूप को भी तहस-नहस करने की साजिश है। स्वाभाविक ही था कि 'देश की रक्षा' का दावा करने वाले आतंकवादी इस मार्मिक प्रहार से तिलमिला गए। इस लेख के पहले भी पाश 'कुफ़्र' कर चुके थे। कविता हो या राजनीतिक-सांस्कृतिक गतिविधि—दोनों धरातलों पर पाश के मन में सच के एकाधिकारवादियों के प्रति एकदम अनछुपी घृणा है, और उनके शिकारों के प्रति बहुत से ऊष्म करुणा। पाश ने भिंडरावाले के आतंक और उस पर मढ़े 'धर्म' के कवच को ऐसे कठोर व्यंग्य का विषय बनाया था, जो सिर्फ़ तड़पते कलेजे की आह से निकलता है—

*मेरा एक ही बेटा है, धर्मगुरु*
*आदमी बेचारा सिर पर रहा नहीं*
*तेरे इस तरह गरजने के बाद*
*आदमी तो दूर-दूर तक नहीं बचे*

*मैं परिवार को ही धर्म मानने का कुफ़्र*
*करती रही हूँ*
*मैं पगली सुन-सुनाकर पति को ही ईश्वर*
*कहती रही हूँ*

*तुम्हारी गरज से उठी धर्म की जयकार से*
*मेरे से बिलकुल उड़ गया है कुफ्र का कोहरा*
*मुझ मुई का अब कोई अपना सच न दिखेगा*
*मैं तेरे सच को ही एकमात्र सच माना करूँगी,*
*मैं औरत बिचारी तेरे जाँबाज शिष्यों के सामने*
*हूँ क्या*
*किसी भी उम्र में तेरी तलवार से कम खूबसूरत*
*रही हूँ*
*किसी भी रौ में तुम्हारे जलाल से फीकी रही हूँ*
*मैं तो थी ही नहीं*
*बस तुम ही तुम हो धर्मगुरु*

इस कविता में 'बिचारी औरत' की बेचारगी में निहित घृणा तो सम्प्रेष्य है ही, लेकिन शायद उससे भी ज्यादा महत्त्वपूर्ण यह है कि लोगों के आतंकित हो जाने की, आदमी से शाकाहारी दोपाए बन जाने की स्थिति कवि को कितना बेचैन करती है। यहाँ 'लड़े चलो' मार्का खोखला आवाहन नहीं है, बल्कि उस स्थिति का दर्द-भरा अहसास है, जिसमें कुछ मनुष्य नरभक्षियों में बदल गए हैं और कुछ निरीह दोपायों में। इस स्थिति को पाश कभी बर्दाश्त नहीं कर पाए। उनकी कविता इस निरीहता पर न तो तरस खाती है और न इसका गुणगान करती है, बल्कि पूरी संलग्नता के साथ इस निरीहता से उपजनेवाली अकर्मण्यता पर चोट करती है, और इसीलिए अधिक सामाजिक और सार्थक संवाद को सम्भव करती है। इस संवाद की अत्यन्त प्रेरक अभिव्यक्ति हुई है 'सबसे खतरनाक' शीर्षक में, जहाँ मेहनत की लूट, पुलिस की मार, सही होते हुए भी दबने को नहीं बल्कि निर्जीव 'रुटीन' को सबसे खतरनाक कहा गया है—

*सबसे खतरनाक होता है*
*मुर्दा शान्ति से भर जाना*
*न होना तपड़ का, सब सहन कर जाना*
*घर से निकलना काम पर*
*और काम से लौटकर घर आना*
*सबसे खतरनाक होता है*
*हमारे सपनों का मर जाना*

इस कविता में भी केवल वक्तव्य नहीं, प्रविधि की भी अपनी ताकत है। इस प्रविधि की खासियत है, सावधानी से चीजों का निरीक्षण और संश्लिष्ट बिम्बों का गठन, जो बहुत कुछ कहते हैं और बहुत खूब कहते हैं—

*सबसे खतरनाक वह चाँद होता है*
*जो हर हत्याकांड के बाद*
*वीरान हुए आँगनों में चढ़ता है*
*पर आपकी आँखों को मिर्चों की तरह*
*नहीं गड़ता है*
*सबसे खतरनाक वह दिशा होती है*

*जिसमें आत्मा का सूरज डूब जाए*
*और उसकी मूर्दा धूप का कोई टुकड़ा*
*आपके जिस्म के पूरब में चुभ जाए*

खालिस्तानी आतंकवाद वस्तुतः साम्प्रदायिक विचार की एक खास किस्म की स्वाभाविक परिणति ही है। इस भयानक विचार की बहुस्तरीय मानसिक प्रक्रिया को इतने साफ़ तौर से समझनेवाली कविताएँ कम हैं, जितने साफ़ तौर से पाश की कविता 'कुएँ' समझती है—

*कुएँ अब बेशक थोड़े हैं*
*रोज शंख की गूँज से डरती नींद में*
*मौत की श्लाघा करते हुए भजनों की तलाश में*
*और अतीत के गुण गाती चिंघाड़ों में*
*लेकिन अभी भी काफ़ी हैं कुएँ*
*उनमें पगलाया अँधेरा अभी चिंघाड़ता है*
*दुआ के लिए उठते हाथों की हथेलियाँ*
*कुओं का सृजन करती हैं*

*कुएँ आपकी छातियों में सरसराते हैं*
*शवयात्रा में लौटते हुए जब आप में*
*बच जाने की कृतज्ञता गाती है*

*इतने तरल अँधेरे के खिलाफ़*
*आपका सुविधामय अस्तित्व बेहद नाकाफी है*
*इतने तरल अँधेरे के बिलकुल पड़ोस में जीते हुए*
*आप निहत्थे नहीं चल सकते*

पाश के मन में ऐसी ही तीव्र, अनछुपी घृणा उन लोगों के प्रति भी है, जो नवम्बर, 1984 के नरसंहार के लिए जिम्मेवार थे। इसकी अभिव्यक्ति भी दो-टूक है—

*मैं नहीं चाहता कि सिर्फ़ इस आधार पर*
*बचता रहूँ*
*कि भजनलाल विश्नाई को*
*मेरा पता मालूम नहीं*
*इसका जो भी नाम है—*
*गुंडों की सल्तनत का*
*मैं इसका नागरिक होने पर थूकता हूँ*
*मैं उस पायलट की चालाक आँखों में चुभता*
*भारत हूँ*
*हाँ, मैं भारत हूँ चुभता हुआ उसकी आँखों में*
*अगर उसका अपना कोई खानदानी भारत है*
*तो तेरा नाम उसमें से अभी खारिज कर दो*

देश को 'गुंडों की सल्तनत' और खानदानी जागीर में तब्दील कर देनेवालों के खिलाफ़ अपने आपको 'भारत' कहना कवि के विराट स्वत्व का आग्रहपूर्ण कथन ही तो है। इस 'स्वत्व' के सरोकार न सीमित हैं, न एक दूसरे से असम्पृक्त। यह शब्दों की अर्थवत्ता के लिए संघर्ष करते, रिश्तों को जीते और धारणाओं को लगातार परखते कवि का स्वत्व है। डॉ. नामवर सिंह ने ठीक लिखा है कि पाश की काव्ययात्रा का सबसे निर्णायक मोड़ वह है, जहाँ उसने *'कामरेड से बातचीत'* शृंखला की शुरुआत की। 'यह निर्णायक मोड़' दरअसल अपने 'स्वत्व' की भी निर्मम परख का ही परिणाम है। सारे जमाने से जिरह करते हुए अपने आप से भी सवाल करने पड़ते हैं, खुद अपने खड़े होने की जगह को ठोंक-बजाकर जाँचना होता है। यह काम वही कर सकते हैं जो 'डॉग्मा' का काला चश्मा पहनकर आँखें बचाने की बजाय सवालों की सुई चुभोती धूप से आँखें मिलाने की कूवत रखते हैं। 'लाइन' देने के लिए सदा तत्पर राजनीतिज्ञ और आचार्यगण पाश-जैसे कवि से यह तो सीख ही सकते हैं कि खुद अपने आपसे सवाल किस तरह किए जाएँ। ये सवाल और इन्हें कविता में धारण करने वाली संरचना प्रामाणिक तभी बनती है जब उसमें गहरी व्याकुलता का ताप हो। पाश की कविता ऐसे ही ताप की कविता है, जिसे समृद्ध स्मृतियों से कौंधते रूपक और गतिशील बिम्ब जबर्दस्त 'अपील' प्रदान करते हैं। इसका सबसे जोरदार उदाहरण 'कामरेड से बातचीत' की छठी कविता में मिलता है—

*कवि हूँ न*
*मेरे सीने में हर दिशा पश्चिम है*
*जिसमें डूब जाते हैं बड़बोले सूर्य*
*ऐसे ही कभी-कभी जब ज्यादा बोले*
*पता नहीं चलता कब असमय छिप जाता है*
*वर्गघृणा का सूर्य*
*और मेरा समय की बूढ़ी हुई मुस्कान को*
*भींचने का मन करता है*
*चाहने लगता हूँ, पल-के-पल*
*अचानक कहीं से आए*
*न्यूटन का वह दरवेश डायमंड*
*फिर एक बार फेंके जलती मोमबत्ती*
*मेरे जेहन के खुले दराज में*
*इससे पहले कि मेरे जेहन में मौजूद*
*तमाम अधूरी सूचनाएँ*
*किसी सिद्धान्त में बदलें, उन्हें जला दे*
*उनके न जलने में बहुत खतरा है*

यह अंश कई कोणों से महत्त्वपूर्ण है। एक तो कामरेड को चुनौती देता कवि का आत्मविश्वास कि बड़बोले मेरे सीने में डूब जाते हैं, फिर यह मानवीय आत्मस्वीकृति कि वर्गघृणा का सूर्य असमय छिप जाता है। लेकिन सबसे महत्त्वपूर्ण है डायमंड का बिम्ब और उसे दिया गया विशेषण—'दरवेश'। न्यूटन के जीवन की वह घटना हम सभी जानते हैं कि एक बार उनका प्रिय कुत्ता डायमंड उनकी मेज पर कूदा, जलता लैम्प कागजों पर उलट गया और न्यूटन की तब तक की ज्ञानप्रक्रिया का दस्तावेजी रूप राख में बदल गया। कवि चाहता है कि ऐसा ही

कुछ उसके अब तक अर्जित दस्तावेजी ज्ञान के साथ भी हो। जो ऐसा करने का कारण बनेगा, वह न्यूटन के कुत्ते डायमंड की तरह याद किया जाकर भी पाश के लिए दरवेश की हैसियत रखता है। 'दरवेश' की लोक-स्वीकृत भूमिका भी स्पष्ट है। वह खोखले शास्त्रवाद से मुक्ति दिलाता है, मानवीय संबंधों के सार को पुनराविष्कृत करने और ज्ञान की प्रक्रिया को पुनः परिभाषित करने की राह दिखाता है। विचार की परख और इस परख को कविता की संरचना में लाने की प्रविधि कवि-मानस की समृद्धि को भावक तक बखूबी पहुँचाती है। यह केवल संयोग नहीं, बल्कि कविमन से आत्मीय परिचय का फल है कि पाश के कविमित्र हरभजन सोही ने उन्हें 'दरवेश आँखोंवाला दबंग शायर' कहकर याद किया है। मुमकिन है, हाँ, शायद मुमकिन है कि इस दबंग दरवेश की बेचैनी का यह काव्य-विस्तार उन लोगों को कुछ सबक दे जो लगातार इस कोशिश में लगे रहते हैं कि सचाई को काट-छाँटकर अधकचरे सिद्धान्तों में 'फिट' कर लें।

जीवन की अनुभूतियों को 'ज्ञानात्मक संवेदन' और 'संवेदनात्मक ज्ञान' में बदलते हुए पाश ने जाना था कि शिक्षा वस्तुतः सृजनात्मक ज्ञान भर नहीं, एक तरह का 'रेजीमेंटेशन' भी है। वह दंड के जरिए बच्चों की मासूमियत को अनुशासित करने का भी सबसे पहला और सबसे संगठित प्रयत्न है। इसकी प्रक्रिया में जगत से अवचेतन संबंध का जो सूत्र टूटता है, उसका मार्मिक विलाप कवि ने इन पंक्तियों में किया है—

*मैं कुछ परेशान-सा हो गया, जब मुझे पता लगा*
*कि या तो पूरब है या पच्छिम*
*कहीं भी न कुछ उदय होता है न अस्त होता है*
*जब मुझे पता चला रब्ब रात-बिरात*
*हमारे खरबूजों में चीनी डालने नहीं आता*
*न ही हमारी कपास के टींडों को*
*चोगा माँगते नन्हे पक्षियों की चोंचों की तरह*
*खोलने*
*जब मुझे पता चला, शिक्षा मनुष्य की*
*तीसरी आँख नहीं*

*वरन दो आँखों का भैंग है—*
*और ऐसी बेशुमार बेमजा बातों का पता चला*
*मेरे भीतर कहीं कुछ गिरकर टूट गया था*
*और एक 'तड़ा...क'-सी आवाज पर मैंने देखा*
*मेरी अँतड़ियों में रंगों और रहस्योंवाली*
*विचित्र कविता के टुकड़े गड़े हुए थे*

यह अंश ज्ञान-प्रक्रिया मात्र के विरुद्ध नहीं, बल्कि ज्ञान-विज्ञान द्वारा मनुष्य की चेतना पर एकाधिकार का दावा पेश करने के विरुद्ध है। मानवचित्त की समग्रता में रंगों और रहस्यों की अपरिहार्यता और इस अपरिहार्यता के बोध में कविता की भूमिका को ऐसे व्यंजक ढंग से रेखांकित करने वाला यह अंश जैसे एक पूरे कवि का घोषणापत्र है। इस पूरेपन का सबसे बड़ा सबूत कविता और जिन्दगी के बची कर्मठ जिज्ञासा की सतत आवाजाही में ही मिलता

है। पाश की कविता इस पूरेपन के बेकल दर्द और अदम्य जिजीविषा की कविता है। पूरेपन के दर्द से ही 'अफ़रातफरी' के अमानवीय परिवेश के प्रति यह सवाल किया जाता है—

*मैं पूरे का पूरा थक गया हूँ*
*इस मशीनी-सी अफ़रातफरी में चलते हुए*
*जहाँ रिश्ते अन्धे वेग में,*
*अपने अर्थों से टकरा गए हैं*
*मैं— जो सिर्फ़ एक आदमी बनना चाहता था*
*यह क्या बिना दिया गया हूँ?*

रिश्तों की अन्धी टकराहट और अफ़रातफरी के प्रति संवेदनशील कवि के चित्त में इकहरा उच्छेदवाद भला कब तक बना रह सकता था! जिस कवि को शुरू में लगता था कि प्रेमिका को पत्र लिखना 'कागज का गर्भपात' करना है, उसने जिन्दगी से सीखा कि 'प्यार करना बहुत ही सहज है / जैसे कि जुल्म को झेलते हुए / खुद को लड़ाई के लिए तैयार करना।' सचमुच, जुल्म को झेलते हुए लड़ाई की तैयारी करना और प्यार करना—यह एक ही प्रक्रिया के दो पहलू ही तो हैं। जिन्हें प्यार फालतू लगे और खूबसूरती विलासिता—वे भला हालात की बदसूरती के खिलाफ़ कैसे लड़ाई करेंगे—यह सोचने की बात है। संघर्ष और प्यार सहज प्रक्रिया है, सहल नहीं। सरल नहीं, संघर्षपूर्ण। यह संघर्ष ही जिजीविषा का प्रमाण है। इसी कारण नफे-नुकसान का हिसाब रखते हुए फूँक-फूँककर कदम रखनेवाले 'समझदार' न प्यार कर सकते हैं और न क्रान्ति—"प्यार करना और जीना उन्हें कभी न आएगा / जिन्हें जिन्दगी ने बनिए बना दिया।"

पाश की प्रेम कविताएँ यों तो स्वतंत्र विश्लेषण की ही माँग करती हैं, लेकिन इतना कहा जा सकता है कि ये कविताएँ बहुत तेजस्वी प्रेम की कविताएँ हैं। बहुत कृतज्ञ और बहुत खुंदकी प्रेम की। महबूब के छोटेपन पर तीव्र रोष है, तो इस 'छोटेपन' के अहसास से खुद की आत्मा में पैदा होनेवाले खोखल का अवसाद भी। कैसे स्पृहणीय आत्मविश्वास से यह कटूक्ति जन्मी होगी—

*तुझसे दिल का सच कहना,*
*दिल की बेअदबी है*
*सच की बेअदबी है*
*तुझसे गिला करना इश्क की हेठी है*
*जा, तू शिकायत के काबिल होकर आ*
*अभी तो मेरी हर शिकायत से*
*तेरा कद बहुत छोटा है*

महबूब को सरापा जानने और चाहनेवाला ही उसके कद के छोटेपन पर यह उलाहना दे सकता है, और वही इस विडम्बना का स्वाद भी जान सकता है—

*बरसों तड़पकर तुम्हारे लिए*
*मैं भूल गया हूँ कबसे अपनी आवाज की पहचान*

*कोई भी अक्षर मेरे हाथों से तुम्हारी*
*तस्वीर बनकर ही निकलता है*

*तुम मुझे हासिल हो— कदम-भर की दूरी से*
*शायद यह कदम मेरी उम्र से ही नहीं*
*मेरे कई जनमों से भी बड़ा है...*

पाश के प्रेम में गहरी कृतज्ञता है—केवल महबूब के ही नहीं, जगत-मात्र के प्रति—

*मैं आदमी हूँ*
*बहुत कुछ छोटा-छोटा जोड़कर बना हूँ*
*और उन सभी चीजों के लिए*
*जिन्होंने मुझे बिखर जाने से बचाए रखा*
*मेरे पास बहुत शुक्राना है*
*मैं शुक्रिया करना चाहता हूँ*

इसी प्रसिद्ध कविता ('मैं अब विदा लेता हूँ') के अन्त में पाश ठेठ दरवेश अन्दाज में महबूब से सब कुछ भूल जाने के लिए कहते हैं, सिवा इसके—

*कि मुझे जीने की बहुत लालसा थी*
*कि मैं गले तक जिन्दगी में डूबना चाहता था*
*मेरे भी हिस्से का जी लेना, मेरी दोस्त*
*मेरे भी हिस्से का जी लेना!*

मृत्यु अपरिहार्य है, शायद केवल मृत्यु ही अपरिहार्य है, कोई संबंध नहीं, कोई व्यक्ति नहीं। लेकिन व्यक्तिगत स्तर पर सत्य इस अपरिहार्यता को चुनौती देता जीवन फिर भी अपराजेय है—एक निरन्तर सिलसिले के रूप में। इस बोध तक जो सारी शिकायतें और यातना के बावजूद पहुँचे—उस प्रेम के लिए सही विशेषण यही है : तेजस्वी!

उपरोक्त कविता निश्छल आवेग की विरोधाभासहीन भावदशा की कविता है। इसके बरक्स एक कविता देखें, 'तुम्हारे बगैर!' यह उसी प्रेमावेग की कहीं अधिक जटिल भावदशा की मार्मिक अभिव्यक्ति करती है। कवि के अपने शब्दों में—

*तुम्हारे बगैर मैं बहुत खचाखच रहता हूँ*
*यह सारी दुनिया धक्कमपेल सहित*
*बे-घर पाश की*
*दहलीजें लाँघकर आती-जाती है*
*तुम्हारे बगैर मैं पूरे का पूरा तूफान होता हूँ*
*ज्वार-भाटा और भूकम्प होता हूँ*

यह उस अद्‌भुत आलाप का आरम्भ है, जो 'तुम्हारे बगैर!' कविता के 'मैं' की गतिविधियों की विविधता और समृद्धि का राग प्रस्तुत करने जा रहा है। इसमें कवि से मिलने लेनिन और आइंस्टीन आते हैं, उसे कई मार्मिक बोध प्राप्त होते हैं। मसलन : 'आदमी का एक और नाम मेनशेविक है' और 'बीच का रास्ता नहीं होता।' कवि कहना नहीं भूलता कि 'वैसे इन सारी बातों से तुम्हारा जिक्र गायब रहता है।' यहाँ तक कि इस 'बगैरपन' में कवि रिश्तों के बीच अपने आपको ठीक-ठीक जानने का बुद्धत्व भी प्राप्त कर लेता है—

*तुम्हारे बगैर, मैं सिद्धार्थ नहीं, बुद्ध होता हूँ*
*और अपना राहुल*
*जिसे कभी जन्म नहीं देना*

*कपिलवस्तु का उत्तराधिकारी नहीं,*
*एक भिक्षु होता है*

लेकिन आत्मविश्वास के इस आलाप का स्वरान्त कहाँ होता है ? इसी प्रश्न के उत्तर में वह मर्मव्यथा खुलती है, जो कवि-मन की जिजीविषा और कविता की संरचना के गंगा-जमुनी संगम में अदृश्य सरस्वती की तरह मौजूद है। अगोचर, लेकिन अनिवार्यतः मौजूद। इसी प्रश्न के उत्तर में विदा लेते-लेते भी न जा पाने की, प्रतिज्ञा तोड़कर बार-बार लौट आने की बेबसी का अर्थ प्रकट होता है। और कलेजे को छीलता यह सच अपने पूरे विकटपन के साथ कवि और भावक दोनों के सामने उजागर हो उठता है—

*लेकिन मिन्दर! जलता जीवन माथे लगता है*
*तुम्हारे बगैर मैं होता ही नहीं*

सचमुच, पाश के हत्यारे नहीं जानते थे (यही आशा करें, ताकि उनके पाप का भार कुछ घट सके) कि वे पंजाबी ही नहीं, समूचे भारतीय साहित्य के भविष्य से क्या छीन रहे हैं! सचमुच, 'कैसे कहें कि वाहे गुरु उन्हें माफ करना!'

['आलोचना' अक्टूबर-दिसम्बर, 1989]

# कुछ हामिद के बारे में, कुछ बड़े भाई साहब के

प्रेमचन्द को जब पहली बार पढ़ा तो मेरी उम्र 'ईदगाह' के हामिद की उम्र से थोड़ी ही ज़्यादा थी। रचना जो पढ़ी वह भी तो यही थी—'ईदगाह।' पढ़ने का कारण बनी माँ, जो हिन्दी में छपी तरह-तरह की पोथियाँ पढ़ती थीं, हालाँकि लिखना उसे उम्र भर नहीं आया। पढ़ती थी और कई बार मुस्कुराती थी, कई बार आँसू बहाती थी। अब, आँसू बहाने के, रोने के कारण ख़ुद उसके जीवन में कुछ कम तो न थे, फिर किताबें पढ़-पढ़कर क्या रोना ? बड़ा मजबूर दुख होता था और उस दुख को बाँटने, माँ के दुख को समझने की एक विधि यह भी थी कि वे किताबें ख़ुद पढ़ी जाएँ जो माँ को रुलाती-हँसाती थीं। ऐसी ही एक, झोलझाल जिल्द वाली किताब थी—'प्रेमचन्द की श्रेष्ठ कहानियाँ'—और इस किताब में पहली ही कहानी थी 'ईदगाह।' किताब के साथ-साथ मेरे लिए भी प्रेमचन्द की पहली कहानी। पढ़ी और ईमानदारी की बात कि आज ठीक-ठीक याद करना मुश्किल कि हामिद, उसके दोस्तों से, अमीना से पहली बार मिलकर कैसा लगा। बस, अमीना के और माँ के आँसुओं के पीछे-पीछे चलते अपने ख़ुद के आँसू ही याद रह गए हैं। यह तो बहुत बाद में जाना कि प्रेमचन्द का क्या महत्त्व है, 'ईदगाह' का क्या महत्त्व है। उस वक़्त तो सिर्फ़ यह लगा कि 'नवाब ननकू' लिखने वाले चतुरसेन शास्त्री से ये प्रेमचन्द कुछ मिलते-जुलते से भी हैं और बहुत कुछ अलग भी।

'ईदगाह' से गुज़रने का नतीजा यह हुआ कि माथे सवार हो गया प्रेमचन्द का जुनून। जो भी मिले, जहाँ से भी मिले—प्रेमचन्द के नाम की छाप वाला—बस पढ़ो। 'कुत्ते की कहानी' हो, 'गोदान' हो, 'रंगभूमि' हो, बस लेखक का नाम होना चाहिए प्रेमचन्द। यह भी बाद में ही मालूम पड़ा कि प्रेमचन्द मेरा जन्म होने के पहले ही चल बसे थे, उस वक़्त तो लगता था कि प्रेमचन्द हैं कि लिखे जा रहे हैं और अपन हैं कि पढ़े जा रहे हैं! हद तो यह हुई कि उन दिनों के पल्प फिक्शन के एकच्छत्र सम्राट गुलशननन्दा की फूहड़ नकल करने वाले प्रेम वाजपेयी के भी दो-एक उपन्यास इस चक्कर में पढ़ मारे। पढ़कर अपने प्रिय लेखक के पतन पर जो शोक हुआ, उसका शमन करने वाली सूचना तो इस औपन्यासिक दुर्घटना के बाद ही मिली। जानकर सन्ताप दूर हुआ कि प्रेमचन्द प्रेमचन्द ही थे, प्रेम वाजपेयी नहीं।

ईदगाह तब से अब तक कितनी बार पढ़ी, सच तो यही है कि कह नहीं सकता। 'बड़े भाई साहब', 'रामलीला', 'लॉटरी', 'गुल्ली-डंडा', 'शतरंज के खिलाड़ी', 'आत्माराम', 'पूस की रात', 'कफ़न'—कितनी बार पढ़ी—कहना मुश्किल है। यह मुश्किल शायद प्रेमचन्द के हर पाठक की मुश्किल है। मेरा मतलब है, साधारण पाठक की मुश्किल। ऐसे पाठक को प्रेमचन्द की रचनाएँ—क्या कहानियाँ, क्या उपन्यास—बार-बार वापस बुलाती हैं। उम्र के अलग-अलग पड़ावों से। उन सुधीजनों, विशिष्ट पाठकों की बात और है जो प्रेमचन्द के

साथ तरह-तरह के पर्सनल हिसाब चुकाना चाहते हैं, या जो प्रेमचन्द के साहित्य को भूराजस्व के दस्तावेज़ के रूप में पढ़ना चाहते हैं।

जो कुछ कहने जा रहा हूँ, वह तो एक साधारण पाठक की उधेड़-बुन का नतीजा ही है। ऐसे पाठक की उधेड़बुन का जो प्रेमचन्द की कहानियों में बार-बार लौटता है। कभी अपने वर्तमान के सवालों के साथ, कभी बचपन की स्मृतियों के साथ। और इस जिज्ञासा के साथ : बच्चा क्या सिर्फ़ 'बच्चा' ही होता है; व्यक्ति नहीं होता? वह क्या केवल खाली पात्र होता है, जिसे हम भर दें? वह हमसे क्या सिर्फ़ लेता है? उसके पास क्या अपना कोई नज़रिया नहीं होता? उस नज़रिए को; उस नज़रिए और दुनिया के अन्तस्संबंध को समझना क्या साहित्य के लिए ज़रूरी और दिलचस्प काम नहीं है? इस समझ को ज़रूरी और दिलचस्प मानें तो क्या साहित्य दुनिया को और अधिक गहरी अन्तदृष्टि के साथ नहीं देख पाएगा?

उपरोक्त सवाल प्रेमचन्द के ही सन्दर्भ में नहीं, साहित्य मात्र के सन्दर्भ में ग़ौरतलब हैं। नई सहस्राब्दी के लिए ज़रूरी, स्मरण-पत्र (सिक्स मेमोज़ फॉर दि नेक्स्ट मिलेनियम) तैयार करते समय इटालो कॉल्विनो को लगा था कि साहित्य में जल्दी से, भाषा के हल्के से ही स्पर्श के जरिए, बात को दृश्यमानता और सही कथन के साथ पाठक तक पहुँचाने की क्षमता होनी चाहिए। जिन बातों—लाइटनेस, क्विकनेस, एग्जेक्टीट्यूड, विजिबिलिटी—को कॉल्विनो इक्कीसवीं सदी की साहित्य-भाषा के लिए अनिवार्य मानते हैं; उन बातों से सम्भव होनेवाली भाषिक समृद्धि प्रेमचन्द की कहानियों के पाठक तक भी पहुँचती है और उपन्यासों के पाठक तक भी। उनके अंदाज़े-बयाँ की क़िस्सागोई और रवानगी पाठक पर रोब-दाब का अनावश्यक बोझ डालने की बजाय उससे झट एक संवादपरक संबंध बना लेती है, और इस हलके से स्पर्श का संबंध बनाने के बाद प्रेमचन्द की कथा-क्षमता-क़िस्साग़ेई—बहुत ही सटीक ढंग से भीतर-बाहर के पहलुओं को परखने का अवसर देती है। इस परग्व्र की परख संवेदना के धरातल पर ही हो सकती है; सूचना के धरातल पर नहीं।

"मेरा जीवन एक सपाट मैदान है...जो सज्जन पहाड़ों की सैर के शौकीन हैं। उन्हें तो यहाँ निराशा ही होगी।" जीवन के बारे में ऐसा कहनेवाले प्रेमचन्द के पात्रें के जीवन भी पहाड़ों की सैर के शौक़ीन सज्जनों को निराश ही करेंगे। वे तो अपने रचनाकार की ही तरह साधारण लोग हैं। असाधारण यदि है तो उनका नायकत्व, उनकी केंद्रीयता जो प्रेमचन्द की साहित्यिक संवेदना और सामाजिक चिन्ता के कारण इन साधारण लोगों को प्राप्त होती है। यह केंद्रीयता सम्भव होती है क्योंकि प्रेमचन्द के पात्र साधारण तो हैं लेकिन व्यक्तित्वहीन नहीं। उनके जीवन में पहाड़ों की सैर का रोमांच और ग्लैमर तो नहीं है, लेकिन अपने रोज़मर्रा के जीवन से जुड़े सवाल ज़रूर हैं। यह व्यक्तित्व संपन्नता और यह रोज़ाना की प्रश्नाकुलता प्रेमचन्द के पात्रों की विशिष्ट पहचान है और उनके बालक या किशोर पात्र इस बात के अपवाद नहीं; बल्कि और भी प्रबल उदाहरण हैं।

'ईदगाह' का हामिद निरा बच्चा ही तो है; "वह चार-पाँच साल का ग़रीब सूरत, दुबला-पतला लड़का, जिसका बाप गत वर्ष हैजे की भेंट हो गया और माँ न जाने क्यों पीली होती एक दिन मर गई।" सवाल उठाया जा सकता है कि चार-पाँच साल का बच्चा क्या वैसी संवेदनशीलता और जिम्मेवारी का परिचय दे सकता है, जैसी प्रेमचन्द के हामिद में मिलती है? आमतौर से तो नहीं। इस प्रश्नोत्तर में ही कारण कभी अनुकंपा के साथ, कभी रोष के साथ, प्रेमचन्द को 'आदर्शवदी' कहा जाता रहा है। लेकिन कहानी केवल 'आमतौर' तक सीमित क्यों

रहे? कहानी का हामिद वैसा कुछ क्यों नहीं कर सकता जैसा 'आमतौर' से चार-पाँच साल के ग़रीब-सूरत बच्चे नहीं करते? और सच तो यह है कि ग़रीब और ग़रीब-सूरत बच्चों के बचपन का पाठ कुछ अलग तरह का होता है; जिसे साहित्य के मध्यवर्गीय पाठक 'आमतौर से' पढ़ नहीं पाते। 'ईदगाह' एक अवसर है, ग़रीब बच्चे के जीवन और मन में झाँकने का, जहाँ की जिम्मेवारी और वयस्कता बचपन के बाद नहीं, बचपन के साथ ही आ जाती है। हामिद निरा बच्चा ही है, दूसरे बच्चों से ईर्ष्या करता, उनसे झगड़ता और उनकी तुलना में स्वयं को बेहतर सिद्ध करने की इच्छा रखता। लेकिन प्रेमचन्द का हामिद अपने बचपने के साथ ही व्यक्ति भी है, उसकी अपनी दुनिया है, और आस-पास की दुनिया के साथ अपनी दुनिया का ताल-मेल बैठाना ही वह चुनौती है जिसे वह तीन पैसे में चिमटा ख़रीद कर निभाता है। हामिद की हालत को आदर्श बताने और उसका महिमामंडन करने का प्रलोभन ज़बर्दस्त है। ऐसे प्रलोभन की परिणति यह भी हो सकती है कि बच्चे के व्यक्तित्व की स्वीकृति के नाम पर उसे बचपन से वंचित करने वाली स्थितियों पर ही स्वीकृति का ठप्पा लगा दिया जाए। बालश्रम को उचित ठहरा दिया जाए क्योंकि श्रम करना हर व्यक्ति का अधिकार भी है, कर्त्तव्य भी। 'ईदगाह' में या अन्यत्र, प्रेमचन्द बचपन के नकार को, ऐसा नकार निर्माण करने वाली स्थितियों को प्रश्नविद्ध करते हैं। उनके लिए बच्चे के व्यक्तित्व की स्वीकृति का अर्थ बचपन से वंचित करने वाली स्थितियों का स्वीकार कतई नहीं है। असल में उनकी कहानियाँ बच्चे के अपने बाल-व्यक्तित्व का अवकाश तलब करने वाली और इस अवकाश में बाधा उत्पन्न करने वाली शक्तियों से जवाब तलब करने वाली कहानियाँ हैं।

'ईदगाह' के हामिद की मजबूरी वह 'मनोवैज्ञानिक सत्य' नहीं है, जिसका रेखांकन किया जाना है। प्रेमचन्द के अपने प्रतिमान पर, "सबसे उत्तम कहानी वह होती है, जिसका आधार किसी मनोवैज्ञानिक सत्य पर हो।" इसी प्रतिमान की शब्दावली में पढ़ें तो 'ईदगाह' में रेखांकित मनोवैज्ञानिक सत्य है—'त्याग, सद्भाव और विवेक', "दूसरों को खिलौने लेते और मिठाई खाते देखकर इसका मन कितना ललचाया होगा? इतना जब्त इससे हुआ कैसे? वहाँ भी इसे अपनी बुढ़िया दादी की याद बनी रही।"

लालच के क्षणों में बुढ़िया दादी या किसी भी मानवीय संबंध की याद बनी रहे—यह 'सत्य' है। 'मनोवैज्ञानिक सत्य' के अर्थ में भी और मानवीय मूल्य के अर्थ में भी। यह मानवीय मूल्य हामिद नाम के उस 'चार-पाँच साल' के लड़के ने कोई पुरस्कार जीतने के लिए नहीं कमाया है; वह 'मूल्य' है, ऐसा भी शायद हामिद नहीं जनता। उसके लिए तो वह सीधा-सादा सरोकार है—दादी अम्माँ की रोटियाँ उतारते जल जातीं उँगलियों के साथ। इस सरोकार के साथ ही उसे इंतज़ार है कभी-न-कभी लौट आनेवाले अब्बा का जिनके साथ जाकर उसे ढेर सारी मिठाइयाँ खानी हैं, खिलौने ख़रीदने हैं। इसीलिए वह पहले से गढ़कर रख लिया गया 'नायक' नहीं है, क्षण विशेष में विवेकपूर्ण फैसला करने के कारण नायकत्व अर्जित करने वाला साधारण बच्चा है। इतना साधारण कि दामन फैलाकर, आँसू की बड़ी-बड़ी बूँदें गिराकर उसे दुआएँ देनेवाली अमीना एक रहस्य है—ऐसा रहस्य जिसे 'हामिद क्या समझता!'

सभी रहस्य उद्‌घाटन के लिए होते भी नहीं हैं। किसी पल, किसी संबंध के कारण किसी मनुष्य का ऐसा व्यवहार जिसकी उम्मीद उससे न की जाए, ऐसा ही रहस्य है। समझने का कम और जीने लायक अधिक। अमीना के आँसुओं की तो बात ऐसी है कि 'हामिद इसका रहस्य

क्या समझता।' लेकिन 'प्रेरणा' के सूर्यप्रकाश का बदलाव तो ऐसा रहस्य है, जिसे कहानी का ख़ासा बौद्धिक-एकेडमिक क़िस्म का वाचक भी नहीं समझ सकता।

सभी रहस्य ऐसे नहीं होते कि समझने लायक़ कम, जीने लायक़ अधिक कहे जा सकें कुछ रहस्य ऐसे भी तो हैं, जीने के लिए जिन्हें समझना और जिनका अन्य रहस्यों के साथ संबंधों का रहस्योद्घाटन करना ही उचित है। वास्तविक जीवन और परिवेशगत ज्ञान के प्रति हमारी शिक्षा व्यवस्था के स्वभाव में बद्धमूल अवहेलना ऐसा ही रहस्य है। और यह देखना कितना रोचक है कि ऐसी अवहेलना आज तक चली आ रही है। नए राष्ट्रीय पाठ्यचर्या फ्रेमवर्क में कक्षा में दिए जानेवाले ज्ञान को परिवेशगत ज्ञान तथा ज्ञान की देशज परंपरा से जोड़ने की बात क्या की गई, बहुत से लोगों को अंधविश्वास के प्रचार का ख़तरा नज़र आने लगा। गोया ज्ञान की देशज और स्थानीय परंपराओं में सिर्फ़ अंधविश्वास ही है, उसका प्रतिवाद नहीं। गोया देशज परंपरा में केवल प्रतिक्रियावाद है; प्रगतिशीलता केवल इंपोर्टेड ही हो सकती है। ऐसी औपनिवेशिक समझ ने ही हमारे समाज के प्रामाणिक आधुनिकीकरण के मार्ग में बाधाएँ उत्पन्न की हैं। औपचारिक शिक्षा को दैनिक जीवनानुभव से काटकर, परिवेशगत ज्ञान के विरुद्ध उसे अड़ा कर हमारे समाज में, बच्चों के अपने मन में जो फाँक और टूटन पैदा की जाती है, उस पर असलम परवेज़ का यह शेर याद करना काफ़ी है—

*किया था तुमने दाख़िले मकतब जिन्हें*
*कोई भी तिफ़्ल उनमें से लौटकर घर नहीं आया।*

मक़तब में दाख़िल तिफ़लों को जो व्यवस्था 'घर' नहीं लौटने देती, प्रेमचन्द के अविस्मरणीय चरित्र 'बड़े भाई साहब' उसके सामने बुनियादी सवाल खड़े करते हैं। उसी विशिष्ट ढंग से—इटाली कॉल्विनो की शब्दावली में—लाइटनेस, क्विकनेस और विजिबिलिटी के साथ। वैसे तो ये गुण प्रेमचन्द की कथा-भाषा की पहचान ही हैं; लेकिन कुछ रचनाओं में प्रेमचन्द इन गुणों से अनुपम भाषा की रचना करते हैं। 'बड़े भाई साहब' ऐसी ही रचना है। एक ज़हीन, संवेदनशील किशोर जो औपचारिक शिक्षा तंत्र में खप नहीं पा रहा। जिसकी खीझ और ऊब कहानी को धार देती है। ऊब का चित्रण उबाऊ भाषा में करना भी कला ही है, लेकिन कहानीकार प्रेमचन्द की 'लाइटनेस' और 'क्विकनेस' उस ऊब को वर्णन में रोचक बना देती है और व्यंजना में मार्मिक—

"वह स्वभाव से बड़े अध्ययनशील थे। हरदम किताब खोले बैठे रहते और शायद दिमाग़ को आराम देने के लिए कभी कॉपी पर, कभी किताब के हाशियों पर चिड़ियों, कुत्तों, बिल्लियों की तस्वीरें बनाया करते थे। कभी-कभी एक ही नाम या शब्द या वाक्य दस-बीस बार लिख डालते। कभी एक शेर को बार-बार सुन्दर अक्षरों से नक़ल करते। कभी ऐसी शब्दरचना करते, जिसमें न कोई अर्थ होता, न कोई सामंजस्य। मसलन एक बार उनकी कॉपी पर मैंने यह इबारत देखी—स्पेशल, अमीना, भाइयों-भाइयों, दरअसल, भाई-भाई, राधेश्याम, श्रीयुत् राधेश्याम, एक घंटे तक—इसके बाद एक आदमी का चेहरा बना हुआ था। मैंने चेष्टा की कि इस पहेली का कोई अर्थ निकालूँ, लेकिन असफल रहा और उनसे पूछने का साहस न हुआ। वह नवीं जमात में थे, मैं पाँचवीं में। उनकी रचनाओं को समझना मेरे लिए छोटा मुँह बड़ी बात थी।"

कहानी का वाचक, छोटा भाई भी उसी व्यवस्था में है, और दरजे में अव्वल आता चला जाता है, वह नौ साल का है, 'बड़े भाई साहब' चौदह के। बड़े भाई साहब अपने बड़ेपन का नसीहत और फजीहत के जरिए दुरुपयोग करने से भी बाज नहीं आते। कहानी यह कहने में कोताही नहीं करती, कि जहाँ तक व्यक्तिगत सफलता-असफलता का प्रश्न है, 'बड़े भाई साहब'

के अपने गुणों का भी योगदान कम नहीं। लेकिन इस तथ्य से 'बड़े भाई साहब' की खीझ कुछ कम प्रामाणिक नहीं हो जाती। उनके द्वारा प्रस्तावित प्रतिमान पर केवल छात्रों की नहीं, शिक्षा व्यवस्था की सफलता-असफलता भी जाँची जानी चाहिए, ''महज़ इम्तहान पास कर लेना कोई चीज़ नहीं, असल चीज़ है बुद्धि का विकास।''

'बड़े भाई साहब' की मोनोलॉजिक नसीहत का मूल प्रश्न यही है। इम्तिहान पास करना ज़रूरी है, लेकिन जिस ज्ञान के इम्तिहान के आधार पर बच्चे पास या फेल किए जाते हैं। क्या उस ज्ञान और विधियों के तर्क को जानने और समझने की उनकी इच्छा निराधार है? 'अ ब ज की जगह अ ज ब लिख दिया और सारे नम्बर कट गए।' यह खीझ निराधार तभी होगी जबकि बच्चे तक इस फ़र्क़ का तर्क भी पहुँचाया जा सके, वरना तो 'बड़े भाई साहब' का सवाल सार्थक ही है, ''कोई इन निर्दयी मुमतहिनों से नहीं पूछता कि आख़िर अ ब ज और अ ज ब में क्या फ़र्क़ है और व्यर्थ की बात के लिए क्यों छात्रों का ख़ून करते हो?'' छात्रों पर और अधिक अत्याचार यह कि, ''समय की पाबंदी पर संक्षेप में एक निबन्ध लिखो, जो चार पन्ने से कम न हो। ठीक! संक्षेप में तो चार पन्ने हुए, नहीं शायद सौ दो सौ पन्ने लिखवाते। तेज़ भी दौड़िए और धीरे-धीरे भी।''

'बड़े भाई साहब' की तीखी उपदेशमाला एक स्तर पर उस चरित्र की अपनी विशिष्टता या 'कमज़ोरी' का रेशनलाइजेशन भर है। और उस स्तर पर उसका चटपटापन ही आस्वाद्य है। लेकिन गहरे स्तर पर वह चौदह साल के किशोर द्वारा अपने व्यक्तित्व का आत्मरेखांकन है, और उस स्तर पर वह विचारणीय तो है ही; बौद्धिकों और शिक्षाशास्त्रियों के लिए उसमें बहुत कुछ सीखने जैसा भी है। चौदह साल के बड़े भाई साहब हों या चार-पाँच साल का हामिद, उनका अपना व्यक्तित्व है। कहानीकार प्रेमचन्द हमें याद दिलाते हैं कि इन दोनों के व्यक्तित्व का नोटिस तक न लेना या उन पर एक वयस्क व्यक्तित्व थोप देना दोनों ही विधियाँ ग़लत हैं। और ग़लती कुछ व्यक्तियों तक ही सीमित नहीं है। सामाजिक संबंधों की जो व्यवस्था हमारे संस्कारों, बोध और संवेदना को प्रभावित करती है, समस्या उससे जुड़ी है। प्रेमचन्द की कहानियों में आनेवाले बच्चे और किशोर माँग करते हैं ऐसी व्यक्तिगत और व्यवस्थागत संवेदना की, जो बच्चे या किशोर के बाल या किशोर व्यक्तित्व का सम्मान कर सके।

शिक्षा के सन्दर्भ में यह माँग इस किशोर की खीझ में व्यक्त होती है। खीझ इस बात पर कि शिक्षा के नाम पर परीक्षा स्मरणशक्ति भर की होती है, आत्म गौरव और बुद्धि के विकास की नहीं। खीझ इस बात पर कि यह व्यवस्था न तो देशज और परिवेशगत ज्ञान का सम्मान करती है, न हेडमास्टर की माँ या इन दोनों भाइयों के दादा जैसे 'कम पढ़े लिखे' लोगों के जीवनानुभव का। वह अनुभव जिसका संबंध औपचारिक शिक्षा से जुड़ना दोनों के लिए परस्पर समृद्धिकारी होगा, जिसके सन्दर्भ में बड़े भाई साहब की नसीहत का यह हिस्सा आज की वाजिब और मुफ़ीद है, ''अमेरिका में किस तरह की राज्य व्यवस्था है और आठवें हेनरी ने कितने ब्याह किए और आकाश में कितने नक्षत्र हैं, यह बातें चाहे उन्हें न मालूम हों, लेकिन हज़ारों ऐसी बातें हैं, जिनका ज्ञान उन्हें हमसे और तुमसे ज़्यादा है।''

इस ज्ञान का सम्मान जब औपचारिक शिक्षा तंत्र का स्वभाव बनेगा तभी मकतब में दाख़िल होनेवाले तिफ़्ल लौटकर घर आ सकेंगे। यह बात और इससे जुड़ी कई और ज़रूरी बातें प्रेमचन्द की कई कहानियों में रेखांकित होती हैं। बतौर कहानीकार के, उनकी ख़ूबी यह है कि ऐसे रेखांकन के लिए वे बच्चों और किशोरों के अपने व्यक्तित्व का बलिदान कहीं नहीं होने देते। 'बड़े भाई

साहब' की तीखी उपदेशमाला की परिणति प्रेमचन्द की संवेदनशील कला में, स्वयं इस चरित्र द्वारा अपना बचपन फिर से हासिल करने में होती है—

"संयोग से उसी वक़्त एक कटा हुआ कनकौआ हमारे ऊपर से गुज़रा। उसकी डोर लटक रही थी। लड़कों का एक गोल पीछे-पीछे दौड़ा चला आता था। भाई साहब लंबे हैं ही, उछलकर उसकी डोर पकड़ ली और बेतहाशा होस्टल की तरफ़ दौड़े। मैं पीछे-पीछे दौड़ रहा था।"

'ईदगाह' हो या 'बड़े भाई साहब' या 'रामलीला'—इन कहानियों के बच्चे या किशोर अकालवृद्धता के कारण व्यक्तित्व संपन्न नहीं हो गए हैं। प्रेमचन्द की सूक्ष्मता इसी में है कि वे वयस्कता और व्यक्तित्व के अनिवार्य मान लिए गए रूढ़ संबंध को प्रश्नविद्ध करते हुए बच्चों और किशोरों के व्यक्तित्व का रेखांकन करते हैं। याद दिलाते हैं कि बच्चे अपने ढंग से, नैतिक चुनाव के क्षण में अपने व्यक्तित्व का रेखांकन करते हैं। अपने सहज विवेक और सद्‌भाव का रेखांकन। 'मार्मिक क्षण की पहचान' के बिना न कविता में श्रेष्ठ कहानी कही जा सकती है, न गद्य में। ऐसे मार्मिक क्षण की पहचान ही प्रेमचन्द में वह सन्तुलन पैदा करती है, जिसके कारण हामिद और बड़े भाई साहब या रामलीला के वाचक सरीख़े पात्र व्यक्तित्व के रेखांकन के लिए बचपन का बलिदान करने को बाध्य नहीं होते। अपने बचपन में ही उनके पास—और किसी भी बच्चे के पास—जीवनानुभवों का अर्थ समझने की अपनी विधि होती है। कहानीकार प्रेमचन्द इस विधि के साथ सर्जनात्मक संवाद रचते हैं। इसी संवाद का रेखांकन करता है—चौधरी साहब और आबादीजान की बातें सुनता 'रामलीला' का वाचक, "चौधरी साहब ने समझा होगा यह लौंडा क्या मतलब समझेगा। पर यहाँ ईश्वर की दया से अक्ल के पुतले थे। सारी दास्तान समझ में आती जा रही थी।"

सारी दास्तान को समझने का यह आत्मविश्वास अनुकंपा या उपहास का नहीं, सम्मान का पात्र है। बाल-मनोविज्ञान या शिक्षाशास्त्र के पांडित्य का प्रदर्शन किए बिना ही कहानीकार प्रेमचन्द इस सत्य का रेखांकन करते हैं। ऐसे कई सत्यों को याद दिलाना, भाषा के बस हलके से स्पर्श के द्वारा दृश्यमान बनाकर—यही प्रेमचन्दपन उनके पाठक को बार-बार वापस बुलाता है। अपने रचनाजगत में और पाठक के अपने उस विवेक में, जहाँ वह 'सारी दास्तान' को सुनने समझने का प्रयत्न एक बार फिर से कर सके।

['समकालीन भारतीय साहित्य', मार्च-अप्रैल, 2006]

# व्याख्यान

# मजबूती का नाम महात्मा गांधी

आज की सभा के अध्यक्ष आदरणीय राही जी, अनुपम जी, बाबूलाल जी, सम्मानित मित्रो, देवियों और सज्जनो! मेरे लिए यह निश्चय ही बहुत गौरव और सम्मान का विषय है कि इस प्रतिष्ठित व्याख्यान को देने का अवसर इस साल मुझे मिला है। विषय की विचित्रता और विशदता, गांधी–विचार की अपनी गम्भीरता और पिछले आठ–दस बरसों में जो लोग ये व्याख्यान दे चुके हैं, मुझसे पहले, उनकी श्रेष्ठता, इन सब चीजों से मैं वाक़िफ़ हूँ। और इसीलिए मन में गहरा संकोच है, कृतज्ञता के बावजूद, और सच कहें तो डर है...।

अपनी अपात्रता का बोध है। ये व्याख्यान श्री नारायण देसाई, यशपाल जैन, श्रीमती कपिला वात्स्यायन, डॉ. नामवर सिंह, स्वामी अग्निवेश, प्रभाष जोशी, रजनी बख़्शी आदि दे चुके हैं। इतने गौरवपूर्ण व्याख्यान के लिए मुझे अवसर दिया गया; इसके लिए मैं कृतज्ञ हूँ। और ये न्योता मैंने स्वीकार कर लिया इस पर मैं चकित हूँ। जब इस व्याख्यान के बारे में थोड़े व्यवस्थित रूप से सोचने लगा तो सबसे पहले मुझे भर्तृहरि याद आए। भर्तृहरि की एक उक्ति बहुत उचित है। जीवन में हर जगह काम आने वाली उक्ति है और वो उक्ति ये है कि जानने वालों के बीच में, जानकारों के समाज में चुप रहना ही अपण्डित लोगों को शोभा देता है। 'सर्वविदाम् समाजे मौनम् विभूषणमपण्डितानाम्'। पण्डितों की सभा में मेरे जैसा व्यक्ति चुप रहे शोभा तो यही देता है। फिर भी यहाँ मैं बोलने को खड़ा हो गया हूँ। क्या कारण है? एक कारण तो आदत से जुड़ा हुआ है। प्रोफेशन से जुड़ा हुआ है। अध्यापक हूँ बोलने की आदत है। दूसरा, उससे ज्यादा महत्त्वपूर्ण कारण अनुपमजी और बाबूलालजी जैसे मित्रों का स्नेह है जिन्होंने वामपन्थी होने के बावजूद (ये कथन मुझे काफ़ी रोचक लगा) मुझे यहाँ बोलने का अवसर दिया। उनके स्नेह और कृपा के लिए धन्यवाद। तीसरा और सबसे गहरा कारण मुझे लगा कि वामपन्थी होने के बावजूद—इस टुकड़े को मैं फिर से रेखांकित करना चाहता हूँ–गांधीजी के प्रति अपना अनुराग, गांधीजी के प्रति अपनी सम्वादधर्मी आस्था और गांधीजी के प्रति अपना गहरा लगाव कई बार खुद मुझे चकित करता था। मैं समझना चाहता हूँ इसे। और ये व्याख्यान अपने आपको समझने और उस समझ को आपके सामने रखने की एक कोशिश है। और इसलिए इसे मैंने स्वीकार कर लिया।

गांधीजी ने अपनी आत्मकथा के आमुख में एक बहुत ही मार्मिक घटना का उल्लेख किया है। जब उन्होंने आत्मकथा लिखने का निर्णय किया, तो गांधीजी लिखते हैं कि, 'एक निर्मल भाई ने, मुझसे पूछा कि आत्मकथा लिखने की कोई परंपरा भारत में नहीं है। आत्मकथा एक ठेठ पाश्चात्य विधि है। आप क्यों आत्मकथा लिखने बैठ गए?' गांधीजी लिखते हैं कि 'मुझे उनकी बात में दम नजर आया। लेकिन फिर भी मैं ये आत्मकथा लिख रहा हूँ क्योंकि असल में ये कोई आत्म की कथा है नहीं। ये तो मेरे प्रयोगों की कथा है। और मुझे लगता है कि मेरे

प्रयोगों से शायद दूसरों का भी कुछ लाभ हो। इसलिए मैं इसको लिख रहा हूँ।' और इस क्रम मैं गांधीजी ने अन्तर किया अपने राजनीतिक प्रयोगों में और आध्यात्मिक प्रयोगों में। गांधीजी ने कहा कि मेरा जीवन इतना सार्वजनिक है कि मेरी राजनीति सब लोग जानते हैं उसकी जानकारी सबको है। अपने बहुत ही प्रसिद्ध लेकिन कम सराहे गए 'सेन्स ऑफ़ ह्यूमर' के साथ गांधीजी ने लिखा कि अब तो मेरे राजनैतिक प्रयोगों की चर्चा सभ्य देशों में भी होने लगी है। और सभ्य शब्द को उन्होंने 'इनवर्टेड कॉमाज' में रखा। लेकिन मैं आत्मकथा लिख रहा हूँ। और मैं गांधीजी का वो वाक्य यहाँ पढ़ना चाहता हूँ, "मैं आत्मकथा लिख रहा हूँ," गांधीजी ने लिखा, "अपने आध्यात्मिक प्रयोगों को समझने और लोगों तक उन्हें पहुँचाने के लिए। मुझे अपने आध्यात्मिक प्रयोगों को, जिन्हें मैं ही जान सकता हूँ और जिनसे मेरी राजनीतिक जीवन संबंधी शक्ति पैदा हुई है, उन प्रयोगों का वर्णन करना अवश्य भाएगा। ज्यों-ज्यों मैं विचार करता हूँ—अपने अतीत पर दृष्टि डालता हूँ त्यों-त्यों अपनी अल्पता मुझे साफ़ दिखाई देती है।" मुझे लगा कि गांधीजी का ये वाक्य मेरे जैसे छोटे व्यक्ति के लिए भी दीपक का काम करता है। ज्यों-ज्यों अपने अतीत पर दृष्टि डालता हूँ मुझे अपनी अल्पता साफ़ दिखाई देती है। और उस अल्पता के प्रयोगों को ही आपके सामने रखने की धृष्टता का परिणाम है ये व्याख्यान।

व्याख्यान का विषय जैसा कि बाबूलाल जी ने कहा कि मैंने स्वयं चुना था। 'मजबूरी' का नाम महात्मा गांधी' ये मैं भी मानता था बहुत लम्बे अर्से तक। मैं भी कहता था। अल्पता के बोध के साथ कह सकता हूँ कि तब 'रहहुँ अति ही अचेत' जब कहा करता था कि मजबूरी का नाम महात्मा गांधी। धीरे-धीरे मैंने महसूस किया और गौर से सोचें तो हम सब महसूस कर सकते हैं कि असल में मजबूरी हिंसा है। हिंसा दृढ़ता और शक्ति को प्रकट नहीं करती हिंसा मजबूरी को प्रकट करती हे। मैं आज तक किसी ऐसे व्यक्ति, विचार या सत्ता के सम्पर्क में नहीं आया हूँ जिसने हिंसा करते हुए ये न कहा हो कि हम तो हिंसा के लिए मजबूर थे। राज्यसत्ता हिंसा करती है क्योंकि उसे व्यवस्था बनाए रखने की मजबूरी है। क्रान्तिकारी हिंसा करते हैं क्योंकि राज्य सत्ता ने उन्हें विवश कर दिया है उन्हें मजबूर कर दिया है कि वो हिंसा करें। अध्यापक हिंसा करते हैं क्योंकि बिना हिंसा और अनुशासन के बच्चों को सिखाया नहीं जा सकता। बच्चे हिंसा करते हैं क्योंकि हिंसा के बिना समाज सुनने को तैयार नहीं है। तो इस उलटबाँसी को हम आत्मसात किए बैठे हैं और केवल हम नहीं सारी दुनिया आत्मसात किए बैठी है कि अहिंसा मजबूरी का प्रमाण है और हिंसा ताकत का। मित्रो! मुझे लगता है कि बात उल्टी है। असल में; स्वयं हिंसा करने वालों पर अगर आप ध्यान दें चाहे वो सरकारी अफसर के तौर पर हिंसा करते हों, चाहे वो विचार में हिंसा को सही ठहराते हों, चाहे वो राज्यसत्ता के रूप में हिंसा करते हों। स्वयं हिंसा करने वालों पर अगर आप ध्यान दें, तो आप पाएँगे कि हर हिंसक व्यक्ति और विचार अपने आपको परिस्थितियों के मजबूर दास के रूप में प्रस्तुत करके ही अपने नैतिक संकट का समाधान कर पाता है। मुझे इस बात का एहसास बहुत देर से हुआ। और इस एहसास को उपलब्ध कराने में बहुत सी चीजों का, बहुत से व्यक्तियों का योगदान था। और जिसमें सबसे महत्त्वपूर्ण योगदान था और मैं इस योगदान को सार्वजनिक रूप से कृतज्ञता के साथ स्वीकार करना चाहता हूँ मेरे मित्र, शिक्षक और गुरु नहीं कहूँगा क्योंकि इन दोनों शब्दों पर अजीब-अजीब तरह के भार आज के जमाने में पड़े हुए हैं। हर कोई शिक्षक हो जाता है और गुरु लोग तरह-तरह के होते हैं इसलिए शिक्षक या गुरु नहीं कहूँगा, लेकिन हिंसा का संबंध गहरी नैतिक मजबूरी बल्कि अपंगता से है इस

बात का गहरा बोध मुझे अपने जीवन में कराया मेरे मित्र और सिखावनहार दिलीप सीमियन ने और मेरे लिए ये गौरव का विषय है कि वो इस सभा में श्रोता के तौर पर मौजूद हैं। इस अल्पता और अल्पज्ञता के साथ मैं इस यात्रा को आपके सामने बाँटना चाहता हूँ—मजबूरी का नाम महात्मा गांधी से मजबूती का नाम महात्मा गांधी तक की यात्रा। जाहिर है कि ये यात्रा गांधी की नहीं है ये यात्रा मेरी है और इसलिए बाबूलालजी और अनुमपजी का संकोच दूर हो सकता है कि 'वामपन्थी होने के बावजूद' उन्होंने मुझे बुला लिया आखिरकार ऐसी यात्रा करने का अधिकार तो वामपन्थियों को भी है ही! इस विषय की विधिवत् तैयारी करने के क्रम में मैं अपनी कुछ पुरानी डायरियाँ और नोटबुक देखने लगा। अपनी उन पुरानी डायरियों की दो तीन टिप्पणियाँ, अपनी निजी डायरियों की दो तीन टिप्पणियाँ मैं आपके सामने रखना चाहता हूँ। आपके साथ शेयर करना चाहता हूँ—

28 दिसम्बर 1986 को मैंने अपनी डायरी में लिखा था, लिखा क्या था एक टिप्पणी नोट की थी। उसी दिन के 'टाइम्स ऑफ़ इण्डिया' में, 28 दिसम्बर 1986 के 'टाइम्स ऑफ़ इण्डिया' में एक लेख छपा था, जिसका शीर्षक था 'वायलेन्स दैट इज इण्डिया' लेखक का नाम नहीं था। लेख स्पेशल करिसपोन्डेन्ट के नाम से था। लेकिन जिन भी सज्जन या देवी ने लेख लिखा था, मानना होगा कि उनमें गहरी दूरदृष्टि थी। और दूर तक वो देख सकते थे या देख सकती थीं। उन्होंने लिखा था इस समय भारतीय समाज के मध्य वर्ग को परिभाषित करने वाला तत्त्व है भय और असुरक्षा। इनसिक्यूरिटी एण्ड फीयर और इस भय और असुरक्षा का परिणाम यह होने वाला है, बहुत रिमार्केबल टिप्पणी उस व्यक्ति ने की थी—एक तो इस समाज में स्वाधीनता का निरन्तर वर्द्धमान क्षरण होगा। स्वाधीनता धीरे-धीरे समाज में घटती जाएगी। और दूसरा उन्होंने लिखा कि धीरे-धीरे इस समाज में आप देखेंगे कि बिरादरी परक अस्मितावाद का, पॉलिटिक्स ऑफ़ कास्ट आईडेन्टिटी का अभूतपूर्व उभार अगले कुछ वर्षों में इस देश की राजनीति में आएगा। आज 20 वर्ष बाद ये कथन प्रोफेटिक लगता है। और मुझे नहीं पता कि ये कथन किसका था। लेकिन 28 दिसम्बर 1986 के दिन ये कथन मैंने अपनी डायरी में नोट किया था। 10 मई, 1987 को मैंने अपनी डायरी में कुछ लिखा था वो मैं आपके सामने हू-ब-हू पढ़ना चाहता हूँ, ''हम किस जगह ले आए गए हैं? कल रात मालवीय नगर से लौट रहा था कि पटेल चौक पर सफेद मारुति गाड़ी में बैठे तीन सरदारों ने मुझे आवाज़ दी। मेरी पहली, हालाँकि सौभाग्य से संक्षिप्त, प्रतिक्रिया डर की ही थी। कोई भी अपरिचित सरदार इन दिनों डर का कारण बन जाता है। वे नेताजी नगर का रास्ता पूछना चाहते थे। उन्हें रास्ता बताने के बाद मैंने सिगरेट पी; घबराहट दूर करने के लिए।'' (ठीक उसी तरह जिस तरह अभी थोड़ी देर पहले पीकर आया हूँ) और सुमन और सुधा से सुना कि 'अन इजी' उन्होंने भी महसूस किया।'' ये 10 मई, 1987 को मैंने अपनी डायरी में लिखा था। उसके बाद 2 जून, 1987 को पुरानी दिल्ली के लालकुआँ इलाके के कटरा गुलाम मुहम्मद में घूमने के बाद जहाँ दंगे हुए थे, और जहाँ के मुसलमान बाशिन्दे स्थायी आतंक की छाया में रह रहे थे-मैंने अपनी डायरी में जो कुछ लिखा था उसका केवल एक वाक्य आपके सामने पढ़ना चाहता हूँ, ''ये मुसलमान झूठ नहीं बोल रहे और अगर झूठ बोल रहे हों तो इन्हें अभिनय का ऑस्कर मिलना चाहिए।'' 17 जून, 1987 को मैंने उसी डायरी में लिखा कि ''13 जून की रात दक्षिण दिल्ली में, सफदरजंग एन्कलेव में आतंकवादियों ने 14 लोगों को कत्ल कर दिया। अब लगता है कि हमें जीवन भर इसी आतंक के साए में जीना है लड़ना है और प्यार करना है।'' मित्रो! 1989 में मैं दिलीप

और हमारे एक मित्र जुगनु रामास्वामी पंजाब गए थे। सड़क के रास्ते, कार में। पंजाब में दो अनुभव ऐसे हुए जिन्हें मैं जीवन भर नहीं भूल सकता। और दोनों ही एक अर्थ में आध्यात्मिक अनुभव थे। एक अनुभव था बटाला कस्बे के चौक पर। पहली बार मुझे मालूम पड़ा कि रीढ़ की हड्डी में ठण्डक दौड़ जाने के मुहावरे का वास्तविक अर्थ क्या होता है। हम लोगों के सामने जा रही एक कार एकाएक रूकी, उसमें से तीन-चार हट्टे-कट्टे नौजवान हाथ में बन्दूकें लिए हुए उतरे और मुझे लगा कि बस हम अभी शहीद होते हैं। दूसरे का शहीद होना बहुत रोमांचक होता है। खुद के शहीद होने की सम्भावना रीढ़ की हड्डी में ठण्डक दौड़ा देती है। यह अनुभव मुझे उस समय पहली बार हुआ। दूसरा और इतना ही मार्मिक अनुभव दमदमी टकसाल में हुआ। हम लोग जानते हैं कि दमदमी टकसाल खालिस्तानी आन्दोलन का नैतिक और बौद्धिक केन्द्र था। हम लोग वहाँ गए। हमारी उस पंजाब यात्रा का उद्देश्य यही था, गांधीजी से बहुत ही तुच्छ, अपने जीवन में, विचार में, बहुत छोटी सी प्रेरणा लेते हुए कि समझने की कोशिश करें कि लोग क्यों मरने और मारने पर उतारू हो जाते हैं। इसलिए हम तरह-तरह के लोगों से मिले पंजाब में, कम्युनिस्टों से, कांग्रेसियों से, भाजपाइयों से और स्वयं उनसे जो स्वतंत्र खालिस्तान के आन्दोलन को चला रहे थे। दमदमी टकसाल ऐसे लोगों का केन्द्र था। वहाँ जब हम गए तो उन्होंने हमें विस्तार से खालिस्तानी आन्दोलन का तर्क समझाया। लस्सी पिलाई और खालिस्तानी आन्दोलन के तर्क को समझाने के लिए लम्बे-लम्बे भाषण पिलाए। हम लोग काफ़ी डरे हुए थे, काफ़ी घबराहट थी। लेकिन दिलीप अपनी आदत के मुताबिक बहस पर उतारू थे और बहस चल रही थी। उस बहस के बीच एकाएक, उस बैठक में जो सबसे ज्यादा आर्टिकुलेट स्पोक्सपर्सन, जो सबसे ज्यादा व्यवस्थित रूप से अपनी बातों को कह रहे थे और बहुत सलीके से हमें ये समझाने की कोशिश कर रहे थे कि खालिस्तानी आन्दोलन की सफलता के लिए हिंसा और आतंकवाद क्यों अपरिहार्य हैं; वे सरदारजी एकाएक बिना किसी वजह के, बिना किसी पूर्वापर क्रम के, बोले, "वैसे जी एक बात है। अगर गांधीजी होते तो पंगा सुलट जाता।" ये बात समझ में नहीं आई। पूछा कि आपके कहने का मतलब क्या है ? कैसे सुलट जाता पंगा, गांधीजी के होने से ? बोले देखो जी ऐसा है कि अगर वे होते तो सारे आतंकवाद और सारी गोलीबारी के बावजूद आते और अमृतसर में भूख हड़ताल पर बैठ जाते। मेरे लिए ये एक आध्यात्मिक अनुभव था। मैं ऐसा कुछ नहीं कह रहा हूँ कि ये कहने वाला व्यक्ति हिंसा का विरोधी हो गया। मैं ये भी नहीं कर रहा हूँ कि ऐसा कहने वाला व्यक्ति गांधी-मार्ग का पथिक या गांधीवादी हो गया। लेकिन गांधी की राजनीति, गांधी का सामाजिक जीवन, गांधीजी का राजनैतिक जीवन उनके घोर विरोधी के मन में भी संवाद के प्रति आस्था उत्पन्न करता था और करता है। मित्रो! ध्यान देने की बात ये है जिस भय की चर्चा मैंने अपनी डायरी के अंशों के हवाले से की वो भय सबसे पहले संवाद की सम्भावना को ही समाप्त करता है। और उस भय का यह काम केवल एक अनौपचारिक या अनायास काम नहीं है ऐसा भय, सम्वादहीनता को सम्भव करने वाला भय—हमें इस बात पर ध्यान देना चाहिए मित्रो! कि—जान-बूझकर और प्रयत्न पूर्वक उत्पन्न किया जाता है। ये केवल संयोग नहीं है। पिछले 20 बरस में हम जो और अधिक डरे हुए समय में रह रहे हैं; एक ऐसे समय में कि पिछले दिनों लिखी गई एक प्रसिद्ध पुस्तक को याद करें, मार्क युरगेंसमेयेर की पुस्तक, ऐसे समय में जब कि परमात्मा तक के मानस में आतंक का राज है— 'टेरर इन दि माइण्ड ऑफ़ गॉड।' एक ऐसा समय जिसमें परमात्मा तक आतंकित है और ऐसे समय में मित्रो, इस बात को समझने

की और इस बात पर विचार करने की ज़रूरत है कि हिंसा और अहिंसा; मजबूरी और मजबूती के अन्तः संबंध क्या हैं?

दमदमी टकसाल का जो संस्मरण मैंने सुनाया, उससे ऐसा लग सकता है कि गांधी की महत्ता केवल उनके आत्मबलिदान में है। ऐसा नहीं है। गांधी की महत्ता उनके आत्मबलिदान में, उनके साहस में निश्चित रूप से है लेकिन वो महत्ता उससे कहीं आगे जाती है। गांधी की महत्ता है उनके विचार में, उनकी अन्तर्दृष्टियों में और उनके विवेक में। हमें इस बात को समझना चाहिए। आज के व्याख्यान का जो विषय मैंने चुना 'मजबूती का नाम महात्मा गांधी' थोड़ा-सा हम ध्यान दें। मजबूत शब्द जब्त से बनता है। धीरज, सहन करना, धैर्य के साथ खड़े रहना। मजबूत अनिवार्यतः आक्रमक व्यक्ति को नहीं कहते हैं। मजबूत उस व्यक्ति कहते हैं जिस व्यक्ति में धीरज हो और जिसमें विवेक हो। इस अर्थ में गांधीजी की मजबूती प्रेरणाप्रद है और शिक्षाप्रद है।

मित्रो! हमारा समय क्रूर हिंसा के साधारणीकरण और विकेन्द्रीकरण का समय है। और चीजों का विकेन्द्रीकरण हुआ हो या न हुआ हो, सत्ता का, धन का, उद्योग का; लेकिन अपने आसपास के समाज को आप देखें। कूरता और हिंसा का अभूतपूर्व विकेन्द्रीकरण हुआ है। अब कूरता और हिंसा पर केवल राज्यसत्ता का एकाधिकार नहीं है आज के क्रान्तिकारी भी केवल सफाया नहीं करते विधिवत और व्यवस्थित रूप से विस्तृत रूप से यातनाएँ भी देते हैं। वो केवल वर्ग शत्रुओं का सफाया नहीं करते वे स्कूली बच्चों से भरी हुई बस को भी बमों से उड़ा देते हैं। वो मुखबिरों के हाथ-पाँव काटकर उन्हें जीवनभर तड़पने के लिए छोड़ देते हैं। हिंसा और कूरता का ये विकेन्द्रीकरण और हिंसा का ऐसा अभूतपूर्व साधारणीकरण-मार्टिन लूथर किंग की उस प्रसिद्ध चेतावनी की याद दिलाता है और ये एक करुण विडम्बना है कि वो भाषण जिसमें मार्टिन लूथर किंग ने ये बात कहीं थी, मार्टिन लूथर किंग का अन्तिम भाषण था, और मार्टिन लूथर किंग ने कहा था जिस मोड़ पर हम पहुँच चुके हैं उस मोड़ पर दुनिया के लिए चुनाव अब नॉन-वायलेन्स और वायलेन्स के बीच में नहीं है। अब चुनाव नॉन-वायलेन्स और नॉन-एग्जिस्टेन्स के बीच में है। आप हिंसा और अहिंसा में से एक को नहीं चुन सकते। आपको अहिंसा और सर्वनाश के बीच में से एक को चुनना है। गांधीजी ये बात बार-बार कहा करते थे कि "सत्य और अहिंसा—मैं कोई नयी बात नहीं कह रहा हूँ। सत्य और अहिंसा तो शाश्वत हैं। ट्रूथ एण्ड नॉन वायलेन्स आर ऐज ओल्ड एज हिल्स।" मैं सत्य के बारे में अभी नहीं कहना चाहता मित्रो! कुछ भी। विषय और समय दोनों की सीमा है। लेकिन अहिंसा के प्रसंग में मैं ये दृढ़ता पूर्वक कहना चाहता हूँ कि यह कहना कि अहिंसा का विचार शाश्वत है मैं कुछ नया नहीं कह रहा ये गांधीजी की विनम्रता है और इसे शब्दशः नहीं लिया जाना चाहिए। जिस अर्थ में गांधीजी अहिंसा की बात करते हैं वह मानवीय विचार के इतिहास में सर्वथा अभूतपूर्व और मौलिक है। गांधीजी की अहिंसा केवल परंपरा से चली आ रही धार्मिक अहिंसा का विस्तार भर नहीं है। इस बात को कुछ अच्छी तरह हमें समझना चाहिए। हमें इस बात पर ध्यान देना चाहिए मित्रो! कि संसार के सभी धर्मों में अहिंसा अन्ततः एक आदर्श है, एक आइडियल है। जिसे पाने का आपको प्रयत्न करना चाहिए, और जिसको न पाने की स्थिति के जस्टिफिकेशन हमेशा आपके पास तैयार रहते हैं। गांधीजी के लिए अहिंसा केवल आदर्श नहीं है। गांधीजी के लिए अहिंसा आपके दैनंदिन जीवन की-सार्वजनिक और व्यक्तिगत जीवन की-बुनियादी कसौटी है। गांधीजी के लिए अहिंसा केवल आइडियल नहीं है। गांधीजी के

लिए अहिंसा बुनियादी जीवन मूल्य है। और इस दृष्टि से गांधीजी की अहिंसा पाम्परिक धार्मिक अहिंसा से कहीं आगे की चीज है। हमें ये भी समझना चाहिए कि संसार के सभी धर्मों में पवित्र और अपवित्र दो प्रकार की हिंसा पाई जाती है। 'वैदिकी हिंसा हिंसा न भवति' यह बात किसी न किसी रूप में, अपने किसी न किसी सांस्कृतिक अनुवाद में संसार की हर धर्म परंपरा में पाई जाती है। पिछले दिनों मैंने एक फ़िल्म देखी थी। बोरिस्ताव सरादियेव-बल्गारिया के फ़िल्मकार हैं, उनकी फ़िल्म थी— 'बोरिस—दि लास्ट पेगन।' आज के बलगारिया का कोई राजा था, आठवीं-नवीं सदी में, जो क्रिश्चियन हो गया था और इसलिए वह था—लास्ट पेगन। उसके बाद क्रिश्चियनिटी का राज हो गया-बलगारिया में। तो ये जो बोरिस जब क्रिश्चियन हो जाता है, तो उसके बाद, जाहिर है कि सभी को चाहिए कि क्रिश्चियनिटी स्वीकार कर लें, कन्वर्ट कर लें। और एक दृश्य है फ़िल्म में हम देखते हैं कि बहुत सारे लोगों को यातना दी जा रही है, बहुत सारे लोग-पीड़ित हैं; बोरिस अपने सेनापति से कहता है— 'तुम ने तो कहा था, सभी को छोड़ दिया गया है, सभी ईसा की शरण में आ गए हैं।' सेनापति जवाब देता है, 'हाँ मैंने कहा था कि सभी ईसा की शरण में आ गए हैं। मैंने मनुष्यों- के बारे में कहा था। ये लोग तो असल में शैतान की औलाद हैं; दे आर पजेस्ड वाई डेविल!' जो मनुष्य थे, आल द पीपुल हेव कनवर्टेड—जो डेविल द्वारा पजेस्ड हैं वो कनवर्ट क्या करेंगे—और इसलिए उनके साथ होने वाला अत्याचार जायज है। श्रीलंका के इतिहास में और लोक कथाओं में एक बहुत ही मार्मिक दृष्टान्त मिलता है। एक बौद्ध राजा अपने साम्राज्यवादी युद्ध के बाद के पछतावे में घिर गया कि ये मैंने क्या किया वो भी बौद्ध होते हुए। तो उसके बौद्ध धर्माचार्यों ने उसे समझाया कि असल में इस युद्ध में केवल दो ही मनुष्य मारे गए हैं क्योंकि वही दो थे जो कि संघ के शरण में आए थे। बाकी जो मारे गए हैं उनके मरने जीने की चिन्ता आपको नहीं करनी है। ऐसे उदाहरण ससार के हर धर्म से दिए जा सकते हैं संसार का हर धर्म पवित्र और अपवित्र हिंसा के बीच अन्तर करता है। संसार का हर धर्म वध और हत्या के बीच अन्तर करता है। हत्या अस्वीकार्य है, वध न केवल स्वीकार्य है बल्कि कई स्थितियों में करणीय है। गोडसे के बयान का अर्थ समझना चाहिए। गोडसे जब भी हिन्दी या मराठी बोलता था, कभी वो हत्या शब्द का प्रयोग नहीं करता था। गोपाल गोडसे की पुस्तक का शीर्षक ही है 'गांधी वध आणि मी'। वध नैतिक रूप से स्वीकृत; नैतिक रूप से मान्य प्राणहरण की चेष्टा है जो कि कई बार ज़रूरी हो जाती है। और इसलिए अहिंसा वहाँ तक ठीक है जहाँ तक कि वो हमारे विचारों, हमारी धारणाओं, हमारी आस्थाओं के अनुकूल हो। अहिंसा अपने आप में कसौटी नहीं है। बल्कि अहिंसा ऐसी प्रविधि है, ऐसी मान्यता है जिसे हमें आस्था की कसौटी पर कसना है।

तीन-चार बरस पहले समाजशास्त्री बैरिंग्टन मूर ने बहुत ही विचारोत्तेजक अध्ययन किया है, ''मॉरल प्यूरिटी ऐंड पर्सिक्यूशन इन हिस्ट्री'' —इतिहास में नैतिक शुद्धता और उत्पीड़न! उस अध्ययन को करते हुए बैरिंगटन मूर खास करके एकेश्वरवादी धर्मों के प्रति बहुत सख्त निष्कर्ष पर पहुँचे हैं और वे लिखते हैं, तुलना करते हैं पूर्वी धर्मों के साथ एकेश्वरवादी धर्मों की, ओर उसमें जो बात वे कहते हैं, उसमें से कम से कम एक वाक्य ऐसा है जिस पर उन लोगों को खास करके ध्यान देना चाहिए, जो अपने आप के हिन्दू होने को बड़े आक्रामक गर्व का विषय बनाते हैं।

बैरिंगटन मूर लिखते हैं अपनी पुस्तक के निष्कर्ष के रूप में—''इस लेखक को सर्वाधिक चकित कर देने वाली मुख्य खोज यही है कि नैतिक शुद्धता की सैद्धान्तिकी और उसका व्यवहार

एकेश्वरवादी धर्मों यहूदी, ईसाइयत और इस्लाम तक सीमित है। पश्चिम के सम्पर्क में आने के पहले पूर्वी समाजों में नैतिक शुद्धता प्रेरित उत्पीड़न था ज़रूर लेकिन बहुत कम। लेकिन जैसाकि माओवाद के तीव्र विकास ने दिखाया है विश्वास और सामाजिक संगठन की पूर्वी व्यवस्था का पतन नैतिक शुद्धता के सर्वाधिक क्रूर रूपों की जमीन तैयार कर देता है। ऐसे नैतिक शुद्धता प्रेरित उत्पीड़न की सम्भावना सिद्धान्ततः जहाँ सबसे कम है उस हिन्दू धर्म में भी, जैसे कूरता में दूसरों को पीछे छोड़ देने की होड़ शुरू हो गई है। उस घिसी पिटी भविष्यवाणी—कि पूर्व और पश्चिम कभी नहीं मिलेंगे—को जैसे झुठलाते हुए पूर्व और पश्चिम बीसवीं सदी में मिल गए हैं इतिहास की सर्वाधिक क्रूर हिंसा और भयानक यंत्रणा को सम्भव करने के लिए।'' ये बैरिंगटन मूर ने सन् 2000 में लिखा। 'मॉरल प्यूरिटी ऐंड पर्सिक्यूशन' में। बैरिंगटन मूर स्वयं एकेश्वरवादी परंपरा के भीतर है इसलिए उस परंपरा के प्रति उनका आक्रोश समझ में आता है। एकेश्वरवादी परंपराओं के बाहर के लोगों को इस आक्रोश से अपने अच्छे चालचलन के प्रमाणपत्र नहीं खोजने चाहिएँ। बल्कि ऐसे ही विवेक और आक्रोश के साथ अपनी परंपरा पर उतना ही निर्मम दृष्टिपात करना चाहिए जितना बैरिंगटन मूर ने किया है। खैर!

एक बात स्पष्ट है कि और मामलों में हो या न हो, लेकिन पवित्र हिंसा और अपवित्र हिंसा के बहुत शुद्ध विभाजन के मामले में संसार के सभी धर्मों में सचमुच सच्चा सर्वधर्म समभाव पाया जाता है। सभी धर्म पवित्र और अपवित्र हिंसा में भेद करते हैं। और केवल धर्म ही नहीं धर्मनिरपेक्ष विचार भी। पवित्र हिंसा पर केवल धर्मों की कोई बपौती, कोई एकाधिकार नहीं है। अलजिरिया में चल रहे स्वाधीनता संग्राम के दौरान फ्रांज फैनन ने अपनी प्रसिद्ध पुस्तक लिखी थी 'रेचेड ऑफ़ दि अर्थ' उसकी सबसे महत्त्वपूर्ण सैद्धान्तिक स्थापना थी—'उत्पीड़ित की हिंसा उसकी खोई हुई मानवता को फिर से वापस आने का अनुष्ठान है। और इस अर्थ में वह अत्यन्त पवित्र और ज़रूरी है।' फैनन एक मायने में बहुत मौलिक बात कह रहे थे। लेकिन एक मायने में वो समूची वामपन्थी परंपरा को उसके स्वाभाविक नैतिक निष्कर्ष पर पहुँचा रहे थे। वर्ग संबंधों के रूपातन्तरण के लिए, क्रान्ति के लिए हिंसा अपरिहार्य है। यह एक बुनियादी मान्यता है जिसको फैनन ने बहुत ही चार्ज एटमॉसफीयर में एक नए नैतिक चार्ज के साथ भर दिया। मित्रो, फैनन हों या कार्ल मार्क्स हों या कोई और इनमें से कोई भी व्यक्तिगत रूप से कोई क्रूरकर्मा व्यक्ति नहीं था। ये लोग हिंसक या हत्यारे लोग नहीं थे। ये सब डीसेन्ट लोग थे। बहुत ह्यूमन लोग थे। और इसीलिए हिंसा की समस्या ज्यादा गहरे विचार की मांग करती है। इस बात को भी हम लोग याद करें कि जिसे हम चिन्ताजनक हिंसा मानते हैं, मानव के इतिहास में देखें तो उससे कहीं ज्यादा चिन्ताजनक हिंसा वो है जिसे हम बड़ी स्वाभाविक और पवित्र हिंसा मानते हैं। अगर समूचे मानव इतिहास में हुई हिंसा-हत्याओं, वधों, बलात्कारों, लूट-पाटों—का कोई विवरण तैयार किया जाय तो व्यक्तिगत उन्माद के कारण हुई हिंसा किसी न किसी श्रेष्ठ और पवित्र, उद्देश्य के लिए हुई हिंसा के पासंग भी नहीं है। सारे साल में किसी प्रान्त में छः या सात सौ से ज्यादा कत्ल हो जाते हैं तो पुलिस और गृहमंत्री के पीछे जनमत पड़ जाता है। लेकिन एक नगर में तीन दिन में जब 2700 लोग मार डाले जाते हैं क्योंकि वो गलत धर्म से तालुक रखते थे, या एक प्रान्त में हजारों लोग मार डाले जाते हैं क्योंकि के गलत धर्म से ताल्लुक रखते थे तो यह उस तरह से कानून और व्यवस्था और नैतिक चिन्ता का विषय नहीं है। लोकतांत्रिक देश के प्रधानमंत्री को सार्वजनिक रूप से यह बात कहने में इक्कीस वर्ष लगते हैं कि जो सन् 84 में हुआ, वह शर्मनाक है। शर्मनाक तो वो सन् 84 में भी था, लेकिन

यह कहने का साहस जुटाने में इस समाज को, इस राज्यतंत्र को इक्कीस साल लगे। इसलिए हिंसा गहरे विचार की माँग करने वाला विषय है। संगठित और सोद्देश्य हिंसा की असल में एक प्रतीकात्मक शक्ति होती है। हमारे एक मित्र बहुत ही रोचक चुटकुला सुनाते हैं; बड़ा मानीखेज चुटकुला है—एक मजिस्ट्रेट की अदालत में एक थानेदार साहब ने एक चोर पेश किया। कहा हुजूर मैंने इसको पकड़ा है। चोर था एकदम छरहरा, फुर्तीला और थानेदार साहब पर ईश्वर की जितनी कृपा मुझ पर है उससे भी कहीं तिगुनी या चौगुनी थी। मजिस्ट्रेट को यह देखकर हँसी आ गई। उन्होंने कहा कि इस चोर को आपने पकड़ा है! ये जो भागने लगे तो कहीं का कहीं पहुँचेगा और आपके लिए एक कदम भी उठाना मुश्किल है। आपने कैसे पकड़ लिया इसको ? तो थानेदार साहब ने कहा, हुजूर हुकूमत दौड़कर नहीं चलती इकबाल से चलती है। मैंने एक बार कह दिया खबरदार! खड़ा रहना, हिलना नहीं। इसकी मजाल थी कि हिल जाता अपनी जगह से! संगठित और सोद्देश्य हिंसा असल में इकबाल का मामला है। हिंसा की सजेस्टिव पावर महत्त्वपूर्ण होती है। और गांधीजी की मजबूती की बात जब हम करते हैं तो बहुत सीधी सी बात हमारे सामने हैं, गांधीजी की और लाखों असफलताओं की चर्चा की जा सकती है। गांधीजी के बहुत सारे काम विवादास्पद रहे हैं। एक इतने लम्बे सार्वजनिक जीवन में विवाद होना स्वाभाविक है। लेकिन इस बात से तो सम्भवत: गांधीजी का घोर विरोधी, घोर आलोचक भी इन्कार नहीं करेगा कि गांधीजी ने इम्पीरियल पावर की हिंसा की सजेस्टिव ताकत को, उसके इकबाल को खत्म कर दिया। तोड़ दिया उन्होंने हिंसा की उस ताकत को।

हिंसा–सगंठित और सामूहिक हिंसा–इकबाल इसलिए बन पाती है, सजेस्टिव पावर वो इसलिए अख्तियार कर पाती है कि अन्तत: हिंसा मनुष्य की आत्म निर्वासन की, उसके सेल्फ ऐलिनियेशन की सर्वाधिक सघन और सर्वाधिक आत्मसातीकृत अभिव्यक्ति है। अपने आप से अलग हुए बिना, अपनी मनुष्यता से दूर हुए बिना आप न हिंसा कर सकते हैं और न हिंसा को उचित ठहरा सकते हैं। इसीलिए आपको कहना पड़ता है कि क्या करें हम मजबूर हैं। हमें ग्यारह लड़के मार डालने पड़े गोली चला कर 30 सितम्बर के दिन क्योंकि हम मजबूर थे, हम नार्थ ईस्ट जैसे सेन्सेटिव प्रान्त में, सेन्सेटिव जगह में, मेघालय जैसे सेन्सेटिव प्रान्त में स्टेट की सिक्यूरिटी के लिए कोई रिस्क नहीं लेना चाहते थे। हमें निर्दोष लोगों से भरी हुई बस को बम से उड़ा देना पड़ा क्यों कि हम मजबूर थे; हमारी जमीन पर किसी विदेशी साम्राज्य ने कब्जा कर रखा है और हम मजबूर है हमारी कोई सुनने वाला नहीं। इस मजबूरी को सचमुच सहानुभूति से समझने की ज़रूरत है। ये मजबूरी इस बात की ओर संकेत करती है कि हिंसा सेल्फ एलिएनेशन की सर्वाधिक सघन अभिव्यक्ति है! हिंसा आत्म निर्वासित मनुष्य की सबसे करुण अभिव्यक्ति है। इसलिए भी इस बात पर गहराई से विचार करने की ज़रूरत है कि हिंसा क्या है और क्यों है ? जाहिर है कि सवाल यह भी उठता है कि अहिंसा क्या है ? बहुत से लोग कुछ इस तरह बात करते हैं जैसे कि गांधीजी इतने भोले रहे हों कि इतनी मोटी सी बात भी न जानते हों कि जीवै जीव अहारा! कुछ लोग ऐसे बात करते हैं कि अहिंसा कैसे सम्भव है ? शाकाहारी लोग इस बात का दावा कर सकते हैं कि हम अहिंसक हैं लेकिन प्राण तो वनस्पति में भी होते हैं। तो भोजन करना हिंसा है। कहीं उठना और बैठना हिंसा है। सभी जगह हिंसा भरी हुई है आप कैसे अहिंसा की बात करते हैं। कुछ लोग अहिंसा को खुद एक तरह की आक्रामकता में तबदील कर देते हैं। पशु प्रेम और शाकाहारवाद इतनी भयानक चीज बन जाती है कि मेरे जैसे शाकाहारी को उससे उलझन होने लगती है। ऐसे ही लोगों में से कुछ लोग

गांधीजी को दूसरों की नैतिक न्यूनता दिखाने के दर्पण में बदल देते हैं। बजाय इसके कि दूसरों को उनकी सम्भावनाएँ दिखाने वाली विधि के रूप में आप गांधीजी को बदलें, आप दूसरों को उसकी नैतिक न्यूनता दिखाने, उनको नैतिक आत्मविश्वासहीनता के रोग का मरीज बनाने के काम में गांधीजी को लाते हैं। आप कैसे गांधीजी की बात कर सकते हैं आप तो सिगरेट पीते हैं! आप कैसे गांधी की बात कर सकते हैं आप तो मिल के कपड़े पहनते हैं! आप कैसे गांधीजी की बात करते हैं आप तो ऐसे करते हैं! वैसे करते हैं! आप कैसे गांधीजी की बात करते हैं आप तो वामपन्थी हैं! इस तरह की स्थितियों से मैं समझता हूँ कि गांधीजी स्वयं गहरे में वाक़िफ़ थे। उन्होंने बारम्बार दो बातों को स्पष्ट किया है। एक यह कि अहिंसा और कायरता पर्यायवाची नहीं हैं। कायरता की मूल प्रेरणा वस्तुतः वही है जो हिंसा की मूल प्रेरणा है। आक्रामकता किसी भी कीमत पर अपने आपको बचाए रखने की प्रेरणा से उत्पन्न होती है। और इसी प्रेरणा से कायरता उत्पन्न होती है। जब आप दूसरे को ध्वस्त करके अपने आप को नहीं बचा सकते तो भाग करके अपने आपको बचा लें! हिंसा इस अर्थ में कायरता की सहधर्मी है। हिंसा और कायरता परस्पर विरोधी नहीं; हिंसा और कायरता परस्पर पूरक हैं और इसीलिए गांधीजी गहरे में इस बात को जानते थे बिलकुल ठीक जानते थे कि अहिंसा और कायरता पर्यायवाची नहीं हैं बल्कि दोनों परस्पर कतई विरोधी नैतिक मनोदशाएँ हैं। जीवन के अन्दर निहित हिंसा के प्रसंग में और अपने अहिंसा के विचार को स्पष्ट करने के प्रसंग में गांधीजी ने बहुत स्पष्ट रूप से एक बात लिखी है। मैं उनकी आत्मकथा का वो अंश पढ़ना चाहता हूँ—तीन-चार-वाक्य-गांधीजी ने लिखा है—और जैसा कि हिन्दी के वरिष्ठ आलोचक स्व. रामविलास शर्मा ने नोट किया है; गांधीजी और सब कुछ होने के साथ-साथ अद्‌भुत गद्‌यकार भी हैं। दुर्भाग्य से मैं गुजराती इतनी नहीं जानता कि गुजराती मूल का आनन्द ले सकूँ। लेकिन अंग्रेजी और हिन्दी अनुवादों में जो गद्‌य गांधीजी का सामने आता है उससे अनुमान लगता है कि यह गद्‌य अपने मूल रूप में कितना स्पन्दित, कितना प्राणवान और कितना विचारवान रहा होगा। गांधीजी लिखते हैं—"अहिंसा व्यापक वस्तु है। हिंसा की होली की लपेट में आए हुए हम पामर प्राणी हैं। जीवै जीव अहारा की बात गलत नहीं है। मनुष्य क्षण भर भी बाह्य हिंसा के बिना नहीं जी सकता। खाते पीते उठते बैठते सब कर्मों से, इच्छा से हो या अनिच्छा से कुछ न कुछ हिंसा तो वो करता ही रहता है। उस हिंसा से निकलने का उसका महाप्रयास हो, उसकी भावना में अनुकम्पा हो..." और ध्यान दें मित्रो! कि महादेव भाई द्वारा किए गए अंग्रेजी अनुवाद में अनुकम्पा शब्द की जगह जो शब्द आया है वह शब्द है कम्पैसन। आगे इस अनुवाद में करुणा शब्द आता है महादेव देसाई के अनुवाद में दोनों ही जगह कम्पैसन शब्द आता है। यहाँ एक जगह अनुकम्पा है और दूसरी जगह करुणा है।..."भावना में केवल अनुकम्पा हो, वो छोटे-से छोटे प्राणी का नाश न चाहे। और यथाशक्ति उसे बचाने की कोशिश करे तो वो अहिंसा का पुजारी है। उसकी प्रवृत्ति में निरन्तर संयम की वृद्धि होगी। उसमें निरन्तर करुणा बढ़ती जाएगी। पर कोई देहधारी बाह्य हिंसा से सर्वथा मुक्त नहीं हो सकता।"

इस तरह के वाक्य पढ़ने के बाद मुझे कभी-कभी ताज्जुब होता है कि लोग कैसे गांधीजी को हवाई आदर्शवादी कहते हैं। मनुष्य के स्वभाव का इससे अधिक यथार्थपरक चित्र और क्या हो सकता है ? और उसी के साथ-साथ, उसकी यथार्थ परकता और उसी स्वाभाविकता का एक अंश ये है कि मनुष्य जो है उससे आगे कुछ होना चाहता है। मनुष्य केवल प्रकृति नहीं है मनुष्य संस्कृति भी है। हिंसा एक प्राकृतिक तथ्य है लेकिन अहिंसा को एक सांस्कृतिक

मूल्य होना चाहिए। आक्रामकता हम सब में है लेकिन हम सब में करुणा भी है। और करुणा विचित्र-विचित्र रूपों में प्रकट होती है। हम अपने आसपास फैली हिंसा देख पाते हैं करुणा नहीं देख पाते। आप सड़क पर अपनी गाड़ी में जा रहे हैं आपके बगल से एक मोटरसाइकिल निकलती है उस मोटरसाइकिल पर एक महिला बैठी है उसकी साड़ी मोटरसाइकिल में कहीं फँस रही है आप बताते हैं-कोशिश करके बताते हैं देखिए आपकी साड़ी फँस रही है दुर्घटना हो सकती है। आपको क्या लेना देना है उससे ? वो आपकी पत्नी नहीं है, वो आपकी माँ नहीं है, वो आपकी भाभी नहीं हे। वो आपकी कोई नहीं है फिर भी आपको चिन्ता हैं कि खामखा कोई दुख न उठाए। ये सिर्फ़ एक अफवाह है कि केवल आक्रामकता ही मनुष्य की मूलवृति है। करुणा और संवेदनशीलता भी मनुष्य की उतनी ही मूलभूत वृतियाँ हैं। गांधीजी की अहिंसा पारंपरिक धार्मिक अहिंसा से भिन्न इस अर्थ में है कि वो किसी धार्मिक आदर्श और किसी धार्मिक मूल्य की अनुगामिनी नहीं है बल्कि वह हर तरह के धर्माचरणों की कसौटी वह स्वयं है। जो उद्धरण अभी मैंने पड़ा इस तरह के अनेक उद्धरण गांधीजी के विपुल लेखन में मिल सकते हैं और गांधीजी का सारा जीवन इस बात की साक्षी देता है कि गांधीजी की अहिंसा वस्तुत: करुणा और संयम से परिभाषित है। करुणा बहुत ही लोकप्रिय शब्द है। इतना लोकप्रिय कि कुछ लोगों को करुणा शब्द से ही असुविधा होने लगी है। कोई करुणा का पात्र नहीं बनना चाहता। गांधीजी यहाँ करुणा के साथ संयम रखते हैं। बिना संयम के सच्ची करुणा सम्भव नहीं है। करुणा यानि दूसरे के दु:ख के प्रति संवेदनशीलता। करुणा यानि दूसरे की भलाई चाहने की इच्छा। दूसरे के दु:ख के प्रति संवेदनशीलता दूसरे के भलाई की इच्छा तब तक संपन्न नहीं हो सकती जब तक कि आप अपनी इच्छाओं पर संयम करना न सीख लें। इसलिए आप ध्यान दें कि गांधी जब अहिंसा को परिभाषित करते हैं तो दो ही तत्वों को उसमें रेखांकित कर रहे हैं, पूरे उद्धरण में कहीं शाकाहार की महिमा नहीं है ! अहिंसा-गांधीजी की अहिंसा-मेरे हिसाब से परिभाषित होती है संयम और करुणा से। संयम केवल दूसरे पर की जानेवाली कृपा नहीं है। संयम खुद के जीवन को जीने के लिए भी बुनियादी बोध है। फिर से भर्तृहरि को याद करें मित्रो ! कालोनयातो वयमेयाता। तृष्णा न जीर्णावयमेव जीर्णा: काल कहीं नहीं आता जाता हमीं चले जाते हैं। तृष्णा कभी जीर्ण नहीं होती, तृष्णा को भोगते-भोगते, तृष्णा को तृप्त करते-करते हम स्वयं जीर्ण हो जाते हैं। मिठाई खाने की इच्छा नहीं जाती लेकिन डायबीटीज के कारण खा नहीं पाते। और तब जो स्थिति पैदा होती है उसे संस्कृत के कवि श्मशान-वैराग्य कहते हैं। क्योंकि डायबिटीज है इसलिए मिठाई का त्याग करो। इसलिए नहीं कि मिठाई का त्याग कर देना चाहिए संयम के कारण।

गांधीजी की महत्ता इस बात में है मित्रो ! कि ये सारी चीजें जो अधिक से अधिक व्यक्तिगत आदर्श के रूप में समाज से दूर, पहुँचे हुए महात्माओं की साधना के रूप में प्रचलित थीं; इन सारी चीजों को गांधीजी ने एक व्यापक जन आन्दोलन का बुनियादी दार्शनिक आधार बना दिया। गांधीजी की महत्ता इस बात में है। करुणा की बात गांधीजी के पहले बहुत लोगों ने की है। संयम की बात गांधीजी के पहले बहुत लोगों ने की है। अहिंसा की बात गांधीजी के पहले बहुत लोगों ने की है। लेकिन करोड़ों लोगों से एक साथ माँग करने वाला यह व्यक्ति पहला था मोहनदास करमचन्द गांधी जो करोड़ों लोगों से ये माँग करे कि आप केवल परमात्मा के साथ नहीं बल्कि अपने साथी मनुष्यों के साथ अपने साम्राज्यवादी शोषकों के साथ भी करुणा और संयम का संबंध रखें। गांधीजी की अहिंसा इस अर्थ में अभूतपूर्व है। और इसीलिए मैंने

कहा कि यह उनकी केवल विनम्रता है। एक छोटे-मोटे विद्यार्थी के तौर पर, इतिहास और समाज और साहित्य के बारे में कुछ सोचने समझने वाले एक निहायत हकीर इन्सान के तौर पर मैं यह महसूस करता हूँ—कि गांधीजी का यह कहना कि सत्य और अहिंसा शाश्वत हैं बिलकुल सही है लेकिन गांधीजी की अहिंसा परंपरा से चली आ रही अहिंसा का विस्तार नहीं है वो उनकी मौलिक जीवनदृष्टि है। इस अर्थ में मौलिक जीवन दृष्टि है गांधीजी की अहिंसा कि वो बुनियादी तौर से टिकी हुई है करुणा और संयम पर। गांधीजी के सारे जीवन को अगर हम किताब की तरह पढ़ें, आजकल प्रचलित, फैशनेवल शब्दावली के मुहावरे में कहें—एक टेक्स्ट की तरह पढ़ें तो उसका सबटेक्स्ट यही है—करुणा और संयम।

गांधीजी के यंत्र विरोध की बहुत चर्चा होती है। उस विषय में जाने का यह समय नहीं है। लेकिन 'हिन्द स्वराज्य' की तरह-तरह की व्याख्याएँ की गई हैं। कुछ महत्त्वपूर्ण, कुछ चिन्ताजनक, कुछ प्रेरणाप्रद। महत्त्वपूर्ण किताब है, 'हिन्द स्वराज्य' और 'हिन्द स्वराज्य' के बारे में कहा जाता है, बहुत से लोगों को लगा था, स्वयं गोपाल कृष्ण गोखले को लगा था कि बहुत ही जल्दबाजी में लिखी गई ये किताब है, साल डेढ़ साल में गांधीजी इसको रद्द कर देंगे। जाहिर है कि गांधीजी ने वो किताब रद्द नहीं की। लेकिन उस किताब का जो मूल तर्क है, उस किताब में जो सभ्यता समीक्षा है, वह केवल पश्चिम की सभ्यता समीक्षा नहीं है। अध्यक्ष महोदय, वो सभ्यता मात्र की सभ्यता समीक्षा है। प्रलोभन हो सकता है जैसे...बैरिंगटन मूर की किताब पढ़ने के बाद मेरे मन में आया था...अहा! मैं तो हिन्दू हूँ! मेरे यहाँ ऐसी हिंसा नहीं है! ऐसे प्रलोभन हिन्द स्वराज्य को पढ़ने वाले के मन में बार-बार आ सकते हैं। लेकिन गहराई से अगर उस पुस्तक को आप पढ़ें तो आप देखेंगे कि के केवल पश्चिम की सभ्यता की समीक्षा नहीं है, वो सभ्यता की अवधारणा मात्र की समीक्षा है। और इस प्रसंग में इस बात का बहुत महत्त्व है कि जब 1938 में 'आर्यन पाथ' नाम की एक पत्रिका ने 'हिन्द स्वराज्य' पर एक अंक केन्द्रित किया और उस चर्चा में हिस्सा लेते हुए महादेव देसाई ने एक निबन्ध लिखा जो हिन्द स्वराज्य के परवर्ती संस्करणों में एक 'दीबाचे के तौर पर' छपा। ये जो गांधीवादियों की हिन्दी हुआ करती थी, जो धीरे-धीरे हाशिए पर तो क्या, हाशिए के भी हाशिए पर पहुँच गई है। 'दीबाचा-प्रस्तावना! महादेव देसाई ने लिखा, हिन्द स्वराज्य की ये जो नई आवृत्ति प्रकाशित होती है उसके दीबाचे के तौर पर 'आर्यन पाथ मासिक के हिन्द स्वराज्य अंक की जो समालोचना मैंने 'हरिजन' में लिखी थी उसका तरजुमा देना नामुनासिब नहीं होगा।' उस तरजुमे में महादेव देसाई ने 1924 में श्री रामचन्द्रन के साथ गांधीजी का जो वार्तालाप हुआ था उसको याद किया। उद्धृत किया उस वार्तालाप को विस्तार से। और उस वार्तालाप में गांधीजी ने कहा कि सिंगर की जो सीने की मशीन है उसको मैं उचित यंत्र मानता हूँ। उसका मेरे यहीं स्वागत है। क्यों स्वागत है ? गांधीजी के शब्दों में—महादेव देसाई द्वारा याद किए गए विवरण के अनुसार—"उसकी खोज के पीछे अद्भुत इतिहास है—सिंगर ने अपनी पत्नी को सीने और बखिया लगाने का उकताने वाला काम करते देखा। पत्नी के प्रति रहे उसके प्रेम ने गैरज़रूरी मेहनत से उसे बचाने के लिए सिंगर को ऐसी मशीन की प्रेरणा दी।" बाकी मशीनों के साथ यंत्र की पूरी सभ्यता के साथ गांधीजी कन्ट्रास्ट करते हैं सिंगर की मशीन को। आगे चल कर कहते हैं कि "यंत्र का उद्देश्य है मानव श्रम की बचत! उसका इस्तेमाल करने के पीछे धन का लोभ नहीं होना चाहिए, बल्कि प्रमाणिक रीति से दया का होना चाहिए।" मुझे लगता है मित्रो! मैं ये कहने का दुस्साहस नहीं करूँगा कि मैं गांधीजी की कोई प्रामाणिक व्याख्या कर रहा हूँ। ऐसा करने

का कोई मेरा इरादा भी नहीं है। मैंने जैसा आपसे पहले ही कहा कि मेरे लिए ये व्याख्यान, गांधीजी के साथ मेरा कोई भी संवाद अपनी उलझनों और अपने नैतिक संकटों को हल करने की कोशिश है। अपने लिए रास्ता तलाशने की ये कोशिश है। जिसमें गांधीजी मुझे एक सतत प्रकाश की तरह दिखते हैं। और इस लिहाज से मुझे ये बात बहुत मार्क की लगती है कि यंत्र की स्वीकृति और अस्वीकृति का आधार उसका छोटा या बड़ा होना नहीं है। उसकी उपयोगिता और अनुपयोगिता नहीं है। उसके निर्माण और उसके नियंत्रण और उसके परिचालन के पीछे प्रेरक तत्त्व क्या है? धन का लोभ या प्रेम?

बाबूलालजी ने मुझे वामपंथी कहा, मैं वामपंथी हूँ। और कम से कम इस एक धरातल पर मुझे लगता है कि कैपिटलिज्म के मूल परिचालक तत्त्व प्रोफिट मोटिव की ऐसी बुनियादी नैतिक समीक्षा करने वाला व्यक्ति किसी भी वामपन्थी के लिए अप्रासंगिक कैसे हो सकता है? किसी वामपंथी द्वारा गांधीजी के साथ-सम्वाद करने का प्रयास आपको अचरज का विषय क्यों लगना चाहिए? खैर, यह समय अचरजों का समय है। एक अचरज यह भी सही! लेकिन इस बात पर हम ध्यान दें कि मूल सवाल मोटिव का है। उसी वार्तालाप में गांधीजी आगे कहते हैं, रामचन्द्रन ने उनसे पूछा कि सिंगर की मशीन बनाने के लिए तो बड़े-बड़े कारखानों की जरुरत पड़ेगी, उनका क्या होगा? गांधीजी ने कहा 'इतना समाजवादी तो मैं हूँ ही...कि बेधड़क कह सकूँ ऐसे बड़े कारखाने समाज के नियंत्रण में रहने चाहिएँ।' और ये 1924 की बात है। कम्युनिस्ट पार्टी की स्थापना के ठीक एक साल पहले की। प्रश्न सभ्यता के रूपों भर का नहीं है। सभ्यता की मूल प्रेरक शक्ति का है। गांधीजी जब ये कहते है कि यंत्र का प्रेरक तत्त्व प्रेम होना चाहिए लोभ नहीं तो वो कितनी गहरी सभ्यता समीक्षा कर रहे हैं—ये जानने के लिए याद रखना चाहिए कि प्लेटो ने सभ्यता की परिभाषा की है—सम्पत्ति की रक्षा के लिए किया जाने वाला संगठन। इस अर्थ में गांधीजी का हिन्द स्वराज केवल पश्चिमी सभ्यता की समीक्षा नहीं है। वो सभ्यता के गठन मात्र की समीक्षा है। मित्रो! यही कारण था कि गांधीजी अपने जीवन में अनवरत नैतिक सापेक्षतावाद से लड़ते रहे। गांधीजी को कभी ये नहीं लगा कि राज्य की हिंसा निन्दनीय है और क्रान्तिकारियों की हिंसा स्वीकार्य है। और अपनी इस मान्यता के लिए उन्होंने अपने जीवन में काफ़ी लानत मलामत सही। उनके काफ़ी विरोध भी हुए। नई पीढ़ी के सामने गांधी की जो तस्वीर है वो एक बड़े सपाट, लगभग एक दिव्य पुरुष की तस्वीर है। या तो प्रयत्न पूर्वक या संयोग से भुला दिया गया है कि डर ने और आक्रमण ने गांधीजी का पीछा कभी नहीं छोड़ा। बचपन के भूत और साँप के बालसुलभ डर से लेकर दक्षिण अफ्रीका में नस्लवादी गोरों की पिटाई से लेकर, 1934 और 35 में पुणे के उन लोगों द्वारा गाड़ी पर बम फेंके जाने तक जो उनके अछूतोद्धार आन्दोलन के क्रुद्ध थे। क्रान्तिकारियों के जत्थों द्वारा काले झंडे दिखाए जाने से जो भगतसिंह की फाँसी की सजा खत्म करने को गांधी—इरविन समझौते की शर्त न बनाने से कुद्ध थे से लेकर अन्त में नोआखली और और उसके बाद 30 जनवरी। गांधीजी की नैतिक प्रमाणिकता का सबसे बड़ा प्रमाण ये है कि उन्होंने कभी नैतिक सापेक्षतावाद की शरण नहीं ली। उन्होंने इस बात को बारम्बार कहा कि संसार का कोर्ट भी धर्म हो, कोई भी धार्मिक वचन हो कोई भी धर्म ग्रन्थ हो अगर वो बुनियादी मानवीय सार्वभौम मूल्यों के अनुकूल नहीं है तो उसे मैं स्वीकार नहीं करूँगा। ये कहने के लिए साहस चाहिए मित्रो और खास करके ऐसे व्यक्ति द्वारा कहने के लिए जो भिन्न प्रसंगों में बेधड़क अपने आपको सनातनी हिन्दू कहता था। और अन्य भिन्न प्रसंगों में अपने आपको एक साथ ही हिन्दू-मुस्लिम-सिख-

ईसाई सब कुछ कहता था। मेरे जैसे व्यक्ति दो लिए ये कहना बहुत सहज है क्योंकि मेरी कोई धार्मिक आस्था है ही नहीं। धर्म के साथ हममें से अधिकांश का संबंध अवसरवाद का संबंध है। बड़े-बड़े क्रान्तिकारियों को मैंने बाबा लोगों के गंडे बाँधते देखा है। ऐसे लोग धर्म के बारे में कुछ भी कह सकते हैं और कहना चाहिए। मुझे उसमें कोई आपत्ति नहीं है! लेकिन जो व्यक्ति बहुत गहरे में अपने आपको धार्मिक के रूप में पहचानता है, उसका ये कहना कि संसार के किसी धर्म वचन का मेरे लिए कोई मूल्य नहीं है अगर वो सत्य और अहिंसा में प्रकट होने वाले सार्वभौम मानवीय मूल्यों के प्रतिकूल पड़ता हो ये कुछ और ही बात है। और इन सार्वभौम मानवीय मूल्यों की अभिव्यक्ति का एक बहुत ही सुन्दर रूप गांधीजी ईशावास्योपनिषद के पहले मंत्र को मानते थे—'ईशावास्यमिदम् सर्वम् यत्किंच जगत्यां जगत।' गांधीजी के जीवन में कई ऐसी घटनाएँ हैं कई ऐसे पल हैं जिन पर लोगों को ताज्जुब होता है। 'दी राईज एंड दि फॉल ऑफ़ थर्ड-रीख़ नामक विश्व प्रसिद्ध पुस्तक के लेखक विलियम श्रायर चौथे दशक के शुरुआती वर्षों में 'शिकागो ट्रिब्यून' के संवाददाता के तौर पर चार पाँच वर्ष गांधीजी के साथ रहे थे। उन्होंने गांधीजी की एक एक एक्टिविटी को कवर किया। वे गांधीजी के साथ गोलमेज कांफ्रेंस के लिए लन्दन गए थे। उन्होंने लिखा है कि जब गांधीजी लंकाशायर जाना चाहते थे तो वहाँ की पुलिस बहुत चिन्तित थी, गांधीजी की सुरक्षा के लिए। पुलिस को लग रहा था कि मजदूर गांधीजी पर हमला कर देंगे क्योंकि उनके कारण लंकाशायर की मिलें बन्द होने की नौबत आ गई थी। स्वदेशी आन्दोलन के कारण, बायकाट के कारण। बड़ी मश्किल से पुलिस ने इजाजत दी गांधीजी को। ठीक है! आप चले जाइए। अब आप तो जिद्दी आदमी हैं, आप मानेंगे नहीं! लेकिन काफ़ी चिन्तित थी इंलैण्ड की पुलिस गांधीजी की सुरक्षा को लेकर! और मित्रो! आपमें से किसी ने यदि वो चित्र देखें हो—लंकाशायर के मजदूरों के बीच गांधीजी! उन चित्रों के बारे में शब्दों में कहना मेरे जैसे व्यक्ति के लिए सम्भव नहीं है। कुँवर नारायण जी और अशोक जी जैसे कवि कभी कुछ कहें तो कहें! उन चित्रों का जो मर्म है...जिस व्यक्ति को उन्हें अपने रोजगार छीनने वाला, पेट पर लात मारने वाला मानना चाहिए, उस व्यक्ति का स्वागत वे मजदूर-स्त्री और पुरुष ऐसे कर रहे हैं जैसे उन्हें बरसों का बिछड़ा कोई भाई या बापू मिला हो! क्यों? क्योंकि गांधीजी ने अपने व्यवहार से, केवल शब्दों से नहीं व्यवहार से बार-बार यह रेखाँकित किया कि भारत के जनसाधारण की लड़ाई ब्रिटेन के जनसाधारण के ख़िलाफ़ नहीं है। भारतीय जन साधारण की लड़ाई ब्रिटेन के साम्राज्यवाद के ख़िलाफ़ है। उपनिवेशवाद के ख़िलाफ़ है। इस लड़ाई में ब्रिटेन के साधारण मजदूर को मेरे साथ होना चाहिए। मेरे ख़िलाफ़ नहीं! और इसलिए हिंसा का कोई भी क़र्म चाहे वह किसी भी तरह के नैतिक जस्टिफिकेशन के साथ क्यों न किया गया हो, मेरे लिए इसलिए स्वीकार्य नहीं हो जाएगा कि वह भारतीय स्वाधीनता की लड़ाई के पक्ष से की गई हिंसा है। हिंसा अगर गलत है तो गलत है, और हिंसा गलत इसीलिए है क्योंकि हिंसा जिस सजेस्टिव पावर की रचना करती है, जिस प्रतीकात्मक शक्ति की रचना करती है, वह प्रतीकात्मक शक्ति बहुत खोखली है। उसमें कोई नैतिक बल नहीं है। ब्रिटेन की पुलिस को चकित होना ही था। विलियम श्रायर ने बहुत मजेदार शब्दों में ब्रिटिश पुलिस के उस अचरज का वर्णन किया है कि क्या करें हम इस आदमी का, हमें चिन्ता थी कि इसे बचाना पड़ेगा। बचाना तो पड़ा लेकिन हमले से नहीं प्रेम से! हमें चिन्ता ये हो रही थी कि इतने लोग गांधीजी का आलिंगन कर रहे हैं कहीं गांधीजी के प्राण न निकल जाएँ। इसलिए थोड़ी सख्ती से मजदूरों को अलग करके गांधीजी को निकालना पड़ा।

गांधीजी के बारे में ये बातें करना ऐसा लगता है कि हम अजूबा व्यक्ति के बारे में बातें कर रहे हैं। ये स्वाभाविक है इसलिए कई मित्रों को लगता है कि गांधीजी की अब क्या प्रसंगिकता रह गई है। गांधीजी जिस माहौल में थे, जिस तरह के वातावरण में थे जिस दुनिया में थे वो दुनिया पीछे छूट गई। अब क्या होगा? मैं केवल एक बात कहना चाहता हूँ इस प्रसंग में मित्रो-दीपक की प्रासंगिकता दिन की रोशनी में नहीं होती। अँधेरा जितना घना होता है दीपक उतना ही प्रासंगिक होता है। सचमुच का जो अहिंसक समाज होगा उसमें गांधी शब्द के गहरे अर्थों में अप्रासंगिक होंगे। क्योंकि कम्बन रामायण के रामराज्य वर्णन की चाल पर कहें तो उस समाज में सभी अहिंसक होंगे। अलग से किसी को अहिंसक होने की आवश्यकता नहीं होगी। कम्बन के राम राज्य में कोई सच नहीं बोलता क्योंकि कोई झूठ नहीं बोलता। इसलिए झूठ की तुलना में सच—ये फ़ैसला करने की जरुरत नहीं। कोई अपरिग्रह नहीं करता कंबन के रामराज्य में क्योंकि कोई परिग्रह नहीं करता। कोई सदाचारी नहीं है क्योंकि कोई व्यभिचारी नहीं है। गांधीजी का जीवन सफल हो या असफल उस पर फ़ैसला देने का अधिकार कम से कम मुझे नहीं है। बड़े इतिहासकार, बड़े विचारक ये फ़ैसला देंगे। लेकिन गांधीजी का जीवन एक बहुत ही सार्थक प्रयत्न है हर तरह की मॉरल डायकाटॉमी के परे जाने का और इस अर्थ में वह हम सबके लिए कम से कम मेरे लिए एक सतत प्रेरणा के भी स्रोत हैं और सतत चुनौती के भी। मैं उन लोगों में से नहीं हूँ जो ये मानें कि मैं गांधी नहीं हो सकता। निश्चय ही मैं उस अर्थ में गांधी नहीं हो सकता लेकिन कम से कम इतना तो जान ही सकता हूँ कि किसी भी मनुष्य की तरह मेरे भीतर सतत उपस्थितियाँ हैं—एक गांधी की एक गोडसे की।

और सतत चुनौती है सही चुनाव की। सही जगह खड़े होने की। गांधीजी के शब्दों में सत्य का आग्रह करने की और गांधीजी ने सत्याग्रह को परिभाषित किया था—सत्याग्रह का मतलब ही है कि अपने घोर विपक्षी के सत्य में भी, उसकी सम्भावना में भी आस्था रखना। इस बात में आस्था कि किन्हीं कारणों से कितना भी पतित क्यों न हो. गया हो, अन्ततः घोर पतित, घोर पापी, घोर हिंसक मनुष्य भी मनुष्य है और जब तक उसकी मनुष्यता है तब तक सम्भावना है।

गांधीजी के लिए सत्य केवल सत्य ही नहीं था। मित्रो! गांधीजी के लिए सत्य एक नैतिक सम्भावना था और इसीलिए गांधीजी के लिए सत्य और अहिंसा एक दूसरे के बिना असम्भव है। गांधीजी इस बात को भलीभाँति जानते थे, महसूस करते थे कहीं न कहीं कि उनके प्रयोगों का क्या महत्त्व है। बहुत विनम्र व्यक्ति थे साथ ही जैसा कुछ निकट से जाने वालों लोगों ने लिखा है और बताया है कि गहरे अर्थ में अहंकार की सीमा तक पहुँचा हुआ आत्मविश्वास भी था उनमें!...और इसलिए वे जानते थे कि उनके प्रयोगों का बल क्या है महत्त्व क्या है वो जानते थे कि उनकी पूजा करने के लिए लोग उतावले हो जाएँगे। और उन्होंने अपने रहते ऐसा प्रयत्न किया कि ऐसी पूजा की कोई सम्भावना न बने। सन् 1968 में हिन्दी के यशस्वी विचारक और कथाकार जैनेन्द्र कुमार ने अपने निबन्धों और संस्मरणों का एक संकलन प्रकाशित किया था—'अकाल पुरुष गांधी'। खासकर नौजवानों से कहना चाहूँगा कि और कुछ नहीं तो सुन्दर और विचारवान गद्य पढ़ने के लिए उस पुस्तक को पढ़ें। आजकल बहुत सारे पत्रकारों द्वारा किए जाने वाली ये शिकायत शायद दूर हो जाए कि हिन्दी में गम्भीर विचार की सामर्थ्य नहीं है। खैर! जैनेन्द्र कुमार ने उस एक अद्भुत घटना का जिक्र किया है। गांधीजी के दाँत का ऑपरेशन हुआ। दाँत खराब हो गया था। निकाला गया। जब डॉक्टर ने दाँत निकाला तो जैनेन्द्र ने कहा

कि लाइए मैं साफ़ कर देता हूँ। लिया दाँत और एक लिफाफे में रखा और लिफाफा जेब में रख लिया। रखे रहे और लोगों से थोड़ा-थोड़ा इतराकर बताते भी रहे कि गांधीजी का दाँत मेरे पास है। गांधीजी तक ये खबर पहुँच गई कि मेरा दाँत जैनेन्द्र के पास है। उन्होंने जैनेन्द्र को बुलाया। और जैनेन्द्र के लाख टालने के बावजूद दाँत लेकर ही माने। दाँत लिया, अपने एक साथी को कहा कि जाओ इसे कुएँ में फेंक देना। और जैनेन्द्र लिखते हैं कि न केवल उस दिन बल्कि अगले 15-20 दिनों तक उस साथी से गांधीजी गाहे-बिगाहे पूछते रहे तूने रखा तो नहीं जैनेन्द्र की तरह! फेंक दिया था न कुएँ में। क्योंकि गांधीजी जानते थे जैसा कि जैनेन्द्र ने लिखा है जैनेन्द्र के अपने शब्दों में "गांधी ऐतिहासिक थे दाँत भी ऐतिहासिक होता।" गांधीजी जानते थे कि अगर ये दाँत बच गया तौ इस पर निश्चित रूप में स्तूप खड़ा हो जाएगा। आखिरकार साँची के स्तूप में महात्मा बुद्ध का दाँत ही तो है! गांधीजी कहीं-न-कहीं इन बातों के प्रति सचेत थे, अवगत थे। और इसीलिए उस निपट मानव को, जैनेन्द्र के शब्दों में उस 'निपट मानव' को अपने भीतर खोजना, उस मजबूती को जिसका एक नाम गांधी है वो मजबूती जो हमें इस बात की लगातार याद दिलाती है। हम उस याद को सुन पाएँ या न सुन पाएँ गांधीवादी मुहावरे में कहें तो परमात्मा की आवाज जो मेरे आपके सबके मन में कहीं न कहीं कौंधती है—बिना संयम और करुणा के मैं मनुष्य नहीं हो सकता—वो आवाज जो हम सबके मन में कौंधती है और हमें प्रेरित करती है विवश करती है कि हम सही वक्त पर सही फ़ैसला करें। हम कर नहीं पाते वो एक अलग मसला है लेकिन वो सम्भावना सदा बनी रहती है—दो सम्भावना जिसका एक नाम मजबूती है और दूसरा नाम महात्मा गांधी।

मित्रो! रवीन्द्रनाथ ठाकुर की एक अद्‌भुत कविता मैं याद करना चाहता हूँ। वह कविता इस क्लीशे को एक बार फिर से सिद्ध करती है कि कवि प्राफेटिक विज़न से संपन्न होता है। अपने निधन के साल डेढ़ साल पहले सम्भवत: 1939-40 में रवीन्द्र ने यह कविता लिखी थी। वो कविता मैंने बचपन में पड़ी थी। धन्यकुमार जैन के अनुवाद आते थे उन दिनों दो-दो, ढाई-ढाई रुपये में। उन्हीं दिनों किसी अनुवाद संकलन में मैंने वो कविता पड़ी थी। कविता का शीर्षक है 'जय मृत्युंजय की जय' उस कविता में एक व्यक्ति है जो अपने लोगों को सत्य के शिखर की ओर ले जा रहा है। वो ले भी जाता है, पहुँच जाता है। लेकिन कुछ होता है—कविता बहुत लम्बी, संवादपरक कविता है—उसके लोगों में से ही कोई एक उसकी हत्या कर देता है और कविता कहती है, 'मृत्युंजय इसमें दोष किसी का नहीं है ये तुम्हारा अपना वरण है।' लेकिन दूसरों के लिए कविता कहती है, "जय उस मृत्युंजय की जय।" ऐसा लगता है कि जैसे 1948 में जो कुछ होने वाला है उसको रवीन्द्र 8 या 9 साल पहले देख रहे हैं। एक सिनेरियो की तरह लिख रहे हैं। वो कविता आपको अगर तारीख की सूचना के बिना पढ़ाई जाय तो ये मानना असम्भव होगा कि ये कविता 30 जनवरी 1948 के बाद नहीं लिखी गई है।

गांधीजी हमारे संवेदनशील चित्तों को एक गहरे अर्थ में एक नैतिक चुनौती के रूप में सालते रहे। हिन्दी के बहुत ही आदरणीय, बहुत ही महत्त्वपूर्ण कवि मुक्तिबोध की प्रसिद्ध कविता है 'अंधेरे में' और उसमें जिस तरह गांधीजी आते है, जिस तरह लोकमान्य तिलक आते हैं और टॉलस्टाय आते हैं! उस पूरी प्रदीर्घ कविता में यही तीन ऐतिहासिक व्यक्तित्व कविता के पात्रों की तरह हैं। उसमें गांधीजी जिस तरह आते हैं जिस तरह प्रकट होते हैं वह अंश पढ़ने का लोभ मैं संवरण नहीं कर सकता मित्रो! "ध्यान से देखता हूँ वह कोई परिचित

जिसे खूब देखा था, निरखा था/कई बार/पर पाया नहीं था/वह मुख/अरे वह मुख/गांधीजी!" उस मुख को हम सब देखते हैं, अपने अँधेरे से टकराते हुए हम उसे देखते हैं निरखते हैं, मुक्तिबोध के काव्यनायक की तरह! अपने भीतर! अपने अँधेरे से टकराते हुए। लेकिन पा नहीं पाते! खोज नहीं पाते। मित्रो गांधीजी केवल एक ऐतिहासिक व्यक्तित्व नहीं थे। गांधीजी एक नैतिक व्यक्तित्व थे। और इसीलिए कई बार मुझे जैनेन्द्र की ये बात बड़ी मार्मिक लगती है कि गांधीजी एक बार इतिहास के गर्त में पहुँच जाएँगे, जब लोग एक बार उनको भूल जाएँगे जब लोग एक बार उनको व्यर्थ मानने लगेंगे, उस गर्त में से गांधीजी को जो पुनराविष्कार होगा—जैनेन्द्र के अपने शब्दों में, "वह व्यक्तित्व मानो मिथक के रूप में होगा। और वह व्यक्ति नहीं बल्कि एक जीवन दर्शन का चित्र और प्रतीक होगा। मैं चाहता हूँ मैं मानना चाहता हूँ—कि गांधी का यह निर्वैयक्तिक रूप मानव इतिहास के एक नए युग का आरम्भ होगा।" इतना मैं और जोड़ना चाहता हूँ जैनेन्द्र के इस कथन में-गांधी का कोई भी रूप चाहे वो मिथकीय हो या चाहे वह निर्वैयक्तिक हो, चाहे ऐतिहासिक हो—हमेशा इसलिए मार्मिक रहेगा, हमेशा इसलिए प्रेरणाप्रद रहेगा, कि उसके पीछे एक निपट मानव का गहरा आत्म संघर्ष है ओर ऐसा गहरा आत्म संघर्ष जिसको उसने सबके सामने रखने में कभी संकोच नहीं किया। ब्रह्मचर्य के उनके प्रयोग उनके निकटतम शिष्यों तक को एंबेरेस करते थे। जून 1947 में दिल्ली में उनकी उपस्थिति उनके निकटतम शिष्यों के लिए, मित्रों के लिए असुविधाजनक थी और किसी ने उन्हीं दिनों उनसे कहा था आप तो महात्मा हैं आपको हिमालय जाना चाहिए। आप क्यों राजनीति में पड़ते हैं? सरकार को सरकार की तरह चलने दीजिए। एक जून 1947 को इस सुझाव का जवाब देते हुए गांधीजी ने प्रार्थना सभा में कहा था कि आप बिलकुल ठीक कहते हैं। महात्मा वगैरह तो मैं नहीं जानता लेकिन मैं सत्य का साधक हूँ। इस लिहाज से मुझे हिमालय ही जाना चाहिए। लेकिन मेरे भाई मैं तो समझता हूँ कि मेरा हिमालय वहीं है जहाँ मनुष्य की पीड़ा है। इसलिए फिलहाल मेरा हिमालय दिल्ली की सड़कों पर है। एक बार इस पीड़ा से सबको मुक्त कर लूँ उसके बाद आगे-आगे आप चलिएगा आपके पीछे मैं हिमालय चलूँगा। इसलिए कितना भी निर्वैयक्तिक और मिथकीय रूप क्यों न हो जाए गांधीजी का हमारे जैसे साधारण मनुष्यों के लिए गांधीजी सदा एक प्रेरक सम्भावना रहेंगे क्योंकि वे अन्ततः एक निपट मानव हैं, अन्ततः लगातार अपने-आप से संघर्ष करते हुए अपने आपको समझने का प्रयत्न करते हुए अपने नैतिक सार को पुनः अर्जित करने का प्रयास करते हुए मनुष्य हैं।

अन्त में, मित्रो एक प्रस्ताव आप लोगों के सामने रखना चाहता हूँ। अभी आते समय अनुपम जी बता रहे थे कि एक मित्र ने कहा, "इस तरह की सभाएँ होती हैं भाषण होते हैं और खत्म हो जाता है किस्सा! कुछ ठोस निकालना चाहिए।" ठोस और तरल के बारे में तो नहीं कह सकता लेकिन एक प्रस्ताव आपके सामने रखना चाहता हूँ। इस प्रस्ताव का एक छोटा-सा इतिहास है। इस इतिहास को कहने के पहले मैं एक नैतिक धर्म संकट में हूँ क्योंकि इस प्रस्ताव के पीछे जो सज्जन हैं मुझे फ़ख़्र होता है, गर्व होता है इस बात का मुझे ईश्वर ने ऐसे मित्र दिए हैं...इस प्रस्ताव के पीछे जो सज्जन हैं अभी तीन ही चार घण्टे पहले मुझे एस.एम.एस. मिला है उनका पेरिस से—"इस बारे में अगर कोई बात करो तो खबरदार मेरा नाम कतई न लेना।" उनके इस आग्रह की उपेक्षा करते हुए भी मैं उनका नाम लेना चाहता हूँ—मेरे एक मित्र हैं अक्षय बकाया। यहाँ मौजूद लोगों में बहुतों के मित्र व परिचित वो होंगे। उन्होंने और उनके छात्रों ने—वो पेरिस के इंटरनेशनल स्कूल में पढ़ाते हैं—ये प्रस्ताव किया

है पिछले डेढ़ साल से वो ये प्रस्ताव कर रहे हैं कि हम गांधीजी के बलिदान दिवस को—30 जनवरी को—विश्व अहिंसा दिवस के रूप में रेखांकित करें। अपने-अपने ढंग से। अपनी-अपनी जगहों पर, अपनी-अपनी सीमाओं में अपने-अपने नवाचार और अपनी-अपनी कल्पनाओं के साथ हम अहिंसा की ताकत को, अहिंसा की मजबूती को, अहिंसा की नैतिकता को रेखांकित करें। ये कैसे हो किस तरह से इस पर सब अपने-अपने ढंग से सोचने के लिए स्वतंत्र हैं। किसी तरह का संगठित रूप अवश्य विकसित होना चाहिए। वो किया जा सकता है। इस प्रस्ताव के साथ मैं वो मिशन स्टेटमेण्ट पढ़ना चाहता हूँ जो अक्षय और उनके इंटरनेशनल स्कूल के छात्रों ने तैयार किया है :

''हिंसापूर्ण समाज में हम अहिंसा को सर्वोच्च मूल्य के तौर पर स्वीकार करने की हिम्मत रखते है। अहिंसा अपने साथ-साथ दूसरो के लिए भी, सभी के लिए, सम्पूर्ण जीवन जीने के लिए ज़रूरी है।

''हम जनवरी 30, जिस दिन महात्मा गांधी को तीन गोली मारी गयीं, को इस सम्पूर्ण काल्पनिक संसार में अहिंसा के प्रयोग दिवस के तौर पर मनाने को प्रस्तावित करते हैं। गांधी के लिए अहिंसा, सत्याग्रह से अलग नहीं थी। उनके समय में इस तरह के आग्रह साधारण तौर पर लेकिन मजबूती के साथ हुआ करतै थे। उदाहरण के लिए औपनिवेशिक कानून का विरोध करने के लिए समुद्र से देशी नमक बनाया गया। पेरिस के स्कूली बच्चों, जिन्होंने अहिंसा दिवस मनाने का आह्वान किया है, ने भी इसे साधारण रूप में व्यक्त करने का आग्रह किया है, ताकि कोई भी बच्चा इसे समझ सके। हथियार पर खर्च को रोकने के लिए, सबके लिए भोजन, पानी, स्वास्थ्य, आवास सुनिश्चित करने इत्यादि के तौर पर।

आज तेल के कुआँ के लिए हत्याओं के युग में या साधारण तौर पर गतिशील वाहनों के लिए हत्याओं के युग में, गली में, बगैर प्रदूषण से मरे साइकिल चलाना, टहलना या नाचना हममें से बहुतों का सपना है। प्राकृतिक महासंकट के हमारे दौर में बहुतों ने पूछा है कि यदि मनुष्य ने प्रकृति को क्रोधित नहीं किया है, तो वह कौन है, जिसने इससे सबक सीखने से इंकार कर दिया है। कार्य स्थल पर दयाहीन मानवीय संबंधों का सामना करते हुए या परिवार या स्कूल में हिंसा के साथ, इस युग में जिसमें ब्राण्डेड जूता तथा कपड़ा के लिए लोग मर रहे हैं। बहुत लोगों की इच्छा बिना ब्राण्डेड शरीर तथा मस्तिष्क के रहने की है। ऐसे संसार में जो कि पैसे के द्वारा संचालित हो रहा है, उन्होंने उपभोक्ता समाज तथा प्रचार संस्कृति, अन्तहीन खरीददारी की आवश्यकता पर सवाल खड़ा किया है। वे जानते हैं कि सूर्य तथा वर्षा प्यार तथा हंसी, जैसी जीवन की सर्वश्रेष्ठ चीजें नि:शुल्क हैं।

''इस एक दिन में हम साथ-साथ हिंसा को इसके विभिन्न स्वरूपों, जो कि रोमांच के लिए है या राष्ट्र, सम्मान, क्रम, विकास बाजार, सकल घरेलू उत्पाद, क्रांति या अन्य चीज जिसमें से अधिकांश महिला अधिकारों तथा इच्छाओं को दमन करने वाला है, को नकारते हुए साथ-साथ बात करते हुए तथा काम करते हुए इस संसार में आगे जा सकते हैं। यदि हम ऐसा कर सके तो हम खुद आश्चर्यचकित होंगे तथा और अच्छा करने का आत्मविश्वास प्राप्त करेंगे।

अहिंसात्मक कार्य के बहुत से स्वरूप हैं। अत्यन्त व्यक्तिगत रूप में, मौन, उपवास या सामूहिक प्रयास में प्रार्थना जैसा कि विश्व साभाजिक मंच में प्रस्तावित हुआ था। विवादित सीमा पर बच्चों के साथ शांति का आयोजन, सीमा पर दुश्मनों के साथ मित्रतापूर्वक बातचीत अन्य उदाहरण हो सकते हैं। इसी प्रकार हम गली में कविता बाँट सकते हैं या जिन्हें हम नहीं

जानते, उनके साथ भोजन साझा कर सकते हैं। साथ ही भारतीय समय 17: 13 पर 30 जनवरी को विभिन्न जगहों पर तीन गोली का जवाब तीन मिनट की शांति तथा आत्मपरीक्षण के द्वारा दे सकते हैं। यह संसार में अहिंसा के उच्च मूल्य को बढ़ावा देने के लिए हमारे लिए हिंसा के बढ़ावा से इनकार करने को संचरित कर सकता है।

आप लोगों ने बहुत ही धीरज के साथ मेरी ये बड़बड़ाहट सुनी। मैं सचमुच बहुत आभारी हूँ आप लोगों का। आप सभी का, गांधी शान्ति प्रतिष्ठान का, आज की सभा के अध्यक्षजी का, बाबूलालजी का, अनुपमजी का कि मुझे गांधीजी के साथ अपने रिश्ते को समझने और आप सबकी, उपस्थिति में समझने का ये दुर्लभ अवसर आप लोगों ने दिया। बहुत-बहुत धन्यवाद।

[2 अक्टूबर, 2005 को गांधी शांति प्रतिष्ठान में दिया गया भाषण]

# प्रेमचन्द और आज का भारत

मित्रो ! प्रासंगिकता शब्द से मैं सच कहूँ तो मुझे थोड़ी उलझन होती है। खासकर इस शब्द का प्रयोग जिस तरह से हम लोग करते हैं, प्रेमचन्द के सन्दर्भ में। आपने सुना और पढ़ा होगा कि प्रेमचन्द इसलिए प्रासंगिक हैं कि आज भी 'होरी' की दशा दयनीय है या चिन्ताजक है या क्रोधजनक है। प्रेमचन्द इसलिए प्रासंगिक हैं कि आज भी 'निर्मला' की स्थितियाँ चिन्ताजनक हैं। मैं कभी-कभी सोचता हूँ कि अगर वैसा भारत—प्रेमचन्द और बहुत सारे लोगों के सपनों का भारत बन जाए, जिसमें कि किसान आत्महत्याएँ न करें, जिसमें स्त्रियों को जीवित न जलाया जाए तो क्या प्रेमचन्द अप्रासंगिक हो जाएँगे ? क्या प्रेमचन्द सिर्फ़ इसलिए प्रासंगिक हैं या कोई भी लेखक कि उसके साथ हम अपनी इस वक्त की समस्याओं के कारण संवाद कर पाते हैं ? मुझे नहीं लगता कि लेखक की प्रासंगिकता इस तरह से नापी जा सकती है और इस बात का बहुत प्रत्यक्ष और गहरा बोध मुझे आज से कोई 26 वर्ष पहले हुआ जब प्रेमचन्द की जन्मशताब्दी मनायी जा रही थी। 1980 में, दिल्ली में आयोजित अन्तर्राष्ट्रीय संगोष्ठी में मैं एक वॉलिन्टियर के तौर पर हिस्सा ले रहा था। और उस समय डेनमार्क के एक कवि एरिक स्टिनस, जो उस गोष्ठी में आये हुए थे, उनसे बात करने का मुझे अवसर मिला। उन्होंने मुझे बताया कि दो-तीन वर्ष पहले 'गोदान' का डेनिश अनुवाद छपा है, और डेनमार्क में अत्यन्त लोकप्रिय है। मुझे थोड़ा ताज्जुब हुआ सुनकर। तब तक मेरी सोच भी इसी तरह की थी और मैंने उनसे पूछा कि—प्रेमचन्द तो इस कदर खांटी हिन्दुस्तानी लेखक हैं और खासकर 'गोदान'—डेनमार्क जैसा समाज जो तब 1980 में ही पोस्ट-इण्डस्ट्रियल सोसायटी हो चुका था, डेनमार्क जैसा समाज जिसमें कि अगर आप किसी बच्चे से कहें कि डिलयूज या बाढ़ तो उसे समझ नहीं आयेगा कि वह क्या होता है—मैंने कहा कि ऐसे समाज में प्रेमचन्द क्यों लोकप्रिय हैं ? एरिक स्टिनस ने मुझे बताया कि प्रेमचन्द बेहद लोकप्रिय हैं डेनमार्क में। बावजूद इसके कि जो अनुवाद छपा है, उसकी ग्लोसरी जिसमें शब्दों के एक्सप्लनेटरी नोट्स हैं, वो 6-7 पेजों तक फैली है। इसके बावजूद प्रेमचन्द का यह अनुवाद वहाँ बहुत पढ़ा जा रहा है, बहुत सराहा जा रहा है।

मित्रो ! कोई भी लेखक केवल इसलिए प्रासंगिक नहीं होता कि उसके साथ हम अपनी आज की समस्याओं के प्रसंग में संवाद कर सकते हैं। कोई भी लेखक प्रासंगिक इसलिए होता है कि वो आज की समस्याओं के सन्दर्भ में या कल की समस्याओं के सन्दर्भ में या हमारे सपनों के आदर्श समाज में भी हमें यह अवसर देता है बल्कि हमें यह निमंत्रण देता है कि हम उसकी रचनाधर्मिता से संवाद करें। और प्रेमचन्द—मैं पूरी विनम्रता के साथ कहना चाहता हूँ मित्रो हिन्दी के ही नहीं, भारत के ही नहीं, दुनिया के उन इने-गिने लेखकों में से हैं जिनकी प्रासंगिकता शब्दश: देशातीत और कालातीत है। प्रेमचन्द उस समाज में भी इतने ही समादृत और लोकप्रिय होंगे जिसमें होरी आत्महत्या नहीं कर रहा होगा, और जिसमें निर्मलायें जलायी नहीं जा रही

होंगी। प्रेमचन्द की प्रासंगिकता का उस तरह से कोई संबंध केवल इस चीज से नहीं है कि वह हमारे समय के लिए कितने प्रासंगिक हैं, लेकिन मैं इसको विडम्बना ही मानता हूँ कि आज इतने वर्षों के बाद भी हम विवश हैं, हमारा समाज और हमारा समय विवश है कि प्रेमचन्द की प्रासंगिकता को इस धरातल पर देखें और ये सोचने की बात है दुख की बात है।

मित्रो! मुझे विषय दिया गया था 'प्रेमचन्द और आज का भारत।' मुझे यह विषय अभी दिये गये विषय से ज्यादा रोचक और ज्यादा विचारोत्तेजक लगा। हालांकि दोनों में शायद उतना अन्तर है नहीं, लेकिन मुझे फिर भी 'प्रेमचन्द और आज का भारत' कुछ ज्यादा 'इवोकेटिव' ज्यादा उद्भूत करने वाला विषय लगा, और शायद इसलिये कि ये विषय सुनते ही एक वाक्य मुझे याद आया। यह कितना रोचक संयोग है कि उस वाक्य को लिखे गये पूरे 100 साल हो चुके हैं, जिस कहानी संग्रह में वो वाक्य लिखा गया था उसको जब्त हुए भी पूरे 100 साल हो चुके हैं। प्रेमचन्द के कहानी संग्रह 'सोज़े वतन' की एक कहानी है 'दुनिया का सबसे अनमोल रतन', जिसका अन्तिम वाक्य है— वतन की राह में खर्च होने वाला खून का आखिरी कतरा ही दुनिया का सबसे अनमोल रतन है। यह कहानी जाहिर है कि ब्रिटिश सरकार ने जब्त कर ली थी, और यह संग्रह 1906 में छपा था। यह वाक्य मुझे तुरन्त याद आया—जैसे ही कमला प्रसादजी ने कहा कि प्रेमचन्द और आज का भारत—मुझे याद आया दुनिया का सबसे अनमोल रतन का यह वाक्य—यह प्रेमचन्द का बड़प्पन हो सकता है आजकल के कुछ लेखकों और विचारकों की बात पर ध्यान दें तो प्रेमचन्द की सीमा हो सकती है, और मेरी अपनी सीमा तो है ही, कि दो-चार दिन पहले पढ़ी हुई कहानी और दो—चार दिन पहले पढ़ी हुई महान क्रांतिकारी कवियों की कविताएँ और महान विचारकों के लेख इस तरह याद नहीं रहते। प्रेमचन्द के शब्दों की तरह साथ नहीं रहते।

'सोज़े वतन' मैंने आज से कोई—अब-तो धीरे-धीरे मेरा ख्याल है—चालीस साल हो गये होंगे। बच्चा था जब मैंने पढ़ा था। उसका यह वाक्य मुझे आज तक जस का तस याद है। यह वाक्य दोहराने के लिए मुझे कोई सन्दर्भ नहीं देखना पड़ा, 'सोज़े वतन' का कोई संस्करण उठाकर नहीं देखना पड़ा। मैं आपके सामने स्मृति से दोहरा रहा हूँ 'दुनिया का सबसे अनमोल रतन' नाम की कहानी का यह वाक्य। कहीं-न-कहीं यह वाक्य इस उत्तर आधुनिक समय में भी, इस ट्रांसनेशनेलिज्म के समय में भी मेरे जैसे साधारण व्यक्ति के मन को कहीं छूता है और हिलाता है कि वतन की राह में खर्च होने वाला खून का आखिरी कतरा ही दुनिया का सबसे अनमोल रतन है। और इस वाक्य से कुछ सोचने की मजबूरी भी पैदा होती है। क्या है वतन? क्या है भारत?

जिस भारत की बात प्रेमचन्द और उनके समकालीन बहुत सारे लेखक, विचारक, राजनीतिक कार्यकर्ता, क्रांतिकारी, अहिंसक कार्यकर्ता कर रहे थे, क्या है वो भारत? भारत क्या सिर्फ़ एक भौगोलिक विस्तार का नाम है, भारत क्या सिर्फ़ एक पॉलीटिकल एंटिटी का नाम है? और भारत ही नहीं, इस सवाल में भारत की जगह चीन रख दें, भारत की जगह इंग्लैण्ड रख दें और भारत की जगह रूस रख दें, तब भी इसके मूल मर्म में कोई अन्तर नहीं आयेगा। कोई भी देश और कोई भी समाज क्या केवल एक भौगोलिक विस्तार का नाम होता है? या उसके पीछे कुछ और भी चीजें होती हैं? और खासकर के भारत जैसा देश और भारत जैसा समाज जिसके बारे में बहुत सारी बातें कहीं जाती हैं, और बहुत सारी बातों पर गर्व करने के लिए हमसे कहा जाता है। लेकिन जिस बात पर मैं गर्व करना चाहता हूँ वह स्व. डॉ. जाकिर हुसैन के शब्दों में यह बात है कि- नेशन बिल्डिंग की जहाँ तक बात है उसमें भारत के अनुभव

से दुनिया के तमाम देश बहुत कुछ सीख सकते हैं। यह जाकिर हुसैन ने कहा था 1965 में। और मुझे लगता है कि बहुत मार्के की बात डॉ. साहब ने कही—क्या है भारत? यह सवाल भारत के राष्ट्रीय स्वाधीनता आन्दोलन के केन्द्रीय सवालों में से एक था। हम लोग गर्व से इस बात को याद कर सकते हैं कि यह सवाल हिन्दी के ही एक कवि की पंक्तियों में सबसे मार्मिक और घनीभूत ढंग से प्रकट होता है—'कौन थे, क्या हो गये और क्या होंगे अभी?' ये केवल एक कवि द्वारा केवल एक कविता में पूछा जाने वाला सवाल नहीं था। यह समूचे भारतीय स्वाधीनता आन्दोलन का बुनियादी सवाल था। उस स्वाधीनता आन्दोलन का जिसका आरम्भ आप चाहें तो 1857 के पहले से भी मान सकते हैं, आदिवासियों के विद्रोहों से मान सकते हैं। लेकिन निश्चित रूप से 1857 से 1947 तक तो ये सवाल लगातार उस आन्दोलन की केन्द्रीय चेतना का सवाल था 'कौन थे, क्या हो गये और क्या होंगे अभी?'

जवाहरलाल नेहरू ने 'डिस्कवरी ऑफ़ इण्डिया' में एक बहुत ही मार्मिक प्रसंग लिखा है। हम इस बात को तनिक याद करें डिस्कवरी ऑफ़ इण्डिया 1942 में लिखी गयी थी। जवाहरलाल नेहरू उस पुस्तक में लिखते हैं कि—जब भी कांग्रेस के जलसे होते हैं और मैं कहीं भी जाता हूँ तो लोग स्वागत करते हैं मेरा या दीगर नेताओं का, 'भारत माता की जय' कहकर और इस नारे को मैं बहाना बना लेता हूँ उनके साथ बात करने का। और मैं उनसे पूछता हूँ कि—कौन है ये भारत माता, जिसकी आप जय बोलते हैं? और तब लोग तरह-तरह के जवाब देते हैं। उन जवाबों पर मैं और आगे सवाल पैदा करता हूँ। कुछ जवाब मैं अपनी ओर से देता हूँ और आखिरकार कोशिश करता हूँ कि ये बात उनके सामने रख सकूँ, उनके दिमागों में बैठा सकूँ कि असल में हिन्दुस्तान का साधारण गरीब दबा-कुचला इंसान ही वो भारत माता है जिसकी जय होनी चाहिए। दूसरे शब्दों में आप, इस मुल्क के साधारण नागरिक ही, भारत माता है, जिनकी जय होनी चाहिए।

दूसरे शब्दों में मित्रो! भारत केवल एक भौगोलिक विस्तार का नाम नहीं है। भारत केवल एक अतीत से अब तक चली आ रही सांस्कृतिक परंपरा भर का नाम नहीं है। वो सब तो है, उसको नकारा नहीं जा सकता। उसको नकारने की कोशिश मैं कर भी नहीं रहा और न प्रेमचन्द कर रहे थे, लेकिन अन्ततः भारत या कोई भी समाज, कोई भी देश एक कल्पना है—अंग्रेजी में जिसको 'आइडिया' कहते हैं। —बहुत मार्मिक शीर्षक खिलनानी ने दिया है अपनी किताब को 'आइडिया ऑफ़ इण्डिया'—भारत की कल्पना, भारत का विचार। भारत एक कल्पना का नाम है। जिस भारत की बात हम करते हैं, वह एक कल्पना का नाम है और वह कल्पना प्रेमचन्द के समूचे रचनाकर्म को मूलतः निर्धारित करने वाली कल्पना है। आजकल तरह-तरह के लोग तरह-तरह की बातें रेखांकित करते हैं। कुछ लोग डिकंस्ट्रक्शन के दृष्टिकोण से स्मृति की बात करते हैं, कुछ लोग रिकंस्ट्रक्शन के कोण से स्मृति की बात करते हैं। यह आमतौर से भुला दिया जाता है कि कोई भी व्यक्ति या कोई भी समाज अपने अतीत, अपने इतिहास में से क्या स्मरण रखना चाहता है—यह इस पर निर्भर करता है कि उसकी भविष्यकल्पना क्या है? आपकी भविष्यकल्पना यह निर्धारित करती है कि आप क्या स्मृति में से संचित करने योग्य मानते हैं और क्या छोड़ देने योग्य मानते हैं। 'क्या होंगे अभी' यह सवाल जब आपके मन में होता है तभी इस सवाल के प्रतिमान आपके सामने स्पष्ट होते हैं कि—हम कौन थे? क्या थे? क्यों थे? इस प्रश्न का उत्तर गहरे में इस बात से गुंथा हुआ है कि आप क्या होना चाहते हैं। यह कोई बहुत अमूर्त बात नहीं है। मित्रो! हमारे अपने निजी जीवन में, दाम्पत्य में, मित्रता में,

औपचारिक संबंधों में कई झगड़े होते हैं, कई कड़वाहटें होती हैं, जिस संबंध को आप बनाये रखना चाहते हैं, जो संबंध आपके लिए महत्त्वपूर्ण होता है, उसमें आप प्रयत्न करके कड़वेपनों को भुलाते हैं। जो संबंध आपके लिए महत्त्वपूर्ण नहीं होता उसमें कड़वेपनों को भुलाने की परवाह आप नहीं करते। मनुष्य को प्रकृति ने या ईश्वर ने स्मृति की सामर्थ्य दी है, तो उसके साथ-साथ विस्मरण की भी बहुत सामर्थ्य दी है। और इसलिए ये बहुत महत्त्वपूर्ण है कि हम जिस तरह की भविष्य की कल्पना रखते हैं, उससे निर्धारित होगा कि हमारी स्मृति का आधार और हमारे स्मृति के चयन किस प्रकार के हैं?

प्रेमचन्द के रचनाकर्म को अगर आप देखें तो यह पहचानना मुश्किल नहीं है कि—वे किस तरह के भविष्य की कल्पना करते हैं और उस कल्पना के बीच में अपनी सर्जनात्कता से किस तरह हस्तक्षेप करते हैं। मेरी जानकारी बहुत सीमित है मित्रो! मैं यह दावा नहीं कर सकता कि दुनिया के, या हिन्दुस्तान के, यहाँ तक कि हिन्दी के भी, साहित्य की भी कोई बहुत तमीज, बहुत परख या बहुत ज्ञान मुझे है लेकिन मैं जानना चाहूँगा और आप में से कोई मित्र अगर मेरी इस जिज्ञासा का समाधान करे, तो मैं आभारी रहूँगा। मैं जानना चाहूँगा कि भारतीय साहित्य की किस बड़ी रचना का नायक—आज के पॉलिटिकली करेक्ट शब्दों का प्रयोग करूँ तो 'नेत्रहीन दलित'—प्रेमचन्द के द्वारा प्रयुक्त शब्द का प्रयोग करूँ 'एक अंधा चमार भिखारी' एक महाकाव्यात्मक उपन्यास का नायक है? ऐसा अद्‌भुत साहस प्रेमचन्द के समकालीन और प्रेमचन्द के बाद के किस उपन्यासकार ने किया है? आप ध्यान दें कि 'सूरदास' का नायकत्व कोई अंधेपन की मनोवैज्ञानिक स्टडी के लिए नहीं है, वो भी एक अच्छा काम है। मैं उस पर कोई व्यंग्य नहीं कर रहा हूँ। मैं केवल इस बात को रेखांकित कर रहा हूँ कि 'रंगभूमि' नेत्रहीनों की समस्या पर लिखा हुआ उपन्यास नहीं है। रंगभूमि भिखारियों के जीवन पर लिखा गया उपन्यास नहीं है। रंगभूमि प्रेमचन्द के दीगर उपन्यासों की तरह एक निहायत व्यापक फलक पर लिखा गया महाकाव्यात्मक उपन्यास है, जिसमें पांडेपुर के उन निवासियों के बहाने समूचे राष्ट्रीय आन्दोलन के तनावों से रचनात्मक रिश्ता बनाया गया है और न केवल राष्ट्रीय आन्दोलन के तनावों बल्कि जो समस्या आज हमारे समाज के संवेदनशील चित्तों को बहुत गहरे में मथ रही है--विकास और विस्थापन के सवालों की समस्या—उससे भी टकराने वाला उपन्यास है 'रंगभूमि'। जब सूरदास के तमाम साथी उससे अन्ततः कहने लगते हैं कि—भई! ठीक है, कारखाना बनेगा तो विकास होगा, मेरी दुकान की बिक्री बढ़ जायेगी। मेरा दूध-दही ज्यादा बिकने लगेगा तब एक वाक्य सूरदास से कहलवाते हैं प्रेमचन्द— 'आत्मा का क्या होगा? तुम सबको बिक्री की पड़ी है, आत्मा की किसी को परवाह नहीं।' पुरानी शब्दावली लगती है, और इस जमाने में पुरानी शब्दावली से चिढ़ना, काफ़ी नया फ़ैशन है। लेकिन चिढ़ने के पहले फिर से यह वाक्य पढ़ें। अपने आप से पूछें : आत्मा का क्या होगा?

यह सवाल विकास की पूरी प्राथमिकताओं, विकास की पूरी रणनीति और दूसरे शब्दों में पूंजीवादी ढांचे की अनिवार्यताओं से जुड़ी हुई चीजों के सामने खड़ा किया गया सवाल है—आत्मा का क्या होगा? व्यर्थ नहीं था यह कि कार्ल मार्क्स ने पूंजीवाद को एक ऐसी स्थिति बताया, जिसमें कि मनुष्य अनिवार्यतः अपनी मनुष्यता से वंचित होता चला जाता है। आप मनुष्यता की जगह आत्मा अगर रख दें तो कोई खास फ़र्क़ नहीं पड़ता वाक्य के आशय में। तो रंगभूमि सही सवाल उठाने वाला उपन्यास है कि—आत्मा का क्या होगा? मनुष्यता का क्या होगा? रंगभूमि यह सवाल उठाने वाला उपन्यास है कि जीवन के व्यापक सन्दर्भ में हिंसा

और अहिंसा क्या है? रंगभूमि यह सवाल उठाने वाला उपन्यास है कि समाज में होने वाले स्कैण्डल के डर से क्या मैं एक निराश्रित, बेसहारा औरत को घर से निकाल दूँ ताकि मुझे व्यभिचारी न मान लिया जाये? रंगभूमि यह सवाल उठाने वाला उपन्यास है कि—जिन्हें आजकल की शब्दावली में हम हाशिये के लोग कहते हैं, वे केवल हाशिये पर ही रहने के लिए क्यों अभिशप्त हैं? वे केन्द्र में अपनी जायज जगह क्यों नहीं तलब कर सकते? ऐसे महाकाव्यात्मक उपन्यास का नायक है, वह अंधा भिखारी सूरदास।

और मित्रो! ध्यान दें, रंगभूमि का भी नायक मरता है वैसे ही जैसे 'गोदान' का नायक मरता है, लेकिन गोदान के नायक की तरह रंगभूमि के नायक की मृत्यु करुणा नहीं जगाती, बल्कि एक तरह की वीर प्रेरणा, प्रेमचन्द का ही शब्द उधार लेकर अगर कहूँ एक वीर प्रेरणा, छोड़ने वाली मृत्यु है सूरदास की। मैंने जैसा आपसे कहा—मित्रो! मेरी जानकारी बेहद सीमित है, लेकिन ऐसा कोई और उपन्यास आप में से कोई मुझे बता सके तो मैं आभारी रहूँगा, जो अंधों के लिए या अंधों के बारे में या हाशिए के लोगों के बारे में या दलितों के बारे में या भिखारियों के बारे में नहीं लिखा गया हो, और फिर उसका नायक एक ऐसा व्यक्ति हो जिसके आसपास उपन्यास की सारी बुनावट, उसकी सारी घटनाएँ और उसकी सारी नैतिक और सामाजिक समस्याएँ गूँथी गयी हों, जो हाशिए के एक इंसान को बड़े सहज रूप से महाकाव्यात्मक आख्यान के केन्द्र में खड़ा कर दे। प्रेमचन्द के उपन्यासों में देश बहुत है, यह शिकायत की गई है। हम सब लोग जानते हैं। प्रेमचन्द के उपन्यासों में और उनके लेखन में व्यापकता बहुत है, गहराई की कमी है, ये शिकायत भी प्रेमचन्द के बारे में की गई है। यह हम सब लोग जानते हैं। और प्रेमचन्द का रचनाविधान बहुत ढीला-ढाला है, यह शिकायत भी की गयी है। ये सारी शिकायतें जायज हो सकती हैं। हैं भी। लेकिन फिर भी प्रेमचन्द, जैसा अभी राजेन्द्रजी संकेत कर रहे थे, जैसा मैं अपने निजी अनुभवों से जानता हूँ—केवल हिन्दी समाज में ही नहीं, केवल भारत में ही नहीं, दुनियाभर के साधारण पाठकों के बीच में इतने समादृत लेखक हैं कि उन्हें इस तरह के आरोपों के विरुद्ध किसी वकालत की कोई ज़रूरत नहीं। लोग जो जी चाहे कहते रहते हैं और प्रेमचन्द का पाठक समाज अपने ढंग से उनके साथ नये-नये प्रकार के रिश्ते बनाता रहता है।

लेकिन यह बात मुझे बहुत रोचक लगती है कि यूनीवर्सिटी से जुड़े होने के कारण एक विडम्बना को बल्कि दुर्भाग्य को मैं रोज झेलता हूँ इसलिए आपके सामने रखना चाहता हूँ। प्रेमचन्द के चाहे प्रशंसक हों, चाहे उनके आलोचक हों, हमने प्रेमचन्द को एक डाक्यूमेंट के तौर पर पढ़ने की आदत बना ली है। मैं अपनी कक्षा में छात्रों से पूछता हूँ कि—अच्छा भई! बताओ, गोदान का क्या महत्त्व है? गोदान को क्यों पढ़ा जाना चाहिए? 99 फीसदी लड़के-लड़कियों का उत्तर होता है—क्योंकि 'गोदान' से उस समय के 1936 के उत्तर भारत के ग्राम्य जीवन और उसमें किसान की बदहाली की प्रामाणिक जानकारी मिलती है। जिस तरह से ये स्टैण्डर्ड उत्तर है, उसी तरह मेरा स्टैण्डर्ड प्रत्युत्तर है कि, अगर सिर्फ़ यही मुझे जानना हो तो प्रेमचन्द से बेहतर स्रोत कोई भी इकॉनामिक हिस्टोरियन होगा? अगर मुझे 1936 के उत्तर भारत की एग्रेरियन इकॉनॉमी और उसमें किसान के मजदूर, खेतीहर मजदूर बनने की सारी प्रक्रिया को या औद्योगिक सर्वहारा बनने की प्रक्रिया को जानना हो तो उसके लिए गोदान पढ़ने की ज़रूरत मुझे नहीं है। मैं पूरी विनम्रता के साथ आपके सामने रखना चाहता हूँ कि प्रेमचन्द के उपन्यास केवल सोशल डाक्यूमेंट्स नहीं हैं। प्रेमचन्द के उपन्यास बहुत गहरे अर्थों में अपने समय में हस्तक्षेप हैं। प्रेमचन्द ही नहीं अन्यों के प्रसंगों में भी होता है यह हस्तक्षेप। लेखक

के अपने इरादों और लेखक की अपनी योजनाओं से भी यह हस्तक्षेप आगे चला जाता है—गोदान के प्रसंग में यह शिकायत की गई है कि उसमें दोनों कथानक समानान्तर चलते हैं और बहुत रोचक रूपक पेश किया गया है कि गोदान के नगरीय और देहाती पात्र एक ही मकान की दो मंजिलों पर रहने वाले किरायेदारों या पड़ोसियों की तरह हैं, जिनका आपस में कोई खास इंटर-एक्शन है नहीं, कभी-कभार सीढ़ी उतरते-चढ़ते दुआ-सलाम हो जाती है—बस। इस शिकायत के विरुद्ध प्रेमचन्द को डिफ़ेन्ड करने की भी बहुत कोशिश की गई है प्रेमचन्द को, यानी गोदान को।

मुझे लगता है मित्रो! कि अगर यह शिकायत सच्ची है तो प्रेमचन्द के चाहे—अनचाहे, प्रेमचन्द के जाने-अनजाने ही यह एक बहुत गहरी सामाजिक वास्तविकता का रूपक है। हिन्दुस्तान के मध्य वर्ग का 1936 हो या 1986 या 2006, क्या व्यापकतर भारतीय समाज से ठीक यही रिश्ता नहीं है कि कभी-कभार दुआ-सलाम हो जाती है सीढ़ियाँ चढ़ते-उतरते और कभी-कभार एक दूसरे के हालचाल पूछ लिये जाते हैं। क्या गोदान का रचना विधान इस भयानक रिश्ते का रूपक नहीं है ? वो रिश्ता जिसके चलते गांधीजी ने भारतीय मध्यवर्ग को अद्वितीय रूप से पत्थर दिल कहा था। आज की भी वास्तविकता यही है मित्रो! सुनामी और इस तरह की कोई प्राकृतिक आपदा आ जाये तो स्थिति, थोड़ी सी संवेदनशीलता की बनने लगती है, वरना मैं आपसे जानना चाहता हूँ कि, हम लोगों के लिए—यहाँ मैं मीडिया को कोई दोष नहीं दे रहा—मीडिया हो, चाहे मैं हूँ चाहे आप हों—हम लोगों के लिए व्यापक भारतीय समाज कितनी चिन्ता का विषय है ? हमारे लिए यह कितनी साधारण खबर है, क्योंकि हम गोदान के मध्यवर्ग की ही विरासत हैं। हमारे लिए यह सिर्फ़ एक खबर है कि जुलाई के महीने में, जिसका आज आखिरी दिन है, जो इस तरह से देखा जाये तो पूरी तरह से समाप्त नहीं हुआ है—विदर्भ में 'केवल' 27 किसानों ने आत्महत्या की। एक महीने में एक इलाके में 27 किसान आत्महत्या करते हैं! यह कितना साधारण कथन है कि गाँवों का देश कहे जाने वाले इस देश के 80 फीसदी गाँवों में पीने का पानी उपलब्ध नहीं है। हम तो अपने घर से बाहर जाते हैं तो बहुत ही विश्वस्त मित्र न हो तो उसके भी घर का पानी नहीं पीते। पानी की बोतल साथ लेकर जाते हैं। हम 12 रुपये का एक लीटर पानी खरीद सकते हैं, इसलिए हमारे लिए ये कोई बहुत बड़ा मसला नहीं है कि 80 फीसदी गाँवों में वैसा भी पानी उपलब्ध नहीं है जैसा पानी पीने से हमारी तबियत बिगड़ जाती है, हमारा पेट खराब हो जाता है। ऐसी स्थिति में गोदान का जो मध्यवर्ग है और गोदान का जो देहाती जीवन है, उनके बीच रिश्ता जो है कभी कभार टकरा जाने वाले किरायेदारों या पड़ोसियों जैसा है—तो यह लेखक की सफलता मानी जाए या असफलता ? अगर ये असफलता है संरचनात्मक रूप से, उपन्यास के ढांचे में मुझे लगता है कि प्रेमचन्द की ये असफलता सम्भवत: उनकी सबसे बड़ी सफलता है, जिसके कारण उनका उपन्यास गोदान भारतीय मध्यवर्ग को, व्यापकतर समाज के साथ उसके संबंध का आईना दिखाने वाला उपन्यास बन जाता है।

यह भी शिकायत की गयी है कि प्रेमचन्द में देश बहुत है। सही है। देश बहुत है प्रेमचन्द में। लेकिन मुझे महत्त्वपूर्ण ये लगता है मित्रो कि! प्रेमचन्द में केवल देश की दशा नहीं है, देश की दशा को लेकर कुछ कल्पनाएँ भी हैं, और उन कल्पनाओं को सामने रखने का साहस भी है। प्रेमचन्द, ऐसा हो सकता है या नहीं हो सकता, इस तरह के सवालों को महत्त्वपूर्ण नहीं मानते। गोदान में अगर ब्राह्मण के मुँह में हड्डी डालकर उसे सबक सिखाने वाला 'असम्भव' दृश्य है, तो रंगभूमि में पुलिस के द्वारा विद्रोह कर दिये जाने का 'असम्भव' दृश्य है। रंगभूमि

के पुलिस वाले पांडेपुर के निवासियों पर फ़ायर करने से इन्कार कर देते हैं, यह असम्भव दृश्य है। कहाँ होता है ? साहब, ऐसा कहाँ हो सकता है ? ऐसा कहीं नहीं हो सकता। प्रेमचन्द की जगह मैं होता तो उत्तर देता कि—साहब। कहीं हो सके या नहीं हो सके, मेरी कल्पना में होगा, और आप मेरे उपन्यास को मेहरबानी करके मेरी सर्जनात्मक कल्पना का उत्पाद समझकर पढ़ें। न्यूज पेपर की रिपोर्ट समझकर न पढ़ें। जो कुछ होता है, जो कुछ हो सकता है वही अगर लिखना हो तो में न्यूज पेपर रिपोर्ट लिखूँगा, मैं अपनी कल्पना को कष्ट नहीं दूँगा।

प्रेमचन्द, केवल अपने समय को, केवल अपने समाज को डॉक्यूमेंट नहीं करते, वो उसमें एक गहरा क्रियेटिव और केवल क्रियेटिव नहीं, गहरा मॉरल इंटरवेंशन करते हैं नैतिक हस्तक्षेप करते हैं, और उन्हीं नैतिक हस्तक्षेपों के दो रूपों की चर्चा मैंने आपके सामने की। मित्रो ! रंगभूमि के नायक का नायकत्व बिना किसी घोषणा के एक गहरा नैतिक हस्तक्षेप है, साहित्य की सारी समझ में। केवल किसी एक विधा में नहीं, साहित्य की सारी समझ में गहरा नैतिक हस्तक्षेप है। हाशिए के लोगों को सर्जनात्मक कल्पना के केन्द्र में लाने वाला हस्तक्षेप गोदान की ढीली-ढाली संरचना भारतीय मध्यवर्ग के अपने समय के और अपने समाज के साथ असहज बल्कि संवेदनशील पत्थर दिल संबंध पर अंगुली रखने वाला गहरा नैतिक हस्तक्षेप है, और यह असहज संबंध मित्रो ! तरह-तरह के रूप लेता है।

एक प्रक्रिया जिससे मैं जुड़ा हुआ हूँ, इसलिए उसका उल्लेख कर रहा हूँ, बात चूँकि याद आ गई, उसका कोई सीधा संबंध उस चीज से नहीं है। एन.सी.ई. आर.टी. के नये कैरीकुलम फ्रेमवर्क में चर्चा है कि पारंपरिक ज्ञान के साथ स्कूल में दिये जाने वाले औपचारिक ज्ञान को जोड़ा जाना चाहिए। बहुत सारे नेकदिल, नेकइरादे वाले लोगों को लगने लगा कि एन.सी.ई. आर.टी. अंधविश्वासों को बढ़ावा देने जा रही है। चोट-फेट लग जाने पर हल्दी और दूध मदद करते हैं— ये मेरी माँ तो कम से कम किसी स्कूल से सीखकर नहीं आयी थी। नीम की पत्ती चबा लेने से खून साफ़ होता है ये मेरी माँ को किसी स्कूल ने नहीं सिखाया था। यह-वही पारंपरिक ज्ञान है जिसमें निश्चित रूप से अंधविश्वास भी है, जिसमें समस्याएँ भी हैं, लेकिन बलपूर्वक कहूँ केवल अंधविश्वास नहीं है। ढाई तीन हजार साल की निरन्तर चली आ रही सांस्कृतिक परंपरा केवल अंधविश्वासों के बूते नहीं चला करती। उसमें अगर सचमुच ज्ञान राशि का संचित कोष न हो, उसमें गहरा आत्मसंघर्ष और आत्मचिन्तन न हो तो वो कन्टीन्यूटी सम्भव नहीं है, जिसके बारे में रिचर्ड लैनॉय ने लिखा कि-दुनियाभर की सभ्यताओं में यही एक अकेली सभ्यता है, जिसमें सिन्धु घाटी से लेकर आज तक लिविंग कन्टीन्यूटी—जीवंत निरन्तरता के—सूत्र मौजूद हैं। मैं इस बहस में नहीं जाना चाहता कि आप इसको आर्य सभ्यता कहें, अनार्य सभ्यता कहें, सिन्धु सभ्यता कहें, सरस्वती सभ्यता कहें, हिन्दू सभ्यता कहें, बौद्ध सभ्यता कहें—बट देअर इज़ ऐन ऐलीमेंट ऑफ़ यूनिक कन्टीन्यूटी और उस निरन्तरता में एक हस्तक्षेप ऐसा गहरा हुआ है औपनिवेशिक हस्तक्षेप, जिसके चलते आपकी जो औपचारिक ज्ञान परंपरा है, आपका जो औपचारिक शिक्षातंत्र और ज्ञानतंत्र है, वो आपके पारंपरिक शिक्षा तंत्र और पारंपरिक ज्ञानतंत्र का विस्तार होने के बजाय उसका प्रतिस्पर्धी बन गया है। एक गहरी खाई गहरा अपरिचय है स्कूल और घर के बीच। जेएनयू में मेरे शिक्षक और बाद में सहकर्मी थे उर्दू के कवि असलम परवेज। उनका एक शेर मुझे बारम्बार याद आता है :

*वो जिन्हें किया था दाखिले मकतब तुमने*
*कोई भी तिफ़्ल उनमें से लौटकर घर नहीं आया।*

जो मकतब में चला जाता है, वो घर नहीं लौटता, उसे अपनी पारंपरिक निरन्तरता से चिढ़ होने लगती है, असुविधा होने लगती है। उसे अपना परिवेश पराया लगने लगता है। ये जो गहरी फांक आपके समाज में जिस औपनिवेशिक हस्तक्षेप ने पैदा की है; जिसके चलते पारंपरिक ज्ञान परंपराओं को औपचारिक शिक्षण संस्थाओं के साथ जोड़ने की बात मात्र से कुछ मित्र भड़क जाते हैं। मैं कहना चाहता हूँ मित्रो! प्रेमचन्द को इस दृष्टिकोण से देखने और पढ़ने की ज़रूरत है। बिना कोई ऐसा उपन्यास या ऐसी कोई कहानी लिखे, जिसका संबंध प्राचीन भारत की महिमा और संस्कृति से हो—प्रेमचन्द बहुत गहरे अर्थ में, और इसलिए ये उनका ज्यादा महत्त्वपूर्ण काम था, ज्यादा चुनौती भरा काम था प्रेमचन्द अपने समय के भारत से, अपने विषय और अपने चरित्र और अपनी स्थितियाँ लेते हुए बहुत गहरा नैतिक हस्तक्षेप उस विभाजन के ख़िलाफ़ करते हैं। जो इस देश की चेतना में औपनिवेशिक स्थिति के कारण पैदा हो गया था। ये बहुत गहरा नैतिक हस्तक्षेप प्रेमचन्द का लेखन उसमें करता है, और इसीलिए उनका उपन्यास 'रंगभूमि पूछता है, विकास किसके लिए? किस आधार पर? रोजगार बढ़ेंगे पैसा मिलेगा, तमाम चीजें मिलेंगी।' प्रेमचन्द का सीधा -सा बचकाना-सा देहाती सवाल 'आत्मा का क्या होगा?' उस समाज की आत्मा का क्या होगा, जिसमें आपका विकास होगा? और यही सवाल आज 'नर्मदा बचाओ आन्दोलन' पूछ रहा है, यही सवाल वो लोग पूछ रहे हैं जो कहते हैं कि ठीक है साहब! आप विकास करना चाहते हैं, कीजिये, लेकिन जिनका विकास कर रहे हैं, मेहरबानी करके उनसे भी पूछ लीजिये कि वो किस तरह का अपना विकास चाहते हैं। उन्हें अपनी कृपा का पात्र, 'ऑब्जेक्ट' की जगह अपने बारे में सोचने वाला, नैतिक कर्ता, मॉरल सब्जेक्ट बनने का मौका दीजिये। 'रंगभूमि' का सूरदास और उसके तमाम साथी बहुत पुरजोर ढंग से इस बात को रेखांकित करते हैं कि वे विकास या विनाश के केवल ऑब्जेक्ट नहीं हैं, वे उस प्रक्रिया के मॉरल सब्जेक्ट हैं। वे फैसला करना चाहते हैं, और अपने फैसलों की जिम्मेवारी स्वयं लेना चाहते हैं।

मित्रो! प्रेमचन्द की कुछ कहानियाँ, प्रेमचन्द के लेखन के कुछ ऐसे माइल स्टोन्स बारम्बार याद आते हैं अलग- अलग तरह से। 'पंच परमेश्वर' क्या है पंच परमेश्वर? क्या हुआ है पिछले 60 साल में आज़ादी के बाद से लेकर अब तक? हमने संस्थाओं का क्या किया? 'पंच परमेश्वर' मित्रो! केवल जुम्मन शेख की नैतिकता की कहानी नहीं है, वो पंचायत की पवित्रता और मर्यादा की कहानी है। और यह ध्यान रखना चाहिए कि उस कहानी का प्रेमचन्द के द्वारा दिया गया शीर्षक 'पंचायत' ही था, 'पंच परमेश्वर' शीर्षक उसे महावीरप्रसाद द्विवेदी ने दिया था। प्रेमचन्द ने वो कहानी 'पंचायत' शीर्षक से ही लिखी थी। क्या होता है उस कहानी में आप सबको याद है। उस आसन पर बैठते ही जैसे रूपान्तरण हो जाता है, जैसे कायाकल्प हो जाता है क्यों? क्योंकि उस आसन की कुछ महिमा है, उस आसन का कुछ बल है, मर्यादा है, संस्थाओं की मर्यादा। कोई भी लोकतांत्रिक समाज मित्रो! क्या केवल संख्याओं का खेल होता है? कोई भी लोकतांत्रिक समाज क्या कुछ बुनियादी संस्थाओं और मर्यादाओं के प्रति श्रद्धा के बिना चल सकता है? क्या यह सम्भव है कि हम लोकतंत्र को ऐसे खेल के रूप में लें, जिसमें आप का घोड़ा ढाई घर चले लेकिन मेरा घोड़ा साढ़े मात घर चले? क्या हम लोकतंत्र को ऐसी संस्था के रूप में ले सकते हैं? ऐसे समय में जबकि संस्थाओं और मर्यादाओं की चिन्ता करना आदर्शवादी और आदर्शवादी विद ए निगेटिव लोड—नकारात्मक अर्थ में—आदर्शवादी होना मान लिया गया है, तब प्रेमचन्द जैसा लेखक कम में कम मुझे राहत भी देता है और चुनौती भी देता है।

क्योंकि प्रेमचन्द का लेखन बारम्बार विविध प्रकार से इस बात को रेखांकित करता है कि कोई भी समुदाय हो, चाहे छोटे से गाँव का समुदाय हो और चाहे एक व्यापक, बनते हुए राष्ट्र का समुदाय हो और चाहे सारी दुनिया हो, बिना संस्थाओं और मर्यादाओं के जिनमें सबका सांझा होना चाहिए बिना यूनीवर्सल वैल्यूज़ के नहीं चल सकता कोई समुदाय। बावजूद इसके कि यूनीवर्सल वैल्यूज़ के नाम पर बहुत सारी ज्यादतियाँ की गयीं हैं लेकिन फिर उन यूनीवर्सल वैल्यूज़ के विकल्प भी आपको प्रस्तुत करने होंगे। मेरे लिए ये वेल्यू है और आपके लिए कुछ और वेल्यूज़ है, ये नहीं चलेगा। प्रेमचन्द का लेखन बहुत गहरे अर्थ में मुझे यह याद दिलाता है। आज की तारीख में हम प्रेमचन्द पर जब बात करते हैं, प्रेमचन्द की हम चर्चा करते हैं, तो एक अनपेक्षित प्रकाश बहुत-सी चीजों के बारे में प्रेमचन्द की रचनाएँ देती हैं, नयी तरह से, वो हमारे सामने चीजों को कौंधाती हैं।

सूरदास की मृत्यु के बाद उस उपन्यास का जो हाकिम है, जिले का मिस्टर क्लार्क, उसका वाक्य याद आता है—'ये राज्य करने का प्रायश्चित है कि यहाँ हमें ऐसे लोगों का वध करना पड़ता है जिन्हें हम इंग्लैण्ड में देवतुल्य मानते।' सूरदास उसी की गोली से मरा है और वह कह रहा है यहाँ हमें ऐसे लोगों का वध करना पड़ता है जिन्हें हम इंग्लैण्ड में देवतुल्य मानते हैं।

मित्रो! जितनी बार यह वाक्य मुझे याद आता है, मुझे लगता है कि औपनिवेशिक समाज और औपनिवेशिक ताकत, उपनिवेश बनाने वाले समाज और उपनिवेश बनने वाले समाज के बीच के संबंध की जो मानवीय विडम्बना है जो गहरी घुटन है, उसको इससे अधिक मार्मिक ढंग से और कैसे रखा जा सकता है? क्लार्क जानता है इस बात को कि जिस व्यक्ति को यहाँ शूट कर रहा हूँ वह असल में देवतुल्य है। उसे पछतावा है। इस बात से वो खुश नहीं है, और वो कहता है इस बात को। कॉलोनियल रिलेशनशिप जिसको कहते हैं, जिस पर पिछले 30-40 साल में दुनियाभर में विचार हुए हैं, गहरे विचार हुए हैं। बहुत ही मार्मिक और बहुत ही एक तरह से कहिए बहुत ही विचलित करने वाली पुस्तक पिछले दो-तीन वर्ष में आयी है अफ्रीका के एक लेखक और विचारक की। एचेल मेमेम्बे उनका नाम है। एचेल मेमेम्बे मूलत: फ्रेंच में लिखते हैं। उनकी पुस्तक का अंग्रेजी अनुवाद अभी दो वर्ष पहले हुआ है 'ऑन दि पोस्ट कॉलोनी'। उस पूरी पुस्तक की वेदना यही है। लिखा है एचेल मेमेम्बे ने कि—चाहे हाइडेगर से प्रेरणा लेकर के आगे बढ़ने वाले पोस्टमॉडर्निस्ट हों, चाहे मार्क्स से प्रेरणा लेकर के आगे बढ़ने वाले मार्क्सवादी और वामपंथी हों, लेकिन ये समस्या कहीं न कहीं यूरोप के चिन्तनजगत में बद्धमूल हो गयी है कि वह यूरोप के बाहर, एनलाइटनमेंट वाले यूरोप के बाहर व्यक्तित्व का अस्तित्व तक स्वीकार करने को तैयार नहीं हैं। वो यह मानने को तैयार नहीं हैं कि गैर यूरोपीय परंपराओं में भी व्यक्तित्व का विकास और उद्भव हुआ हो सकता है। एचेल मेमेम्बे जिस बात को गहरे फ़िलॉसफ़ीकल डिसकोर्स में कह रहे हैं, वह उसी औपनिवेशिक संबंध की बात है, जिसे 'रंगभूमि' विचार का विषय बनाता है। एक धरातल प्रकट होता है सूरदास के सवाल में— 'आत्मा का क्या होगा?' दूसरा धरातल मुखर होता है क्लार्क के अपराधबोध में 'यहाँ हम ऐसे लोगों का वध करते हैं जिन्हें इंग्लैण्ड में देवतुल्य मानते।'

दोनों ही धरातलों पर जो बात रेखांकित हो रही है वह यह : औपनिवेशिक व्यवस्था और उससे उत्पन्न संबंध, मनुष्य की आत्मा को खोखला करते हैं। औपनिवेशिक संबंध आत्महीन बनाता है, न केवल उसे जो औपनिवेशिकृत किया गया बल्कि उसे भी जो उपनिवेशीकरण

की प्रक्रिया, औपनिवेशिक सत्ता से जुड़ा हुआ है। सूरदास का सवाल और क्लार्क का अपराधबोध आत्महीनता की इस प्रक्रिया को रेखांकित करते हैं।

मित्रो! यह आम तौर से भुला दिया जाता है कि पूंजी का चरित्र ही खगोलीकरण वाला है। यह बात 1848 में मार्क्स और एंगिल्स ने मेनोफेस्टो में कह दी थी और उन्होंने यह भी नोट किया था, जिसको आज एक बार फिर से याद करने की ज़रूरत है कि जिसे हम कॉलोनियलिज़्म कहते हैं, वह असल में ग्लोबलाइजेशन ही था। कॉलोनियलिज़्म का मतलब ही था दुनिया के तमाम समाजों को कैपिटलिस्ट ग्लोबलाइजेशन के अन्तर्गत खींच लाना, और आज के ग्लोबलाइजेशन का भी थोड़े बदले हुए रूप में यही मतलब है। और इसीलिए ये जो टिप्पणी है, ये एक नैतिक और गहरे आशय से संपन्न टिप्पणी तो है ही, ये ठेठ ऐतिहासिक और सामाजिक अर्थों में जिस बात की, जिस तरह की प्रासंगिकता की बात हुई, उस अर्थ में भी गहरे रूप में प्रासंगिक टिप्पणी है। उपनिवेश बनाने वाले और उपनिवेश बनने वाले समाज के बीच के संबंध पर टिप्पणी कि ये राज्य करने का प्रायश्चित है कि यहाँ हम ऐसे लोगों का वध करते हैं, जिन्हें हम इंग्लैण्ड में 'देवतुल्य' मानते हैं। मित्रो! प्रेमचन्द को पढ़ते हुए आज की तारीख में पढ़ते हुए, मैं इस बात के साथ अपनी बातचीत को समाप्त करना चाहता हूँ, लेकिन उसके पहले एक बात पर ध्यान खींचना बहुत ज़रूरी है, बल्कि दो बातों पर। मित्रो! एक, मैंने अभी आप लोगों से जिक्र किया, इस बात को याद दिलाया आप लोगों कि कॉलोनियलिज़्म, ग्लोबलाइजेशन का पहला रूप था और आज का ग्लोबलाइजेशन एक अर्थ में उसी सिलसिले की निरन्तरता की कड़ी है, और इस पर सबसे सुन्दर टिप्पणी—लेटिन अमेरिका की सरकार के एक प्रतिनिधि ने किसी एक अमेरिकन पत्रकार से की—'इकॉनॉमी इज डूईंग फ़ाइन पीपुल आर नॉट!' ग्लोबलाइजेशन का सार यही है। 'इकॉनॉमी इज डूईंग फ़ाइन पीपल आर नॉट!' 8 प्रतिशत ग्रोथ है, 10 प्रतिशत ग्रोथ है, हर तरह का इन्डेक्स बढ़ता जा रहा है लेकिन ह्यूमन डेवलपमेंट इन्डेक्स की चर्चा करना, प्रतिक्रियावादी होना, पिछड़ा होना, विकास विरोधी होना है।

और ऐसे में मुझे लगता है मित्रो, प्रेमचन्द और उनके जैसे बहुत सारे लेखक कहीं-न-कहीं हमें इस बात की ओर खींचते हैं, कहीं न कहीं हमें इस नैतिक दायित्व की ओर ले जाते हैं कि क्या कोई वैकल्पिक विश्व व्यवस्था सम्भव है? क्या ये मनुष्य की, संसार की, इस खगोल की नियति है कि ये किसी न किसी प्रकार के औपनिवेशिक खगोलीकरण के अन्तर्गत ही रहे। क्या कोई वैकल्पिक प्रकार का खगोलीकरण सम्भव नहीं है? इमेनुएल वाल्र्सटाइन की बहुत रोचक शीर्षक वाली पुस्तक मुझे याद आती है 'द एंड ऑफ़ द वर्ल्ड एज़ वी नो इट'। इस पुस्तक का पहला ही वाक्य है मित्रो, कि 'जैसी दुनिया में हम रहे हैं, यह 50 साल से अधिक नहीं चलने वाली और 50 साल भी', वाल्र्सटाइन को उद्धरित कर रहा हूँ, '50 साल भी मैं बहुत आशावादी के तौर पर कह रहा हूँ। बहुत गहरे दूरगामी परिवर्तन हो रहे हैं और होंगे। लेकिन वे परिवर्तन एक बेहतर दुनिया की ओर होंगे या बदतर दुनिया की ओर होंगे, यह भविष्यवाणी करना असम्भव है। और इस असम्भवता के साथ वाल्र्सटाइन कहते हैं, 'इस असम्भवता के साथ और असल में इस असम्भवता के कारण ही हमारे ऊपर यह गहरा नैतिक दायित्व पैदा हो जाता है कि हम इस पल सही नैतिक कदम का चुनाव करें कि हम किस तरह की दुनिया आज से 50 साल बाद के लिए विज़ुअलाइज़ करते हैं किस तरह की कल्पना हमारे मन में है आज से 50 साल बाद की दुनिया की', और मैं बेधड़क इस शब्द का प्रयोग करना चाहता हूँ जो आजकल बड़ा आउट ऑफ़ फ़ैशन शब्द है कि किस तरह का ग्रैंड नैरेटिव है

हमारे सामने 50 साल के बाद की दुनिया को लेकर? आजकल ग्रैंड नैरेटिव शब्द का प्रयोग करने से मार्क्सवादी भी कतराने लगे हैं। मैं जानबूझकर इस शब्द का प्रयोग कर रहा हूँ। किस तरह का ग्रैंड नैरेटिव है हमारे पास, किस तरह की कल्पना है हमारे पास आज से 50 साल के बाद की दुनिया के लिए? इस सवाल से टकराने की प्रेरणा कम से कम मुझे तो प्रेमचन्द का लेखन देता है, और बहुत गहरे में देता है।

मित्रो! प्रेमचन्द की महत्ता और प्रेमचन्द की महानता का एक प्रमाण मैं यह मानता हूँ कि जब प्रेमचन्द लिख रहे थे तो ब्राह्मण विरोधी कहलाते थे। उन पर ब्राह्मणों के विरुद्ध घृणा फैलाने का, षडयंत्र करने का आरोप लगाया गया। मैं इसे प्रेमचन्द की महिमा और महत्ता का प्रमाण मानता हूँ कि आजकल कुछ लोगों को प्रेमचन्द दलित विरोधी लगते हैं। मैं महिमा और महत्ता का प्रमाण इसलिए मानता हूँ कि दोनों ही तरह के लोग वस्तुतः गहरे रूप में प्रतिक्रियावादी अस्मितावाद के प्रतिनिधि हैं, जो केवल पॉलीटिक्स ऑफ़ आइडेन्टिटी करना चाहते हैं और पॉलीटिक्स ऑफ़ आइडेन्टिटी को पॉलिटिक्स ऑफ़ वेल्यू के साथ नहीं जोड़ना चाहते। जो यह समझते हैं कि गिवन आइडेन्टिटी को ट्रांस्सेंड नहीं किया जा सकता, जो यह समझते हैं कि जो हिन्दू है वह पॉलीटिक्स में भी हिन्दू ही फैसले करेगा, जो यह समझते हैं कि जो जन्म का ब्राह्मण है, वह जीवनभर ब्राह्मणवाद ही करेगा और जो कायस्थ है, वह कायस्थ होने के कारण ब्राह्मणों का विरोधी है। यही कहा गया था प्रेमचन्द के बारे में, मैं यह अपनी ओर से नहीं कह रहा हूँ।

इस तरह के अस्मितावाद के प्रवक्ता लोग जब प्रेमचन्द के जीवन में और उनके निधन के बाद उन पर हमला करते हैं तो मुझे लगता है कि कहीं न कहीं प्रेमचन्द सही हैं। क्योंकि कुछ लोग ऐसे होते हैं जो अगर आपकी प्रशंसा करने लगें तो आपको चिन्तित होना चाहिए। जिनकी आलोचना आपके सही होने का प्रमाण होती है, जिनकी प्रतिकूल टिप्पणी आपकी ताकत का प्रमाण होती है। ऐसी ही एक टिप्पणी, हालांकि इसको प्रतिकूल टिप्पणी तो मैं नहीं कहूँगा लेकिन एक रोचक टिप्पणी मैं आपके सामने पढ़ना चाहूँगा, और यह टिप्पणी राजेन्द्र यादव की टिप्पणी है। राजेन्द्र यादव ने लिखा था कोई दो वर्ष पहले, ''मैं भी उन महान और दिग्गज रचनाकारों की कालजयी रचनाओं को उतनी ही श्रद्धा और प्रशंसा से देखता हूँ जितना कोई भी प्राध्यापक देखता है, मगर यह सवाल तो उठा ही सकता हूँ कि अगर 'होरी या घीसू, माधव' अपनी कहानी खुद लिखते तो क्या उनके रूप यही होते? ये भी हमें नहीं भूलना चाहिए, अपनी सारी सद्‌भावना, सरोकार और सहानुभूति के साथ कि प्रेमचन्द भी उसी वर्ग के थे, जिसके उनके पाठक या समीक्षक। एक ने लिखा, दूसरे ने सराहा और तीसरे ने उसे कालजयी सिद्ध कर दिया।'' यह राजेन्द्र यादव का कथन है।

हम सब जानते हैं मित्रो कि! राजेन्द्र यादव को प्राध्यापकों से काफ़ी चिढ़ है और मैं सौभाग्य या दुर्भाग्य से एक प्राध्यापक भी हूँ। इसलिए इस टिप्पणी पर कुछ प्राध्यापकीय टिप्पणियाँ कर देना ज़रूरी है। ऐसी बातें कहने वाले लोग, और यहाँ पर राजेन्द्र यादव या केवल एक व्यक्ति का प्रश्न नहीं है, यह एक पूरी टेन्डेन्सी पूरी सोच का प्रश्न है और मैं यह कहने का लोभ संवरण नहीं कर सकता—यहाँ मदन सोनी बैठे हैं, इनका एक वाक्य मुझे बहुत ही रोचक लगता है, जो इन्होंने कभी 'पूर्वग्रह' में लिखा था कि—''यह हमारे समाज के दुर्भाग्य का प्रमाण है कि वैदुष्य को, विद्वत्ता को उपहासास्पद बना दिया गया है।'' विद्वत्ता पर लोग हँसते हैं। अगर कोई पढ़ा-लिखा हो, कोई विद्वान विद्वत्ता की बात करे तो वह आपको हास्यास्पद लगता है। बिना

पढ़े-लिखे, बिना जाने कुछ भी अललटप्पू कह देना कुछ लोग अपना अधिकार मानने लगे हैं। राजेन्द्र यादव की टिप्पणी इसी तरह की है। इसलिए मुझे यह टिप्पणी गौरतलब लगी और इस पर मैं कुछ कहना चाहता हूँ। ऐसी टिप्पणी करने वाले लोग यह भूल जाते हैं कि जिस वर्ग के प्रेमचन्द थे, उसी वर्ग के उनके समीक्षक और प्रशंसक थे, यह बिल्कुल सही है। लेकिन प्रेमचन्द को यूनीवर्सल सराहना कभी नहीं मिली। इसी वर्ग में से शिवदान सिंह चौहान थे, जिन्होंने लिखा कि—प्रेमचन्द की रचनाएँ कभी गोर्की की रचनाओं की तरह क्लासिक का दर्जा नहीं पा सकेगी। इसी वर्ग के वे समीक्षक थे, जिन्होंने लिखा प्रेमचन्द की रचनाओं में संरचनात्मक झोलझाल बहुत ज्यादा है। कई कहानियाँ एक साथ उठा लेते हैं, निभा नहीं पाते और इसलिए 'गोदान' में, जो उनका सर्वाधिक प्रमुख उपन्यास है, उसमें यह फांक मौजूद है, और यह भी लिखा गया है कि पूरे शहर का जो प्रसंग है गोदान का, वह हटा दिया जाये, तो गोदान के स्वास्थ्य पर कोई प्रतिकूल नहीं बल्कि अनुकूल प्रभाव पड़ेगा। और ठाकुर श्रीनाथ सिंह की चर्चा मैं कर ही चुका हूँ, जिन्होंने प्रेमचन्द को घृणा फैलाने का अपराधी और ब्राह्मण विरोधी लेखन करने का अपराधी पाया।

कैसे यह वाक्य आप लिख सकते हैं कि एक ने लिखा, दूसरे ने उसे सराहा और तीसरे ने उसे कालजयी सिद्ध कर दिया? ऐसा कुछ नहीं है। प्रेमचन्द को कालजयी माना जाना सिर्फ़ इसका परिणाम नहीं था कि उनके प्रशंसक या समीक्षक सबके सब सवर्ण थे या मध्यमवर्गीय थे। मित्रो! और यह बात राजेन्द्र यादव कह रहे हैं इसलिए और भी बहुत रोचक लगता है। मैं पुन: अपनी सीमाओं की स्वीकृति के साथ कहूँगा कि दलितों, अल्पसंख्यकों और स्त्रियों के प्रति उनकी सारी घोषित सहानुभूति के बावजूद, मुझे याद नहीं पड़ता राजेन्द्र यादव के किसी उपन्यास या कहानी के पात्र सवर्ण मध्यवर्ग के अलावा किसी और वर्ग से ताल्लुक रखते हों, आप अनुभूति की प्राथमिकता, अनुभव की प्राथमिकता को लेखन की एकमात्र पहचान के रूप में देखें और यह भूल जायें कि—लेखन बाई डेफीनेशन परकाया प्रवेश होता है। लेखन जब तक लेखक के सामाजिक उद्‌गम को ट्रांससेम्ड नहीं करता तब तक बड़ा लेखन नहीं बनता। तॉलस्तॉय न किसान थे, न स्त्री थे, लेकिन अन्ना केरिनीना का चित्र संवेदनहीन ढंग से रचा गया है, यह कहने के लिए बड़े जिगरे की ज़रूरत पड़ेगी। या तॉलस्तॉय के लेखन में आने वाला किसान बनावटी है, यह कहने के लिए बडे जिगरे की ज़रूरत पड़ेगी। जिन लेखकों का अपने समाज और अपने समय के प्रति कमिटमेंट होता है, वह अपने सामाजिक उद्‌गम को सायास ट्रांसेंड करते हैं और ट्रांसेंडेंस में ही वो बड़े लेखक बनते हैं।

प्रेमचन्द के सामने भी वे विकल्प उपलब्ध थे, जो राजेन्द्र यादव और उनके सहयोगियों ने अपनाये कि इलाहाबाद और कानपुर के अध्यापकों और क्लर्कों, अफसरों के जीवन के बारे में लिखते रहें और उसी से अपनी सृजनात्मकता को सींचते रहें और सम्पादकीय लेखों में समाज के उपेक्षित और हाशिये के वर्गों के बारे में चिन्ता प्रकट करते रहें। लेकिन प्रेमचन्द ने यह विकल्प नहीं अपनाया। प्रेमचन्द के यहाँ घासवाली है, प्रेमचन्द के यहाँ तांगेवाले हैं, प्रेमचन्द के यहाँ मजदूर हैं। प्रेमचन्द के यहाँ किसान हैं। प्रेमचन्द के यहाँ चरित्र-हीन, दुष्चरित्र कहीं जाने वाली स्त्रियाँ हैं क्योंकि प्रेमचन्द ऐसा कुछ नहीं मानते थे और यह हम सबका सौभाग्य था कि वो ऐसा नहीं मानते थे कि मैं कैवल उसी पर लिख सकता हूँ जिस वर्ग से मेरा संबंध है। वे बतौर लेखक के सायास परकाया प्रवेश करते थे और इसी कारण उनका लेखन उनके पाठक का कायाकल्प करता है।

बहुत से लोग समझते हैं कोई भी रचनाकार महत्त्वपूर्ण और कालजयी केवल मित्र–संधान से होता है, क्योंकि सम्भवत: वे लेखन और साहित्य का अर्थ केवल इतना ही समझते है। उनको लगता है कि प्रेमचन्द भी ऐसे ही मित्र संधान से कालजयी बन गये, ऐसा कुछ नहीं है। प्रेमचन्द अपने लेखन के बल पर कालजयी बने। शिवदान सिंह चौहान के सन्देह के बावजूद, नन्ददुलारे वाजपेयी की कठोर आलोचना के बावजूद, रामचन्द्र शुक्ल की उदासीनता के बावबूद अगर प्रेमचन्द कालजयी बने हैं तो अपने लेखन की ताकत के बल पर बने हैं।

20- 25 वर्ष पहले शानी ने एक इंटरव्यू में कुछ कहा था और उसका जवाब किसी को नहीं सूझा था। जब विश्वनाथ त्रिपाठी से बात करते हुए शानी ने कहा था कि—मुझे कृपा करके ये बताइये कि प्रेमचन्द के बाद हिन्दी के गैर मुस्लिम लेखकों की रचनाओं में कितने मुसलमान हैं? गैर मुसलमान लेखक प्रेमचन्द के बाद! स्थिति यह हो गयी कि अगर आपको मुस्लिम जीवन के चित्र पढ़ने और देखने हैं तो आप मंजूर एहतेशाम को पढ़िये, शानी को पढ़िये, राही मासूम रजा को पढ़िये। शानी ने यह सवाल उछाला था, और इसका कोई जवाब मेरे परास नहीं है। आप में से किसी के पास हो तो दीजिये। लेकिन आजकल के अस्मितावादी मुहावरे को अगर आगे बढ़ायें तो प्रेमचन्द की हिमाकत होगी कि वो मुस्लिम जीवन के बारे में लिखें, क्योंकि मुस्लिम जीवन के बारे में मुसलमान ही लिख सकता है, उसी को लिखना चाहिए। प्रेमचन्द की हिमाकत होगी कि वो स्त्रियों के बारे में लिखें, प्रेमचन्द की हिमाकत होगी कि वो हाशिये के किसी भी तबके के बारे में लिखें।

मैं कहना यह चाहता हूँ मित्रो कि! जिस तबके में मैं पैदा हुआ हूँ, जिस तबके में मेरी परवरिश हुई है, उसके अलावा दूसरे तबकों के बारे में लिखने और सोचने की हिमाकत करना ही लेखक का धर्म है और जो लेखक इस धर्म का निर्वाह नहीं करता, वो कालजयी भले ही हो जाये, महान भले ही हो जाये, क्रांतिकारी भले ही हो जाए—लेखक नहीं हो सकता। इस हिमाकत के बिना कोई लेखक, लेखक नहीं होता। समाज के हर तबके की आवाज का साहित्य में स्वागत होना चाहिए, निश्चित रूप से होना चाहिए। जैसे जैसे समाज में तनाव बढ़ते हैं और जैसे जैसे समाज में विभिन तबकों से आने वाले मध्यवर्ग का विकास होता है आर्टीकुलेट स्पोक्सपर्सन जिनको कहें, वे पैदा होते हैं जाहिर है कि साहित्य की विविधता उतनी ही समृद्ध होती है, उतनी ही बढ़ती है। मैं उसका पूरी तरह स्वागत करता हूँ। आदिवासी स्वयं लिखें, दलित स्वयं लिखें, स्त्रियाँ स्वयं लिखें, तमाम तरह के लोग लिखें और वह अपने अनुभवों को अपने जीवन को साहित्य में लायें। उनका स्वागत होना चाहिए साहित्य में। निश्चित रूप से ऐसा साहित्य हमारे साहित्यिक प्रतिमानों को भी बदलता है किसी भी बड़ी रचनाशीलता की तरह। लेकिन इसका यह अर्थ नहीं है कि—हम साहित्य के मूल स्वभाव को भूल जायें। साहित्य का मूल स्वभाव यानि लेखक और पाठक, दोनों के धरातल पर परकाया प्रवेश।

मैं 50 वर्ष का हो चला हूँ अपने इस 50 साल के जीवन में मैं नहीं कह सकता मित्रो! कि मैंने कुल मिलाकर के 50 दिन भी किसी गाँव में बिताये हैं। मुझे कहने में कोई संकोच नहीं है, लेकिन इसके बावजूद अगर इस देश के गाँव के प्रति या दुनिया के किसी भी गाँव के प्रति, वहाँ के लोगों की समस्याओं के प्रति, विकास के नाम पर होने वाले अत्याचारों के प्रति मेरे मन में अगर कोई संवेदनशीलता है, जो कि मुझे विश्वास है कि, है, और वो संवेदनशीलता मेरे लेखकीय और सामाजिक व्यवहार में अगर झलकती है तो मैं ये निस्संकोच कहना चाहता हूँ मित्रो! उसका 90 फीसदी क्रेडिट प्रेमचन्द को जाता है, जिनके जरिये मैंने

10 वर्ष की उस में जाना कि, एक गाँव नाम की जगह, एक गाँव नाम की चीज होती है, जिसमें ऐसी-ऐसी बातों के लिए लोगों के प्राण चले जाते हैं! अगर स्त्रियों के प्रति मेरे मन में कोई संवेदनशीलता है, अगर स्त्रियों के प्रति मैं पुरुषत्व के साथ मनुष्यत्व का भी व्यवहार करना चाहता हूँ तो मैं निस्संकोच यह कहना चाहता हू मित्रो कि! इसका भी 90 फीसदी श्रेय प्रेमचन्द को जाता है। न तो प्रेमचन्द स्त्री थे और न ही प्रेमचन्द उस तरह ठेठ देहाती थे, और न मैं हूँ। इसी को मैंने कहा मित्रो! किसी भी बड़े लेखक और उसके पाठक दोनों के धरातल पर साहित्य की बुनियादी प्रतिज्ञा है परकाया प्रवेश। साहित्य जो मुझे अपने समाज के द्वारा दी गई काया से बाहर ले जाने में मदद करे और प्रेमचन्द ऐसे साहित्य के अद्वितीय प्रकाश स्तम्भ हैं।

शानी की शिकायत वाजिब थी, दर्द वाजिब था। हमारे पास उस दर्द या उस शिकायत का आज तक कोई उत्तर नहीं है। क्योंकि हममें से कोई परकाया प्रवेश नहीं करना चाहता। हम सब अपने सीमित अनुभव जगत को ही एकमात्र अनुभव जगत मानना चाहते हैं और कुल मिलाकर स्थिति यह बना देना चाहते हैं जाने-अनजाने कि हम सब अपने-अपने द्वीपों में अपने-अपने टापुओं में रहें और ये भूल जायें कि उन टापुओं को जोड़ने वाली भी एक कल्पना हो सकती है, और उस कल्पना के बिना न उन द्वीपों का अस्तित्व है और न उन द्वीपों की स्मृतियों का अस्तित्व है!

मित्रो! अभी मैं एक उपन्यास पढ़ रहा हूँ एक इटेलियन लेखक का। न जाने क्यों मुझे ज़रूरी लगता है कि मैं अपनी इस बातचीत को उस उपन्यास के एक वाक्य के साथ समाप्त कर दूँ ये लेखक हैं पाउलो मोरेंजिग, और उपन्यास का नाम है 'द लुनबर्ग वैरीएशन'। जो कुछ मैंने अभी कहा, उसके लिए इससे बेहरत समिंग-अप मुझे नहीं सूझती, क्योंकि जो कुछ इस वाक्य में कहा गया है, जिस रेजिग्नेशन की, जिस हताशा की चर्चा ये वाक्य करता है, मुझे लगता है कि उस हताशा और उस रेजिग्नेशन से टकराने के लिए प्रेमचन्द मेरे लिए अक्षय सूत्र हैं। इस स्पष्टीकरण के साथ मैं ये वाक्य पढ़ना चाहता हूँ मित्रो उस उपन्यास से— 'हाउएवर स्पेलन्डिड एंड लश थिंग्स सीम्ड, देअर वाज नेवरदलेस ए कलेक्टिव फेल्योर, टू विच ग्रेट मेजोरिटी सीम्ड थॉरोली रिजाइंड।' मुझे लगता है कि आज की दुनिया का इससे दुःखद, इससे ज्यादा चिंतित करने वाला, लेकिन शायद उसके साथ सच-डिस्क्रिप्शन दूसरा नहीं हो सकता— 'कलेक्टिव फेल्योर, टू विच ग्रेट मेजोरिटी सीम्ड थॉरोली रिजाइंड।'

प्रेमचन्द, मुझे लगता है मित्रो! कलेक्टिव फेल्योर के प्रति थॉरो रेजिग्नेशन के प्रतिवाद के सबसे प्रबल स्वरों में से एक हैं। और इस अर्थ में, इस नैतिक अर्थ में प्रेमचन्द आज भी प्रासंगिक हैं, और हमारे सपनों के समतावादी समाज और समतापूर्ण भारत में भी उतने ही प्रासंगिक होंगे, क्योंकि इस कलेक्टिव रेजिग्नेशन के खतरे मनुष्य के अस्तित्व के साथ जुड़े हुए हैं। और इसलिए प्रेमचन्द की प्रासंगिकता केवल एक इतिहास या केवल एक देश विशेष तक सीमित नहीं, प्रेमचन्द की नैतिक प्रासंगिकता सदा बनी रहने वाली है।

['प्रगतिशील वसुधा'-70, 2006]

# निबन्ध

# प्रामाणिक भारतीयता की खोज

कुछ लोग बड़े जोशोखरोश के साथ नारा लगाते हैं 'गर्व से कहो हम हिन्दू हैं'। प्रतिवाद में कुछ लोग ढीले-से स्वर में कहते हैं 'गर्व से कहो हम भारतीय हैं'। लगता है कि भारतीयता और हिन्दूपन में कोई अन्तर्विरोध है। गर्व करने के लिए भारतीय होना पर्याप्त नहीं, हिन्दू होना ज़रूरी है। या फिर भारतीय होने के लिए अपने हिन्दूपन की उपेक्षा करनी ज़रूरी है। क्या वाकई हिन्दू और भारतीय एक साथ नहीं हुआ जा सकता? यह सवाल कुछ लोगों को बड़ा सन्तोष देगा। वे कृपया यह सवाल भी अपने-आप से पूछे क्या मुस्लिम और भारतीय एक साथ नहीं हुआ जा सकता? जब हिन्दू होने का गर्व भारतीयता के आड़े नहीं आता, तो मुसलमान होने का फ़ख़्र कैसे आ जाता है? उत्तर दिया जा सकता है, इस्लाम अभारतीय है; मुसलमानों ने भारतीय समाज में केवल विध्वंस और अत्याचार किया है, इसलिए मुस्लिम होने का फ़ख़्र भारतीयता के आड़े आता है। यह भी कहा जा सकता है कि मुसलमानों की 'पुण्यभूमि' भारत से अलग है; उनकी चेतना 'पुण्यभूमि' और 'जन्मभूमि' के बीच बँटी हुई है। एकदम निकट अतीत को ही देखें, तो श्री शैलेश मटियानी के शब्दों में, ''पाकिस्तान भारतीय मुसलमान का सबसे बड़ा नैतिक खोखल है।''

तो, हिन्दूपन और भारतीयता का संबंध सहज है, इस्लाम और भारतीयता का असहज! ज़रा इसी तर्क का विस्तार करें। कैलाश-मानसरोवर इस समय चीन के भूगोल का अंग है। जो पुण्य-लाभ के लिए वहाँ जाते हैं, उनका हिन्दूपन भारतीयता के आड़े आता है या नहीं? जो बौद्ध एशिया-भर से अपनी पुण्यभूमि भारत आते हैं, वे क्या सांस्कृतिक अर्थ में भारतीय हैं? इन प्रश्नों का सकारात्मक उत्तर देना हास्यास्पद होगा। स्पष्ट है कि भारतीयता की पहचान को वर्तमान भौगोलिक-राजनीतिक यथार्थ तक सीमित नहीं किया जा सकता। 'भारतीय संस्कृति', 'भारतीय परंपरा', 'भारतीय नारी' सरीखे पदों में 'भारतीय' शब्द का प्रयोग केवल सूचनात्मक ढंग से नहीं किया जा सकता। यहाँ 'भारतीय' शब्द एक विशेष मूल्य-बोध और भाव-भूमि की व्यंजना करता है। इस विशेषता की पहचान क्या है? उस पहचान का इतिहास क्या है? अन्य पहचानों (धर्म, जाति, भाषा, लिंग आदि) से भारतीयता का रिश्ता क्या है? भारतीयता विभिन्न पहचानों के आपसी रिश्तों, मनुष्य और समाज के संबंध को प्रशस्त करने वाला भावनात्मक सूत्र है; या फिर ऐसी चट्टान जो बाकी तमाम पहचानों को कुचलकर ही अपनी पहचान बनाए रख सकती है?

पूछते-पूछते ही इन प्रश्नों के अपेक्षित उत्तर मानस-पटल पर उभरने लगते हैं। जिस भारतीयता बोध से ये उत्तर उपजते हैं, उससे में निहित समझ कुछ इस प्रकार है, भारतीयता की विशेषता है समन्वय और सहिष्णुता। भारतीय संस्कार का गठन महाभारत-काल तक हो चुका था। कुछ लोग और पीछे जाकर भारतीयता का असली सार वैदिक युग में ही खोज लेते हैं, तो कुछ लोग उदारतापूर्वक आगे बढ़कर इस्लाम के आगमन के पहले-पहले भारतीयता

का गठन हो चुका मान लेते है। खैर! भारतीय संस्कार से उपजी संस्कृति सनातन काल से ही धर्माधारित रही है, जबकि अन्य संस्कृतियों के केंद्र में है—शक्ति (पावर) की अवधारणा। अन्य संस्कृतियाँ भौतिकता के पीछे पागल हैं, इसीलिए दमन और अत्याचार उनका स्वभाव है। भारतीय संस्कृति मोक्ष की खोज करती है, इसलिए उसमें निहित धर्म-भावना दूसरों के प्रति अपने कर्त्तव्यों, दायित्वों का निर्वाह करने में मूर्त रूप लेती है। भारतीय इतिहास में दमन और अत्याचार का सिलसिला शुरू होता है—इस्लाम से। उसके पहले युद्धकालीन अत्याचार, किसी सत्ताधारी की व्यक्तिगत बुराई से उत्पन्न हिंसा हो, तो हो, लेकिन विभिन्न सामाजिक समूहों पर निरन्तर अत्याचार नहीं होता था। भारतीयता के जिस आत्म-बोध से उपरोक्त सोच उपजती है, वह महापंडितों से लेकर जनसाधारण तक के बीच अत्यधिक मान्य है। सो, क्या इसी कारण इसे प्रामाणिक भी माना जाये ? जब कोई व्यक्ति या समाज अपनी सारी समस्याओं, विडम्बनाओं के लिए अन्य को दोषी ठहराने लगे, तो माना जाता है कि वह आत्म- मुग्धता का शिकार है। आम तौर से, आत्म-मुग्धता का कवच अपने मन की हीनता- ग्रंथि से टकराने के लिए धारण किया जाता है। हीनता-ग्रंथि और आत्म-मुग्धता, दोनों ही उपजती हैं—दुर्बल विवेक से। जब कोई समाज अपनी सचाइयों से मुँह चुराए या उन्हें परमार्थिक-व्यावहारिक सत्य में बाँटकर सहन करना सिखाए, तो वह दुर्बल विवेक का परिचय दे रहा होता है। भारतीयता का प्रचलित आत्म-बोध कुछ इसी प्रकार का परिचय देता है। लेकिन ऐसा मानना भ्रामक होगा कि भारतीयता की यह आत्म-मुग्ध अवधारणा हमारे समाज के ऐतिहासिक अनुभवों की अपरिहार्य परिणति है। वास्तविकता यह है कि यह भारतीयता भारत में विकसित हुए आधुनिक राष्ट्रवादी विचार के आत्मसंघर्ष की कई सम्भाव्य परिणतियों में से एक है। एक परिणति प्रचलित हो गयी। इसका यह अर्थ नहीं कि अन्य सम्भावनाएं थीं ही नहीं, या अब नहीं हैं।

सवाल यह है कि उपलब्ध परंपराओं की व्याख्या का जो ढाँचा भारतीयता के नाम से गढ़ा गया, वह क्या जताता है, और क्या छुपाता है ? इस ढाँचे के गढ़े जाने की प्रक्रिया क्या थी ? क्या सचमुच दमन, शक्ति-संघर्ष, विभिन्न सामाजिक पहचानों के संकट-ऐसी चीजें भारतीय अस्मिता के लिए परायी हैं ? क्या सचमुच भारतीय इतिहास के सतयुग या स्वर्णयुग के शानदार रंग-मंच के पीछे नृशंसताओं का कोई नेपथ्य नहीं है ? भारतीय अस्मिता का गठन महाभारत-काल अथवा इस्लाम के आगमन से पहले हो चुका था, या स्वयं यह विचार बाद में गढ़ा गया है ? प्रामाणिकता के सन्दर्भ में ये बुनियादी जिज्ञासाएं हैं। इनका विवेचन ठोस उदाहरणों के जरिए करना चाहिए, क्योंकि संस्कृति का मतलब सांस्कृतिक कार्यक्रम नहीं होता। संस्कृति जिन मूल्यों, मर्यादाओं को समाज में अनुकरणीय बनाती है, वे सामाजिक सत्ता, सामाजिक आत्म-बोध और उसके विकास (अथवा पतन) की दशा-दिशा को सूचित करते हैं। जब हमें हिन्दूपन या भारतीयता पर गर्व करने का निर्देश दिया जाता है, तब तो यह और स्पष्ट है कि संकेत कुछ विशेष मूल्यों, मर्यादाओं की तरफ़ है। 'भारतीयता' ऐतिहासिक अनुभवों की संचित स्मृतियों और विशेष सामाजिक मर्यादाओं के समुच्चय का नाम है। कहने की आवश्यकता नहीं कि इसकी प्रामाणिकता का मानदंड यही है कि इसके जरिए ऐतिहासिक अनुभवों का सत्य किस हद तक व्यंजित हो रहा है, और इसके द्वारा प्रतिपादित मर्यादाएँ किस हद तक सामाजिक न्याय-चेतना के अनुकूल हैं।

इस मानदंड को सामने रखकर देखने से मालूम पड़ेगा कि जो लोग आज तक इस्लाम को अभारतीय घोषित करते हैं, वे सिर्फ़ अज्ञान या मूर्खता व्यक्त रहीं कर रहे होते। इस्लाम के प्रति प्रचलित भारतीयता की यह चिढ़ बड़े गैर-इरादतन रूप से भारतीय इतिहास में इस्लाम

के दूरगामी योगदान के एहसास को ही अभिव्यक्त करती है। चिढ़ इस बात की नहीं है कि इस्लाम ने हिन्दुत्व के धार्मिक रूप को चोट पहुंचाई, बल्कि इस तथ्य पर है कि इस्लाम ने ब्राह्मणवादी सामाजिक संगठन जाति-व्यवस्था का एक विकल्प प्रस्तुत किया। जो लोग समझते हैं कि सारे मुसलमान विदेशी हैं या मार-मारकर बनाए गए हैं, वे सच्चे दिल से अपनी कल्पना जन्म से ही नीच, अधम और अछूत ठहराए गए मनुष्य के रूप में करें। तब शायद उन्हें मध्यकालीन भारत के 'नीच जाति समूहों' के 'थोक-के-थोक मुसलमान बन जाने' का रहस्य समझ में आ जाएगा। इस्लाम में सामूहिक धर्मातरण उन इलाकों और जातियों में सबसे ज्यादा हुआ, जिनमें नाथपंथ सरीखे मतों का प्रभाव अधिक था और जो इस्लाम के आगमन के पहले से ही वर्ण-व्यवस्था के प्रति उपेक्षा का रवैया अपनाने लगे थे। भारतीय संस्कृति में इस्लाम का सबसे महत्त्वपूर्ण योगदान यह है किए इसने दलित जाति-समूहों के सामने शोषण और आत्मगौरव-विलोपन से मुक्ति पाने की एक सम्भावना प्रस्तुत की। इस्लाम ने भारतीय जनमानस में सदियों से घुमड़ रही बेचैनी को ठोस रूप देने और ब्राह्मणवाद के राजर्नातिएक-सामाजिक तथा विचारधारात्मक प्रभुत्व को चुनौती देने का क्रांतिकारी काम किया। समतावादी होने के साथ-साथ इस्लाम राजसत्ता का धर्ममत भी था। इस कारण कम-से-कम सिद्धान्त में इस्लाम के अनुयायी को लौकिक-पारलौकिक, दोनों तरह की सुरक्षा हासिल थी। इसी कारण सामूहिक रूप से इस्लाम कबूल करना जाति-व्यवस्थागत दमन के विरुद्ध विद्रोह और जन्म से ही थोप दी गई नीचता से मुक्ति का अत्यन्त लोकप्रिय माध्यम बन गया। इस्लाम के पहले जाति-व्यवस्था की सिर्फ़ आलोचना की जा सकती थी, जाति के वैचारिक औचित्य-प्रतिपादन का मजाक उड़ाया जा सकता था। अधिक-से-अधिक वैरागी बना जा सकता था। लेकिन इस्लाम के बाद एक सामाजिक-धार्मिक-व्यवस्था छोड़कर दूसरी को चुना जा सकता था।

बहुत पहले एक सम्भावना बौद्ध-मत ने प्रस्तुत की थी, लेकिन अत्यन्त सीमित। नहीं भूलना चाहिए कि बौद्ध संघ में न सैनिक शामिल हो सकते थे, न दास, न स्त्रियाँ शामिल हो सकती थीं, न वे कृषक, जिन पर किसी भी प्रकार का ऋण हो। जिस समाज में, बीसवीं सदी के उत्तरार्द्ध में लाखों बँधुआ मजदूर ऋण के रस्से से बँधे हों, वहाँ ढाई हजार साल पहले कितने किसान ऋण-मुक्त रहे होंगे? स्वाभाविक था कि बौद्ध-मत जल्दी ही स्वयं प्रभु वर्ग के लिए सिर्फ़ आध्यात्मिक मुक्ति और सामाजिक पलायन का माध्यम बनकर रह गया। लेकिन इस्लाम ने भारत में बहुस्तरीय और परस्पर-विरोधी सामाजिक उथल-पुथल पैदा की। एक तरफ़ तो इसने परंपरागत भद्रलोक को चुनौती दी, और दूसरी तरफ़, धीरे-धीरे उसके साथ समझौता भी किया। इस्लाम भारत में आते-आते स्वयं एक सामंती सत्ता-तंत्र के अनुकूल ढल चुका था। इस सत्ता-तंत्र ने भारतीय जाति-व्यवस्था के साथ सह-अस्तित्व की भावना बहुत जल्दी पैदा कर ली। इस्लाम सिद्धान्तत: समतावादी धर्ममत है। इस लिहाज से भारत के मुस्लिम शासक यदि केवल इस्लाम का प्रचार करने आए थे, तो उन्हें जाति-व्यवस्था पर तीव्र आघात करने चाहिए थे। हुआ एकदम उल्टा। जाति-व्यवस्था के शिखर पर बैठे ऊँची जाति वालों का नए शासकों से ताल-मेल हो गया। गाँव के चौधरी पहले 'नरेश' को मालगुजारी पहुँचाते थे, अब सुल्तान को पहुंचाने लगे। बनिये खजाना सँभालने लगे, और ब्राह्मण "दिल्लीश्वरो वा जगदीश्वरो वा" के गीत गाने लगे।

भारतीय इतिहास में इस्लाम की इस जटिल भूमिका के कारण व्यापक जनमानस में दो तरह की प्रतिक्रिया हुई। निहित स्वार्थ और उनके सिद्धान्तकार इस्लामी राजसता से मिलकर आनन्द भी करते रहे और मन-ही-मन उससे चिढ़ते भी रहे। दूसरी ओर आम जनता के जीवन-

व्यवहार में हिन्दू धर्म और इस्लाम–दोनों ही के सत्तापरक शास्त्रीय रूप से आवा–जाही करते हुए वैकल्पिक धर्म–चेतना और ज्ञान की मीमांसा का विकास हुआ। यह भारतीय परंपरा में आदिकाल से चले आ रहे लोकधर्म की संवेदना का ही विस्तार था। यह 'परंपरा के नैरन्तर्य में विस्फोट' था, जिसके बाद न तो वैष्णव मत ही वह रह गया और न इस्लाम ही वह रह गया, जो पहले मत। परंपरा के नैरन्तर्य में हुए इस विस्फोट का मूर्त रूप व्यक्त हुआ—भक्ति की संवेदना में। भक्ति–काव्य अखिल भारतीय घटना है। यह पहला अवसर है, जबकि हमारे समाज के उत्पीड़ित—शूद्र, स्त्री–अपनी व्यथा को ही वाणी नहीं दे रहे हैं, बल्कि 'भगवान' तक की नयी प्रतिमा गढ़ रहे हैं। ज्ञान की नयी परिभाषा और जीवन की नयी दृष्टि को व्यक्त करने के लिए छटपटा रहे हैं। यह केवल गदगद और विस्मित हो जाने की बात न उन्नीसवीं सदी में थी, न आज है। भक्ति की यह लोकधर्मी संवेदना आधुनिक भारतीयता का नाभिक तब भी हो सकती थी, आज भी हो सकती है। वजह यह कि यह संवेदना इतिहास में व्यतीत नहीं हो गई है, यह भारतीय जन–साधारण के चित में अब भी वर्तमान, है। कैसा लगता है यह सोचकर कि लोकधर्मी संवेदना आधुनिक भारतीयता का नाभिक ठीक इसी कारण नहीं बन सकी, क्योंकि इसका संबंध समकालीन जनसाधारण से उन्नीसवीं सदी में भी था, आज भी है।

उलटबाँसी सरीखे लगते उपरोक्त वाक्य को समझा जा सकता है, यदि आधुनिक भारतीयता के गठन का परिवेश ध्यान में रहे। हमारे समाज में आधुनिकता अपनी परंपरा को सहज फलश्रुति न होकर औपनिवेशिक हस्तक्षेप की परिणति बनकर आयी। आधुनिकता का सबसे बड़ा सांस्कृतिक योगदान है—धर्म, जाति, देश आदि से परिभाषित होने वाले मनुष्य की मूलभूत मनुष्यता का रेखांकन। और कुछ भी होने के पहले मनुष्य मनुष्य है—यह बोध एक विशिष्ट रूप में भक्ति–संवेदना के भी केंद्र में था। आधुनिक बोध से इस संवेदना की विशिष्टता के दो पहलू थे। एक, भक्ति–संवेदना में यह बोध मुख्यत: ईश्वरोन्मुख था। सामाजिक–राजनीतिक संस्थाओं के बरक्स यह आग्रह बहुत व्यवस्थित रूप नहीं ले सका था। दूसरी ओर ऐन इसी ईश्वरोन्मुखता के कारण भक्ति–संवेदना इस भीषण अहंकार से बची रही कि 'मनुष्य प्रकृति का स्वामी है।' उसने इकहरे ढंग से 'मनुष्य को सभी चीज का प्रतिमान' नहीं माना, बावजूद मानुष सत्य को सबसे बड़ा सत्य मानने के। उसके लिए 'सभी चीजों का प्रतिमान' तो ईश्वर और मनुष्य का संबंध ही था, जो मनुष्य और मनुष्य के संबंध को भी एक सर्वथा नयी दीप्ति से भर देता था। तार्किक रूप से तो भक्ति–संवेदना में निहित यह बोध 'आधुनिक आत्म–बोध का स्वाभाविक आधार बनना चाहिए था। 'भारतीयता' को अपना संबंध भक्ति–संवेदना से जोड़ना चाहिए था। लेकिन ऐसा हुआ नहीं। क्यों नहीं हुआ ? आधुनिक भारतीयता– में भक्ति की प्रशस्त मानवीय संवेदना की बजाय संकीर्णता का स्वर क्योंकर प्रबल होता गया ?

परंपरा–विच्छिन्न आधुनिकता का सबसे दूरगामी परिणाम यह हुआ कि भारत के आधुनिक बुद्धिजीवी की चेतना में एक दरार पैदा हो गई। उसकी अपनी समकालीन आत्म–सजगता और परिवेश–चेतना एक तरफ़, परंपरा दूसरी तरफ़।

यह फाँक उन्नीसवीं सदी के प्रबोधन–काल से लेकर आज तक बनी हुई है। उन्नीसवीं सदी का मध्यवर्गीय बौद्धिक अपने ही व्यापकतर समाज के साथ अंगागीभाव से सम्बन्धित नहीं था। औपनिवेशिक स्थिति के सांस्कृतिक दबाव के बरक्स उसे भारतीयता की अस्मिता खोजनी थी और परंपरा भी। राजनीतिक पराधीनता से भी कहीं अधिक व्यथापूर्ण यह अहसास था कि हम बतौर एक समाज के दुर्बल और खंडित हैं। भावात्मक एकता के सूत्र से गुँथकर समाज

औपनिवेशिक सत्ता के समक्ष कम-से-कम सांस्कृतिक इकाई के रूप में तो स्वाभिमान के साथ खड़ा हो सके—चुनौती यह थी। दिक्कत यह हुई कि स्वाभिमान की धारणा परिभाषित हो रही थी— औपनिवेशिक सत्ता की प्रतियोगिता में। नतीजा यह कि 'हम' या तो औपनिवेशिक सत्ता की शान-शौकत से जुड़ेंगे या फिर उससे भी कहीं ज्यादा शान-शौकत अतीत के किसी सुदूर स्वर्णयुग में खोज निकालेंगे। उन्नीसवीं सदी के 'हम' गोया उस सुदूर स्वर्णयुग के ही वारिस थे, तब से लेकर नवजागरण तक का इतिहास केवल पतन और पराजय का इतिहास था। 'भारतीयता' की यह इकहरी, सामाजिक अनुभवों से असम्बद्ध अर्थात् अप्रामाणिक धारणा उस भारतीय राष्ट्रवाद के साथ ही विकसित हुई, जो भारतीय समाज की अपनी समस्याओं से कतराना चाहता था। राष्ट्रवाद की यह समस्या-निरपेक्षता किसी हद तक उस वक्त की मज़बूरी भी थी। लेकिन जल्दी ही यह मज़बूरी एक आत्म-प्रवंचना में बदल गई। ऐसी आत्म-प्रवंचना, जो 'भारतीयता' के ज़रिए इतिहास में निहित शक्ति-संघर्ष को नकारना चाहती थी। पूरी-की-पूरी सामाजिक अस्मिताओं-शूद्र, आदिवासी, स्त्री-के उत्पीड़न को नकारती ही नहीं, उस पर 'गर्व' करती थी। तमाम अवैदिक संस्कृति धाराओं को भटकाव मानती थी, चाहे वह बौद्ध-धर्म हो, चाहे इस्लाम। 'उग्र राष्ट्रवादी' कहे जाने वाले बाल गंगाधर तिलक इस बात पर 'गर्व' करते थे कि सुदूर अतीत में आर्य जाति ने अन्य जातियों को या तो बलपूर्वक अपने में मिला लिया, या उनका सफाया कर दिया। यह आकस्मिक नहीं, तार्किक है कि तिलक बाल-विवाह के पक्के समर्थक थे, और कांग्रेस अधिवेशनों के साथ-साथ सोशल रिफॉर्म कॉन्फ्रेंस करने का चलन उन्हीं के दबाव में समाप्त हुआ। इधर 'भारतीयता' के एक और नायक स्वामी दयानन्द सरस्वती के अनुसार कबीर तो खैर, 'निरक्षर जुलाहा' थे ही, तुलसीदास की रचनाएँ तक उसी तरह त्याज्य हैं, जैसे 'विषयुक्त अन्न'। स्वामी जी सती-प्रथा के विरोधी थे, लेकिन स्त्री को सन्तानोत्पत्ति का माध्यम-भर मानने वाली नियोग प्रथा के समर्थक! स्त्री की अस्मिता महत्त्वपूर्ण नहीं थी, महत्त्वपूर्ण था हजारों वर्ष पहले का वैदिक आदर्श; लोक-जीवन और तत्प्रसूत विवेक महत्त्वपूर्ण नहीं था, महत्त्वपूर्ण था शास्त्र का वचन।

'सत्यार्थ प्रकाश' इस मायने में समग्र ग्रंथ है कि इसमें अनुयायियों के सोच को ही नहीं, रोज़मर्रा के जीवन-क्रम तक को अनुशासित करने का प्रयत्न किया गया है। इसी सिलसिले में ग्रंथ के तृतीय समुल्लास में "ब्रह्मचर्य, पठन-पाठन व्यवस्था, सत्यासत्य ग्रंथों के नाम और पढ़ने-पढ़ाने की रीति बतायी गई है। प्रश्नोत्तर शैली में यह बात पूरे छह बार रेखांकित की गई है कि कुछ ग्रंथ 'परित्याग क़े योग्य', 'जालग्रंथ', 'कपोल-कल्पित मिथ्या ग्रंथ' हैं। इनमें यदि थोड़ा-बहुत सत्य है भी, तो वह वेद का और असत्य इनके घर का है, इसलिए इन असत्यमिश्रित ग्रंथों को उसी तरह त्याग देना चाहिए, जैसे विषयुक्त अन्न को। सत्य का ग्रहण तो वेदादि शास्त्रों से हो ही जाता है, फिर इस मिथ्याजाल को क्यों गले लिपटाया जाए?" (यह सारी शब्दावली स्वयं स्वामी जी की है।)[1] अब जरा इन 'विष के समान परित्याग के योग्य ग्रंथों' में से दो-चार के नाम देखें, "सब पुराण, सब उप-पुराण, तुलसीदास-कृत भाषा रामायण, रघुवंश, माघु, किरातार्जुनीय, धर्मसिंधु, अमर-कोश..." सूची लंबी है, नमूने इतने ही काफ़ी हैं।) स्वामी जी के अनुसार तो 'सर्वभाषाग्रंथ' जाली हैं। इस शब्द का अर्थ स्वामी जी के भक्त शायद न समझें, अध्येता जानते हैं कि स्वामी जी सारी आधुनिक भारतीय भाषाओं को 'भाषा' संज्ञा से पुकारते थे, और प्रामाणिक मानते थे केवल 'देवभाषा' संस्कृत के क्यों को। इसीलिए सारे-के-सारे भक्ति आदोलन के प्रति उनका रवैया नकारात्मक था, क्योंकि उनके अनुसार सच्चे ज्ञान की एक ही गंगोत्री थी— 'वेद' और एक ही माध्यम था 'संस्कृत'! उनके इन वाक्यों पर गौर करें,

"वेदादि सत्य शास्त्रों के स्वीकार में सब सत्य का ग्रहण हो जाता है। जो कोई इन मिथ्या ग्रंथों से सत्य का ग्रहण करना चाहे, तो मिथ्या भी उसके गले लिपट जावे।"

किसी महान् विभूति का ऋण स्वीकारने का तरीका आँखें मूँदकर ताली पीटना नहीं होता। किसी विचार या आदोलन का मूल्यांकन उसके घोषित इरादों-भर से नहीं, बल्कि सचाई, परंपरा तथा अन्य लोगों के प्रति उसके रवैये के आधार पर किया जाना चाहिए। इस प्रसंग में कबीर के बारे में स्वामी दयानन्द सरस्वती के सुभाषित का पारायण किया जाए, "किसी पण्डित के पास संस्कृत पढ़ने गया, उसने उसका अपमान किया। कहा कि—'हम जुलाहे को नहीं पढ़ाते'। इसी प्रकार कई पण्डितों के पास फिरा, परन्तु किसी ने न पढ़ाया। तब ऊट-पटाँग भाषा बनाकर जुलाहे आदि नीच लोगों को समझाने लगा। तम्बूरे लेकर बजाता था, भवन बनाता था। विशेष पंडित, शास्त्र, वेदों की निन्दा किया करता था। कुछ मूर्ख लोग उसके जाल में फँस गए।"[2]

दयानन्द जी के प्रति व्यक्तिगत सम्मान के बावजूद; चिन्ता इस मनोवृत्ति को लेकर है, जो सत्य को एक जिंस समझती है, और वेद को उस जिसका सन्दूक! सत्यनिष्ठा, ईमानदारी और देश-प्रेम को अपना बँधुआ मजदूर मान लेने वाली मानसिकता, तात्कालिक धूमधाम चाहे जितनी कर ले, दूरगामी परिणामों की दृष्टि से अपने ही समाज के लिए सर्वाधिक घातक होती है। दयानन्द जी की अतुलनीय प्रतिभा की करुण ट्रैजेडी ऐन इसी बात में है कि उनके इरादे बहुत नेक थे, लेकिन तर्क-पद्धति, जीवन-दृष्टि और अन्यों के प्रति उनका रवैया भयावह रूप से इकहरा था। इस इकहरेपन पर जो टिप्पणी दयानन्द जी के समकालीन भारतेदु हरिश्चन्द्र ने की थी, उससे अधिक सटीक, संक्षिप्त और मार्मिक टिप्पणी सम्भवत: आज तक नहीं की गयी है। भारतेंदु के शब्दों में, दयानन्द सरस्वती ने, "...पहले केवल भागवत का खण्डन किया, फिर सब पुराणों का। फिर कई ग्रंथ माने, कई छोड़े, अपने काम के प्रकरण माने, अपने विरुद्ध को क्षेपक कहा...भाष्य में रेल, तार आदि कई अर्थ जबर्दस्ती किए। इसी से संस्कृत विद्या को भली-भांति न जानने वाले ही प्राय: इनके अनुयायी हुए। जाल को छुरी से न काटकर दूसरे जाल ही से काटना चाहा, इसी से दोनों आपस में उलझ गए और परिणाम-गृह-विच्छेद उत्पन्न हुआ।"[3]

बहरहाल, नवजागरण की वर्चस्वशाली धारा में बहुत जल्दी ही शास्त्र लोक को जाँचने की कसौटी बन गया। कारण यह कि नवशिक्षित मध्यवर्ग औपनिवेशिक सत्ता के बरक्स हीनता-ग्रंथि से ग्रस्त था और अपने समाज के बरक्स आत्म-मुग्धता से। उसे अपने समकालीन जन-जीवन से गहरी वितृष्णा थी। इस जन-जीवन की संस्कृति और जीवंत परंपरा से मध्यवर्गीय बौद्धिक का प्रामाणिक संबंध बन ही नहीं पाया। जन-जीवन की संस्कृति, उसमें व्याप्त धर्म-बोध, परंपरा—सब उसे 'अशुद्ध' और लज्जास्पद लगता था। उसकी खोज थी, 'विशुद्ध' की। जीवन-प्रवाह में वस्तुत: जीवित वही रहता है, जो 'अशुद्ध' होने को तैयार रहे। समस्या-निरपेक्ष राष्ट्रवाद ने अपने सांस्कृतिक आधार के लिए सुदूर अतीत में 'विशुद्धता' की खोज की, और उसके बाद के हजारों साल के इतिहास को, स्वयं अपने पूर्वजों को पतन का रूपक मान लिया। समाज के सारे दोषों के लिए 'अन्य' को बलि का बकरा बना दिया गया। स्त्री की दुर्दशा का कारण? इस्लाम। जातिबंधनों के कठोर होने का कारण? इस्लाम। सामाजिक तनाव का कारण? पहले मुसलमान और फिर अंग्रेजी सत्ता। अर्थात् भारतीय उर्फ हिन्दू उर्फ वैदिक संस्कृति में तो सिर्फ़ उदात्त विचार हैं, उदार व्यवस्थाएँ हैं, आदर्श संस्थाएँ हैं। वहाँ कोई उत्पीड़न नहीं है, कोई नृशंसता नहीं है। जब यह सब है ही नहीं, तो प्रतिवाद क्योंकर हो अत्याचार है ही नहीं, तो प्रतिकार काहे का? पिछले हजारों सालों में जिस-जिसने यह सब नहीं समझा, वह या तो असुर

था या फिर विदेशी प्रभाव से दूषित! कहा जा सकता है कि अपनी समस्या-निरपेक्ष कल्पना के जरिए भारतीय समाज के प्रभु-वर्ग ने सामाजिक-सांस्कृतिक इतिहास के धरातल पर यह मानने और मनवाने का बीड़ा उठा लिया कि जो दिखता है, वह सत्य नहीं, माया है। सत्य वह है, जो 'हम' बतलाएँ। 'ब्रह्म-सत्य जगन्मिथ्या' के मायावाद का यह सामाजिक-ऐतिहासिक अनुवाद था। उत्पीड़ितों और उत्पीड़कों—दोनों के लिए भयावह परिणतियों वाली आत्मप्रवंचना थी यह!

इस आत्मप्रवंचना ने केवल समकालीन भारतीय आत्म-बोध को संदिग्ध ही नहीं बनाया, परंपरा के साथ खिलवाड़ भी किया। भद्रलोक के अपने बौद्धिक परिवेश में परंपरा की जीवंत उपस्थिति क्षीणतर होती जा रही थी, और जन-जीवन की 'अशुद्धता' से उसे विरक्ति थी। परिणामस्वरूप, न केवल परंपरा को मनमाने ढंग से 'शुद्ध' कर लिया गया, बल्कि उसे मनोरंजक रूप से 'आधुनिक' भी बनाया गया। यही नहीं कि पुष्पक विमान बोइंग का पूर्वज था, बल्कि यह भी कि आधुनिक राष्ट्रवाद, लोकतंत्र आदि भी 'शुद्ध' अतीत में मौजूद थे। इधर के विकट भारतीय सीरियल 'चाणक्य' पर विश्वास करें, तो आतंकवाद और बोफोर्स स्कैण्डल तक! परंपरा से जीवंत संबंध के टूटने की चिन्ताजनक परिणतियों को रवींद्रनाथ ठाकुर ने इस मार्मिक बिंब में व्यक्त किया है, "उस काल के विचारस्रोत, भावस्रोत और प्राणस्रोत की आदिगंगा सूख गई है। बस, उस नदी की तलहटी में जहाँ-तहाँ, पानी रुक गया है। वह किसी बहती हुई आदिम धारा से परिपुष्ट नहीं। उसका कितना पानी पुराना और कितना पानी आधुनिक लोकाचार की दृष्टि से संचित है, कहना कठिन है।" परंपरा की शुद्धतावादी खोज की नियति यही है।

ऐसा नहीं है कि समस्या-निरपेक्ष राष्ट्रवाद और उसकी सहगामिनी पवित्रपावन भारतीयता की अप्रामाणिकता को किसी ने लक्ष्य ही नहीं किया। भारतीयता को उत्पीड़न का आवरण बनाने की कोशिशें की गयीं, तो इसका प्रतिवाद भी हुआ। शास्त्र को तानाशाह मिजाज का प्रतिमान बनाया गया, तो 'शास्त्र को लोकचिन्ता की अपेक्षा में देखने' की—सिफारिश भी की गयी। नवजागरण का अर्थ यदि 'शुद्ध' हिन्दू अतीत या 'शुद्ध' मुस्लिम अतीत की सुरक्षा में लौट जाना समझ लिया गया, तो सन् 1939 में यह सटीक टिप्पणी भी गांधीजी ने की, "उन्नीसवीं सदी के नवजागरण ने जनजीवन के भेदों को दूर करने की वजाय उन्हें बढ़ावा दिया। लोगों में मौजूद एकता को इसने कमजोर किया। भारतीय होने के बजाय हिन्दू और अधिक हिन्दू हो गए, मुसलमान और अधिक मुसलमान।"

यह टिप्पणी गांधीजी करें, यह स्वाभाविक था। उतना ही स्वाभाविक यह भी था कि गांधीजी 'सत्यार्थ प्रकाश' को 'एक महान् प्रतिभा द्वारा लिखी गई परम निराशाजनक और सतही पुस्तक' बताएं। उनके लिए न तो परंपरा लोकजीवन की छूत से 'शुद्ध' वस्तु थी और न भारतीयता हजारों साल पहले ही बाँधकर रख दी गई पोटली। उनके आत्म-बोध में भारतीयता ऐसी चट्टान भी न थी, जो अन्य सारी पहचानों को कुचलकर ही अपनी पहचान बनाए। अपने समाज से सहज सम्बद्ध होने के फलस्वरूप उनमें यह नैतिक साहस था कि धार्मिक सद्भाव और छुआछूत के सवालों को राजनीतिक स्वाधीनता के सवाल के ठीक बराबर महत्त्व दे सकें। प्रार्थना-सभा गांधीजी के लिए रणनीति नहीं थी, और न ही वे धर्म का 'इस्तेमाल' करते थे। उनकी भारतीयता संकीर्ण तथा अप्रामाणिक नहीं थी, और न ही उनका राष्ट्रवाद समस्या-निरपेक्ष था। इस सबका मूलभूत कारण यही था कि वे लोक के सामने शास्त्र को नहीं अड़ा देते थे, बल्कि मनुष्य के सहजात, विकासमान नैतिक विवेक को 'सब चीजों का प्रतिमान' मानते थे। इस विवेक के विशिष्ट भारतीय रूप अर्थात् भक्ति-संवेदना से गांधीजी की सांस्कृतिक चेतना निरन्तर सहज भाव से जुड़ी रही। उनकी 'भारतीयता' का नाभिक विशुद्ध वैदिक अतीत अथवा गर्वोद्धत हिन्दुत्व नहीं था। उन्होंने

सचमुच 'अविशुद्ध' लोकधर्मी-भक्ति-संवेदना को आधुनिक आत्म-बोध में पल्लवित करने की चेष्टा की। इस चेष्टा की सफलता-असफलता का विश्लेषण अलग मुद्दा है, लेकिन इतना स्पष्ट है कि प्रामाणिक भारतीयता की खोज के प्रसंग में यह चेष्टा अब भी एक सम्भावना है। कारण यह कि इस चेष्टा की 'भारतीयता' उत्पीड़न की कड़वी सचाई से आँखें चुराने की बजाय उससे टकराती है। मनमानी परंपरा गढ़ने की बजाय जनजीवन के संस्कारों में व्याप्त जीवंत परंपरा को न्याय के संकल्प से पुनः ऊर्जस्वित करती है। खैर! यह स्पष्ट है कि हमारे समाज का भद्रलोक एक विचित्र, असंवेदनशील अहमन्यता को ही 'भारतीयता' मानता-मनवाता आया है। इसकी खोज में निकले शुद्धता-प्रेमियों, अतीत-प्रेमियों के रथों ने जिन्हें घास की तरह कुचल दिया, उनकी चीत्कार को कभी पाखंड कह दिया गया, तो कभी 'राष्ट्रवाद' के विरुद्ध विदेशी सत्ता का समर्थन करने का पाप। संयोग नहीं कि ऐसे आरोप सिर्फ़ मुस्लिम नेताओं पर ही नहीं, जोतिवा फुले, अंबेडकर से लेकर रामास्वामी नायकर तक पर लगाए गए। आरोप लगाने वालों का यह पूछने की ज़रूरत शायद ही कभी महसूस हुई कि उनकी भारतीयता में आखिर ऐसी क्या बात है, जो करोड़ों भारतवासी-अल्पसंख्यक, दलित, आदिवासी, स्त्री-उसके प्रति प्रेम नहीं, आतंक अनुभव करते हैं। विडंबना तो यह है कि सामाजिक न्याय के लिए प्रतिबद्ध लोगों में भी ऐसे बहुत-से हैं, जो तमाम नेक इरादों के बावजूद 'भारतीयता' की अवधारणा की पड़ताल और उसके विकल्प की ज़रूरत महसूस नहीं कर पाते। प्रभु वर्ग द्वारा प्रतिपादित भारतीयता को अवधारणा को ही उन्होंने भी आत्मसात कर लिया है। वे अन्याय का विरोध करते हैं, लेकिन यह मानते हुए कि भारतीय-संस्कृति और परंपरा में प्रतिवाद का कहीं कोई स्वर नहीं है। प्रभु वर्ग की भारतीयता का ऐसा प्रतिवाद भी ठीक इसी कारण अनजाने ही अप्रामाणिक हो जाता है कि इसमें भी ऐतिहासिक अनुभवों और संचित स्मृतियों की वैसी ही एकांगी उपेक्षा की जा रही है। विलायत-प्रेरित भारत-व्याकुल कहें कि 'भारतीयता' में शक्ति-संघर्ष और अस्मिताओं का उत्पीड़न है ही नहीं, यह तो समझ में आता है, लेकिन राजेन्द्र यादव यह कहें कि सिर्फ़ उत्पीड़न है, कोई प्रतिवाद है ही नहीं, तो चिन्ता होती है। लोकधर्मी भक्ति-संवेदना को 'एप्रोप्रिएट' करने की अब तक जारी प्रभुवर्गीय कोशिशों के सन्दर्भ में राजेन्द्र यादव की यह टिप्पणी सचमुच चिंतित करती है, ''अपने हर तरह के अत्याचारों, नृशंसताओं और क्रूर शोषण के जस्टिफिकेशन के लिए ही नहीं, बल्कि उससे पैदा होने वाली मानसिक अशांति के शमन और प्रायश्चित्त—दोनों के लिए, जो भगवान की शरण में जाते रहे-उनके मूल्य आज की दुनिया में आदर्श कैसे हो सकते हैं?''[4] ऐसे लोगों के मूल्य तो वाकई आदर्श नहीं हो सकते, लेकिन क्या 'भगवान की शरण' में सिर्फ़ ऐसे ही लोग जाते रहे हैं? क्या भक्ति-संवेदना की भूमिका सिर्फ़ इतनी थी और है कि उसे जस्टिफिकेशन के लिए एप्रोप्रिएट किया जा सके? ऐसी समझ सिर्फ़ एकांगी होने के कारण ही चिन्ताजनक नहीं है, बल्कि ज्यादा महत्त्वपूर्ण बात यह है कि ऐसी समझ हमारे देश के परिवर्तनकर्मियों का संस्कार बन गयी है। बात व्यक्ति की नहीं, प्रवृत्ति की है। ऐसा मान लिया गया है कि भारतीयता की पहचान बजाते-खुद कोई समस्या है ही नहीं। यह भुला दिया गया है कि ऐसी किसी भी पहचान में सामाजिक संबंधों और सत्ता का एक विशेष रूप निहित होता है। मिथकों, स्मृतियों और संस्कृति के जरिए यह विशेष रूप जनसंस्कार में जड़ें जमा लेता है। समाज को भावनात्मक संगठन प्रदान करता है। यह भी भुला दिया गया है कि मनुष्य की परिभाषा ही यह है कि वह सिर्फ़ रोटी के लिए नहीं जीता, सिर्फ़ सुपरिभाषित हित के लिए नहीं मरता। सामाजिक न्याय और समता की दिशा में परिवर्तन का संकल्प तभी एक भौतिक शक्ति का रूप लेता है, जबकि उसका वास्ता मनुष्य की भावनात्मक

समग्रता से हो, केवल तर्क-बुद्धि से नहीं। सांस्कृतिक पहचान और परंपरा का बोध इसी भावनात्मक समग्रता के सामाजिक पहलू को व्यक्त करता है। इसीलिए न्यायकारी तथा समताप्रेमी जन पहचान और परंपरा की उपेक्षा नहीं कर सकते। यह भी अहम्मन्यता का ही एरक रूप है कि आप समूची संस्कृति और परंपरा में प्रतिवाद का कोई स्वर ही न सुन पायें। भारतीयता की प्रचलित अवधारणा भी तो यही मनवाना चाहती है कि उस अतीत में कोई द्वन्द्व, प्रतिवाद या संघर्ष नहीं था। यदि सच यही है, तब तो परिवर्तनकामियों को कोरे कागज से शुरुआत करनी होगी। लेकिन क्या कोई भी संस्कृति किसी भी ऐतिहासिक बिंदु पर कोरे कागज की तरह सपाट होती है?

ये यक्ष प्रश्न हैं। भारतीयता और न्याय-चेतना, दोनों ही की प्रामाणिकता के लिए जीवन-मरण के प्रश्न। इन प्रश्नों से पर्याप्त मुठभेड़ न कर पाने का फल यह हुआ है कि समतावादी राजनीति अपने-आपको भारतीय संस्कृति और परंपरा की स्वाभाविक फलश्रुति बनाने में असफल रही है। उसकी स्थिति परिवार के सदस्य की होने के बजाय बाहर से आए अतिथि की हो गई है। अतिथि देवता भले ही हो, परिवार की समस्याओं में उनका हस्तक्षेप स्वागत के योग्य नहीं माना जाता। संस्कृति के अतिथि-सा व्यवहार करने वाले समतावादी विचार की अपनी प्रामाणिकता संदिग्ध ही रहेगी।

होना तो यह चाहिए कि मनुष्य के सहज नैतिक विवेक और न्याय-चेतना को भारतीयता की अपनी विशिष्ट परंपरा के साथ सम्बद्ध किया जाय। इस सम्बद्ध भाव के साथ पूछा जाए कि हमारे संस्कार में व्याप्त 'भारतीयता' में क्या मुक्तिकारी है और क्या उत्पीड़नकारी? यह ऐसा यक्ष प्रश्न है, जिससे मुँह चुराने का नतीजा है—आत्मदाह! चिन्तन और राजनीति जब संस्कृति के यक्ष प्रश्नों से मुँह चुराने लगें, तो वे प्रश्न प्रेत बनकर समाज के चित्त में पैठ जाते हैं, और सामाजिक व्यवहार सन्निपात के लक्षण दिखाने लगता है। वर्तमान के प्रयोजन साधने के लिए अतीत की कड़वी सचाइयों पर लीपा-पोती करना, या अतीत में कौंधती सम्भावनाओं की पूर्णतया उपेक्षा करना—ये दोनों अर्द्धसत्य हैं। अर्द्धसत्य हमेशा असत्य से कहीं अधिक चोट पहुँचाते हैं। हमारे भीषण वर्तमान का भी सीधा संबंध उन अर्द्धसत्यों से है; जिन्हें उन्नीसवीं सदी में गढ़ी गई भारतीयता ने आत्मसात कर लिया था। और, जिनके कारण उसकी प्रामाणिकता आज तक संदिग्ध बनी हुई है!

मूल्य-बोध और भाव-भूमि के तौर पर परंपरा की वह अवधारणा निश्चय ही अप्रामाणिक है, जो सामाजिक संबंधों में निहित शक्ति-संघर्ष, अन्याय और दमन के सवालों पर जान-बूझकर परदा डालने की राजनीति अख्तियार करती है। यह अवधारणा उतनी ही अप्रामाणिक है, जितनी कि औपनिवेशिक तंत्र को दैवीय इच्छा या ऐतिहासिक अपरिहार्यता मानने वाली लोकतांत्रिक चेतना। दोनों ही प्रत्यक्ष की भीषण नृशंसता पर वाग्जाल का आवरण डालती हैं। दोनों ही मूल्यपरक शब्दों का दुरुपयोग कर उन्हें संदिग्ध बना डालती हैं, और इस तरह मनुष्य की चेतना का उपनिवेशीकरण कर डालती हैं।

इसलिए परंपरा से रिश्ता विवेकपूर्ण जुड़ाव का होना चाहिए, राजनीतिक उपयोगितावाद या कोरे भावुक प्रेम का नहीं। किसी भी समाज के वर्तमान को उसके अतीत से विच्छिन्न करके नहीं समझा जा सकता। परंपरा के प्रामाणिक बोध में, अतीत को सतत वर्तमान बनाने की चिन्ता उतनी नहीं होती, जितनी कि परंपरा और समकालीन अनुभव-दोनों के धरातल पर मनुष्य के लिए प्रशस्त अवकाश अर्जित करने की। ऐसी प्रशस्तता का कोई प्रयत्न संस्कृति-विशेष की विलक्षणताओं की उपेक्षा नहीं कर सकता। वैयक्तिक और सामाजिक न्याय परंपरा के बाहर खड़े होकर 'दिया' नहीं जाता, इसे परंपरा का संधान करते हुए अर्जित करना होता है। घर को सुधारना हो, तो आप

अतिथि नहीं बने रह सकते। परंपरा में सार्थक हस्तक्षेप करना हो तो आप उसकी समस्याओं और सम्भावनाओं की उपेक्षा नहीं कर सकते। इस लिहाज से देखें तो भारतीय परंपरा में मनुष्य और प्रकृति के बीच मूल्याश्रित विभेद जिस धरातल पर नहीं मिलता, उसे वही परंपरा पारमार्थिक कहती है और जिस धरातल पर भेद-ही-भेद मिलते हैं, उसे व्यावहारिक। दोनों ही सत्य हैं, इसलिए परस्पर अविरोधी हैं, इसलिए चींटी को आटा खिलाना भी धर्म है, तो किसी मनुष्य को अछूत मानना भी। इस द्वैत को स्वाभाविक मानने की आदत हमारी परंपरा और संस्कृति का हिस्सा है, तो इससे संघर्ष के प्रयास भी परंपरा के ही अंग हैं। इसी मायने में गांधीजी परंपरा के विस्तार थे, लेकिन ऐसा विस्तार जिसकी मौलिकता असंदिग्ध है। कबीर, नरसी मेहता, तुकाराम जैसे सन्तों ने अपने ढंग से पारमार्थिक और व्यावहारिक के द्वैत को तोड़ा था। यदि सभी मनुष्य ब्रह्म का हो रूप हैं, यदि ईश्वर ही जग-जीवन है, तो छुआछूत क्यों? यदि ईश्वर प्रेमस्वरूप है, तो जगत् के सामाजिक संबंध इतने विद्वेषरंजित क्यों? यदि परखा हुआ सत्य ही धर्म है, तो संसार में पाखंड का ऐसा पसारा क्यों? ये सवाल सन्तों ने पूछे थे। इसी अर्थ में गांधीजी कहते थे, ''सत्य और अहिंसा के सिद्धान्त उतने ही पुराने है, जितनी कि यह सृष्टि।'' लेकिन ऐसे सवाल सिर्फ़ भक्त को नहीं, सारे समाज को भी पूछने चाहिए—यह गांधीजी का अपना योगदान था। जाति-प्रथा से लेकर विदेशी शासन तक दासता के हर स्रोत की पहचान और आलोचना का स्वाभाविक परिणाम होना चाहिए—संगठित प्रतिरोध। सत्य केवल आन्तरिक खोज का ही नहीं, सामाजिक खोज का भी विषय है; इसलिए सत्याग्रह सिर्फ़ आत्म-शुद्धि का ही नहीं, समाज-शुद्धि का भी माध्यम है—यह परंपरा में गांधीजी का अपना हस्तक्षेप था—विनम्र और सशक्त हस्तक्षेप। ऐसा हस्तक्षेप वे नहीं कर सकते, जो जगत्-गुरु होने के अभिमान में कूपमंडूक बने बैठे रहें। ऐसे हस्तक्षेप के मर्म को वे समझ भी नहीं सकते, जो गांधीजी के विचार और व्यवहार की पारस्परिकता की उपेक्षा कर उन्हें केवल उद्धरणों के एक पुंज की तरह पढ़ना चाहें। परंपरा और आस्था पर गर्व यदि आरोचनात्मक विवेक से संपन्न न हो, तो वह समूची परंपरा को 'अंधों के हाथी', बल्कि कभी-कभी जानलेवा चट्टान में भी तब्दील कर देता है। परंपरा से गांधीजी का रिश्ता ऐसे खोखले गर्व का नहीं, सच्चे जुड़ाव से दर्द का रिश्ता था। सतही प्रेम का नहीं, गहरे विवेक का रिश्ता। स्वदेशी के सन्दर्भ में रवींद्रनाथ ठाकुर से बहस करते हुए गांधीजी ने लिखा था :

''हमें अपना विवेक किसी के हवाले नहीं कर देना चाहिए। प्रेम के सामने अंधसमर्पण बहुधा तानाशाह के सामने किए गये समर्पण से ज्यादा नुकसानदेह होता है। ताकत के गुलाम के लिए तो थोड़ी बहुत उम्मीद फिर भी है, प्रेम के गुलाम के लिए कोई नहीं!''

उपरोक्त उद्धरण में प्रेम की जगह परंपरा रख दें, तो बात समकालीन सन्दर्भ में और भी प्रखर और प्रेरणाप्रद हो उठती है।

## सन्दर्भ


1. देखें 'सत्यार्थ प्रकाश', दयानन्द संस्थान, नयी दिल्ली, सं. 2031 वि., पृ. 52-53
2. वही, पृ. 238
3. 'स्वर्ग में विचारसभा का अधिवेशन' —भारतेंदु के निबन्ध, बनारस, सं. 2008 वि., पृ. 113
4. 'इन्द्रप्रस्थ भारती', जुलाई-सितम्बर, 1991, पृ. 8


['संस्कृति वर्चस्व और प्रतिरोध' (1995), राजकमल प्रकाशन]

# 1857 और हिन्दी नवजागरण

1857 के स्वाधीनता संग्राम और हिन्दी नवजागरण के बीच क्या संबंध था ? क्या सचमुच भारतेंदु युग 1857 के साम्राज्य-विरोधी जागरण से जुड़ा हुआ है ? क्या सचमुच हिन्दी नवजागरण 1857 में व्यक्त जनजागरण की ही अगली ऐतिहासिक अवस्थी है ? क्यों सचमुच हिन्दी नवजागरण 1857 की राजनीति और उसकी संवेदना से प्रेरणा लेता है ? या कि वास्तविकता यह है कि देशदशा पर दुखी होते हुए भी हिन्दी नदजागरण उस **दशा के** 1857 द्वारा सुझाए गए निदान उपचार को अस्वीकार करता है ? क्या यह सच है कि **नवजागरण** की प्रतिनिधि आवाजें 1857 से प्रेरणा लेने की बजाय उससे दूर खिसकने की कोशिशें करती हैं ? साहित्यिक नवजागरण 1857 की राजनीतिक सांस्कृतिक सम्भावनाओं के फलीभूत होने को सूचित करता है या 1857 की सम्भावनाओं के त्रासद विघटन को ?

कहने की आवश्यकता नहीं कि ये सारे सवाल कोरे एकेडमिक विमर्श के सवार नहीं हैं। यह तो सही है कि 'न इतिहास कल्पवृक्ष हैं—और न ही नवजागरण कामधेनु', लेकिन यह भी तो सच है कि नवजागरण में निहित चेतना, उस चेतना के जरिए रची आत्म और अन्य की छवियाँ, उसके द्वारा निर्धारित साहित्यिक-सांस्कृतिक प्रतिमान हमें विरासत में मिले हैं। बल्कि वे हमारे साहित्यिक-सांस्कृतिक संस्कारों के अंग हैं। इस हद तक कि हम उत्तर भारत में जातीयता के गठन और जातीय नवजागरण को पूरा विमर्श गढ़ लेते है—इस तथ्य की सहज उपेक्षा करते हुए कि यदि हिन्दी जातीयता सचमुच है तो उसके कुछ सांस्कृतिक सरोकार, उसके कुछ आत्मसंघर्ष उर्दू की परंपरा में भी व्यक्त हुए हैं। यदि हम हिन्दी शब्द का प्रयोग केवल उस परंपरा के लिए करें जो 1873 में हिन्दी के 'नए चाल में ढलने' से शुरू होती है, तो और बात है, लेकिन यदि 'हिन्दी' शब्द का प्रयोग उत्तर भारत की समस्त सांस्कृतिक परंपरा के अर्थ में किया जाए, यदि 'हिन्दी' शब्द का प्रयोग जातीयता-नेशनलिटी—के अर्थ में किया जाए तो इस जातीयता के नवजागरण की चर्चा ग़ालिब, हाली और मास्टर रामचन्द्र, के बिना क्या अधूरी नहीं है ? लेकिन चाहे 'देहली रेनेसाँ' की बात करने वाले उर्दूदाँ हों, चाहे हिन्दी नवजागरण की चर्चा करने वाले हिन्दी प्रेमी-दोनों अभिशप्त हैं उन्नीसवीं सदी की विरासत को एक आँख बंद करके देखने के लिए। इरादे कितने भी नेक क्यों न हों, मुहावरे-जातीय परंपरा या गंगा-जमुनी कल्चर के—कितने ही मनोहर क्यों न हों यह सचाई अपनी जगह अटल है कि उन्नीसवीं सदी के नवजागरण के विविध रूपों में जो आत्मबोध व्यक्त होता है, वह विकराल रूप-से विभाजित है। सामान्य जनता की एकता की बात करते हुए जो सांस्कृतिक आत्मबोध और साहित्यिक विमर्श विकसित होता है, वह उस जनता की परंपरा को बाँटते हुए—बल्कि इस बाँट को आत्म-परिभाषा का आधार बनाते हुए। और हम अभिशप्त हैं—अपनी शैक्षणिक ट्रेनिंग, बौद्धिक परिवेश और संस्थाओं के वातावरण के चलते—कि इस विभाजन और अपवर्जन से जन्मे आत्मबोध को अपना संस्कार मान लें।

क्या यही थी 1857 की विरासत ?

आगे बढ़ने के पहले खुद को याद दिलाना ज़रूरी है कि उन्नीसवीं सदी के नवजागरण के विभिन्न नेताओं और प्रवृत्तियों पर सांप्रदायिकता का लेबल चस्पाँ करना जितना आसान है उतना ही फ़िज़ूल भी। सच तो यह है कि इस तरह का मूल्यनिर्णय तत्कालीन सांस्कृतिक प्रक्रियाओं और उनसे उपजी चेतना की समस्याओं को समझने में उतना ही बाधक होगा जितना कि यह सरलीकृत वक्तव्य, "भारतेन्दु हरिश्चन्द्र और उनके समकालीन लेखकों को 1857 से जोड़ने वाली दो मुख्य चीजें हैं—राष्ट्रीय स्वाधीनता का उद्देश्य और अंग्रेजी राज के स्वरूप की पहचान।" (डॉ. रामविलास शर्मा, 'भारतेन्दु हरिश्चन्द्र और हिन्दी नवजागरण की समस्याएँ' —नई दिल्ली, 1989, पृ.13) नवजागरण कालीन बौद्धिकों ने अस्मिता को कैसे परिभाषित किया ? देशदशा और उसके निदान उपचार की व्याख्या कैसे की ? उनकी चेतना की संरचना और सामाजिक संरचना से उसके संबंध का स्वरूप क्या था ? ये सवाल इस चेतना में सांप्रदायिक तत्त्व खोजने वाली पद्धति से कहीं ज्यादा संवेदनशील और समग्रतापरक पद्धति की माँग करते हैं। हिन्दी नवजागरण को भारतीय इतिहास और भूगोल के विस्तार में ठीक से स्थापित करने का प्रयत्न करते ही, इस नवजागरण के सन्दर्भ में सांप्रदायिकता और उसके विरोध के समकालीन विमर्श को लागू करने की सीमाएँ उजागर होने लगती हैं। इसका एक रोचक उदाहरण इतिहासकार सुधीर चन्द्र के काम से मिलता है, जिन्होंने 1981 में उन्नीसवीं सदी के हिन्दी साहित्य में सांप्रदायिक चेतना को रेखांकित किया, लेकिन 1992 में स्वीकार किया कि इस पद्धति से उन्नीसवीं सदी के 'अन्तर्विरोधों, अस्पष्टताओं और अनसुलझे तनावों' को समझना असम्भव है। (देखें 'दि ऑप्रेसिव प्रेजेंट', ऑक्सफोर्ड यूनिवर्सिटी प्रेस, दिल्ली, 1992, पृ. 156)

तो इस सावधानी के साथ हम 1857 और हिन्दी नवजागरण के संबंध और हिन्दी नवजागरण के अनसुलझे तनावों को समझने की कोशिश करें।

1857 के बारे में अब इतना निर्विवाद है कि सैनिकों का विद्रोह होते हुए भी यह सिर्फ़ सैनिक विद्रोह (म्यूटिनी) नहीं था। न केवल इसके कारण सैनिक असन्तोष से कहीं अधिक व्यापक थे, बल्कि इसके सरोकारों में एक निश्चित सांस्कृतिक आत्मबोध, उस आत्मबोध के आन्तरिक तनाव और आत्मसंघर्ष और एक निश्चित राजनीति भी प्रकट होती है। विविध पत्रों, दस्तावेजों, इश्तेहारों और घोषणा पत्रों से 1857 के स्वाधीनता संग्राम के सांस्कृतिक आत्मबोध और राजनीतिक परिप्रेक्ष्य का काफ़ी हद तक अनुमान लगाया जा सकता है। रामविलासजी का यह निष्कर्ष सही है कि ''1857 के स्वाधीनता संग्राम का चरित्र असांप्रदायिक और राष्ट्रीय था और राजसत्ता की मूल समस्या सामंतों- के नहीं जनता के हित में हल की गई थी।'' महावीरप्रसाद द्विवेदी और हिन्दी नवजागरण' राजकमल, नई दिल्ली, 1977, पृ. 110)

इतिहासकार रजतकान्त राय ने 1857 के राजनीतिक सिद्धान्त को सूत्रबद्ध करने की कोशिश की है। उनके निष्कर्ष इस प्रकार हैं :

1. 1857 के स्वाधीनता संग्राम में, विविधता में एकता के मूलभूत भारतीय अनुभव को सिद्धान्त का रूप देने का प्रयत्न किया गया।
2. हिन्दू और मुस्लिम जनता के स्वायत्त सामाजिक-सांस्कृतिक अस्तित्व को स्वीकार करते हुए भी राजनीतिक धरातल पर उन्हें एक करने का प्रयत्न किया गया। यह सहज देशभक्ति को एक तरह से 'कनफेडरेट नेशनलिज्म' में विकसित करने का प्रयत्न था, जिसमें दो कौमें एक मुल्क के भाग्य-निर्माण में साझा कर सकती थीं।

हिन्दू और मुसलमान की सामाजिक-धार्मिक पहचानों को 'हिन्दुस्तान के हिन्दू और मुसलमान' की नई राजनीतिक कोटि में परिभाषित किया गया।

3. हिन्दू-मुस्लिम के बीच मौजूद सांस्कृतिक वर्चस्व के संघर्ष और तनावों का समाधान करने का प्रयत्न किया गया। गो-वध पर पाबंदी इस समाधान की दिशा का एक प्रमाण है तो 'काफिर' शब्द का 'अंग्रेज-समर्थक' और 'गद्दार' के अर्थ में विस्तार दूसरा। (देखें मुशीरुल हसन द्वारा सम्पादित 'इंडियाज कॉलोनियल एनकाउंटर', मनोहर, नई दिल्ली, 1994 में रजतकान्त राय का लेख)

यह भी तथ्य है कि 1857 के स्वाधीनता संग्राम का परिप्रेक्ष्य पुरानी व्यवस्था को जस का तस पुनर्स्थापित कर देने का नहीं था। यह कल्पना की जा सकती है कि यदि 1857 का विद्रोह सफल होता तो पुरानी व्यवस्था का बाह्य रूप बना रहता लेकिन उसकी अन्तर्वस्तु में बहुत कुछ बदल गया होता। संघर्ष केवल विदेशियों को मार भगाने के लिए नहीं, बल्कि साम्राज्यवादी शोषण, राजनीतिक पराधीनता और सांस्कृतिक दमन के जटिल अन्तस्संबंध को समझते हुए, उस तंत्र के विरुद्ध चलाया गया था जिसके कारण यह शोषण, पराधीनता और दमन सम्भव हुए थे। विक्टोरिया के घोषणापत्र के जवाब में जारी किए गए बेगम हजरतमहल के घोषणापत्र और संघर्ष के आरम्भ में ही जारी किए गए बहादुरशाह ज़रूर के इश्तेहार का अध्ययन करने से यह बात एकदम स्पष्ट हो जाती है।

1857 की राजनीतिक-सांस्कृतिक संवेदना में दो बातें एकदम स्पष्ट थीं। एक तो यह कि देश की हर तरह की दुर्दशा का मूल स्रोत अंग्रेजी राज है, इसलिए इस संवेदना में राजभक्ति और देशभक्ति के उस तरह के सहअस्तित्व की गुंजाइश नहीं थी, जो कि परवर्ती दौर के बौद्धिक उपक्रमों में पाया जीता है। दूसरी बात यह कि हिन्दू-मुसलमान के पारंपरिक संघर्ष की सचाई की उपेक्षा किए बगैर भी 1857 के नेताओं का प्रयत्न तात्कालिक तौर पर इस संघर्ष का फायदा अंग्रेजों को न उठाने देने का और दूरगामी अर्थ में इस संघर्ष का समाधान आदान-प्रदान और समझौते के जरिए करने का था। यह सघंर्ष कितनी वास्तविक था और स्वयं विद्रोह के दौरान भी इसकी स्मृतियों के कारण कितनी विकट फाँक उत्पन्न हुई थी, यह शाहाबाद के राजा मानसिंह द्वारा नाना साहब को लिखे पत्र से स्पष्ट हो जाता है, ''जिन्होंने हमारे मंदिर नष्ट किए, जबरन धर्मपरिवर्तन कराया, हिन्दू, स्त्रियों का सतीत्व हरण किया, जिनक मुँह तक देखना पाप है, ऐसे मुसलमानों के साथ मिलकर उन अंग्रेजों को मारने की बात की जा रही है जिन्होंने धर्म की पुनर्प्रतिष्ठा की, मदिरों के पुननिर्माण में योगदान किया और जिनके कारण हम अपने त्यौहार फिर से मना सके।'' (रजतकान्त राय द्वारा उद्धृत, पूर्वोक्त, पृ.157)

सन्देह और घृणा की यह भावना न तो सिर्फ़ समंतों तक सीमित थी और न ही एकतरफ़ा—इस तथ्य की ध्यान में रखें तो 1857 के नेताओं के स्वप्न और परिप्रेक्ष्य कीं महत्त्व और भी बढ़ जाता है। यह परिप्रेक्ष्य औपनिवेशिक व्यवस्था को भगवान की देन या असाध्य ऐतिहासिक विवशता मानने की बजाय पारंपरिक व्यवस्था को बदली परिस्थिति के अनुरूप ढालने को था। इसमें एक अन्तर्निहित बहुलता थी, विभिन्न पारंपरिक वर्गों के अपने-अपने हितों की चेतना और वर्चस्व संघर्ष के विविध पहलुओं के प्रति संवेदनशीलता थी। भारतीय समाज के भीतरी तनावों की वास्तविकता जितनी सच थी, उतना ही यह भी सच था कि 1857 की राजनीतिक संवेदना औपनिवेशिक सत्ता के मुकाबले इन तनावों को सुलझाने या कम-से-कम स्थगित कर देने की परिपक्वता से संपन्न थी। बुंदेलखंड के सन्दर्भ में 1857 के विद्रोह की राजनीति का

अध्ययन करते हुए ताप्ती रॉय इसी नतीजे पर पहुंची हैं कि "आंदोलन का तर्क सिर्फ़ नकारात्मक नहीं था। लोगों के सामने भविष्य का रचनात्मक और सकारात्मक विज़न था और वे उसके लिए संघर्षरत थे। 1857 और '58 के उन महीनों में लोग अपनी राजनीतिक आकांक्षाओं और आदर्शों के अनुरूप विकल्प गढ़ने में लगे हुए थे।" ('दि पॉलिटिक्स ऑफ़ ए पॉपुलर अपराइजिंग, ऑक्सफोर्ड यूनिवर्सिटी प्रेस, दिल्ली, 1994, पृ. 258)

1857 केवल सिपाहियों का नहीं, उत्तर भारत के विभिन्न पारंपरिक सामाजिक वर्गों का विद्रोह था; इन वर्गों में किसानों के अलावा पारंपरिक बौद्धिक वर्ग के प्रतिनिधि-पडित, मौलवी, फकीर और दरबारी-अमले आदि भी शामिल थे। साथ ही 1857 की राजनीतिक संवेदना केवल सक्रिय योद्धाओं तक भी सीमित नहीं थी। असल में, उस स्वाधीनता संग्राम के विविध धरातल थे, जिन्हें एक जटिल, संश्लिष्ट समग्रता में व्यक्त करने का प्रयास किया जा रहा था। किसानों का असन्तोष, धार्मिक-सांस्कृतिक अस्मिता पर औपनिवेशिक आक्रमण से उत्पन्न बेचैनी, विभिन्न वर्गों के अपने-अपने विशिष्ट सवाल—ये सब इस समग्रता में शामिल थे। इस समग्रता की बौद्धिक बनावट भारतीय समाज के आंगिक बौद्धिकों द्वारा गढ़ी जा रही थी, और इसका मुहावरा सामाजिक-सांस्कृतिक आन्दोलनों की देसी परंपरा के आधार पर विकसित हो रहा थी।

यहाँ थोड़ा सा विषयान्तर करते हुए हम अठारहवीं-उन्नीसवीं सदी के रीतिकालीन हिन्दी साहित्य की तुलना एक तरफ़ तत्कालीन सामाजिक आंदोलनों और दूसरी तरफ़ उर्दू साहित्य के रुझानों से करें तो यह बात और स्पष्ट हो जाएगी कि 1857 की राजनीतिक संवेदना का लोक-जीवन और शिष्ट साहित्य दोनों की बौद्धिक सर्जनात्मकता से क्या संबंध था! और यह सवाल एक नया, दुःखदायी स्वर भी अर्जित कर लेगा कि 1857 को केंद्र में रखनेवाली इतिहास-दृष्टि हिन्दी जाति के सांस्कृतिक विकास की रूपरेखा बनाते हुए अठारहवीं सदी के सामाजिक आंदोलनों और उर्दू साहित्य को उपेक्षा कैसे और क्यों करती है ? क्यों हिन्दी जाति और साहित्य के सांस्कृतिक इतिहास की प्रचलित रूपरेखा में इस युग का प्रतिनिधि स्वर रीतिकाल तक सीमित माना जाता है! फिर आप चाहे रीतिकाल को पतनशील सामंती मनोवृत्ति का सूचक मानें—चाहे शुद्ध साहित्य की सर्जना का प्रमाण-लेकिन हिन्दी साहित्य का प्रचलित इतिहास-बोध और उसकी आधारभूत सांस्कृतिक आत्मबोध-1857 से ठीक पहले ही साहित्यिक बौद्धिक अभिव्यक्ति के प्रसंग में सीमित रीतिकाल तक ही रहता है—और यह उस सांस्कृतिक आत्मपरिभाषा की स्वाभाविक परिणाम है, जिसके आधार पर 1857 की विफलता के बाद हिन्दी और उर्दू साहित्य के परंपराबोध और साहित्यिक कैनन विकसित हुए।

बहरहाल जहाँ तक 1857 की राजनैतिक संवेदना का सवाल है, वह बहुत स्पष्ट और मुखर रूप से ओपनिवेशिक सत्ता के प्रति, 'सचेत वैरभाव' —Concious hostility पर आधारित थी। इस पदबंध को प्रयोग करत हुए रंजीत गुहा की मान्यता है कि 'यह सचेत वैरभाव संघर्ष में हिस्सा लेने वालों तक ही सीमित नहीं था।' (स्निग्धा सेन द्वारा 'दि हिस्टीरियोग्राफी ऑफ़ दि इडियन रिवोल्ट ऑफ़ 1857' में उद्धृत, पृ. 53, पुंथी पुस्तक, कलकत्ता, 1992) इसी 'सचेत वैरभाव' का दूसरा पहलू हिन्दू-मुस्लिम के वर्चस्व संघर्ष का उस सिद्धान्त के जरिए समाधान करने का प्रयत्न था, जिसे रजतकान्त राय 'कनफेडरेट नेशननिम' कहते हैं। इन दोनों पहलुओं को संश्लिष्ट आत्मबोध और संघर्ष की रणनीति में गूँथने का काम वे पारंपरिक बौद्धिक कर रहे थे जिन्होंने एक धरातल पर विद्रोह को समन्वित प्रयत्न का रूप दिया और दूसरे धरातल पर इश्तेहारों तथा घोषणापत्रों के माध्यम से औपनिवेशिक सत्ता की आलोचना के साथ-साथ

भविष्य की रूपरेखा भी प्रस्तुत की। यह स्वाभाविक ही था कि 1857 की संवेदना में राजनीतिक और सामाजिक के बीच कोई फाँक नहीं थी—ऐसा नहीं था कि औपनिवेशिक सत्ता को ईश्वरीय वरदान मानते हुए देश दशा सुधारने का प्रयत्न किया जाए या फिर अपने देश और समाज की सारी समस्याओं को नकारते हुए विदेशी राज के विरोध को ही एकमात्र एजेंडा मान लिया जाए।

पारंपरिक वर्गों से सम्बद्ध 1857 के विद्रोहियों के विपरीत हिन्दी (या बांग्ला या मराठी) नवजागरण के नेताओं तथा उनके लक्ष्यीभूत श्रोता/पाठक (ऑडिएंस) को संबंध नए मध्यवर्ग से था। इस मध्यवर्ग का उदय ब्रिटिश ज़रूरतों की पूर्ति के लिए ब्रिटिश शिक्षा-नीति के सन्दर्भ में हुआ था। आत्मबोध और देशदशा की व्याख्या करने के लिए इस नए मध्यवर्ग के पास एक ओर औपनिवेशिक मुहावरा था, दूसरी ओर पारंपरिक।' नवजागरण की संवेदना में ये दोनों मुहावरे (जो अपने आपमें भी कोई बहुत सुपरिभाषित और स्थिर वस्तु नहीं थे) सक्रिय थे और इनके द्वन्द्वात्मक संबंध से तीसरे मुहावरे का विकास भी हुआ। इस तीसरे मुहावरे में एक ओर परंपरा के कोण से 'निज स्वत्व भारत गहै' की चिन्ता थी तो दूसरी ओर स्वत्व और परंपरा का बोध औपनिवेशिक मुहावरे में ही गढ़ा जा रहा था। इसीलिए एक तरफ़ अंग्रेजों और मुसलमानों-दोनों के 'अहले-किताब' होने पर जोर दिया जा रहा था तो दूसरी ओर कहा जा रहा था, "किसी समय हिन्दुस्तान में लोग राजा को ईश्वर मानते थे परन्तु मुसलमानों के अत्याचारों से यह राजभक्ति लोगों से निकल गई।"

1857 के विद्रोह के कड़े दमन के फलस्वरूप पारंपरिक बौद्धिक वर्ग की क्षमता बहुत घट गई, नए तंत्र में जगह हासिल करने की पहली शर्त हो गई अंग्रेजी ढंग की शिक्षा। इसका सबसे गहरा नतीजा हुआ बौद्धिक परंपरा के प्रवाह कर, टूटना। नए मध्यवर्ग के लिए परंपरा धीरे-धीरे एक तात्कालिक, सहज और परिवेशगत अनुभूति की बजाय ऐसी वस्तु बनती गई जिसका अनुसंधान सुदूर अतीत में किया जाना था। खैर, यह अलग चर्चा का विषय है।

1857 की राजनीति का मूल स्वर यदि 'सचेत वैरभाव' —Concious hostility का था तो हिन्दी नवजागरण की राजनीति का मूल स्वर 'सचेत राजभक्ति' —Concious loyalty का था। 1857 को हिन्दी नवजागरण की पहली और भारतेन्दु युग को उसकी दूसरी मंजिल मानने में बाधा सिर्फ़ इतनी नहीं है कि "भारतेंदु कालीन साहित्य में शायद 1857 के संग्राम का स्पष्ट प्रशंसात्मक उल्लेख नहीं है" —जैसा कि रामविलासजी को लगता है। (भारतेंदु हरिश्चन्द्र और हिन्दी नवजागरण की समस्याएँ, पृ.13) इस तथ्य को नकारने से क्या फायदा कि 'प्रशंसात्मक उल्लेख' तो नहीं ही है, स्पष्ट रूप से निन्दात्मक उल्लेख अनेक हैं। ऐसा भी नहीं है कि शिवप्रसाद सितारेहिन्द राजभक्त थे और भारतेंदु हरिश्चन्द्र देशभक्त; वास्तविकता यह है कि हिन्दी नवजागरण में राजभक्ति और देशभक्ति एक ही सिक्के के दो पहलू हैं। इन दोनों भावनाओं के बीच जैसा तीक्ष्ण अन्तर्विरोध 1857 के विद्रोह में फलीभूत हुआ, उसकी जगह हिन्दी नवजागरण में ऐसी दृष्टि ले लेती है जो राजभक्ति के फ्रेम के भीतर ही एक ओर सरकार के विभिन्न कदमों की प्रशंसा या निन्दा करती है, दूसरी ओर देशवासियों का आह्वान करती है कि "इस समय में सरकार का राज्य पाकर और उन्नति का इतना समय पाकर" अपने को सुधारें। हिन्दू और मुस्लिम दोनों ही समुदायों के नेताओं द्वारा अपने लिए चुनी गई ऐतिहासिक समस्या मूलत: एक ही थी—'नए शासनतंत्र के अन्तर्गत अपने समुदाय की बेहतरी कैसे हासिल की जाए।' बाकी सवाल रणनीति के थे—बेहतरी का लक्ष्य पाश्चात्य सभ्यता को अपनाकर हासिल किया जा सकता है या अपनी धार्मिक परंपरा की विशुद्धता बनाए रखकर ? ब्रिटिश राज के साथ

सक्रिय सहयोग कर अपने समुदाय की बढ़ती की जा सकती है या उसके प्रति उदासीनता बरत कर ? इस स्थिति की यह व्याख्या ठीक ही है कि 'यह बात कम मूल्यवान नहीं है कि राजनीतिक मुक्ति का मार्ग अवरुद्ध पाकर नवजागरण के उन्नायक हाथ पर हाथ धरकर बैठ नहीं गए, बल्कि उन्होंने स्वत्व-रक्षा के अन्य मोर्चों पर संघर्ष जारी रखा। यह संघर्ष था—सांस्कृतिक मोर्चे का—सांस्कृतिक मोर्चे पर औपनिवेशिक मानसिकता और दिमागी गुलामी के ख़िलाफ़ संघर्ष।' (डॉ. नामवर सिंह— 'हिन्दी नवजागरण की समस्याएँ'—आलोचना-79, नई दिल्ली, पृ. 4)

लेकिन सवाल है 'स्वत्व' की अवधारण का। जिस 'स्वत्व' की रक्षा के लिए हिन्दी और उर्दू के नवजागरण संघर्षरत थे, उसका बोध 1857 की तुलना में व्यापक हुआ था या संकीर्ण ? नवजागरण कालीन साहित्य में प्रतिबिंबित 'स्वत्व' में भारतीय समाज़ के पारंपरिक सामाजिक सत्ता तंत्र के हाशिए पर पड़े लोगों की आवाजें कहीं तक सुनाई पड़ती हैं ? जो दो बड़े धार्मिक समुदाय 1857 में अपने पारंपरिक वर्चस्व संघर्ष के अनसुलझे तनावों को सुलझाने का प्रयास कर रहे थे, उनके नेता नवजागरण के दौर में इस प्रयास को आगे बढ़ा रहे थे या भाषा को भी इस संघर्ष के प्रतीकों में से एक बना रहे थे ?

इस काल की चेतना में हम हिन्दी को उसी तरह हिन्दू अस्मिता का सांस्कृतिक प्रतीक बुनते देखते हैं, जैसा प्रतीक गाय थी। भारतेंदु और उनके साथियों की चिन्ता हिन्दी और गाय दोनों की रक्षा करने की थी। बाबू रामदीन सिंह को उन्होंने लिखा था :

"अब की बकरीद में भारतवर्ष के प्राय: अनेक नगरों में मुसलमानों ने प्रकाश रूप से जो गो-वध किया है इससे हिन्दुओं की सब प्रकार से जो मानहानि हुई है वह अकथनीय है। पॉलिसी परतंत्र गवर्नमेंट पर हिन्दुओं की किंकर्त्तव्यविमूढ़ता और मुसलमानों की उग्रता भली-भांति विदित है, यही कारण है कि जानबूझकर भी वह कुछ नहीं बोलती किंतु हम लोगों को जो भारतवर्ष में हिदुओं के ही वीर्य से उत्पन्न हैं ऐसे अवसर पर गवर्नमेंट के कान खोलने का उपाय अवश्य करणीय है।...सब पत्र एक साथ कोलाहल करेंगे तब काम चलेगा। हिन्दी, उर्दू बंगाली, मराठी, अंग्रेजी सब भाषा के पत्रों में जिनके सम्पादक हिन्दू हों एक बेर बड़े धूम से इसका आदोलन होना अवश्य है..." (भारतेंदु समग्र, सम्पादक हेमंत शर्मा, वाराणसी, 1989, पृ. 1077)

मेरा तर्क यह कतई नहीं है कि गो-रक्षा की बात करने से भारतेंदु सांप्रदायिक हो जाते हैं। बात सिर्फ़ इतनी है कि जहाँ 1857 में गो-वध पर पाबंदी लगा दी गई थी वहाँ नवजागरण के दौर में गाय के आसपास वह प्रतीकात्मक संघर्ष फिर से उत्पन्न हो गया था, जिसमें प्रतापनारायण मिश्र को 'आलमे तसवीर' नामक अखबार को याद दिलाना पड़ा था 'गो-रक्षा का उपदेश देना और उसका यत्न करना हिन्दुओं के धर्म का मूल है और सरकार की मंशा है कि सब लोग अपने धर्म की रीति निर्द्वंद्वता से करें।" (प्रतापनारायण ग्रंथावली, सम्पादक विजयशंकर मल्ल, वाराणसी, 1992, पृ. 125) एक इसी लेख में नहीं, 'ब्राह्मण' के अनेक सम्पादकीय लेखों में प्रतापनारायण मिश्र गो-रक्षा के सवाल पर अनुनय-विनय सी करते नजर आते हैं और हताश होते हैं। गो-वध का सवाल सांस्कृतिक संघर्ष का सवाल बन जाता है जिसमें एक पक्ष गो-रक्षा को अपने धर्म को मूल मानती है, तो दूसरा गोकुशी को अपना हक।

नवजागरणकालीन हिन्दू अस्मिता का एक प्रतीक गाय है, दूसरा हिन्दी। रोचक बात यह है कि 'हिन्दी' शब्द का प्रयोग जब अतीत के सन्दर्भ में होता है तो उसकी व्याप्ति राजस्थान से लेकर मिथिलांचल तक की साहित्यिक परंपरा को समेट लेती है, लेकिन जब इसी शब्द का प्रयोग निकट अतीत के या समकालीन सन्दर्भ में होता है तो इन अंचलों की भाषाओं की

सर्जनात्मकता उपेक्षणीय हो जाती है। उर्दू में सुरक्षित खड़ी बोली की अपनी साहित्यिक परंपरा तो खैर हिन्दी साहित्य के इतिहास में किसी जगह की मुस्तहक बनती ही नहीं। हिन्दी साहित्य का परंपराबोध किस प्रकार विकसित हुआ, उसकी चर्चा यहाँ अनावश्यक है, इस बारे में कुछ बात मैंने 'तीसरा रुख' में की है। (देखें 'हिन्दी प्रदेश का वैचारिक संकट...' तीसरा रुख, वाणी प्रकाशन, नई दिल्ली, 1996, पृ. 99-104) यहाँ केवल इतना कहना है कि जिस नवजागरण को 1857 की अगली अवस्था बताया जाता है, उसमें हिन्दी और उर्दू दोनों भाषाएँ दो संघर्षरत सामाजिक अस्मिताओं की प्रतीक बन गई थीं। ऐसे संघर्ष में स्वाभाविक ही था कि बहस सिर्फ़ भाषा तक सीमित न रहकर उसके समर्थकों के स्वभाव, चरित्र और इरादों तक चली जाती थी। हिन्दी और उर्दू के समर्थक अपनी भाषा के गुण और प्रतिपक्ष की भाषा के अवगुण इसी समझ के साथ गिनते थे कि, "अपने प्रतीक में कोई दोष स्वीकार नहीं किया जा सकता। प्रतीक सर्वथा निर्दोष होता है, या कम-से-कम उसे ऐसे रूप में प्रस्तुत किया जाना चाहिए।" (क्रिस्टोफर किंग, 'वन लैंग्वेज टू स्क्रिप्ट्स', ओ यू पी, नई दिल्ली, 1994, पृ. 183) हिन्दी-उर्दू में गिनाए जाने वाले गुणों-अवगुणों की जो सूची क्रिस्टोफर किंग (वही, पृ. 184) ने दी है, वह केवल सरकारी नौकरियों के सन्दर्भ में प्रतिस्पर्धा की नहीं, गहरे सांस्कृतिक संकट बल्कि असुरक्षा ग्रंथि की सूचना देती है। नवजागरण की चेतना की एक विडंबना यह भी है कि हिन्दू और मुस्लिम दोनों के सांस्कृतिक आत्मबोध में परस्पर सन्देह और असुरक्षा की यह ग्रंथि बहुंत गहरी और सक्रिय थी। भाषा का सवाल इस असुरक्षा ग्रंथि का एक और रूपक बन गया था। 1868 में नागरी अक्षरों की सरकारी स्वीकृति के बाद सर सैयद अहमद को निश्चय हो गया कि 'अब हिन्दू और मुसलमान साथ नहीं रह सकते' ; दूसरी ओर प्रतापनारायण मिश्र का यह कथन हिन्दी नवजागरण की भाषा संबंधी चिन्ता को बहुत सटीक ढंग से व्यक्त करता है, "हिन्दी का पूर्ण प्रचार हुए बिना हिन्दुओं का उद्धार असम्भव है।" (पूर्वोक्त, पृ. 304)

नवजागरण की जो समझ हिन्दी-जगत में प्रचलित है, उसमें भारतेंदु देशभक्ति के प्रतीक हैं, और राजा शिवप्रसाद सितारेहिन्द राजभक्ति के। भारतेंदु नायक हैं तो शिवप्रसाद खलनायक हैं। दिलचस्प बात यह है कि भाषा के सवाल पर तीखे मतभेद और बनारस के सार्वजनिक जीवन के सन्दर्भ में प्रतिस्पर्धा के बावजूद भारतेंदु और सितारेहिन्द का सांस्कृतिक आत्मबोध और इतिहासबोध एक सा है—निस्सन्देह भारतेंदु की सर्जनात्मक प्रतिभा को सितारेहिन्द कहीं नहीं छूते—लेकिन वह मुद्दा अलग है। अपने समकालीन बौद्धिकों द्वारा शिवप्रसाद को—अस्वीकृति मिली, उसका असली कारण उनकी भाषा नीति ही थी, जिसमें वे हिन्दी और उर्दू की दो अलग-अलग समुदायों, बल्कि क़ौमों की सांस्कृतिक अस्मिता के परस्पर संघर्षरत प्रतीक नहीं मान रहे थे। (देखें बहुधा डालमिया, 'दि नेशनलाइजेशन ऑफ़ हिन्दू ट्रैडीशंस', ओ यू पी, दिल्ली, 1997 का चौथा अध्याय—'हिन्दी इज दि नेशनल लैंग्वेज ऑफ़ दि हिन्दूज')

बतौर हिन्दू अस्मिता के प्रतीक के हिन्दी के विकसित होने की प्रक्रिया का अध्ययन कई इतिहासकारों ने किया है। इन सारे अध्ययनों की समीक्षा का यहाँ अवकाश नहीं, लेकिन यह कहना ज़रूरी है कि जिसे हिन्दू अस्मिता का गठन, हिन्दू परंपराओं का राष्ट्रीयकरण या अन्तर का निर्माण (मेकिंग द डिफरैंस) कहा जाता है, वह प्रक्रिया केवल उन्नीसवीं सदी के उतार-चढ़ाव तक सीमित नहीं थी। अस्मिताओं का संघर्ष-प्रतीकों और वास्तविक जीवन स्थितियों-दोनों ही के धरातल पर केवल आधुनिक काल की निर्मिति नहीं बल्कि मध्यकाल की विरासत थी। इस विरासत के आन्तरिक डायनामिक्स को समझने के लिए 'सांप्रदायिकता' के मॉडल

का सहारा लेना काफ़ी नहीं है। उपनिवेशवाद के दौरान सांप्रदायिकता की निर्मिति या मध्यकाल में प्राक् सांप्रदायिकता की चर्चा के सहारे मध्यकालीन भारत के उस वर्चस्व संघर्ष को नहीं समझा जा सकता-जिसके फलस्वरूप उत्पन्न तनाव 1857 की राजनीतिक संवेदना में भी अनसुलझे ही रह गए। नवजागरण के दौर में तो ये तनाव स्वत्व बोध का आधार ही बनने लगे थे—और यह तथ्य हमें यह पूछने के लिए विवश करता है कि नवजागरण 1857 की संवेदना को विस्तार है या उसके विघटन का दु:खद रूपक?

हिन्दी नवजागरण को 1857 का विस्तार मानने वाले विमर्श में इस बात पर बहुत बल दिया गया है कि हिन्दी नवजागरण देश की आर्थिक दुर्दशा की उसी तरह चर्चा करता है जैसे 1857 के घोषणापत्र करते थे। रामविलासजी के शब्दों में, "भारत की लूट के बारे में जो बातें 1857 के इश्तेहार लेखक जानते थे, उन्हें 1872 में हिन्दी पत्रकार, भी जानते थे। पंद्रह साल में लोग उन्हें भूल जाएं यह असम्भव था। भारतेदु युग को जी कड़ी 1857 से जोड़ती है, वह साफ़ दिखाई दे रही है।" (पूर्वोक्त, पृ. 18) इस साफ़ दिखने वाली कड़ी को हिन्दी नवजागरण में मौजूद राजभक्ति का स्वर काटता है, सो रामविलासजी का कहना है, "इस सन्दर्भ में याद रखना चाहिए कि (1) रानी विक्टोरिया के घोषणापत्र से कुछ लोगों के मन में वास्तविक भ्रम पैदा हुआ था कि देश की दशा सुधर जाएगी, (2) राजभक्ति का प्रदर्शन अधिकतर शाही खानदान के लोगों के प्रति होता था और उनसे अंग्रेज अधिकारियों को अलगाया जाता था, (3) राजभक्ति की आड़ में जनता की बदहाली पर ध्यान केंद्रित किया जाता था और अंग्रेज ऐसी राजभक्ति को शक की निगाह से देखते थे, (4) राजभक्ति का स्वर भारतेंदु युग का मूल स्वर नहीं है, हिन्दी जनता ने राजभक्ति का प्रतिनिधि शिवप्रसाद सितारेहिन्द को माना था, देशभक्ति का प्रतिनिधि भारतेंदु को, उसकी यह समझ बिलकुल सही थी, (5) भारतेंदु युग के लेखक अंग्रेजी राज की आलोचना अंग्रेजी कानून की सीमाओं के भीतर ही कर सकते थे, उनके पास गैर कानूनी गुप्त पत्रिकाएँ नहीं थीं कि उनमें जो चाहते, वह लिखते; और (6) भारतेंदु कालीन लोकसाहित्य में 1857 की चर्चा खुले और तेजस्वी रूप में हुई है क्योंकि यह साहित्य अधिकतर मौखिक था और अधिकारियों की पकड़ के बाहर था।" (पूर्वोक्त, पृ. 19)

दूसरे शब्दों में, सितारेहिन्द की राजभक्ति वास्तविक थी, भारतेन्दु की रणनीतिक! जैसा 'सचेत वैरभाव' (अंग्रेजी राज के प्रति) 1857 की राजनीति का आधार था, लगभग वैसा ही सचेत वैरभाव हिन्दी नवजागरण का मूल स्वर है, मजबूरी के कारण इस वैरभाव को राजभक्ति की आड़ दी जाती थी। हिन्दी नवजागरण में भी देशभक्ति और राजभक्ति के बीच वैसा ही अन्तर्विरोध था जैसा कि 1857 में और बीसवीं सदी के राष्ट्रीय स्वाधीनता आदोलन में!

वास्तविकता क्या सचमुच यही है?

तथ्यों को समग्रता में देखने से तो यही लगता है कि उपरोक्त समझ में वास्तविकता का बोध कम, इच्छा-चिन्तन अधिक है। याद रखने के प्रसंग में हम यह भी याद करें कि 12 अप्रैल, 1884 को विक्टोरिया के चौथे पुत्र ड्यूक ऑफ़ अलबनी की मृत्यु पर आयोजित शोक सभा टाउन हॉल में होनी थी। शिवप्रसाद सितारेहिन्द के कहने पर मैजिस्ट्रेट ने अंतिम समय में इस सभा की आज्ञा वापस ले ली। सभा के आयोजक भारतेंदु ने हार न मानी और सभा का आयोजन क्वींस कालेज में किया गया, अन्ततः सभा टाउन हॉल में ही हुई और मैजिस्ट्रेट ने माफी भी माँगी। सभा की सूचना न केवल वायसराय को बल्कि ड्यूक ऑफ़ कनॉट को भी भेजी गई और दोनों जगह से 'सभा के आयोजकों के माध्यम से बनारस के नागरिकों का धन्यवाद' कहने

वाले पत्र भी आए। ये दोनों पत्र बाबू शिवनन्दन सहाय द्वारा रचित 'हरिश्चन्द्र' के जीवन चरित्र (1905) के पृष्ठ 283-84 पर प्रकाशित हैं।

इस सभा के प्रसंग में ही नहीं, अन्य प्रसंगों में भी ऐसा प्रतीत होता है कि वस्तुतः भारतेंदु और सितारेहिन्द के बीच द्वन्द्व देश-भक्ति बनाम राजभक्ति का नहीं, बल्कि दूसरे की तुलना में स्वयं को अधिक राजभक्त सिद्ध करने का था। जहाँ तक सितारेहिन्द को लोक स्वीकृति प्राप्त न होने का सवाल है उसका कारण देशभक्ति बनाम राजभक्ति का द्वन्द्व नहीं, बल्कि हिन्दी बनाम उर्दू की प्रतिस्पर्धा में निहित था।

असल में, हिन्दी नवजागरण के उन्नायकों की राजभक्ति को लेकर जो संकोच रामविलास जी के तर्क में निहित है, उसका कारण यही है कि एक ओर तो वे नवजागरण की संवेदना को 1857 की उस संवेदना का विस्तार मानते हैं, जिसमें देशभक्ति का राजभक्ति के साथ सीधा विरोध था, दूसरी ओर वे परवर्ती काल की राजनीतिक संवेदना को भारतेंदु युग में पढ़ लेना चाहते हैं। आज इस बात को लेकर किसी क्षमायाचना की ज़रूरत सचमुच नहीं है कि भारतेंदु युग में देशभक्ति और राजभक्ति परस्पर विरोधी नहीं पूरक ही मानी जाती हैं—लेकिन इसी के साथ इसकी भी ज़रूरत नहीं है कि हिन्दी नवजागरण को 1857 की राजनीतिक संवदेना का विस्तार जबरन सिद्ध किया जाए। यह सही है कि नवजागरण के नेता भारत की लूट के प्रति संवेदनशील थे, लेकिन साथ ही यह भी सहा है कि उन्हें अंग्रेजी राज को न्याय-बुद्धि पर विश्वास था। कुशासन की आलोचना हो या स्वदेशी के लिए प्रोत्साहन—यह सब राजभक्ति के फ्रेम के भीतर ही था। इस फ्रेम के भीतर मुख्य चिन्ता 'स्वत्व' की थी, जो कि मध्यकाल से चले आ रहे वर्चस्व संघर्ष के सन्दर्भ में स्वयं को परिभाषित करना चाहता था। इस 'स्वत्व' में निश्चय ही आर्थिक लूट की वेदना शमिल थी, लेकिन साथ ही यह आशा भी कि इस वेदना की ओर 'राज' का ध्यान खींचा जा सकता है। भारतेंदु को देशभक्त और सितारेहिन्द को राजभक्त के कड़े विभाजन में रखने से कहीं बेहतर है उस मानसिक उलझाव— एंबीवैलेंस—को संवदेनशीलता से समझना जो ब्रिटिश सत्ता के प्रति हिन्दी या अन्य भाषाओं के नवजागरण के नेताओं के मन में लगातार मौजूद था। सुधीर चन्द्र ने हिन्दी, मराठी और गुजराती के सन्दर्भ में इस 'एंबीवैलेंस' का विचारोत्तेजक अध्ययन किया है। यह 'एबीवैलेंस' न केवल राजसत्ता के प्रति, बल्कि सामाजिक प्रश्नों के प्रति नवजागरण के रवैए में भी स्पष्ट रूप से प्रकट होती है।

मिस्र में ब्रिटिश भारतीय सेना की विजय के उपलक्ष्य में 22 सितम्बर 1882 को बनारस के टाउन हाल में एक सभा हुई, जिसमें भारतेंदु ने 'विजयिनी विजय पताका' शीर्षक कविता पढ़ी थी। इस सभा की रिपोर्ट 'भारतेंदु समग्र', पृ. 252 में उद्‌धृत की गई है, इसके अनुसार

"Babu Harishchandra read an excellent poem in Hindi on the subject. The opening stanzas explain the cause of India's unusual cheerfulness...The honourable Raja Shivprasad C.S.I. then described the importance of Egypt as a highway to India and said that the British conquest has been extremely rapid. He thanked Babu Harishchandra for his excellent poem.

Mr. Bullock the collector warmly thanked Raja Shivprasad and Babu Harishchandra for sentiments of loyalty to the British government, expressed by people of Beraras."

["बाबू हरिश्चन्द्र ने विषय पर एक उत्कृष्ट कबिता पड़ी। आरभिक छंदों में भारत के अपूर्व हर्षोल्लास के कारण बताए गए हैं।...इसके बाद माननीय राजा शिवप्रसाद सी.एस.आई. ने भारत के मार्ग के रूप में मिस्र का महत्त्व बताया और कहा कि ब्रिटिशों ने युद्ध में विजय

अत्यन्त तीव्र गति से प्राप्त की है। उन्होंने उत्कृष्ट कविता के लिए बाबू हरिश्चन्द्र को धन्यवाद दिया। बनारस के लोगों द्वारा प्रकट की गई राजभक्ति के लिए कलेक्टर मि. बुलक ने राजा शिवप्रसाद अरि बाबू हरिश्चंद्र को गर्मजोशी के साथ धन्यवाद दिया।" ]

इस कविता की बारह प्रतियाँ भारतेंदु ने वायसराय को भेजी थीं और यह इच्छा प्रकट की थी कि कुछ प्रतियों महारानी को भेज दी जाएँ। वायसराय के प्राइवेट सेक्रेटरी ने 19 अक्टूबर, 1882 को भारतेंदु के नाम लिखे पत्र में इन प्रतियों की प्राप्ति स्वीकार की, और उन्हें सलाह दी :

"That if you wish them to be forwarded to the Queen Empress you may submit them in the first instance to his honour the Lt. Governer, N. W.P. in accordance with the recognised rules."

"यदि आप इन्हें राज राजेश्वरी की सेवा में भेजना चाहते हैं, तो नियमानुसार पहले इन्हें उतर-पश्चिम प्रान्त के माननीय लेफ्टिनेंट गवर्नर की सेवा में प्रस्तुत करें।"[1]

(देखें, शिवनन्दन सहाय कृत 'हरिश्चन्द्र' पटना 1905, पुनर्मुद्रण, लखनऊ 1975 पत्र खंड, पृ. 21) अपनी राजभक्ति को सर्वोच्च अधिकारियों और स्वयं राज राजेश्वरी के नोटिस में लाने की यह उत्सुकता सूचित करती है कि भारतेंदु देशदशा विषयक चिन्ता और राजभक्ति को परस्पर विरोधी नहीं समझते थे। परस्पर विरोध की यह कल्पना 1857 से नवजागरण को जोड़ने वाले विमर्श की कल्पना है, समकालीन अध्ययन में 'पॉलिटिकली करेक्ट' होने और अपने चरितनायक की 'पॉलिटिकली करेक्ट' सिद्ध करने की उत्सुकता की परिणति है। ठीक उसी तरह जैसे शिवनन्दन सहाय और ब्रजरत्नदास के लिए अपने चरितनायक को राजभक्त सिद्ध करना, उन्हें 'पॉलिटिकली करेक्ट' सिद्ध करने के लिए ज़रूरी था।

'विजयिनी विजय पताका' भारतेंदु की सर्जनात्मक चेतना में मौजूद 'एबीवैलेंस' का मार्मिक प्रमाण है। इसमें यह वेदना है कि "अब भारत में नाहिं वे रहे वीर जे लोग।" और यह भी कि "रोम ग्रीस पुनि निज चल पायो, सब बिधि भारत दुखित बनायो।" यह प्रश्न है कि "ब्रिटिश सुशासित भूमि में रनरस उमरो गात। सबै कहत जय आजु क्यौं यह नहिं जानौ जात।" और यह उत्तर है कि "स्वामिभक्तिकिरतज्ञता दरसावन हित आज। छाँड़ि प्रान देखहिं खरो आरज बंस समाज।" भीम, अर्जुन, परशुराम, हनुमान के वंशजों की निर्वीर्यता पर रोष है और अरब शत्रुओं की क्षय पर जोश, "नासहु अरबी शत्रुगनन कहँ-कहँ करि छन महँ छय। करहु सब विजयिनी-राज महँ भारत की जय।" इसी कविता में भारतेंदु कहते हैं : "कठिन सिपाही जा जल बल नासी। जिन भय सिर न हिलाइ सकत कहुँ भारतवासी।" इस उक्ति को आधार बनाकर ही कहा जाता है कि "विद्रोह की स्मृति ऐसे ही सुरक्षित रखी जा सकती थी। लेकिन इस कविता का स्मृति तंत्र और रचना सन्दर्भ तो कुछ अलग ही प्रकार का है, जिसमें ब्रिटिश सिंह के अटल तेज का प्रकटीकरण निर्जीव भारत के सजीव हो उठने की कारण बन गया है, "क्यों अजीव भारत भयो आजु सजीव लखात। क्यों मसान भूमि आजु बनि रंगभूमि सरसात।" मसान भूमि रंगभूमि बन गई है क्योंकि "बज्यो ब्रिटिश डंका गहकि धुनि छाई चहुँ ओर। जयति राज राजेश्वरी कियों सबनि मिलि सोर।"

देशदशा पर क्षोभ की अभिव्यक्ति, लेकिन साथ ही राजभक्ति प्रमाणित करने की उत्कंठा और डिसलायल समझे जाने पर केवल व्यक्तिगत रूप से नहीं, अपने पूरे समुदाय की ओर से वेदना की अभिव्यक्ति—यह उलझाव भारतेंदु और उनके समकालीनों की चेतना में लगातार मौजूद है। 1881 में रचित 'विजय वल्लरी' में देशदशा पर सच्चा दुःख है, यह असन्तोष है कि, "सुजस मिलै अंगरेज की होय रूस की रोक। बढ़ै ब्रिटिश वाणिज्य पै हमको केवल सोक।" और अन्त में यह आशा भी है कि "पिछली भूल सुधारि अबे करिहै भारत हित।" 1878 में

रचित 'भारत वीरत्व' (जिसके कुछ अंश बाद में 'विजयिनी विजय पताका' में भी दोहराए गए) में भारतेंदु करते हैं

*साज-साज निज सेन सब जिद में भरि उछाह।*
*उठके रन हित चलते भे भारत के नर नाह ॥*
*डिसलायल हिन्दुन कहत कहाँ मूढ़ ते लोग।*
*दृग भर निरखा आज तें राजभक्ति संजोग ॥*

स्पष्ट है कि ऐसे प्रसंगों में 'हिन्दू' का अर्थ भारत के समस्त निवासी नहीं, बल्कि एक समुदाय विशेष ही है; जिसे 'डिसलायल' कहने वाले मूढ़ लोग कौन हैं, इसका अनुमान किया जा सकता है।

1857 के मूलभूत सुचेत वैरभाव के विपरीत जो सचेत राजभक्ति इस काल में दीखती है, उसी का एक पहलू नवजागरण के ऐतिहासिक स्मृति तंत्र से जुड़ता है। 1876 में रचित राजकुमार शुभागमन वर्णन में भारतेदु कहते हैं :

*जैसे आतप तपित, को छाया सुखद गुनात।*
*जवन राज के अन्त तुव आगम तिनि दरसात॥*
*मसजिद लखि बिसुनाथ ढिग परे हिय जो घाव।*
*ता कहँ मरहम सरिस यह तुव दरसन नर राव॥*

घाव और मरहम के इस रूपक में आज के मुहावरे की सांप्रदायिकता देखना तो 'हिस्टॉरिकल बैक प्रोजेक्शन' होगा, लेकिन इतना तो कहा ही जा सकता है कि नवजागरण के दौर में जो 'स्वत्व बोध' विकसित हुआ, उसके हिन्दू और मुसलमान दोनों ही रूप 1857 के 'कनफेडरेट नेशनलिज्म' से नहीं, मध्यकाल के वर्चस्व संघर्ष की स्मृतियों से प्रेरणा ले रहे थे। ऐसी स्थिति में यह स्वाभाविक ही है कि 'बंग भाषा की भारतमाता के आशय के अनुसार निमित'' भारत जननी' (1877) ऑपेरा में भारतमाता कहती हैं, ''जो अँगरेजों का राज न होता तो अब तक तो मेरे प्राण न बचते।'' कारण यह कि ''मेरे शरीर का तो अब रक्त भी शेष नहीं, यवन सब चूस ले गए।'' आगे 'तर्जन गर्जन' करने वाले साहिब के बाद 'दूसरे साहिब' का प्रवेश होता है जो पहले साहिब को 'इंग्लैड चन्द्रलांछन' कहकर धक्का देते हैं और भारत जननी से कहते हैं :

''...तुम्हारा अश्रुपात देखने से जिनका स्वयं अश्रुपात नहीं होता ऐसे अंग्रेज बहुत थोड़े हैं। उनकी दयालुता, निष्पक्षपातिता और प्रजापालित्व तो संसार में प्रसिद्ध है...माता हम लोगों की महारानी परम कारुणिका और अति दयाशीला हैं। वह अपनी प्रजा के अनुरंजन के हेतु प्राणप्रिय आत्मपुत्रों का भी त्याग कर सकती हैं और इतर वस्तुओं की कौन गणना। उनके गुण अनन्त हैं।...वह रामचन्द्र से भी अधिक प्रजापालन में सदैव तत्पर रहती हैं।'' (भारतेंदु समग्र, 476-77)

जितनी सच्ची देशभक्ति थी, उतनी ही वास्तविक यह राजभक्ति—और यह स्थिति बांग्ला, मराठी, उर्दू के नवजागरण के साथ हिन्दी नवजागरण की समानधर्मिता को रेखांकित करती है।

'विजयिनी विजय पताका' के रचयिता की ख्याति इंग्लैंड के सम्भ्रान्त वर्गों तक पहुँच चुकी थी। 'नेशनल एंथेम फॉर इंडिया फंड' की ओर से 16 मार्च, 1883 को वेस्टमिंस्टर एबे के माइनर कैनन फ्रेडरिक हरफोर्ड ने भारतेंदु को लिखा

"The fame your last poem on the Egyptian compaign which was partly read to me yesterday will, I trust, prove an excuse for my addressing you in the name of a very influential committee of English noblemen and gentlemen who are seeking to establish the well...known English hymn God save the queen' as the national anthem of India...We should esteem it a very high honour if you would make a Hindi version which would suit the rhythem of the melody..."

[''मुझे विश्वास है कि मिस्र अभियान पर लिखी गई कविता के कारण आपको मिली ख्याति (इस कविता के कुछ अंश मुझे कल सुनाए गए थे) इस बात के लिए पर्याप्त है कि मैं इंग्लैंड के कुलीन तथा भद्र पुरुषों कीं अत्यन्त प्रभावशाली कमिटी की ओर से आपको यह पत्र लिखूँ। इन भद्र पुरुषों की इच्छा है कि इंग्लिश गीत 'गॉड सेव द क्वीन' को भारत के राष्ट्रगान के तौर पर प्रतिष्ठित किया जाए। हमारे लिए बड़े सम्मान का विषय होगा यदि आप उक्त गीत के सुरताल और धुन के अनुकूल उसका हिन्दी अनुवाद तैयार कर सकें...'' ]

(शिवनन्दन सहाय द्वारा उद्धृत, पूर्वोक्त, पृ. 25)

स्पष्ट है कि सभी अंग्रेज भारतेन्दु की राजभक्ति को शक की निगाह से नहीं देखते थे। बहरहाल भारतेंदु ने 'गॉड सेव द क्वीन' का हिन्दी अनुवाद तैयार किया, इस अनुवाद को भेजते समय जो पत्र उन्होंने फ्रेडरिक हरफोर्ड को लिखा, वह भी शिवनन्दन सहाय ने प्रकाशित किया है। इसमें भारतेन्दु लिखते हैं :

"...I am very much rejoiced to read in your letter that my translation would if an opportunity presents itself be presented to her most Gracious Majesty.

"I hope you are aware that the people of India have a kind of superstitious reverence for their sovereign but next in reverence to God only.

"This being the case why should an humble subject of her gracious majesty like myself not feel happy and proud of the reverence for the person whom everyone regards as most honourable and most merciful under heaven."

['' ...आपके पत्र से यह जानकर में अत्यन्त पुलकित हूँ कि मेरे द्वारा किया गया अनुवाद उचित अवसर पर परम कृपालु राज राजेश्वरी की सेवा में प्रस्तुत किया जाएगा।

''आशा है, आप इस बात से अवगत हैं कि भारत के लोग अपने सम्राट के प्रति लगभग अंधश्रद्धा पालते हैं—उससे ऊपर केवल ईश्वर को मानते हें।

''ऐसी स्थिति में परम कृपालु राज राजेश्वरी का मुझ सरीखा तुच्छ सेवक क्यों न उस व्यक्ति के प्रति श्रद्धा रखने पर हर्ष और गौरव का अनुभव करे जिसे सभी लोग संसार भर में सर्वाधिक सम्माननीय और पूज्य मानते हैं।]''

(पूर्वोक्त, पृ. 30)

भारतेंदु साधन-संपन्न और सम्पर्क-संपन्न थे और अपनी राजभक्ति को उपयुक्त लोगों के नोटिस में लाने का सचेत प्रयत्न करते थे—ठीक सितारेहिन्द और सैयद अहमद की तरह। लेकिन यह राजभक्ति कोई उनकी व्यक्तिगत विशेषता ही नहीं थी। प्रतापनारायण मिश्र अपने लेख 'हम राजभक्त हैं' में लिखते हैं :

'...गीता में तो साफ़ लिखा है कि मनुष्यों में राजा भगवान् का रूप है। भगवान का रूप क्या साक्षात् भगवान होने का प्रत्यक्ष प्रमाण यही है कि मुसलमान, ईसाई, ब्राह्म आर्य सब हमको ईश्वरविमुख कहते हैं पर हम अपने अयोध्याधिपति भगवान रामचन्द्र को अपना इष्टदेव मुक्तिदाता और धर्मसर्वस्व मानते हैं। इससे अधिक हमारी राजभक्ति का नमूना क्या होगा। जिस राजा ने हमको थोड़ा अच्छी तरह रखा हम उसी के उपासक हो जाते हैं।...हमारे समान कोई विरली ही जाति राजभक्त होगी। राजा की जाति, धर्म, आचार- व्यवहार कुछ भी हो हम

उसे मान्य करते हैं।...फिर जो कोई हमारी राजभक्ति में सन्देह करे, वह अवश्य न्याय के गले में छुरी फेरता है। हमारे इस सिद्धान्त का खंडन आधुनिक गवर्नमेंट के झूठे खुशामदी सन् 1857 के बलवे के सिवा और कोई दोष नहीं लगा सकते। पर उन्हें भी समझना चाहिए कि वह अपराध प्रजा का न था, किसी प्रतिष्ठित हिन्दू-मुसलमान का दोष न था, केवल थोड़ी-सी अदूरदर्शिता के कारण हमारे भारतीय नेशन मात्र को कलंक लगाना बुद्धिमत्ता से दूर है। यदि मान ही लें कि वह अपराध हिन्दुस्तानियों ही का था तो भी इसका क्या उत्तर है कि उस घोर संकट के समय में हमारी सरकार को सचमुच सहायता किसने दी थी? हमीं ने। क्योंकि हम राजभक्त हैं। राजभक्ति हमारा सनातन धर्म है। इतर उपधर्मों का हम तभी तक विचार करते हैं जब तक हमारी राजभक्ति में हानि न हो। खाने- पीने में छुआछूत, जहाज पर से विदेश-यात्रा, बिना स्नान किए हुए भोजन इत्यादि पर रोक हमारे धर्म के अंग हैं। पर राजा का काम लगे तो हमें उनमें किंचित आग्रह नहीं है। यह बात हम कई बेर दिखा चुके हैं फिर भी हमारी राजभक्ति में कोई सन्देह करे तो लाचारी है। शरीफ हिन्दू मुसलमानों में ऐसा सन्देह करना दूरदर्शिता की हत्या लेना है।" (ग्रंथावली, पृ. 148-49)

1857 के दोष से मुक्ति की चेष्टा और राजभक्ति को सनातन धर्म बतलाने की उत्कंठा के साथ इस उद्धरण में गौरतलब है 'भारतीय नेशन' पद का प्रयोग और 1857 की अदूरदर्शिता से संबंध-विच्छेद के लिए 'शरीफ' हिन्दू-मुसलमान दोनों की इच्छा का रेखांकन। संकट के समत राजा का साथ देने की याद प्रतापनारायण मिश्र 'ब्रैडला स्वागत' ( 1889) में भी दिलाते हैं :

*सन् सत्तावन माहि जबहि कछु सेना बिगरी।*
*तब राजा दिशि रही सुदृढ़ है परजा सिगरी॥*
*ठौर-ठौर निज घर लुटवाए अरु फुँकवाए।*
*प्रान खोय बहु ब्रिटिश वर्ग के प्रान बचाए॥*

ऐसे अनेक उदाहरण दिए जा सकते हैं, जिनसे स्पष्ट होता है कि हिन्दी नवजागरण की संवेदना में ब्रिटिश राज के प्रति सचेत वैरभाव का स्थान सचेत राजभक्ति ने ले लिया था, साथ ही यह भी सच है कि इस काल में सामाजिक 'स्वत्व' की अवधारणा 1857 के अनुभव से कम और मध्यकालीन संघर्षों की स्मृति से अधिक प्रेरित थी। आज सवा सौ बरस बाद नवजागरण पर सपाट किस्म के मूल्यनिर्णय देना व्यर्थ है और उतना ही व्यर्थ है 1857 को हिन्दी नवजागरण का गोमुख मानना। नवजागरण कालीन चेतना ने सभी आधुनिक भारतीय भाषाओं के साहित्यिक संस्कार गढ़ने में और हमारे आज के आत्मबोध के निर्माण में गहरा योगदान किया है। आज जबकि इस आत्मबोध की सीमाएँ और आन्तरिक तनाव प्रकट हो रहे, हैं, तो उन अनसुलझे तनावों का संश्लिष्ट समग्र बोध विकसित करना ज़रूरी है जिनसे नवजागरण कालीन चेतना टकरा रही थी। ऐसा बोध विकसित करने के लिए ज़रूरी है अनसुलझे तनावों से टकराना, अनपूछे प्रश्नों की पूछा जाना...

यह आलेख इसी दिशा में एक आरंभिक कोशिश है।

['विचार का अनन्त' (2000), राजकमल प्रकाशन]

# साहित्य क्या है ? —एक बहुदेववादी उत्तर !

साहित्य क्या है ?

इस प्रश्न का उत्तर खोजने के लिए मैं सायास अतीत की ओर गया। डायरियों, नोट बुकों में यहाँ-वहाँ दर्ज की गई टिप्पणियों के सहारे अपने अतीत में और यहाँ-वहाँ देख-सुन ली दो--चार बातों और किताबों के सहारे अपने समय के अतीत में। ऐसा क्यों किया मैंने ? प्रश्न तो आज पूछा जा रहा है। अतीत की अटाला खँगालने की ज़रूरत ? एक तो यही कि प्रश्न (या कम से कम उसकी भंगिमा) गम्भीर है, तौ उत्तर भी ऐसा होना चाहिए, जिसमें अपने अब तक के यत्किंचित सोच-विचार की शिरकत हो। वह सिर्फ़ तात्कालिक प्रतिक्रिया न रह जाए। दूसरी बात यह कि प्रश्न गम्भीर है, महत्त्वपूर्ण है, लेकिन अभूतपूर्व अवश्य ही नहीं है। सो अतीत का अटाला खँगालना ठीक ही था। हाथ जो लगा, उसकी सार्थकता निरर्थकता का निर्णय आप का, अपनी ओर से तो प्रस्तुत है यह अन्तरिम रिपोर्ट। अतिम नहीं, अन्तरिम।

आगे बढ़ने से पहले चेतावनी :

> 'साहित्य क्या है ?' यह प्रश्न उठाकर हम आशा न करें कि उत्तर में वह परिभाषा पा सकेंगे जो प्रश्न के चारों खूँट घेर ले ? परिभाषा का यह काम नहीं है ? परिभाषा सहायक होती है, वह प्रश्नवाचक चिह्न को मिटा नहीं देती। परिभाषा द्वारा प्रश्नवाचक चिह्न को मिटा देने का यत्न हमें नहीं करना चाहिए। यह समझ लेना चाहिए कि हमारे सब प्रकार के ज्ञान के आगे और साथ, सदा प्रश्नवाचक चिह्न चलता है। हमारा कर्त्तव्य है कि हम इस चिह्न को ठेलकर आगे से आगे बढ़ाते रहें। पर यह भी हम करें कि उसे अपनी आँखों की ओट कभी न होने दें। जब ऐसा होती है तभी आदमी में कट्टर अंधता (ध्रश्रद्धड्ढ) आती है और उसका विकास तक जाता है।
>
> —(जैनेन्द्र कुमार, 'साहित्य क्या है ?')

चेतावनी के साथ एक सवाल भी, इस सवाल की ज़रूरत ही क्या है कि 'साहित्य क्या है ?'

'कान्तासम्मित उपदेश' और 'जीवन की आलोचना' सरीखे सूत्रों से होड़ करते हुए कहा जा सकता है कि सहित्य मनुष्य की मजबूरी है, निश्चय ही हर मनुष्य की नहीं, बल्कि उस अवधारणा—'मनुष्य'—की जिसके जरिए हम गत / आगत और वर्तमान के असंख्य मनुष्यों की विशेषताओं और अनुभवों के सार को व्यक्त करते हैं। मजबूरी इसलिए कि साहित्य कोई खाने-कमाने या चरित्र चमकाने की तो चीज है नहीं। भाषा के अन्य, व्यावहारिक प्रयोगों के जरिए लोग दीन--दुनिया का ज्ञान हासिल करते हैं। सफल और सार्थक, जीवन बिताने की, समाज को संचालित करने की कला सीखते हैं। 'पंचतंत्र' सरीखे अपवादों को छोड़ दें, तो साहित्यिक कृतियाँ आम तौर से यह दावा नहीं करतीं कि वे साल-छह महीने में किसी मूर्ख को चतुर सुजान या किसी हत्यारे को सन्त-महात्मा बना देंगी। यदि किसी साहित्यिक कृति के कारण ऐसा हो

जाए तो प्रभु की कृपा, लेकिन 'हृदय परिवर्तन' को साहित्य का व्यवच्छेदक लक्षण या मूल्यांकन का प्रतिमान तो नहीं ही बनाया जा सकता। रुद्रट का कथन याद करें तो :

*न हि कविना परदारा एष्टव्या नापि चोपदेष्टव्या:*
*कर्त्तव्यतयान्येषां न च तदुपायोऽभिधातव्य:*
*किंतु तदीय वृत्त काव्यागंतया स केवलं वक्ति*
*आराधियुतुं विदुषस्तेन न दोष: कवरेत्र॥*

कवि के लिए 'परदारा' की ऐषणा या उसके लिए उपाय-उपदेश का सवाल उतना महत्त्वपूर्ण नहीं है, जितना कि ऐसे वृत्त के काव्यांगपरक कथन का सवाल। साहित्य का काम एक तरफ़ 'हृदय परिवर्तन' से कुछ भिन्न है, तो दूसरी तरफ़ परदारा प्राप्ति के उपाय-निरूपण से भी। साहित्य की सार्थकता बहसतलब हो सकती है, लेकिन किसी 'व्यावहारिक लक्ष्य की तत्काल सिद्धि' के प्रसंग में उसकी निरर्थकता तो स्वयंसिद्ध है। फिर भी न केवल, अपेक्षाकृत जटिल, तथाकथित 'उच्चतर' सभ्यताओं में, बल्कि सरल संवेदनों, प्रत्यक्ष सामाजिक अन्तस्संबंधों पर आधारित मानव समूहों में भी हम देखते हैं कि भाषा के सारे प्रयोग केवल व्यावहारिक, सूचनापरक या ज्ञानमूलक नहीं होते। एक तरफ़ भाषा के ऐसे प्रयोग हैं, तो दूसरी तरफ़ अनिवार्यत: ऐसे प्रयोग भी, जिन्हें सर्जनात्मक, लालित्यपूर्ण, संवेगात्मक आदि कहा गया है। तो क्या हम यह भी मानें कि साहित्य की पहचान के लिए भाषा का सर्जनात्मक प्रयोग पर्याप्त लक्षण है ? ऐसा मानने की कठिनाइयाँ भी स्वयंसिद्ध हैं। कई बार नितान्त व्यावहारिक, घोषित रूप से तात्कालिक लक्ष्य (बल्कि लाभ) की प्राप्ति के लिए किए जाने वाले प्रयोगों की भाषा भी सर्जनात्मक, लालित्यपूर्ण होती है। मसलन पुराने जमाने की राजाज्ञाओं की और इस जमाने के विज्ञापनों की। तो क्या ये सब साहित्य हैं ?

जाहिर है कि भाषा की सर्जनात्मकता भी साहित्य को परिभाषित करने के लिए उसी तरह नाकाफी है, जैसे कि हृदय परिवर्तन की क्षमता। यहाँ हम थोड़ा सोचें कि इस पूरे प्रयत्न की ज़रूरत ही क्या है कि हम पूछें कि साहित्य क्या है ?

जब यह सवाल पूछा जाता है कि 'साहित्य क्या है ?' तो आमतौर से आशय यह होता है कि साहित्य क्यों है ? उसका प्रयोजन क्या है ? कहा जा सकता है कि साहित्य भाषा का विशिष्ट प्रयोग तो होता है ही, उसमें पूछना क्या ? जिज्ञासा यही होनी चाहिए कि साहित्य क्यों है ? साहित्य के प्रयोजन के बारे में ऐसी जिज्ञासा तभी व्यापक रूप से उत्पन्न होती है जब प्रचलित परिभाषाएँ और प्रदत्त प्रयोजन अपर्याप्त लगने लगें। हमारी अपनी परंपरा में अपर्याप्तता का ऐसा बोध औपनिवेशिक दौर में बहुत सघन था। साहित्य की लोकोत्तर आनन्दपरक या शुद्ध सौंदर्यपरक परिभाषाओं से असन्तुष्ट सांस्कृतिक चेतना ने साहित्य को सामाजिक प्रासंगिकता या उपयोगिता के प्रसंग में देखना चाहा। इस नए ढंग से साहित्य को परिभाषित करने के प्रयत्नों की एक महत्त्वपूर्ण परिणति है—आचार्य महावीरप्रसाद द्विवेदी का निबन्ध—'साहित्य की महत्ता'। जैसे उन्नीसवीं सदी के इंग्लैंड में साहित्य 'पोलाइट पासटाइम' की बजाय 'ऑटोबायोग्राफी ऑफ़ नेशन' का रूप ले रहा था, वैसे ही औपनिवेशिक भारत में भी साहित्य जातीय अस्मिता के अनुष्ठान में बदल रहा था। सारी परंपरा का पुनर्गठन सामाजिक और जातीय प्रासंगिकता के प्रतिमानों पुर किया गया, और हम देखते हैं कि देव और बिहारी के बीच श्रेष्ठता का विवाद न केवल 'आउटडेटेड' बल्कि उपहासास्पद बन गया; तुलसीदास मुख्यत: भक्त की बजाय मुख्यत: कवि जन गए। उनकी भक्ति उनकी कविता को समझने का माध्यम बन

गई। यह और बात और कि साहित्यिक और एकेडमिक विमर्श के बाहर अभी भी तुलसीदास की कविता उनकी भक्ति के सम्प्रेषण का माध्यम है। इस विमर्श से बाहर की जनता के लिए 'रामचरितमानस' अभी भी प्रधान रूप में धर्मग्रंथ ही है।

परंपरा का पुनर्पाठ, साहित्यिकता का नए सिरे से निर्धारण-अपने आपमें, साहित्य की उस वक्त उपलब्ध परिभाषाओं के प्रति असन्तोष का प्रमाण है। 'पूर्वग्रह' द्वारा इस वक्त यह सवाल उठाए जाने के पीछे भी क्या इसी तरह का असन्तोष है ? होना तो चाहिए। जब राष्ट्र की अवधारणा ही संदिग्ध हो उठी है, तो साहित्य को 'राष्ट्र की आत्मकथा' के रूप में कैसे पढ़ा जाए ? जब राष्ट्र के विभिन्न टुकड़े अपनी-अपनी अस्मिता का पुरजोर रेखांकन कर रहे हैं— (टुकड़े भौगोलिक अर्थ में नहीं, सामाजिक सांस्कृतिक अस्मिता के अर्थ में) तो क्यों न साहित्य को अस्मिताओं (मसलन नारी या दलित) की 'आत्मकथा' के रूप में पढ़ा जाए ? जब साहित्य (और कला) की सामाजिक जिम्मेदारी की अवधारणा सृजनात्मक रचनाकारों पर राक्षसी आक्रमणों के रूप में फलीभूत हो रही तो क्यों न साहित्य और कला को सामाजिक सन्दर्भ से सर्वथा स्वायत्त करके देखा जाए ? क्यों न साहित्य को हर तरह के महत् प्रयोजन से मुक्त करने की वकालत की जाए ? जितना स्वाभाविक साहित्य की उपलब्ध परिभाषाओं की अपर्याप्तता का बोध है, उतना ही स्वाभाविक है, उपर्युक्त दो में से किसी एक रास्ते पर चल पड़ने का प्रलोभन।

लेकिन क्या रास्ते ये दो ही हैं ?

## 2

असल में समस्या यह है कि साहित्य को परिभाषित करने का कोई भी प्रयत्न अन्य परिभाषा प्रयत्नों से असम्बद्ध नहीं हो सकता। जो चेतना साहित्य को परिभाषित करने का प्रयत्न करती है, वह यह भी तो निर्धारित करना चाहेगी कि इतिहास क्या है ? संस्कृति क्या है ? धर्म क्या है ? ईश्वर क्या है ? ऐसे प्रश्नों के उत्तर परस्पर सम्बद्ध भी हो सकते हैं—कम-से-कम तार्किक सुसंगति की ऐसी मांग है। ज़रूरी नहीं कि वास्तविक व्यवहार में भी ऐसा ही हो। बल्कि होता तो यही है कि हममें से अधिकांश साहित्य में इहलोकवादी, संस्कार में धर्मवादी और व्यावहारिक जीवन में अवसरवादी ढंग से जीने को या तो विवश हैं, या उत्सुक। बहरहाल, परिभाषा-निर्धारण के तार्किक धरातल पर तो यह कठिन ही है कि आप साहित्य को तो समाज का दर्पण मानें और इतिहास को ईश्वर की इच्छा। सवाल किसी परिभाषा के सही या गलत होने का नहीं, परिभाषाओं की परस्पर सम्बद्धता का है। यह सम्बद्धता विभिन्न मानवीय प्रयत्नों के प्रयोजनों की परस्पर सम्बद्धता की सूचना देती है।

यह सम्बद्धता याद दिलाई जाए—यह ज़रूरी है। महत् प्रयोजन और महावृत्तांत के आत्यंतिक दबाव का जो प्रतिवाद इन दिनों फैशनेबल है, उसका इतना ज्यादा जोर 'अन्यत्व', 'भिन्नता' और 'अस्मिता' पर है कि दो अत्यन्त महत्त्वपूर्ण तथ्य हम भूलते जा रहे हैं। एक तो यह कि सार्वभौमिकता का दावा करने वाला, अपने आपको स्वाभाविक सत्य के रूप में आरोपित करने वाला तानाशाह 'रीजन' (यूरोप को संसार का केंद्र मानना जिसका स्वभाव है) और मनुष्य का संवादधर्मी, साझा चैतन्य एक ही चीज के दो नाम नहीं हैं। 'रीजन' सांस्कृतिक परंपरा विशेष को प्रतिमान बना देता है; प्रगति को प्रमाण यह हो जाता है कि कोई समाज अपनी आन्तरिक और

बाहरी बनावट में यूरोप के कितना निकट पहुंचा। संवादधर्मी चैतन्य ऐसी यूरोपकेंद्रिक दृष्टि की प्रतिक्रिया मात्र तक सीमित नहीं रह सकता; वह अस्मिता संरक्षण के नाम पर आत्ममोह की प्रतिष्ठा नहीं कर सकता। एक सम्भावना यह है—दुर्भाग्य से अभी तक सम्भावना ही—कि विभिन्न सांस्कृतिक परंपराएं परस्पर संवाद करें और वह संवाद, भागीदारी पर आधारित—इस अर्थ में 'यूनिवर्सल' —तर्क और नैतिकता में फलीभूत हो। यह असम्भव नहीं है—लेकिन तभी जब हम महसूस करें कि सारी भिन्नता के बावजूद मनुष्य की अवधारणा में, उसकी विविध सांस्कृतिक फलश्रुतियों में कुछ साझा भी है! यह साझापन भी उतनी ही दूर तक तथ्य और कंस्ट्रक्ट है, जितनी दूर तक अस्मिता। जितना महत्त्वपूर्ण अस्मिताओं का रेखांकन है, उतनी ही सम्बद्धता का स्मरण भी।

इसी के साथ है दूसरा महत्त्वपूर्ण तथ्य। बल्कि इसी तथ्य का व्यावहारिक रूप। कोई भी मनुष्य अपने सामाजिक अस्तित्व में सिर्फ़ अस्मिता विशेष को ही नहीं, सम्बद्धता की भी धारण करता है। सच तो यह है कि असिता का बोध ही सम्बद्धताओं के समुच्चय पर निर्भर करता है। औपनिषदिक उपमा याद करें। जो एक का पिता है, वही दूसरे का पुत्र भी। एक प्रसंग में उसका आचरण इन संबंधों से निर्धारित होता है, ती दूसरे प्रसंग में, आत्मज्ञान के प्रसंग में, संबंधातीत होने से। ये दोनों प्रसंग एक दूसरे को ख़ारिज़ नहीं करते। अस्मिता विमर्श के उत्साह में भूल नहीं जाना चाहिए कि व्यक्तित्व का अपना अर्थ है, अपनी परिणतियाँ। सामाजिक रूप से दलित अस्मिता को धारण करने वाला व्यक्ति—एक व्यक्ति के रूप में, एक कर्ता के रूप में—स्वयं दलनकारी भी हो सकता है।

इन दो तथ्यों की उपेक्षा कर, महावृत्तान्त का प्रतिवाद करने वाला विमर्श दी रूप धारण करता है। एक रूप में वह 'आइडेंटिटी', 'जेंडर' और 'एथनिसिटी' की असम्बद्धता और स्वायत्तता का बखान करता है, तो दूसरे रूप में साहित्य, कला और सर्जनात्मकता की हर तरह के महत प्रयोजन से मुक्ति की वकालत।

'साहित्य क्या है?' जैसे प्रश्न उठाने की ज़रूरत इसलिए भी है कि हम महावृत्तान्त की यथावत् स्वीकृति बनाम परस्पर सम्बद्धता के पूर्ण नकार के सुविधापूर्ण चयन से बाहर निकलकर साझे मानवीय चैतन्य की सम्भावनाएँ टटोल सकें।

## 3

इन सम्भावनाओं का एक रास्ता तो यही से खुलता है कि हम स्वीकार करें कि प्रश्न शाश्वत है; उत्तर इतिहास सापेक्ष ही हो सकता है। प्रश्न सार्वभौम है, उत्तर संस्कृति सापेक्ष ही होगा। 'साहित्य क्या है?' यह सभी परंपराएं पूछती रही हैं, और भिन्न-भिन्न उत्तरों से स्वयं को सन्तुष्ट करती रही हैं। हर सन्तोष सिद्धान्ततः दूसरे सन्तोष जितना ताकिक या अतार्किक हो सकता है। एक इतिहास-सापेक्ष उत्तर को शाश्वत, एक संस्कृति-सापेक्ष उत्तर को सार्वभौम और अन्यों को धर्मद्रोही अथवा प्रतिक्रियावादी मानना व्यर्थ है। ध्यान दें, मैंने कहा इतिहास-सापेक्ष और संस्कृति-सापेक्ष। इस सापेक्षता की सहज स्वीकृति ज़रूरी है ताकि हम किसी भी उत्तर को तानाशाही का रूपक न बना बैठे और इस बात का परीक्षण कर सके कि इस (या किसी भी) एक प्रश्न के विभिन्न परंपराओं में अर्जित उत्तरों के बीच सम्मानपूर्ण संवाद की जमीन कहीं है।

इस संवाद की जमीन का एक कोना तो हम अभी पहचान सकते हैं। इतना माना जा सकता है कि 'साहित्य' (विभिन्न संस्कृतियों में इसकी परिभाषा के बारे में जो भी आम राय बनी हो या न बनी हो) का संबंध मनुष्य की किसी एक गतिविधि, मनुष्यत्व के किसी एक पहलू से न होकर उसकी समग्रता से है। कवियों के प्रति प्लेटो की विख्यात वितृष्णा का कारण यही था कि प्लेटो के अनुसार मनुष्य की चेतना को समग्रता में प्रभावित करने का, उसे 'दिशा निर्देश' देने का एकाधिकार दर्शन का है, और प्लेटो को लगता था कि साहित्य दर्शन द्वारा निर्धारित सत्य एवं मर्यादा का अनुगमन करने की बजाय खुद अपने लिए यह अधिकार तलब करता है कि वह मनुष्य चेतना की समग्रता के साथ संवाद स्थापित कर सके। इसीलिए प्लेटो के अनुसार, ''कविता और दर्शन का झगड़ा बहुत पुराना है।''

यूरोपीय चिन्तन-परंपरा की केन्द्रीय समस्याओं में से एक रही है, इस झगड़े का निदान करने की कोशिश। एक दिशा यह है कि साहित्यकार को मानवात्मा का शिल्पी होना चाहिए, लेकिन शिल्प का नक्शा उसे प्राप्त करना चाहिए दर्शन/धर्म/विचारधारा/यूटोपिया या सीधे सत्ता से। दूसरी दिशा यह है कि साहित्य भाषा का वह प्रयोग है, जो आत्मसन्दर्भित ही होता है। इसी झगड़े का एक समाधान यह भी है कि प्राक्आधुनिक संस्कृति में मनुष्य की आत्मा को छूने का जो काम धर्म करता था, वह विज्ञान द्वारा धर्म को निस्तेज कर दिए जाने के औद्योगिक युग में कविता करेगी। साहित्य के प्रति आशंका की प्लेटोनिक स्थिति हो या साहित्य से आध्यात्मिक अपेक्षाओं की आधुनिक स्थिति, साहित्य द्वारा मानवीय समग्रता के स्पर्श की स्वीकृति दोनों में अन्तर्निहित है।

व्यक्तिगत आत्म, सामाजिक अस्मिता और सांस्कृतिक विशिष्टता से रूपायित होते हुए भी रचना विशेष की साहित्यिकता का गहरा संबंध मानवीय अनुभव और चेतना की समग्रता से है। साहित्य-लेखक और पाठक दोनों के आत्म का विस्तार करता है, उन्हें व्यावहारिक अनुभव की सीमाओं के परे जाने का अवसर देकर। वास्तव में आप जिन लोगों और जिन स्थितियों से कोई वास्ता नहीं रखते, साहित्य के जरिए न केवल उन्हें पहचान सकते हैं, शायद उनसे 'आइडेंटिफाई' भी कर सकते हैं। दृश्य माध्यमों के सर्वथा विपरीत, शब्दों से अपनी दुनिया गढ़ने के कारण साहित्य पाठक को बहुत बड़ी हद तक स्वायत्तता भी देता है कि वह रचना द्वारा उकेरे गए चित्र में रंग अपनी ओर से भर सके। अपनी स्मृतियों को रचना के पाठ से जोड़कर दोनों का अर्थानुसंधान कर सके। 'गोदान' का होरी मुझे मुहल्ले के गनपतिया से भी जोड़ सकता है और फ़िल्म 'गोदान' में होरी का रोल करने वाले अभिनेता से भी।

अस्मिता-विमर्श से प्रेरित रचनाएँ हों, या अस्मिता-विमर्श के साक्ष्य के रूप में उद्धृत रचनाएँ, उनकी साहित्यिकता का निर्धारण किसी प्रदत्त सौन्दर्यशास्त्र की कसौटियों पर नहीं बल्कि इस बात पर निर्भर करता है कि वे भाषा की सर्जनात्मक सम्भावना और लेखक-पाठक दोनों के आत्मबोध का कितना विस्तार कर पाती हैं। पाठक की संवेदना को पहले से तय निष्कर्षों की ओर ले जाने की बजाय उसके अपने विवेक संवेदन के लिए कितना अवकाश छोड़ती है। परंपरा और समकालीनता में स्थित मनुष्य को जो रचना जितना ज्यादा अवसर या उत्तेजन इस बात का दे कि वह अपने बौद्धिक, संस्कारगत और सामाजिक आत्म के परे जाकर 'अन्य' को समझ सके, वह शायद उतनी ही ज्यादा साहित्यिक रचना होगी।

साहित्य-लेखक और पाठक दोनों के लिए—भाषा के माध्यम से परकाया प्रवेश की साधना है।

## 4

उपर्युक्त परिभाषा, जाहिर है कि साहित्य की एक विशेषता को रेखांकित करती है, लेकिन क्या यह सदा सर्वदा के लिए निर्धारित है कि कौन सी रचना इस प्रकार के परकाया प्रवेश के रूप में पढ़ी जा सकती है, कौन सी नहीं ? साथ ही, क्या यही साहित्य की एकमात्र विशेषता है ? इन प्रश्नों के अनेक उत्तर सम्भव हैं, हम उन पर ध्यान केन्द्रित करें जो इन दिनों लोगों का ध्यान आकर्षित कर रहे हैं।

यह 'पोयटिक जस्टिस' का ही एक नमूना है कि जिस यूरोपीय परंपरा में साहित्य को दर्शन के बराबर की हैसियत देने में लगातार हिचक महसूस की गई, उसी के उत्तरआधुनिक पड़ाव में सारे बौद्धिक अनुष्ठान को मात्र 'लेखन' माना जा रहा है। 'सत्य' और 'तथ्य' पर इतिहास, दर्शन आदि के किसी विशेषाधिकार को रद्द करते हुए, उन्हें मूलत: 'पाठ' माना जा रहा है और उन उपकरणों से ही उनका मूल्यांकन करने का प्रस्ताव किया जा रहा है, जिनसे अब तक साहित्य को जाँचा जाता रहा है। इस बुनियादी परिवर्तन की ही तार्किक परिणति है कि स्वयं साहित्य की किसी प्रदत्त, अन्तर्निहित 'साहित्यिकता' को नकारा जा रहा है।

देरिदा के शब्दों में :

"ऐसा कोई पाठ नहीं जो अपने में साहित्यिक हो। साहित्यिकता पाठ का कोई स्वाभाविक सत्त्व या उसका आभ्यन्तरिक गुण धर्म नहीं है। वह तो पाठ के प्रति एक अभिप्रेत संबंध के साथ अन्योन्याश्रित है, अभिप्रेत संबंध जो अपने भीतर एक घटक या अभीष्ट तह के रूप में उन नियमों की कमोबेश अस्पष्ट चेतना समोए रहता है जो या तो अभिसामयिक हैं या संहितात्मक हैं—हर स्थिति में सामाजिक। निश्चय ही इसका यह मतलब नहीं कि साहित्यिकता—हर पाठक की आनुभविक आत्मपरकता या सनक के अर्थ में—महज प्रक्षेपात्मक या आत्मपरक है। पाठ का साहित्यिक चरित्र अभिप्रेत लक्ष्य के सिरे पर, चाहें तो कह लें कि उसकी अर्थ-ग्रामीय संरचना में, अंकित होता है, महज बौद्धिक क्रिया के आत्मपरक सिरे पर नहीं। पाठ 'में' ऐसे लक्षण मौजूद होते हैं जो साहित्यिक पठन की माँग करते हैं और साहित्य के अभिसमय, संहिता या इतिहास का प्रत्याह्वान करते हैं।

(पूर्वग्रह-103, पृ. 23-24)

इस कथन के साथ दो और कथन पढ़ें तो देरिदा की (और उनके बहाने यूरोपीय चिन्तन परंपरा की) बेचैनी और स्पष्ट हो जाएगी :

साहित्य में आप एक ऐसी चीज को हमेशा उत्कीर्ण कर सकते हैं, जिसकी नियति मूलत: साहित्यिक होने की नहीं थी।

साहित्य सम्भवत: हर चीज के सीमान्त पर खड़ा होता है, खुद समेत लगभग हर चीज के परे। वह दुनिया की सबसे दिलचस्प चीज है, शायद दुनिया से अधिक दिलचस्प चीज, और यही कारण है कि यदि इसकी कोई परिभाषा नहीं है तो जो कुछ भी साहित्य के नाम पर घोषित और नामंजूर किया जाता है उसे किसी अन्य प्रवचन के साथ मिलाकर नहीं देखा जा सकता। वह कभी भी वैज्ञानिक, दार्शनिक, संवाद विषयक नहीं होगा।

(पूर्वग्रह-103, पृ. 25)

सत्य के विशेषाधिकारी दावों के बरक्स साहित्य की अपनी शख़्सियत का यह रेखांकन अपने आपमें तो रोचक है ही, ऐतिहासिक रूप, से इस अर्थ में महत्त्वपूर्ण है कि इसके द्वारा चिन्तन-परंपरा विशेष में साहित्य के (अपने अवकाश की स्पष्ट अवधारणा की न होना व्यंजित हो रहा है। 'सत्य' के एक ही वैध पाठ की जो अवधारणा दूसरे समाज की उपनिवेश बनाती है, वह अपने 'आप' में भी 'सत्य' के किसी एक निरूपण की अन्यों की हैसियत तय करने का विशेषाधिकार प्रदान करती है। इस अवधारणा की परिणतियों का जो प्रतिवाद देरिदा की 'पोजीशन' को परिभाषित करता है, वह स्वयं आत्यंतिक हो जाता है, जबकि वे 'तमाम प्रवचनों के प्रति खुलेपन' के बावजूद यह कहते हैं कि साहित्य को 'किसी अन्य प्रवचन के साथ मिलाकर नहीं देखा जा सकता।' ऐसी मान्यता महावृत्तान्तों और सत्य के विशेषाधिकारी पाठों के शक्तिविमर्श में निहित पदानुक्रम के प्रतिवाद की प्रभावी भंगिमा तो हो सकती है, लेविन इसे सिद्धान्त बनाना कठिन है। वजह यह कि साहित्य का माध्यम-भाषा-अपने स्वभाव से ही अन्य सर्जनात्मक माध्यमों से इस, अर्थ में विशिष्ट है कि वह मनुष्य मात्र को सर्वाधिक सामान्य रूप से सुलभ माध्यम भी है—अभिव्यक्ति का ही नहीं, अनुभूति का भी। यही कारण है कि भाषा में हो सम्भव होने वाले 'अन्य प्रवचनों' के कारण भाषा में ही सम्भव होने वाले साहित्य का संबंध सिर्फ़ खुलेपन तक सीमित न होकर घुलेमिलेपन के सीमान्तों तक पहुंचता है। जिस बात पर बल देने की ज़रूरत है वह यह कि ऐसा संबंध किसी एक प्रयत्न या प्रवचन की प्राथमिकता के बजाय सभी की पारस्परिकता पर भी निर्भर हो सकता है।

## 5

संस्कृत काव्यशास्त्र और उससे प्रेरित आधुनिक आलोचना दृष्टियों को हम साहित्य एवं अन्य प्रवचनों-विमर्शों—की ऐसी पारस्परिकता की संहिता विकसित करने के प्रयत्न के रूप में पढ़ सकते हैं। प्रयत्न के ही रूप में, फलश्रुति के रूप में नहीं। एक प्रस्थान के रूप में, परिणति के रूप में नहीं। हीं, इस प्रस्थान में यह सम्भावना अवश्य है कि हम साहित्य और अन्य विमर्शों के संबंध को प्राथमिकता और पदानुक्रम के स्थान पर पारस्परिकता की ओर उन्मुख कर सकें।

यहाँ केवल संक्षिप्त संकेत करें। निस्सन्देह संस्कृत काव्यशास्त्र एक वृहत्तर नैतिक, वैचारिक विश्व का नागरिक है। ऐसा विश्व जिसे प्रश्नविद्ध तो किया ही जा सकता है, ख़ारिज़ भी किया जा सकता है। लेकिन प्रस्तुत तर्क के लिए महत्त्वपूर्ण है वह प्रयोजनमूलक स्वायत्तता जो इस विचारलोक में काव्य को हासिल है। धर्माधर्मनिर्णय, कलियुग का निवारण और संशय का शमन—ये सब इस विचारलोक में साहित्य के प्रयोजन नहीं है। उलटे उसे इस बात का अधिकार प्राप्त है कि वह ऐसे किसी भी निर्णय, निवारण और शमन पर अपने ढंग से सन्देह कर सके। साझे विचारलोक की नागरिकता के बावजूद उसे हक है कि वह वर्चस्वशील विचारधारा के उपदेश के बरक्स अपने उपदेश का प्रस्ताव कर सके। हम ऐसे विचारलोक की कल्पना इस उत्तरआधुनिक समय में कर सकते हैं, जिसमें साझेदारी की हैसियत रखते हुए साहित्य दर्शन और विचारधारा को मात्र वहन करने के लिए विवश न हो, बल्कि अपनी प्रयोजनमूलक स्वायत्तता बनाए रख सके। ज़रूरत पड़ने पर उस विचारलोक की सीमाओं के परिवर्तन या विस्तार का प्रस्ताव भी ऐन अपनी शख़्सियत के साथ कर सके, किसी साहित्येतर वैचारिक निर्मिति की अनुगमन करने के लिए विवश होकर नहीं। संस्कृत काव्यशास्त्र के प्रस्थान बिंदु

और उसके स्वयंसिद्ध इस बात की प्रबल सम्भावना रेखांकित करते हैं कि हम साहित्य में 'कुछ भी कह सकें', बल्कि कहना चाहिए किए 'कुछ भी पूछ सकें' (देखें—वागीश शुक्ल को लेख 'कथा शृणोतिः इन्द्र,: ...क्या इन्द्र सुनता है?' पूर्वग्रह-103, विशेषकर, पृ. 51)—और यह बिना धर्मद्रोही होने का सन्ताप झेले। निश्चय ही, 'कुछ भी पूछ लेने' की व्यावहारिक परिणति यदि साझे चिचारलोक की आधारभूत सामाजिक संरचना के ही विरुद्ध जाए तो बात अलग हो जाएगी। लेकिन हम संस्कृत काव्यशास्त्र के स्वायत्तता रेखांकन के विस्तार की बात कर रहे हैं, न कि उसके विचारलोक और उसे धारण करने वाले समाजबोध को ज्यों का त्यों अपना लेने की।

'पाठ' की साहित्यिकता के निर्धारण के प्रसंग में भी संस्कृत काव्यशास्त्र की प्रयोजन और तात्पर्य विषयक अवधारणाएं अत्यन्त महत्त्वपूर्ण हैं। 'तात्पर्य' लेखक का नहीं, बल्कि रचना का अभिप्राय व्यंजित करता है। दूसरी ओर 'प्रयाजन' से स्पष्ट होता है कि पाठक साहित्यिक पाठ के समीप क्योंकर जाए। यह ध्यान देने योग्य है कि जब संस्कृत काव्यशास्त्र को आधुनिक, समाजपरक साहित्य-विमर्श से अनुकूलित किया गया, तो 'रामचरितमानस' को ही साहित्य की तरह पढ़ा गया, 'रामाज्ञाप्रश्न' को नहीं। 'पद्‌मावत' को ही सर्जनात्मक माना गया, 'आखिरी कलाम' को नहीं। इस मानने की आधार केवल भाषा की सर्जनात्मकता नहीं है। निर्धारण का मुख्य आधार वाक्य या वाक्य समुच्चय में प्रयुक्त भाषा की 'साहित्यिकता' नहीं, बल्कि रचना के तात्पर्य की साहित्य के सामान्य प्रयोजन के साथ अनुकूलता है।

साहित्य-सम्भावना के धरातल पर-सर्वाधिक सार्वजनीन सर्जनात्मक प्रयत्न है, कुछ भी पूछने का—अनुव्याहरण का। सर्वाधिक सार्वजनीन इस अर्थ में कि उसका माध्यम-शब्द-प्रकृति से ही सर्वाधिक सार्वजनीन माध्यम है। इस सार्वजनीन माध्यम में सम्भव होने वाले जो महावृत्तान्त जीवन की समग्रता को और विचार के साझेदारीपरक स्वभाव को नकारते हैं, वे वस्तुतः एकेश्वरवाद के विविध रूपक है। समाज, ईश्वर, राष्ट्र, विचारधारा ये सब एक के विविध-रूपक हैं जिनकी ओर सारी गतिविधियाँ संचालित हैं या उन्हें होना चाहिए वह एक जो सारी नैतिकता का स्रोत और सारी-सर्जनात्मकता का प्रतिमान है।

क्या एक ऐसे विमर्श की कल्पना सम्भव नहीं है जिसमें एक ईश्वर के स्थान पर अनेक देवता हों। जो परस्पर संवाद भी करें और झगड़ा भी। अपने अवकाश में जो अपनी हैसियत रखते हैं। अपने-अपने पुराणों में जिन्हें सर्वोच्च स्वीकार किया जा सके—और जो फिर भी एक साझे नैतिक विचारलोक के सदस्य हों, जो किसी ब्रह्मांडबोध की व्यापक सीमाओं को सामान्यतया स्वीकार करते हुए भी उनका अनुव्याहरण कर सकें—कुछ भी पूछ सकें।

यदि ऐसे किसी विमर्श की कल्पना सम्भव हो तो साहित्य अपने स्वभाव के फलस्वरूप, उस विमर्श का कारण भी है और परिणाम भी।

['विचार का अनन्त' (2000), राजकमल प्रकाशन]

# कला का स्वधर्म : संस्कृत काव्यशास्त्र में काव्य और पुराण

'स्वधर्मे निधनंश्रेय परधर्मोभयावह...' गीता के इस प्रसिद्ध श्लोक में 'स्वधर्म' की पहचान वर्णाश्रम से होती है, लेकिन हम यदि 'धर्म' का अर्थ प्रकृति (स्वभाव) और सहज नैतिक बोध से लें, तो क्या कला का ऐसा कोई स्वधर्म हो सकता है, जिसके लिए कला प्राणों तक की आहुति देने को तैयार हो? जाहिर है कि रूपक के बाहर तो यह आहुति कलाकार (या लेखक) के प्राणों की ही होगी। जहाँ तक स्वयं रचना का सवाल है, उसका तो मामला वैसा है जैसाकि मिखाइल बुल्गाकोव के उपन्यास 'मास्टर ऐंड मारग्रेटा' के उस पात्र ने अनुभव किया था, 'बड़ी मुश्किल से जलता है वह कागज जिस पर लिखावट का आवरण हो।'

बहरहाल, क्या कला, साहित्य, नाटक, नृत्य गरज कि सर्जनात्मक अभिव्यक्ति का ऐसा कोई स्वभावगत नैतिक बोध हो सकता है, जिसका पालन करते हुए निधन भी श्रेयस्कर हो और जिसका किसी परधर्म के लिए त्याग करना भयावह माना जाए? समाज और व्यक्ति के आधुनिक विमर्श और उसके विविध मुहावरों में उपरोक्त प्रश्न के अनेक उत्तर उपलब्ध हैं। इन मुहावरों में कला के स्वधर्म की पहचान राष्ट्र, क्रांति, परिवर्तन, समाज आदि के सन्दर्भ में होती है। कला का स्वधर्म यही तो है कि वह भावक को इस या उस सामाजिक प्रयोजन के निकट लाए। या तो उसे राष्ट्रप्रेमी बनाए या क्रांतिकारी। अपने लक्ष्य में विरोधी होते हुए भी ऐसी अपेक्षाएँ कला से रिश्ता बनाने के धरातल पर एक ही रास्ते चलती हैं। कला का काम किसी-न-किसी 'अन्य' द्वारा खोजे गए सत्य के अनुरूप स्वयं को ढालना, फिर अपने भावक को उस सत्य के अनुकूल बनाना है। मनुष्य की आध्यात्मिक वेदनाएँ हों या उसकी सामाजिक स्थिति, कला को उन तक किसी 'अन्य' के बनाए रास्ते पर ही चलकर पहुँचना चाहिए। कला की कलात्मकता उसके अपने आन्तरिक (गठन) से जाँची जा सकती है, लेकिन उसकी महानता तो इसी से तय होगी कि जिस 'अन्य' के बताए रास्ते पर चलना कला ने मंजूर किया, वह 'अन्य' कितना 'महान्' था।

दूसरी ओर कुछ लोग कला (या किसी भी सर्जनात्मकता) को आत्म-सन्दर्भित मानते हैं। कला का अस्तित्व इतिहास या समाज से परे, अपने आपमें स्वयं पूर्ण है। जितना समाज या इतिहास कला में आता भी है वह तो सिर्फ़ एक बहाना है—कला द्वारा स्वयं की निखारने का। इस 'निखार' के प्रतिमानों के ऐतिहासिक, सामाजिक सन्दर्भों की बात भी करना फ़िज़ूल है, क्योंकि ऐसी कोई भी बात कला को उसके उच्च स्थान से हटाकर तुच्छता की ओर ले जाती है।

तो, एक समझ के मुताबिक कला का स्वधर्म है किसी अन्य द्वारा कमाए गए सत्य का गुणगान, किसी अन्य के बताए रास्ते पर चलना और दूसरी समझ के मुताबिक कला का स्वधर्म है, सिर्फ़ अपने लिए, सिर्फ़ अपने सन्दर्भ में जीना। कला या तो किसी-न-किसी 'मर्यादा' के अनुकूल हो सकती है, या फिर मर्यादा के सभी प्रश्नों, उनसे जुड़ी सभी असुविधाओं से उदासीन।

कला के 'स्वधर्म' की पड़ताल आगे बढ़ाने से पहले जरा सोचें–क्या उपरोक्त विकल्प कला के स्वभाव को ठीक-ठीक दरसाते हैं : क्या सचमुच सारी महान् कला या कविता इसलिए महान् है कि वह किसी-न-किसी महत् प्रयोजन के अधीन लिखी गई है? या सच्चाई इससे उलटी है? कहीं ऐसा तो नहीं कि किसी समय मान्यताप्राप्त महत् प्रयोजन द्वारा कला की उपलब्ध परंपरा अपने प्रोजेक्ट में खींच ली जाती है? जब हम इतिहास के एक खास मोड़ पर साहित्य को 'राष्ट्र की आत्मकथा' घोषित कर देते हैं, उसके बाद ही शेक्सपियर या तुलसीदास राष्ट्रीय गौरव के पुरस्कर्ता कवि कहे जाने लगते हैं। या जब हमें जाति के सवाल से मुँह चुराना हो, पारंपरिक वर्चस्व को ही आधुनिक राष्ट्रवाद का जामा पहनाना हो तो हमें कबीर लोक विद्वेषी और तुलसीदास 'समन्वयवादी' नजर आने लगते हैं। यह सवाल पूछना तक मर्यादा-विरोधी लगने लगता है कि स्वयं तुलसीदास की चेतना में 'समन्वय' का अर्थ और विवेक का मतलब क्या था? दूसरी ओर हम घोषित करते हैं कि कबीर की कविता में निहित वेदना असल में दलित धर्म की स्थापना के लक्ष्य से प्रेरित थी। तुलसी या कबीर की कविता के अपने स्वभाव का विश्लेषण आनुषंगिक हो जाता है। प्राथमिकता मिल जाती है—हिन्दू जाति या हिन्दी जाति या भारतीय राष्ट्र या दलित चेतना के प्रोजेक्ट को।

तो क्या कला की संवेदना में समाज कहीं होता ही नहीं? या सिर्फ़ 'निखार' के बहाने के रूप में हाता है? या कला के अपने स्वभाव में समाज-विमुखता बद्धमूल है? जिनके उदाहरण ऊपर दिए, उन दोनों कवियों का सरसरी निगाह से किया गया पाठ भी इस प्रश्न के नकारात्मक उत्तर की ओर ले जाएगा। बल्कि यहीं से एक नया सवाल भी सामने आ जाएगा। तुलसी और कबीर की रचना को प्राथमिक रूप से कविता की तरह पढ़ना हमने कब से और किन परिस्थितियों में शुरू किया? इस सवाल पर विस्तृत विवेचन की फिलहाल गुंजाइश नहीं, लेकिन इतना स्पष्ट है कि कला के स्वभाव की समग्रता को ध्यान में रखें तो न कला की अन्यपरकता अपरिहार्य है, न ही उसकी समाजविमुखता।

यह भी निर्विवाद है कि कला अपनी हकीकत में जितनी लौकिक है, सपनों में उतनी ही अलौकिक। अपने स्वरूप में जितनी प्रत्यक्ष है, स्वभाव में उतनी ही रहस्यपूर्ण। अपनी रचना में जितनी देशकालबद्ध है, प्रभाव में उतनी सार्वभौमिक और कालातीत। जितना गहरा रिश्ता उसका समाज से है, उतना ही आत्मीय संबंध अन्तरात्मा से।

कला के स्वधर्म की सन्तोषजनक अवधारणा कला के स्वभाव की उपरोक्त विशेषताओं को ध्यान में रखे बिना सम्भव नहीं।

असल में, कला के स्वधर्म अर्थात् नैतिक बोध की ऐसी अवधारणा जो कला के स्वभाव और उसकी अस्तित्वगत विशेषताओं के प्रति संवेदनशील हो, ज़रूरी इसलिए है ताकि हम कला से ऊँटपटाँग माँगे करने और उन्हें पूरा न कर पाने वाली कला को देश-निकाला या प्राणदंड देने के कर्म से बच सकें। इस क्रूरता से बचना कला पर कृपा करना नहीं, बल्कि स्वयं समाज और उसकी विविध संस्थाओं को प्राणवंत, स्पंदनशील बनाए रखना है। प्रचलित मर्यादा के अनुकूल न पड़ने वाली, प्रस्तावित 'मर्यादा' पर सन्देह करने वाली कला को जो समाज देशनिकाला देती है, वह वस्तुत: अपनी अन्तरात्मा और विवेक को देशनिकाला देता है। कला, कविता या किसी भी सर्जनात्मक उपक्रम की गम्भीर समस्याओं को नारेबाजी और जुलूसों, धमकियों और फतवों के भीड़तंत्र के बीच स्थापित करने वाला समाज असल में, तेजी से एक सुअरबाड़े में बदल रहा समाज है। यह बात उनके लिए ज्यादा गौरतलब है जो सचमुच किसी

बेहतर, अधिक संवेदनशील, अधिक न्यायपूर्ण समाज का सपना देखते हैं। समाज के साथ कला का रिश्ता 'बहुमत' के जरिए न तो निर्धारित हो सकता है न होना चाहिए। लेकिन जब ऐसा मान लिया गया है कि कला को किसी-न-किसी ऐसे सत्य, मर्यादा, प्रोजेक्ट या विचार के ही अनुकूल होना चाहिए, जो उसे बाहर से दिया गया है और जिसकी रूपरेखा की बहसें भी कला से बाहर ही होती हैं तो परिणतियाँ विकराल होंगी ही। कला के लिए भी, समाज के लिए भी। कभी सोल्जेनित्सिन कांड के रूप में, कभी रुश्दी कांड के रूप में और कभी हुसैन कांड के रूप में। 'अधिक मानवीय' समाजवाद सोल्जेनित्सिन के पीछे पड़ जाएगा, 'शांति का पर्यायवाची' इस्लाम एक उपन्यास के कारण खतरे में आ जाएगा और 'परम सहिष्णु' हिन्दू समाज के स्वयंभू नेता हुसैन का जीना हराम कर देंगे।

(इस डरावनी स्थिति में भी कुछ मजा है। हजारों साल की परंपरा का दावा करने वाली, करोड़ों मनुष्यों के दिलोदिमाग पर राज करने वाली व्यवस्थाएं किसी नाकुछ से लेखक या चित्रकार से इतनी डर क्यों जाती हैं? इतना कम क्यों है उन्हें अपने आप पर विश्वास? इतनी छुईमुई क्यों हैं भावनाएँ—जबकि वे ईश्वर या इतिहास के दिए सत्य पर टिकी हैं कि एक उपन्यास या एक चित्र से मुरझा जाती हैं? इतनी दुर्बल क्यों है आस्था, यदि उसके केंद्र में सत्य है!)

कला के स्वभाव के प्रति संवेदनशील, उसके स्वधर्म का, सम्मान करने वाला समाज सहज रूप से आत्मविश्वासी समाज है। कला के असुविधाजनक सवालों को सम्मान देने वाली आस्था वास्तव में गहरी और उन्मुक्त आस्था है। कला को अवकाश और सम्मान देना ऐन इसी कारण समाज की अपनी ज़रूरत है (कला पर कृपा नहीं) ताकि समाज स्वयं को पुनर्नवा कर सके। कला को अनुगमन के लिए बाध्य करने की बजाय उसके साथ मुखामुखम का संबंध बनाना शास्त्र और विचार का कर्त्तव्य इसलिए है ताकि वह कला से सीख सके कि अपने आप पर सन्देह कैसे किया जाता है। कला के प्रति विनम्रता व्यवस्था का धर्म इसलिए है क्योंकि कोई भी व्यवस्था शाश्वत नहीं है, जबकि वह सर्जनात्मकता, जो व्यवस्था के लिए असुविधा उत्पन्न करने वाली कला को सम्भव करती है, शाश्वत भी है, सार्वभौमिक भी। जाहिर है कि ऐसी कला चाहे भी तो समाजविमुख नहीं हो सकती। हाँ, समाज से संवाद करने का उसका ढंग और है, समाज के साथ-साथ उसका रिश्ता लौकिक-अलौकिक, भौतिक-आध्यात्मिक, तार्किक-तर्कातीत के परस्पर विरोध से नहीं, बल्कि इन युग्मों की समग्रता से परिभाषित होता है।

अन्यपरकता या समाजविमुखता के परे कला के स्वधर्म को समझने का आधार है—अनुव्याहरण; कुछ भी पूछ सकना। कुछ भी पूछ सकने का यह रिश्ता एक अर्थ में भावक की संवेदना के विस्तार का रिश्ता भी है। संवेदना का वह विस्तार जो तात्कालिक सन्दर्भ में बहुत विनम्र प्रतीत होता है लेकिन जो गहरे, दूरगामी अर्थ में कला को बहुत ही सघन लक्ष्य देता है।

क्या ऐसे रिश्ते के आधार पर कला के स्वधर्म की कोई अवधारणा सम्भव है? यह प्रश्न सर्जनात्मकता के कोण से कम, अपेक्षाओं और आलोचना के कोण से ज्यादा ज़रूरी है। हम सर्जनात्मक अभिव्यक्ति के विविध रूपों से क्या अपेक्षाएँ रखें? क्या माँग करें उनसे? किन प्रतिमानों पर आकलन करें उनकी महानता का? अनुव्याहरण को कला के मूल स्वभाव के रूप में स्वीकार करते हुए क्या ऐसा ढंग विकसित किया जा सकता है जो कला को अपना स्वधर्म त्यागने और परधर्म अपनाने के लिए बाध्य न करे? क्या ऐसे ढंग की सम्भावना का संकेत करने वाली कोई परंपरा सुलभ है, जिसका हम स्वीकार, परिष्कार और विस्तार कर सकें?

संस्कृत काव्यशास्त्र की परंपरा उपरोक्त प्रश्न का अत्यन्त विचारोत्तेजक उत्तर देती है— यदि हम काव्यशास्त्री के मानस के प्रति संवेदनशील होकर उस परंपरा को पढ़ें। कहने की आवश्यकता नहीं कि संस्कृत काव्यशास्त्र की परंपरा 'शिष्ट' समुदाय की वर्चस्वशील संस्कृति के ही अन्तर्गत है। इस कारण, इस परंपरा के लिए 'कविता' की अवधारणा कुछ साझे प्रस्थान बिंदुओं पर टिकी है। ये प्रस्थान बिंदु काव्यरूढ़ियों से लेकर भावक के मन पर कविता के प्रभाव के विश्लेषण तक को निर्धारित करते हैं। सच तो यह है कि भावक के संस्कार और काव्यशास्त्री के वैचारिक पूर्वग्रहों के बीच मौजूद वैचारिक निरन्तरता के सूत्र ही तय करते हैं कि कौन ही शब्द-रचना बतौर 'कविता' के विचारणीय है और कौन-सी नहीं। यदि कोई रचना इन प्रस्थानों, पूर्वग्रहों का ही प्रतिवाद करे तो काव्यशास्त्री के विचार-लोक में उसका काव्यत्व संदिग्ध होगा। इस कारण, 'शिष्ट' समुदाय द्वारा स्वीकृत और व्यवहृत 'संस्कृति' के बाहर यदि कोई कविता पड़ती है तो 'कविता' के रूप में उसकी स्वीकृति तब तक स्थगित रहेगी जब तक कि शिष्ट समुदाय की कविता संबंधी धारणा किसी-न-किसी कारण बदल न जाए। ऐसे में संस्कृत काव्यशास्त्र पर संकीर्णता का आरोप लगाने का प्रलोभन प्रचंड होगा, लेकिन इस प्रलोभन में फँसने के पहले ध्यान रखें कि यह केवल संस्कृत काव्यशास्त्र की विशेषता नहीं—उसका व्यवच्छेदक लक्षण तो बिलकुल नहीं। कोई भी काव्यशास्त्र, किसी-न-किसी संस्कृति-बोध के ही अन्तर्गत कविता संबंधी अपनी अवधारणा को स्थित करता है। जब ऐतिहासिक दबावों के कारण, समाज स्वयं को, अपनी सांस्कृतिक पहचान को नए सिरे से परिभाषित करता है तो कविता की अवधारणा बदलती है और उपलब्ध काव्यशास्त्र की चिन्ताएँ भी रूपान्तरित होती हैं। जैसा कि उन्नीसवीं सदी के उत्तरार्द्ध और बीसवीं के आरम्भ में स्वयं हमारे समाज में हुआ। कविता के अवधारणा बदली और कबीर, तुलसी, सूर प्राथमिक रूप से 'भक्त' की बजाय कवि के रूप में देखे गए। भक्तिकाव्य कविता संबंधी विमर्श के केंद्र में आ गया। संस्कृत कावशास्त्र की शब्दावली और उसके प्रतिमानों के उपयोग के उपजीव्य और सन्दर्भ भी बदल गए।

कला या कविता के स्वधर्म के प्रसंग में संस्कृत काव्यशास्त्र से हम जो सीख सकते हैं, वह यह कि वर्चस्वशील वैदिक पौराणिक संस्कृति के विचारलोक में रहते हुए भी यह काव्यशास्त्र कविता के अपने विशिष्ट प्रयोजन, प्रकार्य और आशय के प्रति अत्यन्त आग्रहशील है। वह शास्त्र परंपरा का सम्मान करता है। उस परंपरा में निहित मूल्य-बोध उसका अपना मूल्य-बोध है। उस परंपरा में स्वीकृत दार्शनिक प्रस्थानों में काव्यशास्त्री की अपनी भी आस्था है, लेकिन वह कविता के इस स्वभाव से वाक़िफ़ है, उसका सम्मान करता है कि कविता कुछ भी पूछ सकती है। कविता का काम किसी भी विचार विशेष का प्रचार करना नहीं, बल्कि सौंदर्य की भाषा के जरिए मनुष्य की समग्र सत्ता से संवाद करना है। ऐसा संवाद कई बार 'स्वीकृत' मर्यादाओं के परे भी जा सकता है और इसे कविता के ख़िलाफ़ तर्क नहीं बनाया जा सकता है। कविता का काम धर्म की प्रतिष्ठा करना नहीं, सौंदर्य की सृष्टि करना है। निस्सन्देह स्वयं सौंदर्य के प्रतिमान साझे विचारलोक के ही हैं, लेकिन उनकी स्वायत्तता उतनी ही पवित्र है, जितना कि स्वयं धर्म। यही कारण है कि संस्कृत काव्यशास्त्र कविता को गृहस्थ नैतिकता के प्रतिमानों से नहीं, बल्कि सौंदर्य और अनुरक्ति के समानान्तर संसार के प्रतिमानों से जाँचता है। वह काव्य की सफलता या असफलता का निर्धारण धर्म की लोक-प्रतिष्ठा या संशय-निवारण के आधार पर नहीं करता। उसके लिए कविता की महानता का आधार भी यह नहीं है कि कविता अद्वैतवाद

के अनुकूल है या द्वैतवाद के। कविता संबंधी उसके निर्णय के आधार भिन्न प्रकार के हैं—रसनिष्पत्ति, साधारणीकरण, अर्थगौरव, शब्द-सौंदर्य। इस भिन्नता का कारण है—कविता के प्रयोजन, रचनात्मक अभिप्राय और उसके प्रकार्य की स्वायत्तता का आग्रह। कविता के स्वधर्म का बोध।

कविता के स्वधर्म के स्पष्ट बोध ही के कारण, संस्कृत काव्यशास्त्र हर छंदोबद्ध शब्द-रचना को काव्य मानने की उदारता नहीं बरतता। यह नितान्त आधुनिक भ्रांति है कि संस्कृत काव्यशास्त्र, शब्द के पारिभाषिक अर्थ में रूपवादी है। उसकी चिन्ता रचना के प्रस्तुत रूप तक सीमित न रहकर रचना के प्रयोजन तथा उसके सम्भावित प्रभाव तक जाती है। रचनात्मक अभिप्राय और रचनात्मक प्रभाव का विश्लेषण संस्कृत काव्यशास्त्र के लिए 'हेत्वाभास' न होकर वैध समस्याएँ हैं। इसलिए वह अपने विचार का उपजीव्य उन्हीं शब्दरचना को बनाता है, जो अपने प्रयोजन में 'काव्य' हों। पुराण छंदोबद्ध होने और कई स्थानों पर काव्य-सौंदर्य से संपन्न होने के बावजूद काव्यशास्त्रीय विवेचन का उपजीव्य इसलिए नहीं बन पाते क्योंकि उनका प्रयोजन भिन्न है। ध्यान देने की बात यह है कि जो प्रयोजन आज का विमर्श कविता या कला से साधना चाहता है, वे प्रयोजन भारतीय परंपरा में पुराण के हैं। विचार विशेष का 'डिफेंस' या उसका प्रचार पुराण का काम है, काव्य का नहीं। जिस तरह काव्य के लक्षण की परंपरा है, उसी तरह पुराण के लक्षण की भी और दोनों के बीच परस्पर भ्रांति की कोई गुंजाइश न तो पुराण विमर्श में हैं, न काव्यशास्त्र में।

पुराण वह रचना है जो सर्ग, प्रतिसर्ग, वंश, मन्वन्तर, वंशानुचरित का वर्णन करे। इस वर्णन का लक्ष्य है— 'धर्म' (अर्थात् वर्णाश्रम) की प्रतिष्ठा। महाभारत का एक श्लोक जिससे लगभग हर पुराण अपने आपको परिभाषित करता है, इस प्रकार है :

*इतिहासपुराणाभ्याम् वेद समुपबृंहयेत्।*
*बिभेत्यल्पश्रुताद् वेदो मामयं प्रहरिष्यति॥*

'अल्पश्रुत से वेद डरता है कि मुझे पीट न डाले, सो वेद का उपबृंहण इतिहास और पुराण से करना चाहिए।' उपबृंहण अर्थात् विस्तृ व्याख्या। शाब्दिक पाठ तो इतना ही है, लेकिन सांस्कृतिक प्रक्रिया के धरातल पर इसका अर्थ हुआ तमाम वेदेतर परंपराओं और वेद-विरोधी मतों की वर्णाश्रम के पक्ष में अनुकूलन। वर्णाश्रमवादी वर्चस्व में उनका समावेश बेशक इस प्रक्रिया में, समाविष्ट मतों की वैचारिक विशेषताओं और जीवन-शैलियों को भी अस्तित्व का अवकाश किसी हद तक हासिल रहा। हद स्पष्ट थी। वर्णाश्रम की सामाजिक व्यवस्था की व्यवहार में स्वीकृति और उसके दार्शनिक बौद्धिक अनुषंगों की निर्विवादता का सम्मान। पुराण सिर्फ़ वेद के 'अर्थ' की विस्तृत व्याख्या नहीं करते, वे उस उपबृंहण (रूपान्तरण) को व्यंजित भी करते हैं, जो सामाजिक सांस्कृतिक वाद-विवाद, संवाद के फलस्वरूप वेदपरक धर्म में आ रहा था। वैदिक धर्म का पौराणिक धर्म में रूपान्तरण इसी जटिल प्रक्रिया की एक व्यंजना है। वरुण, इंद्र जैसे वैदिक देवता उपेक्षित बल्कि हास्यास्पद हो जाते हैं और कृष्ण, राम जैसे वेदेतर चरित स्वयं को वैदिक कहती धर्म परंपरा के केंद्र में आ जाते हैं। प्रतीकों और पूज्यों के इस परिवर्तन के बावजूद जो निरन्तरता बनी रहती है, वह है वर्णाश्रम के वर्चस्व और सारे समाहार के बावजूद उस वर्चस्व के ख़िलाफ़ जिरह की। इस जिरह को निस्तेज बनाना, सम्भव हो तो उसे नष्ट कर डालना—यह पौराणिक परंपरा की निरन्तर चिन्ता है। जिस महामोह ने विष्णुपुराण में असुरों को वेदमार्ग से भटकाया, परवर्ती पुराणों में वही महामोह बुद्ध का अवतार

ग्रहण करता है, वही बुद्ध जो तुलसी के शब्दों में 'निंदित अवतार' हैं, 'भयो निंदित बुद्ध अवतार।' विष्णुपुराण में वर्णित इस महामोह के वेद यज्ञ विरोधी तर्क ठीक वैसे ही हैं, जैसे कि कबीरादि निर्गुण सन्तों के। पौराणिक तर्क विलक्षण हैं! जो वेद-निन्दक हैं, वे असुर हैं, उधर जो असुर हैं उन्हें वेदनिन्दक बनाकर उन्हें नष्ट करने के हेतु ही निंदित बुद्धावतार हुआ था!

एक यथास्थितिवादी व्यवस्था के मूल तर्क को जनसाधारण के चित्त का स्थायी संस्कार बना देना—यह पौराणिक चेतना की केंद्रीय चिता हैं। इस तर्क का मूल प्रस्थान वेद को निरूपित कर दिया गया। वेद स्त्री शूद्र के लिए सुलभ नहीं है, सो उसका उपबृंहण पुराण करेगा। जाहिर है कि उपबृंहण की मूल से तुलना करने की कोई गुंजाइश है नहीं। सो व्यवहार में, दैनिक अनुष्ठान से लेकर दार्शनिक स्थापनाओं तक के धरातल पर जो पुराण कहे, वही प्रमाण। नारदीय पुराण के अनुसार :

*वेदार्थाधिक मन्ये पुराणार्थ वरानने।*
*वेदा: प्रतिष्ठिता: सर्वे पुराणेष्वेव सर्वदा।*

(2/24/17)

पुराण को वेद से भी अधिक महत्ता देने का कारण नारदीय पुराण के ही अनुसार यह है कि 'वेद में व्यावहारिक निर्देशों का अभाव है।' तिथि निर्णय से लेकर पूजापाठ तक के व्यावहारिक निर्देश, वर्णाश्रम के अनुकूल 'आदर्श' आचरण और उस अवस्था का औचित्य निरूपण करने वाले सोच को सभी के जीवन व्यवहार के प्रतिमान के रूप में स्थापित करना—पुराण का आत्मसजग लक्ष्य यही है। देवीभागवत में कहा गया है :

*स्त्री शूद्र द्विजबंधूनां न वेदश्रवणं मतम्।*
*तेषामेव हितार्थाय पुराणानि कृतानि च॥*

(1/3/21)

यहाँ 'द्विजबंधु' शब्द पर ध्यान दें। यह शब्द अनजाने ही उस सामाजिक गतिशीलता की ओर संकेत करता है, जिसके चलते कई द्विजेतर जातियाँ द्विज होने की हिचकभरी स्वीकृति पा रही थीं। द्विजबंधु अर्थात् द्विज होने का दावा करने वाले गैर द्विज। पुराण इस गतिशीलता को सिर्फ़ प्रतिबिंबित ही नहीं करते, उसे वर्चस्वपरक ढंग से अनुशासित करने का प्रयत्न भी करते हैं। यह गतिशीलता पुराण के लिए 'कलियुग' की चुनौती है, विघटन का प्रमाण है, उन्नति का सूचक नहीं।

नि:सन्देह पुराणों में ऐसे संकेतों के साथ ही कई स्थानों पर काव्यात्मकता भी है, लेकिन उनका प्रयोजन नियामक है, जबकि काव्य का सर्जनात्मक। पुराणकार जानता है कि पुराण का काम कलियुग (अर्थात् वर्णाश्रम के संकट) का निवारण, अधर्म (अर्थात् जिरह) का विरोध, संशय अर्थात् (असुविधाजनक सवाल) का उच्छेद और अन्तत: 'सही' (!) विचार की प्रतिष्ठा करना है। मध्यकालीन पुराणों और धर्मशास्त्रों में उन ग्रंथों और विचारों का बाकायदा निर्देश किया गया है, जिनका प्रचार किया जाना चाहिए। काव्य और काव्यशास्त्र का विलक्षण महत्त्व इस बात में है कि पुराण द्वारा प्रस्तावित विचारलोक में स्थित होने के बावजूद वह सर्जनात्मक प्रयोजन की स्वायत्त विशिष्टता का आग्रह लगातार करता है। इस स्वायत्तता का सम्मान पौराणिक परंपरा भी करती है। यही कारण है कि दार्शनिक आचार्य काव्य के क्षेत्र में हस्तक्षेप नहीं करते। यह अहस्तक्षेप शंकराचार्य से लेकर वल्लभाचार्य तक देखा जा सकता है। मजेदार बात तो यह है कि जब शंकराचार्य काव्य-रचना करते हैं तो वे काव्य पर अपनी शुष्क दार्शनिकता थोपने

की बजाय काव्य-भाषा और काव्य के अभिप्रायों की अपनी रसपूर्ण परंपरा का ही अनुगमन करते हैं। कारण वही है—शास्त्र और काव्य के प्रयोजनपार्थक्य का स्पष्ट बोध। असल में, साहित्य की 'समाजसुधार' या धर्म निरूपण जैसी कोई भूमिका ही उस युग तक अनजानी है, जिसे 'टीकायुग' कहा जाता है। कवि की अपनी सामाजिक चिन्ताएँ हो सकती थीं, उनकी मुखर अभिव्यक्ति भी सम्भव थी, लेकिन काव्य का प्रतिमान इस 'सामाजिक चिन्ता' की बहुत चिन्ता नहीं करता था। दूसरी ओर 'धर्म' और 'दर्शन' के आचार्यगण कवि (व्यक्ति) को सुधारने की कोशिश शायद कर भी लें, 'कविता' को सामाजिक कोण से सुधारना उन्हें ज़रूरी नहीं लगता था, और दार्शनिक कोण से 'कविता' वही शब्द रचना कहला सकती थी, जो आचार्यों के अपने विचारलोक की सहनागरिक हो। सम्बद्धता और स्वतंत्रता के इस परस्पर संबंध को समझने में आधुनिक आचार्यों को दिक्कत होती है और वे कह उठते हैं, "यह शोचनीय बात हुई कि जब शंकर, रामानुज और वल्लभ जैसे महापुरुषों का आविर्भाव हुआ, तब साहित्य पूर्णत: कलुषित हो रहा था, तथापि उसे अलौकिक समझकर उसके संस्कार की बात करना भी, शायद अनुचित समझा गया।" (आचार्य नन्ददुलारे वाजपेयी 'हिन्दी साहित्य : बीसवीं शती,' पृ. 90)

सम्बद्धता और स्वतंत्रता के इस संबंध में पुराण नियामक हैं और काव्य सर्जनात्मक—इस कारण कवि न तो हर स्थिति को 'रेशनलाइज' करने के लिए उत्सुक है और न ही अपने प्रिय पात्रों की मानवीय दुर्बलताओं, आत्मसंघर्षों से मुँह चुराने के लिए बाध्य। काव्य परंपरा के राम सर्वगुण संपन्न और परम विभूतिवान होते हुए भी अन्ततः मनुष्य ही हैं, जिनकी आत्मग्लानि को तीखे शब्दों में व्यंजित करते भवभूति को कोई संकोच नहीं होता— 'रे हस्तदक्षिण रामस्य गात्रमसि करुणा कुतस्तते?' जिनसे सीता के चरित्र पर सन्देह करवाते वाल्मीकि को कोई धर्मसंकट नहीं सालता और जिन पर तीखा व्यंग्य करती कालिदास की सीता अविस्मरणीय है।

सामान्य रूप से काव्य की रचना और आस्वाद का लक्ष्य चतुर्वर्ग प्राप्ति को मानने के बावजूद संस्कृत काव्यशास्त्र कवि का काम, कविता का प्रयोजन यह नहीं मानता है कि वह धर्म निरूपण करे या धर्म के प्रति उठने वाले संशयों का निवारण करे। आधुनिक मुहावरे में कहें तो संस्कृत काव्यशास्त्री जिस विचार को स्वयं करता है, कविता को उसका भी उपनिवेश या प्रचारक बनाने से परहेज करता है। उसे अपने विचारलोक के प्रति इतना विश्वास है, अपने 'धर्म' पर इतनी आस्था है कि वह काव्य को अनुव्याहरण का पूरा अवकाश प्रदान करता है। वह चाहता है कि काव्य, काव्य का काम करे और पुराण पुराण का। यही कारण है कि काव्यशास्त्र की चिन्तन परंपरा में विश्वनाथ सरीखे आचार्यों के नैतिकतावादी आग्रहों का स्पष्ट खंडन करने में कोई कोताही नहीं बरती गई। चतुर्वर्ग प्राप्ति सामान्य रेखांकन का विषय है लेकिन उसके जितना ही महत्त्व प्रीति (अर्थात् आनन्द) और कीर्ति को भी प्राप्त है। बतौर काव्य प्रयोजन के, साधु काव्य रचना में इन सभी का ध्यान रखा जाना चाहिए :

*धर्मार्थ काममोक्षेषु वैचक्षण्यम् कलासु च।*
*प्रीतिं करोति कीर्तिं च साधुकाव्यनिबन्धनम्॥*

(भामह, काव्यालंकार 1/2)

'चतुर्वर्ग' का रेखांकन काव्यशास्त्री मानस के लिए स्वाभाविक है, किंतु उसके अपने विशिष्ट विमर्श का लक्ष्य 'प्रीति' और 'कीर्ति' ही है। विश्वनाथ चूँकि चतुर्वर्ग के सामान्य रेखांकन को काव्य द्वारा धर्मसिद्धि तथा कर्त्तव्याकर्त्तव्य निर्धारण की माँग तक पहुँचा देते हैं इसीलिए

आलोचना के लक्ष्य बनते हैं। रुद्रट जब कहते हैं कि कवि किसी स्थिति का काव्यांगपूर्ण वर्णन करता है, इसलिए धर्माधर्म की दृष्टि से उसे दोष देना विद्वानों को शोभा नहीं देता—तो इसके अर्थ यह नहीं कि उन्हें या उनके द्वारा वर्णित कवि को लोक-परलोक या धर्माधर्म के प्रश्नों से कुछ लेना-देना ही नहीं है। उनका आशय यह है कि कविता के स्वभाव-कला के स्वधर्म का ध्यान लगातार रखा जाए। 'कान्तासम्मित उपदेश' को धर्माधर्म निर्णय, दार्शनिक संशय निरूपण और धार्मिक शंका समाधान से स्वायत्त समझते हुए देखा और सराहा जाए।

काव्य प्रयोजन संबंधी बहस का समाहार करते हुए मम्मट ने काव्य के छह प्रयोजन गिनाए हैं—यश, अर्थ, व्यवहार ज्ञान, अमंगलनिवृत्ति, लोकोत्तर आनन्द और कान्तासम्मित उपदेश। महामहोपाध्याय काणे के अनुसार मम्मट का 'काव्यप्रकाश' अपने आप में चार सदियों की काव्यशास्त्र संबंधी चर्चा का समावेश लिये हुए हैं (पांडुरंग वामन काणे, 'हिस्ट्री ऑफ़ संस्कृत पोयटिक्स', नई दिल्ली, 1961, पृ. 267)। हेमचन्द्र तो काव्य के तीन ही प्रयोजन स्वीकार करते हैं—आनन्द, यश और कान्तातुल्य उपदेश। काव्य का प्रयोजन आनन्द ही है, उपदेश यदि उसमें आए भी तो कान्तातुल्य रसवत्ता के ही साथ। पुराणोपयुक्त संशय-निवारण से या विचार के प्रसारण से सर्वथा भिन्न आशय है इस 'उपदेश' का।

काव्य की स्वायत्तता के इस आग्रह को ज्ञान की उपेक्षा या शास्त्र की अवहेलना के रूप में नहीं पढ़ा जा सकता। विचार की जितनी उपस्थिति काव्य की भाव सत्ता में अन्तर्निहित है, उतनी काव्यशास्त्री को स्वीकार्य है, लेकिन वह काव्य को मत-विशेष के प्रचार का माध्यम नहीं मानता। सच तो यह है कि अनुव्याहरण के लिए, कुछ पूछ सकने के लिए उसकी जानकारी ज़रूरी है—जिससे या जिसके बारे में कुछ पूछा जा रहा हो। इसीलिए काव्यशास्त्री की कल्पना का कवि होना बच्चों का खेल नहीं। भामह के शब्दों में :

*न स शब्दो न तद्वाच्यं न स न्यायो न सा कला।*
*जायते यन्न काव्यांगमहो भारो महान्कवे:॥*

(काव्यालंकार-5/4)

काव्य और शास्त्र के प्रयोजन में पार्थक्य के बोध और इसके व्यावहारिक उपयोग में काव्य के अपेक्षाकृत खुले अवकाश की मान्यता अन्तर्निहित है। रुद्रट के 'तदीयं वृत्तं काव्यांगतया स केवलं वक्ति' में जो मान्यता निहित है, उसका व्यावहारिक आशय यही है कि जितनी वैचारिकता काव्य की भावसत्ता में अन्तर्निहित है, उसके परे जाकर मनचाहे को जबर्दस्ती 'वृत्त' में लाना और 'अनचाहे' को धकिया देना कवि के लिए उचित नहीं है। ठोस उदाहरण यदि रामकथा की परंपरा से ही लें तो सीता की अग्निपरीक्षा के असुविधाजनक लेकिन मार्मिक प्रसंग का कवि को साहसपूर्वक वर्णन करना चाहिए, जैसा कि आदिकाव्य करता है। इस प्रसंग को मायासीता के जरिए 'रेशनलाइज' करना (जैसा कि अध्यात्म रामायण करती है) अथवा उसे कवि के 'आभ्यन्तर सेंसर' के हवाले कर देना (जैसा कि 'मानस' करती है) संस्कृत काव्यशास्त्री को अवश्य अटपटा लगेगा। कारण यह कि उसकी दृष्टि, प्रसंग की मार्मिकता और कविविशेष द्वारा उसके निर्वाह की सुकरता पर है, न कि पूर्वग्रह विशेष के कोण से प्रसंग की वांछनीयता या अवांछनीयता पर। उसके लिए कविता का अपना आन्तरिक तर्क मूल्यवान है, कविता पर आरोपित प्रचारवादी तर्क नहीं।

विचारक्रम में निस्सन्देह काव्यशास्त्री पुराणों को उद्धृत करता है, लेकिन उन्हीं को, जिनसे उसे काव्य-विवेचन के कुछ सूत्र मिलते हैं। विष्णु और विष्णुधर्मेतर पुराणों से प्राप्त इस तरह

के कुछ विचार सूत्रों पर विभिन्न आचार्यों ने टिप्पणियाँ की हैं। पौराणिक परंपरा (और आधुनिक, काव्यशास्त्र विवेचन का वह अंश जो पौराणिक परंपरा और भारतीय परंपरा को पर्यायवाची मानता है) जिस अग्निपुराण को काव्यशास्त्र का आदिस्रोत मानती है, उस अग्निपुराण को बतौर प्रमाण के काव्यशास्त्रियों में से केवल विश्वनाथ उद्धृत करते हैं। ये वही विश्वनाथ हैं जो देवस्तुतिपरक काव्यरचना को धर्मलब्धि का साधन भी मानते हैं। महामहोपाध्याय काणे बताते हैं कि काव्यशास्त्र के प्रमाण के तौर पर अग्निपुराण स्वयं काव्यशास्त्र परंपरा को नहीं, बल्कि अपरार्कटीका और अद्भुतसागर सरीखे धर्मशास्त्र ग्रंथों को ही स्वीकार्य है। यह स्थिति इसके बावजूद है कि 'पुराणों के प्रति अपनी स्वाभाविक श्रद्धा के कारण, उनके व्यासप्रणीत होने की मान्यता के कारण मध्यकालीन विचारक अग्निपुराण को अलंकारशास्त्र का प्राचीनतम ग्रंथ मानें, यह स्वाभाविक ही तो था।' (हिस्ट्री ऑफ़ संस्कृत पोयटिक्स, पृ.10)

और भी अधिक स्वाभाविक यह था कि काव्यशास्त्री मानस वांगमय के दो भेद करें—शास्त्र और काव्य। शास्त्र अपौरुषेय भी हैं, पौरुषेय भी। पुराणों की गणना स्वभावतः पौरुषेय शास्त्रों में है। दूसरी ओर अपौरुषेय शास्त्र के जो विविध रूप स्वीकृत हैं, काव्यमीमांसाकार राजशेखर उनमें काव्यशास्त्र को भी शामिल करना चाहते हैं। वैसे ही जैसे बहुत पहले नाट्यशास्त्र को पंचमवेद मानने का आग्रह किया गया था। भरत से लेकर राजशेखर तक की कोशिश यही है कि वैदिक पौराणिक विचारलोक की सीमाओं में रहते हुए ही काव्य और उसके अपने शास्त्र के लिए अधिकाधिक स्वायत्तता अर्जित की जाए। नाट्यशास्त्र को पंचम वेद और काव्यशास्त्र को सप्तम अंग मनवाने का आग्रह वस्तुतः काव्य की अपने 'सेक्रेड स्पेस' की रचना करने और उस पवित्र अवकाश को सहेजने का अनुष्ठान है। ऐन इसी वजह से काव्यशास्त्री अपने विमर्श और विवेचन का उपजीव्य बहुत सजग रूप से काव्यों को ही बनाता है, शास्त्रों और पुराणों को नहीं। कवि को निस्सन्देह शब्दानुशासन, न्याय और लोक व्यवहार के साथ ही 'इतिहासाश्रित कथाओं' का ज्ञान होना चाहिए। (शब्द छंदोभिनार्था इतिहासाश्रया: कथा:...भामह) लेकिन काव्यशास्त्री के लिए विचारणीय है—इस ज्ञान का काव्य में फलीभूत रूप ही। यह बात उन रचनाओं की सूची बनाने से एकदम स्पष्ट हो जाती है जिनका उल्लेख विभिन्न काव्यशास्त्री करते हैं। भामह, आनन्दवर्द्धन, राजशेखर और मम्मट द्वारा उल्लिखित रचनाओं और रचनाकारों की एक समावेशी सूची (काणे के आधार पर) निम्न है :

रामशर्मा कृत अच्युतोत्तर, अश्वकवश, कणभक्ष, न्यास, पाणिनि, मेधाविन्, रत्नाहरण, राजमित्र, शाखवर्धन, भरत, महाभाष्यकार, पदकार (अर्थात् कात्यायन), वत्सेश (उदयन) और नरवाहनदत्त की कथाएँ (भामह द्वारा उल्लिखित) : रामायण, महाभारत, अर्जुन चरित, अमरूक, उद्भट, कादंबरी, मालती माधव, वेणी संहार, शिशुपाल वध, सूर्य शतक, हयग्रीव वध, कुमारदास, कौटिल्य, पात्य कीर्ति, रुद्रट, वररुचि, भामह, वाक्पतिराज, भारवि (राजशेखर द्वारा उल्लेखित) अभिनवगुप्त, कालिदास, कामशास्त्र, उद्भट, ध्वनिकार, बाण, भट्टनायक, भरत, महाभाष्यकार, मयूर, रुद्रट, लोल्लट, वाक्यपदीय, शंकुक, श्रीहर्ष, कालिदास, भवभूति, अमरूशतक, कर्पूरमंजरी, कुट्टनीमत, चंडी-शतक, नवसाहसांकचरित, नागानन्द, बालरामायण, भट्टि, भल्लट, भामह, भास, माघ, रत्नावली, राघवानन्द, विज्जका, विद्धशालभंजिका, विष्णुपुराण, वेणीसंहार, हयग्रीववध, हरविजय (मम्मट द्वारा उल्लिखित)।

इस विशाल सूची में पुराण केवल दो हैं—हरिवंश और विष्णु। इनमें से हरिवंश तो महाभारत का परिशिष्ट ही माना जाता है और काव्यशास्त्री के विचारलोक में महाभारत की स्थिति विशिष्ट

है—वह शास्त्र भी है और काव्य भी। अनेक प्राकृत रचनाएँ भी उपरोक्त सूची में हैं। लेकिन विभिन्न अंशों के काव्यात्मक सौंदर्य के बावजूद भागवत जैसा महापुराण भी यहाँ नहीं है, क्योंकि जैसे काव्य का निश्चित प्रयोजन और आदर्श रूप-विधान स्वीकृत है, ठीक उसी प्रकार पुराण का निश्चित प्रयोजन और रूपविधान है, दोनों के घालमेल की गुंजाइश न काव्यशास्त्री की चेतना में है, न पुराणकार की योजना में। निस्सन्देह काव्य और पुराण सम्बन्धित हैं—एक ही विचार लोक में अवस्थिति के नाते, स्वतंत्र हैं सुपरिभाषित प्रयोजन के चलते।

यह सुपरिभाषित प्रयोजन कला के स्वधर्म को समझने की दिशा में जो महत्त्वपूर्ण संकेत करता है, उससे स्वयं को समृद्ध करने का तरीका यह नहीं है कि उस विचारलोक को भी जस का तस अपना लिया जाए जिसमें संस्कृत काव्यशास्त्र स्थित है। सीखने की बात है वह निष्ठा जिसके साथ काव्यशास्त्री उस विचारलोक के भीतर ही कला के विशिष्ट प्रयोजन स्वीकृति के लिए, उसके पवित्र अवकाश के लिए संघर्ष करता है। यह भी ध्यान रखना चाहिए कि अपनी आस्था पर काव्यशास्त्री का जो विश्वास है, वह एक विशिष्ट ऐतिहासिक स्थिति का परिणाम है। ऐसे में सवाल उठता है—क्या आज भी वैचारिक सत्ताएँ और उनसे जुड़ी आस्थाएँ उस तरह के आत्मविश्वास से संपन्न हो सकती हैं कि कला को उसके स्वधर्म-अनुव्याहरण-की छूट दे सकें?

यहाँ हम संस्कृत काव्यशास्त्र द्वारा रेखांकित काव्य और पुराण के प्रयोजनभेद से थोड़ा आगे बढ़कर सोचें। उस प्रयोजनभेद में काव्य की जो सीमाएँ निर्धारित की गई हैं, उनका अतिक्रमण करने का प्रयत्न करें। इस बात को ध्यान में रखें कि सारी नियामकता के बावजूद भागवत को छोड़कर भारतीय जनमानस पर ऐसा गहरा, प्रत्यक्ष (या अप्रत्यक्ष) प्रभाव किसी पुराण का नहीं है, जैसाकि रामकथा और महाभारत का। इस बात पर विचार करें कि कविता या कला का काम न केवल विचार विशेष का उपनिवेश बनना नहीं है, बल्कि वर्चस्व की संस्कृति का संरक्षण करना भी उसका काम नहीं है। संस्कृत काव्यशास्त्र कविता के जिस आन्तरिक तर्क की प्रधानता को स्वीकार करता है, क्या उसका विस्तार नहीं किया जा सकता? कविता विचार या शास्त्र का प्रचार अथवा संशय निवारण करें—यह एक स्थिति है जो आधुनिक विमर्श के उस अंश को सर्वथा स्वाभाविक लगती है जो कि 'सामाजिक जवाबदेही' के नाम पर कविता या कला को अन्यानुगामी बना देना चाहता है। कविता वर्चस्व की एक संस्कृति के व्यापक आशयों को स्वीकार करते हुए ही कुछ भी पूछ सके—यह काव्यशास्त्रीय परंपरा की समझ है। कहना न होगा कि इस दूसरी स्थिति में सम्भावना निहित है, कविता या कला द्वारा स्वयं वर्चस्व से टकरा जाने की, उसकी सीमाओं को उजागर कर देने की। इस सम्भावना को स्वीकारना होगा क्योंकि संस्कृति की बुनावट, उसका सामाजिक आधार बदलता रहता है और यह बदलाव अधिक खुलेपन और अधिक सर्जनात्मकता की दिशा में हो सके—यह तभी सम्भव है जब कि संस्कृति और सत्ता से सवाल किए जा सकें। संस्कृत काव्यशास्त्र कविता और सत्ता के संबंध को ठीक-ठीक इसी रूप में शायद नहीं देखता लेकिन काव्य प्रयोजन की स्वायत्तता को आग्रहपूर्वक रेखांकित कर इस बात की प्रेरणा अवश्य देता है कि हम कला और समाज के संबंध को फिर से परिभाषित कर सकें।

इस परिभाषा में सबसे पहली बात यही है कि कला का समाज, सत्ता और ईश्वर से संबंध अन्यपरक हो, यह कतई ज़रूरी नहीं। जीवन से संवाद करने के उपकरण कला किसी 'अन्य' (विचारधारा, धर्म या सत्तातंत्र) से ले—यह कतई ज़रूरी नहीं। कला की सामाजिक जवाबदेही

का प्रतिमान कोई 'महत् प्रयोजन', कोई 'पॉलिटिकल प्रोजेक्ट' या कोई छुई-मुई भावना या आस्था हो-यह भी कतई ज़रूरी नहीं। कला का स्वधर्म यही है कि वह जीवन की समग्रता से संबंध बनाने का अपना मुहावरा तलाश करे, शास्त्र के साथ अनुगमन का नहीं, मुखामुखम का संबंध स्थापित करे।

जहाँ तक यह सवाल है कि क्या आज के संक्रमणशील, भ्रांतिपूर्ण युग में वैचारिक और सामाजिक राजनीतिक सत्ताएँ ऐसे आत्मविश्वास से संपन्न हो सकतीं हैं कि कला को उसके स्वधर्म का निर्वाह करने दें तो इसका उत्तर अन्य बातों के अलावा बड़ी हद तक स्वयं कलाकारों (यानी सर्जनात्मक रूप से सक्रिय व्यक्तियों) के अपने रवैए पर भी निर्भर करता है। यदि वे स्वयं कला को किसी-न-किसी 'मर्यादा' या 'प्रोजेक्ट' के साथ नत्थी किए रखना चाहते हैं तो स्वभावत: उन्हें सर्जनात्मकता पर खतरा तभी मँडराता दिखेगा जबकि कला पर हमला उनके प्रोजेक्ट के विरोधियों द्वारा किया जाए। दूसरी ओर, कला की अपनी विशिष्ट समस्याओं को 'लोकतांत्रिक प्रक्रिया' के विकृत रूप अर्थात् भीड़तंत्र के हवाले कर देने का रास्ता भी खुल जाएगा—यदि यह मान लिया जाए कि कलाकृति को ऐन इस वक्त के समाज की भावनाओं और बौद्धिक क्षमताओं के लघुतम समापवर्तक के ही अनुकूल होना चाहिए।

कला के स्वधर्म की प्रतिष्ठा ज़रूरी है। और इसके लिए ज़रूरी है कला के अपने स्वभाव के प्रति संवेदनशीलता, जीवन के साथ कला के अपने स्वायत्त संबंध की सम्भावना का पुनर्वास। यह पुनर्वास न तो कला को समाज-विमुख मानकर सम्भव है, न ही उसे किसी प्रदत्त मर्यादा के अनुकूल बनाकर।

कविता के अपने प्रयोजन के लिए संस्कृत काव्यशास्त्री के संघर्ष से कला के स्वधर्म के ऐसे पुनर्वास की सम्भावना के संकेत मिलते हैं जिनसे सीखा जा सकता है—संस्कृत काव्यशास्त्री के व्यापक विचारलोक से जिरह करते हुए भी!

[विचार का अनन्त]

# भक्ति संवेदना : शास्त्र और काव्य का मुखामुखम

*स्वप्न एक पवित्र पोथी है, और बहुत-सी पवित्र पोथियाँ स्वप्न के सिवाय कुछ नहीं है।*

*—अम्बर्टो ईको*

समूचे मानवीय अनुभव के किसी खास कोने तक सीमित रहने से जिद भरा इनकार—यह सर्जनात्मक साहित्य की अद्‌भुत विशेषता है। साहित्य की आकांक्षाओं का आकाश अनन्त है। ऐतिहासिक नियति का साक्षात्कार हो या व्यक्तिगत घुटन का; नितान्त समकालीन सवाल हो या शाश्वत जिज्ञासाएँ, किसी को इस आकाश के बाहर नहीं किया जा सकता। अपनी तथा अन्यों की हदों को लेकर बेहद चौकन्ने विभिन्न अनुशासनों के जगत में साहित्य ऐसा विश्व नागरिक है जो वीसा पासपोर्ट की परवाह किए बगैर हद उलाँघता रहता है। इसी उद्‌दंडता का परिणाम है कि 'दार्शनिक राजाओं' के 'गणतंत्रों' से साहित्य को या तो बाहर ही कर दिया जाता है, यो फिर किसी तरह बर्दाश्त भर कर लिया जाता है।

इस देशनिकाले का कारण है—दार्शनिक धरातल पर 'सत्य' तथा 'मूल्य' के विवेचन और सामाजिक धरातल पर आदर्श व्यवस्था के सुचारु संचालन में साहित्य की भूमिका विध्वंसकारी मानी गई, है। प्लेटो से लेकर स्तालिन तक साहित्य की नीयत और प्रभाव पर सन्देह करने की परंपरा रही है। प्लेटो की परेशानी यह थी कि कविगण देवताओं को आदर्श रूप में चित्रित करने की बजाय उन्हें मनुष्यों जैसा ही ईर्ष्यालु, हिंसक तथा दुष्ट बनाकर पेश करते हैं। 'बुरे काम का बुरा नतीजा' दिखाने की बजाय अन्यायी लोगों को ऐश करता दिखाते हैं। दूसरे शब्दों में, 'आदर्श' व्यवस्था का निर्माण करने में सहयोग देने की बजाय दुखदायी विडंबनाएँ उजागर करते हैं। स्तालिन की माँग यह थी कि कवि कलाकार 'मानव आत्मा के शिल्पी' बन तो जाएं, लेकिन 'शिल्प' के नक्शे पर बहस करने की जुर्रत न करें। नक्शा रूल्ड क्लास के आइडियोलॉग ही देंगे, कवि का काम सिर्फ़ अनुगमन करना है।

सर्जनात्मक साहित्य के स्वभाव में आखिर ऐसा क्या है कि हरेक रंगरूप के सर्वसत्तावादी मिजाज़ को इससे असुविधा होती ही होती है? वह मिजाज चाहे दार्शनिक राजा का हो, चाहे कमिसार का; दैवी वचन के स्वामी बने बैठे अयातुल्लाहों का हो, चाहे वर्णाश्रम धर्म को ही लोकधर्म मानने वाले आचार्यों का। ऐसे मिजाज की समझ से, ज्ञान के विविध अनुशासनों में तो फिर भी आवाजाही हो सकती है, लेकिन साहित्य का तो काम ही 'अन्य' द्वारा अर्जित एवं निरूपित सत्य को भावगम्य बनाने भर तक सीमित है। इसका यह भी अर्थ हुआ कि सत्य के निरूपण, उसकी सामाजिक परिणतियों, उसकी पद्धतियों तथा उससे जुड़े मूल्यों की समस्याएँ साहित्य के स्वाभाविक क्षेत्र से बाहर हैं। इनमें से किसी के भी प्रसंग में साहित्य न तो कोई

नया प्रस्थान प्रस्तुत कर सकता है न ही कोई प्रामाणिक सवाल उठा सकता है। यही वह मूलभूत पूर्वग्रह है जिसकी परिणति ऐसी महीन तथा अनन्त बहसों में होती है कि 'कबीर शांकराद्वैत से प्रभावित थे या विशिष्टाद्वैत से?' 'प्रेमचन्द को गांधीवाद से अधिक प्रभावित माना जाए अथवा आर्यसमाज से?' ऐसे सवालों की बनावट में ही यह मान्यता निहित है कि अन्य अनुशासनों की तो परस्पर क्रिया प्रतिक्रिया होती है साहित्य केवल प्रभावित होता है। सत्य के अनुसंधान में लगे अन्यों तथा भावना में डूबे साहित्य के बीच ऐसा वन वे ट्रैफिक चलता है कि विचार, मूल्य तथा प्रस्थान बिंदु सिर्फ़ अन्यों से साहित्य की ओर आते हैं। साहित्य का अपना कोई वैध प्रस्थान ही नहीं हो, तो वह अन्यों के सत्यानुसंधान को भला क्या प्रभावित करेगा? यह तो बात ही व्यर्थ की है कि साहित्य मानवीय स्थिति के बारे में कोई नया बोध देकर अन्यों को आत्मनिरीक्षण तथा रूपान्तरण के लिए बाध्य करे।

'सत्य' की अवधारणा को ज्ञान तथा अनुशासनबद्ध विचार पद्धति तक सीमित कर, कला एवं साहित्य के सत्य को सिर्फ़ भावनात्मक मानने और अनुगमन को ही साहित्य का धर्म मानने का यह पूर्वग्रह यूरोपीय चिन्तन परंपरा में शुरू से मौजूद रहा है। रेनेसाँ के बाद ऐतिहासिक कारणों से यह पूर्वग्रह विश्वव्यापी बनता चला गया। हमारी अपनी बौद्धिक परंपरा में भी, भारत व्याकुल लोगों से लेकर वामपंथी विचारकों तक में जीवनानुभव की व्याख्या और ज्ञान के प्रसंग में साहित्य की अनुगमनधर्मिता-पर अद्‌भुत सहमति देखी जा सकती है। प्रसंगवश, संस्कृत काव्यशास्त्र की चिन्तन परंपरा में साहित्य विवेचन का सन्दर्भ ही अलग है; वहाँ सत्य नहीं आनन्द के प्रसंग में काव्य पर विचार किया गया है, लेकिन फिर आनन्द का महत्त्व भी ठीक उतना ही है, जितना कि सत् और चित् का। बहुत सारे भारतव्याकुल-विमर्श की विडंबनापूर्ण अभारतीयता को समझने के लिए इस बात को ध्यान में रखना आवश्यक है। खैर।

मानवीय स्थिति की पड़ताल के स्वायत्त प्रस्थान के रूप में साहित्य का नकार, अन्तर्दृष्टि से सम्भव होने वाली सत्य (दार्शनिक और सामाजिक) की कौंध की अस्वीकृति—मजे की बात यह है कि यह स्वयं साहित्य विवेचकों तक का संस्कार बन चुका है। अन्य के प्रसंग में साहित्य के सर्जनात्मक और आलोचनात्मक पक्षों के बीच जबर्दस्त विरोधाभास दीखता है। यहाँ तक कि सर्जना के क्षण में ज्ञानमीमांसा तथा मूल्यमीमांसा के प्रदत्त प्रस्थानों से स्वायत्त हो जाने वाले लेखक भी जब आलोचना लिखते हैं तो कई बार वे या तो विचार से छुट्टी ही पा लेना चाहते है या फिर आलोच्य कृति को धमकाने लगते हैं कि वह अपने विचार का गोत्र साफ़-साफ़ बयान करे।

दरअसल, सर्जनात्मक क्षण में लेखकीय मन शब्द की महिमा के सघन साक्षात्कार से गुजरता है। साक्षात्कार इस बात का कि साहित्य का माध्यम शब्द सिर्फ़ अभिव्यक्ति का माध्यम नहीं है। वह सिर्फ़ भावनात्मक अनुभूति या कल्पसृष्टि भर का माध्यम भी नहीं है। शब्द बतौर शब्द के बोध और अहसास का भी माध्यम है। वह एक साथ ही तथ्यकथन, सूचना, सम्प्रेषण, अनुभूति और कल्पसृष्टि, विवेचन और विश्लेषण सबका माध्यम है। सर्जनात्मक उपयोग के लिए चुने गए एक-एक शब्द में विशद् अर्थ और उससे भी कहीं अधिक अर्थों की सम्भावनाएँ मौजूद हैं। जिस गतिविधि के माध्यम ही को नपे-तुले क्षेत्र तक सीमित करना असम्भव हो, उसके लिए मानवीय अनुभव का कौन-सा क्षेत्र वर्जित प्रदेश हो सकता है? किसकी छवि अन्य की छवि हो सकती है? माध्यम की विशेषता के अलावा भी साहित्यिक सर्जनात्मकता ठोस स्थितियों का अंकन भी करती है और उनका विश्लेषण भी; वर्णन भी करती है और अर्थ का विशिष्ट

संयोजन भी। बेशक, भाषा की अनेकविध प्रविधियों के जरिए साहित्य चित्र बनने की लालसा भी व्यक्त करता है, और संगीत सरीखा अमूर्त, सघन प्रभाव सम्भव करने की आकांक्षा भी। लेकिन वस्तुत: चाहकर भी साहित्य न तो अर्थशास्त्र का ठंडापन प्राप्त कर सकता है, न संगीत का अमूर्तन। उसकी नियति कहिए या धर्म, साहित्य तो ऐसे अनेक अतिरेकों के बीच मनुष्य की अपरिभाषेय, जीवंत और ऊष्म समग्रता से जूझता ही रहता है। उसके लिए न विचार से विदाई सम्भव है और न समग्रता के नैतिक दायित्व से मुक्ति।

साहित्य के धर्म और शब्द की महिमा का यह साक्षात्कार जो सर्जनात्मक साहित्य को स्वायत्त प्रस्थानों की खोज के लिए उकसाता है—क्या आलोचना प्रक्रिया को प्रभावित नहीं करता? असल में, कविता यदि सांस्कृतिक प्रक्रिया है (अधिकांशत: कवि के अनजाने ही) तो आलोचना सांस्कृतिक रणनीति है। ऐसी रणनीति जो सांस्कृतिक प्रक्रियाओं से कहीं अधिक आत्मसजग रूप से जुड़ी होती है। इस आत्मसजगता की दो सम्भावनाएँ स्पष्ट हैं—एक-साहित्य को जीवन की व्याख्या का अन्यों जैसा ही वैध प्रस्थान मानते हुए उसकी समस्याओं और सम्भावनाओं पर विचार, और दो-साहित्य को अनुगमनधर्मी मानते हुए रचना की साहित्यिकता का मूल्यांकन साहित्यिक प्रतिमानों पर तथा महानता का मूल्यांकन साहित्येतर प्रतिमानों पर। कहने की आवश्यकता नहीं कि इस दूसरी सम्भावना में साहित्यिकता रूप और संरचना तथा भावना और प्रभाव तक सीमित हो जाएगी और महानता का सन्दर्भ ईसाइयत, वर्णाश्रम, राष्ट्रवाद या साम्यवाद से निर्धारित होगा। दूसरे शब्दों में, ऐसी आलोचना साहित्यिक सर्जनात्मकता के अपने दबावों की उपेक्षा कर उसे किसी-न-किसी अन्य प्रस्थान के अन्तर्गत लाने, अर्थात् अनुशासित करने का प्रयत्न करेगी।

आत्मसजग सांस्कृतिक रणनीति होने के नाते सामाजिक सत्ता संघर्ष में आलोचना की पक्षधरता कहीं अधिक स्पष्ट होती है। यह पक्षधरता यदि सर्जनात्मक साहित्य की अन्तर्दृष्टि को जीवन से मुठभेड़ का वैध और प्रामाणिक प्रस्थान मानकर चले तो मूल्यांकन तथा व्याख्या को साहित्य एवं समाज में से एक को चुनने की मजबूरी से नहीं गुजरना पड़ेगा। तब साहित्यिकता केवल रूप या भावना तक सीमित नहीं रह पाएगी, बल्कि साहित्यिकता के विवेचन का एक मुद्दा यह भी होगा कि रचना अपनी अन्तर्दृष्टि से सत्य को प्रभावित और अन्यों को रूपान्तरित किस हद तक कर पाई है। लेकिन यदि आलोचना की पक्षधरता का सन्दर्भ केवल सामाजिक शक्ति संघर्ष तक सीमित हो, तो फिर वह रचना की महानता का निर्धारण अपनी पसन्दीदा विचारधारा के पूर्वग्रहों के ही आधार पर करेगी। तब प्रस्थान बिंदु अन्य से नि:सृत होगा, रचना सिर्फ़ अनुकूल या प्रतिकूल कहलाएगी। इस तरह की आलोचना को स्वीकृति भी साहित्येतर कारकों के चलते ही अधिक मिलती है और जब ऐसी अन्याभिमुख आलोचना समाज के प्रभु वर्ग की राजनीति के अनुकूल हो, तो उसे 'कल्चरल कॉमनसेंस' बनने में भी बहुत देर नहीं लगती।

साहित्य की आत्मविश्वासहीन अन्याभिमुखता केवल साहित्य का ही आत्मक्षय करे, सो बात नहीं; वह तो समूचे सांस्कृतिक विवेक को धुँधला देती है। साहित्य की विरासत हो या समकालीन रचना, उसके अपने धर्म की उपेक्षा कर जब उसे किसी नियामक विचारधारा के अन्तर्गत एप्रोप्रिएट करने की कोशिश की जाती है तो समाज के आलोचनात्मक विवेक की आवाज प्रभु वर्ग की राजनीति के जंगल में खो जाती है। साहित्य की जो आवाज मनुष्य के पक्ष से व्यवस्था पर प्रश्नचिह्न लगाए उसे आलोचना की सांस्कृतिक रणनीति केवल गैरमहान

ही नहीं, अप्रामाणिक अप्रासंगिक और परकीय, भी करार दे देती है। प्रभु वर्ग की सुविधा के लिए विरासत को एप्रोप्रिएट करने वाली रणनीति की लपेट में रचना तो क्या, रचनाकार का वंश तक आ जाता है। सुधीजन निश्चयपूर्वक घोषणा कर देते हैं कि "कबीर की शिराओं में ब्राह्मण नहीं तो हिन्दू रक्त अवश्य ही प्रवाहित हो रहा था।" ऐसे निर्दोष दिखने वाले वक्तव्य असल में क्या कर रहे होते हैं—हमारे समाज की जाति-प्रथा, लोक और शास्त्र के द्वन्द्व के सन्दर्भ में किस तरफ़ और क्यों खड़े हो रहे होते हैं क्या यह स्पष्ट नहीं है?

हिन्दी भाषी मध्य-वर्ग का ऐतिहासिक, सांस्कृतिक व साहित्यिक कामनसेंस जिन पूर्वग्रहों को रूपायित करता है—वे आचार्य रामचन्द्र शुक्ल की आलोचना में अत्यन्त व्यवस्थित रूप से व्यक्त हुए हैं। भक्तिकाव्य शुक्ल जी की आलोचना का मुख्य उपजीव्य था। इस काव्य की सबसे विलक्षण बात ही यह है कि इसने भावुक भक्त की संवेदना को सत्य की खोज और उसके निरूपण का उतना ही प्रामाणिक प्रस्थान माना जितना कि आचार्यों का ज्ञान तथा वेद था। भारतीय साहित्य ही नहीं, ज्ञानमीमांसा के क्षेत्र में भी यह अभूतपूर्व स्थिति थी कि 'अनिर्वचनीय प्रेमस्वरूप' (अर्थात् भक्ति) के पक्ष से कोई यह तेजस्वी घोषणा करे; 'प्रमाणान्तरस्यानपेक्षत्वात् स्वयं प्रमाणत्वात्' (नारदीय भक्ति सूत्र, 59) भावजनित सर्जनात्मकता को वैध प्रस्थान के रूप में इस अकुंठ ढंग से रेखांकित करने के आशय मूलगामी भी थे और दूरगामी भी। स्वाभाविक ही था कि श्रेष्ठ भक्ति रचनाएँ आस्थावान् पाठकों के बीच अन्य से प्रभावित काव्य कर्म भर न मानी गईं। 'रामचरितमानस' हो या 'बीजक', 'ज्ञानेश्वरी' हो या 'गीतगोविन्द' ये सब ज्ञान के सन्दर्भ में दूसरे दर्जे की रचनाएँ कम-से-कम उनके द्वारा नहीं मानी जातीं, जिनके लिए रची गई हैं। वे सत्य तथा जीवनानुभव की व्याख्याओं का आर्ष ग्रंथों जैसा ही प्रामाणिक प्रस्थान प्रस्तुत करती हैं जो कि सर्जनात्मक होने के नाते कहीं अधिक आत्मीय भी है। वैष्णव धर्म और साहित्य की जिस मूलभूत एकता की बात आचार्य हजारीप्रसाद द्विवेदी करते हैं, वह सर्जनात्मक शब्द के अन्य के साथ-तेजस्वी मित्रवत् संवाद की ही तो परिणति है। इस संवाद ने आध्यात्मिक से लेकर सामाजिक धरातल तक सारे महत्त्वपूर्ण प्रस्थानों पर पुर्नविचार का विलक्षण दबाव उत्पन्न कर दिया। भक्तिकाव्य के बाद न तो ईश्वर वही रह गया, जो पहले था, और न ही मनुष्य का आत्मबोध वैसा रह गया, जैसा पहले था। समाज के हाशिए पर फेंक दिए गए लोगो, अछूतों तथा स्त्रियों की तीखे सवाल पूछने का मुहावरा और अपनी खुद की ही नहीं, सारे अस्तित्व की समस्याओं पर बोलने के लिए शब्द मिल जाएँ—यह सिर्फ़ संयोग नहीं था। सामाजिक शक्तियों की उथल-पुथल को अभिव्यक्त करने वाला मुहावरा चाहे जहाँ से नहीं आ सकता था। वह भक्ति से ही विकसित हो सकता था, क्योंकि यहाँ बहुत विनम्र दृढ़ता के साथ ज्ञान की अवधारणा मात्र का एक समग्र विकल्प प्रस्तुत किया जा रहा था। प्रभुओं के परिभाषित, व्यवस्थित लेकिन अन्यायी सत्य के बरक्स अटपटे, अव्यवस्थित लेकिन अन्तदृष्टि और सहज बोध से परिचालित, न्याय के लिए छटपटाते सत्य का विकल्प।

ऐसे प्रखर, तेजस्वी सांस्कृतिक सर्जन को उपजीव्य बनाकर चलने वाली आचार्य रामचन्द्र शुक्ल की आलोचना इसके साथ क्या सलूक करती है और क्यों? शुक्लजी की मान्यताएँ दो टूक हैं। उनके अपने शब्दों में, "भागवत धर्म या वैष्णव धर्म की जो परंपरा भारतवर्ष में चली उसमें ज्ञान का स्थान अलग रहा है और प्रेम या भक्ति का अलग। प्रत्येक सम्प्रदाय के ज्ञानपक्ष

या सिद्धान्त पक्ष का प्रतिपादन आचार्य लोग करते थे और प्रेम या भक्ति भाव का जनता में संचार आड़वार लोग भजन-कीर्तन द्वारा करते थे।" (सूरदास, ना. प्र. सभा, पृ.16) सिद्धान्तकार और प्रचारक की इस साफ़-सुथरी कल्पना में यह व्यंजक सच्चाई गायब हो गई है कि रामानुजाचार्य ने अपनी दार्शनिक अवधारणाएँ भजन कीर्तन करने वाले आड़वारों के पदों से ही विकसित की थीं और इन पदों को निस्संकोच पंचम वेद का दर्जा दिया था। रामानुजाचार्य के इस काम का महत्त्व समझने के लिए ज़रूरी है कि याद रखा जाए कि ब्राह्मण परंपरा में रचे-पगे किसी आचार्य के लिए वेद का क्या महत्त्व होता है। कितनी मनोरंजक है यह स्थिति कि मध्यकालीन ज्ञानी आचार्य बिना किसी झिझक के, शूद्रों, स्त्रियों की सर्जनात्मकता में निहित प्रज्ञा की कौंध को वेद जैसा ही महत्त्व दें और आधुनिक आचार्य फतवा दें कि "भक्त अपने ध्यान या भाव की मग्नता में भगवान के संबंध में किसी नई बात का, उसके किसी ऐसे स्वरूप का जिसका निरूपण कहीं न हुआ हो, उद्घाटन नहीं करता।" (वही, पृ.18) कोई ताज्जुब की बात नहीं कि 'अन्तर्जामिहुं ते बड़ि बहरजामी हैं राम' कहने वाले तुलसीदास के सन्दर्भ में शुक्लजी लगभग बचाव की मुद्रा में बताते है कि बहिर्यामी की उद्भावना असल में 'तैत्तिरीयोपनिषद्' में वर्णित अन्नरूप ब्रह्म की उपासना का पुनर्कथन भर है। जब ब्रह्मनिरूपण जैसे गम्भीर काम की औकात ही साहित्य के पास नहीं है, तो कवि की अपनी उद्भावना को सच की स्वाधीन सम्भावना भला कैसे माना जाए? फिर कवि तुलसीदास ही क्यों न हों। प्रसंगवश दर्शन के आचार्य आर.डी. रानाडे 'बहिर्यामी' ब्रह्म की निष्पत्तियों पर विचार करते हुए इसे भारतीय दर्शन के विकास में कवि तुलसी का अपना मौलिक योगदान मानते हैं।

शुक्लजी के अनुसार, तुलसीदास हिन्दू जाति को जीवन-रसायन देने वाले कवि थे. वे सच्चे लोकधर्म वर्णाश्रम के उन्नायक कवि थे। आदर्श कवि थे। लेकिन सवाल साहित्य के स्वाभाविक धर्म के बारे में शुक्लजी की धारणा का है। इस धारणा में आध्यात्मिक या सामाजिक सन्दर्भ में साहित्य कोई नया प्रस्ताव कर ही नहीं सकता इसलिए शास्त्रों के सत्य की हमारी व्याख्या में जिसकी संगति किसी तरह बैठाई जा सके वह भारतीय भक्ति मार्ग के स्वाभाविक विकास का अंग है, और जिसकी न बैठाई जा सके उसकी बानियों में कोई 'दार्शनिक व्यवस्था खोजने का प्रयत्न ही व्यर्थ है।' यही नहीं, वह अभारतीय है, रहस्यवादी है, यहाँ तक कि 'लोकविरोधी नहीं तो लोकविद्वेषी' (गोस्वामी तुलसीदास, ना. प्र. स., पृ. 16) अवश्य है।

भक्तिकाव्य के बारे में प्रचलित कॉमनसेंस की यह अद्भुत सफलता है कि इस बात पर ध्यान ही नहीं दिया गया कि भक्ति की अपनी सर्जनात्मकता का तो ऐसा कोई दबाव है नहीं कि उसे 'भारतीय भक्ति मार्ग के स्वाभाविक विकास' और 'सामी धर्मों से प्रेरित रहस्यवाद' में विभाजित करना आवश्यक हो। विडंबना तो यह है कि आचार्य हजारी प्रसाद द्विवेदी तक कबीर की भारतीयता कमोवेश उन्हीं शर्तों पर निरूपित करते हैं जो शुक्लजी ने निश्चित कर दी थी। द्वैताद्वैत विलक्षणवाद को कबीर का दार्शनिक प्रस्थान निरूपित करने की सीमा तक। इस कॉमनसेंस में भारतीयता और वर्णाश्रमपरक ब्राह्मण धर्म को पर्याय नहीं तो अन्योन्याश्रित अवश्य मान लिया गया है। इस वर्णाश्रमपरकता का अनुगमन या 'भीतर से सुधार' ही भक्ति काव्य का नैतिक आदर्श होना चाहिए—मूल्यांकन का यह नॉर्म भी इसी कामनसेंस की देन है, भक्तिकाव्य के अपने स्वभाव की परिणति नहीं। उल्टे, भक्तिकाव्य ही नहीं भक्ति दर्शन तक के अस्तित्व का तर्क ही था मूल्यमीमांसा के नए प्रस्थानों की खोज का आग्रह। नारद के भक्तिसूत्रों में भक्ति 'त्रिसत्यस्य गरीयसी' (सूत्र 81) ही नहीं 'निरोधस्तु लोकवेदव्यापारन्यासः'

(सूत्र 8) कहकर भी परिभाषित की गई है। माया से तरने की चिन्ता नारद को भी है, लेकिन उनके अनुसार तरते वही हैं जो वेदों का भी परित्याग कर केवल अविच्छिन्न अनुराग लाभ करें (कस्तरति कस्तरति मायाम् ?—यो वेदानपि सन्नयस्यति केवलमविच्छिन्नानुरागं लभते। स तरति स तरित स लोकांस्तारयति' —सूत्र 46-50)

दर्शन के अपने क्षेत्र में भी ये घोषणाएँ क्रांतिकारी ही थीं, लेकिन काव्य संवेदना में घुलते-घुलते तो भक्ति ने सर्जनात्मक शब्द के स्वराज के अभूतपूर्व आग्रह का रूप ले लिया। काव्य के रूप में यह आग्रह इतना तेजस्वी था कि उसने अन्य प्रस्थानों का अनुगमन नहीं, उनके साथ बराबर की हैसियत से संवाद किया। स्वयं भक्तिशास्त्रों की पारिभाषिक शब्दावली के आशय मौलिक रूप से बदल डाले। कबीर की तो बात ही क्या, तुलसी तक की नवधा भक्ति वही नहीं है जो शास्त्रों में बताई गई है। 'भागवत' (7, 5.23-24) की नवधा या नारदीय भक्ति सूत्रों (सूत्र 82) की एकादशधा भक्ति भगवान के प्रति समर्पण को अभिव्यक्त करने की विधियाँ भर सूचित करती है, जबकि भक्तों की नवधा भक्ति में भक्त-भगवान के संबंध के साथ ही गूँथ दिया गया है—मनुष्य मनुष्य के संबंध का नया प्रस्ताव। सवाल इस प्रस्ताव के विविधरूपों को स्वीकार अस्वीकार करने का नहीं है। सवाल है, इसकी उपस्थिति की उपेक्षा न करने का। शबरी के आग्रह पर नवधा भक्ति का निरूपण करते तुलसी के राम, सारे जगत को भगवत्स्वरूप देखने की बात करते हैं। कपटहीन जीवनाचरण पर बल देते हैं, और गुरु के महत्त्व को रेखांकित करते है। जबकि 'भागवत' या 'भक्तिसूत्र' गुरु का उल्लेख तक नहीं करते। फिर से सवाल तुलसी के मूल्यों, प्रतिमानों को स्वीकार-अस्वीकार करने का नहीं, बल्कि इस बात का मर्म समझने का है कि कितने सहज, स्वाभाविक ढंग से अहैतुक आत्मसमर्पण का विस्तार सामाजिक मूल्यसरणि में कर दिया गया है।

भक्तिकाव्य सर्जना और प्रभाव दोनों ही के अर्थों में जनसाधारण की प्रज्ञा का विस्फोट था। इसके आरंभिक रूप अर्थात् (निर्गुण काव्य) में एक वैकल्पिक विश्वदृष्टि खोजने की कसमसाहट कहीं प्रखर रूप में मिलती है। वहाँ भक्ति की दार्शनिक प्रपत्तियों को बिना लाग-लपेट के सामाजिक परिणतियों तक पहुँचाया गया है। लोकधर्म का अभिप्राय यदि वर्णाश्रम तक ही सीमित माना जाए तो निर्गुण कवि आत्मसजग रूप से लोकविरोधी थे लेकिन यदि शास्त्रवर्णित लोक के समानान्तर आम लोगों के अपने अनुभवों का भी कोई लोक होता हो तो निर्गुण कविता बहुत, बहुत गहरे अर्थ में लोकधर्मी कविता है। वह किसी भी अन्य से इकहरा प्रभाव ग्रहण करने की बजाय सहजबोध और अन्तर्दृष्टि के बल पर दिक्कत तलब और गौरतलब जिज्ञासाएँ करती है। इसी कारण उसे रद्द करना या विदेशी करार देना शास्त्रीयतावादी रणनीति की सबसे बड़ी चुनौती रही है। बहरहाल, यह बात तो समूची भक्ति संवेदना के सन्दर्भ में बेखटके कहीं जा सकती है कि अपने आदर्श तथा व्यवहार दोनों ही धरातलों पर वह अन्याभिमुखता का उदाहरण नहीं बल्कि शास्त्र और काव्य के मुखामुखम का प्रेरणादायी रूप प्रस्तुत करती है।

भक्ति के अपने शास्त्र है। फिर काव्यों को प्रमाण की, शास्त्र की गरिमा भक्ति के अपने विमर्श में प्राप्त रही है। चैतन्य महाप्रभु और राय रामानन्द के वार्तालाप में 'गीत गोविन्द' को 'भागवत' के ही समान वैध प्रमाण के रूप में प्रस्तुत किए जाने का उल्लेख आचार्य हजारीप्रसाद द्विवेदी ने किया है। इसका अर्थ यह नहीं कि अन्य शास्त्रों से भक्ति का कोई संबंध ही नहीं है। लेकिन यह संबंध दो बराबर वालों के संवाद का संबंध है, न कि ज्ञानी मार्गदर्शक और भावुक अनुयायी का। भक्ति की शब्दावली प्राचीन काल से सुलभ रही है, लेकिन मुद्दा सुलभ

शब्दों के अर्थबोध के मूलगामी रूपान्तरण कर देने का है। यह रूपान्तरण दोहरी प्रक्रिया में हुआ। एक तो भक्ति के अपने दर्शन की प्रक्रिया, जिसमें वेद के प्रति बस औपचारिक निष्ठा प्रकट करते हुए स्वायत्त प्रस्थान के रूप में भक्ति का रेखांकन हुआ। दूसरी, भक्ति के दर्शन की जनआकांक्षाओं तथा सर्जनात्मकता के साथ अन्त:क्रिया, जिसमें काव्यरूपा संवेदना ने स्वयं भक्ति दर्शन के आशय का दार्शनिक तथा सामाजिक विवेचन के सन्दर्भ में विस्तार किया।

इस जटिल सांस्कृतिक प्रक्रिया तथा भक्ति की सर्जनात्मकता को ऐसे अन्याभिमुख मूल्यांकन के जरिए नहीं समझा जा सकता जो न तो शास्त्रबद्ध सत्य के बरक्स लोकधर्मी सत्य को बर्दाश्त कर पाए और न ही सर्जनात्मक शब्द की अपनी ज्ञानमीमांसा को। इस अन्याभिमुखता के बरक्स आचार्य आर. डी. रानाडे की यह स्थापना खासी विचारोत्तेजक है कि यह "मध्यकालीन रहस्यवाद किन्हीं प्रदत्त दार्शनिक अवधारणाओं पर नहीं टिका है। यह आत्मनिर्भर है" ('पाथ वे टू गॉड इन मराठी लिटरेचर' भारतीय विद्या भवन, 1961, पृ.1)। दार्शनिक अवधारणाओं (फ़िलॉसफ़िकल कंस्ट्रक्ट्स) से रानाडे का अभिप्राय ब्रह्म के उन्हीं निरूपणों से है, जिन्हें भजन-कीर्तन के द्वारा भावगम्य बनाना ही, भक्ति काव्य का स्वाभाविक धर्म माना गया था। यही नहीं, विदेशी परंपरा के रहस्यवादी निर्गुणियों की तो बात ही क्या, 'हिन्दू जाति को अपूर्व जीवन रसायन रोने वाले' तुलसीदास के बारे में भी रानाडे की व्याख्या यही है कि "उन्होंने रामानुज, शंकर, निंबार्क आदि के सिद्धान्तों को एक तरफ़ कर आत्मसाक्षात्कार के नए सिद्धान्त का प्रतिपादन किया है।" ('पाथ वे टु गॉड इन हिन्दी लिटरेचर,' अध्यात्म विद्या मंदिर, 1954, पृ. 14-15)

लोक को शास्त्र से जाँचने की बजाय शास्त्र को लोक की चिन्ता से देखने की जो सिफारिश आचार्य हजारीप्रसाद द्विवेदी ने की थी उसे दर्शनाचार्य रानाडे द्वारा भक्ति साहित्य की दार्शनिक स्वायत्तता की उपरोक्त स्वीकृति से मिलाकर देखें तो भक्ति की प्रचलित व्याख्या के विकल्प की सम्भावना दिखती है। धर्मशास्त्र से लेकर स्वायत्त भक्तिशास्त्र और फिर भक्तिकाव्य तक की यात्रा को विभिन्न अन्त:क्रियाओं, समस्याओं तथा सम्भावनाओं के उचित आकलन की ज़रूरत अभी बनी हुई है। भक्ति को भावगम्य शास्त्रवचन मानने की बजाय यह शायद बेहतर होगा कि हम 'शास्त्रोक्त' भक्ति और 'काव्योक्त' भक्ति के स्वायत्त अस्तित्व को स्वीकार करें। भक्ति को 'शास्त्रोक्त' और 'काव्योक्त' के सन्दर्भ में देखने का मेरा यह आग्रह किसी परस्पर अपवर्जी विभाजन का प्रस्ताव न होकर सर्जनात्मक शब्द की अपनी विशिष्ट भूमिका और ऊर्जा का रेखांकन है। भक्ति के विशेष सन्दर्भ में 'शास्त्रोक्त-काव्योक्त' का यह विभाजन भारतीय समाज के शक्ति तंत्र और उसके लोकधर्मी प्रतिवाद की पड़ताल का उपकरण भी है।

भक्ति को वे भावुकता तक भले ही सीमित कर दें, लेकिन शुक्लजी भक्ति की यह विशिष्ट व्याख्या भावुकतावश नहीं कर रहे थे। भक्ति विषयक उनकी व्याख्या तथा नवोदित शिक्षित मध्यवर्ग के बीच उसकी व्यापक स्वीकृति और धीरे-धीरे सांस्कृतिक कॉमनसेंस में उसका रूपान्तरण ये सब बृहत्तर सांस्कृतिक प्रक्रिया के परस्पर सम्बद्ध पहलू हैं। इस प्रक्रिया में निहित रुझानों को समझने का एक तरीका यह भी हो सकता है कि हम कल्पना करें कि जो हुआ, उसके अलावा क्या हो सकता था। मसलन उन्नीसवीं सदी के नवजागरण का प्रस्थान बिंदु, सुदूर अतीत का नॉस्टेल्जिया एवं तत्प्रेरित शुद्ध संस्कृति की खोज के स्थान पर यदि समकालीन लोकजीवन ही होता तो ? तब सम्भवत: नवजागरणकालीन बौद्धिक के लिए सारी समस्याओं

का स्रोत केवल विदेशी सत्ता में न होता बल्कि आन्तरिक शक्तितंत्र का भी पर्याप्त नोटिस लिया गया होता। कोई भी समाज निरन्तरता के कुछ सूत्रों से अपने अतीत के साथ जुड़ा होता है, इन्हीं के आधार पर वह समकालीन दबावों से टकराते हुए अतीत को इतिहास का रूप देता है। यह रूपायन बिना मूल्यपरक चयनदृष्टि के सम्भव ही नहीं है, और ऐसे हर चयन के कुछ 'स्वयंसिद्ध' होते हैं; सवाल इन्हीं स्वयंसिद्धों की यथार्थपरकता और प्रासंगिकता का है।

शुक्लजी ने भी साहित्य की विशाल विरासत को इतिहास में रूपायित किया। इस रूपायन का सबसे पहला स्वयंसिद्ध यही है कि हिन्दी साहित्य का अर्थ है हिन्दू जाति का साहित्य–जाति के ठेठ राजनीतिक अर्थ में; आधुनिक राष्ट्र के पूर्वरंग के अर्थ में। यह स्वयंसिद्ध ऐतिहासिक पद्धति का रूप इस तरह अख्तियार करता है, "आदिकाल की इस दीर्घ परंपरा के बीच प्रायः डेढ़ सौ वर्ष के भीतर तो रचना की किसी विशेष प्रवृत्ति का निश्चय नहीं होता।...इस अनिर्दिष्ट लोकप्रवृत्ति के उपरान्त जब से मुसलमानों की चढ़ाइयों का आरम्भ होता है, तब से हम हिन्दी साहित्य की प्रवृत्ति एक विशेष रूप से बंधती हुई पाते हैं।" ('हिन्दी साहित्य का इतिहास', पृ. 3) स्पष्ट है कि यह प्रवृत्ति वीरगाथाकाल ही कहीं जा सकती थी, क्योंकि इस काल में हिन्दू राजा मुसलमानों से युद्ध कर रहे थे और हिन्दी कवि उनका उत्साह बड़ा रहे थे। फिर "मुसलमानों का साम्राज्य भारत में स्थिर हो गया और हिन्दू राजाओं को न तो आपस में लड़ने-भिड़ने का उत्साह रहा, न मुसलमानों से। जनता की चित्तवृत्ति बदलने लगी और विचारधारा दूसरी ओर चली। मुसलमानों के न जमने तक तो उन्हें हटाकर अपने धर्म की रक्षा का वीर प्रयत्न होता रहा पर मुसलमानों के जम जाने पर अपने धर्म के उस व्यापक रूप के प्रचार की ओर ध्यान गया जो सारी जनता को आकर्षित रखे और धर्म से विचलित न होने दे।" वही, पृ. 42) और यह तो हम जानते ही हैं कि "अपने पौरुष से हताश जाति के लिए भगवान की शरण में जाने के सिवाय मार्ग ही क्या था?" आरंभिक भक्ति कवियों की मूलभूत कमजोरी यही तो थी कि वे "मुसलमानों के बीच रहकर भगवान के दुष्टदलनकारी रूप को व्यक्त करने का साहस न कर सके।" यह ऐतिहासिक दायित्व आगे चलकर तुलसीदासजी ने पूरा किया।

परंपरा को इतिहास बनाने की इस पद्धति की चयन प्रक्रिया एकदम स्पष्ट है। 'हिन्दू' जाति एक समस्याविहीन, आन्तरिक संघर्षरहित राजनीतिक इकाई के रूप में सैकडों बरसों से मौजूद थी। प्रयोजन की ऐसी एकरूपता थी इस जाति के पास कि पराक्रमी राजा अत्याचारियों से युद्ध करते थे, और कवि वीररस के स्थायी भाव का संचार। क्या इस बयान में (जो अपनी आत्मचेतना में केवल तथ्यकथन कर रहा है) कोई 'नॉर्म' निहित नहीं है? क्या साहित्यिक विरासत का मूल्यांकन करने के लिए प्रतिपादित किए गए इस 'नॉर्म' में हमारे नवजागरण की विडंबनाएँ नहीं बोल रही हैं? उन्नीसवीं-बीसवीं सदी में जैसी समस्याविहीन 'हिन्दू जाति' गढ़ने की कोशिश की जा रही थी, शुक्लजी की इतिहास दृष्टि और उनकी भक्तिकाव्य विषयक आलोचना उसी को अतीत पर आरोपित और प्रक्षिप्त करती है। यह उस उत्पीड़न ग्रंथि को भी अतीत पर प्रक्षिप्त करती है जो औपनिवेशिक समाज के सांस्कृतिक आत्मबोध में अन्तर्निहित थी। यह अतीत को समझने की कोशिश कम और अतीत के जरिए वर्तमान राजनीति को रेशनलाइज करने की चेष्टा ज्यादा है। हिन्दी साहित्य का धर्म हिन्दू जाति की आकांक्षाओं को व्यक्त करना ही है—एक बार ऐसा मान लिया जाए तो निर्गुण कविता को विदेशी प्रभाव, भटकाव और लोकविद्वेष का एक रूप मानना ही होगा। इस तरह शुक्लजी की इतिहास योजना में गहरी आन्तरिक सुसंगति तो है ही। विडंबना बस यही है कि भक्तिकाव्य का तीक्ष्ण विरोध इसी हिन्दू जातिपरक सुसंगति से है।

भक्तिकाव्य नवजागरण के ही काल तक नहीं, बल्कि आज तक भी हमारे समाज को अपने अतीत से जोड़ने वाले नैरन्तर्य के सूत्रों में से एक है। हिन्दी-हिन्दू का समीकरण इस पर लादने की बजाय, हिन्दू जातिपरक नॉर्म के समक्ष इसे नतमस्तक करने की बजाय यदि इसके अपने स्वरूप को परखा जाए तो स्पष्ट होगा कि इसमें समाज के आन्तरिक उपनिवेशीकरण की तीखी आलोचना व्यक्त हुई है। यह आलोचना बहुत सुसंगत चाहे न भी हो, यथार्थपरक अवश्य है। यथार्थपरकता और मनुष्य की समग्रता के प्रति अपने सरोकार के कारण वस्तुत: भक्ति संवदेना में न्यायपरक भारतीयता का भावकेंद्र बनने की सम्भावना नवजागरण काल में भी थी, अब भी है। लेकिन भारतीयता को परिभाषित करने वाला बौद्धिक तब भी अधिकांशत: अपने ही समाज में पराया था और सारी भारत व्याकुलता के बावजूद आज भी पराया ही है। वह उपनिवेशीकरण से अत्यन्त क्षुब्ध है, लेकिन आन्तरिक उपनिवेशीकरण से सर्वथा बेखबर।

भक्ति की ताकत को उसकी कमजोरी बताने वाली शुक्लजी की आलोचना उस भद्रलोक की ज़रूरतों तथा आत्मछवि के सर्वथा अनुकूल थी, जिसने हिन्दी-हिन्दू-हिन्दुस्तान का समीकरण आत्मसात् कर लिया था। इस वर्ग के लिए लोकधर्म का अर्थ यही था कि लोक चुपचाप प्रभुओं और महाजनों द्वारा निर्दिष्ट पथ पर चलता जाए। न 'राष्ट्र' के आशय पर पुनर्विचार का प्रस्ताव करे और न 'काव्य' के अर्थ को पुन: परिभाषित करने का साहस। उसके लिए अनुगमन ही सर्जनात्मकता है; अन्याभिमुखता ही सच्ची आत्मनिर्भरता है; दमन ही स्वाधीनता है और अस्मिता का विसर्जन ही है उसका आत्मगौरव। जब प्रभुवर्ग के स्वार्थ ही प्रकृति का नियम और संस्कृति का मर्म मान लिये जाएँ; जब वर्णाश्रम को ही लोकधर्म मान लिया जाए तो किसी भी प्रतिवाद को असहज भटकाव ही नहीं, परकीय प्रभाव भी कहकर धकिया देने में न कोई नैतिक बाधा रहती है, न कोई सांस्कृतिक उलझन। तब समाज के आन्तरिक दमन और शक्तिसंघर्ष की सगंठित उपेक्षा समकालीन और ऐतिहासिक 'कॉमनसेंस' का अंग बनकर सामाजिक संस्कार का रूप ले लेती है। उन लोगों तक के संस्कार का जो हाशिए पर फेंक दिए गए हैं। उनकी व्यथा, पीड़ा और सर्जनात्मकता तक का अपहरण तथा एप्रोप्रिएशन कर लिया जाता है।

शुक्लजी की भक्ति काव्य विषयक आलोचना अपहरण की इसी राजनीति की सांस्कृतिक साहित्यिक दृष्टान्त है और उसकी इतनी व्यापक स्वीकृति का एक मुख्य कारण यही है कि उसने हमारे आत्मसीमित भद्रलोक की भौतिक बाधाओं, सांस्कृतिक उलझनों का शमन करने का काम बड़े सुसंगत रूप से किया है।

साहित्य की अन्याभिमुखता को ही श्रेयस्कर मानने वाली साहित्य दृष्टि का भद्रलोकीय आत्मछवियों के साथ ऐसा गहरा सहसंबंध—क्या यह सिर्फ़ संयोग है? यह कोई 'रेटारिकल' सवाल नहीं है। भक्तों के सर्वाधिक प्रिय शब्द 'राम' का नहीं, स्वयं 'रामभक्त' का भी डरावना अवमूल्यन कर देने वाले हमारे वक्त में यह सवाल समूचे समाज के जीवन-मरण के यक्ष प्रश्न से जुड़ गया है। जब भाषा और अनुभव के रिश्ते को अश्लील बना देने के विकृत प्रयत्नों तक के प्रति स्वीकार का भाव समाज में बढ़ता जा रहा हो तब क्या सर्जनात्मक शब्द चुप बैठा रह सकता है? और क्या इस स्वीकार के खतरों से समाज को आगाह करने का दायित्व अन्याक्रान्त होकर निभाया जा सकता है? इस दायित्व को निभाने की उत्सुकता और साहित्य के स्वत्व की चिन्ता यदि सच्ची है तो फिर मुक्तिबोध के मुहावरे का सहारा लेकर यही कहा जा सकता है कि 'पार्टनर पहले अपनी पॉलिटिक्स साफ़ कर लो।'

सर्जनात्मक शब्द की अपनी पॉलिटिक्स यानी प्रचलित कॉमनसेंस और इत्मीनान को ध्वस्त कर सकने की वही सम्भावना जिसके कारण सर्वसत्तावादी मिजाज सर्जनात्मक शब्द को सबसे बड़ा गुस्ताख मानता है। जिसके कारण सर्जनात्मक शब्द को भजन कीर्तन तक सीमित रहने के आदेश दिए जाते हैं। याद आता है 'सेटेनिक वर्सेज़' का एक प्रसंग बाल नामक कवि कहता है, ''वेश्याएँ और कवि! महाउंड, वे लोग हैं जिन्हें तुम कभी क्षमा नहीं कर सकते।'' महाउंड के जवाब की बेबाकी लाजवाब है, ''वेश्याओं और कवियों में मुझे कोई फ़र्क़ नहीं लगता क्योंकि तुम दोनों ही तमाम लोगों के निकृष्टतम को उजागर कर देने में कामयाब होते हो।''

अपनी श्रेष्ठता के दंभ में डूबे लोगों, समाज और विचार के नजदीक सचमुच इससे बड़ी गुस्ताखी क्या हो सकती है कि उनके निकृष्टतम को उजागर कर दिया जाए? यही गुस्ताखी सर्जनात्मक शब्द की अपनी पॉलिटिक्स है।

इस प्रसंग में, हम हिन्दीवालों का अपनी साहित्य-परंपरा के प्रति इत्मीनान खासा मनोरंजक है। समाज में बढ़ती असहिष्णुता और हिंस्रता के बरक्स हम अपनी साहित्य-परंपरा को कैसे गर्व के साथ रखते हैं इसका टिपिकल उदाहरण 'पूर्वग्रह' के शतांक के सम्पादकीय का यह अंश है, ''हिन्दी भाषा की अपनी जातीय परंपरा और उसका साहित्य किसी लेखक को सांप्रदायिक होने की इजाजत नहीं देता और हम इस पर उचित ही अभिमान कर सकते हैं। इस पर भी कि आज जो शक्तियाँ छद्म, अध्यात्महीन, छिछली धार्मिकता को मुहरा बनाकर एक व्यापक विभाजन हमारे समाज में पैदा कर रही हैं उनके पास अपने समर्थन में कहने के लिए भी, कोई महत्त्वपूर्ण लेखक या कृतियाँ नहीं हैं। वे शक्तियाँ सृजन-विरोधी हैं यह इसी से प्रमाणित है कि कोई सृजनात्मक साक्ष्य या समर्थन वे अपने पक्ष में प्रस्तुत ही नहीं कर सकतीं। पर यह विडंबना ही है कि इन जनविरोधी, विचारविमुख शक्तियों को अपने उन्माद और आक्रामकता को फैलाने का सबसे अधिक अवसर, हिन्दी समाज ही दे रहा है।''

जातीय साहित्य परंपरा की विडंबनाओं की कुछ चर्चा ऊपर की ही गई है, समकालीन सन्दर्भ में भी उचित अभिमान के साथ थोड़ी-सी चिन्ता भी उचित ही होगी। कारण यह कि सृजनात्मक साक्ष्य भले ही उन्हें न मिला हो, लेकिन उन्माद और आक्रामकता की शक्तियों को यह प्रमाण-पत्र आपके परम महत्त्वपूर्ण लेखक श्री निर्मल वर्मा दो बरस पहले ही दे चुके हैं कि ''भारत की मौजूदा स्थिति में भाजपा का उत्थान न आकस्मिक है और न ही आश्चर्यजनक। पिछले बरसों में भारतीय राजनीति पर जिस प्रकार की उच्छृंखल अराजकता का घटाटोप फैला है, वह उससे बाहर निकलने का एक विकल्प प्रस्तुत करता है। यह विकल्प अपने में काफ़ी सपष्ट और साफ़-सुथरा है—भारतीय राजनीति का भारतीयकरण।'' (हिन्दी संडे ऑब्जर्वर, मार्च, 1990)

इटालो काल्विनो का एक वाक्य लेखकों के बीच बहुत लोकप्रिय है, ''राजनीति साहित्य से और कुछ नहीं तो कम-से-कम खुद पर शक करना तो सीख ही सकती है।'' साहित्य का आत्यक्षय निस्तेज अन्याभिमुखता से ही नहीं, अपने भीतर पनप रहे सृजनविरोधी शक्तियों के स्वीकार को नजरअंदाज करने से भी होता है। इसीलिए जब ऐसा लगने लगे कि हमारा साहित्य और कलाएँ आज हमारे समाज के विरुद्ध खड़े हैं (पूर्वग्रह, वही) तब सरलीकरण आधारित अभिमान से बेहतर है खुद अपने इत्मीनान पर शक करना। सर्जनात्मक शब्द की अपनी पॉलिटिक्स का यह दूसरा पहलू भी उतना ही प्रासंगिक है।

जिसे हमने 'काव्य और शास्त्र का मुखामुखम' कहा वह भक्ति साहित्य इस बुनियादी सच्चाई का शिक्षाप्रद दृष्टान्त है कि जीवंत साहित्य विचारधारा, दर्शन, धर्म, इतिहास, सरीखे अन्यों के 'सत्य' से न तो आच्छादित होता है, न आतंकित। उल्टे, वह अपने विशिष्ट सरोकारों के सन्दर्भों में ही वैचारिक वर्चस्व के विविध रूपों, संस्कृति व इतिहास की प्रचलित मान्यताओं को चुनौती देता है, समाज की अपनी आत्मछवियों से ईमानदार मुठभेड़ करने का न्यौता देता है। उसमें स्वप्न भी है, और पवित्र पोथी की सम्भावना भी।

अन्ततः, चुनाव अन्य से आतंकित या निर्लिप्त हो जाने के विकल्पों तक सीमित नहीं है। सनातनता और समसामयिकता के दबावों से अपने मुहावरे में, अपने आग्रहों के साथ मुठभेड़ अब भी सम्भावना है। वक्त के चेहरे से साहिल आँख क्यों चुराए? वह उसे देखता है, इस देखने की तेजस्विता इसमें है कि आईना उधार का नहीं, अपना हो :

*कल फिराक मैंने वक्त के चेहरे को*
*आईना-ए-हुस्न-ए-दोस्त में देखा है।*

['विचार का अनन्त' (2000), राजकमल प्रकाशन]

# हिन्दी प्रदेश का वैचारिक संकट या बन्दर की बला तबेले के सिर?

हिन्दी प्रदेश के वैचारिक संकट की चिन्ता नई नहीं है। हिन्दी लेखकों, बौद्धिकों के विमर्श में यह चिन्ता बीच-बीच में उभरती रही है, लेकिन सामान्य धारणाओं या दूसरे सवालों के सन्दर्भ में। संकट के होने या न होने और उसकी नवैयत के सवालों से सीधे टकराने की कोशिशें कम हुई हैं, और कम से कम इस लिहाज से, मुद्दे को प्रत्यक्ष रूप से, 'बीच बहस में' लाने के लिए 'हंस' धन्यवाद का पात्र है। उम्मीद करनी चाहिए कि इस बहस की परिणति 'पॉलिमिक्स', 'रिटॉरिक', चुटकुलेबाजी और अन्ततः फिर उसी निश्चिन्त, उदासीन सन्नाटे में नहीं होगी जो वैचारिक संकट का सबसे बड़ा कारण भी है और प्रमाण भी।

बावजूद उपरोक्त उम्मीद के, अधिक सम्भावना इसी बात की है कि यह बहस भी ऊबाऊ दोहरावों, बेहूदा सरलीकरणों और खोखले शोरगुल की राह से गुजरते हुए उसी डरावने सन्नाटे में गुम होकर रह जाए। इस सम्भावना के कारणों में से एक तो वह लहजा ही है, जिसमें कि बहस शुरू की गयी है। इस लहजे के दो पहलू गौरतलब हैं। एक तो यह कि हिन्दी लेखकों, बौद्धिकों के बीच आमतौर से व्याप्त आत्ममोह के बरक्स राजेन्द्र यादव आत्म-तिरस्कार को एक तरह की आलोचनात्मक युक्ति बना देते हैं। वैसे यह सही है कि हम इतने 'महान्', 'हम ऐसे अनोखे' मार्का आत्ममोह से खीझ होती है। लेकिन ऐसे आत्ममोह का प्रतिवाद यदि यह कहकर किया जाए कि हिन्दी प्रदेश में हजारों बरसों से सिर्फ़ तीर्थ ही विकसित हुए हैं, सिर्फ़ 'टूरिस्ट इकॉनॉमी' ही विकसित हुई है, तो इसे आत्ममोह की प्रतिक्रिया तो कहा जा सकता है, ज़रूरी नहीं कि विवेकपूर्ण युक्ति भी माना जाए।

जिस लहजे में बहस शुरू की गई है, उसकी दूसरी और अधिक महत्त्वपूर्ण समस्या यह है कि वैचारिक संकट के आकार-प्रकार की समझ धूमिल ही नहीं भ्रान्त भी है। 'हंस' की वार्षिक गोष्ठी के लिए भेजे गए आमंत्रण-पत्र में राजेन्द्र यादव ने हिन्दी-प्रदेश के सन्दर्भ में लिखा, 'सामाजिक स्तरों पर यहाँ सुधार और समीकरण तो बहुत उभरे लेकिन बदलाव प्रायः नहीं हुए, इसने हमारे सोच, साहित्य, संस्कृति सभी को किस रूप में प्रभावित किया?'' यहाँ स्पष्ट नहीं है कि 'बदलाव' का आशय क्या है, और ऐसा मनोवांछित बदलाव यदि हिन्दी-प्रदेश में नहीं हुआ, तो देश के किन हिस्सों में हुआ है, उसके लक्षण क्या हैं? इन जिज्ञासाओं के साथ 'हंस' (अगस्त 1995) का सम्पादकीय पढ़ें तो स्पष्ट हो जाता है कि वहाँ वैचारिक संकट का आशय है समतापरक और मुक्तिकामी सोच का अभाव, व्यापक धरातल पर ज्ञानोदय और तर्कमूलक मनोभावों का अभाव। इन्हें गतिशील बनानेवाली सामाजिक संस्थाओं और परंपराओं का अभाव। इन अभावों का ही परिणाम है कि हिन्दी प्रदेश की संस्कृति, राजेन्द्र यादव द्वारा उद्धृत ऑब्रे मेनन के शब्दों में, 'खाउओं और भकोसुओं' की संस्कृति बन गयी है।

इस तर्क का जिस तरह विस्तार किया गया है, उसकी चर्चा बाद में। पहले यह नोट करें कि हिन्दी प्रदेश के सांस्कृतिक, वैचारिक पिछड़ेपन के इस हृदयविदारक निरूपण के पीछे एक अन्तर्निहित (और वाजिब) चिन्ता यह भी है कि ऐसा पिछड़ापन फ़ासिस्ट राजनीति के अत्यन्त अनुकूल पड़ता है। असल में, हिन्दी प्रदेश के वैचारिक संकट की इन दिनों मुखर हुई चिन्ता का एक सन्दर्भ निश्चय ही पिछले पाँच वर्षो का राजनीतिक घटनाक्रम है। वैचारिक रूप से ठस, सांस्कृतिक रूप से परोपजीवी, सामाजिक संरचनाओं में अब तक सामंतवादग्रस्त हिन्दी प्रदेश में (और इस के सहारे केंद्र में) फ़ासिस्ट तत्त्व सत्ता में अब आए कि तब आए—ऐसी आशंका सिर्फ़ राजेन्द्र यादव को ही नहीं, बहुत से संवेदनशील लोगों को है।

लेकिन क्या सचमुच बौद्धिक-सांस्कृतिक पिछड़ेपन और फ़ासिस्ट राजनीति के उदय के बीच वैसा कार्यकरण संबंध है जैसा कि इस आशंका में मान लिया गया है? दूसरे सिरे से पूछें तो सवाल ज्यादा साफ़ हो जाएगा। क्या ज्ञानोदय और बौद्धिक सांस्कृतिक 'अगड़ापन' किसी क्षेत्र में फ़ासिस्ट राजनीति के जड़ जमाने के ख़िलाफ़ सचमुच कोई गारंटी देता है? क्या यह सच नहीं है कि महाराष्ट्र के परम तेजस्वी नवजागरण की परिणति पहले आर.एस.एस. और आगे चलकर शिव सेना में हुई है? क्या यह सच नहीं कि शिव सेना का सामाजिक आधार उन्हीं पिछड़े वर्गों से आता है, जिन्होंने उन्नीसवीं सदी के नवजागरण को महाराष्ट्र में ब्राह्मणेतर आयाम दिया था? क्या यह सच नहीं है कि बाल ठाकरे अभी भी गाहे बगाहे 'ब्राह्मणवादी' आर. एस. एस. पर चुटकी लेने से बाज नहीं आते? उधर तमिलनाडु को देखें। पेरियार का आदोलन नास्तिकता का प्रचार करने की हद तक 'बुद्धिवादी' था—लेकिन उसी आंदोलन को भारतीय राजनीति में आत्मदाह की संस्कृति का श्रीगणेश करने का श्रेय भी देना होगा। व्यक्ति पूजा को इस हद तक पहुँचा देना कि नेता के निधन पर लोग आत्महत्याएँ कर लें—वैचारिक संकट का एक रूप यह भी है। यदि हिन्दी प्रदेश एक बृहत्तर राजनीतिक-सांस्कृतिक इकाई का अंग भी है तो उसके वैचारिक संकट पर विचार करने के लिए आस-पास के वैचारिक संकट की बुनावट को भी लगातार ध्यान में रखना होगा।

ऊपर कहीं गई बातों का अर्थ यह कतई नहीं है कि चूँकि महाराष्ट्र, गुजरात और तमिलनाडु में ज्ञानोदय और समाज सुधार की परिणतियाँ फ़ासिस्ट व्यक्तिपूजक राजनीति के उदय में हुई, इसलिए हिन्दी प्रदेश में सब कुछ ठीक-ठाक है। उल्टे, कोशिश यह होनी चाहिए कि वैचारिक संकट का निरूपण आत्ममोह और आत्मतिरस्कार से मुक्त रहते हुए, अन्य क्षेत्रों से हासिल ऐतिहासिक सबकों को ध्यान में रखने हुए, विवेकपूर्ण ढंग से किया जाए। राजेन्द्र यादव जिस तरह से संकट का निरूपण करते हैं, उसकी प्रतिक्रिया में तो फिर वही आत्ममोह जोर मारेगा, जिसके चलते हिन्दी बौद्धिकों और लेखकों के बीच ठसपन और बौद्धिक आलस्य दिन दूनी रात चौगुनी प्रगति कर रहा है। जो प्रतिक्रियाएं 'हंस' में छपी हैं, उनमें से अधिकांश इस आशंका को पुष्ट ही करती हैं। यहाँ इन बात को रखांकित करना उचित होगा कि असल में संकट है भी इसी वर्ग का—हिन्दी के लेखक, बौद्धिक, सम्पादक और अध्यापक समुदाय का। ईमानदार आत्म-समीक्षा से बचने के लिए ही यह वर्ग अपने संकट को 'हिन्दी प्रदेश' का संकट बना देता है। आत्ममोह और आत्मतिरस्कार दोनों ही बंदर की बला तबेले के सिर मढ़ने की आलोचनात्मक विधियाँ हैं।

हम वापस लौटें इस बात पर कि, 'यहाँ बदलाव प्रायः नहीं हुए' बदलाव नहीं हुए—या जो बदलाव हुए/हो रहे हैं—उनका मर्म समझना, उनकी समग्र व्याख्या करना बौद्धिकों,

लेखकों को नहीं आया ? सवाल को इस कोण से देखें तो हमें याद आ सकता है कि अपने आसपास के समाज, उसके देशकाल, उसकी परंपराओं और छवियों, उसकी जिजीविषा और उसकी दुर्बलताओं से हम लेखकों और बौद्धिकों का संबंध कितना सतही और इकहरा रहा। हमें इस बात के दूरगामी संकेतों को समझने की तमीज ही नहीं है कि 'हिन्दी हार्टलैंड' की वर्तमान विक्षुब्धता राजनीतिक सामाजिक सत्ता की कितनी गहरी उथल-पुथल को प्रतिबिंबित कर रही है। हम मायावती के उ.प्र. के मुख्यमंत्री पद पर आसीन होने को सिर्फ़ दंद-फंद की राजनीति का रूपक ही समझते हैं। लालू यादव जब अपनी सबसे बड़ी उपलब्धि यह बताते हैं कि 'अब कोई ब्राह्मण या लाला बिहार का मुख्यमंत्री नहीं बन सकता' तो हम इसे सिर्फ़ एक मजेदार या अहम्मन्य बयान समझकर टाल देते हैं। जब उसी बिहार में गढ़े गए जनाधार के बूते आई पी एफ/सी पी एम एल भारतीय वामपंथ के एजेंडा का विस्तार करता है, तब भी हमें हिन्दी प्रदेश में कोई बदलाव होता नजर नहीं आता। जब छत्तीसगढ़ मुक्ति मोर्चा ट्रेड यूनियन को अर्थवाद की जकड़न से मुक्त कर नैतिक आयाम देता है; जब पर्यावरणवाद का फ़ैशन शुरू होने के बीस साल पहले गढ़वाल की औरतें अंधाधुंध औद्योगिकीकरण की सामाजिक समीक्षा विकसित करती हैं, जब म.प्र. के देहातों के शिक्षक और छात्र प्राथमिक शिक्षा की नयी अवधारणा विकसित करते हैं, तब भी हमें 'हिन्दी हार्टलैंड' कायर, पाखण्डी और भदेस ही नजर आता है। कारण यही है कि हम लेखक-बौद्धिक अपने विचारहीन 'मगध' को ही सारा हिन्दी प्रदेश समझते हैं, और अपनी न्यूनताओं की जिम्मेवारी हिन्दी प्रदेश/इतिहास/नियति या भगवान् के हवाले कर अपने बौद्धिक कूप में उछलते रहने का लाइसेंस प्राप्त कर लेते हैं।

आत्ममुग्धता के उस 'मगध' से, जिसमें विचारों की कमी है, बाहर निकलकर यदि लेखक और बौद्धिक देख सकें तो पता चलेगा कि हिन्दी प्रदेश ही नहीं, सारे देश की समकालीन वास्तविकता के दो पहलू हैं। एक वह जिसे वैचारिक संकट कहा जा रहा है और दूसरा उन जनांदोलनों का जो पारंपरिक राजनीतिक दलों, तौर तरीकों, सैद्धांतिक प्रस्थानों से सीखने-सिखाने का संबंध रखते हुए अपना रास्ता तलाश रहे हैं। छत्तीसगढ़ से लेकर कुमाऊँ तक, नर्मदा से लेकर आंध्र तक, ऐसे जनांदोलन उस सामाजिक आर्थिक तंत्र, सांस्कृतिक वर्चस्व और वैचारिक परजीविता की आलोचना विकसित कर रहे हैं, जो हमारे समाज के वैचारिक संकट का मूलाधार है। सवाल इस आलोचना के साथ बौद्धिक कर्म के रिश्ते को परिभाषित करने का है। 'हंस' की गोष्ठी में, मैनेजर पांडेय ने बुनियादी सवाल उठाया था— 'ज्ञान के विकास में जनांदोलनों की भूमिका क्या है ?' यह सवाल सिर्फ़ वस्तुपरक स्थिति के वर्णन का नहीं, बौद्धिक समुदाय के सरोकारों और दायित्वबोध के आकलन का भी सवाल है। उस गोष्ठी के आरोपों-प्रत्यारोपों, क्रांतिकारी, उत्तर आधुनिकतावादी प्रवचनों की धूमधाम में यह बुनियादी सवाल उसी तरह गुम हो गया-जैसे 'हंस' के 'औरत उत्तरकथा' अंक की न्यूड चर्चा में सांस्कृतिक वर्चस्व बनाम स्त्री-अस्मिता के सवाल गुम गए।

उस गोष्ठी के ऊबाऊ भाषण हों या 'हंस' (और अन्य पत्रिकाओं) में चलनेवाली साहित्य और सिर्फ़ साहित्य (उसमें भी मात्र समकालीन साहित्य) तक सीमित बहसें—दोनों उस बुनियादी फाँक को रेखांकित करते हैं—जिसे हिन्दी के टिपीकल लेखक/बौद्धिक ने खुशी-खुशी आत्मसात कर लिया है। और जो औसत पाठक इस लेखक/बौद्धिक समाज में शामिल होना चाहता है, वह स्वभावत: इस फाँक के आत्मसातीकरण को, इस देदीप्यमान समाज के 'मगध' में प्रवेश

का अनुमतिपत्र मानने के लिए विवश होता जा रहा है। यह फाँक एक तरफ़ हमारे बौद्धिक की अन्तरात्मा को दोफाड़ करती है; दूसरी तरफ़ जनता के साथ उसके रिश्ते को।

क्या सूरत है इस फाँक की ? और कैसी है इसकी जन्म कुंडली ? क्यों ज़रूरी है इस फाँक का, वैचारिक संकट के सन्दर्भ में, नोटिस लेना ?

सबसे पहले इस फाँक की सूरत के ही कुछ नजारे देखें—मुख्यत: 'हंस' के ही हवाले से। सितम्बर 1993 में आरभ हुआ स्तंभ 'नीरक्षीर'। पहला 'नीरक्षीर' शिक्षा और पाठ्यपुस्तकों की राजनीति पर केंद्रित था, उसके बाद कुछ चर्चा सहमत प्रदर्शनी के बहाने परंपरा की व्याख्या पर हुई, और अन्तत: यथार्थवाद की जादुई बहस से गुजरते हुए 'नीरक्षीर' कालकवलित हो गया। 'बीच बहस में' तो काशीनाथ सिंह बनाम गोपाल प्रधान सन्दर्भ महेश्वर जैसे आरोपों-प्रत्यारोपों से गुजरता ही रहता है। यह इसलिए नहीं कि सम्पादक 'नीरक्षीर' चलाना नहीं चाहते थे या 'बीच बहस में' को इसी तरह चलाना चाहते हैं बल्कि इसलिए कि लिखनेवालों के सरोकार साहित्येतर विषयों के प्रति इतने गहरे हैं ही नहीं कि लगातार सामग्री मिल सके। इधर अभय दुबे ने निकाली है : 'समय चेतना।' उसके अंकों को ज़रा देखिए। कितनी सामग्री हिन्दी के लेखक/बौद्धिक से प्राप्त हो रही है ? और कितनी अनुवाद से—या ऐसे लोगों से, जो सीधे हिन्दी में लिखने का सांस्कृतिक दायित्व देर से ही सही, अब महसूस कर रहे हैं। 'हंस' (अगस्त, 95) में रामविलासजी की पुस्तक 'इतिहास दर्शन' की तीखी आलोचना प्रकाशित हुई और हिन्दी जगत् के 'साहित्यप्रेमी' सन्नाटे में खो गई। एक पाठक ने यह अवश्य लिखा कि "ऐसी बहसों का औचित्य क्या है ?" सही बात है। वेद की व्याख्या की राजनीति और फ़ासिस्ट राजनीति को सम्भव करने वाले सांस्कृतिक विमर्श से उस व्याख्या के संबंध से भला हिन्दी लेखक और पाठक का क्या लेना देना ? उस पाठक का सवाल फिर भी समझ आता है, लेकिन बौद्धिक समुदाय की चुप्पी ? एक और उदाहरण लें। एक महत्त्वपूर्ण लघुपत्रिका के सम्पादक एक महत्त्वपूर्ण- आलोचक द्वारा भक्ति आंदोलन के बारे में लिखी गयी किताव का रिव्यू नहीं छापेंगे, क्योंकि, "जी, हम एकेडमिक ग्रंथों का रिव्यू नहीं छापते।"

यह उदासीनता दो बातें सूचित करती है। एक तो यह कि भक्ति-संवेदना की पुनर्व्याख्या हो या वैदिक पाठ की; भारतीयता की अवधारणा का सवाल हो या सांस्कृतिक विमर्श में नारी दृष्टि का—ये सवाल या तो अंतिम रूप से सुलझाए जा चुके हैं, या फिर जिन्हें इनसे उलझना हो, उलझें; हम ठहरे साहित्यिक लोग, हमें क्या ? दूसरी बात यह कि समाज के साथ साहित्यिक का रिश्ता सिर्फ़ और सिर्फ़ संवेदना का होना चाहिए, विचार के नाम पर अन्य अनुशासनों का सतही हवाला या खोखली नारेबाजी पर्याप्त है ! इन दोनों बातों से मिलकर बननेवाली लापरवाही और आत्मतुष्टि वैचारिक संकट का नहीं, बल्कि मूढ़ता का प्रमाण देती है—और कृपया ध्यान दें कि यह मूढ़ता हिन्दी प्रदेश के भौगोलिक विस्तार तथा जनसंस्कृति के देशकाल से कहीं अधिक हिन्दी भाषा के लेखक और बौद्धिक की समस्या है। इस क्षेत्र की जनता की जो बेचैनी (और कभी-कभी दिशाहीनता भी) राजनीतिक प्रक्रियाओं में व्यक्त हो रही है, उसकी अपनी समस्याएँ हैं, अपने खतरे हैं। लेकिन इतना स्पष्ट है कि उस धरातल पर लगभग सभी प्रदत्त प्रस्थानों और अवधारणाओं को प्रश्नविद्ध ज़रूर किया जा रहा है। राष्ट्रवाद की अवधारणा हो या परिवार की नारी द्रोहीपवित्रता की; विकास की अवधारणा हो या अपरिहार्य 'प्रगति' की—हिन्दी प्रदेश के दलितों, पिछड़ों, आदिवासियों, अल्पसंख्यकों और स्त्रियों का अभूतपूर्व आत्मरेखांकन इन सभी अवधारणाओं को संदिग्ध अवश्य बना चुका है। इस आत्मरेखांकन

के आधार पर नया समता-परक और मुक्तिकामी विमर्श (जिसका अभाव वैचारिक संकट के रूप में निरूपित किया जाता है) विकसित करना—यही तो बौद्धिक वर्ग का अपना काम है। यह यदि नहीं हो पा रहा है तो दोष हिन्दी प्रदेश का है या हिन्दी बौद्धिक का? 'हिन्दी नवजागरण' की महिमा का दिनरात जाप करने वाले यदि ऐन अपने आसपास चल रहे नवजागरण में 'वर्ग विरोधी' दलितवाद और 'विजातीय' नारीवाद देखकर सिर्फ़ 'दुर-दुर' ही कर पा रहे हैं तो क्या किया जा सकता है, सिवा इसके कि हमारे पवित्र बौद्धिक इस अभागे हिन्दी प्रदेश के समाज को बर्खास्त कर अपने लिए नया समाज गढ़ लें।

असल में तो किया भी यही गया है। समाज का अमूर्त जाप करते हुए उसके वास्तविक शक्ति विमर्श की उपेक्षा, सर्जनात्मक परंपराओं के प्रति विशिष्ट चयनधर्मी रवैया अपनाते हुए साहित्य और संस्कृति के 'इतिहास' का गठन। इन युक्तियों के जरिए हिन्दी समाज के समानान्तर एक ऐसा बौद्धिक, साहित्यिक मनोराज्य गढ़ लिया गया है, जिसके साथ हिन्दी प्रदेश और इसका समाज आवाजाही का संबंध तो बना सकता है, गहरे गुंथाव और अंगांगि भाव का नहीं। संकट असल में हिन्दी प्रदेश का कम और आधुनिक हिन्दी भाषा का ज्यादा है—यह महसूस करने के लिए, और चीजों के अलावा, स्वयं राजेन्द्र यादव का सम्पादकीय भी ध्यान से पढ़ना मददगार होगा। जब वे हिन्दी प्रदेश के सांस्कृतिक परिदृश्य में ''किसान-मजदूर, दलित, मुसलमान, स्त्री और आदिवासी के न होने'' और इसी कारण हिन्दी प्रदेश के पतनशील होने पर व्यथित होते हैं तो असल में दो परिघटनाओं को भ्रांतिपूर्ण ढंग से मिला देते हैं। जिन अनुपस्थितियों की वे बात कर रहे हैं, वे अनुपस्थितियाँ स्वयं राजेन्द्र यादव के ही अनुसार हिन्दी साहित्य की ही विडंबनापूर्ण विशेषताएँ हैं। यह सही है कि ''किसी भी क्षेत्र की सांस्कृतिक अस्मिता वहाँ के बुद्धिजीवी और प्रबुद्ध वर्ग से बनती है'', लेकिन सवाल यही तो है कि हिन्दी प्रदेश की सांस्कृतिक अस्मिता क्या सिर्फ़ आधुनिक हिन्दी साहित्य में ही व्यक्त होती है—उर्दू में नहीं? यदि हिन्दी प्रदेश की प्रबुद्धता और सांस्कृतिक अस्मिता, अपनी विशिष्ट ऐतिहासिक स्थिति के कारण हिन्दी और उर्दू दोनों में व्यक्त होती है तो आप वैचारिक संकट का सारा निरूपण सिर्फ़ हिन्दी साहित्य के हवाले से कैसे कर सकते हैं? क्या यह उसी अपवर्जनशील वर्चस्व के आत्मसातीकरण का विडंबनापूर्ण प्रमाण नहीं है, जिसके चलते हिन्दी प्रदेश में नवजागरण' का पूरा सैद्धांतिक विमर्श गढ़ लिया जाता है और ग़ालिब, सर सैयद, मास्टर रामचन्द्र और हाली का कोई नोटिस तक लेना ज़रूरी नहीं समझा जाता? यह आत्मसातीकरण तब और विकट हो जाता है जबकि हिन्दी प्रदेश की सारी समस्याओं का एकमात्र सैद्धांतिक सांस्कृतिक सन्दर्भ हिन्दू धर्म को बना दिया जाता है। इस विधि से आप ''हिन्दू वैदिक परंपरा यानी ब्राह्मण वर्चस्व'' और ''तथाकथित हिन्दू दर्शन'' (राजेन्द्र यादव के शब्द) की धज्जियाँ उड़ाने का सुख तो खैर प्राप्त कर लेते हैं, लेकिन साथ ही यह भी स्वीकार कर लेते हैं कि हिन्दी प्रदेश की समस्याओं का संबंध सिर्फ़ हिन्दू धर्म से है। (और वैसे यह वात सारे देश पर क्यों नहीं लागू की जा सकती?) जिस सांस्कृतिक परिवेश और जिस साहित्य परंपरा के गतिरोधों की चर्चा आप कर रहे हैं, उसका ऐतिहासिक सन्दर्भ और वैचारिक विश्व यदि सिर्फ़ हिन्दू धर्म, दर्शन और परंपरा से ही निर्धारित होता है, तो फिर 'हिन्दी हिन्दू हिन्दुस्थान' के मंत्र महान को नकारने का तो कोई आधार रह नहीं जाता। हाँ, इतना ज़रूर है कि कुछ लोग इस मंत्र का पाठ करते हुए महिमा बखानते रहें और आप इसी को जाने अनजाने आत्मसात किए हुए सरापते रहें! या फिर सामासिक संस्कृति या हिन्दी-

जाति के तमाम तूमार के बावजूद सचाई यही मानी जाए कि हिन्दी, उर्दू दो न्यारी-न्यारी भाषाएँ है; हिन्दी हिन्दुओं की और उर्दू मुसलमानों की।'

लेकिन आत्मसातीकरण की उपरोक्त समस्या क्या सिर्फ़ एक व्यक्ति की है ? या इसकी जड़ें सांस्कृतिकीकरण-साहित्यकीकरण की उस समूची प्रक्रिया में हैं, जिससे गुजरकर कोई व्यक्ति हिन्दी या उर्दू का बुद्धिजीवी बनता है ?

वास्तविकता यह है कि हिन्दी और उर्दू दोनों ही के आधुनिक रूपों के विकास को हिन्दू-मुस्लिम आत्मबोध ने गहरे में प्रभावित बल्कि 'कंडीशन' किया है। यह कंडीशनिंग इन भाषाओं में व्यक्त होनेवाली हिन्दी प्रदेश की बौद्धिक प्रतिभा को दो फाड़ तो करती ही है, साथ ही इस प्रतिभा के सांस्कृतिक वैचारिक सरोकारों पर भी गहरा असर डालती है। प्रसंगवश, इस 'कंडीशनिंग' को सांप्रदायिकता (और उसके विरोध) के समकालीन विमर्श के साथ सरलीकृत ढंग से जोड़ देना ख़तरनाक होगा। इस जुड़ाव की परिणति इस फ़िजूल बहस में ही होगी कि सर सैयद अहमद या भारतेंदु हरिश्चंद्र शब्द के आज प्रचलित अर्थ सन्दर्भ में 'सांप्रदायिक' (और ऐन इसी वजह से राष्ट्रीयता विरोधी, एकता विरोधी, प्रगति विरोधी) थे या नहीं थे ? यह बहस फ़िजूल इसलिए है क्योंकि इसके अन्तर्निहित प्रस्थान बिंदु ब्रिटिश पूर्व भारत के समाज में हिन्दू और मुस्लिम अस्मिताओं के बीच सांस्कृतिक वर्चस्व के किसी संघर्ष और विभिन्न जातियों (कास्ट्स) के बीच किसी तरह के सामाजिक तनाव का अस्तित्व तक स्वीकार नहीं करना चाहते। इसीलिए ऐसा विमर्श या तो हर संघर्ष के मूलभूत आर्थिक कारण कुछ इस ढंग से रेखांकित करता है, जैसे कि दो या अधिक-समुदायों के बीच, संबंध और संघर्ष का कोई और सन्दर्भ होता ही न हो; या फिर ऐसा विमर्श अस्मिताओं के बीच हर तनाव के लिए साम्राज्यवाद को उत्तरदायी ठहराकर सन्तुष्ट हो लेता है। यही वजह है कि हिन्दू/मुस्लिम/दलित या ऐसे किसी भी आत्मबोध का उल्लेख हमारे इस आधुनिक विमर्श को अपने महानायकों पर आरोप जैसा लगने लगता है। लेकिन सच्चाई यह है कि पारंपरिक आत्मबोधों, सामाजिक सांस्कृतिक हितों और आशंकाओं की ऐसे आत्मबोधों से जुड़ी समझ, और इस आधार पर विकसित की गयी सांस्कृतिक आत्मछवियों और रणनीतियों को समझे बिना न तो वैचारिक संकट का विश्लेषण ठीक से किया जा सकता है और न उससे टकराने के उपाय सोचे जा सकते हैं। इस बात को ध्यान में रखते हुए पिछली दो सदियों को देखें तो हिन्दी प्रदेश का वैचारिक संकट उतना अनोखा भी नहीं लगेगा। वैचारिक संकट का ऐतिहासिक सन्दर्भ सिर्फ़ हिन्दू धर्म से परिभाषित नहीं होता। इसका एक पहलू हिन्दू-मुस्लिम अस्मिताओं के बीच संघर्ष और सह-अस्तित्व से जुड़ता है, तो दूसरा भारतीय सामाजिक सत्ता के मूलभूत ढाँचे-पितृसत्तात्मक वर्णाश्रम उर्फ जाति व्यवस्था से। वर्णाश्रम के वैचारिक-सामाजिक ढाँचे की विशिष्टताओं पर ध्यान दिए बगैर भारतीय समाज में वर्ग-संघर्ष की बातें करने का उपक्रम अन्ततः एक सुविधापूर्ण, पलायनजीवी कल्पनालोक रचने का उपक्रम बनकर रह जाता है।

इस सावधानी के साथ अपने सवाल पर वापस लौटें। हिन्दी प्रदेश की वास्तविकता और हिन्दी-भाषा/साहित्य के सांस्कृतिक संस्कार के बीच फ़ाँक का सवाल। आधुनिक हिन्दी साहित्य में हिन्दी प्रदेश की विभिन्न दलित अस्मिताओं की चिन्ताजनक अनुपस्थिति का सवाल। पारंपरिक अस्मिताओं के बीच वर्चस्व के ऐतिहासिक संघर्ष को ध्यान में रखने पर ही उन अनुपस्थितियों को समझा जा सकता है—जिनके कारण हिन्दी समाज और उसकी भाषा/साहित्य के बीच फ़ाँक उत्पन्न हुई है। कहा जाता है कि "हिन्दी प्रदेश में नवजागरण 1857 से आरम्भ होता है" —

जो साहित्यिक साक्ष्य इस नवजागरण के लिए प्रस्तुत किए जाते हैं—उनमें 1857 किस तरह आता है? एक पीड़ादायी लेकिन गौरवपूर्ण स्मृति की तरह? या एक ऐसी स्मृति की तरह, जिससे पिंड छुड़ाना है या फिर जिसकी जिम्मेवारी 'अन्य' पर डालकर खुद को राजभक्त सिद्ध करना है! चौबीस फरवरी 1872 की 'कवि वचन सुधा' में भारतेंदु हरिश्चन्द्र की एक टिप्पणी प्रकाशित हुई। सन्दर्भ था एक मुसलमान द्वारा लॉर्ड मेयो की हत्या। इस टिप्पणी में भारतेंदु ने 'फ्रेंड ऑफ़ इंडिया' (कलकत्ते के एंग्लो इंडियनों का अखबार) से सहमति प्रकट करते हुए लिखा, ''ये दुष्ट प्राण से प्रतिष्ठा और धर्म को विशेष मानते हैं...'' इसलिए हत्यारे को 'हराम' खाने को दिया जाए, ''सुअर के चर्म के वस्त्र पहनाए जाएँ।'' आगे उन्होंने लिखा, ''लोगों में राजभक्ति नहीं है। किसी समय हिन्दुस्तान में लोग राजा को ईश्वर मानते थे परन्तु मुसलमानों के अत्याचार से यह राजभक्ति लोगों से निकल गयी। राजभक्ति क्या, इन दुष्टों के पीछे सबकुछ निकल गया, विद्या ही का वैसा आदर न रहा।''

ऐसी भावनाएँ तत्कालीन शिष्ट साहित्य में सिर्फ़ बिखरी नहीं पड़ी हैं, बल्कि वे एक ओर लेखकों और उनके पाठकों के सरोकारों को प्रतिबिंबित करती है; दूसरी ओर पारंपरिक संबंधों के तनावपूर्ण पहलू को। ये भावनाएँ आगे चलकर हिन्दी/उर्दू लेखक, बौद्धिक द्वारा रचे गए लोकमानस (पब्लिक स्कीयर) में सुव्यवस्थित संस्कृति-बोध और इतिहास-बोध का रूप लेती हैं। हिन्दी में इस बोध का सबसे व्यवस्थित साक्ष्य, शुक्लजी का 'इतिहास' है। इस नवजागरण और इसके आधार पर विकसित लोकमानस, शैक्षणिक सांस्थानिक संस्कृति में अन्तर्निहित 'न्यारे न्यारेपन' का ही विडंबनापूर्ण प्रमाण यह है कि मैं (या कोई भी सामान्य लेखक) अपने 'हिन्दी प्रदेश' की ही प्रतिभा की उस अभिव्यक्ति पर कतई कोई टिप्पणी नहीं कर सकता; जिसका माध्यम हिन्दी नहीं, उर्दू बनी। और इसी वास्तविकता को अनदेखा करने के चलते हम हिन्दी/उर्दू के 'लोकमानस' की समस्याओं तथा हिन्दी प्रदेश के वैचारिक संकट को आधे अधूरे रूप में ही समझ सकने के लिए अभिशप्त हैं।

फिर भी, इतना तो स्पष्ट है कि भारतेंदु के उपरोक्त (तथा ऐसे अन्य) कथनों के सांस्कृतिक मर्म को तभी समझा जा सकता है जबकि एक ओर उन्हें तत्कालीन लोकचेतना के उपलब्ध साक्ष्यों से मिलाकर पढ़ा जाए; दूसरी ओर सर सैयद द्वारा 1858 में लिखे गए मेमोरेंडम जैसे दस्तावेजों से। इस मेमोरेंडम की मूल भावना वही है जो भारतेंदु की टिप्पणी की; सन्दर्भ अलग होने के कारण तेवर निस्सन्देह अलग है, लेकिन कोशिश वही है: मुस्लिम कौम की राजभक्ति का रेखांकन करने की, और उस राजभक्ति के कम होने का कारण 'अन्य' को बताने की। उन्नीसवीं सदी के दो फाड़, नवजागरण की ये दोनों प्रतिनिधि आवाजें, 1857 से प्रेरणा नहीं लेतीं, बल्कि उससे दूर खिसकने की कोशिश करती हैं; और स्वभावत: इस कोशिश में, लोकगीतों में गूंजनेवाली उन आवाजों से भी दूर खिसक जाती हैं, जो 1857 को इस लहजे में याद कर रही थीं, ''सिगरे सिपइयन कौं पेड़ा जलेबी, आप चबाई गुड़धानी रे/खूब लड़ी मरदानी वो तो झाँसीवाली रानी रे।'' बुंदेले हरबोलों की यह आवाज बहुत-बहुत बाद में जाकर एक साहित्यिक रचना में गूंजती है—सुभद्रा कुमारी चौहान की 'झाँसी की रानी' में।

नवजागरण की इस फाँक की सम्भावनाएँ स्वयं 1857 में मौजूद थीं। नाना साहब पेशवा को लिखा गया, शाहगंज के राजा मानसिंह का पत्र इन सम्भावनाओं के अनेक साक्ष्यों में से एक है। मानसिंह की परेशानी यह है कि ''जिनका मुँह तक देखना पाप है,'' उन मुसलमानों के साथ मिलकर उन अंग्रेजों के ख़िलाफ़ लड़ने की बात की जा रही है, ''जिन्होंने धर्म की

पुनर्प्रतिष्ठा की, मंदिरों के पुनर्निर्माण में योगदान किया और जिनके कारण हम अपने त्यौहार फिर से मना सके।'' (देखें, मुशीरुल हसन द्वारा सम्पादित इंडियाज कॉलोनियल एंकाउंटर में रजतकान्त राय का लेख)। वर्चस्व के धार्मिक अस्मितापरक संघर्ष की परिणति यह थी तो उसी संघर्ष के जातिपरक पहलू का नतीजा यह था कि जोतिबा फुले 1857 को शूद्रों और उन्हें संरक्षण देनेवाली ब्रिटिश सत्ता के ख़िलाफ़ ब्राह्मणशाही की दुरभिसंधि के रूप में देख रहे थे।

इस सब को याद करने का उद्देश्य फ़तवे देना नहीं, बल्कि सबक लेना है। सचाई यह है कि 1857 के नृशंस दमन के बाद सारे देश की तरह हिन्दी प्रदेश के अभिजन ने भी देशप्रेम को राजभक्ति के अनुषंग के रूप में ही परिभाषित किया। औपनिवेशिक सत्ता की आलोचना ज़रूर थी, लेकिन शासक-सत्ता की न्यायप्रियता और विवेक पर विश्वास के साथ। नवजागरणकालीन बौद्धिक ने 'हम' को जिस आत्मबोध का रूपक बनाया, उसकी बुनियादी सीमा यह थी कि उसमें पारंपरिक आत्मबोध में आन्तरिक संघर्षों की या तो उपेक्षा की गयी या उन्हें मनोवांछित ढंग से सरलीकृत कर लिया गया। इस आत्मबोध पर आधारित 'बौद्धिक समाज' में एक तरफ़ तो राजभक्ति का स्वर निरन्तर बना रहा; दूसरी ओर देशभक्ति की भावनाएँ, उन भावनाओं पर लगी चोटें, विचार और भाव के ऐसे तंत्र में व्यक्त की गयी, जिसमें अतीत वर्तमान बन जाता था और वर्तमान अतीत। इस विचित्र उलझाव का सबसे जबर्दस्त उदाहरण है: बंकिमचन्द्र का 'आनन्दमठ'। अंग्रेजों द्वारा उपलब्ध कराए गए अवसर का लाभ उठाकर, पारंपरिक प्रतिद्वन्द्वी के बरक्स 'अपने' समाज का हर तरह विकास करने की जो भावना इस उपन्यास के ताने-बाने में गुंथी है, वह उन्नीसवीं सदी के नवजागरण के अधिकांश का प्रतिनिधित्व करती है।

भाषा को आधुनिक रूप देनेवाला, साहित्यिक विमर्श को सम्भव करने वाला अभिजन अपने समाज से जुड़ना तो चाहता था; लेकिन समस्या समाज की अवधारणा की थी। सामाजिक सांस्कृतिक बहसों और चुनावों का सन्दर्भ स्वभावत: इस समस्या से जुड़ता था। अभी भी जुड़ता है। महावीरप्रसाद द्विवेदी निस्सन्देह प्रणम्य हैं कि उन्होंने 'सरस्वती' जैसी पत्रिका में हीरा डोम की कविता छापी। लेकिन जातीय भाषा, जनभाषा हिन्दी में हीरा डोम जैसे कवियों की अच्छी, बुरी, कमजोर मजबूत परंपरा क्योंकर नहीं बन पाई? हीरा डोम के वंशज अपनी बोली बानी के मानक, साहित्यिक, शिष्ट रूप 'हिन्दी' के प्रति सर्जनात्मक लगाव क्योंकर नहीं स्थापित कर पाए? क्या इसका एक कारण वह सांस्कृतिक आत्मबोध नहीं है, जिसने हिन्दी प्रदेश की विपुल सर्जनात्मक परंपरा को, एक विशिष्ट साहित्यिक इतिहास के रूप में संवारा?

शुक्लजी के 'इतिहास' में आधुनिक काल संबंधी प्रकरण की मूलभूत समस्या यह है कि खड़ी बोली का स्वाभाविक रूप से विकसित शिष्ट रूप और उसकी साहित्यिक परंपरा क्या है? समकालीन गद्य का माध्यम खड़ी बोली है, यह स्पष्ट है। लेकिन शुक्लजी के प्रतिपक्ष का तर्क यह है कि इस बोली के शिष्ट रूप की साहित्यिक परंपरा उर्दू में ही है। इस प्रतिपक्ष का खण्डन करने के लिए शुक्लजी उर्दू से मुक्त शुद्ध हिन्दी के गद्य की खोज करते हैं, जिसका ''शृंखलाबद्ध, साधु और व्यवस्थित'' रूप उन्हें विक्रम संवत् 1798 की रचना 'भाषा योगवासिष्ठ' में मिलता है। जहाँ तक खड़ी बोली की अपनी साहित्यिक अभिव्यक्ति 'उर्दू' का सवाल है, ''जिसे उर्दू कहते हैं वह न तो देश की स्वाभाविक भाषा है न उसका साहित्य देश का साहित्य है, जिसमें जनता के भाव और विचार रक्षित हों।'' ('इतिहास', पृ. 283)

शुक्लजी के अनुसार वास्तविकता यह है कि "खड़ी बोली का रूप-रंग जब मुसलमानों ने बहुत कुछ बदल दिया और वे उसमें विदेशी भावों का भंडार भरने लगे तब हिन्दी के कवियों की दृष्टि में वह मुसलमानों की खास भाषा-सी जँचने लगी...जिस प्रकार उसके उर्दू कहलानेवाले कृत्रिम रूप का व्यवहार मौलवी मुंशी आदि फारसी तालीम पाए हुए कुछ लोग करते थे उसी प्रकार उसके असली स्वाभाविक रूप का व्यवहार हिन्दू साधु, पंडित, महाजन आदि अपने शिष्ट भाषण में करते थे।" (वही पृ. 282)। ध्यान देने की बात यह है कि, "संवत 1914 (सन् 1857) के बलवे के पीछे की हिन्दी गद्य साहित्य की परंपरा अच्छी तरह चली।" इसी के साथ यह भी कि, "ईसाई-मत प्रचारकों ने विशुद्ध हिन्दी का व्यवहार किया है।" (वही, पृ. 289)। विशुद्ध यानी "विदेशी भावों का भंडार भरने" वालों के कुप्रभाव से मुक्त! हिन्दी भाषा के साथ 'विशुद्ध' विशेषण आज तक ऐन इसी आशय में इस्तेमाल किया जाता है, यह हम जानते ही हैं। यह विशुद्धता किस तरह के आत्मबोध को सूचित करती है ? स्वाभाविक ही है कि हिन्दी के स्वरूप निर्धारण के प्रसंग में शुक्लजी जिन समाज सुधारकों, धर्मप्रचारकों को कृतज्ञतापूर्वक याद करते हैं, उन तीनों-बाबू नवीनचन्द्र, पंडित श्रद्धाराम फुल्लौरी और स्वामी दयानन्द सरस्वती—का मुख्य प्रभाव क्षेत्र पंजाब है न कि हिन्दी प्रदेश। यह स्वाभाविक इसलिए है कि उस समय पंजाब में चल रहे सांस्कृतिक संघर्ष में हिन्दी-हिन्दू और उर्दू-मुस्लिम के समीकरण काफ़ी स्पष्ट रूप ले चुके थे। शिक्षित हिन्दू के आत्मबोध में हिन्दी राष्ट्रीयता की प्रतीक बन चली थी और उर्दू उस राष्ट्रीयता को अतीत तथा वर्तमान में मिली चुनौतियों की। ऐसी स्थिति की परिणति उस ऐतिहासिक फाँक में हुई जिसके चलते खड़ी बोली समकालीन शिष्ट संवाद की भाषा है, लेकिन परंपरा से जुड़ाव की नहीं। साहित्य के इतिहास में नजीर को स्थान मिल सकता है, मीर को नहीं।

प्रतिमान है, भारतीयता, और इस भारतीयता का रूपक है: कन्हैयाजी का बालापन! सवाल नजीर के महत्त्व का नहीं है। सवाल है, उनके महत्त्व को बखानने के लिए सांस्कृतिक आधार का! इस अपवर्जन (एक्सक्लूजन) का ही एक रूप निर्गुण सर्जनात्मकता के प्रति विरक्ति और तुलसीदास को 'हिन्दूजाति' को जीवित रखनेवाले कवि के रूप में बखानने में व्यक्त होता है। आधुनिक उर्दू भी ऐसे अपवर्जनों को लिए हुए है। लेकिन गनीमत यह है कि उसका अपने मूल भाषागत आधार की साहित्यिक परंपरा से वैसा विच्छेद नहीं हुआ है, जैसा आधुनिक हिन्दी का। हिन्दी में तो जिस खड़ी बोली को मानक भाषा का आधार बनाया गया उसी के सर्जनात्मक वैभव और परंपरा का या तो पूर्ण तिरस्कार किया गया, या फिर फुटकल खातों में कृपापूर्वक इंदराज!

प्रदेश और भाषा के बीच फाँक ही वैचारिक संकट की असली वजह है। इस वजह का उचित निरूपण उर्दू साहित्य में निहित आत्मबोध के भी बेबाक विश्लेषण की माँग करता है, जिसकी दिशा में कोई कदम उठाने तक की योग्यता फिलहाल मेरे पास नहीं है, लेकिन फिर भी यह अनुमान लगाना गलत न होगा कि उर्दू में व्यक्त आत्मबोध की समस्याएँ भी कुछ वैसी ही हैं, जैसी हिन्दी में व्यक्त आत्मबोध की। ऐसी स्थिति में या तो हम इन समस्याओं से टकराएँ या तमाम सारी क्रांतिकारी शब्दावली को समस्या के अपरिहार्य पहलुओं से ही नहीं, स्वयं अपनी समस्याओं से भी कतराने का जबर्दस्त औजार बना दें। एक उदाहरण से बात स्पष्ट होगी। निराला की रचना 'तुलसीदास' के 1938 में प्रकाशित संस्करण की भूमिका में भूमिकाकार 'कृष्णदास' लिखते हैं, "भारतीय संस्कृति किस प्रकार अधोगति को प्राप्त हुई, इसका कवि ने यहाँ मर्मस्पर्शी

वर्णन किया है। इस भारतीय संस्कृति को एक लहर की तरह मुस्लिम सभ्यता आक्रान्त किए हुए थी, इसी विदेशी सभ्यता की लहर के ऊपर वह आलोकमय सत्य का लोक है, जो इस समय हिन्दुओं की दृष्टि से ढँका हुआ है। बिना इस बीच के सांस्कृतिक अंधकार को पार किए, सत्य तक पहुँच नहीं हो सकती!''

1992 में जाकर रहस्योद्घाटन हुआ है कि 'कृष्णदास' का वास्तविक नाम डॉ. रामविलास शर्मा है। राजकमल से प्रकाशित संस्करण में उपरोक्त 'सांस्कृतिक राष्ट्रवादी' व्याख्या का दायित्व डॉ. शर्मा ने स्वीकार किया है। इस स्वीकृति पर डॉ. रामस्वरूप चतुर्वेदी का वह उल्लास एकदम स्वाभाविक लगता है, जो उन्होंने समवाय-3 (भोपाल, 18-19 नव. 1995) के लिए लिखे गए निबन्ध में व्यक्त किया है ''अपनी प्रसिद्ध कविता 'सरोज स्मृति' के माध्यम से निराला ने अपनी दिवंगत बेटी सरोज का तर्पण किया था, इस स्वर्गीय कवि के निष्ठावान मित्र रामविलास शर्मा ने जैसे इस भूमिका में अपना नाम उजागर करके, देर से ही सही, निराला की स्मृति का तर्पण किया है, और इस माध्यम से सांस्कृतिक प्रदूषण की समस्या को एक बार फिर से रेखांकित किया हैं।''

हिन्दी प्रदेश की रचनात्मकता की परंपरा को हिन्दी साहित्य के इतिहास में ढालते हुए उस इतिहास को 'हिन्दू जाति' के सांस्कृतिक उत्पान-पतन का दस्तावेज बना देने में बेबाक ईमानदारी फिर भी थी। 'हिन्दू जाति' का 'हिन्दी जाति' के रूप में अनुवाद कर देनेवाली 'वर्गवादी' इतिहास दृष्टि को क्या कहा जाए? रणनीति या चतुराई? 1992 में ही नाम उजागर करने को क्या कहा जाए इतिहास-बोध या काल बोध?

आत्मबोध की बुनावट की इन विडंबनाओं को हिन्दी प्रदेश के मत्थे मढ़ना फ़िज़ूल है। ज़रूरत हिन्दी प्रदेश की जनता के साथ बौद्धिक संवाद कायम करने की है। दूसरे शब्दों में, ज़रूरत हिन्दी भाषा के सामाजिक आधार और बौद्धिक क्षितिज का विस्तार करने की है। अभी हिन्दी सिर्फ़ सर्जनात्मक अभिव्यक्ति और साहित्यिक विमर्श की भाषा बनकर रह गयी है। साहित्यिक विमर्श भी ऐसा, जिसके आस-पास चल रहे नवजागरण और जनांदोलनों से जुड़ पाने की क्षमता कमतर होती चली जा रही है। हिन्दी लेखक के सरोकार सिर्फ़ आपसी संवाद तक सिमटकर रह गए हैं। हिन्दी एक खास काम की भाषा बना दी गयी है—कविता, कहानी, उपन्यास लिखने और उन पर बहस करने की। ''साहित्य ज्ञानराशि का संचित कोष है'' कहने वालों ने शायद सोचा भी न होगा कि उनके बौद्धिक वंशजों के लिए ज्ञानराशि का अर्थ कविता, कहानी तक सिमटकर रह जाएगा! और उन वंशजों को यह सोचने की ज़रूरत शायद महसूस नहीं होती कि ज्ञान, विज्ञान और जनांदोलन से निरन्तर स्वयं को काटती जा रही भाषा गहरे धरातल पर जीवन की समग्रता से कटती जाती है। ऐसी भाषा में सर्जनात्मक अभिव्यक्ति की निरन्तरता और वैचारिक उत्तेजना की सम्भावना भी कब तक बनी रह सकती है? हमारे साहित्यिक विमर्श में बार-बार गूंजनेवाली गतिरोध या संकट की चर्चा का संबंध हिन्दी बौद्धिक की आत्मतुष्ट काहिली से है न कि हिन्दी प्रदेश की तथाकथित जड़ता से।

जिन सम्पादक महोदय को 'एकेडमिक ग्रंथों के रिव्यू छापने' से विरक्ति है, वे वासुदेवशरण अग्रवाल के 'पाणिनिकालीन भारतवर्ष' या 'प्राचीन भारतीय लोकधर्म' के साथ जो सलूक करते, उसकी तो खैर कल्पना ही की जा सकती है, लेकिन साधारणजन वासुदेवशरणजी द्वारा 'पाणिनिकालीन भारतवर्ष' की भूमिका (1955) में लिखे इन वाक्यों

से दर्द भरी प्रेरणा प्राप्त कर सकते हैं ''मुझे खेद रहा कि परिस्थिति वशात् अंग्रेजी में ग्रंथ पहले प्रकाशित हुआ। मेरी अभिलाषा थी कि इसे हिन्दी में भी योग्य रूप में प्रकाशित कर सकूँ। अब इससे सन्तोष है कि ग्रन्थ की सामग्री हिन्दी संस्कारण में अंग्रेजी की अपेक्षा कहीं अधिक विशद बन सकी है और चरण, गोत्र, जनपद आदि कई संस्थाओं पर नया प्रकाश डाला जा सका है।''

ध्यान रहे कि 'पाणिनिकालीन भारतवर्ष' ऐं-वें टाइप की पी-एच.डी. थीसिस नहीं, बल्कि ऐसा 'ऐकेडमिक ग्रंथ' है, जिसका नोटिस लिए बिना आज तक पाणिनि का कोई गम्भीर अध्ययन सम्भव नहीं है।

बहरहाल, परंपरा की व्याख्या, साहित्य की समकालीन रचनाशीलता और साहित्यिक विमर्श पर साहित्यिकों के अनचाहे भी समकालीन सामाजिक उथल-पुथल का प्रभाव कितना गहरा और प्रत्यक्ष हो सकता है, इसके दृष्टान्त वे अतिप्रश्न हैं, जो बरसों तक वर्जित रहने के बाद इस वक्त हिन्दी साहित्य और भाषा के सन्दर्भ में उठ रहे हैं। डॉ. धर्मवीर की पुस्तक 'हिन्दी की आत्मा' हिन्दी भाषा में निहित आत्मबोध और परंपराबोध का विस्तार करने का सशक्त प्रयास करती है, तो ओमप्रकाश वाल्मीकि की कविताएँ उसके सर्जनात्मक सन्दर्भ का। हिन्दीप्रदेश के आत्मचेतन बौद्धिक के लिए यह ऐतिहासिक अवसर है, अपने बौद्धिक समाज को हिन्दी प्रदेश के समाज के साथ गहरे संवाद के संबंध में स्थापित करने का। पूर्वजों की उपलब्धियों से प्रेरणा और उनकी सीमाओं से सबक लेते हुए अनसुलझी समस्याओं को सुलझाने की कोशिशें करने का। अपने साहित्यिक-सांस्कृतिक आत्मबोध, परंपराबोध और दायित्वबोध को विस्तृत फलक, बृहत्तर परिप्रेक्ष्य देने का। और इस तरह अपने वैचरिक संकट से मुक्ति पाने का। उस मगध की नागरिकता से बाहर आने का—जिसमें विचारों की कमी है।

[तीसरा रुख (1996), वाणी प्रकाशन]

# संघर्ष आलोचना के मानों का

शिवदान सिंह चौहान ने अपने सर्वाधिक महत्त्वपूर्ण निबन्धों में से चार— 'छायावादी कविता में असन्तोष भावना', 'प्रगतिवाद', 'भारत की जननाट्यशाला' और 'साहित्य की परख' 1939 से 1946 के बीच लिखे। इसी बीच उन्होंने मातृभाषाओं के जनपदों और राष्ट्रभाषा की समस्या पर चल रहे विवाद में भी हस्तक्षेप किया। फ़ासीवाद के विरुद्ध लेखकों-कलाकारों का व्यापक संयुक्त मोर्चा बनाने में बौद्धिक और संगठनात्मक योगदान भी किया। दमन विरोधी पैंफ़लेट लिखने के आरोप में जेल यात्रा की और 'पार्टी लाइन' का हर्फ़-ब-हर्फ़ पालन न करने के कारण 'व्यक्तिवादी' होने का आरोप भी झेला।

ऐसी बहुमुखी सक्रियता का ही परिणाम था कि वे अपने अत्यन्त संकेतसूत्रों को व्यवस्थित सैद्धांतिकी में न गूँथ सके, लेकिन इस आधार पर क्या श्री मधुरेश के इस कथन से सहमत हुआ आ सकता है कि उनकी, "आलोचनात्मक सक्रियता का दौर अपेक्षाकृत बहुत छोटा है। उसकी कालावधि पाँचवें दशक के उत्तरार्द्ध से शुरू होकर छठे दशक का अन्त होते-होते समाप्त हो जाती है। आलोचना में जिस मानववादी साहित्य की प्रतिष्ठा का अभियान उन्होंने शुरू किया, उसे वे स्वयं ही बहुत दूर तक न ले जा सके। उनके आलोचना कर्म को एक व्यवस्थित पद्धति की तरह उपयोग में लाने की सम्भावनाएँ क्षीण हैं।" (पहल-73 जबलपुर, अप्रैल-जून 2000, पृ.182) 'पाँचवे दशक का उत्तरार्द्ध' याने 'साहित्य की परख' का प्रकाशन वर्ष-1946। स्पष्टतया मधुरेश जी छायावादी कविता सबंधी निबन्ध का महत्त्व नहीं समझ पाए। छायावादी कविता के मार्क्सवादी मूल्यांकन की लीक डालने वाला यह निबन्ध 1939 में छपा था। इसी के आस-पास चौहान जी ने 'श्री सुमित्रानन्दन पंत' शीर्षक निबन्ध लिखा था—सैद्धांतिकी और व्यावहारिक मूल्यांकन के श्रेष्ठ समन्वय की सूचना देनेवाला निबन्ध। कश्मीरी कवि महजूर पर उनका निबन्ध भी इसी दौर में लिखा गया और 'प्रगतिवाद' भी जिसमें उन्होंने कुत्सित समाजशास्त्रीयता की व्याधि का नोटिस लिया। 'भारत की जननाट्यशाला' का ऐतिहासिक महत्त्व तो 'इप्टा' की स्थापना से ही प्रकट होता है; इसके सैद्धांतिक महत्त्व की चर्चा भी हम कर चुके हैं। यह कहना तो और भी विचित्र है कि चौहान जी के आलोचनाकर्म को "एक व्यवस्थित पद्धति की तरह उपयोग में लाने की सम्भावनाएँ क्षीण हैं।"

वास्तव में, चौहान जी की चिन्ताओं और सरोकारों के गहरे महत्त्व का बोध हमारा समय कराता है। यह समय जबकि 'कुत्सित समाजशास्त्रीयता' बड़े सम्मान के साथ वापस लौटाई जा रही है। जब हम राजनीति से लेकर साहित्य तक में अस्मितावादी अतिचार झेल रहे हैं। जब लेखन का मूल्यांकन, शब्दश: लेखक की जाति-पाँति; कुल-गोत्र के आधार पर किया जा रहा है। जब वर्ग और श्रम की कोटियाँ विमर्श से बाहर धकेली जा रही हैं, योजनाबद्ध रूप से, प्रयत्नपूर्वक। जब परंपरा का ऐसा व्यामोह व्याप्त है कि परंपरा पड़ताल की नहीं, पूजा की

वस्तु बनती जा रही है, जब भारतीयता की 'सेकुलर' (चौहान जी के शब्दों में 'धर्म-जाति निरपेक्ष') अवधारणा को समाप्त ही कर देने के अनुष्ठान चल रहे हैं और जब साहित्य की आलोचना के सार्वभौम, मानवीय मानों को पिछड़ेपन का प्रमाण मानकर; सभी 'पाठों' को एक-सी वैधता प्रदान की जा रही है, जब कुछ लोग उपन्यास के नाम पर जिलों के गजेटियर लिख रहे हैं, तो कुछ लोगों के अनुसार साहित्य की सामाजिकता अपने आप में एक समस्या है; जब शब्द और अर्थ के बीच संबंध की कल्पना तक में कुछ लोग मानवीय समाज की कोई भूमिका स्वीकार करने को तैयार नहीं हैं।

वास्तव में, यह समय चौहान जी जैसे लोगों के संघर्ष से प्रेरणा लेने का समय है। यह समय चौहान जी के आलोचनाकर्म में निहित विचारोत्तेजक और प्रामाणिक चिन्तनसूत्रों से संवाद का समय है। उनके आलोचनाकर्म को व्यवस्थित पद्धति की तरह उपयोग में लाने की सम्भावनाओं की क्षीणता या प्रबलता बहुत कुछ इस पर निर्भर करती है कि आप उनके या किसी के भी आलोचना-कर्म को पढ़ते किस तरह से हैं। मजे की बात यह है कि स्वयं मधुरेश अपने उसी निबन्ध में दस ही पृष्ठ पहले चौहान जी के आलोचनाकर्म को 'व्यवस्थित पद्धति' के लिए काफ़ी प्रेरक बताते दीखते हैं, "वे मूल्यांकन की एकांगी और इकहरी-प्रवृत्ति से बचते हैं...वे जैनेन्द्र और अज्ञेय में एक स्पष्ट भेद करते हैं, जो तब की और परवर्ती मार्क्सवादी आलोचना में एक दुर्लभ चीज है...उनकी समीक्षाएँ संख्या में बहुत अधिक न होने पर भी, अपने चयन में विवेक, वैविध्य और विस्तार का प्रभाव छोड़ती हैं। वे अपने समय के उल्लेखनीय सक्रियता वाले साहित्य रूपों में से ऐसी प्रतिनिधि रचनाओं का चुनाव करते हैं, जो उस रचनात्मक परिदृश्य का ही प्रतिनिधित्व नहीं करतीं, उनकी आलोचनादृष्टि के विनियोग की सुविधा भी देती हैं।" (पूर्वोद्धृत, पृ.172)

विशेषताएँ इतनी मूलभूत और इतनी सारी और फिर भी ऐसे आलोचना-कर्म को व्यवस्थित पद्धति की तरह उपयोग में लाने की सम्भावनाएँ क्षीण?

यह मनोरंजक और चिन्ताजनक स्थिति क्या सिर्फ़ मधुरेश जी की समस्या है? शायद नहीं। असली वजह शायद यह है कि एक तो चौहान जी का आलोचना-कर्म और उनके चिन्तनसूत्र प्रगतिशील आलोचना के बद्धमूल संस्कारों के सामने खासी असुविधा खड़ी करते हैं। 'सहानुभूति' के बावजूद, व्यावहारतः उनके आलोचना कर्म को अप्रासंगिक ठहरा देना, स्थूल समाजशास्त्रीयता के विरुद्ध संघर्ष के सन्दर्भ में उनका नाम तक न लेना; उनके द्वारा उठाए गए सही सवालों पर विसर्जनवाद का ठप्पा लगा देना—वास्तव में इस असुविधा से बचने की विधियाँ ही हैं। अपने-अपने हिसाब से इनका उपयोग असुविधा से बचने के लिए, लोग करते रहे हैं। दूसरी वजह शायद यह है कि छठे दशक का अन्त आते-आते चौहान जी ने स्वयं को आलोचना से आत्मनिर्वासन दे दिया। वे 'प्रचलन' में नहीं रहे, उनका 'जनसम्पर्क' टूट गया—फिर किसी को क्या पड़ी थी कि उनके लेखन पर, उनके चिन्तन सूत्रों पर ध्यान दे।

आलोचक के बजाय निगाह यदि आलोचना-कर्म पर रहती, तो चौहान जी का आत्मनिर्वासन शायद होता ही नहीं। होता भी तो अप्रासंगिक होता। वे सक्रिय रहते या न रहते, यदि उनका काम किसी को महत्त्वपूर्ण लगता, तो उस पर ध्यान दिया जाता। यह क्या बात हुई कि आप किसी के लिखे पर ध्यान देना इसलिए बंद कर दें, कि उसने फिलहाल लिखना बंद या कम कर रखा है।

सही है कि चौहान जी ने स्वयं अपने सूत्रों को सैद्धांतिकी में बदलने पर, आलोचना की व्यवस्थित किताबें लिखने पर ध्यान नहीं दिया, लेकिन इसका मतलब यह नहीं कि उन्होंने अपने

आलोचनात्मक मानों को व्यावहारिक कसौटी में बदला ही नहीं। उनके सूत्रों के महत्त्व की विस्तृत चर्चा हमने की है। कम-से-कम एक निबन्ध में उन्होंने अपनी सभी सरोकारों, सूत्रों का व्यावहारिक मूल्यांकन के साथ समन्वय किया है। यही नहीं, उन्होंने इसी जगह संस्कृति-बोध मात्र के प्रसंग में मूलभूत महत्त्व की टिप्पणियाँ भी की हैं। प्रगतिशीलता के नाम पर प्रचलित हों या रुचि स्वातंत्र्य के नाम पर, सामाजिकता के नाम पर आरोपित हों, या 'रूप' के नाम पर 'रुचि वैचित्र्य के पूवग्रहों' को ख़ारिज़ करते हुए सार्वभौम मानव मूल्यों पर आधारित वस्तुनिष्ठ-आलोचना के मान-प्रस्तावित किए हैं।

यह निबन्ध— 'आलोचना के मान' चौहान जी का प्रतिनिधि या केन्द्रीय निबन्ध भी कहा जा सकता है।

## 2

'आलोचना के मान' निबन्ध इलाहाबाद के 'साहित्यकार-सम्मेलन' में 16 दिसम्बर, 1957 को बतौर विषय-प्रवर्तन के पढ़ा गया था। यह लेख 'साहित्य की परख' का विस्तार भी था और विकास भी। विभिन्न विचारों के अंधाधुंध समुच्चय और वैज्ञानिक जीवन-दर्शन पर आधारित समन्वय के बीच जो अन्तर 'साहित्य की परख' में क्रिया गया था; उसे यहाँ और विस्तार से रखा गया। 'आलोचनात्मक क्रिया के मूलतः दार्शनिक' किया होने का बोध, यहाँ व्यावहारिक धरातल पर फलीभूत होता है। इस निबन्ध की चर्चा कुछ तफ़सील में करने के पहले यह ध्यान में रखना ज़रूरी है कि इन दिनों चौहान जी की चिन्ता के केन्द्र में 'स्वाधीन भारत में हिन्दी साहित्य की गतिविधि' के सवाल थे। इसी शीर्षक से लिखे निबन्ध में उन्होंने लक्ष्य किया, "...जब हमें स्वाधीनता मिली, उस समय हिन्दी साहित्य विभिन्न प्रवृत्तियों में बँटकर रचा जा रहा था। दोनों पक्षों के लेखकों में अपने-अपने मतवाद का दुराग्रह इतना अधिक रहा है कि स्वाधीनता प्राप्ति की घटना और उसके बाद के ये आठ वर्ष उनकी दृष्टि से अनदेखे ही गुज़र गए हैं।" (साहित्य की समस्याएँ, दिल्ली, 1959, पृ.133)

चौहान जी की आग्रह यह नहीं था कि लेखक 'स्वतंत्रता दिवस के समारोहों का चित्रण' करने लगें। ऐसे चित्रणों को उन्होंने उल्टे 'कोई साहित्यिक मूल्य न होने' के कारण ख़ारिज़ किया। उनकी चिन्ता स्वाधीनता की राजनीतिक घटना के नैतिक पहलू की थी। 'डेमोक्रेटिक' भावना के विकास की थी—और इस भावना के निर्माण को वे केवल राजनीतिक नहीं, सांस्कृतिक और नैतिक उपक्रम के रूप में देख रहे थे। भारतीय स्वाधीनता संग्राम की इस अनोखी विशेषता पर उनका पूरा ध्यान था कि वह केवल राजनीतिक स्वाधीनता का संघर्ष न होकर, कुछ सार्वभौम मूल्यों के आधार पर राष्ट्रनिर्माण का स्वप्न देखने का भी संघर्ष था। इन्हीं मूल्यों के प्रसंग में वे 'नए भारत में साहित्य के मानमूल्यों की प्रश्न' उठाते हुए नोट करते हैं कि 'आज़ादी, जनवाद और शांति—ये तीन हमारे राष्ट्रीय आदोलन के सर्वस्वीकृत मूल्य थे।' (पूर्वोद्धत, पृ. 6-7) ये मूल्य वस्तुतः सामाजिक-सांस्कृतिक मूल्य हैं। इनकी व्याप्ति केवल राजनीति तक नहीं। समाज का, समाज के सदस्यों के संस्कार का लोकतांत्रिकीकरण करने में योगदान करना साहित्य का धर्म है। यह राजनीति विशेष का अनुगमन करने से अलग चीज है—यह मानवचेतना को उदात्त और संस्कृत बनाने के सर्वस्वीकृत उद्देश्य का इतिहासबद्ध रूप है। कुत्सित समाजशास्त्रीयता के विरुद्ध लगातार संघर्ष करते हुए चौहान जी ने साहित्य के इस वास्तविक

स्वभाव-धर्म और उससे उत्पन्न होनेवाले सामाजिक दायित्व को लगातार ध्यान में रखा। उन्होंने 'डेमोक्रेटिक' शब्द का प्रयोग वैचारिक और राजनीतिक सन्दर्भ से आगे बढ़कर 'भावना और संस्कृति के सूक्ष्मतर, आध्यात्मिक क्षेत्रों' के सन्दर्भ में किया—

"...सच्चे 'डेमोक्रेटिक' जीवन का निर्माण तभी सम्भव है, जब हमारी भाव-प्रतिक्रिया भी इतनी सचेत और उदात्त हों कि किसी भी परिस्थिति में हम समानता के व्यवहार को न त्यागें। ऐसा व्यवहार हमारे सहज संस्कारों का अंग बन जाए। यह बड़ी व्यापक समस्या है और इसके असंख्य रूप हैं। भारतीय समाज ऐसे नए जीवन के निर्माण के लिए संघर्षशील है।" (पूर्वोद्धृत, पृ.134)

इस संघर्ष के प्रति चौहान जी लगातार संवेदनशील रहे। उस दौर में, आलोचक के रूप में भी और आलोचना के सम्पादक के रूप में भी। दोनों ही रूपों में उनका केन्द्रीय सरोकार नागरिकता की धर्म-जाति निरपेक्ष संवेदना के विकास का था।

यह संवेदना ही उनके लिए 'आलोचना के मान' निर्धारित कर रही थी। समकालीन साहित्य के सन्दर्भ में भी और इतिहास, परंपरा के सन्दर्भ में भी। यह संवेदना उनके आलोचना कर्म का 'निरपेक्ष सत्य' थी, जो देश-काल सापेक्ष सत्यों के साथ द्वन्द्वात्मक संवाद करते हुए, साहित्य की अपनी कसौटी का रूप लेती थी। इस नागरिक संवेदना की उपेक्षा करने वाली दृष्टि को ही चौहान जी 'सापेक्षतामूलक साहित्य दृष्टि' कहते थे और इसके दोनों कुत्सित रूप उनके लिए एक से अस्वीकार्य थे।

'भाव-प्रतिक्रियाओं' के धरातल पर; संवेदना के धरातल पर लोकतांत्रिकीकरण का यही आग्रह मुक्तिबोध की चिन्ता के केन्द्र में है। इसीलिए ये दोनों आलोचक, राजनीतिक धरातल पर 'प्रगतिशील' हो चुके आलोचकों के सामंती-संवेदनों और संस्कारों को लेकर भी इतने चिन्तित रहा करते थे। साहित्य की सामाजिकता के वास्तविक रूप के बोध के कारण ही इन दोनों आलोचकों को उस समय प्रचलित मतवादों के दोनों दुराग्रही रूपों से भी असुविधा होती थी।

'स्वाधीनता वास्तविक है या नहीं?' यह सवाल कोरी पार्टी लाइन से हल होनेवाला था या इसमें लेखक के जीवनवास्तव के बोध और अन्तर्दृष्टि का भी कोई योगदान होना था? पार्टी लाइन को अभिव्यक्ति देते हुए डी. रामविलास शर्मा ने 1951 में लिखा था, "प्रगतिशील लेखकों के नए घोषणापत्र में जिसकी ज़रूरत है—यह स्थापना और भी विश्वास के साथ रखी जा सकती है कि कांग्रेसी आज़ादी झूठी है और हमें वास्तविक स्वाधीनता प्राप्त करना है।" इसी क्रम में उन्होंने आगे लिखा, "कम्युनिस्ट पार्टी आम जनता की पार्टी है। वह दमन और अत्याचार के दिनों में हमेशा जनता के साथ रही है। उसके वीर शहीदों की लंबी सूची इस बात का अकाट्य प्रमाण है। वह इस बात पर सही गर्व प्रकट करती है कि उसने कांग्रेसी 'आज़ादी' का पर्दाफ़ाश किया और इस 'आज़ादी' के ख़िलाफ़ जनता के संघर्ष का नेतृत्व किया।" (प्रगतिशील साहित्य की समस्याएँ, विनोद पुस्तक मंदिर, आगरा, 1954, पृ. 139 व पृ. 143-144)

प्रसंग था, साहित्य में संयुक्त मोर्चे का। रामविलास जी ने अमृतराय का एक कथन उद्धृत किया, पृ. 144-145 पर, "पंद्रह अगस्त को होनेवाले राजनीतिक परिवर्तनों का बड़ा महत्त्व है। हमारी जनता की अनेक आशाएँ-आकांक्षाएँ उसके संग जुड़ी हैं, अपने अनेक स्वप्नों को वह उसमें साकार होते देखना चाहती है। हम अभी इस बहस की पेचीदगी में नहीं पड़ना चाहते कि यह आज़ादी झूठी है या सच्ची। हम समझते हैं कि उसके झूठ-सच के निर्णय के लिए सबसे अच्छी कसौटी यही है कि जनता की जिन्दगी पर, उसके सुख दुःख पर उसका क्या और कैसा असर पड़ता है।"

आज़ादी के झूठ-सच की उपर्युक्त कसौटी रामविलास जी के लिए न केवल अर्प्याप्त बल्कि 'जनता के प्रति विश्वासघात' थी। कारण? उन्हीं के अपने शब्दों में— "अगर हिन्दुस्तान में मजदूर वर्ग और उसकी पार्टी न होती तो इस तरह की घोषणा की जा सकती थी, लेकिन मजदूर वर्ग और उसकी पार्टी ने इस 'आज़ादी' के प्रति तटस्थ न रहकर उसका पर्दाफ़ाश किया और उसके ख़िलाफ़ संघर्ष करने के लिए जनता का आह्वान किया। इस 'आज़ादी' के सवाल पर तटस्थ रहना जनता के प्रति विश्वासघात करना होता।" (पूर्वोद्धृत, पृ.145)

दूसरे शब्दों में, प्रगतिशील साहित्य केवल पार्टी लाइन का उपकरण है। उसकी कसौटी भी 'जनता की जिन्दगी' से कहीं ज्यादा मजदूर वर्ग की पार्टी द्वारा अपनाई गई स्ट्रैटेजी है। सवाल रामविलास जी या चौहान जी के पक्ष-विपक्ष का नहीं, स्वयं साहित्य की हैसियत और शख़्सियत का है। साहित्य की सामाजिकता को ऐसे विकट राजनीतिक उपकरणवाद का आधार बना देना, गहरा नैतिक 'क्राइसिस' उत्पन्न करता है। पार्टी लाइन बदल जाने के बाद उसे एम.एन. राय से प्रभावित बता देना और बात है; स्वयं उस लाइन के दिनों में साहित्य की सामाजिकता को उपकरणवाद से बचाना और बात। इसी फ़र्क़ की ओर संकेत किया था, ग्राम्शी ने राजनेता और साहित्यकार के प्ररिप्रेक्ष्य में रहनेवाले फ़र्क़ की ओर संकेत करके। साहित्यकार के 'कम कट्टर' परिप्रेक्ष्य का स्वागत करके।

चौहान जी का संघर्ष इसलिए महत्त्वपूर्ण है, क्योंकि वह उस समय की 'ऑफ़िशियल' प्रगतिशील लाइन, उस समय की 'पॉलिटिकल करेक्टनेस' से टकराने के साहस पर आधारित था। उनका संघर्ष साहित्य की सामाजिकता के नाम पर उसे स्वयं जनता की उपेक्षा कर, जनता के प्रतिनिधित्व के दावेदारों की सामयिक संकीर्णता के साथ नत्थी कर देने के विरुद्ध संघर्ष था। स्वाधीनता के बाद, उनकी चिन्ता यह थी—

"अपने-अपने मतवादों के दुराग्रहों से प्रेरित होकर हिन्दी लेखक दलों में बँटते गए और जीवन-वास्तव को चित्रित करने के स्थान पर अपने-अपने दलगत विचारों की ही विवृत्ति करने लगे। प्रगतिवादियों ने यह माना ही नहीं कि भारत पूर्णतः स्वतंत्र हो गया है, इसलिए उनके आगे कोई नई समस्या नहीं उठी। गुलामी के विरुद्ध अपनी आवाज उठाते समय अब वे अंग्रेजों की जगह कांग्रेसियों का नाम लेने लगे। प्रतीकवादी-प्रयोगवादियों के सामने देश की आज़ादी या गुलामी का कभी कोई प्रश्न ही नहीं रहा। व्यक्ति स्वातंत्र्य के नाम पर उनका मौलिक विरोध साम्यवाद से है, अतः देश गुलाम है तो और आज़ाद है तो, अन्ततः उनको इससे कोई सरोकार नहीं।" (साहित्य की समस्याएँ पृ. 133)

नवस्वाधीन देश में लोकतंत्र केवल राजनीतिक प्रणाली तक न रहकर हमारी भाव-प्रतिक्रियाओं तक पैठे। हमारे संस्कार और व्यवहार भी लोकतांत्रिक हों, केवल चुनाव-प्रणाली ही नहीं। लोकतंत्र केवल संख्या का, बहुमतवाद का खेल नहीं। उसका संबंध समाज, संस्कार, संस्थाओं और स्वभाव से है। आधी सदी की आज़ादी के बाद इस आग्रह की सच्चाई से कोई परम पराक्रमी ही आँखें चुरा सकता है। चौहान जी का महत्त्व इस सचाई को उस समय रेखांकित करने और 'आलोचना के मान' का दर्जा देने में है।

## 3

'आलोचना के मान' चौहान जी का केन्द्रीय निबन्ध इसलिए है कि जहाँ उसमें पहले से चले आ रहे आग्रहों और विचारों का विकास है, वहीं स्वाधीन भारत में साहित्यकार के दायित्व

का; संस्कारों के लोकतांत्रिकीकरण की ज़रूरत का तीव्र अहसास भी। इसी अहसास के साथ उन्होंने इस निबन्ध में तात्कालिक सन्दर्भों का ध्यान रखते हुए दूरगामी और व्यापक महत्त्व के प्रश्नों पर विचार किया।

'लघु मानव' की बात उन दिनों साहित्य विमर्श में बहुत चर्चित थी। चौहान जी ने इस बात पर केवल राजनीतिक नहीं, मूलभूत दार्शनिक धरातल पर प्रहार किया। इस प्रहार में 'तथ्य' और 'सत्य' का ज़रूरी फ़र्क़ अन्तर्निहित था। 'तथ्य' जो है—और 'सत्य' मायने जैसा है, उसके साथ-साथ जैसा होने की कल्पना मानवीय चेतना कर सकती है। इसी फ़र्क़ के कारण एक ही 'तथ्य' की व्याख्या 'सत्य' की विभिन्न अवधारणाओं के आधार पर, भिन्न-भिन्न प्रकार की हो सकती है। होती आई है। 'तथ्य' और 'सत्य' में दार्शनिकों द्वारा किए जानेवाले इसी फ़र्क़ की आधार भूमि पर चौहान जी ने आलोचनात्मक मूल्यांकन का पौधा रोपा और अपनी स्थापना का व्यावहारिक उदाहरण भी दिया—

"बौना आदमी अपने अविकसित शारीरिक, बौद्धिक, नैतिक और आध्यात्मिक कद से जो चीज भी बड़ी हो—व्यक्तित्व, साहित्यकार, राजनीतिक सिद्धान्त, विचार, नैतिक विचार, मानवीय आदर्श-उसको मुँह चिढ़ाकर ही अपने अस्तित्व को मनवा सकता है...लेकिन...कोई भी सच्चा लेखक और कलाकार सदा के लिए बौना बनकर नहीं रहना चाहता। वह अपने बौनेपन को कला की निर्माणभूमि पर परास्त करके ही आगे बढ़ता है, लेकिन अगर उसे बताया जाए कि यह बौनों का युग है और बौनापन ही उसकी नियति है, तो उसके मन के कलाकार को भी लकवा मार सकता है। परती परिकथा की रचना करके 'रेणु' ने इस भ्रामक धारणा को भी दफ़ना दिया है। परती-परिकथा के पात्र छोटे हैं, ऐतिहासिक व्यक्तित्व के हीरो नहीं, बल्कि गँवई-गाँव के साधारण जन हैं—पर बौने नहीं, क्योंकि उनके क्रोध और प्रेम के आवेग तुच्छ नहीं हैं, हीरोइक चाहे न हों।" (आलोचना के मान, दिल्ली, 1958, पृ. 16) परती परिकथा से सभी, "विचारधाराओं के आलोचकों को अपने-अपने दृष्टिकोण से आक्रोश" था।

चौहान जी के अनुसार गांधीवादी आलोचक कांग्रेसी पात्र के चरित्रचित्रण से दुःखी थे, तो प्रगतिवादी आलोचक कम्युनिस्ट पात्र के चरित्र-चित्रण से। बालकृष्ण राव के अनुसार तो यह "दरअसल उपन्यास नहीं, शब्दचित्रों, ध्वनिसंकेतों और दूसरी निरर्थक चीजों का संकलन मात्र" था। चौहान जी इन प्रतिक्रियाओं को परती परिकथा के सन्दर्भ में नोट करते हुए, व्यापक महत्त्व के कुछ निष्कर्ष रेखांकित करते हैं। वे ऐसी प्रतिक्रिया को मूल व्याधि— 'आलोचना जगत की अराजकता' —के लक्षणों के रूप में देखते हैं। इस प्रकार वे जिन प्रवृत्तियों-पूर्वग्रहों के विरुद्ध से 1946 से लगातार संघर्ष कर रहे थे, उनके कुप्रभावों को एक महत्त्वपूर्ण और उपेशित रचना के प्रसंग में मूर्तरूप लेते हुए देखते और दिखाते हैं। इस तरह वे परती परिकथा के महत्त्व का निरूपण तो करते ही हैं, इस व्यावहारिक उपक्रम के जरिए अपने सतत सैद्धांतिक सरोकारों के संघर्ष से पाठक को एक बार फिर जोड़ते हैं। आलोचना को शब्दाडंबर के जरिए पूर्वग्रह-सम्प्रेषण, पार्टी लाइन प्रचार या शुद्ध मित्र-लाभ का जरिया बनाने के उदाहरणों की ओर प्रत्यक्ष-अप्रत्यक्ष संकेत करते हुए उन्होंने, जगत शंखधर द्वारा लिखे गए व्यक्तिगत पत्र से उनकी वेदना उद्धृत की, "आलोचना के मान-मूल्य, नियम-सिद्धान्त सब धरे रह जाते हैं।" और फिर इस वेदना पर टिप्पणी की—

"आलोचना-जगत की अराजकता को इससे अधिक स्पष्ट शब्दों में बयान नहीं किया जा सकता। इससे आप अनुमान कर सकते हैं कि आलोचक के पूर्वग्रह कितने संक्रमणकारी

होते हैं, क्योंकि वह उन्हें पाठकों तक प्रेषित करता है और उनकी रुचि को भी जड़ीभूत कर देता हैं—श्रेष्ठ साहित्य के प्रति असंवेदनशील।'' (पूर्वोद्धृत, पृ. 8-9) ठीक यही बात मुक्तिबोध ने कहीं थी— 'जड़ीभूत सौन्दर्याभिरुचि'। सौन्दर्य के प्रतिमानों पर पुनर्विचार से इंकार और 'पुनर्विचार' के ही नाम पर एक और 'जड़ीभूत सौन्दर्याभिरुचि' का आविष्कार। मुक्तिबोध की ही तरह चौहान जी भी देख पा रहे थे कि रीतिवाद केवल पारंपरिक आग्रहों का नहीं होता। 'जॉर्गनग्रस्त' एवं 'अवसरवादी' समझ के हाथों प्रगतिवाद भी एक तरह के रीतिवाद में बदल जाता है। स्वयं परंपरा ऐसे रीतिवाद के हाथों साहित्य के मूलभूत कार्य-जिरह को ध्वस्त करने का उपकरण बन जाती है। साहित्य की सामाजिकता कुत्सित समाजशास्त्रीयता के हाथों लेखक के दलगत संबंधों के आधार पर लेखन के बारे में राय बनाने का उपकरण बन जाती है— ''पुराने समय में किसी की सुपात्रता जाँचने के लिए जात-पाँत, कुल-गोत्र देखे जाते थे, अब लेखक की सुपात्रता का निर्णय उसके दलगत संबंधों से किया जाता है।'' (पूर्वोद्धृत, पृ. 9-10)

सूत्रों के व्यावहारिक विनियोग का माध्यम बना परती परिकथा। मताग्रह के पूर्वग्रहों को एक तरफ़ और साहित्य की समाजनिरपेक्ष 'आन्तरिक' मर्यादा के आग्रहों को दूसरी तरफ़ ख़ारिज़ करते हुए चौहान जी ने अपना पुराना आग्रह दोहराया। जीवन बोध-सौन्दर्यबोध मूल्यबोध को गहनतर बनाने, भाव की संवेदना को समृद्धतर बनाने में सफलता-असफलता को आलोचना के मान के रूप में देखने का आग्रह। परती परिकथा कोरा रिपोर्ताज है; उसके पात्र निष्प्राण, स्पंदनहीन हैं' लेखक की विचारधारा में कंफ्यूज़न है—ऐसी आलोचनाओं के विरुद्ध चौहान जी की निर्भ्रान्त राय बनी कि, ''इस कथा के माध्यम से 'रेणु' ने राजनीतिक, सामाजिक, सांस्कृतिक और एक सीमा तक आध्यात्मिक, सभी स्तरों पर भारतीय जीवन की अधुनातन गतिशील वास्तविकता को अपनी काव्यमयी कला के आईने में प्रतिबिम्बित कर दिया है।...परती परिकथा का लेखक उस अर्थ में ही यथार्थवादी है, जिस अर्थ में विश्व के सभी महान लेखक यर्थाथवादी हैं।'' (पूर्वोद्धृत, पृ.14)

मैला आँचल और परती परिकथा के लेखक 'रेणु' इस समय हिन्दी के परम प्रतिष्ठित कथाकारों में से हैं; लगभग उतनी ही प्रतिष्ठित यह मान्यता भी है कि चौहान जी ने कोई महत्त्वपूर्ण व्यावहारिक आलोचना नहीं की, वे कोरा सिद्धान्त-निरूपण ही करते रह गए। वह भी ऐसा, जिसका आलोचना की व्यवस्थित पद्धति विकसित करने में शायद ही कोई योगदान हो।

सवाल बनता है— 'रेणु' की प्रतिष्ठा में चौहान जी के आलोचनात्मक संघर्ष का कोई महत्त्वपूर्ण योगदान है या नहीं?

## 4

परती परिकथा चौहान जी के अनुसार श्रेष्ठतम भारतीय उपन्यासों में से एक था और मतवादी पूर्वग्रहों से प्रेरित उसके अवमूल्यन 'आलोचना की अराजकता' के दृष्टान्त। 'आलोचना के मान' का प्रश्न व्यावहारिक के साथ ही सैद्धांतिक भी था। व्यावहारिक धरातल पर चौहान जी ने परती परिकथा को प्रतिष्ठित किया। साथ ही, याद किया कि उनके अनुसार देवराज का पथ की खोज अश्क का गर्म राख 'यथातथ्यवादी ढंग के असफल उपन्यास' है। नदी के द्वीप चरित्र-चित्रण में अतियांत्रिक है, वृंदावनलाल वर्मा का झाँसी की रानी 'अनगढ़ शैली का उदाहरण' है। इसी के साथ यह भी था कि 'कई आलोचकों ने, जिनका मैं आदर और सम्मान करता हूँ

इन कृतियों को बेहद सराहा है।' इस स्थिति को अपनी-अपनी रुचि का मामला कहकर भी टाला जा सकता था, लेकिन चौहान जी जानते थे कि, ''रुचि-भिन्नता का सिद्धान्त प्राचीनकाल से मान्य है—यह एक हकीकत है, सिद्धान्त नहीं, लेकिन रुचि कभी भी साहित्यालोचन का मानदंड नहीं बनी है, क्योंकि कलाकृति की श्रेष्ठता-अश्रेष्ठता पाठक को रुचिकर लगने पर निर्भर नहीं करती।...व्यक्तिगत रूप से अरुचिकर लगने पर भी श्रेष्ठ आलोचक श्रेष्ठ रचनाओं को श्रेष्ठ ही घोषित करते आए हैं—प्रथा-पालन की खातिर नहीं, बल्कि मूल्यांकन की वस्तून्मुखी दृष्टि के कारण।'' (पूर्वोद्धृत, पृ. 19)

'प्रथा-पालन' और 'वस्तून्मुखी दृष्टि' का अन्तर ध्यान देने योग्य है। यह अन्तर गहरे आलोचकीय विवेक का साक्ष्य है। व्यक्तिगत रुचि और 'प्रथा-पालन' दोनों से अलग है—रचना का वस्तुनिष्ठ मूल्यांकन। मूल्यांकन का मूलाधार यह है कि अपने-अपने समाज और समय में साहित्यकार कैसे मूल्यों के पक्ष में खड़े होते हैं। वे नए मूल्यों का निर्माता बनने के साहस का चुनाव करते हैं, या समकालीन समाज-व्यवस्था के मात्र 'वकील-एपॉलॉजिस्ट' बनने का? चौहान जी ने किसी देश-काल की तत्कालीन नैतिकता और मानवीय विवेक के बीच जो फ़र्क़ पहचाना, उसे न पहचानने के ही कारण बहुत से प्रगतिशील आलोचक अपने मूल्यांकनों में वस्तुतः सामंती पूर्वग्रहों को आलोचना के मानों का दर्जा देते रहे। लेखकों को संकीर्ण नैतिकतावाद-शुद्धतावाद के आधार पर ख़ारिज करते रहे, खास कर स्त्री-पुरुष संबंधों के प्रसंग में। यह भूलते हुए कि, ''तत्कालीन नैतिकता का रूप चाहे जैसा संकीर्ण रहा हो, उसके विरुद्ध संघर्ष करने वाले ही जनमानस में आदृत होते आए हैं। यदि ऐसा न होता, तो राधा-कृष्ण, हीर-राँझा, सोनी-महिवाल आदि की कथाएँ जन-मानस को अग्राह्य होतीं।'' (पूर्वोद्धृत, पृ. 30)

मूल्यांकन की वस्तुनिष्ठता के रेखांकन के प्रसंग में चौहान जी ने इस निबन्ध में फिर से दोनों तरह की एकांगिताओं पर प्रहार किया। उन्होंने साहित्य सिद्धान्तों और दृष्टियों की दो कोटियाँ मानीं उपयोगितावादी और रीतिवादी, ''उपयोगितावादी सिद्धान्त साहित्य के सामाजिक प्रयोजन और उसकी विषयवस्तु पर अधिक जोर देते आए हैं, रीतिवादी-सिद्धान्त साहित्य के सौन्दर्य पक्ष और रूप-तत्त्व पर अधिक जोर देते आए हैं।'' (पूर्वोद्धृत, पृ.38)

साहित्य-बोध में, वस्तुनिष्ठ आलोचना में न विषयवस्तु की उपेक्षा वांछनीय है, न सौन्दर्य पक्ष की। इनमें से किसी एक ही पर बल देना एकांगिता है, जो इन दोनों दृष्टियों की 'व्यापक अर्थ में एक-दूसरे की पूरक' होने के सत्य की उपेक्षा से उत्पन्न होती है, ''साहित्य की मात्र यथातथ्यवादी या मात्र रूपवादी जैसी ह्रासोन्मुखी प्रवृत्तियों के प्रभाव में साहित्य के उपयोगितावादी सिद्धान्त कुत्सित समाजशास्त्रीयता के मार्ग पर भटक जाते हैं और रीतिवादी सिद्धान्त कविता की 'ऑण्टॉलाजी' (सत्त्व-परीक्षण) हो जाते हैं।'' (पूर्वोद्धृत, पृ.38)

'साहित्य की परख' में प्रस्तुत तर्क का विकास करते हुए चौहान जी यहाँ दोनों तरह के एकांगितापरक भटकावों को इतिहास के परिप्रेक्ष्य के अभाव और मूल्यबोध की कमी से जोड़ते हैं। मूल्यबोध स्वयं इतिहास के परिप्रेक्ष्य पर निर्भर करता है, ''पूरे मानव इतिहास के परिप्रेक्ष्य में न देखें, तो लगेगा कि मूल्यों का प्रश्न कभी हल ही नहीं हो सकता—कोई सामान्य दृष्टिकोण नहीं बन सकता। इसलिए 'आलोचना के मान' भी स्थिर नहीं किए जा सकते।'' (पूर्वोद्धृत, पृ. 41)

चौहान जी के लिए मूलभूत चुनौती यही थी। आलोचना के ऐसे मान स्थिर करना, जो साहित्य के सामाजिक प्रयोजन और उसके रूप-पक्ष दोनों के सन्तुलित समन्वय पर आधारित हों, जिनका अन्तर्निहित मूल्यबोध 'पूरे मानव इतिहास के परिप्रेक्ष्य' तथा इतिहास के क्षण-विशेष

दोनों के द्वन्द्वात्मक संबंध के प्रति संवेदनशील हो, जिसे उन्होंने 'साहित्य की परख' में सत्य के निरपेक्ष, निरन्तर और सापेक्ष पहलुओं की द्वन्द्वात्मक अन्विति कहा था, उसे यहाँ और सुगठित रूप में रखते हुए, साहित्यालोचन का मूलभूत विचार-सूत्र इस प्रकार अभिव्यक्त किया—

"यह ठीक है कि हर चीज सापेक्ष्य है, मूल्य भी सापेक्ष्य होते हैं, लेकिन सापेक्षता का अर्थ केवल भिन्नता ही नहीं है—सापेक्षता हमेशा दो चीजों के बीच एक निश्चित संबंध का द्योतन करती है। कोई चीज किसी दूसरी चीज के मुकाबले में ही सापेक्ष्य होती है, इसलिए भिन्नता के साथ ही दोनों में बहुत कुछ सामान्य भी होता है। इस सामान्य के आधार पर ही चीजों का वर्गीकरण होता है। साहित्यालोचन की दृष्टि से इस विचार-सूत्र का उपयोग यह है कि मूल्यांकन करते समय आलोचक को रचना में निहित सभी वस्तुगत तथा रूपगत मूल्यों का विवेचन करके साहित्य के इतिहास में किसी कृति का स्थान निर्दिष्ट करना चाहिए-ऐसा करते समय उसके लिए यह देखना ज़रूरी है कि रचना में व्यक्त मूल्य किस कोटि के हैं-सामाजिक हैं या असामाजिक, स्वस्थ हैं या अस्वस्थ, मनुष्य के जीवन-बोध को अधिक व्यापक और गहरा बनाते हैं या एकांगी और उथला, सौन्दर्यचेतना और रुचि को अधिक परिष्कृत, सूक्ष्म और संस्कृत बनाते हैं या कुत्सित और असंस्कृत। इन वस्तुपरक कसौटियों पर ही साहित्य का सही मूल्यांकन सम्भव है।" (पूर्वोद्धृत, पृ.42-43)

'सामान्य' की उपेक्षा से ही नैतिक सापेक्षतावाद की व्याधि जन्म लेती है, जिसने इस समय दुनिया-भर में संस्कृति-विमर्श में गड़बड़ मचा रखी है। चीजों के द्वन्द्वात्मक संवाद और उसके ऐतिहासिक परिप्रेक्ष्य की उपेक्षा से ही एकांगिता के वे रूप उत्पन्न होते हैं, जिनके फूहड़पन के विरुद्ध संघर्ष करना मानव-संस्कृति के लिए आज और भी ज्यादा ज़रूरी हो गया है।

'आलोचना के मान' ऐसे संघर्ष के प्रतिमान प्रस्तुत करने वाला निबन्ध है—सैद्धांतिक और व्यावहारिक दोनों धरातलों पर।

## 5

1960 में चौहान जी ने आलोचना के सिद्धान्त पुस्तक प्रकाशित की। भारतीय और पाश्चात्य साहित्य-सिद्धान्तों का संक्षिप्त परिचय देनेवाली पुस्तक, लेकिन यह एक और परिचयात्मक पुस्तक मात्र नहीं थी, अपने अन्य आलोचनात्मक लेखन की तरह यहाँ भी चौहान जी ने आलोचना की इन दो प्रमुख परंपराओं की भिन्नता के बावजूद साझे सरोकारों, अन्तर्निहित सार्वभौम को उसके द्वन्द्वात्मक रूप में रेखांकित किया। 'पूर्व और पश्चिम कभी मिल नहीं सकते' —इस सांस्कृतिक (!) कथन का अपने विशिष्ट क्षेत्र साहित्य-सिद्धान्त में सुसंगत, मार्मिक प्रत्याख्यान रचनेवाला ग्रंथ है—आलोचना के सिद्धान्त। इस तरह के एसेंसियलाइजेशन का खंडन, तो यह ग्रंथ करता ही है, भारतीय काव्यशास्त्र के बारे में प्रचलित, सर्वमान्य 'कॉमनसेंस' से जिरह भी वह करता है। 'कॉमनसेंस' यह रहा है कि भारतीय काव्यशास्त्र में द्वन्द्व या संघर्ष को कोई महत्त्व नहीं दिया गया है, चौहान जी का कहना है—

"...जो कहते हैं कि भारतीय कला (नाट्य) में युद्ध या संघर्ष को प्रमुखता नहीं दी गई, वे भूल जाते हैं कि देवासुर कथा में युद्ध या संघर्ष केवल प्रेरक शक्ति ही नहीं है, बल्कि इस सृष्टि (कला-निर्मित) का एक अनिवार्य, 'प्राणभूत' तत्त्व भी है।...रस सिद्धान्त का आधार जीवन की द्वन्द्वात्मकता है।" (आलोचना के सिद्धान्त, दिल्ली, 2001, पृ. 41, ज़ोर हमारा)

समूचे भारतीय काव्यशास्त्र को रूपवादी कहकर उसकी निन्दा या स्तुति करने की सरलीकृत, लोकस्वीकृत विधि को ख़ारिज़ करते हुए, वे रस, ध्वनि और औचित्य के सिद्धान्तों को 'उपयोगितावादी' कहते हैं और अलंकार तथा रीति परक सिद्धान्तों को 'रीतिवादी'। उनकी अपनी सहानुभूति स्वाभाविक रूप से 'उपयोगितावाद' के साथ "भारतीय काव्यशास्त्र की दोनों विरोधी धाराओं को अलंकार और अलंकार्य के नाम से अभिहित न करके हम उन्हें उपयोगितावाद और रीतिवाद की धाराएँ ही कहेंगे। सम्भव है कि रस, ध्वनि और औचित्य के सिद्धान्तों को 'उपयोगितावादी' पुकारने में कुछ विद्वानों को आपत्ति हो। उपयोगितावाद में कुछ लौकिकता और भौतिकवाद की ध्वनि उनको मिलेगी, लेकिन रस, ध्वनि और औचित्य के प्रवर्तकों ने अपनी भाववादी (Idealist) दार्शनिक मान्यताओं के बावजूद साहित्य के सामाजिक-नैतिक और ज्ञानात्मक प्रयोजन को व्यक्ति-भावक की आनन्दस्वरूप रसानुभूति से कभी अलग करक नहीं देखी, बल्कि उन्होंने साहित्य के इन तीनों मूल्यों को समन्वित रूप में सामने रखा।" (पूर्वोद्धृत, पृ.37)

उपयोगिता और साहित्य के प्रति उपकरणवादी-उपभोक्तावादी दृष्टि के मूलभूत अन्तर को चौहान जी ने कभी दृष्टि से ओझल नहीं होने दिया। 'सामाजिक-नैतिक और ज्ञानात्मक प्रयोजन' और 'आनन्दस्वरूप रसानुभूति' के अन्तस्संबंध की उपेक्षा के विरुद्ध उन्होंने अनवरत संघर्ष किया। इस पुस्तक में उन्होंने अभिनवगुप्त का एक कथन उद्धृत किया— 'नहि एकया दृष्टया सम्यङ्ग्‌ निर्वर्णनं निर्वहति'। यह कथन एक तरह से चौहान जी के आलोचनात्मक संघर्ष की मूल प्रतिज्ञा भी है।

संयोग नहीं कि आलोचना के सिद्धान्त में उन्होंने तीन बरस पहले लिखे 'आलोचना के मान' को बार-बार याद किया है। वे कोई परीक्षोपयोगी सिद्धान्त परिचय मात्र तो लिख नहीं रहे थे। उनका प्रयत्न साहित्य के सामाजिक प्रयोजन को कुत्सित समाजशास्त्रीयता से और साहित्य के रूप-विश्लेषण को कुत्सित रीतिवाद से बचाने का था। भारतीय और पाश्चात्य सिद्धान्तों के इस संक्षिप्त, किन्तु सटीक परिचय के जरिए उन्होंने इस सच्चाई का प्रामाणिक साध्य प्रस्तुत किया कि देशकाल की भिन्न-भिन्न परिस्थितियों के बावजूद आलोचना के विश्वसनीय मान दोनों तरह की एकांगिताओं का प्रतिवाद करते हुए ही विकसित किए गए हैं।

भारतीय काव्यशास्त्र के इतिहास में वक्रोक्ति के महत्त्व को रेखांकित करते हुऐ चौहान जी ने लिखा, "...कुतंक के वक्रोक्ति सिद्धान्त के प्रति परवर्ती आचार्यों ने जो विरोध प्रदर्शित किया, वह क्षोभ का विषय है। दरअसल (ध्वनि संयुक्त) रस-सिद्धान्त में ही रूप-निर्माण की प्रक्रिया के रूप में वक्रोक्ति का समाहार करने की आवश्यकता थी।" (पूर्वोद्धृत, पृ.77)

अपने समय-सन्दर्भ में, कुछ ऐसा ही प्रयत्न चौहान जी ने 'आलोचना के मान' में किया था। स्वयं आलोचना के सिद्धान्त में उन्होंने साहित्य-सिद्धान्तों का परिचय तो दिया ही, 'मूल्यांकन की समस्या' पर एक स्वतंत्र अध्याय में अलग से विचार भी किया। उनका सिद्धान्तपक्ष स्पष्ट था "साहित्यालोचन की मुख्य समस्या 'आन्तरिक संगति का विश्लेषण' नहीं, बल्कि मूल्यांकन है।" केवल आन्तरिक संगति के विश्लेषण तक सीमित, 'ऑण्टोलोजिक एनेलेसिस पर आधारित नई आलोचना' को चौहान जी ने 'आधुनिक युग का रीतिवाद' कहा, और 'हमारे यहाँ की रीतिकालीन आलोचना' से उसकी समानता दिखाई। (पूर्वोद्धृत, पृ. 151-52)

हमारे यहाँ के और पश्चिम के रीतिवाद की आलोचना करते हुए चौहान जी साहित्य के उपयोगितावादी सिद्धान्त को उपकरणवादी दुराग्रह में पर्यवसित होने से बचाने का प्रयत्न भी कर रहे थे। उनके लिए साहित्यकार के सामाजिक दायित्व का आशय पार्टीलाइन या फ़ैशनेबल पालिटिक्स का अंधानुकरण करने तक सीमित नहीं था। इस दायित्व निर्वाह के प्रतिमान थे—नैतिक और सामाजिक मूल्य और स्वयं उन मूल्यों से जिरह करने का नैतिक साहस। अपने इस बोध को उन्होंने अभिनवगुप्त के अभिप्राय से इन शब्दों में जोड़ा—

"...'ज्ञान' के अभाव में कला अध:पतन की ओर ले जाती है। ज्ञान (अनुभवजन्य चेतना और विवेक) के बिना कला 'दोषालया' और ज्ञान से संयुक्त कला 'शुभा' होती है। इसलिए स्रष्टा को विवेकहीन नहीं होना चाहिए। विवेक का तात्पर्य है— 'अकर्तत्व की चेतना' यानी कलाकार की सामाजिक दायित्व की भावना-चेतना।" (पूर्वोद्धृत, पृ. 59)

चौहान जी अभिनवगुप्त के मूल सरोकार से बिलकुल सही संबंध जोड़ते हैं। अपने स्वयं के संघर्ष में इस बात को बार-बार रेखांकित करते हैं कि रचना में 'औचित्य' का निर्वाह केन्द्रीय महत्त्व की वस्तु है। औचित्य माने नैतिकपक्ष और रूप पक्ष का समन्वय, सार्वभौम मानवीय मूल्यों का अनुसंधान और उनका संवेदनात्मक विनियोग। औचित्य भंग को वे दोष मानते हैं, लेकिन सबसे ज्यादा महत्त्वपूर्ण उनका यह स्पष्ट आग्रह है कि औचित्य भंग तब होता है, जबकि रचना साझे मानवीय चैतन्य और मूल्य-बोध के विरुद्ध हो—तब नहीं, जबकि वह राजनीतिक विचारधारा विशेष के विरुद्ध हो।

## 6

यही नहीं, नैतिक मूल्यों की सारी चिन्ता के बावजूद साहित्य को केवल नैतिकता का प्रचारक मानने से भी उन्हें गहरी आपत्ति थी। हम देख चुके हैं कि वे नैतिक मूल्यों का अनुसंधान और आकलन करने को साहित्य का धर्म मानते थे और आलोचना को 'एक दार्शनिक क्रिया'। पाश्चात्य आलोचना में आधुनिक युग के सूत्रपात का परिचय देते हुए उन्होंने लिखा, "...सिडनी ने अरस्तु के अभिप्राय को संकीर्ण बना दिया। कवि उसकी दृष्टि में केवल नैतिकता का प्रचारक मात्र होता है।" (पूर्वोद्धृत, पृ. 97)

भारतीय साहित्य-सिद्धान्त में चौहान जी का बल आनन्दवर्धन, अभिनवगुप्त, शंकुक और राजशेखर पर था। उन्होंने इस विडंबना को भी नोट किया था कि भरतमुनि के सूत्रों में निहित 'कला निर्मितिशास्त्र' धीरे-धीरे प्रभाववादी विश्लेषण में बदलकर वस्तुपरक मूल्यांकन से अलग हो गया। इस क्रम में उनकी दो बातें बड़ी महत्त्वपूर्ण हैं। एक, सेंटीमेंट, इमोशन या फीलिंग से रस का समीकरण करने का विरोध और यह मानना कि रस-सिद्धान्त का 'काल निरपेक्ष सौन्दर्य नियम' रस को "कला निर्मिति (क्रिएटिव प्रासेस) और उसके आस्वादन (एस्थेटिक एक्सपीरिएंस) का एक संश्लिष्ट कंसेप्ट मानने में है।" (पूर्वोद्धृत, पृ. 52)

इसी जगह उन्होंने आचार्य शुक्ल द्वारा की गई साधारणीकरण की व्याख्या पर अपनी आपत्ति भी फिर एक बार दर्ज की। उनके विचार से, "साधारणीकरण रसोद्‍बोधन की प्रक्रिया का अंगभूत होने के साथ ही प्रेषण (कम्युनिकेशन) की प्रक्रिया का भी अंगभूत व्यापार ही है। उसे स्वतंत्र सिद्धान्त की संज्ञा देना ग़लत है।" (पूर्वोद्धृत, 52, फुटनोट)

पाश्चात्य आलोचना सिद्धान्तों के प्रसंग में चौहान जी का सर्वाधिक बल बेलिंस्की और तॉल्स्तॉय पर है। तॉल्स्तॉय महान् कथाकार तो थे ही, लेकिन चौहान जी ने आग्रहपूर्वक नोट किया कि, ''सौन्दर्य सिद्धान्तों में भयंकर असंगतियों के बावजूद, यह निश्चित रूप से कहा जा सकता है कि अरस्तू के बाद कला और साहित्य संबंधी मूलभूत प्रश्नों पर किसी और विचारक ने इतनी समग्र दृष्टि से विचार नहीं किया था, जितना तॉल्स्तॉय ने।'' (पूर्वोद्धृत, पृ. 123)

बेलिंस्की यथार्थवादी आलोचना-दृष्टि के जन्मदाता थे। चौहान जी के पहले हिन्दी के साहित्य चिन्तन में उन पर कितना ध्यान दिया गया—इस पर कुछ कहना मुश्किल है, लेकिन बेलिंस्की के प्रति चौहान जी का लगाव समझ में आता है, क्योंकि दोनों के सरोकार और आलोचना के स्वभाव के बारे में दोनों की धारणाएँ काफ़ी मिलती-जुलती हैं। स्वाभाविक रूप से, चौहान जी ने बेलिंस्की की ऐसी धारणाओं को रेखांकित किया, जो उनके तथा बेलिंस्की के इस विचार को स्पष्ट करती हैं कि, ''आलोचना गतिशील सौन्दर्यशास्त्र है।''

एंगेल्स ने बाल्ज़ाक के संबंध में 'यथार्थवाद की विजय' की बात कहीं थी। कारण यह कि 'लेखक की दार्शनिक या सामाजिक मान्यताओं से आवश्यक नहीं कि उसकी कृति में प्रतिबिंबित सत्य हमेशा मेल ही खाए।' चौहान जी ने याद दिलाया कि, ''दरअसल उस सिद्धान्त का सबसे पहले बेलिंस्की ने ही प्रतिपादन किया था।'' (पूर्वोद्धृत, पृ.113)

आलोचना को मूलतः दार्शनिक क्रिया मानने की अपनी बात को चौहान जी इस पुस्तक में भारतीय और पाश्चात्य साहित्य सिद्धान्त परंपरा के हवालों से पुष्ट करते हैं। वे दिखाते हैं कि महत्त्वपूर्ण साहित्य मीमांसक कोरे पाठ विश्लेषण तक सीमित रहने की बजाय 'वेल्टशान्तुंग' विश्वदृष्टि-विशेष के आधार पर सिद्धान्त-कथन और मूल्यांकन करते आए हैं। विश्वदृष्टि के साहित्य-विवेक (या अविवेक!) में रूपान्तरण की यात्रा नैतिक मूल्यों के अनुसंधान; जीवनानुभव और ज्ञान के परस्पर मुखामुखम से ही सम्भव होती है-यह उन्होंने आनन्दवर्धन और अभिनवगुप्त के प्रसंग में बलपूर्वक रेखांकित किया। बेलिंस्की के विचारों का परिचय देते हुए उन्होंने उद्धृत किया, ''दार्शनिक तर्क और अनुमान की भाषा बोलता है और कवि बिम्बों और चित्रों की भाषा बोलता है, लेकिन दोनों कहते एक ही बात हैं।'' इस कथन का भाष्य चौहान जी ने इस प्रकार किया—

''तात्पर्य यह कि दार्शनिक और वैज्ञानिक तर्क और आँकड़ों से किसी वस्तु के बारे में अपने निष्कर्षों को 'सिद्ध' करता है, जबकि कवि (या कलाकार) जीवन के मूर्त और प्राणवान रूपांकन के द्वारा उसी बात को एक चित्र के रूप में 'प्रदर्शित' कर देता है, जिससे पाठक या दर्शक की कल्पना उद्दीप्त और उद्बुध होकर उस वस्तु का रागात्मक अनुभव करती है। विज्ञान 'सिद्ध' करता है, कला 'प्रदर्शित' करती है, और दोनों ही हमारी जिज्ञासा को सन्तुष्ट करते हैं और हमें परितोष प्रदान करते हैं, लेकिन जहाँ विज्ञान के तर्क को कुछ ही लोग समझ सकते हैं, वहाँ कविता या कला की चित्रमयी, मूर्त भाषा को सभी समझ सकते हैं। मानव-चेतना के विकास में दोनों का समान योग रहता है, इसलिए मनुष्य को विज्ञान और कला दोनों की परम आवश्यकता है। कला न तो विज्ञान का स्थान ले सकती है और न विज्ञान कला का ही।'' (पूर्वोद्धृत, पृ. 114-15)

दूसरे शब्दों में, ''नहि एकया दृष्ट्या सम्यङ्ग निर्वर्णनं निर्वहति।''

## 7

चौहान जी के चिन्तन का एक और महत्त्वपूर्ण पहलू है—हिन्दी साहित्य के इतिहास पर विचार। साहित्य के इतिहास की समस्याएँ प्रगतिवादी साहित्य—चिन्तन की केन्द्रीय समस्याएँ होती ही हैं। चौहान जी का चिन्तन 'साहित्य की मूल्य निरूपिणी इयत्ता' का अनिवार्य संबंध 'इतिहास के परिप्रेक्ष्य' से मानता है। पाँचवें-छठे दशक के उस समय में इतिहास-बोध और साहित्येतिहास की परस्पर सम्बद्ध समस्याएँ सभी प्रगतिवादी आलोचकों को विचारोत्तेजना दे रही थीं। साहित्य के ऐतिहासिक परिप्रेक्ष्य के रेखांकन में सभी प्रगतिवादी, अन्य मतभेदों के बावजूद एकमत थे।

चौहान जी ने स्वयं तो इतिहास पर विचार किया ही, अपने सम्पादन में आलोचना के दो विशेषांकों का नियोजन भी इतिहास पर विचार करने के लिए किया। उनकी दृष्टि से 'नए भारत में साहित्य के मान-मूल्यों का प्रश्न' अनिवार्यतः 'साहित्य के इतिहास की समस्या' से जुड़ा हुआ था। साहित्येतिहास के तत्कालीन विरोधियों पर जो टिप्पणी उन्होंने की, यह हमारे समय के इतिहास-विरोध का कुछ 'परिचय' भी देती है—

"जो प्रगति के आकांक्षी हैं, वे इस अध्ययन द्वारा सत्य का अन्वेषण करते हैं, अर्थात् इतिहास का वैज्ञानिक अध्ययन करते हुए, वे उसके विकास-नियमों और विकास-धाराओं का उद्घाटन करके एक सजीव, गत्यात्मक समाज-सिद्धान्त की उद्भावना करते हैं और जो प्रगति-विरोधी हैं, वे इतिहास को असम्बद्ध, कारणहीन, स्वयंभू घटनाओं का पुंज सिद्ध करके उसकी भावी प्रगति की दिशा पर परदा डालते हैं।" (साहित्य की समस्याएँ, दिल्ली, 1959, पृ.15)

इतिहास दर्शन की जटिल समस्याओं पर गहन विचार तो हिन्दी के प्रगतिवादी विचारकों ने उस समय नहीं किया, लेकिन इतिहास की अवधारणा मात्र को ही ख़ारिज़ करने वाले 'सापेक्षतामूलक' दृष्टिकोण के विरुद्ध प्रगतिवादी विचारकों-आलोचकों के संघर्ष का महत्त्व इससे कम नहीं होता। परंपरा के मूल्यांकन संबंधी बहुत-सी विचारोत्तेजक और विवादास्पद प्रगतिवादी स्थापनाओं का मूल-स्रोत इतिहास के परिप्रेक्ष्य का यह संघर्ष ही है।

सम्पादक के रूप में इतिहास विशेषांक नियोजित करने के साथ ही आलोचक चौहान जी ने हिन्दी साहित्य का इतिहास भी लिखा। 1953 में छपी उनकी पुस्तक हिन्दी साहित्य के अस्सी वर्ष भारतेन्दु ने 1873 को हिन्दी के नई चाल में ढलने के वर्ष के रूप में याद किया था। 1873 से 1953 'हिन्दी साहित्य के अस्सी वर्ष।' अस्सी वर्ष की इस धारणा के पीछे चौहान जी का भाषा संबंधी विचारक्रम था। राष्ट्रभाषा और जनपदीय भाषाओं का प्रश्न प्रगतिशील लेखक संघ के लिए शुरू से ही विचार का विषय था। इस विचार में एक तरह की तीव्रता उन दिनों चल रहे हैं जनपद-आंदोलन के कारण भी आई। सार रूप में, प्रश्न दो थे। हिन्दू-उर्दू के परस्पर संबंध का प्रश्न और परिनिष्ठित खड़ी बोली हिन्दी के साथ 'मातृभाषाओं-बोलियों' के संबंध का प्रश्न। इन दोनों पर विचार करते हुए चौहान जी ने प्रलेस (संयुक्त प्रान्त) की कौंसिल के सामने एक विस्तृत रिपोर्ट पेश की, जो प्रगतिवाद (1946, मुरादाबाद) में 'जनपदीय भाषाओं का प्रश्न' शीर्षक में संकलित है। इस रिपोर्ट पर विचार-विमर्श के बाद स्वीकार किए गए प्रस्ताव में मातृभाषाओं-बोलियों के आधार पर जनपद निर्माण के आंदोलन का समर्थन किया गया। प्रस्ताव किया था चौहान जी ने, और अनुमोदन रामविलास जी ने। उक्त रिपोर्ट में जनपद आदोलन का समर्थन जातियों के आत्मनिर्णय के अधिकार, सांस्कृतिक स्वाधीनता और प्रगतिवाद

के सिद्धान्त के आधार पर किया गया। (प्रगतिवाद पृ. 260) व्यावहारिक धरातल पर इसका आशय था—तथाकथित बोलियों और उनके साहित्य के स्वायत्त अस्तित्व की स्वीकृति।

हिन्दी-उर्दू के प्रसंग में, चौहान जी की स्पष्ट मान्यता थी, "हिन्दी और उर्दू दो भिन्न भाषाएँ हैं, इस तथ्य को स्वीकार करना हमारे लिए आवश्यक है, क्योंकि वास्तव में, चाहे प्रिय हो अथवा अप्रिय, सत्य यही है। हिन्दी वाले जब उर्दू को हिन्दी की शैली बताते हैं अथवा उर्दूवाले जब हिन्दी की उर्दू की शैली बताते हैं, तब वे हिन्दी अथवा उर्दू के ऐतिहासिक विकास की अवहेलना करते हैं।" (प्रगतिवाद, पृ. 313)

इन दोनों प्रश्नों पर हिन्दी के अधिकांश प्रगतिवादी लेखकों की राय आगे चलकर बदल गई। उर्दू के प्रसंग में तो इस हद तक कि उ.प्र., बिहार में उर्दू को 'दूसरी सरकारी भाषा' का दर्जा देने का कुछ प्रगतिशील हिन्दी लेखकों ने खुलकर विरोध किया। मज़े की बात यह कि हिन्दी उर्दू की या उर्दू हिन्दी की शैली भर है—कहने की परिपाटी निभाते हुए भी दोनों भाषाओं को स्वतंत्र (यद्यपि परस्पर सम्बद्ध) अस्तित्व व्यवहार में स्वीकार ही नहीं, दृढ़तर भी किया जाता रहा। उर्दू के स्वतंत्र अस्तित्व और उर्दूभाषियों के लोकतांत्रिक सांस्कृतिक अधिकारों के बारे में चौहान जी के दृष्टिकोण में जनवादी सुसंगति अन्त तक बनी रही।

खड़ी बोली हिन्दी आधारित परिनिष्ठित हिन्दी के साथ 'बोलियों' का क्या संबंध है ? यह सवाल हिन्दी-उर्दू के सवाल से बहुत ज्यादा टेढ़ा सवाल है। कोई एक बोली, बोलियों के किसी समूह में सामान्य-परिनिष्ठित मानक के रूप में कैसे स्वीकृत हो जाती है ? स्वीकृति की यह प्रक्रिया केवल लोगों के चुनाव का परिणाम है या ऐतिहासिक प्रक्रियाओं का भी ? हिन्दी साहित्य के इतिहास में उर्दू का स्थान होना चाहिए या नहीं ? खड़ी बोली से इतर बोलियों के साहित्य के प्रति हिन्दी साहित्य का इतिहास क्या रवैया अपनाए ? ये तथा ऐसे अन्य सवालों पर विचार, भाषा के ही नहीं, समाज के भी इतिहास और भविष्य का परिप्रेक्ष्य सामने रखते हुए करना ज़रूरी था। चौहान जी ने ऐसा नहीं किया, इसीलिए 'हिन्दी साहित्य' की उनकी अवधारणा में भाषिक और साहित्यिक विकास की सामाजिक गतिकी के प्रश्न उपेक्षित रह गए, और 1953 में हिन्दी साहित्य का इतिहास उन्हें अस्सी वर्षों का ही प्रतीत हुआ।

उपर्युक्त प्रश्नों पर व्यवस्थित विचार किया रामविलास जी ने कालजयी ग्रंथ भाषा और समाज में और उसके बाद भी। 'हिन्दी जाति' संबंधी उनकी अवधारणा से चौहान जी ने कोई व्यवस्थित विवाद या संवाद नहीं किया। ऐसा संवाद होता, तो जनपद आंदोलन से हिन्दी जाति तक की आवधारणाओं के बारे में हिन्दी का प्रगतिशील चिन्तन समृद्धतर होता। बहरहाल।

हिन्दी साहित्य के अस्सी वर्ष में अन्तर्निहित हिन्दी अवधारणा की सीमाओं के बावजूद उन्नीसवीं सदी के साहित्य और साहित्यकारों के प्रसंग में चौहान जी की अन्तर्दृष्टियाँ बहुत सटीक थीं। उतने ही सटीक थे प्रश्न, जो उन्होंने हिन्दी साहित्येतिहास लेखन की प्रचलित पद्धति के सामने प्रस्तुत किए। इस प्रसंग में महत्त्वपूर्ण 'प्रतिभा की स्वल्पता के साथ विचार-पूँजी की भी स्वल्पता' जैसी तल्ख टिप्पणियाँ नहीं, बल्कि उन समस्याओं का रेखांकन है, जो भारतेन्दु युगीन लेखन में मौजूद थीं और नायक पूजा तथा महिमामंडन के उत्साह में जिनकी उपेक्षा की जाती रही है—या सारी समस्या को नायक-खलनायक का झगड़ा मानकर निबटाया जाता रहा है।

चौहान जी पुस्तक के आरम्भ में ही कहते हैं कि, "आधुनिक काल से पहले तक तो हम हिन्दी भाषा-समूह का इतिहास लिखते हैं, लेकिन आधुनिक काल आते ही हम संघभाषा हिन्दी (खड़ी बोली या संस्कृतनिष्ठ साहित्यिक रूप) का इतिहास लिखने लगते हैं। पहले हमारी

भावुकता हिन्दी की परंपरा को दीर्घतम और विशालतर दिखावे में व्यक्त होती है और हिन्दी भाषा समूह की किसी भाषा या बोली की एक भी रचना को इस इतिहास-परंपरा से विलग करना बर्दाश्त नहीं करती, किन्तु फिर खड़ी बोली के संस्कृत-निष्ठ रूप में ही (खड़ी बोली का फ़ारसीनिष्ठ साहित्यिक 'उर्दू' रूप भी इसमें सम्मिलित नहीं किया जाता) सीमित हो जाती हैं।'' (हिन्दी साहित्य के अस्सी वर्ष, दिल्ली, 1961, पृ. 7)

समस्या वस्तुतः हिन्दी क्षेत्र और भाषा के लोकवृत्त-पब्लिक स्फ़ीयर-के गठन की ऐतिहासिक विशेषताओं, विडंबनाओं को समझने की है। 'भारतेन्दु' और 'सितारे-हिन्द' के बीच नायक-खलनायक की छवियों की अदला-बदली की नहीं, जैसा कि कुछ लोग समझते हैं। वैसे, यह भी हिन्दी जगत के कृतज्ञता-बोध और 'इतिहास-बोध' के सर्वथा अनुरूप ही है कि उन्नीसवीं सदी की रस्साकशी से जूझने के दावेदार चौहान जी का नाम तक नहीं लेते।

हिन्दी साहित्य को 1873 से आरम्भ मानने की समस्याएँ अपनी जगह, लेकिन हिन्दी साहित्य का आरम्भ सातवीं या ग्यारहवीं सदी से मानने की अपनी समस्याएँ हैं। इन समस्याओं से जूझने के लिए भी चौहान जी के विचारसूत्र महत्त्वपूर्ण हैं, उन्हें चाहे आप प्रस्थान के रूप में लें, चाहे विचारोत्तेजक प्रतिपक्ष के रूप में।

## 8

आलोचना के सिद्धान्त के नवसंस्करण (2001) की भूमिका में श्री विष्णुचन्द्र शर्मा ने चौहान जी के बारे में लिखा है, ''यात्रा और दुस्साहस 'पॉयनियर' के गुण माने गए है। एक पॉयनियर की तरह वह बुनियादी चिन्तन का व्यापक आधार खोजते हैं।'' (पृ. 18)

चौहान जी की दुस्साहसपूर्ण यात्रा के पड़ावों का कुछ परिचय हमने इस अध्याय में पाया। अन्त में, ऐसे पड़ाव का उल्लेख समीचीन होगा कि आस्थाधारी प्रगतिवादियों, मार्क्सवादियों के हिसाब से दुस्साहसों का भी दुस्साहस कहा जाएगा।

'एक ही दृष्टि से सम्यक् वर्णन सम्भव नहीं' —इस मूल विचारसूत्र के आधार पर एकांगिता के हर रूप से टकराने का साहस रखनेवाले चौहान जी के लिए यह स्वाभाविक ही था कि वे मार्क्सवाद और भौतिकवाद मात्र की भी एकांगिता से जिरह करने का 'दुस्साहस' करें। उनके विचार विकास की यह स्वाभाविक परिणति थी कि वे मार्क्सवाद को 'आस्था' की बजाय पद्धति के रूप में देखें; स्वयं उस पद्धति की सीमाओं-समस्याओं का नोटिस भी लें। उन्होंने ऐसा किया और इतने दो टूक ढंग से किया कि उनका यह लेख. 'पंत काव्य का मूल्यांकन' स्वयं डॉ. विश्वंभर नाथ उपाध्याय के लिए अस्वीकार्य हो गया, जिनकी पुस्तक की भूमिका के रूप में इसे प्रकाशित होना था। इसे चौहान जी ने आलोचना के मान में संकलित किया।

पंत पर 'कुत्सित समाजशास्त्रियों' द्वारा किए गए प्रहारों के प्रसंग में चौहान जी ने अपने स्वभाव के अनुसार मूलभूत प्रश्न उठाया, ''क्या मार्क्सवाद को वैज्ञानिक या वस्तुवादी सिद्धान्त मानते ही अन्य सभी सिद्धान्तों को अबुद्धिवादी, अवैज्ञानिक तथा अन्ततः प्रतिक्रियावादी घोषित कर देना अनिवार्य हो जाता है ? क्या मार्क्सवादी दृष्टिकोण मन पर ऐसे असहिष्णु तथा एकाधिकारी प्रभाव डालता है कि मानव-चेतना की अब तक की सभी महान् सांस्कृतिक तथा कलात्मक उपलब्धियाँ एक क्षण में ही तुच्छ, नगण्य और वर्ग-स्वार्थ प्रेरित नजर आने लगती हैं ? क्या मन में यह संस्कार जड़ पकड़ लेता है कि जो 'हमसे' (तत्कालीन मार्क्सवादी

प्रवक्ताओं से) अक्षरशः सहमत नहीं हैं, वे व्यक्ति या विचारधाराएँ लाजमी तौर पर प्रतिक्रियावादी और जनविरोधी हैं ? क्या अध्यात्मवाद और भौतिकवाद की दार्शनिक विचारधाराओं के ऐतिहासिक संघर्ष का अंतिम फ़ैसला हो गया है, अर्थात् क्या जीवन जगत् संबंधी जिज्ञासा का अंतिम और निरपेक्ष सत्य मनुष्य ने पा लिया है कि हम आध्यात्मिक दर्शनों को बर्बर (अबुद्धिवादी और अवैज्ञानिक युग की निशानी के रूप में उठाकर म्यूज़ियम के तहखानों में बंदकर दें और कोई आज भी उनमें थोड़ी-सी आस्था प्रकट करे, तो उसे समाज-द्रोही घोषित करके समाज के रचनात्मक जीवन से बहिष्कृत कर दें ?'' (आलोचना के मान, दिल्ली, 1958, पृ. 120)

ये वेदनापूर्ण प्रश्न जितने प्रासंगिक तब थे, उससे कहीं अधिक आज हैं। 'जनता की आध्यात्मिक आवश्यकताओं' और उसके 'आध्यात्मिक शोषण' की चिन्ता चौहान जी 1939 में ही प्रकट कर चुके थे। इस निबन्ध में वे मार्क्सवादियों से अपेक्षा करते हैं कि आध्यात्मिक-दर्शन पर पंतजी के बल की रूपरेखा से वे पूरी तरह सहमत भले न हों, लेकिन विचारक्षेत्र में उनके साहसिक कार्य के प्रति कृतज्ञ अवश्य हों।

ऐसी ही कृतज्ञता के हक़दार चौहान जी भी हैं।

जिन समस्याओं की ओर उपर्युक्त उद्धरण संकेत करता है, वे केवल मार्क्सवाद की ही नहीं, परिवर्तन के लिए उत्सुक और कटिबद्ध हर जीवन दृष्टि की समस्याएँ हो सकती हैं। मूलतः ये समस्याएँ बुद्धिविवेक और नैतिकता पर एकाधिकार की कल्पना से परिचालित मानस की समस्याएँ हैं। इन समस्याओं को मार्क्सवाद के प्रसंग में केवल व्याख्या की समस्याएँ कहकर नहीं निबटाया जा सकता। चौहान जी का साहस या दुस्साहस! इस बात में था कि उन्होंने इस प्रसंग में स्वयं मार्क्सवाद-भौतिकवाद की एकांगिता पर उंगली रखी। यह याद दिलाते हुए कि अन्ततः मार्क्सवाद धार्मिक आस्था नहीं, प्रणाली है और सत्यान्वेषण की वैज्ञानिक प्रक्रिया मार्क्स के साथ ही समाप्त नहीं हो गई। भौतिकवाद और अध्यात्मवाद दोनों की एकांगिता को चौहान जी ने विज्ञान की नई शोधों के आधार पर रेखांकित किया और ऐसी एकांगिता के व्यावहारिक परिणामों को मनुष्य के जीवन के प्रसंग में—

''...भौतिकवाद (मार्क्सवाद) जो भूत (मैटर) की सत्ता को प्रमुख मानता है और अध्यात्मवाद जो मन या चेतन की सत्ता को प्रमुख मानता है—ये दोनों ही एकांगी हैं। स्वयं द्वन्द्वात्मकता (डायलेक्टिक्स) का सिद्धान्त, विरोधी तत्त्वों की अन्विति (यूनिटी ऑफ़ अपोजिट्स) को विकास का मूल आधार मानता है। इसलिए जड़ और चेतन में से किसी एक को प्रधान और दूसरे को उसका गुणात्मक या रूपात्मक स्फुरण या विकास मानना सर्वथा एकांगी है। हमें दोनों की सत्ता को स्वीकार करना पड़ेगा। कम-से-कम विज्ञान की नई शोधों से तो यही प्रमाणित होता जा रहा है। 'पानी और भाप' वाला उदाहरण अब काम नहीं करेगा। जड़ से चेतन और चेतन से जड़ की उत्पत्ति की कल्पनाएँ आज वैज्ञानिक नहीं रही। हर अणु-परमाणु के भीतर चेतना भी बीज रूप में विद्यमान है। व्यवहारतः केवल भौतिकवाद को मानने से मनुष्य के आध्यात्मिक विकास-वैयक्तिक विचार स्वतंत्रता की एक-न-एक सीमा तक उपेक्षा हो जाती है, यानी समष्टि की वेदी पर व्यष्टि के हितों को बलिदान करना अनिवार्य हो जाता है, इससे कौन इंकार कर सकता है ? इसी तरह केवल अध्यात्मवाद को ही अपनाने से मनुष्य के सामाजिक विकास-वर्ग शोषण से मुक्ति की एक-न-एक सीमा तक उपेक्षा हो जाती है—यानी व्यष्टि की वेदी पर समष्टि के हितों का बलिदान करना अनिवार्य हो जाता है। दोनों ही

अवस्थाओं में अन्याय को प्रोत्साहन मिलता है और असन्तोष पैदा होता है। मनुष्य आज जिस शोषणमुक्त, न्याय और समानता के सिद्धान्तों पर आधारित जनतांत्रिक समाजवादी व्यवस्था की आकांक्षा करने लगा है, उसमें वह भौतिक और आध्यात्मिक दोनों क्षेत्रों में समान रूप से विकास करना चाहता है। इसके लिए ज़रूरी है कि मानवीय जीवन का नियमन करने वाला सिद्धान्त इतना व्यापक हो कि उसमें मनुष्य की भौतिक और आध्यात्मिक आवश्यकताओं में से किसी की उपेक्षा न हो। एक विचारक के रूप में पंत जी की महानता यह है कि वे मानव-जीवन की इस संयुक्त आवश्यकता को देख सके हैं।'' (पूर्वोद्धृत, पृ. 122-23)

सातवें दशक में विश्व-मार्क्सवाद के वैचारिक इतिहास की महत्त्वपूर्ण घटना घटी। रोमन कैथॉलिक ईसाइयत और मार्क्सवाद के बीच संवाद के फलस्वरूप धर्म और अध्यात्म के प्रश्नों पर बहुत से मार्क्सवादियों का रवैया बदला। ईसाइयत के भीतर 'लिबरेशन थ्यॉलोजी' विकसित हुई, लेकिन चौहान जी यह विवेकपूर्ण तर्क दे रहे थे— 'लिबरेशन थ्यॉलोजी' के विकसित होने से पूरे पंद्रह बरस पहले। स्वतंत्र विचार का साहस या दुस्साहस करते हुए!

चौहान जी का उपर्युक्त विवेक और साहस दो कारणों से अत्यधिक महत्त्वपूर्ण है। अध्यात्म के महत्त्व को उन्होंने संवेदना की कीमत पर नहीं, उसके साथ ही रेखांकित किया। नागरिकता और भारतीयता की सेकुलर ('धर्म-जाति निरेपक्ष') अवधारणा में उनकी आस्था अन्त तक अडिग रही। धर्माधारित अस्मितावाद और उसकी फ़ासीवादी परिणति का उन्होंने अन्त तक विरोध किया। अध्यात्म उनके लिए गुहावास का बहाना नहीं था और न ही भौतिकवाद को उन्होंने मनुष्य की अध्यात्म-सता को रद्द करने का उपकरण बनाया। इसीलिए एकांगिता के मूलभूत विरोध पर आधारित, उनकी समाज-चिन्ता भी उतनी ही प्रामाणिक है, जितना कि अध्यात्म के प्रति संवेदनशीलता का उनका आग्रह। उनके विवेक के महत्त्व के दूसरे कारण का संबंध हमारे समय से है। यह समय तो मार्क युरगेंसमेयर के शब्दों में परमात्मा के मानस में आतंक उत्पन्न कर देनेवाले 'आध्यात्मिक शून्य' का समय है जो कि धर्म के सर्वाधिक संकीर्ण रूपों की वापसी का समय है और जो धर्म को आधार बनानेवाली मानवद्रोही राजनीति के भीषण रूपों के अभिनन्दन में गीत गाते बौद्धिकों का समय है और जो धर्म और अध्यात्म के बीच फ़र्क़ करने, अध्यात्म पर संगठित धर्म के एकाधिकार को चुनौती देने, अध्यात्म की वैकल्पिक अवधारणा प्रस्तावित करने की ज़रूरत का समय है।

[भारतीय साहित्य के निर्माता सीरिज़ के लिए पुरुषोत्तम अग्रवाल का शिवदान सिंह चौहान पर लिखा मोनोग्राफ़ (2007), साहित्य अकादमी]

# 'भगति नारदी मगन सरीरा'

1. 'परगट कियो कबीर ने' : सिद्धान्त बनाम संवेदना
2. 'भगति नारदी हिरदै न समाई' : काव्योक्त और शास्त्रोक्त भक्ति
3. 'जेति औरति मरदां कहिए' : वर्णाश्रम बनाम मानवाधिकार

## 1. 'परगट कियो कबीर ने' : सिद्धान्त बनाम संवेदना

'भक्ति' शब्द मूलतः अनुराग और भागीदारी का आशय लेकर ही आया था। इस मूल आशय में समर्पण सत्ता के भय से उत्पन्न नहीं, प्रेम और अनुराग का ही समर्पण है। भक्त पराजित सैनिक की तरह समर्पण करने वाले को नहीं, बराबरी के प्रेम में समर्पण करने वाले को कहा जाता था। यह बात यास्क के निरुक्त और पाणिनि के सूत्रों से स्पष्ट हो जाती है। पाणिनि कोई भाषा गढ़ नहीं रहे थे, वे दैनंदिन व्यवहार (एवरीडे प्रैक्टिस) की भाषा का वर्णन कर रहे थे। वासुदेवशरण अग्रवाल के शब्द याद करें तो, पाणिनि के लिए 'लोक ही प्रमाण है।'[1] पाणिनि का लक्ष्य भक्ति का लक्षण-निरूपण (परिभाषा देना) नहीं, बल्कि भक्ति शब्द के लोक-प्रचलित प्रयोगों को नोट करना था।

पाणिनि 'भक्ति' शब्द का उल्लेख संबंधभावना व्यक्त करने वाले शब्दों के प्रचलन और उनके विविध प्रयोगों के नियमों का परिचय देने के क्रम में करते हैं। 'सोस्यः निवासः' (4.3.89), 'अभिजनश्च' (4.3.90), 'आयुधजीविश्यिछः पर्वते' (4.3.91) आदि सूत्रों में स्थानादि के प्रति संबंध बतानेवाले शब्दों के क्रम में ही भक्ति-संबंधी सूत्र आते हैं। 'भक्ति' संबंध में अनुराग प्रमुख है, इसलिए यह संबंध की प्रगाढ़ता सूचित करने वाला शब्द है। पाणिनि के समय (480-410 ई.पू.) तक देवता या राजा के प्रति ही नहीं, पूड़ी और पुए के प्रति अनुराग (सूत्र 96) भी 'भक्ति' ही कहलाता था। इसी के साथ भक्ति का विशिष्ट अर्थ भी विकसित हो रहा था, लेकिन अनुराग और साहचर्य पर प्रधान बल के साथ ही। वासुदेवशरण अग्रवाल बताते हैं:

> *'देवता द्वन्द्वे च' सूत्र से ज्ञात होता है कि ऐसे कुछ देवताओं के जोड़े या साहचर्य का विश्वास वैदिक देवताओं के विषय में भी था जैसे इन्द्रासोमौ, इन्द्राबृहस्पती आदि। साथ ही कुछ देवता ऐसे थे, जिनका साहचर्य लोक में प्रसिद्ध था, जैसे ब्रह्म-प्रजापती, शिव-वैश्रवणौ इत्यादि। दधि पय आदिगण (2.4.14) में इन दोनों जोड़ों का एवं स्कन्द विशाखौ का उल्लेख है। नर-नारायण की भाँति संकर्षण और वासुदेव नए भक्तिधर्म का मुख्य सूत्र बन गया... भारत के धार्मिक इतिहास में यह परिवर्तन बहुत महत्त्वपूर्ण था। इसकी गूँज पाणिनि के 'वासुदेवार्जुनाभ्याम् वुन्' (4.3.98) सूत्र में सुनाई देती है। भागवत धर्म के इतिहास में पाणिनीय सूत्र की प्रमाण साक्षी अमूल्य है।*[2]

सचमुच यह 'प्रमाण साक्षी' अमूल्य है। भक्ति के ऐतिहासिक विकास के बारे में बताने के लिए ही नहीं, बल्कि आरम्भिक भक्ति-भावना का स्वभाव बताने के कारण भी। भक्ति अज्ञात

के भय को अज्ञात, अनन्त के प्रति अनुराग में बदल देती है। 'वासुदेव' शब्द इस समय तक व्यक्ति-विशेष का वाचक हो चला था, लेकिन महत्त्वपूर्ण यह है कि यहाँ वासुदेव और अर्जुन का, बराबरी का साहचर्य भाव रेखांकित हो रहा है, समर्पण भी मित्रों का परस्पर समर्पण ही है, स्वामी के प्रति सेवक का समर्पण नहीं। 'वासुदेवक' और 'अर्जुनक' जैसे शब्दों से मालूम पड़ता है कि वासुदेव के साथ-साथ अर्जुन से विशेष लगाव महसूस करने वाले, उनके अपने भक्त भी हुआ करते थे। आगे चलकर अर्जुन सखाभक्त के रूप में विख्यात होते हैं, बल्कि सख्य-भक्ति के आद्यबिम्ब ही बन जाते हैं।

सूत्र 99 और 100 से मालूम पड़ता है कि भक्ति गोत्र के प्रति भी सम्भव है, और 'क्षत्रिय' के प्रति भी। संकेत जनपदों और राजाओं के प्रति अनुराग और श्रद्धा की तरफ़ है। भक्ति का मूल अर्थ यही था—अनुरागजनित भागीदारी, संबंध-भावना। सेंस ऑफ़ बिलांगिंग। पाणिनि के पहले निरुक्तकार यास्क भी भक्ति को, 'दैवतकांड' में इसी तरह समझाते हैं : "तिस्र एव देवतां इत्युक्तं पुरस्तात। तासां भक्तिसाहचर्यम् व्याख्यास्याम:"। (7.8) निरुक्त के अंग्रेजी अनुवाद[3] में लक्ष्मण सरूप ने 'साहचर्यम्' का अनुवाद, 'शेयर एंड कंपेनियनंस' ही किया है। यास्क अग्नि, इन्द्र और आदित्य—इन तीन देवताओं के अंशों और सहचारियों की सूचना देते हैं। ये सहचारी 'उपासक' नहीं, साथी हैं। इन्द्र, सोम, वरुण, पर्जन्य आदि अग्नि के 'भक्त' हैं, याने उनकी भी स्तुति अग्नि के साथ है, वे अग्नि के ऐश्वर्य में भागीदार हैं—"अथास्य संस्तविका देवा:"।

अभी भक्ति 'समर्पण की विचारधारा' में नहीं बदली थी। समाज, पदानुक्रम की व्यवस्था में नहीं बदला था। भक्ति का अर्थ मुख्य रूप से, साहचर्य, भागीदारी ही समझा जाता था। जैसा सभी शब्दों के साथ होता है, वैसा ही भक्ति के साथ हुआ, शब्द तो वही रहा, लेकिन अर्थ वक्त के साथ बदलता गया। समाज के बदलने के समानान्तर, भक्ति भागीदारी कहने को रह गई, नतमस्तक समर्पण को ही भक्ति मान और मनवा लिया गया। संगठित धर्मसत्ता किस प्रकार समाज-व्यवस्था विशेष को दैवीय और उसके प्रति समर्पण को स्वयं भगवान के प्रति समर्पण का ही विस्तार मनवाती है, यह हम पिछले अध्याय की धर्म-चर्चा में देख चुके हैं। नामदेव, रामानन्द और कबीर का महत्त्व इस बात में है कि वे समाजसत्ता और धर्मसत्ता द्वारा भक्ति पर चढ़ा दिए गए आवरण को हटाकर इसके मूल आशय—भागीदारी—को वापस लाते हैं। इसीलिए अनन्तदास, नामदेव को कलियुग का पहला भक्त कहते हैं, रामानन्द को भक्ति 'लाने' का श्रेय दिया जाता है, पीपा कबीर के गुण गाते हैं कि उनके कारण भक्ति रसातल जाने से बच गई। जन्मजात पदानुक्रम को ईश्वरीय विधान बतानेवालों का प्रतिवाद कर रहे व्यापारी और दस्तकार इसलिए नामदेव, रामानन्द और कबीर की आध्यात्मिक वाणी में अपनी सामाजिक आकांक्षाओं के स्वर सुन पाते हैं।

पाणिनि के समय तक भक्ति शब्द का प्रयोग अनुराग और भागीदारी के साथ ही, व्यक्तिविशेष, समूह, सत्ता या देवता के प्रति समर्पण-भाव की सूचना देने के लिए भी होने लगा था। इसके बाद से भक्ति का यह दोहरा आशय लगातार बना रहता है, देशभक्ति, गुरुभक्ति, पितृभक्ति जैसे प्रयोगों से यह बात साफ़ है। ऐसे प्रयोगों में व्यंजित भक्ति ठेठ 'सेकुलर' अवधारणा है। लेकिन अकेले 'भक्त' शब्द का प्रयोग भगवान के भक्त को सूचित करता है। बहरहाल, पाणिनि (480-410 ई.पू.) से गुप्त साम्राज्य के काल (पाँचवीं सदी ईस्वी) तक आते-आते भक्ति अपने विशिष्ट, पारिभाषिक अर्थ में 'समर्पण की अद्वितीय विचारधारा' में बदल चुकी थी। जिज्ञासा यह होनी चाहिए कि इस बदलाव को अस्वीकार करने के, भक्ति माने भागीदारी पर बल देने के, जैसे प्रयत्न आरम्भिक आधुनिक काल में हुए, वैसे कोई प्रयत्न इस कालखंड में भी हो रहे थे, या नहीं।

ऐसे प्रयत्नों के पर्याप्त संकेत मिलते हैं, भारतीय समाज 'बर्फ में लगा' या 'स्तब्ध मनोवृत्ति' का समाज कभी भी नहीं था। लेकिन इन संकेतों पर विचार फिर कभी।

अब एक बार फिर से सोचें, क्योंकर अनन्तदास ने कहा होगा—"कलिजुग प्रथमि नामदे भईयौ केसौ अपनैं बस करि लीयौ।" सोचने में आसानी होगी, नामदेव का पद पढ़ने से :

*हीन दीन मेरी जात मेरी पंडरीके राया,*
*ऐसा तुमनें नामा दरजी कायु कु बनाया।*
*टाळ बिना लेके नाम। देउल में गया,*
*पुजा करते बह्मन उन्ने बाहेर ठकलाया।*
*देउलके पिछे नामा अल्लक पुकारे,*
*जीदर जीदर नामा उदर देउल ही फिरै।*
*नानावर्ण गवा उनका एक वर्ण दुध,*
*तुम कहाके बह्मन हम कहाके सुद।*
*मन मेरी सुई तन मेरा धागा,*
*खेचरजी के चरणपर नामा सिम्पी लागा।*[4]

नामदेव की भक्ति की महिमा बखानती किंवदन्ती है कि जब 'ब्रह्मन' ने उन्हें मन्दिर से निकाल दिया, और नामदेव बाहर से ही, घूम-घूमकर भगवान को पुकारने लगे, तो मन्दिर का मुँह उधर-उधर फिर जाता था, जिधर से नामदेव पुकारते थे। इस महिमा के विपरीत ब्राह्मण देवता का रवैया था, जिस से सन्तप्त नामदेव पंडरी के राया से कह रहे हैं कि क्यों मुझे दीन-हीन जाति का—दरजी—बनाया। अपनी भक्ति के लिए रूपक नामदेव अपने पेशे से ही लेते हैं—मन सुई है और तन धागा है। यह बात कबीर की याद दिलाती है। 'तुम कत बाँभन हम कत सुद' का सवाल तो शब्दशः मौजूद है ही।

आरम्भिक आधुनिक काल की भक्ति को 'प्राचीन भागवत धर्म का पुनरोदय' मात्र माननेवाले विद्वानों को अनन्तदास के भक्ति-बोध पर ध्यान देना चाहिए। नामदेव इस अर्थ में कलियुग के पहले भक्त हैं कि वे सामन्ती सत्ता के प्रति समर्पण की विचारधारा के अर्थ से भक्ति को मुक्त कर फिर से भागीदारी के अर्थ को रेखांकित कर रहे हैं। आरम्भिक आधुनिक काल की भक्ति-संवेदना 'प्राचीन भागवत धर्म का पुनरोदय' नहीं, उसके मुहावरे में एक नई चेतना का उदय सूचित करती है, पुनरोदय वह सूचित करती है भक्ति के उस मूल आशय का, जिसे यास्क और पाणिनि ने लक्ष्य किया था। वह आशय जिसने प्रकृति से मनुष्य के संबंध को भय के बजाय अनुराग के संबंध में बदल दिया था। सामाजिक संबंधों से लेकर परमात्मा से संबंध तक को बराबरी, भागीदारी और संवाद के आधारों पर परिभाषित करने का हौसला किया था। आरम्भिक आधुनिक काल के भक्तों की चेतना इस सांस्कृतिक उपक्रम की स्मृति को ताज़ा करती है, इसका नॉस्टेल्जिया उनके धर्मेतर अध्यात्म का आधार बनता है, और सामन्ती सत्ता की विचारधारा के विरुद्ध व्यापारियों, दस्तकारों की समतापरक, न्यायसंगत व्यवहार—'फेयर प्ले'—की माँग का आध्यात्मिक अनुवाद भी।

भक्ति माने भागीदारी की अवधारणा, उत्तर भारत में रामानन्द की घोषणा के साथ पहुँची—'जाति-पाँति पूछे नहीं कोई...'। देशज विमर्श में प्रसिद्ध है—'भक्ति द्राविड़ उपजी, लाए रामानन्द/परगट कियो कबीर ने सप्त दीप नव खंड'। कबीर-चौरा के आचार्य विवेकदास के अनुसार यह दोहा कम से कम तीन सौ साल पुराना तो है ही। दोहा इतना पुराना न भी हो, तो

भी अठारहवीं सदी के गरीबदास तो कहते ही हैं—"भक्ति द्राविड़ देश थी, यहाँ नहीं एक बिरंच/ ऊत, भूत का ध्यावना, पाखंड और परपंच"। पद्म पुराण में दिए गए श्रीमद्भागवत माहात्म्य में भक्ति के मुख से कहलवाई गई बात—'उत्पन्ना द्राविडेचाहं' से भी इतना तो पता चलता ही है कि आरम्भिक आधुनिक काल में भक्ति का जन्म दक्षिण में माना जा रहा था।

'आधुनिक' विद्वान बताते हैं कि 'प्राचीन भागवत धर्म' का उदय तो उत्तर भारत में ही हुआ था। विष्णुपराुण और भगवद्गीता की रचना उत्तर में ही हुई थी। वैष्णव धर्म राजा के दैवीकरण का माध्यम उत्तर में ही बना था। हेलियोडोरस ने विष्णुस्तम्भ विदिशा के पास ही बनवाया था। कुछ लोगों का कहना है कि उत्तर में ही जन्मी भक्ति न जाने किन कारणों से उत्तर में तो सूख गई, लेकिन दक्षिण में हरी-भरी रही, फिर चौदहवीं-पन्द्रहवीं सदी में एकाएक बिजली की तरह उत्तर के सांस्कृतिक आकाश पर चमक उठी। लेकिन तथ्य तो यह है कि उपासना के रूप में भक्ति का पुनरोदय उत्तर में रामानन्द और कबीर से कम से कम तीन सौ साल पहले ही शुरू हो गया था। बारहवीं सदी से रामोपासना के प्रसार के प्रमाण दिखने लगते हैं। ऐसे में, जाहिर है कि भोले-भाले, इतिहास-बोध से वंचित लोग अपने अज्ञान के कारण, द्रविड़ देश से आए रामानन्द को भक्ति लाने का श्रेय देने लगे।

औपनिवेशिक आधुनिकता से वंचित, देशभाषा स्रोतों को अवज्ञा या कृपा के साथ पढ़ने की बजाय संवादधर्मिता के साथ पढ़ने की आदत डालें, तो भक्ति के ही नहीं, भारत के इतिहास का भी अधिक प्रामाणिक बोध प्राप्त हो सकेगा। गुप्त साम्राज्य के 'वैज्ञानिक' इतिहास से भले ही वाक़िफ़ न रहे हों, आरम्भिक आधुनिक काल के भारतीय उसकी सांस्कृतिक स्मृतियों से कोरे भी न रहे होंगे। उनमें से भी कुछ ने हेलियोडोरस का विष्णुस्तम्भ देखा होगा। सोचना यह चाहिए कि देशज आधुनिकता रामानन्द और कबीर को असल में किस चीज का श्रेय दे रही थी।

सामाजिक स्तर पर विनय और समर्पण की विचारधारा जिस भक्ति को कहा गया, वह भक्त के जीवन में उपासना-पद्धति थी। इस अर्थ में भक्त कोई भी हो सकता था, कबीर से लेकर बिहारी तक। मराठी में नामदेव और हिन्दी में कबीर उस प्रक्रिया के प्रवर्तक हैं, जिसमें भक्ति उपासना-पद्धति से अधिक कुछ हो जाती है। कवि-भक्त के जीवनानुभव, विवेक और सहज मानवीय प्रेमानुभूति से सर्जनात्मक रूप से जुड़कर भक्ति, नामदेव और कबीर ही नहीं, मीरा, तुलसी और सूर के हाथों भी उपासना-पद्धति के स्थान पर काव्य और जीवन की संवेदना बन जाती है। विचार-विमर्श और वाद-विवाद की भाषा बन जाती है। केवल उपासना पद्धति नहीं, जीवन जीने की विधि, कविता को सम्भव करने वाली संवेदना—भक्ति के इसी अर्थ की प्रधानता के कारण कबीर और तुलसी परस्पर सारे विरोधों के बावजूद भक्त कहे जाते हैं। दूसरी ओर, व्यक्तिगत जीवन में किसी न किसी देवता की उपासना अनिवार्यत: करने वाले हिन्दी साहित्य के आदिकाल और रीतिकाल के कवि 'भक्त' नहीं कहलाते, क्योंकि उनकी काव्य-संवेदना भक्ति से नहीं परिभाषित होती। 'भक्त-कवि' एक विशिष्ट प्रकार का कवि हो जाता है, और भक्ति एक विशेष प्रकार की काव्य-संवेदना। भक्ति के इस अर्थ को लेकर आनेवाले रामानन्द स्वयं अपने गुरु से विद्रोह करके आए थे। वेदान्त दर्शन पर भाष्य रचने की परवाह उन्होंने नहीं की थी। जो वह लाए, और जिसे कबीर ने प्रकट किया, वह भक्ति की एक अलग अवधारणा थी।

प्राचीन भागवत धर्म से इस अवधारणा का संबंध था, तो अन्तर भी। अन्तर की पूरी तरह उपेक्षा करने का नतीजा यह हुआ है कि आरम्भिक आधुनिक काल के भक्त-कवियों की जो संवेदना छोटे-मोटे सामन्तों को तो छोड़िए, शाहों और सुल्तानों तक का नोटिस नहीं लेती, जिसके

किंवदन्ती-जगत में सिकन्दर मजबूर होता है कबीर की महिमा मानने के लिए, और अकबर को सुनना पड़ता है तुलसीदास से—'अब कहा होहिंगे नर के मंसबदार'; उस भक्ति को भी सामन्ती सत्ता के प्रति समर्पण की विचारधारा ठहरा दिया जाता है। सामाजिक सत्ता-तंत्र के धरातल पर भी बात करें, तो सामन्ती चेतना के मूर्त रूप, वर्णाश्रमवाद, को दो-टूक ढंग से नकारनेवाली निर्गुण भक्ति किस अर्थ में सामन्ती चेतना के प्रति समर्पण करना सिखाती है ?

निर्गुण भक्तों के रहस्यवाद के सामाजिक आशय को नामवरजी ने बिल्कुल ठीक शब्द दिए हैं: अनुभवसम्मत विवेकवाद—"रहस्यवादी कहे जानेवाले सन्त वस्तुत: अनुभववादी और विवेकवादी ठहरते हैं। उन्हें ज्ञानी कहने का कारण भी सम्भवत: यही है। इसी अनुभववाद के अस्त्र से उन्होंने जाति-पाँति, छुआछूत और ऊँच-नीच के भेदभाव पर चोट की थी।"[5] इस अनुभवसम्मत विवेकवाद के कारण काव्योक्त भक्ति, प्रेम में 'अहैतुक समर्पण' तो करती है, लेकिन भागीदारी के आधार पर ही। सामाजिक सन्दर्भ में तो वह सीधे-सीधे शब्दों में 'बराबरी का हक और बराबरी का दावा' की घोषणा कर देती है।

किसी न किसी आचार्य द्वारा निरूपित ब्रह्म-धारणा और सामाजिक विचारणा का प्रचार करने वाली शास्त्रोक्त भक्ति से बहुत अलग, काव्योक्त भक्ति किसी सम्प्रदाय की प्रतिष्ठा करने के माध्यम की बजाय सार्वजनीन मानवीय अनुभूतियों, जिज्ञासाओं और उनकी अभिव्यक्ति की भाषा बन जाती है। सिद्धान्त से संवेदना बन जाती है। प्रेम, जीवन, मृत्यु, और मृत्यु के बाद—इन सबसे कवि बतियाता है भक्ति के मुहावरे में। काव्योक्त भक्ति पहले से चले आ रहे सवालों के जवाब देने की बजाय कुछ नए सवाल खड़े कर देती है। भक्ति यदि केवल उपासना-पद्धति है, तो वह अनिवार्यत: किसी न किसी शास्त्रोक्त सम्प्रदाय के अन्तर्गत नहीं, तो अनुकूल अवश्य होगी। इसके उलट, 'बाह्मन गुरु जगत का, कबीर का गुरु नाहीं' कहनेवाले कबीर असल में पूछ यह रहे हैं कि शास्त्र को, भक्ति माने भागीदारी की संवेदना के अनुकूल क्यों नहीं होना चाहिए ?

बिना परंपरा के कोई आधुनिकता नहीं होती, और हर आधुनिकता परंपरा में से चुनाव करती है। भारत की आरम्भिक आधुनिकता के कबीर जैसे कवियों की रचना भक्ति माने भागीदारी की परंपरास्थित, उन स्मृतियों को जीवन्त कर देती है, जो भक्ति माने (सामन्ती सत्ता के प्रति) अहैतुक समर्पण के कारण धुँधली या विकृत हो गई थीं। भक्ति के नायकों के तौर पर प्रह्लाद, ध्रुव, नारद, को याद करते कबीर फेयर-प्ले की माँग कर रहे व्यापारियों, दस्तकारों को यह मानने का नैतिक, सांस्कृतिक स्मृतिपरक आधार दे रहे थे कि भक्ति की सही परंपरा उनकी ही—भक्ति माने भागीदारी—की ही है। कबीर की कविता का सच्चा सामाजिक और ऐतिहासिक महत्त्व भक्ति माने भागीदारी पर बल देकर भारत की देशज आधुनिकता के लिए भक्ति की परंपरा का पुनरान्वेषण करने में, और भक्ति की शास्त्रोक्त धारणा के सामने काव्योक्त भक्ति-धारणा रखने में है।

भक्ति का सिद्धान्त या मत से काव्य-संवेदना में रूपान्तरण, काव्योक्त भक्ति का उदय उत्तर भारत में पहली बार, रामानन्द की प्रेरणा से कबीर की बानी में घटित होता है, इसलिए देशज आधुनिकता का भक्ति विमर्श कहता है—भक्ति द्राविड़ उपजी लाए रामानन्द/परगट कियो कबीर ने सप्तद्वीप नवखंड।

## 2. 'भगति नारदी हिरदै न समाई' : काव्योक्त और शास्त्रोक्त भक्ति

आरम्भिक आधुनिक काल की भक्ति-संवेदना को प्राचीन भागवत धर्म का पुनरोदय मात्र मानने, इसकी अपनी तथा इसके ऐतिहासिक सन्दर्भ की उपेक्षा करने की रोचक परिणतियाँ हुई हैं। एक

परिणति आचार्य रामचन्द्र शुक्ल के इस कथन में सुनी जा सकती है: "भागवत धर्म और वैष्णव धर्म की जो परंपरा भारतवर्ष में चली, उसमें ज्ञान का स्थान अलग रहा है, और भक्ति का अलग। प्रत्येक सम्प्रदाय के ज्ञानपक्ष या सिद्धान्त पक्ष का प्रतिपादन आचार्य लोग किया करते थे, और प्रेम या भक्ति-भाव का जनता में संचार आड़वार लोग भजन-कीर्तन द्वारा करते थे"।[6] शुक्लजी ठीक पहचानते हैं कि 'प्राचीन भागवत धर्म' के अन्तर्गत उपासना करने वाले 'भक्तों' में किसी नए ज्ञान का दावा करने की परंपरा नहीं थी। इस रूप में भक्ति उपासना पद्धति से अधिक कुछ थी ही नहीं, इसलिए स्वाभाविक ही है कि, "भक्त अपने ज्ञान या भाव की मग्नता में भगवान के संबंध में किसी नई बात का, उसके किसी ऐसे स्वरूप का जिसका निरूपण कहीं न हुआ हो, उद्‌घाटन नहीं करता"।[7] इसके विपरीत निर्गुणपंथियों के दावे देखिए, स्वयं के अलग, अनोखे ज्ञान से तो श्रीगणेश ही होता है, लोकस्वीकृत वेद के विरुद्ध अपने स्वसंवेद और 'सुच्छम वेद' की बातें भी की जाती हैं!

शुक्लजी की बात सौ फ़ीसदी सच है, बशर्ते हम आरम्भिक आधुनिक काल की भक्ति को प्राचीन भागवत धर्म का पुनरोदय मात्र मानें, उसकी अपनी विशिष्टता को, उपासना-पद्धति की बजाय संवेदना बनती भक्ति को, समर्पण की बजाय भागीदारी की माँग करती भक्ति को पहचानने से इनकार कर दें।

ऐसे इनकार का संस्कार औपनिवेशिक आधुनिकता में बद्धमूल तो ग्रियर्सन के समय से ही हो गया था, शुक्ल जी की तारीफ़ उनकी तार्किक सुसंगति और साफ़गोई के लिए करनी चाहिए। यदि भक्ति को शास्त्रोक्त ही होना चाहिए, यदि भक्त की सार्थकता किसी न किसी सम्प्रदाय के सिद्धान्त पक्ष का जनता के बीच भावोन्मेष करने में ही है, तो मानना ही होगा कि कबीर और दूसरे निर्गुण सन्तों में किसी प्रकार की दार्शनिक व्यवस्था दिखाने के प्रयत्न व्यर्थ हैं। क्योंकि इस अर्थ में दार्शनिक व्यवस्था वहाँ है ही नहीं, और जिस अर्थ में है, उस अर्थ में उसे देखने के लिए "आधुनिक" दृष्टि तैयार नहीं है। हम देख चुके हैं कि आ. द्विवेदी यह सिद्ध करने के लिए एड़ी-चोटी का जोर लगा देते हैं कि कबीर न केवल नाथपंथी द्वैताद्वैतविलक्षणवाद के आधार पर कविता कर रहे थे, बल्कि सभी निर्गुणपंथी सन्तों की बानी योग के अंगों-उपांगों को स्पष्ट करने के इरादे से ही रची गई हैं—"इनकी साखियाँ आठ योगांगों के विभिन्न पहलुओं को स्पष्ट करने के उद्‌देश्य से ही लिखी गई हैं। इन उपदेशों में ज्ञानप्रवण नैतिक स्वर ही प्रधान है, योग-संबंधी स्वर गौण। इसी ज्ञानप्रवण नैतिकता-प्रधान योग-मार्ग के खेत में भक्ति का बीज पड़ने से जो मनोहर लता उत्पन्न हुई, उसी का नाम निर्गुण भक्ति है"।[8]

भक्ति को प्राचीन भागवत धर्म का पुनरोदय मात्र मान कर चलने की एक परिणति ब्रिटिश ओरियंटलिस्ट्स के यहाँ दिखती है। भक्ति को या तो किसी न किसी शास्त्रोक्त सम्प्रदाय का भावनात्मक पुनर्कथन मान लिया जाता है, जैसे शुक्ल जी मानते हैं, या फिर एक सर्वथा नये 'भक्ति-धर्म' की ही कल्पना कर ली जाती है। इस कल्पना की जैनॉलॉजी का बहुत विचारोत्तेजक अध्ययन इतिहासकार, स्व. कृष्णा शर्मा ने किया था। दुर्भाग्य से उनके काम पर इतिहासकारों ने भी उचित ध्यान नहीं दिया, हिन्दी भक्ति-विमर्श में तो उनकी चर्चा तक भी शायद ही कहीं हुई हो। कृष्णा जी की सीमा यह है कि औपनिवेशिक ज्ञानकांड द्वारा ईसाइयत की मिरर-इमेज के रूप में भक्ति को गढ़ने का खंडन करते हुई, वे भक्ति के जेनेरिक-समर्पणपरक-अर्थ पर इतना बल देती हैं कि ज्ञानमीमांसा तो क्या भक्ति की स्वायत्त संवेदना तक का अस्तित्व उन्हें अस्वीकार्य लगने लगता है। इस मामले में उनकी सोच शुक्लजी जैसी ही है। फ़र्क़ यह है कि

जहाँ शुक्ल जी को कबीरादि में दार्शनिक व्यवस्था खोजने के व्यर्थ प्रयत्नों में कोई दिलचस्पी नहीं है, वहीं कृष्णा जी कबीर की सारी कविता को शंकराचार्य की दार्शनिक मान्यताओं का काव्य-प्रस्तुतीकरण सिद्ध कर देती हैं।[9]

बहरहाल, यह तो है ही कि जिस अर्थ में शुक्ल जी 'दार्शनिक व्यवस्था' देखना चाहते थे, याने किसी न किसी दर्शन सम्प्रदाय या सिद्धान्त की काव्यात्मक, भावनात्मक पुनःप्रस्तुति—उस अर्थ में तो कबीर ही नहीं, सभी निर्गुण सन्तों और मीरा की रचना में भी 'दार्शनिक व्यवस्था' खोजने के 'प्रयत्न व्यर्थ हैं'। यह बात नाभादास भी जानते थे, लेकिन वे इसके लिए कबीर की आलोचना करने की बजाय प्रशंसा ही करते थे—'भक्तिविमुख धर्म सु सब अधर्म करि गाये' और 'कानि राखी नहीं वर्णाश्रम षटदर्शनी'। नाभादास के लिए यह तथ्य कबीर के भक्ति के स्वाभाविक, भारतीय मार्ग से विचलन का प्रमाण नहीं था। निर्गुणियों से बेहद ख़फा तुलसीदास तक ने उन्हें विदेशी मार्ग का पथिक कहने की ज़रूरत नहीं समझी थी, यह हम देख चुके हैं।

सवाल यह है कि कबीर स्वयं अपनी भक्ति को क्या नाम देते हैं, और क्यों?

*उनका अपना कथन है :*
*कैसें तूं हरि को दास कहायो।*
*करि बहु भेष रे जनम गंवायो।*
*सुध बुध होइ भज्यौ नहीं सांई। काछ्यौ ड्यंभ उदर के तांई।*
*हिरदै कपट सूं नहीं साचौ। कहा भयो जे अनहद नाच्यौ।*
*झूठे फोकट कलू मंझारा। रांम कहैं ते दास नियारा।*
*भगति नारदी मगन सरीरा। इहि विधि भव तिरि कहै कबीरा।*

(सोरठि, 17, ग्रन्थावली, पृ. 312)

यह नारदी भक्ति कोई बहुत ही महिमापूर्ण वस्तु रही होगी, जिसके बिना अनहद नाच लेने तक का कोई मतलब कबीर की निगाह में नहीं है। एक पद में कहते भी हैं, क्या फायदा कैसी भी साधना का, यदि नारदी भक्ति को हृदय में नहीं व्यापने दिया। एक अन्य पद में सुझाव देते हैं, उन चरण कमलों की वन्दना करने का, जो नारद और शुकदेव द्वारा पूजित हैं। शुकदेव की महत्ता कबीर के लिए कितनी और क्यों है, यह हम इस किताब में आगे भी देखेंगे। तो, किसे कहा जाता था नारदी भक्ति कबीर के समय में? कबीर उसी को क्यों अनहद की प्रामाणिकता तक का प्रतिमान बनाते हैं? नारदीय भक्ति को जस का तस अपना लेते हैं, या उसमें अपने कवित्व का भी कुछ योगदान करते हैं?

नारद के नाम से विख्यात भक्ति सूत्रों के ऐतिहासिक कर्ता के बारे में हम कुछ भी नहीं जानते, लेकिन यह महत्त्वपूर्ण है कि इनका रचनाकाल ग्यारहवीं सदी में माना जाता है। यह भी ध्यान देना चाहिए कि जिन नारद के नाम इन सूत्रों का रचयिता इनको कर गया है, वे दासीपुत्र या कानीन सन्तान माने जाते हैं। नारद का नाम क्यों दिया इन सूत्रों को, यह तो सूत्रकार ही जाने, लेकिन इन चौरासी सूत्रों से गुजरने वाला व्यक्ति यह ज़रूर जान जाएगा कि जिसने भी ये सूत्र रचे, वह कोई बहुत ही गहरा साधक और सार्थक प्रेमी रहा होगा।

इन सूत्रों में तार्किक सुसंगति है, लेकिन वैसी नीरसता नहीं, जैसी तार्किक अनुष्ठानों में अनिवार्य मानी जाती है। इनमें तो कविता का संगीत है। इनके अनुसार, प्रेम/भक्ति संसार से किसी तरह गुजर जाने का एक और रास्ता नहीं, बल्कि उससे तरने की प्रधान युक्ति है—जो भक्ति करता है, वही तरता है वही तारता है—

स तरति स तारयति...। ये सूत्र वैष्णव सूत्र कहे जा सकते हैं लेकिन किसी सम्प्रदाय से सम्बन्धित होने के अर्थ में नहीं, उसी व्यापक अर्थ में, जिसकी चर्चा हम 'कासी बसे जुलाहा एक' अध्याय में कर चुके हैं। ये सूत्र किसी भी वैष्णव सम्प्रदाय का न खंडन करते हैं न मंडन। इनकी रुचि वैष्णव शास्त्र की मान्यता पाने में नहीं, मूलभूत मानवीय प्रेम की महिमा बखानने में है। आधुनिक विद्वान अपने ढंग से इस बात को नोट भी करते हैं—इन सूत्रों को भावुकता-प्रधान और शांडिल्य के सूत्रों को दर्शनपरक बताया जाता है। यह भावुकता ही नारद के सूत्रों की सबसे बड़ी सम्भावना है, शास्त्र, सम्प्रदाय, खंडन-मंडन से निर्लिप्त रहते हुए प्रेम के आत्मानुभव को अलौकिक में बदलने की सम्भावना। शांडिल्य के अनुसार भक्ति ईश्वर में परमानुरक्ति को कहते हैं—"सा परानुरक्तीश्वरे"। नारद भक्ति के लक्ष्य को आत्माराम में बदल देते हैं—'सात्वस्मिनपरमप्रेमरूपा' (सूत्र 2) प्रेम इसमें, निस्सन्देह ईश्वर में, लेकिन इस ईश्वर में। नारद के अनुसार आत्माराम की स्थिति ही साध्य है, साधना का लक्ष्य है—'तदेव साध्यतां' (सूत्र 42)।

भक्ति को "इसमें प्रेम" कह कर परिभाषित करने वाले नारद भक्त के बारे में यह भी कहते हैं—मस्त हो जाता है, वह उसे पाकर, आत्माराम में बदल जाता है—"यज्ज्ञात्वा मत्तो भवति, लब्धो भवति, आत्मारामो भवति" (सूत्र 6)। वही बात—'मंगता बन कर मांगन लागा, देने वाला तू का तू'। घट-भीतर के राम को पहचानना जिन कबीर के लिए सबसे बड़ी चुनौती है, उनका नारद के आत्माराम से लगाव स्वाभाविक है। नारद कृत भक्ति-परिभाषा प्रेम की अकथ कहानी का बखान ही है। प्रेम के आत्माराम और साथ ही दूसरों को तार सकने वाले अनुभव का बखान। अनेक भक्तों के नाम गिनाते हैं नारद लेकिन सैद्धान्तिक धरातल पर प्रतिमान होने का गौरव गोपियों की भक्ति को ही देते हैं—'यथा ब्रजगोपिकानाम्'।

नारद के अनुसार भक्ति को किसी शास्त्रप्रमाण की ज़रूरत नहीं है। शास्त्र में बताई गई हो, तभी वाजिब होगी, ऐसी मजबूरी भक्ति के साथ नहीं, क्योंकि वह तो स्वयं शास्त्र क्या, तीनों सत्यों से भी अधिक महिमामयी है—'त्रिसत्यस्य गरीयसी' (सूत्र 81)। स्वाभाविक है कि वह अपना प्रमाण आप है, उसे किसी और प्रमाण की ज़रूरत नहीं, वह स्वयंसंवेद्य है, आत्मविचार है, शास्त्रनिर्भर अनुचिन्तन नहीं—'प्रमाणान्तरस्यानपेक्षत्वात् स्वयं प्रमाणत्वात्' (सूत्र 59)। वेद का खंडन करने में नारद की रुचि नहीं, लेकिन भक्तिमार्ग पर चलने में न वेद की परवाह करनी चाहिए न लोक की, इतना वे ज़रूर पुरजोर ढंग से कहते हैं—"निरोधस्तु लोकवेदव्यापारन्यास:' (सूत्र 8)। यही नहीं,—"कस्तरति कस्तरति मायाम्"? (सूत्र 46) इस प्रश्न के उत्तर में नारद बताते हैं—जो एकान्त सेवन करे, ममता के संबंधों से मुक्ति प्राप्त करे, लोकबन्धनों से मुक्त हो जाए, और जो वेदों तक से संन्यास ले ले, केवल अविच्छिन्न अनुराग बनाए रखने की साधना करे, वही तरता है, वही दूसरों को भी तारता है—"वेदानपि सन्नयस्यति केवलमविच्छिन्नानुरागम् लभते। स तरति, स लोकांस्तारयति" (सूत्र 49, 50)। ऐसी भक्ति, ऐसे प्रेम का स्वरूप अनिर्वचनीय के अलावा क्या हो सकता है? उसे गूँगे के गुड़ के अलावा क्या कहा जा सकता है—"मूकास्वादनवत्" (सूत्र 52), यह प्रेम किसी किसी घट (पात्र) में ही प्रकाशता है—'प्रकाशते क्वापि पात्रे' (53)।

और ऐसी अनिर्वचनीय भक्ति के निर्वचन में यह कहे बिना भी कैसे रहा जा सकता है कि इसमें जाति-कुल का कोई महत्त्व नहीं, इसमें व्यर्थ वाद-विवाद की गुंजाइश नहीं—"नास्ति तेषु जातिविद्यारूपकुलधनक्रियादि भेद:। यतस्तदीया:। वादो नावलम्ब्य:"। (72, 73, 74)

अपनी भक्ति को नारदी कहने वाले, उसे हृदय में स्थान न देने वालों की कठोर आलोचना करने वाले कबीर शांडिल्य का नाम तक नहीं लेते, वजह अज्ञान नहीं, चुनाव है। शांडिल्य के भक्तिसूत्र परंपरा में कहीं अधिक मान्य रहे हैं। लेकिन हैं वे शास्त्रोक्त भक्ति के ही सूत्र, नारद की तरह काव्योक्त भक्ति के नहीं। उनका बल प्रेम पर नहीं, मर्यादा पर है। शांडिल्य 'पितावत् श्रुति की रचना करने वाले' परमात्मा के हवाले से भक्ति संबंधी जिज्ञासा का समाधान करते हैं। 'उस' परमात्मा के प्रति 'एकभाव' का रेखांकन करने के लिए गीता का साक्ष्य देते हैं। फिर से कहें, नारद शास्त्रों का खंडन नहीं करते, लेकिन उनका बल शास्त्रप्रमाण पर नहीं, सहज प्रेम के आत्मानुभव पर है। शांडिल्य और नारद के बीच बलाघात का यह फ़र्क़ कबीर के लिए निर्णायक महत्त्व का है।

खुद कबीर और नारद के बीच फ़र्क़ यह है कि नारद की वाद-विवाद में कोई रुचि नहीं, और कबीर विवादमूलकता के अद्वितीय साधक हैं। नारद जातिभेद या वेदप्रामाण्य की उपेक्षा से ही सन्तुष्ट हैं, कबीर जोर से जिरह करते हैं। यह फ़र्क़ व्यक्तिगत स्वभाव का तो है ही, सामाजिक स्थिति और ऐतिहासिक परिवेश का भी है।

लेकिन फ़र्क़ से ज्यादा मानीखेज है सरोकारों की निरन्तरता। नारद के भक्ति सूत्र काव्योक्त भक्ति का मार्मिक घोषणापत्र हैं। यहाँ सर्जनात्मक चेतना किसी सिद्धान्त या शास्त्र का काव्यानुवाद करने की बजाय, स्वयं अपने प्रस्थान की तलाश कर रही है। अनिर्वचनीय को कहने की बेचैन हौंस, जैसे अपने लिए उपयुक्त भाषा की तलाश कर रही है, और कह रही है कि शास्त्र के साथ इस भाषा का संबंध बराबर वालों के मुखामुखम जैसा होना चाहिए, आचार्य द्वारा निरूपित ब्रह्म को लोकप्रिय बनाने वाले गायक जैसा नहीं।

ठीक यही बात कबीर उस पद में कह रहे हैं, जिसमें आने वाली एक पंक्ति—'तुम जिनि जानौ यह गीत है, यह तो निज ब्रह्म विचार'—को आम तौर से उनके कवि न होने के अकाट्य प्रमाण, आत्मसाक्ष्य के रूप में पढ़ा जाता है। इस पद में कबीर असल में कह यह रहे हैं कि जिस अर्थ में गीत शब्द का प्रयोग किया जाता है, उसमें मेरी कविता गीत नहीं है, क्योंकि यह किसी आचार्य द्वारा निरूपित ब्रह्म का लोक-प्रचार नहीं, मेरा अपना ब्रह्म-विचार है। मेरे गीतों में ब्रह्म-विचार बाहर से नहीं आ रहा, वह मेरी भक्ति की, काव्य-संवेदना की सत्ता में अन्तर्निहित है। कबीर इस पद में वह बात बयान कर रहे हैं, जो करते वे अपने समूचे काव्य-कर्म में हैं। निजी प्रेमानुभव को, भक्ति माने भागीदारी की सार्वजनीन भाषा में रखते हुए कबीर आप ही आप विचारने से होने वाले आनन्द में डूबने का न्यौता दे रहे हैं। वे रेखांकित कर रहे हैं कि मेरे लिए ब्रह्मविचार और गीत का संबंध ब्रह्म-निरूपण करने वाले आचार्य और गायन करने वाले कवि के संबंध से अलग काव्योक्त भक्ति की अपनी पहचान का संबंध है। मेरा ब्रह्मविचार मेरे गीत में ही है, और मेरा गीत ही मेरा ब्रह्मविचार है। काव्योक्त भक्ति के ब्रह्मविचार की खूबी कबीर के शब्दों में यह है कि इसमें परस्पर अपवर्जी (एक्सक्लूसिव) समझी जानेवाली चीजें भी साथ ही साथ सध जाती हैं, योग भी, भोग भी, गीत भी, ब्रह्म भी:

*एक जुगति एक ही मिलै, किंवा जोग कि भोग।*
*इन दुन्यूँ फल पाइए, राम नाम सिधि जोग रे।*
*प्रेम भगति ऐसी कीजिए, मुखि अमृत बरिसै चन्द।*
*आप ही आप बिचारिए, तब केता होइ अनन्द रे।*
*तुम्ह जिनि जानौ यह गीत है, यह तो निज ब्रह्म विचार।*
*केवल कहि समझाइया, आतम साधन सार रे।*

(गौड़ी 5, ग्रन्थावली, पृ. 143)

स्वाभाविक ही था कि आम तौर से काव्योक्त भक्ति की साधना निर्गुणपन्थियों ने की, लेकिन कुछ सगुणमार्गी भी अपनी भक्ति को किसी सम्प्रदाय या सिद्धान्त का काव्यानुवाद बनाने की बजाय भक्ति की, काव्योक्त भक्ति की स्वायत्तता पर बल देते थे। मीराबाई की संवेदना तो निर्गुणी संवेदना के बहुत निकट है ही, 'द्वितीय सेतु जगतरण कियो' अध्याय में हमने देखा है कि स्वामी हरिदास और हितहरिवंश के अनुयायी भी अपनी भक्ति-साधना का स्वतंत्र अस्तित्व मानते थे, सवाई जयसिंह के आदेशानुसार उन्हें भी चतुःसम्प्रदायों में से किसी एक के साथ संबंध जोड़ना आवश्यक था। उस विषम परिस्थिति में हरिदास के अनुयायी विरक्त साधुओं ने निम्बार्क सम्प्रदाय से और गृहस्थ गोस्वामियों ने विष्णुस्वामी सम्प्रदाय से अपना-अपना संबंध स्थापित किया। जिन्होंने ऐसा न करने का फ़ैसला किया, उन्हें राजा जयसिंह और उसके स्मार्त्त सलाहकारों का कोपभाजन बनना पड़ा।

काव्योक्त भक्ति के, सर्जनात्मक शब्द की स्वायतत्ता के ऐसे साधकों पर ध्यान देने से मालूम पड़ता है कि भक्ति-संवेदना के इतिहास पर, उसमें अपनाई गई परिभाषाओं और धारणाओं पर पुनर्विचार करना कितना ज़रूरी है।

## 3. 'जेती औरति मरदाँ कहिए' : वर्णाश्रम बनाम मानवाधिकार

मानवाधिकार की धारणा ठेठ आधुनिक धारणा है। ईश्वर या इतिहास द्वारा श्रेष्ठता के लिए चुन लिये गए समुदाय से जुड़े होने के कारण कुछ लोगों को विशेषाधिकार प्राप्त हैं, यह एक धारणा है। हर मनुष्य के कुछ न्यूनतम अधिकार तो हैं ही, भले ही उसकी राष्ट्रीयता, नस्ल या लिंग कुछ भी हो, यह मानवाधिकारवादी धारणा है। मानवाधिकारों में असहमति और अभिव्यक्ति के अधिकार को विशेष महत्त्वपूर्ण माना जाता है, क्योंकि यह समूची धारणा ही व्यक्ति-सत्ता की स्वीकृति पर आधारित है। किसी भी पहचान से परिभाषित होने के पहले मानव होने भर के कारण हर मानव व्यक्ति है, और इस व्यक्तित्व की अभिव्यक्ति के खामखाह दमन का अधिकार किसी भी पहचान—सामाजिक, धार्मिक या राजनैतिक—से परिभाषित होनेवाली सत्ता को नहीं दिया जा सकता।

मानवाधिकार का विचार हर मनुष्य में निश्चित मानवीय गौरव की उपस्थिति को निर्विवाद मानता है। इस गौरव का होना जाति, नस्ल, धर्म या जेंडर पर निर्भर नहीं करता। समाज और राजसत्ता इस बुनियादी गौरव को स्वीकार करें, यह मानवाधिकार है। जन्मगत भेदभाव से मुक्ति मानवाधिकार है। अपनी व्यक्ति-सत्ता में निहित सम्भावनाओं के साक्षात्कार में सहायक सामाजिक पर्यावरण की प्राप्ति मानवाधिकार है। समाज बहुत संपन्न हो या न हो, मानवाधिकारों के प्रति संवेदनशील तो उसे होना ही चाहिए। मानवाधिकार भौतिक रूप से संपन्न समाजों की ऐयाशी नहीं, नागरिकता की अवधारणा और लोकतंत्र मात्र का मूल आधार है। यह सामाजिक संबंधों और व्यवस्था का विरोधी विचार नहीं है, हाँ, निरंकुश या निरंकुश बनने को उत्सुक सत्ताओं को मानवाधिकार से चिढ़ ज़रूर होती है, जोकि स्वाभाविक ही है। मानवाधिकार-धारणा में निहित व्यक्ति-सत्ता की स्वीकृति का अर्थ समाज-निरपेक्ष व्यक्तिवाद का महिमामंडन करना नहीं है। व्यक्ति-सत्ता परिभाषित ही होती है, सामाजिक संबंधों से, लेकिन इन संबंधों की व्यवस्था में इतनी प्रशस्तता होनी चाहिए कि व्यक्ति का मोल उसके साधुत्व (गुण) के आधार पर करे, उसकी जाति- प्रजाति-जेंडर के आधार पर नहीं।

जन्म के आधार पर व्यक्ति का मूल्यांकन करने वाली किसी भी सोच का मानवाधिकार के विचार से मूलभूत विरोध स्वाभाविक ही है, इतना ही स्वाभाविक है, अभिव्यक्ति की स्वतंत्रता

को लेकर विभिन्न रंगों की राजसत्ताओं और विचारधाराओं का परेशान होना। मानवाधिकारों के समकालीन विमर्श में से अधिकांश के लिए मानवाधिकारों पर विचार या चिन्ता का सन्दर्भ राजसत्ता ही है। राजसत्ताओं के परस्पर और अपने-अपने देश की जनता के साथ संबंधों के प्रसंग में ही, आम तौर से, मानवाधिकार की बात की जाती है। नतीजा यह होता है कि मानवाधिकार संबंधी चर्चा समाज में व्याप्त हिंसा के व्यापकतर सवाल से कट जाती है। सामाजिक संरचना मात्र में अन्तर्निहित हिंसा पर मानवाधिकार विमर्श का ध्यान नहीं जाता, उसे स्वाभाविक मानते हुए ही मानवाधिकार की बात कुछ लोग करते हैं। दूसरी ओर कुछ लोगों के लिए 'क्रान्तिकारियों' द्वारा मानवाधिकारों के हनन का तो कोई मुद्दा बनता ही नहीं, आतंकवादियों की हिंसा पर भी वे रणनैतिक चुप्पी साध लेते हैं।

मानवाधिकार का प्रतिपक्ष केवल राजसत्ता को मान लेने के कारण कुछ लोगों को मानवाधिकारों का, और संकीर्ण अस्मितावाद की राजनीति का समर्थन एक ही साँस में करने में कोई उलझन महसूस नहीं होती। वे एक तरह की अस्मितावादी राजनीति को साम्प्रदायिक और प्रतिक्रियावादी कहते हुए, अपनी मनचीती अस्मितावादी राजनीति को परम-प्रगतिशील सिद्ध कर दे सकते हैं, भले ही ऐसी राजनीति केवल 'अन्यों' को ही नहीं, स्वयं अपने ही समुदाय की स्त्रियों को भी 'ठीक' कर देने पर घोषित रूप से आमादा हो। सार्वभौम मानवीय मूल्यों को जो स्वीकार नहीं करते, उनका मानवाधिकार प्रेम फूहड़ सापेक्षतावाद की गिरफ्त में आ ही जाता है। एक बिरादरी की पंचायत विधवा-दहन का, या प्रेमियों की फाँसी का फरमान सुनाए तो ऐसे लोग तिलमिला उठते हैं, लेकिन जिस बिरादरी को इन लोगों के हिसाब से, इतिहास-देवता ने प्रगतिशील भूमिका अता फरमा रखी है, उसकी पंचायत ऐसी कोई हरकत कर दे तो ऐसे मानवाधिकार-प्रेमियों के मुँह में दही जम जाता है।

उत्तर-आधुनिकतावाद के इस दौर में सामाजिक-सांस्कृतिक अस्मिताओं की विशिष्टताओं पर बहुत बल है, 'यूनिवर्सल' को संदिग्ध ठहराया जा चुका है, बोलबाला सापेक्षतावाद का है। ऐसे में स्वाभाविक ही है कि दिसम्बर, 1948 के मानवाधिकार घोषणापत्र को ईसाइयत/यूरोपियत में रचा-बसा बताते हुए कुछ लोगों ने मानवाधिकारों की इस्लामी अवधारणा की बात शुरू कर दी है।[10] खासकर इस प्रश्न के सन्दर्भ में कि अभिव्यक्ति की स्वतंत्रता और धार्मिक आस्था के बीच क्या संबंध होना चाहिए? पिछले अध्याय में की गई धर्म-चर्चा को याद करें तो इस सवाल की गम्भीरता समझी जा सकती है, और कबीर जैसों की धर्मेतर अध्यात्म की खोज का महत्त्व भी। धर्मसत्ता अपनी वैधता का जो दावा करती है, कबीर का धर्मेतर अध्यात्म उसकी जड़ पर ही चोट करता है, और मानवाधिकार की ऐसी सम्भावना का भी संकेत करता है, जो आजकल के प्रचलित अर्थ में न तो सेकुलर है, और न धर्माधारित। कबीर और दूसरे निर्गुण सन्तों की ज्ञानमीमांसा से मानवाधिकार की सार्वभौम, सार्वजनीन (यूनिवर्सल) धारणा ही निकल सकती है, हिन्दू, इस्लामी या कबीरपंथी नहीं।

मानवाधिकार-विमर्श की यूरोकेन्द्रिकता का विरोध करने के नाम पर विभिन्न प्रकार की अस्मितावादी राजनीति विभिन्न पारंपरिक समाज-सत्ताओं और तंत्रों की मनमानी को जायज न भी ठहराए, तो उसकी ओर से आँखें तो मूँद ही लेती है। वह अस्मिता के नाम पर राजनीति करने वालों की फ़ासिस्ट फ़ैंटेसियों को रेशनलाइज करने का भी काम करने लगती है। अपने समाज में ही प्रमियों को फाँसी चढ़ाती पंचायतें और चुप्पी साधते राजनेताओं, मानवाधिकार कार्यकर्ताओं को याद कर लें तो पहली बात समझ में आ जाएगी और वेलेंटाइन डे मनाने वालों

को, बुर्का न पहनने वालियों को सबक सिखाने पर आमादा रणबाँकुरों को याद कर लें, तो दूसरी। मानवाधिकार का सार्थक, प्रामाणिक विमर्श सार्वभौम मानवीय मूल्यों और आकांक्षाओं की स्वीकृति पर ही आधारित हो सकता है, अस्मितावादी राजनीति और नैतिक सापेक्षतावाद मानवाधिकार-विमर्श का केवल रणनैतिक उपयोग ही कर सकता है, करता ही है।

निर्गुण भक्ति में यह उत्तेजक सम्भावना है कि मानवाधिकार का ऐसा विमर्श विकसित हो, जो अस्मितावादी राजनीति की फ़ैंटेसियों और यूरोप की अहम्मन्यता का प्रतिवाद एक साथ कर सके। यह एक सचाई है कि इस समय जिसे ''पारंपरिक'' भारतीय सोच कहा जाता है, उसमें भी, और हमारे सामाजिक-राजनीतिक जीवन में भी, व्यक्ति-सत्ता की स्थिति काफ़ी कमजोर है। पारंपरिक वर्णाश्रमवादी सोच तो इसका मुख्य कारण है ही, लगभग उतना ही महत्त्वपूर्ण कारण औपनिवेशिक ज्ञानकांड और सत्ता का हस्तक्षेप भी है, जिसने भारतीय इतिहास में, देशज आधुनिकता के विकास को अवरुद्ध और जड़ता की शक्तियों को प्रोत्साहित करने की वस्तुनिष्ठ रूप से, प्रतिक्रियावादी भूमिका निभाई।

कबीर के पहले, अश्वघोष से लेकर सरहपा तक की वाणी वर्णाश्रमवाद का प्रखर विरोध करती है। कबीर और उनके समकालीन सन्तों को विरोध की इस परंपरा का बल विरासत में मिला, साथ ही जन्मगत भेदभाव, धर्मसत्ता के एक और रूप—**इस्लाम**—से भी उनका पाला पड़ा। इन लोगों ने किसी एक तरह के नहीं, हर तरह के मानवाधिकार-विरोधी तर्क का प्रतिवाद किया। जन्माधारित भेदभाव के किसी रूप को कोई रणनैतिक कंसेशन कबीर जैसे विचारक नहीं देते। ''जो तू बांभन बांभनी जाया, तो आन बाट काहे नहीं आया'' जिस पंक्ति में कहते हैं, उसकी अगली पंक्ति में कबीर यह भी कहते हैं—''जो तू तुरक तुरकनी जाया, भीतरि खतना क्यूं न कराया''। बात, कबीर के अनुसार यही है कि कोई मनुष्य न हिन्दू होने के कारण हीन है, न मुसलमान होने के कारण। हीन (कबीर का शब्द है—'मद्धिम') यदि कोई है तो नैतिक कारणों से ही है। कबीर की नैतिक रहनि का प्रतिमान सब जानते ही हैं—राम। सो, ''कहै कबीर मद्धिम नहीं कोई, सो मद्धिम जा मुख राम न होई''।

मुख में राम का होना, कबीर के अनुसार, निश्छल और समतापरक जीवन जीने का, 'समता सी वस्तु' की खोज का, उसके लिए संघर्ष का रूपक है। छुआछूत मानने वालों के सामने कबीर तिलमिला देने वाले सवाल तो रखते ही हैं, याद भी दिलाते हैं कि बुनियादी छूत माया की ही है। जो मायामुक्त हो चुका हो, वही छुआछूत से मुक्त होने की बातें करे—''कहहिं कबीर ते छूति विविर्जत जिनके संग न माया''। जैसी 'अपवित्रता' के आधार पर छूत-छात को जायज ठहराया जाता है, उसके बारे में कबीर 'पांडे' को याद दिलाते हैं कि मिट्टी में शव गाड़े जाते हैं, नदियों में जलचरों का रक्त और पसीना मिलता है। जिस दुग्ध का पान पांडेजी करते हैं, वह हड्डी-चर्बी से झर-झर कर ही बनता है—''हाड़ झरि झरि, गूद गलि गलि, दूध कहाँ ते आया''। इसलिए, मायाजाल से मुक्ति का मतलब है—जन्म के आधार पर किसी को हीन-मद्धिम-समझने की बीमारी से मुक्ति पाना।

बात केवल कबीर की नहीं, सारी निर्गुण संवेदना की है। जन्माधारित मूल्यांकन का विरोध करते ये सन्त लोगों को, शब्दों को उनके सही आशयों तक पहुँचने की प्रेरणा और चुनौती भी देते हैं। कबीर कहते हैं—''वैष्णों भया तो का भया, बूझा नहीं विवेक''। दादू बताते हैं—''दादू काफिर जे बोले काफ। दिल आपणां नहीं राखे साफ़''। भक्ति को उसके मूल आशय—भागीदारी—में स्थापित करने का निर्गुण सन्तों का प्रयत्न इसी चुनौती को स्वीकारने का प्रमाण ही तो है। भक्ति के इस आशय को रेखांकित करने वाले सन्तों के लिए उच्चतर जाति, पुराहितों या योद्धाओं की नहीं, उन निर्मल चित्त साधकों—'हरिजनों'—की है, जिनके पीछे-पीछे स्वयं

भगवान फिरते हैं—''हरिजन सई न जाति''। कबीर जैसे साधकों के लिए पाप का अर्थ है—न्यूनतम, सार्वभौम नैतिकता का उल्लंघन और नैतिकता को बनाए रखने वाले तत्त्व हैं—प्रेम, विवेक, पारख और भावभगति। इनकी निरंतरता बनाए रखना मनुष्य का और व्यवस्था का कर्त्तव्य है, और अपनी सम्भावनाओं का विस्तार करने का अवसर पाना मानव मात्र का अधिकार।

कबीर और अन्यों की काव्योक्त भक्ति में हम व्यक्ति-सत्ता की अभिव्यक्ति भी देखते हैं, और विकल्प खोजने की छटपटाहट भी। यह भक्ति राम के विरह और मिलन के आनन्द तक सीमित नहीं, निज ब्रह्म विचार भी है, और समाज-विचार भी।

मानवाधिकार का समकालीन विमर्श यदि भारत की देशज आधुनिकता में पनपी काव्योक्त भक्ति की संवेदना और ज्ञानमीमांसा के साथ विवेकपूर्ण संवाद करे, तो उसे गहराई और व्यापकता दोनों ही प्राप्त होंगी। इस संवाद से वे लोग निश्चय ही 'आत्मविचार' की प्रेरणा पाएँगे, जो 'अन्य' द्वारा की जा रही हिंसा को अनैतिक मानते हैं, और 'आत्म' की हिंसा को स्वाभाविक।

ज़रूरत कबीर की संवेदना के साथ विवेकपूर्ण संवाद करने की है, हर बात में, हर हाल में उसके महिमामंडन की नहीं। रिश्ता 'जेती औरति मरदां कहिए सबमें रूप तुम्हारा' कहने वाले कबीर के नारी-निन्दक संस्कार से बनाना है, या कविता में नारी रूप धारती उनकी कवि-संवेदना से—यह फ़ैसला उनके आज के पाठक को स्वयं ही करना होगा।

## सन्दर्भ


1. वासुदेवशरण अग्रवाल, 'पाणिनिकालीन भारतवर्ष', चौखम्बा विद्याभवन, वाराणसी, 1969, पृ. 4
2. वही, पृ. 349
3. 'दि निघंटु एंड दि निरुक्त', (पुनर्मुद्रण), मोतीलाल बनारसीदास, दिल्ली, 1984
4. आचार्य विनयमोहन शर्मा, 'हिन्दी को मराठी सन्तों की देन', बिहार राष्ट्रभाषा परिषद, पटना, 2005 (द्वितीय संस्करण), पृ. 270
5. नामवर सिंह, 'दूसरी परंपरा की खोज', राजकमल प्रकाशन, नयी दिल्ली, 1982, पृ. 82
6. रामचन्द्र शुक्ल, 'सूरदास', नागरी प्रचारिणी सभा, काशी, पृ. 16
7. वही पृ. 18
8. हजारीप्रसाद द्विवेदी, 'मध्यकालीन धर्म-साधना', (ग्रन्थावली-5), राजकमल प्रकाशन, नयी दिल्ली, 1981, पृ. 253
9. कृष्णा शर्मा, 'भक्ति एंड दि भक्ति मूवमेंट: ए न्यू पर्सपेक्टिव', मुंशीराम मनोहरलाल, दिल्ली, 1987, पृ. 162-197
10. ज़ियाउद्दीन सरदार की पुस्तक 'पोस्टमॉडर्निज्म एंड दि अदर: दि न्यू इंपीरियलिज्म ऑफ़ वेस्टर्न कल्चर' (प्लूटो प्रेस, लंदन, 1998) ''इस्लामी पोजीशन'' को काफ़ी विवादमूलक और आक्रामक ढंग से प्रस्तुत करती है। यूरोपीय अहंमन्यता के विरुद्ध, अस्मितावादी राजनीति का समर्थन करते सरदार ही नहीं, और भी बहुत से लोग उसी समस्या की गिरफ्त में हैं, जिसकी चर्चा हमने दूसरे अध्याय में की है। 'ओरियंटलिज्म' का विरोध करने के लिए 'ऑक्सिडेंटलिज्म' का सहारा लेना। यूरोप के साम्राज्यवाद का विरोध करने के लिए गैर-यूरोप की घोर प्रतिक्रियावादी प्रवृत्तियों का समर्थन करने लगना—उनके प्रवक्ता बन जाने की हद तक। इसी का एक रूप हमारे अपने समाज में जाति की राजनीति और विमर्श में देखा जा सकता है।


['अकथ कहानी प्रेम की : कबीर की कविता और उनका समय' (2009) राजकमल प्रकाशन]

# धर्म, वैज्ञानिक चेतना और नैतिक विवेक

धर्म के उद्भव और विकास की ऐतिहासिक समीक्षा करते हुए फ्रेडरिक एंगेल्स ने 1886 में निष्कर्ष निकाला था कि 'धर्म आने वाले दौर में किसी प्रगतिशील वर्ग की आकांक्षाओं के विचारधारात्मक आवरण की भूमिका निभाने में अक्षम हो चुका है।'[1] एंगेल्स की समीक्षा मुख्य रूप से ईसाई धर्म के सन्दर्भ में थी। उनका मानना था कि वर्ग समाज के आरम्भ से अब तक (याने उन्नीसवीं सदी तक) धर्म (खासकर ईसाई धर्म) ने बीच-बीच में ऐतिहासिक रूप से प्रगतिशील भूमिका भी निभाई है। प्रगतिशील वर्गों के ऐतिहासिक हित धार्मिक चेतना की शब्दावली में प्रकट हुए हैं, लेकिन यह तो है ही कि 'धर्म का उदय आदिम समय में, प्रकृति और परिवेश के बारे में मनुष्य के भ्रान्त विचारों से ही हुआ है।'[2] इसीलिए धर्म की ऐतिहासिक रूप से प्रगतिशील भूमिका अब समाप्त होने को है। अब 'प्रकृति और परिवेश के बारे में मनुष्य के भ्रान्त विचारों का स्थान सही विचार ले रहे हैं, धार्मिक चेतना की जगह वैज्ञानिक चेतना ले रही है, इसलिए आधुनिक पूंजीवादी व्यवस्था, मानवीय विकास की वह आखिरी ऐतिहासिक अवस्था है जिसमें धर्म की कोई भूमिका हो सकती है। जैसे-जैसे 'प्रकृति और परिवेश' के बारे में मनुष्य के 'भ्रान्त विचारों' का स्थान वैज्ञानिक चेतना लेती जाएगी, वैसे-वैसे धर्म अक्षम होता जाएगा; उसकी भूमिका हाशिए तक सिमटती जाएगी। 19वीं सदी विज्ञान के अभूतपूर्व विस्तार और आत्मविश्वास की सदी थी। एंगेल्स के कथन में झलकता आत्मविश्वास न तो अनोखा था और न ही तत्कालीन सन्दर्भ में निराधार। मध्यकालीन यूरोप से चले आ रहे धर्म और विज्ञान के संघर्ष में, 19वीं सदी जैसे विज्ञान की अंतिम विजय की सदी बनकर आई थी। प्रकृति और परिवेश की धर्मानुमोदित व्याख्याएँ; पर्यवेक्षण और प्रयोग की वैज्ञानिक विधियों के सामने बेबस हो चली थीं। सैद्धान्तिक और व्यावहारिक, दोनों धरातलों पर धर्म की भूमिका हाशिए तक सिमटती जा रही थी। प्रकृति और परिवेश के मानवीय बोध पर धर्म के अधिकार को जबर्दस्त चुनौती मिल रही थी। धर्म की बोधात्मक भूमिका समाप्त-सी हो चली थी। 19वीं सदी के यूरोप में मानवीय चित्त धार्मिक संवेदना के बजाय वैज्ञानिक चेतना से परिभाषित हो रहा था। ऐसे में, एंगेल्स अपने समय की अग्रगामी चेतना को ही आशावादी स्वर दे रहे थे—धर्म की ऐतिहासिक भूमिका के खात्मे की शुरुआत का रेखांकन करके।

आज की अग्रगामी चेतना न तो धर्म की भूमिका की समाप्ति को लेकर ऐसा आशावादी स्वर अपना सकती है; न वैज्ञानिक चेतना की अनिवार्य प्रगतिशीलता को लेकर। धर्म की प्रतिक्रियावादी भूमिका तो खैर अपनी जगह, लेकिन 'प्रगतिशील वर्ग की आकांक्षाओं के विचारधारात्मक आवरण' के रूप में भी धर्म की भूमिका खत्म हो गई नहीं लगती। खासकर ईसाई धर्म में तो ऐसी भूमिका की पूरी सैद्धान्तिकी ही 'लिबरेशन थ्योलॉजी' के नाम से विकसित

हो गई है—निकारागुआ की सादिनिस्ता क्रान्ति के अनुभवों से वहाँ के प्रगतिशील ईसाइयों ने भी सीख ली और मार्क्सवादियों ने भी। वास्तव में तो, दूसरे महायुद्ध के बाद से ही यूरोपीय कम्युनिस्ट पार्टियों ने धर्म–खासकर रोमन कैथोलिक ईसाइयत–के प्रति अपने रुख पर पुनर्विचार करना आरम्भ कर दिया था। इस पुनर्विचार के पीछे एंटोनियो ग्राम्शी के चिन्तन की स्पष्ट छाप थी। इटली की कम्युनिस्ट पार्टी ने 1945 में ही अपने दरवाजे रोमन कैथोलिक आस्थावानों के लिए खोल दिये थे—जवाब में पोप पायस बारहवें ने ऐसे 'रोमन कैथोलिक कम्यूनिस्टों' को धर्म बाहर कर दिया था। ये वही पोप थे, जिन्हें 'हिटलर का पोप कहा गया है।' उपनिवेशवाद विरोधी संघर्षों में तो धर्म की भूमिका जगजाहिर ही है—केवल प्रतिक्रियावादी रूप में नहीं, प्रगतिशील रूप में भी। और केवल भारत या हिन्दी भाषी क्षेत्र में ही नहीं, एशिया, अफ्रीका, लैटिन अमेरिका के अनेक समाजो में। धर्म की प्रगतिशील भूमिका के इसी सिलसिले की एक अत्यन्त महत्त्वपूर्ण और समकालीन कड़ी है—दक्षिण अफ्रीका में नस्लवादी शासन की समाप्ति के बाद स्थापित किया 'ट्रुथू ऐण्ड रिकंसायलेशन कमीशन।' इस कमीशन के जरिये; 'कनफ़ेशन की ईसाई धारणा का कल्पनाशील विस्तार किया गया, और समाज को प्रतिशोधवादी राजनीति की चपेट में आने से बचाया गया।

धर्म के कट्टरपंथी, हिंसक और प्रतिक्रियावादी रूपों की वापसी से तो सारा संसार इस वक्त त्रस्त है ही। इस वापसी का संवेदनशील ढंग से अध्ययन करते हुए मार्क युरगेंसमेयेर ने ठीक ही लक्ष्य किया है कि, 'शुभ–अशुभ के बीच शाश्वत और सृष्टिगत (कॉस्मिक) संघर्ष की धार्मिक कल्पना घोर निराशा के क्षणों में, अपनी मिथकीय ताकत के बूते बहुत बड़ा संसाधन बन जाती है।'[4] ऐसे 'घोर निराशा के क्षणों में ऐसे 'मिथकीय संसाधन' का उपयोग धार्मिक अस्मिता, सांस्कृतिक पहचान की रक्षा के नाम पर कैसे–कैसे लोग कैसे–कैसे लक्ष्यों के लिए कर रहे हैं। इसके अलग–अलग उदाहरण गिनाने की ज़रूरत है क्या?

और यह सब तब, जब कि विज्ञान का अभूतपूर्व विकास और विस्तार हुआ है। प्रविधि के रूप में भी, सैद्धान्तिकी के धरातल पर भी। प्रकृति और परिवेश की 'भ्रान्त' धार्मिक समझ की जगह पर्यवेक्षण और प्रयोग पर आधारित 'वैज्ञानिक चेतना' का वर्चस्व निर्विवाद है। साधारण से साधारण जीवन–स्थिति में वैज्ञानिक प्रविधि का हस्तक्षेप विश्वव्यापी है—और उतना ही विश्वव्यापी है धर्म की वापसी का माहौल। कहीं–कहीं प्रगतिशील वर्गों की आकांक्षाओं के विचारधारात्मक आवरण के रूप में; ज्यादातर स्थितियों में विकट रूप से प्रतिक्रियावादी राजनीति के माध्यम के रूप में। धर्म और वैज्ञानिक चेतना के बीच उलट अनुपात के संबंध की कल्पना बस कल्पना ही रह गई है। एक सदी के अनुभवों ने दिखा दिया है कि विज्ञान और वैज्ञानिक चेतना का विकास और विस्तार धर्म को हाशिए पर पहुँचाने में पूरी तरह विफल रहा है।

ऐसा क्योंकर हुआ?

'नावक के तीर' नुमा इस सवाल में कई सवाल छुपे हैं। इसकी ध्वनि–प्रतिध्वनि कई दिशाओं में दूर–दूर तक जाती है। समस्याएँ सैद्धान्तिक भी हैं; अनुभवपरक भी। विचार शुद्ध, अमूर्त, गणितीय तर्क हैं के सन्दर्भ में भी किया जा सकता है ठोस, ऐतिहासिक अनुभवों और विशिष्ट सामाजिक स्थितियों के सन्दर्भ में भी। जाहिर है कि इन सब पर यहीं विचार करना सम्भव नहीं। सीमाएँ लेख की भी हैं, लेखक की भी। थोड़ी तफ़सील के साथ बात दो–एक पहलुओं पर ही हो सकेगी।

## 2

धर्म और वैज्ञानिक चेतना के बीच उलट अनुपात का संबंध मानने वाले; उन्नीसवीं सदी के, आशावाद की बुनियादी खामी क्या थी?

धर्म की भूमिका के केवल बोधात्मक पक्ष पर ध्यान देना। उसी को धर्म का सार और सर्वस्व मान लेना। इस तथ्य की उपेक्षा करना कि मानवीय चेतना में धर्म की रागात्मक भूमिका भी होती है। इस तथ्य को अनदेखा कर देना कि जितनी अदम्य मनुष्य की जिज्ञासा है, उतना ही प्रबल है अज्ञेय के प्रति उसका आकर्षण। जितनी प्रबल उसकी इच्छा है, चीजों को जानने की, उतनी ही प्रचण्ड अभीप्सा है रचने की। मनुष्य रचाव के रहस्य को सिर्फ़ खोलना ही नहीं चाहता; वह उसे सराहना भी चाहता है। किसी फूल की पंखुडियों को एक-एक कर उतारना जितना मानवीय है, उतना ही मानवीय है उन पंखुड़ियों के फूल रूपी रचाव पर मुग्ध और विस्मित होना।

विस्मय जिज्ञासा का विलोम नहीं प्रस्थान है। ब्रह्माण्ड की अनन्तता को ध्यान में रखें तो अन्ततः विस्मय जिज्ञासा का लक्ष्य भी है। रचाव के प्रति विस्मय भरा यह आकर्षण ही सौन्दर्य के प्रति मनुष्य के सहजात लगाव का आधार है। कुम्हार का बनाया घड़ा हो; या सुनार का बनाया जेवर, या चित्रकार का बनाया चित्र या कवि की गढ़ी कविता-मनुष्य की रचनाशीलता में सौन्दर्य केवल किसी अन्य लक्ष्य की प्राप्ति का उपकरण नहीं, उसके मानवीय स्वभाव के एक से महत्त्वपूर्ण अंश हैं। इनमें से कोई एक साध्य-बाकी सब साधन मात्र, कोई एक लक्ष्य-बाकी सब उसकी प्राप्ति के उपकरण मात्र-ऐसा मानना निराधार है। मानवीय चेतना में रागात्मक का महत्त्व बोधात्मक से कम नहीं ऐन उसके बराबर है। इसीलिए ऐसी कोई भी व्याख्या या जीवन दृष्टि जो इनमें से एक ही पर ध्यान दे—मनुष्य के लिए अधूरी और अपर्याप्त है। आइंस्टीन ने जब किसी वैज्ञानिक निष्कर्ष की स्वीकृति की शर्त यह लगाई कि उसे सिर्फ़ 'सही' नहीं, 'सुन्दर' भी होना चाहिए, तो वे इसी तथ्य का मार्मिक रेखांकन कर रहे थे। और वैज्ञानिक भी।

धर्म बोधात्मकता को तो सम्बोधित करता ही है, वह रागात्मक से भी संवाद करता है। वह प्रकृति और परिवेश के प्रति मानवीय जिज्ञासा का समाधान देने के साथ-साथ, इस प्रश्न का भी उत्तर देता है कि प्रकृति-परिवेश में मनुष्य के होने का अर्थ क्या है। उसके जीवन का लक्ष्य क्या है। ज्ञान प्रदान करने के साथ ही, धर्म अज्ञेय के प्रति मानवीय आकर्षण को भी धारण करता है। वह रहस्यों का उद्घाटन, उनकी व्याख्या तो अपने ढंग से करता ही है, नितान्त निविड़ एकान्त अनुभवों के रहस्यों को धारण करने वाली; उनका आस्वाद सम्भव कर सकने वाली क्षमता भी मनुष्य को प्रदान करता है। 'रहस्योद्घाटन' तो वह करता ही है; रहस्य की सम्भावना को लगातार बनाए भी रखता है। मनुष्य के सर्वाधिक वैयक्तिक और सर्वाधिक सामाजिक अनुभव-प्रेम-को धर्म अपने मुहावरे के जरिए बोधगम्य बनाता है—उसके रागात्मक रहस्य की रक्षा करते हुए। प्रेम का जो अनुभव लौकिक वास्तव के सन्दर्भ में असम्भव या अस्वीकार्य लगे, धर्म उसके अलौकिकीकरण का अवकाश प्रदान करता है। धर्म में अन्तर्निहित समग्रता मानुष प्रेम को बैकुंठी बना देती है। 'बैकुंठी' बनकर प्रेम का मानवीय भाव भक्ति और तसव्वुफ़ सरीखी सर्जनात्मक, कल्पनात्मक धर्मदृष्टियों का आधार बनता है। मानवीय चित्त के रागात्मक पहलू का संबंध इस प्रकार धर्म से जुड़ जाता है।

धर्म की इस रागात्मक और बोधात्मक समग्रता को ध्यान में रखे बिना उसकी ऐतिहासिक और सामाजिक भूमिका की सम्यक् समीक्षा असम्भव है। इसी समग्रता के कारण धर्म की भूमिका सूचनापरक, संज्ञानात्मक भर न रहकर रूपान्तरणपरक हो जाती है। इसी समग्रता के कारण, वैज्ञानिक चेतना धर्म का विकल्प नहीं बन पाती-स्वयं वैज्ञानिकों की चेतना में भी नहीं। इसी समग्रता के कारण, भीष्म साहनी के शब्दों में, 'वक्त बीतने पर शायद प्रत्येक व्यक्ति अपने लिए एक छोटा सा, निजी 'धर्म' गढ़ लेता है।'[5]

लेकिन प्रत्येक व्यक्ति को अपना छोटा-सा निजी धर्म गढ़ने की छूट धर्मसत्ता नहीं देती। रागात्मक और बोधात्मक समग्रता के बल पर धर्म मनुष्य पर 'फ़ाउस्टियन पैक्ट' आरोपित कर देता है। सुरक्षा के बदले विवेक का सौदा। पावनता के बोध के बदले मूल्यों के बोध का सौदा। अमरता या शाश्वत जीवन के आश्वासन के बदले जिज्ञासा का सौदा। जीवन की सार्थकता के बदले प्रश्नाकुलता का सौदा। धर्म के 'फ़ाउस्टियन पैक्ट' की सफलता का राज ही यह है कि वह केवल भय और भ्रान्ति पर आधारित नहीं है। वह मनुष्य के बोधात्मक और रागात्मक दोनों को एक साथ सम्बोधित करने की सामर्थ्य पर आधारित है। इसी सामर्थ्य के कारण, धर्म एक टोटल 'नैरेटिव' है—समग्र आख्यान। रागात्मक- बोधात्मक को एक साथ सम्बोधित करने वाली यह समग्रता ही धर्म की असली ताकत है। धर्मसत्ता मनुष्य को 'निजी धर्म गढ़ने की छूट देने के बजाय समग्रता बोध का बना बनाया पैकेज प्रदान करती है।'

इस पैकेज में चार चीजें हैं। हर चीज मनुष्य की अस्तित्वगत ज़रूरतों को सन्तुष्ट करने के लिए पेश की गई है; इसलिए अपनाई जाती है। मनुष्य विवेकशील प्राणी है; ऐन इसी वजह से उसे पावनता का बोध; उस बोध को धारण करने और व्यक्त करने का अवकाश भी चाहिए। वह कल्पनाशील प्राणी है; इसलिए उसे अपने अनुभव के 'यहाँ और 'अभी' से आगे की कल्पना का बोध चाहिए। वह सामाजिक प्राणी है; इसलिए उसे सामाजिक संबंधों; कर्त्तव्यों, अधिकारों की व्यवस्था चाहिए। जितना स्वाभाविक मनुष्य का आत्मबोध है; उतना ही स्वाभाविक है उसका अन्यता बोध। जितना वास्तविक मनुष्य मात्र का अन्ततः मनुष्य होना है; उतना ही वास्तविक है-भिन्न भिन्न प्रकार से मनुष्य होना।

व्यक्ति के रूप में भी, समूह के रूप में भी। दोनों रूपों में मनुष्य दूसरे मनुष्यों के साथ अपने एक से पन को ही नहीं, अपनी भिन्नता को भी पहचानता है; और इस पहचान को बनाए रखना चाहता है। ऐसी भिन्नता की पहचान का आधार भी मनुष्य को चाहिए।

किसी भी धर्म को देखें; उसके पैकेज में इन चारों ज़रूरतों की पूर्ति की गई है। धर्म पावनता बोध की ज़रूरत पूरी करता है। हर धर्म (बल्कि गैर-धार्मिक जीवन दृष्टि और व्यवस्था भी) सूक्ष्म, अमूर्त पावनता बोध की ज़रूरत को ठोस प्रतीकों के धरातल पर पूरा करता है। मंदिर मस्जिद, राष्ट्र ध्वज, पार्टी फ़्लैग-पावनता के ऐसे ही प्रतीक हैं; जिनके प्रति आस्था और सम्मान की मांग मनुष्य से की जाती है। यह मांग स्वयं मनुष्य की भी मांग है। ऐसी जगह, ऐसे प्रतीक मनुष्य को चाहिए ही जिनके जरिए वह पावनता के अपने अवकाश की रचना कर सके। 'यहाँ' और 'अभी' से आगे की कल्पना को तृप्त करने का दावा तो धर्म के अस्तित्व का आधार ही है। इसी आधार पर धर्म स्वयं को ऐतिहासिक परिघटना के बजाय अलौकिक योजना, दैवीय इच्छा के रूप में प्रस्तुत करता है। सामाजिक संबंधों के संचालन की नैतिक व्यवस्था देने का दावा धर्म का रहा ही है और वह समूह की विशिष्ट पहचान-अन्यों से भिन्नता का आधार बनता ही है। विधर्मियों, अन्य धर्मावलंबियों से भिन्न अपने धर्म और उसके अनुयायियों की अलग पहचान।

इन चार चीजों के पैकेज के ही कारण धर्म टोटल नैरेटिव बनता है-और 'टोटेलेटेरियन नैरेटिव' भी। इस समग्रता के कारण धर्म मनुष्य की आध्यात्मिक और सामाजिक पिपासाओं को तृप्त करने का दावा करता है। इसी समग्रता के कारण वह मनुष्य को उसके जीवन के किसी वृहत्तर लक्ष्य; उसकी सार्थकता का आभास करा पाता है—और ऐसे आभास के बिना मनुष्य का जीवन सम्भव ही नहीं। पावनता की खोज, आध्यात्मिक सन्तुष्टि की भूख-मनुष्य की आदिम भूख है और धर्म इस भूख को तृप्त करने का दावेदार। धर्म के प्रति मनुष्य का आकर्षण इस तृप्ति के कारण ही है—और इसी कारण धर्म अपने आस्था तंत्र (डॉग्मा) के प्रति मनुष्य का समर्पण हासिल करता है। पावनता की तलाश, अध्यात्म की पिपासा होती इसी कारण है कि मनुष्य विवेकशील प्राणी है—और धर्म अपने आस्था तंत्र के जरिए पावनता बोध को विवेक के ख़िलाफ़ खड़ा कर देता है। धर्म का चरित्र और उसकी भूमिका यदि केवल बोधात्मक होती तो ऐसा होते रहना सम्भव न था। विवेक के विरुद्ध पावनता बोध को धर्म अड़ा पाता है तो इसलिए कि उसका चरित्र बोधात्मक-रागात्मक की समग्रता से परिभाषित होता है। इस बोधात्मक-रागात्मक चरित्र के ही कारण धर्म के साथ मनुष्य का संबंध मोहात्मक हो जाता है—विवेक विरोध की हद तक मोहात्मक। यह मोहात्मक संबंध ही धर्म द्वारा मनुष्य पर आरोपित 'फ़ाउस्टियन पैक्ट' है।

इस 'फ़ाउस्टियन पैक्ट' में धर्म दावा करता है कि उसके पास-सिर्फ़ उसी के पास मनुष्य की आध्यात्म सत्ता को व्यक्त करने की भी सामर्थ्य है और सहज नैतिक विवेक को भी। बदले में वह मांग करता है कि आप उस सामाजिक सत्तातंत्र और सामाजिक अस्मिता को भी 'सहज' 'विवेकयुक्त' और दैवीय मान लें जिसे धर्म प्रामाणिकता प्रदान कर रहा है। वर्णाश्रम हो या संघ; चर्च हो या ख़िलाफ़त-धर्म द्वारा समर्थित सत्तातंत्र इस पैक्ट में 'सहज; मानवीय स्वभाव के लिए ज़रूरी; ईश्वर द्वारा रचित बना दिया जाता है। सत्तातंत्र और अस्मिता बोध ऐतिहासिक (इसलिए परिवर्तनीय) न रहकर दैवीय (इसलिए शाश्वत) बना दिए जाते हैं। सत्तातंत्र और अस्मिता के प्रवक्ताओं, प्रतिनिधियों का विरोध उनका विरोध न रहकर स्वयं ईश्वर (या आस्था) के प्रति अपराध मान लिया और मनवा लिया जाता है। जो धर्म सिद्धान्ततः ईश्वर की सत्ता स्वीकार नहीं करते (जैसे बौद्ध और जैन धर्म); उनमें भी ऐतिहासिक को शाश्वत और जिरह को अपराध बनाने का चक्र चलता ही है। इस प्रसंग में, महत्त्व ईश्वर की स्वीकृति-अस्वीकृति का नहीं; आस्था तंत्र (डॉग्मा) के प्रति समर्पण करने का जो ठहरा। मानवीय जिज्ञासा की अभिव्यक्ति; विवेक को स्वर देने की कोशिश धर्म के फ़ाउस्टियन पैक्ट में पाप, धर्मद्रोह, कुफ्र और हेरेसी बन जाती है। धर्म की भूमिका चूंकि रागात्मक को भी छूती है; इसलिए वह ऐसा विचारधारात्मक आवरण मात्र नहीं है जो वैज्ञानिक सोच के विस्तार के साथ निस्तेज और दरकिनार होता चला जाए। उन्नीसवीं सदी के विज्ञानपरक आशावाद की भूमि में पनपी धर्म-समीक्षा की सबसे बड़ी समस्या यही है कि वह धर्म की रागात्मक भूमिका की उपेक्षा करती है। धर्म पावनता की खोज को विवेक के विरुद्ध अड़ाता है; यही काम ऐसी अधूरी धर्म-समीक्षा भी करती है। धर्म इस खोज का अपने ढंग से दोहन करता है—अधूरी धर्म-समीक्षा इस खोज को विचारधारात्मक आवरण तक सीमित कर देती है। ऐसी समीक्षा का ध्यान धर्म-पैकेज के दो ही घटकों पर रहता है—आस्था तंत्र (डॉग्मा) और अस्मिता बोध। इस बात की अनदेखी होती है कि ये दोनों घटक ताकत हासिल करते हैं—पावनता की खोज, आध्यात्मिक पिपासा, लोकोत्तरता (ट्रांसेन्डेंस) और नैतिकता संबंधी धर्म के दावों के कारण। आस्था तंत्र विचारधारात्मक आवरण बनी सामर्थ्य

हासिल ही कर पाता है—लोकोत्तरता, आध्यात्मिकता की सहज मानवीय पिपासा को तृप्त करने के दावों के कारण। बोधात्मक धरातल पर धर्म द्वारा प्रस्तावित भ्रान्त विचार मनुष्य के चित्त में जम पाते हैं—धर्म की रागात्मक भूमिका के कारण। भ्रान्त विचारों का निराकरण करने वाली वैज्ञानिक चेतना की बोधात्मक भूमिका धर्म की रागात्मक भूमिका का विकल्प बन ही नहीं सकती। स्वयं बोधात्मक भूमिका के धरातल पर भी विज्ञान अधिक से अधिक ईश्वर की सत्ता को तर्क संगत ढंग से नकार सकता है। ईश्वर की सृष्टि निर्माण करने वाली, सृष्टि का संचालक होने वाली भूमिका को। इसीलिए विज्ञान यदि संघर्ष करे तो ईश्वरवादी धर्मों के तर्क को तो वह सिद्धान्ततः परास्त कर सकता है; लेकिन ईश्वरविहीन धर्मों का वह क्या करेगा? उन भाववादी (आइडियलिस्ट) दर्शनों का क्या करेगा जो आत्मसजग रूप से 'ईश्वर' को भी अन्ततः एक 'आइडिया' ही मानते हैं–सृष्टि का निर्माता और प्रबंधक नहीं।

धर्म की गहरी आलोचना करने के लिए कुछ भोले विश्वासों से मुक्त होना ज़रूरी है। धर्म और ईश्वर का सहअस्तित्व ऐसा ही भोला विश्वास है। धर्म और ईश्वर का सहअस्तित्व असल में एकेश्वरवादी धर्मों की विशेषता है—धर्म मात्र की नहीं। वैदिक चिन्तन परंपरा में, 'आस्तिक' का आशय ईश्वर में विश्वास करने वाले से नहीं, वेद की 'अथॉरिटी' को स्वीकार करने वाले से है। इसीलिए सांख्य निरीश्वरवादी दर्शन है—नास्तिक नहीं। दूसरी ओर निरीश्वरवाद धार्मिक अंधविश्वास और धर्म की प्रतिक्रियावादी भूमिका के ख़िलाफ़ कोई गारण्टी नहीं बनता। यह मानना ऐतिहासिक रूप से असम्भव है कि बौद्ध या जैन धर्म ने हर समय और हर समाज में प्रगतिशील भूमिका ही निभाई है। बात किसी एक धर्म तक सीमित रखने के बजाय, धर्म मात्र के सन्दर्भ में की जाए तो यह देखना कठिन नहीं है कि धर्म की ताकत की जड़ें ईश्वरवाद तक सीमित नहीं है। सभी धर्मों को ध्यान में रखकर, धर्म मात्र की समीक्षा करें तो यह समझना मुश्किल नहीं है कि ईश्वरवाद धर्मदृष्टि का सार्वभौम लक्षण नहीं है। इसीलिए वैज्ञानिक चेतना के जरिए ईश्वरवाद का निराकरण कर भी दिया जाए तो धर्मदृष्टि की पकड़ बनी रहेगी। महत्त्व ईश्वर का उतना नहीं है, जितना कि सृष्टि के अनन्त अस्तित्व का। धर्म की शक्ति ईश्वर में आस्था से सम्भव नहीं होती। वह सम्भव होती है सृष्टि के अनन्त विस्तार में मनुष्य की सार्थकता के रेखांकन से—उसके आख्यान से। मनुष्य की अध्यात्म सत्ता को भाषा देने का दावा ही धर्म को मनुष्य के लिए इतना ज़रूरी बनाता है—ईश्वर का होना या न होना नहीं। मनुष्य की आध्यात्मिक पिपासा, अस्तित्व की अनुभवसम्मत सच्चाई है— विचारधारात्मक आवरण नहीं। ब्रह्माण्ड की अनंतता ऐसा तथ्य है जिसकी स्वीकृति बीसवीं सदी की भौतिकी को उन्नीसवीं सदी की यांत्रिक भौतिकी से अलग करती है।

स्वाभाविक रूप से, भौतिकी के महानायक आइंस्टीन ब्रह्माण्डीय विस्मय और आह्लाद (कॉस्मिक वंडर, एक्सटेसी) को 'वैज्ञानिक की धर्म-भावना' कहते थे। क्या इस कथन का आशय स्पष्ट नहीं? क्या इस कथन में धर्म की रागात्मक भूमिका की स्वीकृति दर्ज नहीं हो रही? क्या इसमें मनुष्य की आध्यात्मिक पिपासा; पावनता की खोज का महत्त्व रेखांकित नहीं हो रहा?

धर्म की सबसे बड़ी ताकत उसकी रागात्मकता है। अध्यात्म संवेदना पर धर्म का एकाधिकार उसकी सबसे बड़ी शक्ति है। इस संवेदना का धर्म के आलोचकों द्वारा पूर्ण नकार धर्म की शक्ति को घटाने की बजाय लगातार बढ़ाता आया है। मूलभूत प्रश्न धर्म के बाहर अध्यात्म की कल्पना करने का है। धर्म-समीक्षा को बोधात्मक तक सीमित रखने के बजाय; धर्म के रागात्मक पहलू

की भी समीक्षा करने का है। धर्म की द्वन्द्वात्मक समग्रता के किसी एक ही पहलू पर ध्यान देने का नतीजा तो यही होगा कि आप समझें चलो, धर्म से छुट्टी पा ली और इतिहास के अगले ही मोड़ पर धर्म मुँह फैलाए खड़ा मिल जाए। और भी अधिक शक्तिशाली रूप में और भी अधिक विकृत रूप में।

इस बात पर ध्यान देना चाहिए कि जैसे-जैसे राजनीति में सक्रिय रूप से हिस्सा लेने वाले लोग विस्तृत सामाजिक आधार से आते जा रहे हैं; जैसे-जैसे समाज की निचली सतहें राजनीति में अभिव्यक्ति पा रही हैं, वैसे-वैसे धर्म की राजनीतिक भूमिका बढ़ती जा रही है। राजनीतिक प्रक्रिया का लोकतांत्रिकीकरण जैसे राजनीति के सेकुलराइजेशन-लौकिकीकरण से उलटी दिशा में चल रहा है। धर्म 'निजी' क्षेत्र तक सीमित रहने के बजाय उत्तरोत्तर सार्वजनिक और राजनैतिक होता चला जा रहा है। केवल हिन्दी क्षेत्र में ही नहीं, सारे विश्व में। ऐसा क्यों है ? सैद्धान्तिक धरातल पर जो वैज्ञानिक चेतना, जो लोकतांत्रिकीकरण धर्म के ख़िलाफ़ जाना चाहिए था, धर्म उसके साथ ही फल-फूल क्यों रहा है ?

यह बिल्कुल सच है कि विवेक-विरोधी, मानवद्रोही राजनीति करने वाले धर्म का, आस्था का दोहन करते हैं। सवाल लेकिन यह है कि वे ऐसा कर क्यों पाते है ? यह सही है कि लोगों को भावना के नाम पर भड़काया जाता है। सवाल लेकिन यह है कि लोग भड़क क्यों जाते हैं ? विवेक को तिलांजलि क्यों दे देते हैं ? वैज्ञानिक प्रगति; लोकतांत्रिक चेतना के विस्तार के बावजूद धर्म के आधार पर लोगों को 'मोबलाइज' करना इतना आसान क्यों बना हुआ है ?

इसलिए क्योंकि धर्म एक टोटल नैरेटिव है। जैसे चार के अंक में, एक एक के चार, या दो दो के दो अंक होते ही हैं; लेकिन चार के अंक की अपनी सत्ता एक एक के चार या दो दो के दो अंकों से अलग होती है—यह अलग होना ही चार के अंक की स्वतंत्रता और समग्रता है। वैसे ही, धर्म-आस्था तंत्र, नैतिक अनुशासन, अस्मिता और अनुभव की व्याख्या का दावेदार है—इन चारों से मिलकर, उसकी जो समग्रता बनती है-वह इन चारों से ऊपर है। इनमें से किसी एक में समग्रता को रिड्यूस नहीं किया जा सकता। यह समग्रता अवेध्य आस्था का रूप लेती है— अध्यात्म के प्रश्नों पर धर्म के एकाधिकार के कारण। मजे की बात यह है कि अध्यात्म पर धर्म के एकाधिकार को प्रचंड धर्म विरोधी भी कोई चुनौती नहीं देते। उलटे, वे अध्यात्म सत्ता और उसकी अभिव्यक्ति के अस्तित्व को ही नकार देते हैं। इस उलट-पुलट के फलस्वरूप धर्म की ताकत और बढ़ जाती है।

फिर धर्म सामूहिक स्मृति भी है। किसी समूह की भिन्नता और अस्मिता का वाचक भी है। यही कारण है कि धर्म किसी जनसमूह द्वारा प्रगतिशील और प्रतिक्रियावादी दोनों में से किसी भी तरह की राजनीति को अपनाने का माध्यम बनाया जा सकता है। प्रतिक्रियावादी विवेक विरोधी अस्मितावाद की राजनीति में तो धर्म की भूमिका निर्णायक ही होती है। ऐसी राजनीति अपने विवेकविरोधी स्वभाव पर 'नैतिकता' और 'शुद्धता' का परदा डालने के लिए सबसे अधिक सहायता धर्म के स्मृतिपरक, अस्मितापरक पहलू से प्राप्त करती है। धर्म की समग्रता के कारण ऐसी राजनीति सुविधापूर्वक अपने आप को अवेध्य आस्था का रूप दे देती है। 'मंदिर वहीं बनाएँगे' की हुंकार राजनैतिक बहस के क्षेत्र से निकलकर अवेध्य आस्था के पवित्र क्षेत्र में पहुच जाती है। मस्जिद का विध्वंस सांस्कृतिक अस्मिता के रेखांकन का अनुष्ठान बन जाता है। लोकतांत्रिक राजनीति बदलाव लाने की बजाय बदला लेने की प्रक्रिया में तब्दील कर दी जाती है।

ध्यान देने की बात है कि हिन्दुत्व की राजनीति उपरोक्त प्रक्रिया का; विवेकविरोधी अस्मितावाद का एक उदाहरण ही है, एकमात्र नहीं।

ध्यान देने की बात यह भी है कि ऐसी राजनीति की स्वीकृति का एक बड़ा कारण यह है कि उन्नीसवीं सदी का यूटोपिया, बीसवीं सदी के मध्य तक आते-आते 'डिसटोपिया' में बदल गया था। वैज्ञानिक चेतना ने स्वयं विकराल हिंसा की राजनीति और सत्ता-लिप्सा के विचारधारात्मक आवरण का रूप ले लिया था। धर्म के 'टोटल नैरेटिव' के टोटेलेटेरियन रूप ले लेने की प्रक्रिया का इतिहास के रंगमंच पर जो पुन: प्रवेश हम इस दौर में देख रहे हैं—उसका संबंध स्वयं वैज्ञानिक चेतना की समस्याओं से भी है।

## 3

क्या है वैज्ञानिक चेतना?

सही उत्तर तक पहुँचने के लिए एक और सवाल साथ-साथ ही पूछना चाहिए।

उन्नीसवीं सदी की वैज्ञानिक चेतना और इक्कीसवीं सदी की वैज्ञानिक चेतना में क्या समानता है—और क्या फ़र्क़ है? बीसवीं सदी में ऐसा क्या हुआ जो उन्नीसवीं सदी और इक्कीसवीं सदी की वैज्ञानिक चेतना के बीच फ़र्क़ का सवाल उठ खड़ा हुआ?

बात यदि पद्धति की करें तो धर्म के विपरीत वैज्ञानिक चेतना के केन्द्र में आस्था नहीं, जिज्ञासा है। नहीं, ऐसा नहीं कि विज्ञान का आस्था से और धर्म का जिज्ञासा से कोई लेना-देना नहीं। बात केन्द्रीयता की है। धर्म भी सृष्टि के प्रति मनुष्य की जिज्ञासा से ही आरम्भ हुआ है; लेकिन धर्म द्वारा प्रस्तुत जिज्ञासा-समाधानों को आस्थाओं में बदल दिया गया। अवेध्य आस्थाओं में। विज्ञान की पद्धति ऐसी अवेध्य आस्थाओं से टकराती है। पर्यवेक्षण और प्रयोग के आधार पर सुझाए गए वैज्ञानिक समाधानों का विरोध करने वाले उनके स्थान पर नए समाधान सुझाने वाले वैज्ञानिक पुराने वैज्ञानिकों को गलत या अपर्याप्त सिद्ध करते हैं—विज्ञानद्रोही या आस्था के शत्रु नहीं। पारमाणविक सूक्ष्म जगत में पदार्थ के सूक्ष्मतम कण के व्यवहार के प्रसंग में जो विवाद नील बोर और आइंस्टीन के बीच हुआ—उसमें यह सत्य है कि आइंस्टीन हारे और नील्स बोर जीते। लेकिन नील्स बोर या क्वांटम भौतिकी से जुड़े किसी वैज्ञानिक ने आइंस्टीन पर विज्ञानद्रोही होने का या 'आस्थाओं को चोट पहुँचाने' का आरोप नहीं लगाया। विज्ञान की पद्धति जिज्ञासा, प्रयोग, पर्यवेक्षण और तार्किक सुसंगति पर आधारित है—कह सकते हैं कि यह पद्धति ही विज्ञान की केन्द्रीय आस्था है। इसी की कसौटी पर विभिन्न मान्यताएँ परखी जाती हैं। संग्रह-त्याग के विवेक का यही आधार है। इसी आधार पर उन्नीसवीं सदी की वैज्ञानिक चेतना के कई स्वयंसिद्ध इक्कीसवीं सदी की वैज्ञानिक चेतना द्वारा अस्वीकार कर दिए गए हैं। जिज्ञासा और तार्किक सुसंगति-वैज्ञानिक वक्तव्य को धार्मिक उपदेश से अलगाने वाली मूलभूत पहचान है। स्व. हरिशंकर परसाई ने ठीक याद दिलाया है : 'अपनी दुनिया और सम्पूर्ण सृष्टि की व्याख्या और समझ सबसे पहले धर्म ने दी, विज्ञान ने नहीं। या यों कहें कि धर्म पहला विज्ञान है। बाद में विज्ञानों ने जब दूसरी व्याख्याएँ कीं, दूसरे कार्य-कारण बताए, दूसरे अर्थ समझाए तब धर्म ने इन सबको नामंजूर कर दिया। इस तरह धर्म ने विज्ञान को नकारा ही नहीं, वैज्ञानिकों को ज्ञान देने के लिए सजा भी दी—ब्रूनो और गैलीलियो इसके उदाहरण हैं। इससे भी पहले? धर्म की आदिम अतार्किक धारणाओं को सुकरात ने तर्कों से गलत सिद्ध किया, तब उन्हें जहर का प्याला पीना पड़ा।'[7]

लेकिन ध्यान इस पर भी देना चाहिए कि ईसा मसीह को भी सलीब पर चढ़ना पड़ा था—और वे वैज्ञानिक नहीं थे। कबीर को बनारस छोड़ना पड़ा था—और वे वैज्ञानिक नहीं थे। स्वयं सुकरात को जहर इसीलिए पीना पड़ा था कि उनकी बातें 'मर्यादा' के विरुद्ध थीं। ईसा, सुकरात, कबीर और ब्रुनो के बीच वैज्ञानिक चेतना की समानता नहीं थी। समानता थी प्रभुत्वशाली सामाजिकता के सत्ता विमर्श को चुनौती देने की। सामाजिक शक्ति के तत्कालीन सन्तुलन को डिस्टर्ब करने की। मनुष्य की मूलभूत आध्यात्मिक पिपासा का दोहन कर धर्म संगठित सत्ता तंत्र का रूप लेता है। वह मनुष्य को उसकी अध्यात्म सत्ता से उसी तरह विच्छिन्न (एलिनिएट) कर देता है, जैसे अर्थतंत्र मनुष्य को उसकी शारीरिक गतिविधि से। अर्थतंत्र मनुष्य की स्वत:स्फूर्त शारीरिक-गतिविधि का खरीदने-बेचने योग्य श्रम के रूप में वस्तूकरण करता है; तो धर्म मनुष्य की स्वत:स्फूर्त आध्यात्मिक जिज्ञासा और बेचैनी का। ये दोनों वस्तूकरण परस्पर सम्बद्ध हैं। इसीलिए धर्म सामाजिक सत्तातंत्र को दैवी, सहज, स्वाभाविक ठहराने वाली छद्म चेतना का रूप लेता है—और इसीलिए वस्तूकरण के किसी भी रूप का; किसी भी हद तक विरोध करने वाले—धर्म के, आस्था के, मर्यादा के, सामाजिक अस्मिता के, ईश्वर के शत्रु ठहराए जाते हैं।[8]

बहुत से लोग वैज्ञानिक चेतना को ऐसी 'छद्म चेतना' की अनिवार्य, स्वयं सम्पूर्ण काट के रूप में देखते हैं। समझ कुछ इस प्रकार बनती है, चूँकि विज्ञान की पद्धति जिज्ञासा और तार्किक सुसंगति पर आधारित है और धर्म की पद्धति अवेध्य आस्था पर; इसीलिए धर्मजनित छद्म चेतना को वैज्ञानिक चेतना काट डालेगी।

काश, चूंकि और इसलिए का यह गणितीय फ़ार्मूला ऐतिहासिक अनुभव और जीवन व्यवहार में भी सिद्ध होता। बदकिस्मती से, ऐसा है नहीं। सैद्धान्तिक धरातल पर आस्थाओं की अवेध्यता को नकारने के बावजूद विज्ञान का अपना सत्ता तंत्र है; व्यापक सामाजिक सत्ता तंत्र के साथ उसके संबंध हैं—और कई बार वैज्ञानिक 'वस्तुनिष्ठता' के नाम पर विज्ञान के अपने सत्ता प्रतिष्ठान ने अत्यन्त चिन्ताजनक भूमिका भी निभाई है। नस्लवाद की नाजी विचारधारा को नस्लों के बीच प्राकृतिक भेद के नाम पर जायज ठहराने का काम वैज्ञानिक पद्धति से लैस वैज्ञानिक चेतना से संपन्न बहुत से लोगों ने किया था। आज की दुनिया में भी, हमारे अपने देश में भी वैज्ञानिक चेतना और लोकतांत्रिक मिजाज किसी अनिवार्य अन्तस्संबंध की सूचना नहीं देते। उलटे, विश्वविद्यालयों में विज्ञान का अध्ययन और शोध करने-कराने वालों के सामाजिक-सांस्कृतिक मिजाज आमतौर से लोकतांत्रिक संवेदना के ख़िलाफ़ ही होते हैं। सच तो यह है कि 'तार्किक सुसंगति' के आधार पर सामाजिक सत्तातंत्र और राजसत्ता को और भी अधिक संवेदनशून्य बनाया जा सकता है, बनाया गया है। न्यूट्रॉन बम का विकास ऐसी ही संवेदनशून्य, नैतिकता निरपेक्ष 'तार्किक सुसंगति' और वैज्ञानिक चेतना का परिणाम है।

आध्यात्मिकता और नैतिकता के सारे दावों के बावजूद धर्म संवेदनशून्य और इसी कारण मानवविरोधी हो सकता है। ठीक इसी तरह तार्किक सुसंगति और वैज्ञानिक पद्धति के सारे दावों के बावजूद विज्ञान भी संवेदनशून्य और मानवविरोधी हो सकता है। संवेदना और मानवीयता की दृष्टि से देखें तो धार्मिक आस्था का छद्म चेतना में बदलना जितना सम्भव है उतना ही सम्भव है वैज्ञानिक चेतना का छद्म चेतना में बदलना भी। धर्म का विचारधारात्मक दुरूपयोग हो सकता है तो विज्ञान का भी। धर्मजनित छद्म चेतना की काट करने के लिए वैज्ञानिक चेतना अपने आप में पर्याप्त नहीं है। ऐसी काट विकसित करने के लिए कुछ और भी चाहिए।

इस 'कुछ और' का बोध अर्जित करने में स्वयं विज्ञान के अपने इतिहास से क्या सहायता मिलती है ? क्या फ़र्क़ है, उन्नीसवीं सदी की और इक्कीसवीं सदी की वैज्ञानिक चेतना में ?

उन्नीसवीं सदी विज्ञान के आत्मविश्वास की सदी थी, तो बीसवीं सदी विज्ञान के आत्मपरीक्षण की। उन्नीसवीं सदी के विज्ञान के लिए ब्रह्माण्ड एक घड़ी की तरह था जो कुछ अटल नियमों के अनुसार अपने ढंग से चला आ रहा है; चलता रहेगा। हर कार्य का एक सुनिश्चित कारण है—जिसे विज्ञान फिलहाल चाहे न भी जानता हो लेकिन अन्ततः जान लेगा। पदार्थ की गतिविधि अपने आप में सम्पूर्ण है, उस पर इस बात का कोई प्रभाव नहीं पड़ता कि उसे कौन देख रहा है; कैसे देख रहा है। पर्यवेक्षक की अपनी स्थिति पर्यवेक्षण को और पर्यवेक्षण की विषय-वस्तु को प्रभावित नहीं करती। कार्य-कारण संबंध और वस्तुनिष्ठता—ये दो बातें उन्नीसवीं सदी की वैज्ञानिक चेतना को परिभाषित करती थीं।

इस वैज्ञानिक चेतना से प्रेरित जीवनदृष्टि में थी निश्चयात्मकता। सृष्टि के नियमों की ही तरह इतिहास के भी अकाट्य नियम खोज निकालने का उत्साह। इतिहास की गति की भविष्यवाणी कर सकने का आत्मविश्वास। पदार्थ को प्राथमिक और चेतना को पदार्थ के बाद का विकास मानने का आत्मविश्वास। वस्तुनिष्ठता पर अडिग आस्था।

जब इस 'वैज्ञानिक भौतिकवाद' को वस्तुजगत के साथ-साथ मानवीय चेतना पर भी लागू किया गया तो स्वाभाविक रूप से यह भी माना गया कि मनुष्य की चेतना के रागात्मक पक्ष का अलग से कोई स्वायत्त महत्त्व नहीं है। वह उसकी बोधात्मकता का ही एक रूप है। रागात्मकता के हर पहलू की कार्य-कारण परक, वस्तुनिष्ठ, 'वैज्ञानिक व्याख्या' की जा सकती है। मान लिया गया कि भावप्रसार ज्ञानप्रसार के भीतर ही होता है। भुला दिया गया कि वस्तुतः कई बार भावप्रसार ज्ञान का प्रसार करता है, ज्ञान की शक्ल-सूरत बदल डालता है। यह भूल उन्नीसवीं सदी की वैज्ञानिकता का मानो स्वभाव ही बन गई। कोई व्यक्ति या विचार यदि ऐसी 'वैज्ञानिकता' की चौहद्दी में समाने से इंकार करे, तो वह रहस्यवादी है। भौतिक विज्ञान के सन्दर्भ में 'अवैज्ञानिक' और सामाजिक कर्म के प्रसंग में, 'प्रतिक्रियावादी'।

इसी समझ की परिणति थी कि धर्म की भूमिका के बोधात्मक पहलू पर ही ध्यान दिया गया। माना गया कि अब सृष्टि के सभी रहस्यों की वैज्ञानिक व्याख्या या तो हो गई या होने को है—सो धर्म की ऐतिहासिक भूमिका अब समाप्त हुई। रागात्मक पक्ष स्वयं चूँकि बोधात्मक का ही विस्तार है; इसलिए उस पर अलग से विचार करने की ज़रूरत ही क्या ? मनुष्य की चेतना के सभी स्तर चूंकि सिद्धान्ततः निश्चयात्मक ज्ञानमीमांसा की सीमाओं के भीतर ही हैं, इसलिए तार्किक सुसंगति के परे, निश्चयात्मक ज्ञानमीमांसा की दृष्टि से रहस्यवादी हैं और सामाजिक दृष्टि से प्रतिक्रियावादी।

उन्नीसवीं सदी की वैज्ञानिक चेतना की ये सभी मान्यताएँ और इनकी वैचारिक परिणतियाँ तब तक सचमुच अकाट्य हैं जब तक हम यह समझें कि भौतिक परिघटना के हर धरातल पर वस्तु (ऑब्जेक्ट) और विषय (सब्जेक्ट) की असम्बद्धता, कार्य-कारण संबंध की अनिवार्यता और समय के रैखिक विकास (अतीत, वर्तमान और भविष्य) के निश्चयात्मक नियम लागू होते हैं। जब नियम हैं तो आज नहीं तो कल ज्ञात हो जाएँगे। जब पदार्थ की हर गतिविधि निश्चित है तो उस निश्चितता की प्रक्रिया मनुष्य को आज नहीं तो कल समझ आ जाएगी। नियम है, और वे निश्चित हैं। ऐसा नहीं है जैसा कि जुए के खेल में पांसा फेंकते समय होता है कि पता नहीं कैसा पासा पड़ेगा। इसी निश्चयपरक वैज्ञानिक चेतना; भौतिक जगत की

नियमबद्धता में इसी आस्था की अभिव्यक्ति आइंस्टीन के इन प्रसिद्ध शब्दों में हुई है : ईश्वर जुआ नहीं खेलता–पांसा नहीं फेंकता।'

## 4

और यदि ईश्वर सचमुच जुआ खेलता हो, तो?

यदि भौतिक जगत में वैसी ही अनिश्चितता हो जैसी जुए के, पासे के खेल में होती है, तो?

इन सवालों के जो उत्तर पारमाणविक धरातल पर पदार्थ की गतिविधि का अध्ययन करने वाले भौतिकीविदों को प्राप्त हुए उन्होंने स्वयं वैज्ञानिक चेतना के स्वयंसिद्धों–विज्ञान की मूलभूत मान्यताओं—में मौलिक परिवर्तन ला दिया है। मौलिक और मूलभूत। इक्कीसवीं सदी की वैज्ञानिक चेतना आत्मविश्वास और आत्मपरीक्षण के अनुभवों से गुजर चुकने के बाद अस्तित्व की इस सच्चाई के बोध से संपन्न है कि सृष्टि सिर्फ़ नियमबद्ध नहीं, नियमरहिता भी है। अनिश्चितता सिर्फ़ इस बात की सूचना नहीं देती कि हम निश्चित नियमों से फिलहाल वाक़िफ़ नहीं है। अनिश्चितता पदार्थ की गतिविधि के स्वभाव में ही है। बहुत से 'कार्य' ऐसे होते हैं—जिनका कोई 'क़ारण' नहीं है। जिस 'वस्तु' का अध्ययन किया जा रहा है, वह अपनी अवस्थिति और गतिविधि इस वजह से बदल लेती है कि उसका अध्ययन कहाँ से और कैसे किया जा रहा है। अर्थात् वस्तुनिष्ठता उतनी वस्तुनिष्ठ वस्तु है नहीं, जितनी हम समझते आए हैं!

ये बातें हमारे अनुभव के भौतिक जगत (मैक्रो वर्ल्ड) में कितनी भी अटपटी, अतार्किक और अवैज्ञानिक क्यों न लगें, भौतिक जगत के ही सूक्ष्मतम धरातल (माइक्रो वर्ल्ड) पर यही बातें सच हैं। इस धरातल पर तो कण और तरंग का पार्थक्य समाप्त हो जाता है; पर्यवेक्षण और पर्यवेक्षित की दूरी मिट जाती है; हाइज़ेनबर्ग के शब्दों में, 'भीतर-बाहर का, शरीर और आत्मा का, विषय और वस्तु का द्वैत फ़िज़ूल हो जाता है।' और, नील्स बोर के शब्दों में, 'भौतिकी कविता की भाषा में बात करने को विवश हो जाती है।'

भौतिकी के लिए बीसवीं सदी का आरम्भ ही विवशता के इस साक्षात्कार की ओर कदम बढ़ाने से हुआ। विवशता–सृष्टि को यंत्रपरक, नियमपरक तार्किक सुसंस्कृति की भाषा में बखानने के बजाय समग्रतापरक, विरोधाभासयुक्त, कवि–सुलभ, रहस्यात्मक भाषा में समझने की। मैक्स प्लांक के प्रकाश संबंधी अनुसधानों और नील बोर के पदार्थ के सूक्ष्मतम कण के व्यवहार संबंधी अनुसंधानों ने ब्रह्माण्ड के बारे में वैज्ञानिक चेतना के स्वरूप में ही परिवर्तन ला दिया। (प्रसंगवश पिछले वाक्य में जिसे 'कण' कहा गया, वह उस सूक्ष्म जगत–माइक्रो वर्ल्ड–में 'तरंग' की तरह भी व्यवहार करता है। इसीलिए इस धरातल पर पदार्थ के जिस अवतार का अध्ययन भौतिकी करती है—उसे नाम दिया गया—क्वांटम। क्वांटम याने पदार्थ भी, ऊर्जा भी, बल भी, गति भी—एक अविभाज्य सत्ता।)

क्वांटम भौतिकी के निष्कर्ष और उनकी दार्शनिक परिणतियाँ सर चकरा देने वाली हैं। ये निष्कर्ष केवल अन्तर्दृष्टि के आधार पर प्रस्तावित नहीं किए गए हैं। केवल अन्तर्दृष्टि से वैज्ञानिक सन्तुष्ट भी कहाँ होते हैं? बीसवीं सदी के तीसरे दशक में नील बोर ने क्वांटम के व्यवहार के बारे में जो कुछ कहा था, ठेठ वैज्ञानिक पद्धति से कहा था। पर्यवेक्षण, प्रयोग और तार्किक प्रस्तुति के साथ कहा था। उनकी मान्यता थी कि 'अनिश्चितता सूक्ष्म परमाणविक जगत की अंगीभूत विशेषता है। इसी मान्यता को चुनौती देते हुए आइंस्टीन का कहना था 'ईश्वर जगत के साथ जुआ

नहीं खेलता।' दोनों पक्षों की ओर से प्रयोग किए जाते रहे, उनकी व्याख्या की जाती रही, लेकिन 1982 में पेरिस विश्वविद्यालय में एलेन ऑस्पेक्ट द्वारा किए गए प्रयोगों से यह निर्णायक रूप से सिद्ध हो गया कि सूक्ष्म पारमाणविक धरातल पर पदार्थ का अनिश्चित, अपूर्वानुमेय व्यवहार हमारे अज्ञान का प्रमाण नहीं है, वह उस धरातल पर पदार्थ के व्यवहार का स्वभाव है। सृष्टि का स्थूल धरातल यदि उसके नियमबद्ध होने का आभास कराता है, तो उसी का सूक्ष्म धरातल प्रमाण देता है कि सृष्टि नियमरहिता है। इसीलिए वर्नर हाइज़ेनबर्ग द्वारा प्रस्तावित सम्भावना सिद्धान्त भी अब भौतिकवादियों के बीच सर्वमान्य है। चूँकि कोई अनिवार्य कार्य-कारण संबंध या निश्चित नियम नहीं है; इसलिए जिज्ञासा उन सम्भावनाओं की होनी चाहिए-जिनका चुनाव क्वांटम द्वारा किया जा सकता है। क्वांटम—जिसके धरातल पर विभिन्न प्रकार के द्वैत फ़िज़ूल हैं—जो कण भी है, तरंग भी। 'शरीर' (।) भी है, 'आत्मा' भी। निर्मिति भी है, निर्माता भी।

क्वांटम भौतिकी से प्राप्त निष्कर्ष, और अपने-सरीखे भौतिकी की ट्रेनिंग से वंचित लोगों तक उन निष्कर्षों को लाने वाली सूचनाएँ सचमुच इतनी 'विचित्र' (।) हैं कि नील बोर का यह कथन सौ फीसदी सच लगता है; 'जो व्यक्ति क्वांटम सिद्धान्त से चकरा नहीं जाता उसने इसे समझा ही नहीं है।'

क्वांटम भौतिकी के निहितार्थ मूलगामी और क्रांतिकारी हैं। स्वयं विज्ञान के लिए भी, और समाज, व्यवस्था, मानवीय संबंधों, मूल्यों आदि के सन्दर्भ में वैज्ञानिक चेतना के लिए भी। इन निहितार्थों में से कुछ दार्शनिकों, विचारकों के बीच सर्वमान्य हो चुके हैं तो कुछ विवादास्पद बने हुए हैं। सर्वमान्य निहितार्थों में से एक जितना असुविधाजनक, उन्नीसवीं सदी की आत्मविश्वासपूर्ण, नियमविश्वासी वैज्ञानिक चेतना के लिए है; उतना ही एकेश्वरवादी धर्मदृष्टि के लिए भी। पदार्थ के सूक्ष्मतम कण के व्यवहार का परीक्षण, पर्यवेक्षण दिखाता है कि ब्रह्माण्ड हर धरातल पर साफ़-सुथरे नियमों से संचालित नहीं हैं। नियमों से अधिक महत्त्वपूर्ण हैं—सम्भावनाएँ। दूसरी ओर इसी पर्यवेक्षण से यह भी सिद्ध होता है कि सृष्टि रूपी कार्य के लिए ईश्वर रूपी कारण का होना आवश्यक नहीं है। ध्यान रखना चाहिए कि कार्य-कारण संबंध की अनिवार्यता पर आधारित उन्नीसवीं सदी की भौतिकी तार्किक धरातल पर आदिम कारण (प्राइम कॉज़) उर्फ ईश्वर को नहीं नकार सकती। उस भौतिकी के वैचारिक जगत में सर्वमान्य समझ यह थी कि ईश्वर ने जगत का निर्माण कर दिया, इस के संचालन के नियम निर्धारित कर दिए—विज्ञान का काम उन नियमों को खोज निकालना है। स्वाभाविक ही था कि ऐसे नियम खोज निकालने वाले महान् भौतिकीविद् न्यूटन के लिए न केवल ईश्वर का अस्तित्व बल्कि जगत रचना का बाइबिल में दिया गया समय और स्वर्ग-नर्क का वर्णन भी उतना ही सत्य था जितना गुरूत्वाकर्षण का नियम। यह भी स्वाभाविक था कि न्यूटन की भौतिकी को मूलगामी चुनौती देने वाले आइंस्टीन भी सृष्टि की नियमबद्धता में तो विश्वास करते ही थे—ईश्वर जुआ नहीं खेलता।

बीसवीं सदी के चौथे दशक में प्रयोगशाला में पदार्थ की रचना सम्भव हो गई। निष्कर्ष-पदार्थ के मूल रचयिता, सृष्टि के आदिम कारण के तौर पर ईश्वर की अनिवार्यता की समाप्ति। लेकिन साथ ही यह भी सिद्ध हो गया कि पदार्थ के सूक्ष्मतम धरातल पर न तो कार्य-कारण संबंध सत्य है और पदार्थ और चेतना का स्पष्ट अलगाव। यह स्पष्ट हो गया कि पर्यवेक्षक से निस्संग नहीं हो सकता पर्यवेक्षित पदार्थ का व्यवहार। यह मानना मुश्किल हो गया कि 'अंतिम विश्लेषण में वस्तुस्थिति ही चेतना को निर्धारित करती है। समकालीन वैज्ञानिक चेतना की दृष्टि से तो, अंतिम विश्लेषण में चेतना भी वस्तुस्थिति को प्रभावित करती है—बल्कि चेतना और

वस्तुस्थिति के बीच द्वैत की कल्पना ही निराधार है। बरबस याद आती है कवि की अद्वैतवादी पंक्ति 'एक तत्त्व की ही प्रधानता, कहो उसे जड़ या चेतन।'

स्वयं विज्ञान के भीतर यह स्थिति जिस गहरी विडंबना को जन्म देती है, उसे दिखाते हुए पॉल डेविस ने हैरॉल्ड मोरोविट्ज के ये शब्द उद्धृत किए हैं :

'हुआ यह है कि एक जमाने में, प्राकृतिक पदानुक्रम के भीतर मानवीय चित्त के विशिष्ट स्थान की बात करने वाले प्राणिविज्ञानी उस कट्टर भौतिकवाद की ओर बढे चले जा रहे हैं जिससे उन्नीसवीं सदी की भौतिकी परिभाषित होती थी। जबकि अकाट्य प्रयोगात्मक साक्ष्य के सामने खड़े भौतिकविद् स्वयं ब्रह्माण्ड को यांत्रिक मॉडल से दूर खिसकते हुए देख रहे हैं कि सभी भौतिक घटनाओं में चित्त की अविभाज्य भूमिका है। ऐसा लगता है मानो ये दोनों अनुशासन तेजी से विपरीत दिशाओं में जाती रेलगाड़ियों पर सवार हैं और यह नहीं देख पा रहे कि दूसरी पटरी पर क्या चल रहा है।'[9]

समकालीन वैज्ञानिक चेतना दार्शनिक भौतिकवाद को अवैज्ञानिक सिद्ध करती है या नहीं—यह प्रश्न विवादास्पद है। इस प्रश्न पर दार्शनिकों, भौतिकविदों, समाजशास्त्रियों के बीच विवाद सारी बीसवीं सदी में चलता रहा—अभी भी चल रहा है। लेकिन कुछ बातें निर्विवाद हैं—शुद्ध वस्तुनिष्ठता जैसी कोई वस्तु नहीं, पदार्थ और चित्त के प्राथमिक-आनुषांगिक का निर्धारण असम्भव और स्थूल जगत में नियमबद्ध दीखने वाली सृष्टि सूक्ष्म जगत में है नियमरहिता, निश्चयात्मकता से अधिक प्रामाणिक हैं सम्भावनाए; इस सूक्ष्म जगत में संयोग और अव्याख्येय की सत्ता पर्यवेक्षक की सीमाओं का प्रमाण नहीं, स्वयं पदार्थ के स्वभाव का परिणाम है; और इस धरातल पर द्वैत की धारणा नहीं, अद्वैत का बोध ही वैज्ञानिक चेतना द्वारा पुष्ट यथार्थ है।

प्रस्तुत चर्चा के प्रसंग में उपरोक्त को ध्यान में रखें तो क्या नतीजे हासिल होते हैं?

## 5

सबसे पहली बात यह कि ईश्वर की पराजय धर्ममात्र की पराजय नहीं है। सभी धर्म ईश्वर केन्द्रित नहीं हैं। एकेश्वरवाद और अद्वैतवाद में गहरा फ़र्क़ है, जिसकी उपेक्षा नहीं करनी चाहिए। फ़र्क़ एकेश्वरवाद और इष्टदेववाद (हेनोथीइज्म) में भी है। इष्टदेववाद यह दावा नहीं करता कि उसके द्वारा पूजित देव ही एकमात्र सच्चा ईश्वर है—बाकी सब ईविल; या 'डेविल की खुराफ़ात' हैं। वह कहता है कि मेरा इष्ट यह देव है—दूसरों के लिए दूसरे हो सकते हैं। मध्य एशिया में यहोवा केन्द्रित एकेश्वरवाद के विकसित होने के पहले यह इष्टदेववाद ही लोकप्रिय था। हिन्दू धर्म के लोकप्रचलित रूप का आधार यह इष्टदेववाद ही है। अद्वैतवाद के अनुसार ब्रह्म, जीव और जगत एक ही अविभाज्य चेतना के विविध स्तर हैं। एकेश्वरवाद के अनुसार जीव-जगत अलग बैठे ईश्वर की रचना और उसके अनुचर हैं।

धर्म के बारे में गम्भीर बात करने के लिए इन फर्कों को ध्यान में रखना ज़रूरी है। इन्हें ध्यान में रखते हुए कुछ चर्चा मैंने 'विचार का अनन्त' (राजकमल प्रकाशन, 2001) में संकलित निबन्ध 'ये मसाइले तसव्वुफ़' में की थी। उस पुस्तक की समीक्षा करते हुए श्री शंभुनाथ को मेरा दृष्टिकोण 'अद्भुत' प्रतीत हुआ। एकेश्वरवाद और अद्वैतवाद के बीच फ़र्क़ का रेखांकन भी उन्हें महीन व्यंग्य का ही पात्र लगा।'[10]

अद्वैतवाद, एकेश्वरवाद, इष्टदेववाद, बहुदेववाद के अन्तर और अन्तस्संबंध को जरा-सी कोशिश करके जान लेते तो शंभुनाथ जी को यह फ़र्क़ व्यंग करने लायक शायद नहीं लगता। मेरा दृष्टिकोण भी उन्हें शायद 'अद्भुत' नहीं लगता। जानकारी के अभाव में चीजें 'अद्भुत' ही लगती हैं। जानकारी के अभाव में कोई हर्ज नहीं। हर्ज है ऐसे अभाव पर अभिमान करने में। अज्ञान से उपजा अभिमान होता तो बड़ा ही आनददायी है; लेकिन ऐसा आनन्द अपने तक ही रखना चाहिए। इसका प्रदर्शन उचित नहीं। प्रसाद के स्कंदगुप्त की उक्ति थोड़ा-सा बदल कर कहें तो अज्ञान का अभिमान कितना मादक होता है, और कितना निस्सार!

धर्म और वैज्ञानिक चेतना के संबंध को समझने के लिए एक तरफ़ धर्ममात्र को, दूसरी तरफ़ वैज्ञानिक चेतना के अपने ऐतिहासिक विकास और आत्मसंघर्ष को ध्यान में रखे बिना काम नहीं चलने वाला—इतना निर्विवाद है। इन बातों को ध्यान में रखें तो हमें यह समझने में भी सहायता मिलेगी कि एकेश्वरवादी धर्मविश्वास के संस्कृति सन्दर्भ में औद्योगीकृत और वैज्ञानिक चेतना संपन्न हुए पश्चिम में तरह-तरह के पूर्वी धर्मविश्वासों और गुरुओं के प्रति इतना आकर्षण क्यों पाया जाता है। समकालीन वैज्ञानिक चेतना अद्वैतवाद और ताओवाद के लिए; तंत्र और ज़ेन बौद्धमत के लिए वैसे मूलभूत, अस्तित्वपरक संकट नहीं खड़े करती, जैसे कि एकेश्वरवादी धर्मदृष्टि के लिए। इस वैज्ञानिक चेतना से संपन्न संवेदनशील व्यक्ति के लिए सृष्टि से अलग एक सृष्टिकर्ता का अस्तित्व 'अवैज्ञानिक' हो सकता है। लेकिन इन दोनों का अद्वैत तो इस वैज्ञानिक चेतना के अनुकूल ही है। लेकिन खैर, इन बातों पर विस्तार से फिर कभी।

अभी तो ध्यान में रखने की बात यह है कि जैसे धर्म शाश्वत न होकर इतिहाससम्बद्ध है; वैसे ही वैज्ञानिक चेतना भी इतिहाससम्बद्ध है। इक्कीसवीं सदी की वैज्ञानिक चेतना ऐन वैसी ही नहीं है, न हो सकती है, जैसी उन्नीसवीं सदी की थी। विज्ञान ने जगत का रूपान्तरण किया है; और समाज के, स्वयं विज्ञान के विकास ने विज्ञान को भी रूपान्तरित कर दिया है। सोचना यह चाहिए कि सामाजिक चेतना और कर्म के सन्दर्भ में, करणीय-अकरणीय का फ़ैसला करने के प्रसंग में इस रूपान्तरण से क्या फ़र्क़ पड़ा है?

सबसे पहली बात तो यह कि बेहतर दुनिया की कल्पना करने वाला मानस अब यह मानकर निश्चिन्त नहीं रह सकता कि इतिहास की गति उसके मनोवांछित परिवर्तन की ही दिशा में है। आज के मानस को ऐसी नियमबद्धता के बजाय सम्भावना ही अधिक वैज्ञानिक लगती है। विज्ञान सम्मत तथ्य इतना ही है कि परिवर्तन अवश्यम्भावी है—क्योंकि गति पदार्थ का स्वभाव है। ऐसे परिवर्तन का कोई परिभाषित पूर्वनियम का निर्धारण सम्भव नहीं है—क्योंकि नियमरहिता होना भी पदार्थ की गति का स्वभाव है। बहुत पहले ग्राम्शी ने बलपूर्वक रेखांकित किया था—'मनुष्य की इच्छा-शक्ति के आगे छद्म वैज्ञानिकों के नियम धरे के धरे रह जाते हैं।' किसी परिवर्तन के मानवीय और वांछनीय होने का पैमाना यह नहीं है कि वह विज्ञान के या इतिहास के नियमों के अनुकूल है या नहीं है। पैमाना यह है कि वह सार्वभौम न्याय चेतना और नैतिक विवेक के अनुकूल है या नहीं है। 'सार्वभौमिकता' के विस्तृत आख्यान पर विवाद निर्विवाद रूप से हो सकता है, होना ही चाहिए; लेकिन सभी मानवीय समुदायों और संस्कृतियों के अनुभवों और परस्पर संवाद के आधार पर इसके दो प्रस्थान बिन्दु तो रेखांकित किए ही जा सकते हैं एक यह कि मनुष्य जन्म से भिन्न-भिन्न होते हैं—लेकिन ऊँचे या नीचे नहीं। मनुष्य का मोल उसके कर्म या अवदान के बजाय उसके जन्म, जाति, प्रजाति, नस्ल, रंग के आधार पर करने

वाला विचार मनुष्य-विरोधी है चाहे वह स्वयं को परंपरावादी कहे, आधुनिकतावादी कहे या उत्तरआधुनिकतावादी कहे। दूसरा प्रस्थान बिन्दु यह कि परमसत्य का पूर्णबोध चूँकि सिद्धान्ततः असम्भव है, इसलिए सत्य का कोई भी बोध, कोई भी व्याख्या अंतिम नहीं हो सकती। सत्य के एकाधिकार का दावा करने वाला विचार स्वभाव से, और व्यवहार में सर्वाधिकारवादी होने के लिए अभिशप्त है।

सार्वभौम न्यायचेतना के इन दो प्रस्थान बिदुओं से परिचालित होने वाली जीवनदृष्टि ही वास्तव में सामाजिक जनतंत्र को सम्भव करने वाली और उसकी रक्षा करने वाली जीवनदृष्टि हो सकती है। राजनैतिक जनतंत्र की सार्थकता ऐसे सामाजिक जनतंत्र का माध्यम बनने में ही है। जब राजनैतिक जनतंत्र को अपने आप में 'लक्ष्य' मान लिया जाए; श्रम के वस्तुकरण पर आधारित व्यवस्था को ही मानवीय स्वभाव के अनुकूल मान लिया जाए तो स्वाभाविक रूप से 'इतिहास के अन्त की उत्तरआधुनिकतावादी फुकुयामा थीसिस उत्पन्न होती है और साथ ही उत्पन्न होता है—सार्वभौम की सम्भावनाओं को पूरी तरह नकारने वाला नैतिक सापेक्षतावाद। हर सामाजिक अस्मिता की अपनी नैतिकता है—हर सांस्कृतिक परंपरा के अपने स्वायत्त प्रतिमान हैं...'मनुष्य की अवधारणा' और 'सार्वभौम के छद्म का अन्त हो चुका'—ऐसी छद्म क्रान्तिकारी घोषणाएँ करने वाला नैतिक सापेक्षतावाद!

इस नैतिक सापेक्षतावाद के विरुद्ध संघर्ष बेहद ज़रूरी है। सामाजिक जनतंत्र की स्थापना के लिए उन दो प्रस्थानों का सतत रेखांकन ज़रूरी है—जिनकी चर्चा ऊपर की गई। इम्मेनुएल वार्ल्सटाइन की इस मार्मिक चेतावनी को याद रखना ज़रूरी है कि, 'बुनियादी बदलाव मुमकिन है, लेकिन निश्चित कभी नहीं। और यही हमारे ऊपर नैतिक दायित्व डालता है कि हम तर्कपूर्ण कर्म करें, आस्था के साथ कर्म करें, बेहतर ऐतिहासिक व्यवस्था खोजने की शक्ति के साथ कर्म करे।'[11]

बुनियादी परिवर्तन की निश्चितता नहीं, सम्भावना मात्र; उस परिवर्तन के दिशा निर्धारण में मानवीय तर्क और आस्था दोनों का महत्त्व—इस बात का अहसास इक्कीसवीं सदी के परिवर्तनकामी मानस के लिए स्वाभाविक है। यह इक्कीसवीं सदी की नैतिक चेतना है—जो 'वैज्ञानिक चेतना' की भी सीमाओं से वाक़िफ़ है। जो इस बात से वाक़िफ़ है कि स्वयं वैज्ञानिक चेतना' भी एक तरह के विचारधारात्मक आवरण का काम कर सकती है। 'वैज्ञानिक विचारधारा' के नाम पर भी ऐन वैसे ही मानवविरोधी कृत्य किए जा सकते हैं—जैसे धर्म के नाम पर। इसीलिए 'नैतिक दायित्व' के बोध का प्रतिमान सिर्फ़ 'वैज्ञानिकता' को नहीं बनाया जा सकता। ऐसे प्रतिमान की खोज हमें मानवीय चित्त की अस्तित्वगत समग्रता और उसकी ऐतिहासिकता के द्वन्द्वात्मक संवाद को ध्यान में रखकर ही करनी होगी-वैज्ञानिकता की कसौटी पर नहीं! यह कसौटी स्वयं विज्ञान पर भी लागू होती है—व्यापकतर सामाजिक संबंधों और सामाजिक कर्म के सन्दर्भ में अपरिहार्य तो वह है ही। इसी नैतिक आयाम की चिन्ता करते हुए मार्क्सवादी अर्थशास्त्री सामिर अमीन तो 'समाज-विज्ञान' पद तक को हटाकर उसकी जगह 'समाज-विचार' पद का व्यवहार करने की सिफ़ारिश करते हैं : 'समाज के सन्दर्भ में विज्ञान (तथ्यों के प्रति सम्मान के अर्थ में) और विचारधारा (सामाजिक यथास्थिति या सामाजिक रूपान्तरण को समर्थन देने वाले दृष्टिकोण के अर्थ में) को अलगाना असम्भव है। इसीलिए वैज्ञानिक पद्धति की माँगों का ध्यान रखते हुए भी मैं 'समाज-विज्ञान' की जगह 'समाज-विचार' की बात करना ज्यादा पसन्द करता हूँ।'[12]

स्पष्ट है, तथ्यों के प्रति सम्मान आवश्यक है, पद्धति की तर्कसंगतता आवश्यक है—और इस हद तक वैज्ञानिकता भी आवश्यक है, लेकिन वह पर्याप्त कतई नहीं है। स्वयं 'वैज्ञानिकता' की स्वीकार्यता-अस्वीकार्यता न्यायचेतना और नैतिक विवेक पर ही निर्भर करती है। इसीलिए समाज से जुड़े विभिन्न अनुशासनों के 'विज्ञान' पक्ष से ज्यादा महत्त्वपूर्ण है उनका 'विचार' पक्ष। 'समाज-विज्ञान' से अधिक अर्थगर्भित पद है : 'समाज- विचार'। धर्मजनित अंधविश्वास से लड़ना जितना ज़रूरी है—उतना ही ज़रूरी है विज्ञान और वैज्ञानिकता के व्यामोह से बचना। न्यायचेतना और नैतिक विवेक की कसौटी पर जितनी समीक्षा धर्म की ज़रूरी है; उतनी ही ज़रूरी है इसी कसौटी पर विज्ञान की समीक्षा।

यह नैतिक समीक्षा इसलिए ज़रूरी है क्योंकि वैज्ञानिक पद्धति के सैद्धांतिक खुलेपन के बावजूद, व्यवहार में विज्ञान और उसका सत्ता प्रतिष्ठान भी वैसे ही अंधविश्वास और समग्र समर्पण की माँग करता है, जैसे अंधविश्वास और समर्पण को आमतौर से धर्म के साथ जोड़ा जाता है। धर्म ऐसी माँग दैवीयता के आधार पर करता है, तो विज्ञान 'वस्तुनिष्ठता' के आधार पर। ज़रूरत ऐसी माँगों की बौद्धिक और सामाजिक परिणतियों पर ध्यान देने की है—खासकर ग़ैरयूरोपीय समाजों में। इन समाजों में अपने विशिष्ट सामाजिक आधार के साथ मिलकर कोरी 'वैज्ञानिकता' और भी अधिक समस्यामूलक, बल्कि सांस्कृतिक आत्महीनता का रूपक बन जाती है। आधुनिकतावादी तो आधुनिकतावादी, मार्क्सवादी भी एक्यूपंक्चर और योग जैसी पारंपरिक विद्याओं की 'वैज्ञानिकता' तभी स्वीकार कर पाते हैं, जब उनसे किसी शर्ले मैक्लीन या किसी हेनरी किसिंगर को आरोग्य लाभ हो जाए—जब उन्हें अमेरिकन एयरफ़ोर्स के ट्रेनिंग पाठ्यक्रम में शामिल कर लिया जाए। जिस तरह धर्म की धार्मिकता की चर्चा करते हुए धर्मसत्ता के समाजसत्ता के साथ संबंध का ध्यान रखना चाहिए, उसी तरह विज्ञान की 'वैज्ञानिकता' की चर्चा करते हुए भी उसके अपने सत्ताविमर्श और सामाजिक सत्ता के साथ उस सत्ताविमर्श के संबंध का ध्यान रखना आवश्यक है।

इसीलिए विज्ञान को धर्म के प्रतिमान पर, या धर्म को विज्ञान के प्रतिमान पर जाँचने से बेहतर है—दोनों ही को नैतिक विवेक के प्रतिमान पर जाँचना।

## 6

हमने बात शुरू की थी, उन्नीसवीं सदी के वैज्ञानिक चेतना संपन्न विचारकों की आशावादिता से। इक्कीसवीं सदी के नैतिक विवेक में उस आशावादिता का स्थान अधिक यथार्थपरक सम्भावनापरकता ने ले लिया है। धर्म की भूमिका बस खत्म होने को है—ऐसा मानने वाले आशावाद की बुनियादी खामी की चर्चा हमने की है। धर्म की भूमिका केवल बोधात्मक नहीं, रागात्मक भी है। रागात्मकता का विकल्प धर्म के बाहर जब तक उपलब्ध नहीं, अध्यात्म बोध की अनुभूति और अभिव्यक्ति के धर्मेत्तर माध्यम जब तक सुलभ नहीं, तब तक मानव चित्त पर संगठित धर्म की पकड़ का अन्त असम्भव है।

विज्ञान की 'सीमा' यह है कि उसका स्वभाव और उसकी भूमिका बोधात्मक है। लेकिन वास्तव में यह 'सीमा' ही उसकी सबसे बड़ी सम्भावना भी है। इसी 'सीमा' के कारण, विज्ञान धर्म के टोटेलेटोरियन आख्यान का वैसा ही टोटेलेटेरियन-सर्वाधिकारवादी, सर्वग्रासी-विकल्प न बन सकता है; न उसे बनना चाहिए। वैज्ञानिक चेतना के अपने नैतिक विवेक का तकादा है

कि मानवचित्त पर धर्म जैसा ही एकाधिकार जमाने की आकांक्षा के स्थान पर विज्ञान नैतिक विवेक, संवेदना और सर्जनात्मकता के साथ संवादपरक सहअस्तित्व में रहने की विनम्रता अर्जित करे। रोचक बात यह है कि प्रकृतिविज्ञान से जुड़े संवेदनशील अग्रणी वैज्ञानिक विज्ञान की बोधात्मक भूमिका की सीमा भी पहचानते हैं, और उसकी सम्भावना को भी। 'वैज्ञानिकता' को मानवीय निर्णय और कर्म का एकमात्र या सर्वोच्च प्रतिमान मानने की व्याधि स्वयं वैज्ञानिकों से कहीं अधिक उन लोगों में पाई जाती है, जो अपने-अपने ज्ञान क्षेत्रों में 'विज्ञान' और स्वयं को वैज्ञानिक मानने और मनवाने पर आमादा है। अपनी चुनी हुई विचारधारा को 'वैज्ञानिक' मनवाने के आग्रही लोगों के बीच यह व्याधि और भी दूरगामी रूप से चिन्ताजनक हो उठती है; और सामिर अमीन को याद दिलाना पड़ता है कि 'समाज-विज्ञान' का बेहतर पद है, 'समाज-विचार'।

सामिर अमीन की बात के निहितार्थ उन लोगों के लिए और भी विचारणीय होने चाहिए जो साहित्य को 'समाज-विज्ञान' की धुंधली-सी छाया बनाने पर आमादा रहते हैं। विज्ञान के ऐसे आतंक से धर्म की भूमिका के घटने का सवाल ही नहीं पैदा होता; उल्टे स्वयं विज्ञान के भी धर्म की ही तरह सर्वाधिकारवादी आख्यान में बदल जाने का खतरा है। इसके विपरीत यदि विज्ञान की बोधात्मक तक सीमित रहने की स्थिति को उसकी सम्भावना के रूप में पहचाना जाए तो न्यायचेतना और नैतिक विवेक की सम्भावनाएँ भी प्रबलतर होती हैं।

साहित्य और व्यापक रूप से सर्जनात्मक प्रयत्न मात्र की स्वभावगत विशेषता ऐसी सम्भावनाओं के पक्ष में है। साहित्य के स्वभाव से प्रकृति विज्ञान भी बहुत कुछ सीख सकता है और समाजविज्ञान भी। साहित्य और सर्जनात्मक प्रयत्न हमें केवल सूचना या बोध भर नहीं देता, वह हमारी चेतना के बोधात्मक और रागात्मक दोनों आयामों को छूता है। वह केवल 'आत्म' की ही नहीं, 'अन्य' की वेदना को भी धारण करता है। वस्तुतः वह सम्भव ही होता है वेदना की द्वन्द्वात्मकता से। आत्म-अन्य; सामाजिक-आध्यात्मिक; भीतर-बाहर के आरोपित द्वैतों को नकारते हुए ही गूँजता है-सर्जनात्मकता का सबद निरन्तर। यह सबद निरन्तर न बाहर के 'जगमग' को नकारता है और न भीतर के अनुभव को। वह वेदना के द्वन्द्वात्मकता, समग्रता के गम्भीर सत्य को पहचानता है : 'बाहर-भीतर सबद निरन्तर, मैं एहि बिधि कथौं गम्भीरा लो।'

साहित्य की वाणी वेदना की वाणी है; और ज़रूरत इस बात की है कि इस वाणी को बोलने-सुनने की सामर्थ्य प्रकृति-विज्ञान भी विकसित करे, तथा समाज विज्ञान भी। सर्जनात्मक प्रयत्न को धर्म और धार्मिकता या विज्ञान और वैज्ञानिकता के अनुगामी के रूप में देखने से बेहतर है धर्म, विज्ञान और विचार के साथ साहित्य के संवाद-मुखामुखम की सच्चाई पर ध्यान देना।[13]

प्रसन्नता की बात है कि गम्भीर समाज वैज्ञानिकों का ध्यान इस महत्त्वपूर्ण तथ्य की ओर जा रहा है। अपने विचारोत्तेजक निबन्ध 'इंटेरोगेटिंग नेशन' में शिव विश्वनाथन लिखते हैं : 'समाज विज्ञानों के पास वेदना, अशुभ और पीड़ा जैसी धारणाओं को समझने की वास्तविक भाषा है ही नहीं। इन्हें समझने की भाषा और रूपक साहित्य के पास है। साहित्य ने भी अशुभ के स्वभाव को समझा है। राष्ट्र को हिंसा की एक विधा के रूप में दिखाया है।'[14]

आत्म की, अन्य की, भीतर की, बाहर की, सामाजिक और आध्यात्मिक वेदना की द्वन्द्वात्मक समग्रता धारण कर सकने वाले चित्त में पत्थर में भी प्राण फूँक देने की सामर्थ्य होती है और ऐसी वेदना के अभाव में देवता भी निष्प्राण पत्थर में बदल जाते हैं। वे देवता चाहे

धर्म के हो, चाहे इतिहास के। चाहे आस्था के हो, चाहे वैज्ञानिक चेतना के। बुनियादी वस्तु यह वेदना और इससे उत्पन्न होने वाला नैतिक विवेक ही है। रागात्मक और बोधात्मक दोनों के प्रति संवेदनशील नैतिक विवेक। इतिहास के वैज्ञानिक नियमों से कहीं अधिक ध्यान देने योग्य हैं इतिहास में अन्तर्निहित शुभाशुभ सम्भावनाएँ—और वैज्ञानिक चेतना से कहीं अधिक महत्त्वपूर्ण है शुभाशुभ का विवेक करते हुए किया गया निर्णय।

इक्कीसवीं सदी में, परिवर्तनकामी मानस की प्राथमिक बौद्धिक चुनौती, वेदना की द्वन्द्वात्मकता को धारण कर सकने वाले नैतिक विवेक को अर्जित करने की ही है। इसके लिए ज़रूरी है रागात्मक और आध्यात्मिक स्तर पर धर्म के एकाधिकार को चुनौती देना—धर्मेतर अध्यात्म की सम्भावनाएँ टटोलना। श्रम और अध्यात्म के परस्पर सम्बद्ध वस्तुकरण और उस पर आधारित समाज व्यवस्था से टकराना। विज्ञान को एकमात्र प्रतिमान-बल्कि एक तरह की 'फ़ीतिश' बनाने की बजाय उसे संवादोत्सुक बनाने का प्रयत्न करना।

अकेले हिन्दी क्षेत्र में ही नहीं, दुनियाभर में इस वक्त 'धर्म का डरावना जादू' सर चढ़कर बोल रहा है—और वैज्ञानिक चेतना संपन्न लोग परेशान हैं कि इसकी काट करने वाला मंतर ढूँढ़े नहीं मिल रहा। मिलेगा कैसे ? जब तक आपके पास धर्म की उस भूमिका का विश्वसनीय विकल्प न हो, जो कि वह जनमानस में निभाता है। वह भूमिका केवल बोधात्मक होती तो कब की समाप्त हो गई होती, लेकिन वह तो रागात्मक भी है। धर्म ज्ञान का ही नहीं, मुक्ति का मार्ग भी दिखाने का दावा करता है—और उसके द्वारा प्रस्तावित मुक्ति अध्यात्म को समाज से काट देती है। मुक्ति केवल एक आन्तरिक अनुभव बन जाती है-एक भीतरी सत्य—जिसका संबंध बाहर से नहीं होता। भीतर-बाहर की निरन्तरता विच्छिन्न हो जाती है। धर्मसत्ता द्वारा उत्पन्न की गई यह विच्छिन्नता (एलियनेशन) अर्थसत्ता द्वारा शारीरिक गतिविधि में उत्पन्न की गई विच्छिन्नता से अनिवार्य रूप से गुँथी हुई है—जैसा कि मार्क्स ने डेढ़ सौ बरस पहले लक्ष्य किया था।[15] सवाल यह है कि इस विच्छिन्नता से टकराने के प्रयत्न कौन से हैं—और उनसे क्या सीखा जा सकता है ? धर्म की भूमिका के विश्वसनीय विकल्प तलाशने का प्रयत्न किन विचारों से संवाद करते हुए आगे बढ़ाया जा सकता है ? स्वयं हिन्दी क्षेत्र में ऐसे विचार प्रयत्न अब तक हुए हैं या नहीं ?

कबीर तथा अन्य निर्गुणपंथी भक्त कवियों का सर्वाधिक मूलगामी और विचारोत्तेजक अवदान यही है कि उनकी संवेदना और ज्ञान मीमांसा भीतर-बाहर की निरन्तरता को, आत्म और अन्य की, सामाजिक और आध्यात्मिक वेदना की द्वन्द्वात्मक समग्रता को धारण करती है। यह ज्ञान मीमांसा श्रम और अध्यात्म के परस्पर सम्बद्ध 'ऐलियनेशन' से एक साथ जिरह करती है—इसलिए वह धर्मसत्ता और समाजसत्ता दोनों के सामने असुविधाजनक सवाल खड़े कर पाती है। आधुनिकों में से कुछ को कबीर की चिन्ता का सामाजिक पहलू उपेक्षणीय लगता है, और कुछ को आध्यात्मिक पहलू—तो यह समस्या इन आधुनिकों की है—कबीर की नहीं। आधुनिक अध्येता कबीर को धर्म-संस्थापक और धर्मगुरू के रूप में देखना चाहते हैं—यह उनकी इच्छा है, कबीर की नहीं। कबीर की कविता से यदि समग्रता में, विनम्रता के साथ गुजरें तो किसी पाठक को यह समझने में दिक्कत नहीं होगी कि कबीर का इरादा निराला पथ निकाल कर धर्मगुरू बनने का दूर-दूर तक नहीं था। उनकी चिन्ता उपलब्ध धर्मों की खामियाँ दिखाकर अपना 'नया धर्म' स्थापित करने की नहीं—धर्ममात्र की मूलगामी आलोचना करने की थी। अध्यात्म पर, रागात्मक पर धर्म के एकाधिकार को चुनौती देते हुए धर्मेतर अध्यात्म की सम्भावना

को रेखांकित करने की थी। कबीर की साधना को धर्मस्थापना तक सीमित कर देना या उसके सामाजिक पहलू को ही महत्त्वपूर्ण तथा आध्यात्मिक को व्यर्थ या पिछड़ेपन का प्रमाण मानना—यह कबीर के व्याख्याकारों की एकांगिता है, जिसे कबीर के मत्थे मढ़ दिया जाता है।[16]

कबीर से लेकर पलटू तक आने वाली निर्गुणपंथी-भक्तिकाव्य परंपरा उन सम्भावनाओं का, प्रस्थान बिन्दुओं का आख्यान है। जिससे आलोचनात्मक संवाद करते हुए इक्कीसवीं सदी का मानस धर्ममात्र के विश्वसनीय विकल्प की खोज कर सकता है। मुक्तिकामी धर्मशास्त्र भर की नहीं—उससे कहीं अधिक विचारोत्तेजक धर्मेतर अध्यात्म की।

धर्म की विचारोत्तेजक समीक्षा का एक शिक्षाप्रद स्वर यदि मध्यकाल के निर्गुण भक्तों की बानी में गूँजता है; तो एक और महत्त्वपूर्ण स्वर बीसवीं सदी के मार्क्सवादी सन्यासी सहजानन्द सरस्वती के 'गीता-हृदय' में। बहुत से लोगों का सुचिंतित मत है : हिन्दू-धर्म विमर्श में किसी तरह के मुक्तिकामी धर्मशास्त्र-लिबरेशन थ्यॉलॉजी—की कोई सम्भावना है ही नहीं। सहजानन्द सरस्वती का 'गीता-हृदय' लिबरेशन थ्यॉलॉजी से कोई दो दशक पहले प्रकट हुआ था। इसे देखने के बाद 'बहुत से लोगों का सुचिंतित मत' उतना सुचिंतित नहीं लगता। गांधीजी की राजनीति और उससे ओतप्रोत भारत देश में ग्राम्शी को 'आरम्भिक ईसाइयत' का वह रूप नजर आया था, 'जिसे आजकल के कैथोलिक और प्रोटेस्टेंट समझ तक नहीं सकते।'[17] अनुमान किया जा सकता है कि यदि ग्राम्शी सहजानन्द सरस्वती के काम से वाक़िफ़ होते तो ऐसी ही टिप्पणी वे कैथोलिकों और प्रोटेस्टेटों के साथ-साथ मार्क्सवादियों पर भी करते। खैर।

सहजानन्द सरस्वती हिन्दी के ही बौद्धिक थे—और हिन्दी क्षेत्र के ही राजनैतिक कार्यकर्ता। अठारह वर्ष की आयु में संन्यासी हुए सहजानन्द, गांधी जी के आदोलन से गुजरते हुए सन् चालीस तक बाकायदा मार्क्सवादी हो चुके थे, लेकिन उनके अपने शब्दों में, इस सारे दौर में 'गीता का अभ्यास बराबर बना रहा।' सन् बयालीस में, हजारीबाग जेल में सहजानन्द ने गीता का अपना भाष्य पूरा किया। नाम रखा—'गीता हृदय'। प्रकाशन हुआ उन्नीस सौ अड़तालीस में। सहजानन्द 'गीता' को किसी वीर नायक के धार्मिक प्रेरणा स्रोत की तरह नहीं पढ़ते। वे परिवर्तन कामना के साथ सामूहिक कर्म में लगे व्यक्ति के कोण से 'गीता' को देखते हैं। उनकी दिलचस्पी 'गीता' को ऐतिहासिक दस्तावेज भर की तरह पढ़ने या उसका 'वर्गसार' निर्धारित करने में नहीं है। वे तो 'गीता' को एक समकालीन और जीवंत टेक्स्ट के रूप में पढ़ते हैं।

'गीता-हृदय' के प्रकाशन के कोई बीस बरस पहले भगतसिंह का एक लेख प्रकाशित हुआ था। 'धर्म और हमारा स्वतंत्रता संग्राम।' इसमें साम्प्रदायिक राजनीति पर तो भगतसिंह ने तीखे आक्रमण किए ही थे; टॉल्स्टॉय के हवाले से उन्होंने धर्म के तीन हिस्से भी रेखांकित किए। 'एसेंशियल्स ऑफ़ रिलीज़न; फ़िलॉसफ़ी ऑफ़ रिलीज़न और रिचुअल्स ऑफ़ रिलीज़न। अपनी बात का समापन करते हुए भगतसिंह ने लिखा 'सो यदि धर्म पीछे लिखी तीसरी और दूसरी बात के साथ अंधविश्वास को मिलाने का नाम है तो धर्म की कोई ज़रूरत नहीं। इसे आज ही उड़ा देना चाहिए। यदि पहली और दूसरी बात में स्वतंत्र विचार मिलाकर धर्म बनता हो, तो धर्म मुबारक है।'[18]

धर्म की बुनियादी, एसेंशियल बातें; उसका दर्शन—और उसके साथ स्वतंत्र—धर्मद्रोही कहलाने के भय से स्वतंत्र-विचार। सहजानन्द सरस्वती का 'गीता-हृदय' ऐसी ही निर्भीकता और स्वतंत्रता के साथ गीता को पढ़ने का परिणाम है। वह धर्म को स्वयं उसके द्वारा किए जाने वाले मुमुक्षा और नैतिकता के दावे याद दिलाने—और इस तरह उसे 'मुबारक' बनाने का अनुष्ठान है।

# 7

'गीता-हृदय' शीर्षक से गीता का भाष्य करते हुए स्वामी सहजानन्द सरस्वती ने जो 'प्रारंभिक शब्द' लिखे, उन्हें ध्यान से पढ़ना और गुनना चाहिए। लिखते हैं, 'बेशक गीता के साथ मेरा पहला संबंध केवल धार्मिक था—धार्मिक उसी माने में जिसमें इस शब्द का आमतौर से व्यवहार किया जाता है और अब भी तो वह संबंध धार्मिक ही है। फ़र्क़ इतना ही है कि पहले का 'केवल हट गया है। या यों कहिए कि धर्म का रूप बहुत व्यापक बन गया है। इसे व्यापक तो और लोग भी कहते और मानते हैं। मगर मेरे संबंध में इसकी व्यापकता कुछ निराली है और 'गीता-हृदय' की पंक्तियाँ इसे साफ़ बताती हैं। सारांश यह है कि गीता के सार्वभौम धर्म ने मेरे धर्म को भी अपना लिया है और उसे भी सार्वभौम बना डाला है। यही तो मेरे वेदान्त का असली अद्वैतवाद है। एक समय था जब मैं गीता में संकुचित मुक्ति का मार्ग देखता था, निष्क्रिय वेदान्तवाद और अध्यात्मवाद की झाँकी पाता था। परन्तु आज ये सभी चीजें व्यापक और सार्वभौम हो गई हैं, पूर्ण सक्रिय हो गई हैं। एक वक्त था—और वह आज से प्रायः छ साल पहले तक था—जब मैं मानता था कि मेरे जैसे गीता प्रेमी के लिए मार्क्सवाद में स्थान नहीं है—और यह कि गीताधर्म का मार्क्सवाद के साथ मेल नहीं है—विरोध है। मगर आज?

आज तो यह ख्याल सपने की चीज हो गई है और मैं न सिर्फ़ यही मानता हूँ कि गीताधर्म का मार्क्सवाद के साथ विरोध नहीं है; किन्तु मेरे जानते गीताधर्म मार्क्सवाद का पोषक है। मेरे ख्याल से गीता के 'सर्वभूतात्म भूतात्मा' और 'सर्वभूतहितेरता' सिवाय सच्चे मार्क्सवादियों के और कौन हो सकते हैं। वही तो समस्त मानव समाज का पुनर्निर्माण इस तरह करना चाहते हैं कि एक भी आदमी दुःखी, पराधीन, समुन्नति के सभी साधनों से वंचित न रहने पाये।'[19]

सहजानन्द सरस्वती के 'गीता-हृदय' का अद्वितीय महत्त्व इस बात में है कि उसकी रचना जनता को प्रभावित करने के लिए पवित्र धर्मग्रन्थ का उपयोग करने की उपयोगितावादी रणनीति के तहत नहीं हुई। इस महत्त्व को समझने-स्वीकारने के लिए उनकी हर स्थापना से सहमत होना कतई ज़रूरी नहीं। ज़रूरी है उस कशमकश के प्रति संवेदनशील होना जिससे सहजानन्द सरस्वती के उपरोक्त शब्द ही नहीं, उनकी सारी सक्रियता उपजी-जिसके कारण उनका जीवन-संघर्ष सम्भव हुआ। कशमकश इस बात पर कि 'मेरे जैसे गीताप्रेमी के लिए मार्क्सवाद में स्थान' है या नहीं। इसी बुनियादी सवाल के साथ सहजानन्द 'गीता-हृदय' की खोज करते हैं। यह खोज इतनी विचारोत्तेजक इसलिए है कि उनके पास हिन्दू धर्म-दर्शन और स्वयं गीता संबंधी वाद विवाद की गहरी जानकारी भी है और मार्क्सवादी पद्धति और सरोकारों का गहरा बोध भी। साथ ही है जनजीवन के साथ वास्तविक जुड़ाव और खासकर इस बात के अनुभव कि 'किसान कैसे लड़ते हैं?' इस लड़ाई की भाषा विकसित करने में सहजानन्द के 'गीता-प्रेम' की अपनी भूमिका थी। इस भूमिका का विचारोत्तेजक अध्ययन हाल ही में युवा इतिहासकार अरुण कुमार ने अपनी पुस्तक 'रि-राइटिंग दि लैंग्वेज ऑफ़ पॉलिटिक्स' में किया है। (मनोहर, नई दिल्ली, 2001)

सहजानन्द सरस्वती जानते हैं कि हिन्दू परंपरा में मोक्ष को मानव जीवन का सर्वोच्च लक्ष्य माना गया है। मोक्ष-मुक्ति काहे से? संसारचक्र से। तरीका क्या है? समाज से उदासीनता। आत्मलीनता। वैराग्य। इन पारंपरिक प्रश्नोत्तरों से अच्छी तरह वाक़िफ़ सहजानन्द इनके निष्कर्ष को स्पष्ट शब्दों में 'संकुचित मुक्ति मार्ग' कहते हैं। यह मार्ग आत्म की चेतना और समाज

के प्रति उदासीनता को एकदम पर्यायवाची नहीं तो परस्पर निर्भर तो बना ही देता है। इस मार्ग पर चलकर सर्वभूतहितरत होने की दशा जीवनक्रम को परखने का नैतिक प्रतिमान बनने के बजाय एक असम्भव, अव्यावहारिक आदर्श बन जाती है। संकुचित मुक्ति का यह मार्ग अन्याय और अकरुणा के औचित्य निरूपण का; सामाजिक उत्पीड़न और संरचनागत अन्याय को दैवीय व्यवस्था मानने का मार्ग भी बन जाता है। 'निष्क्रिय वेदान्तवाद और अध्यात्मवाद' ऐसे ही औचित्य निरूपण—रेशनलाइजेशन—का सैद्धान्तिक रूप है।

'गीता-प्रेमी' सहजानन्द सरस्वती का सवाल इस रेशनलाइजेशन की बुनियादी खामी पर उँगली रखता है। मोक्ष यदि लक्ष्य है—तो अव्वल तो वह मनुष्य मात्र का लक्ष्य है; इसीलिए वे गीता को धर्म-विशेष के प्रतीक या पवित्र ग्रन्थ की तरह नहीं पढ़ते। वे उसे मनुष्य मात्र की मुक्ति-कामना के प्रसंग में पढ़ते हैं, और इसीलिए गीताधर्म को ऐसी मुक्ति-कामना का सार्वभौम धर्म मानते हैं। 'गीता-हृदय' की विस्तृत भूमिका में वे इस बात पर बल देते हैं कि 'धर्म-अधर्म की सर्वसाधारण धारणा निहायत ही थोथी और ऐन मौके पर खतरनाक हो जाती है। असली सवाल है—करणीय कर्म के प्रतिमान का। नैतिक कर्म के निर्धारण का—और इस प्रसंग में सहजानन्द याद दिलाते हैं, 'कि जहाँ गीता में शुरू से लेकर अन्त तक कर्म का उल्लेख सैकड़ों बार कर्म शब्द से करने के अलावा कार्य, कर्तव्य, युद्ध, यज्ञ, यत्न, योग आदि शब्दों से किया है, वहाँ धर्म शब्द मुश्किल से किसी न किसी रूप में-अधर्म, धर्म्य, साधर्म्य के रूप में भी—सिर्फ़ तैंतीस बार आया है।'[20] दूसरे शब्दों में, गीता का उद्देश्य 'धर्म-अधर्म की सर्वसाधारण धारणा' का प्रचार करना नहीं, बल्कि उस धारणा को प्रश्नविद्ध करना है। इस धारणा के स्थान पर नैतिक कर्म की प्रतिष्ठा करना है। धर्म की प्रचलित धारणा का विस्तार बल्कि रूपातरण ही कर डालता है— 'गीता धर्म'।

गीता का बल धर्म पर नहीं, कर्म पर है—इसे तार्किक ढंग से रेखांकित करते हुए सहजानन्द कर्म के नैतिक मूल्यांकन का सवाल उठाते हैं। उनका यह सवाल गीता को तरह-तरह के 'धर्मशास्त्रियों के झमेलों' से मुक्त कर परिवर्तनोन्मुख कर्म के ग्रन्थ में तब्दील कर देता है। स्वामी जी के कोई बीस साल बाद लोकप्रिय हुए मुहावरे का सहारा लें तो मुक्तिकामी धर्मशास्त्र-लिबरेशन थ्यॉलॉजी—के ग्रन्थ के रूप में। स्वामी जी का सवाल स्वाभाविक और सहज है—इसी कारण 'निष्क्रिय वेदान्तवाद' के लिए विस्फोटक भी।

सवाल यह है कि गीता द्वारा वर्णित स्थितप्रज्ञ कर्मयोगी यदि 'सर्वभूतहितरत' होता है तो वह शोषण और अन्याय के प्रति उदासीन कैसे रह सकता है? सर्वभूतहित—सभी का भला—मानव समाज का पुनर्निर्माण किए बिना; प्रकृति के प्रति शुद्ध दोहन के दृष्टिकोण का त्याग किए बिना कैसे सम्भव है? यदि मोक्ष की साधना सभी को करनी चाहिए तो ऐसी साधना सम्भव करने वाले समाज का निर्माण करने वाले कर्म के प्रति 'कर्मयोगी' उदासीन कैसे रह सकता है? इसी सवाल से वह सवाल निकलता है जिसके उत्तर का विस्तार समूचे 'गीता-हृदय' में किया गया है—'गीता के सर्वभूतात्मभूतात्मा और सर्वभूतहितेरता सिवाय सच्चे मार्क्सवादियों के और कौन हो सकते हैं?'

अभाव से, अप्रिय से असुन्दर से मोक्ष का सपना मनुष्य का सार्वभौम और शाश्वत सपना है। अन्याय अत्याचार और अनावश्यक बंधनों से मुक्ति की इच्छा ही मनुष्य को मनुष्य बनाती है। मोक्ष की पारंपरिक अवधारणा इस इच्छा का अस्तित्व तो स्वीकार करती है, लेकिन केवल आध्यात्मिक सन्दर्भ में केवल व्यक्ति के प्रसंग में। इसीलिए 'संकुचित अर्थ में'। मोक्ष की यह

इच्छा–मुमुक्षा–मनुष्य की चेतना में बद्धमूल है। इसी बद्धमूलता के कारण; अपने 'संकुचित रूप' के बावजूद मोक्ष की पारंपरिक धारणा लोगों को आकर्षित करती आई है।

'गीता-हृदय' मुमुक्षा का तार्किक अर्थ विस्तार करता है। वह मुमुक्षा के आध्यात्मिक पहलू के साथ उतना ही अनिवार्य सामाजिक पहलू जोड़ देता है। सहजानन्द के गीता पाठ के फलस्वरूप मोक्ष की धारणा अपने सहज, स्वाभाविक सन्दर्भ से फिर जुड़ जाती है। यह सन्दर्भ है वेदना की द्वन्द्वात्मकता का। मनुष्य का अस्तित्व है ही इस द्वन्द्वात्मकता के फलस्वरूप। सहजानन्द सरस्वती अपनी गहन अन्तर्दृष्टि और गम्भीर तार्किकता के सहारे रेखांकित करते हैं कि मनुष्य की आध्यात्मिक वेदना और उसकी सामाजिक वेदना एक ही द्वन्द्वात्मकता-समग्रता में स्थित है। 'सामाजिक की उपेक्षा करने वाला 'अध्यात्मवाद' संकुचित है।

सहजानन्द सरस्वती के विचार तब और भी महत्त्वपूर्ण लगते हैं जब कि इस बात का ध्यान रखा जाए कि उनके समय तक दुनिया में कहीं भी धार्मिक संवेदना और मार्क्सवादी दृष्टि के बीच ऐसे ही विचारोत्तेजक संवाद का अता-पता नहीं था। ईसाई परंपरा के भीतर लिबरेशन थ्यॉलॉजी विकसित होने में अभी बीस-पच्चीस बरस बाकी थे। जिन अन्तोनियो ग्राम्शी के विचारों के प्रभाव में यूरोपीय कम्यूनिस्ट पार्टियों ने धर्म के प्रति अपने रुख पर पुनर्विचार किया—उनसे सहजानन्द सरस्वती के वाक़िफ़ होने का कोई प्रमाण नहीं मिलता। मार्क्स का जो लेखन मनुष्य की आध्यात्मिक वेदना के संगठित धर्म द्वारा वस्तुकरण पर विचार करता है-वह भी स्वामी जी को सुलभ नहीं था।

लेकिन जो उन्हें सुलभ था, उसका महत्त्व कम नहीं है। 'गीता-हृदय' भारतीय चिन्तन परंपरा, हिन्दू धर्म विमर्श के अपने वाद-विवाद और गीता की पारंपरिक व्याख्याओं, भाष्यों से लेखक के ऐसे गहरे और आत्मीय परिचय का साक्ष्य देता है, जिसे प्रमाणित करने के लिए उद्धरणों के साक्ष्य देने की ज़रूरत नहीं पड़ती। इसी परिचय के आधार पर स्वामी जी सहज रूप से मान कर चल सकते थे कि सृष्टि का निर्माण करके उससे अलग अपनी सत्ता में मगन रहने वाले ईश्वर की अवधारणा गीता के केन्द्र में नहीं है। उनके लिए ऐसा मान कर चल सकना सहज इसलिए था क्योंकि भारतीय दर्शन परंपरा का कोई भी विद्यार्थी जानता है कि इस परंपरा में ईश्वर और ईश्वरवाद बहुत प्रबल नहीं है। 'वेदनिन्दक' होने के कारण 'नास्तिक' कहे गए बौद्ध, जैन और चार्वाक दर्शन ही नहीं, वेद को स्वीकार करने के कारण 'आस्तिक' माने गए सांख्य की दर्शन प्रणाली में भी ईश्वर महत्त्वहीन है। वह निर्माता नहीं, स्वयं एक वैचारिक निर्मिति है। स्वयं वेदान्त का ब्रह्म भी ईश्वर से गुणात्मक रूप से भिन्न विचार है। वेदान्त के अद्वैतवाद और यहूदी-ईसाई-इस्लामी परंपरा के एकेश्वरवाद में गहरा फ़र्क़ है—और इस फ़र्क़ की उपेक्षा करने वाले न अद्वैतवाद की सीमा-सम्भावना समझ सकते हैं, न एकेश्वरवाद की।

सहजानन्द सरस्वती का 'गीता-धर्म' केवल उनकी मौलिक प्रतिभा का चमत्कार नहीं है। वे पारंपरिक विमर्श का मनमाना पाठ नहीं गढ़ते। उस विमर्श की अपनी सत्ता को बनाए रखते हुए वे उसकी अपनी तार्कित परिणति के सवाल उठाते हैं। ये सवाल उठाए जा सकते हैं क्योंकि स्वयं उस पारंपरिक विमर्श में इन्हें उठाए जाने की तार्किक गुंजाइश मौजूद है। ज़रूरत उस गुंजाइश को रेखांकित करने की हिम्मत की थी—सहजानन्द सरस्वती का 'गीता-हृदय' यह हिम्मत करता है। इसीलिए उनका गीता-पाठ, बहुत से आधुनिक गीता-पाठों की तुलना में, पद्धतिगत रूप से पारंपरिक विमर्श में अपना स्थान बना सकने में अधिक सक्षम

है। बावजूद उन निष्कर्षों के जो गीता के पारंपरिक व्याख्याकारों में से अधिकाश को असुविधाजनक ही लगेंगे।

ज़रूरत मार्क्सवादी विमर्श की तार्किक परिणतियों का संकेत करने वाली हिम्मत की भी थी। सहजानन्द सरस्वती के पास यह हिम्मत भी थी। इस का पहला प्रमाण तो अपने 'गीताप्रेमी होने की घोषणा करना ही था। इसी हिम्मत के कारण वे गीता को वर्ग संघर्ष की अवस्था विशेष के 'ऐतिहासिक दस्तावेज' की तरह नहीं, ऐसे जीवंत पाठ की तरह पढ़ते हैं जो नैतिक कर्म निर्धारित करने की शाश्वत समस्या के प्रसंग में विचारोत्तेजना देता है।

धर्म के संबंध में विकसित हुए मार्क्सवादी विमर्श की मूलभूत समस्या यह है कि वह एकेश्वरवाद की धारणाओं से गहरे में 'कडीशंड' है। इसीलिए इस विमर्श में धर्म और ईश्वरवाद को ही नहीं, आध्यात्मिकता और ईश्वरवाद को भी पर्याय मान लिया गया है। धर्म की परिघटना, को सिर्फ़ एकेश्वरवादी धर्मों तक सीमित कर लेने का ही परिणाम है कि न तो धर्म और अध्यात्म के बीच भेद-विवेक किया जाता है, और न धर्म की समूची परिघटना की विश्वसनीय समीक्षा विकसित हो पाती है। धर्म परिघटना की एकेश्वरवाद से भिन्न समझ और परंपरा के गहरे जानकार सहजानन्द 'मार्क्सवाद और धर्म' पर विस्तृत विचार करते हैं। इस विचारक्रम से जो निष्कर्ष वे प्राप्त करते हैं वह रोचक और विचारोत्तेजक तो है ही— 'आस्थावान' मार्क्सवादी के लिए खासा असुविधाजनक भी है, 'ऐसे धर्मों या धर्म की सम्भावना भी इससे सिद्ध हो जाती है, जिनका विरोध मार्क्स को इष्ट नहीं है। हमने गीता धर्म के निरूपण में धर्म का जो रूप गीता को मान्य बताया है वह तो वर्तमान धर्म से जुदा ही है। इसलिए उसके साथ भी मार्क्स का विरोध नहीं है, ऐसा सिद्ध हो जाता है।'[21]

जाहिर है कि यह निष्कर्ष विवादास्पद है। लेकिन ध्यान देने की बात यह है कि सहजानन्द के अनुसार 'गीता-धर्म' कोई संगठित धर्म, किसी समूह विशेष की अस्मिता का वाचक नहीं किसी तरह का आस्थातंत्र नहीं, बल्कि नैतिक कर्म की मानवीय खोज का प्रस्ताव है, इसीलिए वह मार्क्सवाद का विरोधी नहीं, उसका पोषक है।

## 8

अन्त में, फिर से कहें न तो निर्गुणपंथी ज्ञान मीमांसा से पूरमपूर सहमति की ज़रूरत है, न मार्क्सवादी सन्यासी सहजानन्द सरस्वती से। ज़रूरत है, उस नैतिक विवेक का स्वरूप स्पष्ट करने की जो मानवीय वेदना की द्वन्द्वात्मकता को, मानवीय चित्त की रागात्मकता और बोधात्मकता को धारण कर सके। परिवर्तन की खुली सम्भावनाओं की स्थिति में अपना पक्ष चुनने में हमें सहायता दे सके।

और, ऐसे नैतिक विवेक के स्पष्टीकरण में, धर्म का विश्वसनीय विकल्प खोजने में, विज्ञान को धर्म जैसा ही सर्वाधिकारवादी आख्यान बनने से रोकने में हिन्दी क्षेत्र के इन मनीषियों के बौद्धिक तथा संवेदनात्मक संघर्ष से हम यदि संवाद करें तो बहुत कुछ सीख सकते हैं।

## संदर्भ

1. 'लुडविग फ़ायरबाख ऐंड दि आउटकम ऑफ़ क्लासिकल जर्मन फ़िलासफ़ी'—इंटरनेशनल पब्लिशर्स, न्यूयॉर्क, 1974, पृ. 59

2. वही पृ. 56
3. जॉन कॉर्नवेल की 'विस्फोटक' कहीं गयी पुस्तक का शीर्षक ही है 'हिटलर्स पोप : दि सीक्रेट हिस्ट्री ऑफ़ पायस टवेल्फ़थ, पेंग्विन, न्यूयॉर्क, 2000
4. 'टेरर इन दि माइंड ऑफ़ गॉड : दि ग्लोबल राइज़ ऑफ़ रिलीजियस वायलेंस', ओयूपी, नयी दिल्ली, 2001, पृ. 162
5. 'आज के अतीत', राजकमल, नई दिल्ली, 2003 पृ. 287
6. 'फ़ाउस्टियन पैक्ट' की विस्तृत चर्चा के लिए देखें मेरा लेख 'हद बेहद दोऊ तजै : कबीर की साधना', —कसौटी-14 (सं. नंदकिशोर नवल), पटना, पृ. 53-76, संक्षेप में, 'फ़ाउस्टियन पैक्ट' से मेरा आशय है : सुरक्षा के बदले विवेक का सौदा। अमरता के बदले आत्मसत्ता का समर्पण। आधुनिक शब्दावली में फ़ाउस्ट अपनी इच्छा, लालसाओं की अबाध तृप्ति के लिए अपनी आत्मा शैतान के हवाले कर देने वाले मनुष्य का आद्यबिंब है। पता नहीं फ़ाउस्ट ने ऐसा कोई सौदा शैतान से किया था या नहीं, लेकिन धर्मसत्ता तो ऐसा सौदा मनुष्य के विवेक पर आरोपित कर ही देती है।
7. 'ऐसा भी सोचा जाता है', वाणी प्रकाशन, नई दिल्ली, 1994, पृ. 73
8. श्रम और अध्यात्म के परस्पर सम्बद्ध वस्तुकरण और इसकी परिणतियों की कुछ विस्तृत चर्चा मैंने मार्क्स के हवाले से 'हद बेहद दोऊ तजै कबीर' की साधना में की है।
9. 'गॉड ऐंड दि न्यू फ़िजिक्स', पेलिकन बुक्स, 1984, पृ. 8
10. 'आलोचना और आत्मविसर्जन', कसौटी-11 (सं. नंदकिशोर नवल) पटना, पृ. 140 -141
11. 'दि एंड ऑफ़ दि वर्ल्ड ऐज वी नो इट', यूनिवर्सिटी ऑफ़ मिनेसोटा प्रेस, मिनियोपालिस, 1999, पृ. 3
12. 'स्पेक्टर्स ऑफ़ कैपिटलिज्म', रेनबो पब्लिशर्स, नई दिल्ली, 1999, पृ. 24
13. इस विषय की कुछ और चर्चा के लिए देखें 'विचार का अनन्त', राजकमल, नई दिल्ली, 2000 (खासकर 'काव्य और शास्त्र का मुखामुखम' और 'ये मसाइले तसव्वुफ़...' शीर्षक निबन्ध)
14. 'इकॉनॉमिक ऐंड पॉलिटिकल वीकली', 7 जून, 2003, पृ. 2302
15. 16 विस्तार के लिए देखें...'हद बेहद दोऊ तजै...कबीर की साधना'।
17. 'फर्दर सिलेक्शस फ्रॉम प्रिजन नोट बुक्स', सम्पादक और अनुवादक डेरेक बूथम, यूनिवर्सिटी ऑफ़ मिनेसोटा प्रेस, मिनियापोलिस, 1999, पृ. 119
18. 'भगतसिंह और उनके साथियों के दस्तावेज' सं जगमोहन सिंह, चमनलाल, राजकमल, नई दिल्ली, 2003, पृ. 214
19. 'स्वामी सहजानन्द सरस्वती रचनावली—3' सं राघव शरण शर्मा, प्रकाशन संस्थान, नई दिल्ली, 2003, पृ 4-5
20. वही, पृ. 115
21. वही पृ. 78

['कल के लिए' अप्रैल-सितम्बर, 2004]

# ये मसाइले तसव्वुफ़, यह तेरा बयान...

कविता (व्यापक अर्थवृत्त को ध्यान में रखें तो सर्जनात्मकता) की ओर से उसकी अपनी दृष्टि और शास्त्र के साथ उस दृष्टि के मुखामुखम के आग्रह के बावजूद यह सवाल तो बना ही रहता है कि कविता का धर्म के साथ क्या संबंध है ? क्या संबंध हो सकता है ? धर्म शास्त्र, दर्शन या विज्ञान से अपने स्वभाव में ही अलग है। जहाँ कोई भी शास्त्र या विज्ञान सिद्धान्ततः ज्ञात और अज्ञात को ही स्वीकार करेगा वहीं धर्म अपने स्थूलतम रूप में भी इस द्विभाजन के परे 'अज्ञेय' को भी स्वीकार करता है। क्या यह अज्ञेय धर्म और कविता के बीच सामान्य भूमि है ?

कविता (या सर्जनात्मकता) का प्रस्थान-बिन्दु ही यह जिद है कि जो कहा नहीं जा सकता, जो पहली निगाह में गूँगे के गुड़-सा अकथ प्रतीत होता है, उसे शब्द (या किसी अन्य माध्यम) के जरिए कहा जाए। याने सिर्फ़ दूसरे को सुनाने के लिए ही नहीं खुद भी सुनने के लिए। इसी वजह से कई बार कवि को कहना पड़ता है 'ओ-माध्यम, क्षमा करना, मैं तुमसे पार जाना चाहता रहा हूँ।' (शमशेर) पार जाने की यह जिद ही धार्मिक मुहावरे में आध्यात्मिक या पारलौकिक तत्त्व की खोज कहलाती है। तो, मान लें कि धर्म और कविता अज्ञेय की सहज स्वीकृति और माध्यम से पार जाने की आकांक्षा के तार से जुड़े हुए हैं।

लेकिन इतनी आसानी से मुक्ति कहाँ ? धर्म तो सान्त्वना भी है। कई बार वैसी ही सान्त्वना, वैसी ही भ्रामक और मादक सान्त्वना जैसी कि अफ़ीम से मिलती है— 'हृदयहीन जगत-का हृदय'। कविता भी क्या सचमुच सांत्वना है ? कविता भी क्या उतनी ही जल्दी-जिज्ञासा को स्थगित कर सान्त्वना खोजने या देने निकल पड़ती है ? फिर 'धर्म' का तो अर्थ ही है स्वभाव। कम से कम एकेश्वरवाद से पहले के पैगन धर्मों में धर्म का नैतिक दिशा-निर्देशपरक आशय धर्म के स्वभावपरक आशय से ही उद्‌भूत होता है। यही कारण है कि इन धर्म-दृष्टियों में धर्म-अधर्म के सतत सहअस्तित्व और संघर्ष की कल्पना है न कि शुभ के द्वारा अशुभ पर अन्तिम और निर्णायक विजय की। तो क्या कविता भी मनुष्य का स्वभाव है ? और क्या धर्म की ही तरह कविता का भी कोई नैतिक दिशा-निर्देशपरक अर्थ होना चाहिए ?

पहले सवाल का उत्तर तो सरल है। सचमुच कविता (या सर्जनात्मकता) एक मूलभूत अर्थ में मनुष्य के स्वभाव का अंग है—उसका धर्म है। लेकिन क्या इस धर्म का वैसा कोई नैतिक दिशा निर्देशपरक अर्थ भी अनिवार्यतः है जैसा कि धर्म (खासकर उसके संगठित, व्यवस्थित रूप) में विन्यस्त है ? यहाँ से शुरू होती है उलझन!

नैतिक दिशा निर्देशपरक होना धर्म की मजबूरी भी है और उसकी ताकत भी। अपने आध्यात्मिक रूप से हट कर सामाजिक संगठन और संगठन विशेष के अनुरूप नैतिकता का रूप धर्म ले तभी सकता है, जबकि उसका स्वभाव विचारधारात्मक हो जाए। इस रूप में धर्म इतिहासबद्ध को शाश्वत; विशिष्ट को सार्वभौम और ठेठ लौकिक को पारलौकिक के रूप में

प्रतिष्ठित करने का काम करने लगता है। सामाजिक व्यवस्था विशेष दैवीय इच्छा का रूप ले लेती है, और आचरण-विशेष पवित्रता के प्रतिमान का। जिस शे'र से लेख का शीर्षक लिया गया है उसका दूसरा मिसरा इसी विडम्बना की ओर मार्मिक संकेत करता है— 'तुझे हम वली समझते जो न बाद-ख़्वार होता ?' 'वली' (सिद्ध) समझे जाने का प्रतिमान 'बयान' की मार्मिकता या अनुभव की प्रमाणिकता नहीं बल्कि समाज विशेष, परंपरा विशेष के सामाजिक प्रतिमानों का निस्तेज अनुसरण करने की तत्परता है। शायर को 'वली' समझते-बशर्ते वह शराबी न होता। शे'र यही मासूम लेकिन विस्फोटक सवाल पूछ रहा है कि आध्यत्मिक अनुभव (जिस पर आधारित होने का दावा धर्म करता है) और शराब पीने (जिसका कड़ा निषेध किया जाता है) के बीच ऐसा अनिवार्य अन्तर्विरोध सचमुच है क्या ?

बहरहाल धर्म और कविता के संबंधों के बारे में एक 'समस्या' की तरह चर्चा यूरोप की वैचारिक परंपरा के आत्मसंघर्ष से गहरे में गुँथी हुयी है। समकालीन चिन्तन की बहुत सी अन्य जिज्ञासाओं, समस्याओं की तरह इस समस्या का प्राथमिक सन्दर्भ भी 'रेनेसां' और औद्योगिकीकरण है। यूरोप की प्राक् ईसाई चिन्तन परंपरा की जिस धारा को रोमन कैथालिक चर्च ने ईसाई धर्मसिद्धान्त में समाहित किया—उसके श्रेष्ठ प्रतिनिधि-प्लेटो का कविता के प्रति शंकाभाव जग जाहिर है। इस विचार परंपरा की ज्ञानमीमांसा की मुख्य खोज प्रमाणीकृत हो सकने वाले सत्य की थी। विभिन्न अन्तस्संघर्षों से गुजरती हुयी इस खोज की परिणति जब 'वैज्ञानिक मनोवृत्ति' की सर्वोच्चता के सहज स्वीकार में हुयी तो स्वभावत: बहस का एक मुद्दा यह भी बना कि 'वैज्ञानिक युग में कविता के अस्तित्व का तर्क क्या है ?' इसी प्रश्न के सन्दर्भ में प्रबोधन-कालीन और उसके बाद के यूरोप में कविता और धर्मभावना की समानता के कई बिन्दु रेखांकित किए गए। लेकिन साथ ही यह भी सहज स्वाभाविक मान लिया गया कि कविता को धर्म नहीं तो 'सत्य' के अन्य किसी 'प्रामाणिक आख्यान' के अनुरूप होना चाहिए। 'धर्म' के घोर विचारधारात्मक रूप की भर्त्सना करने वाले भी किसी 'वैज्ञानिक' विचारधारा के अनुरूप होना कविता का धर्म मानने लगे। कविता का अस्तित्व अपने तर्क के लिए यदि 'धर्म' पर नहीं तो विज्ञान या राजनीति के रूप-विशेष पर निर्भर करता है—कविता की यह 'अन्य निर्भरता' यूरोप के और उपनिवेशवाद के परिणामस्वरूप सारे आधुनिक संसार के संस्कार का हिस्सा ही बन गयी।

विचार विमर्श के इस यूरोप उद्भूत और यूरोप केन्द्रित परिप्रेक्ष्य को सन्तुलित करने के लिए उचित होगा कि यूरोपेतर विचार-परंपराओं तथा एकेश्वरवादेतर धर्मभावनाओं के साथ कुछ संवाद किया जाए। सत्य के निश्चित आख्यान की अवधारणा के विपरीत, ये धर्मभावनाएँ इस कविता सुलभ अवधारणा के अधिक निकट प्रतीत होती हैं कि 'जो सत्य है उसे कहना असम्भव है और जो कहा जा सके वह सत्य 'सत्य' कैसे होगा ?' लाओत्ज़े का यह प्रसिद्ध वचन किसी निराशा का वाचक नहीं, बल्कि अस्तित्व से संबंध बनाने की चुनौती का सटीक स्वीकार है। ठीक यही स्वीकार ऋग्वेद के नासदीय सूक्त में है, जहाँ स्वयं समूचे अस्तित्व की अध्यक्षता करने वाले के बारे में भी पक्का पता नहीं कि अस्तित्व के अन्तिम सत्य, रहस्य अथवा ज्ञेय को वह जानता है या नहीं। शायद जानता है, शायद नहीं जानता। असल में तो सूत्र कह यह रहा है कि अस्तित्व के उस अध्यक्ष के बारे में 'हम' कुछ नहीं कह सकते। स्वयं अनिश्चितता एक निश्चित पद नहीं है इसीलिए अधिक महत्त्व इस बात का है कि स्वीकार करें-ज्ञाता और ज्ञेय के संबंध की सापेक्षता को और चीजों के अलावा ऐसा स्वीकार व्यक्ति

और समूह दोनों के चित्त में विनम्र जिज्ञासा का संस्कार बनाए रखने में शायद सहायक हो। ऋग्वेद के कवि और लाओत्ज़े को उम्मीद यही रही होगी, पूरी कितनी हुयी वह अलग बात। लेकिन क्या बीसवीं सदी के अन्त में भी इस उम्मीद का कोई भविष्य नहीं? यदि सचमुच ऐसी कविसुलभ जिज्ञासा का, सत्य के अनेक पाठों की सम्भावना का और ऐसी सम्भावना के साथ ही मनुष्य के सार्वभौम साझे चैतन्य, उससे उद्भूत न्यूनतम मूल्यसरणी का कोई भविष्य नहीं तो फिर मानवता का ही क्या भविष्य होगा? यदि सचमुच ऐसा कोई भविष्य रचने योग्य है तो धर्म की समूची अवधारणा पर पुनर्विचार करना होगा। नितान्त वैयक्तिक आध्यात्मिक अनुभव, सामूहिक सांस्कृतिक पहचान और विचारधारात्मक सत्ता प्रतिष्ठान के रूप में धर्म की संश्लिष्टता को ध्यान में रखते हुए। इस पुनर्विचार के लिए उस परिघटना पर ध्यान देना आवश्यक है जिसे थ्योडोर जेल्डिन ने धर्म के इतिहास में 'प्राफ़ेटिक रिवोल्यूशन'—पैगम्बरी क्रान्ति कहा है। यह 'प्राफेटिक रिवोल्यूशन' जरथुष्ट्र से आरम्भ होती है। धर्म विश्वास के इतिहास से स्पष्ट है कि उस समय के सभी धर्मों में कुछ सामान्य विशेषताएँ थीं—सारी प्राकृतिक परिघटना के बीच परस्पर निर्भरता के संबंध (सिम्बयाटिक रिलेशन) की परिकल्पना, बहुदेववाद या प्रकृतिपूज्य की सहज स्वीकृति, मृतकों के साथ जीवितों के गतिशील संबंध का विचार (श्राद्ध और पुनर्जन्म की स्वीकृति के रूप में), विभिन्न मानव समूहों के अपने-अपने देवमण्डल और धार्मिक विश्वासों की सहज तथ्य के रूप में स्वीकृति और जीवन के साथ मृत्यु के विरोधपरक संबंध की बजाय सहअस्तित्व की स्वीकृति! रोचक बात यह है कि ये सभी धर्मविश्वास स्वयं को प्राकृतिक या सनातन मानते थे—लेकिन दूसरे विश्वास को अप्राकृतिक या असनातन मानने का कोई आग्रह उनमें नहीं था। दूसरे, भक्ति या समूह को स्वयं से अलगाने या उसकी विशिष्टता को रेखांकित करने का आधार यह नहीं था कि दूसरे का धर्म 'अशुभ' से उत्पन्न होने के कारण 'शुभ' ईश्वर का विरोधी, इसलिए 'असत्य' है—बल्कि यह था कि दूसरे का धर्म हमारे पारंपरिक धर्म से भिन्न होने के कारण हमारे लिए अप्रासंगिक है। इस उदासीनता और पैगम्बरी मान्यता का मूलभूत अन्तर बहुत ही महत्त्वपूर्ण है। एक की परिणति धर्मान्तरण या 'सत्य' की विजय के प्रति उपेक्षा, बल्कि धर्मान्तरण को अस्वाभाविक मानने में होती है—दूसरी की परिणति 'सत्य' की विजय को अपरिहार्य और धर्मान्तरण को 'कर्तव्य' मानने में।

जरथुष्ट्र का ऐतिहासिक महत्त्व इसमें है कि शुभ और अशुभ के बीच, ईश्वर और शैतान के बीच, अहरमज़दा और अहिरदमन के बीच अनिवार्य और शाश्वत विरोध बल्कि सक्रिय वैरभाव की कल्पना करने वाले वे पहले व्यक्ति थे। ये 'यम' (अन्य पैगन परंपराओं में 'येमी' या 'विम') के देवत्व को रद्द करने वाले भी पहले व्यक्ति थे। फलस्वरूप उनकी विचारणा में 'मृत्यु' जीवन के अनन्त में एक पड़ाव की बजाय जीवन की डरावनी समाप्ति का रूप ले लेती है। इस डरावनी समाप्ति से मुक्ति, अनन्त जीवन हर मनुष्य की प्राकृतिक नियति नहीं, बल्कि जरथुष्ट्र के अनुसार ईश्वर के चुने हुए दूत के दिखाए मार्ग पर चलने वालों का विशेषाधिकार है। पैगम्बरी क्रान्ति की यह सबसे दूरगामी और सबसे विकट परिणति हुई कि 'प्रामाणिक' आध्यात्मिक अनुभव और नैतिक जीवन हर मनुष्य का सहज स्वभाव-धर्म—न रह कर पैगम्बर के दिखाए सच्चे मार्ग पर चलने वालों का विशेषाधिकार बन गया—जिसकी उपलब्धि के लिए पहली शर्त है सिद्धान्तविशेष (डॉग्मा) का एकमात्र सत्य के रूप में स्वीकार। डॉग्मा के दैवीय उद्गम की स्वीकृति की परिणति हुई—उसके अपरिहार्य रूप से सत्य (और उसी अनुपात में अन्य डॉग्मा के असत्य नहीं तो अपर्याप्त) होने की मान्यता और साथ ही 'सत्य'

को सार्वजनीन, सार्वभौम बनाने के कर्त्तव्यबोध का उदय। इसीलिए यूरोपीय ईसाईयत ने सभी प्राक् ईसाई धर्म परंपराओं को किंचित्-तिरस्कार के साथ 'पैगन' कहा। बहुदेववाद पैगनिज्म का प्रधान व्यवच्छेदक लक्षण मान लिया गया और एकेश्वरवाद, 'सच्चे' मानवीय धर्म का। एकेश्वरवाद रिवीलेशन और पैगम्बर को किसी न किसी रूप में स्वीकार करने वाली दृष्टियाँ प्रामाणिक धर्म-दृष्टियाँ मानी गयीं। उनमें आपस में बहस भी हो सकती थी, संघर्ष भी लेकिन जहाँ तक 'पैगन' धर्मों का सवाल था वे तो सभ्यों के धर्म विमर्श से ख़ारिज़ ही कर दिये गए। इसके दो परिणाम हुए। एक तो एकेश्वरवाद के किसी न किसी रूप ने मानवीय चेतना और आयास के सभी विमर्शों पर वर्चस्व स्थापित कर लिया। सौन्दर्यशास्त्र से लेकर इतिहास तक सभी विमर्श किसी ऐसे 'एक' का अनुसन्धान करने लगे जो सार्वभौमिक प्रतिमान हो और जिसकी अन्तिम, निर्णायक विजय अवश्यंभावी हो। इतिहास की पूर्वनिर्धारित गति का हीगेलियन विचार हो या विज्ञान द्वारा प्रकृति को मनुष्य की सेविका बनाने की आकांक्षा-आधुनिक 'कॉमनसेंस' के अधिकांश निर्विवाद प्रस्थानों का गहरा संबंध एकेश्वरवाद से है।

एकेश्वरवादी संस्कार की उपलब्धियों से हम वाक़िफ़ है। मानव इतिहास की प्रगति में इस बोध का महत्त्व स्वयंसिद्ध है कि चीजों को उनके प्रदत्त रूप में स्वीकार करने की बजाय किसी 'शुभ' यूटोपिया की दिशा में मोड़ा जाए। इससे भी अधिक महत्त्वपूर्ण है एकेश्वरवादी संस्कार तथा मानव कन्द्रिक रेनेसॉस के बीच विकट बौद्धिक संघर्ष से उत्पन्न हुई 'व्यक्ति' की अवधारणा-जिसके अनुसार व्यक्ति सामाजिक दायित्वों की पदानुक्रम व्यवस्था में पूर्वनिर्दिष्ट सत्ता भर न रहकर आत्मचेतस स्वायत्त सत्ता बन गया—जिसे सामाजिक संबंधों में अपनी इच्छा और सामर्थ्य के अनुसार जगह तलाश करने का अधिकार है—या होना चाहिए। व्यक्तित्व की यह अवधारणा निस्सन्देह यूरोपीय सभ्यता की अपनी विशिष्ट खोज है—जिस पर उसका गर्व-उचित ही है। वस्तुतः इस अवधारणा के उदय के बाद ही यूरोपीय मानस में वह गहरी उथल-पुथल उत्पन्न हुई—जिसे एलियट ने— 'संवेदना विच्छेद' के नाम से पहचाना है। इस अवधारणा-व्यक्तित्व-के कारण ही यूरोपीय मानस में संगठित धर्म के प्रति गहरी विरक्ति भी पैदा हुई और इस तथ्य की स्वीकृति भी कि यदि धर्म को हटा दें तो भी मनुष्य की आध्यत्मिक रिक्ति को भरने का कोई न कोई आयास तो सुलभ होना ही चाहिए। इसी कारण यह आशा की गयी कि जब औद्योगिकी का वर्चस्व समाप्त हो रहा है तो धर्म के सामाजिक प्रकार्य राजनीति को स्थानान्तरित हो जायेंगे, ज्ञानपरक प्रकार्य विज्ञान को और आध्यात्मिक पिपासा की वृत्ति मनुष्य कविता से करेगा—क्योंकि तार्किक वैज्ञानिक और सम्प्रेष्य की सर्वोच्चता के युग में कविता का रोल ही अकेला रोल है जहाँ तर्केतर, अकथ और बहुलार्थक की सम्भावना बची रहती है। कविता को मनुष्य की आध्यात्मिकता से जोड़ने के इस प्रयत्न में सिर्फ़ इतना नहीं है कि कविता की ज़रूरत को किसी न किसी तरह माना जाए, बल्कि ज्यादा महत्त्वपूर्ण है इस तथ्य की स्वीकृति कि लौकिक का अकेला विकल्प 'धार्मिक' नहीं। आध्यात्मिक सिर्फ़ विचारधारापरक नहीं बल्कि समग्र अस्तित्व का अपरिहार्य अंश है। अस्पष्ट, धुंधला ज़रूर लेकिन अनावश्यक कतई नहीं।

एकेश्वरवादी संस्कार की उपलब्धियों से हम वाक़िफ़ हैं—लेकिन क्या बहुदेववादी संस्कार का सम्भावनाओं से वाक़िफ़ होने का अवसर इतिहास ने हमें दिया है ? विभिन्न पैगन सभ्यताएँ युद्ध करती थीं, आक्रमण भी लेकिन आत्मचेतस् रूप से तुच्छ स्वार्थों के लिए। महान् प्रयोजन या दैवीय-योजना की पूर्ति के लिए सतत्, संघर्ष का विचार उनके लिए अनजाना था। उनके

युद्ध तात्कालिक होते थे, अशुभ के विरुद्ध शुभ की निर्णायक लड़ाई के पड़ाव नहीं। और हम जानते हैं कि तुच्छ व्यक्तिगत स्वार्थों, संकीर्ण समूहगत हितों की प्रेरणा से हुयी हिंसा उस हिंसा का पासंग भी नहीं, जो मानव के इतिहास में 'सार्वभौम सत्य' की प्रतिष्ठा के लिए हुई है। इतिहासकारों ने इस बात पर खेद प्रकट किया है कि प्राचीन भारतीय भाषाओं में 'प्रोटेस्ट' के लिए कोई ठीक-ठीक सांस्कृतिक प्रतिशब्द नहीं मिलता। ध्यान इस पर भी देना चाहिए कि इन भाषाओं में 'जिहाद' या 'क्रूसेड' के लिए भी कोई सांस्कृतिक प्रतिशब्द नहीं। पैगन-सभ्यताएँ यथास्थितिवादी थीं तो वे सहअस्तित्ववादी भी थीं। एकेश्वरवादी सभ्यताएँ उनका विनाश कर सकीं, इससे यह कैसे सिद्ध हो गया कि बहुदेववादी-सभ्यताएँ विनाश के ही लायक थीं? एकेश्वरवादी संस्कार की उपलब्धियाँ देख चुकने के बाद क्या इक्कीसवीं सदी की दहलीज पर खड़े मनुष्य के लिए यह दिलचस्प नहीं कि वह पैगन सभ्यताओं तथा विचारणाओं की अधूरी सम्भावनाओं को भी एक बार टटोले?

सवाल यह है कि इस टटोलने में कविता के पक्ष की दिलचस्पी क्योंकर हो? यदि हम इस बात पर ध्यान दें कि एक अत्यन्त समृद्ध पैगन परंपरा-हिन्दू-परंपरा में कविता की क्या स्थिति है-तो इस प्रश्न के उत्तर का कुछ संकेत मिलता है। यह सर्वस्वीकृत है कि जिन चरित्रों को आज इस परंपरा का प्रतीक माना जाता है उन—राम, कृष्ण, शिव, काली आदि का उन संहिताओं में कोई बहुत महत्त्व नहीं है—जिन्हें यह परंपरा अपना आदि स्रोत और अन्तिम प्रमाण मानती है। यह ऐसी धर्मपरंपरा है जो किसी स्थिर डॉग्मा पर नहीं बल्कि एक परिवर्तनशील कल्पना पर आधारित है। बात और भी स्पष्ट होगी यदि हम वाल्मीकि रामायण के आरम्भिक अंशों-प्रस्तावना में निहित संकेतों को समझें। वाल्मीकि की सर्जनात्मक समस्या उस प्रस्तावना में यह मानी गयी कि वे अपने शोक को श्लोक में रूपान्तरित करें तो किस को आलम्बन बनाकर। नारद उन्हें रामचरित को आलम्बन बनाने का सुझाव देते हैं। और वाल्मीकि द्वारा रामचरित को आलम्बन बना लेने के बाद होता यह है कि रामायण की रूपरेखा कुछ निश्चित रूप ले लेती है, दूसरे उस आख्यान की व्यंजकता बढ़ जाती है। आगे चल कर राम को विष्णु का मर्यादावतार मानने के जो प्रयत्न हुए उनसे सिर्फ़ राम के चरित्र की ही नहीं वाल्मीकि के रामकल्प की महत्ता भी रेखांकित होती है। उस चरित्र को जो सिर्फ़ एक धुँधली रूपरेखा के तौर पर गाथाओं में सुलभ था—वाल्मीकि ने अपने विराट् 'पोयटिक विज़न' के जरिये ऐसा व्यंजक फलक दिया कि उस चरित्र के जीवन की घटनाएँ मनुष्य के मन को आलोकित करने वाली, उसके मर्म को आप्लावित करने वाली भाव व्यंजनाएँ बन गयीं। यहाँ ध्यान दें कि वाल्मीकि सिर्फ़ क्रौञ्च वध के शोक को ही नहीं, अपना स्वाभाविक कर्म कर रहे निषाद को इतना भीषण शाप दे देने के पश्चाताप को भी अपनी सर्जनात्मक वेदना में वहन कर रहे थे। 'मा निषाद प्रतिष्ठां त्वमगमः शाश्वती समाः' कहते ही स्वयं उनका हृदय अशान्त हो गया था,

*तस्येत्थं ब्रुवतश्चिन्ता भूव हृदि वीक्षतः।*
*शोकार्तेनास्य शकुनेः किमिदं व्याहृते मया?*

काममोहित शकुन के वध से उत्पन्न शोक ही एकमात्र काव्यवस्तु नहीं, निषाद के साथ ऋषि वाल्मीकि से हो गया अन्याय भी महत्त्वपूर्ण है। इस अन्याय का बोध, ऋषि का विशद जीवनानुभव, सृष्टि में निहित द्वन्द्व की परख और गहन धर्मबुद्धि ये सब मिलकर ऋषि वाल्मीकि को आदि कवि वाल्मीकि बनाते हैं। उल्टा नाम जपने की कथा का तो खैर वाल्मीकि रामायण में कहीं अता-पता नहीं, वह तो बहुत बाद के स्कंद पुराण की सूझ है, जिसे अध्यात्म रामायण

और तुलसीदास ने दोहरा दिया है। लेकिन यह सही है कि 'वाल्मीकि भए ब्रह्म समाना' में जिस प्रक्रिया और परंपरा के स्वभाव का संकेत है, उससे रामनाम की अनन्त महिमा के साथ-साथ उस परंपरा में कविता की महत्ता भी रेखांकित होती है। एक समृद्ध व्यक्तिगत भावानुभव को एक पारंपरिक सामूहिक आख्यान से जोड़ कर एक कल्पसृष्टि, एक काव्यानुभव को समूची आध्यात्मिक पिपासा और सांस्कृतिक पहचान का प्रतीक बनाया कविता ने। वह किंवदंती याद करें, जिसके अनुसार वाल्मीकि ने रामजन्म से पहले ही रामायण की रचना कर दी थी। दूसरे शब्दों में यहाँ कवि इतिहास का नहीं, इतिहास कवि का अनुसरण कर रहा था। स्वयं वाल्मीकि रामायण की संरचना याद करें, जिसके अनुसार कवि अपने समूचे परिवेश के साथ चरित नायक के जीवन में स्वयं अपनी रची कथा में प्रवेश करता है। क्या यह कहना अतिशयोक्ति है कि वाल्मीकि की कविता सिर्फ़ एक आख्यान की नहीं, बल्कि भावी भारतीय मन की पुनर्रचना कर रही थी।

भारतीय परंपरा में ऋत, धर्म और धम्म सरीखे पदों के विकास और अर्थवृत्त को ध्यान में रखें तो स्पष्ट होगा कि जैसे ही 'धर्म' का आशय नैतिक दिशानिर्देश से कुछ अधिक होता है, उसमें कविता और कल्पसृष्टि की भूमिका केन्द्रीय हो उठती है। यह भी ध्यान में रखें कि चूँकि इस परंपरा में मुख्य स्वर बहुदेववाद का है इसलिए यहाँ हर मानवीय आभास परस्पर सम्बद्ध होते हुए भी प्रयोजन की दृष्टि से बड़ी हद तक स्वायत्त है। धर्म, दर्शन, शास्त्र और काव्य साझे विचारलोक में विचरने के नाते सम्बद्ध है लेकिन अपने-अपने सुपरिभाषित प्रयोजनों के कारण स्वायत्त। यहाँ सबको 'एक' ही दिशा में ले जाना नैतिक रूप से अनिवार्य श्रेय नहीं, बल्कि अस्तित्व के बहुवचन को स्वीकारना और इस नाते विभिन्न आयासों के प्रयोजन पार्थक्य को स्वीकारना श्रेय है। इसीलिए यहाँ काव्य को पन्थपरक अर्थ में नैतिक बनाने का प्रयत्न व्यर्थ माना गया। दूसरे शब्दों में जिस अवकाश के लिए कविता को एकेश्वरवादी सन्दर्भ में संघर्ष करना पड़ा, वह बहुदेववादी सन्दर्भ में सहज सुलभ है। बहुदेववाद को मानवीय चेतना का निम्नतर रूप मानने के आदी आधुनिक चित्त को बहुदेववादी, पैगन संस्कार का यह गुण तो स्वीकार कर ही लेना चाहिए। हिन्दू परंपरा के ही सन्दर्भ में बात करने का स्पष्ट कारण इस लेखक की सीमित जानकारी ही है—वैसे कयास यही है कि खोजें तो अन्य पैगन परंपराओं में भी धर्म और कविता के बीच ऐसा ही गुँथाव मिलेगा।

निस्सन्देह इस गुँथाव का विचारधारात्मक उपयोग भी किया गया है लेकिन बहुत सीमित रूप में।

धर्म विश्वास का कवितापरक स्वभाव ही पैगन परंपराओं में कविता की प्रयोजनपरक स्वायत्तता के साथ-साथ विचारधारात्मक उपयोग के प्रतिरोध के अच्छे खासे अवकाश को सुनिश्चित कर देता है। समकालीन चित्त के लिए यह प्रासंगिक है क्योंकि अब स्वयं एकेश्वरवादी संस्कार में रची बसी आधुनिक विचार परंपरा के वे बिन्दु रेखांकित किए जा रहे हैं जो विचारधारात्मक वर्चस्व का प्रतिरोध करने की कविता की ही नहीं समूचे सौन्दर्य सृष्टिपरक आयास की सम्भावनाओं का पता देते हैं। यह रेखांकन सार्थक भी होगा जबकि बहुदेववादी परंपराओं की सर्जना और चिन्ता के साथ भी वास्तविक पारस्परिकता का संबंध स्थापित किया जाए।

पारस्परिकता के ही एक और रूप को भी ध्यान में रखें। बहुदेववादी परंपराओं की वह आत्महीनता जिसके चलते वे स्वयं को एकेश्वरवादी सिद्ध करने का प्रयत्न करती है, या जिसके

कारण 'इतिहास' को ही अन्तिम प्रमाण मानते हुए न केवल राम की ऐतिहासिकता बल्कि उनके जन्म स्थान की प्रमाणिकता भी 'वैज्ञानिक' रूप से सिद्ध करने का प्रयास किया जाता है— इस पारस्परिकता के नकारात्मक रूप है। यही नहीं, औपनिवेशिक स्थिति की उपरोक्त विडम्बनाओं के परे, स्वयं हिन्दू परंपरा के भीतर भी एक तरह का एकेश्वरवादी, इलहामपरक खिंचाव मौजूदा रहा है। गनीमत यही है कि वह पूरी परंपरा का स्वभाव बनने की बजाय सम्प्रदायों तक सीमित रह गया। मिसाल के तौर पर पुष्टिमार्ग का आस्थातंत्र देखें, जिसकी मान्यता के अनुसार 'सिद्धान्त रहस्यम्' भगवान् कृष्ण ने ही कहा है वल्लभाचार्य ने तो उसे बस अक्षरश: दोहरा दिया है। इसी कारण वल्लभ हैं भगवान के मुखावतार। इसी तरह यह स्वयं नाथजी की दी हुई व्यवस्था है कि जिसे वल्लभ ब्रह्मसंबंध देंगे, वही नाथजी को स्वीकार होगा। पुष्टिमार्ग अपने विश्वास में 'सनातन धर्म' से कितना दूर और सेमेटिक विश्वास के कितना निकट है यह तो अलग विवेचना का विषय है, लेकिन जो आचारसंहिता पुष्टिमार्ग के वैष्णवों पर लागू की जाती है, उसी का कुछ संकेत पुष्टिमार्ग और पैगम्बरी मतों की समानता को दरसा देगा। इस आचारसंहिता का दार्शनिक प्रस्थान ही है, जीव की स्वभावगत न्यूनता। पुष्टि प्राप्त होने के बाद वैष्णव से अपेक्षा की जाती है कि वह सम्प्रदाय के सत्तातंत्र और आचार्य की वंशपरंपरा की दैवीयता को निर्विवाद माने। अन्य सम्प्रदाय के वैष्णवों को 'कन्वर्ट' करने का प्रयत्न करे जहाँ अन्य सम्प्रदाय के वैष्णव रहते हों, वहाँ निवास तक न करे। वार्त्ता साहित्य में मीराबाई की विख्यात निन्दा के अलावा उन वैष्णवों की प्रशंसा भी है जो मरते मर गए लेकिन जिन्होंने गैर पुष्टिमार्ग के हाथ का पानी तक न पिया। स्वाभाविक ही था कि ऐसे संस्कार वाले सम्प्रदाय में कविता की सार्थकता यही मानी जाए कि वह 'कछु हरिलीला वर्णन करे' और कवि से यह सफाई भी माँगी जाए कि और सब तो ठीक लेकिन उसने कभी 'महाप्रभु की अस्तुति' क्यों नहीं की।

उपरोक्त विवेचन से, आशा है कि यह स्पष्ट हुआ होगा कि कविता और धर्म के अब तक रहे और आगे सम्भाव्य संबंध पर विचार करने के लिए एकेश्वरवाद और बहुदेववाद के फ़र्क़ को ध्यान में रखना ज़रूरी है। इन धर्म विश्वासों की बनावट को ध्यान में रखते हुए तथा उस बनावट में कविता की स्थिति को ध्यान में रखते हुए हम अब तक सुलभ धर्मविश्वासों को दो प्रकारों में बाँट सकते हैं। पैगम्बरी और कवितापरक। प्रॉफ़ेटिक और पोयटिक। पैगम्बरी धर्म और कवितापरक धर्म के बीच अन्तर करने के इस प्रस्ताव के पीछे मंशा ऐतिहासिक हिसाब किताब को दुरुस्त करने की नहीं, बल्कि भविष्य की सम्भावनाओं को समझने की है। प्रॉफ़ेटिक और पोयटिक धर्म परंपराओं के बीच विवेक करने का यह प्रस्ताव स्वयं विवेक की संरचना और विचार के अनन्त को समझने के प्रयत्न का ही एक हिस्सा है। स्पष्ट ही, इस प्रस्ताव के विस्तार का अवसर यह नहीं। लेकिन प्रॉफ़ेटिक और पोयटिक धर्म के अन्तर को समझना है ज़रूरी। ज़रूरी इसलिए कि अब शायद ही कोई संवेदनशील व्यक्ति आध्यात्मिक रिक्ति की समस्याओं को केवल निठल्लों का मनोविनोद मानता हो। शायद ही कोई समझदार व्यक्ति 'पार जानें' की आकांक्षा को केवल षड्यंत्र या मूर्खता मानता हो। आज जब कि आध्यात्मिक रिक्ति की परिणति, बहुदेववादी या पोयटिक धर्म परंपराओं द्वारा भी 'प्रॉफ़ेटिक' रूप अपनाने की हड़बड़ी में हो रही है, जब धर्म अपना आध्यात्मिक आशय लगभग खोकर 'एथनिक' या राष्ट्रीय पहचान की आक्रामकता में बदल रहा है तब लगता है कि क्या धर्म के बाहर आध्यात्मिक अनुभव सम्भव करने वाला कोई माध्यम सम्भव है? क्या स्वयं धर्म का कोई ऐसा मिजाज

सम्भव है जो बहुलार्थकता और आध्यात्मिकता की परस्पर निर्भरता का वहन कर सके? ये प्रश्न भविष्य के हैं। उत्तर के संकेत अतीत की उन 'पोयटिक' धर्म परंपराओं में मिलते हैं, जिनकी 'प्रॉफ़ेटिक' परंपराओं के हाथों पराजय को हम ऐतिहासिक तथ्य नहीं, बल्कि ऐतिहासिक नियति मानते आए हैं।

बीसवीं सदी के इस अवसान समय में हम केवल अँधेरा क्यों देखें? सारे दुःख, सारी वेदना और सारी भ्रांति के बावजूद यह नए प्रस्तावों के अनुसंधान का समय है, ऐसा समय जिसमें हम एडिथ सिरवेल के शब्दों के सहारे कविता का यह आश्वासन, उम्मीद के साथ याद कर सकते हैं।

यह देखकर कि यह मनुष्य का अँधेरा बीजकाल है—

*आशीर्वाद देने आयी हूँ*
*तमाम मनुष्यों की*
*क्षमा और मनुष्य को आशीर्वाद देने*
*पवित्र ज्योति के रूप में*

कविता तो इस रूप में अनेकानेक बार आयी है। हम अपने अनुभव के आधार पर भरोसा कर सकते हैं कि कविता व्यक्तिगत धर्म का रूप ले सकती है, इक्कीसवीं सदी का यक्ष प्रश्न यह है कि क्या धर्म सामूहिक कविता का रूप ले सकेगा?

['विचार का अनन्त' (2000), राजकमल प्रकाशन]

# लेख

# एक रासो—लक्ष्मीबाई का

1857 की घटनाओं को कई नजरियों से देखा गया है। इन घटनाओं के समकालीन टिप्पणीकार कार्ल मार्क्स की दृष्टि में केवल 'सिपाही विद्रोह' न होकर वह "एक राष्ट्रीय विद्रोह की घटनाएँ थीं और सिपाही इस राष्ट्रीय विद्रोह के औजार थे।" यह बात कार्ल मार्क्स ने 28 जुलाई 1857 को लिखी थी। (मार्क्स, एंगेल्स, 'दी फर्स्ट इंडियन वार ऑफ़ इंडिपेंडेंस 1857- 59', मास्को, 1975, पृ. 44) सावरकर ने 1857 की अर्द्धशताब्दी पर लिखी अपनी पुस्तक का शीर्षक ही रखा—1857—दी इंडियन वार ऑफ़ इंडिपेंडेंस। लेकिन यह रोचक है कि 1922 में प्रकाशित इंडिया इन ट्रांजिशन के मार्क्सवादी लेखक एम.एन. राय का 1857 विषयक मूल्यांकन मार्क्स के मूल्यांकन से एकदम विपरीत था, उनके अनुसार यह विद्रोह "सामाजिक प्रतिक्रिया की प्रचंड भावना से उत्पन्न हुआ था। यह विद्रोह असल में अंग्रेजी सरकार के ख़िलाफ़ नहीं, बल्कि उस सरकार द्वारा लाए गए प्रगतिशील सामाजिक-राजनैतिक विचारों के विरुद्ध था।" (स्निग्धा सेन द्वारा उद्धृत, 'दी हिस्टीरियोग्राफ़ी ऑफ़ दी इंडियन रिवोल्ट ऑफ़ 1857', कोलकाता 1992, पृ. 201)

यह भी रोचक है कि 1857 के डेढ़ सौ साल पूरे होने पर हिन्दी के कुछ वामपंथी लेखक 1857 के मूल्यांकन के बारे में कार्ल मार्क्स की तुलना में एम.एन. रॉय के अधिक निकट हैं। सच तो यह है कि पिछले कुछ महीनों में प्रकाशित अनेक विद्वतापूर्ण निबन्ध एम.एन. रॉय के उपरोक्त कथन का भाष्य हैं। खैर!

भारतीय स्वाधीनता आदोलन ने अपने विकास और विस्तार में 1857 के नायकों और नायिकाओं से प्रेरणा ली, यह सच है। स्वाभाविक ही था कि उस विद्रोह के शताब्दी वर्ष के अवसर पर स्वाधीन भारत की सरकार ने 1857 के विद्रोह का उपयुक्त रूप से वस्तुनिष्ठ इतिहास प्रकाशित करने का निश्चय किया। 1957 में प्रकाशित ग्रंथ अठारह सौ सत्तावन के आमुख में तत्कालीन शिक्षा मंत्री मौलाना आज़ाद ने नोट किया, "यों तो 1857 के बारे में सैकड़ों किताबें लिखी गई हैं, लेकिन मुझे लगता है कि 1857 का वस्तुनिष्ठ इतिहास लिखा जाना अभी बाकी है। अब तक लिखी गई किताबों में से लगभग सभी ब्रिटिश नजरिए से लिखी गई हैं।"

और, 'ब्रिटिश नजरिए' के बरक्स 'भारतीय नजरिए' से लिखी गई इस पुस्तक *1857* के लेखक सुरेंद्रनाथ सेन का निष्कर्ष यह था "धर्म के नाम पर आरम्भ हुआ विद्रोह स्वाधीनता संग्राम में बदल गया, इसमें सन्देह नहीं कि विद्रोही विदेशी शासन के स्थान पर पुरानी व्यवस्था को वापस करना चाहते थे, जिसका प्रतिनिधि दिल्ली का बादशाह था।" लेकिन इस स्वाधीनता संग्राम में विद्रोही यदि सफल हो जाते तो? इतिहासकार का दो टूक निष्कर्ष है, "वे समय का प्रवाह पलट देते। नए सुधारों को समाप्त कर देते। वे प्रतिक्रांति चाहते थे।" ( सुरेंद्रनाथ सेन, 1857, दिल्ली, 1957, पृ. 411 और 412-3)

यह तो हुई स्वाधीन भारत के 'नज़रिए' से 1857 को देखने की बात। पाकिस्तान के 'नज़रिए' से भारत में ब्रिटिश राज का रिव्यू कर रहे एस.एम. बर्क और सलीम अल-दीन क़ुरैशी का निष्कर्ष भी ऐसा ही है, "बीसवीं सदी के कुछ भारतीय राष्ट्रवादियों द्वारा 1857 को स्वाधीनता संग्राम कहना सिवाय बेहूदगी के कुछ नहीं है। अगर यह सचमुच स्वाधीनता संग्राम होता तो क्या अंग्रेज भारत में टिक पाते?" ('ब्रिटिश राज इन इंडिया ए हिस्टारिकल रिव्यू', कराची, 1995)

यानी स्वाधीनता संग्राम वही हो सकता है जो सफल हो! असफलता प्रमाणित करती है कि 1857 राष्ट्रीय स्वाधीनता संग्राम या विद्रोह नहीं था। 1857 के मूल्यांकन संबंधी बहस में हिस्सा लेने की अपनी कोई इच्छा फिलहाल नहीं है। केवल इतना रेखांकित करें कि 'नजरिया' चाहे 'ब्रिटिश' हो चाहे 'भारतीय' या 'पाकिस्तानी', निष्कर्ष लगभग एक से हैं। कारण यह है कि नजरियों के फ़र्क़ के बावजूद इतिहास लेखन के उपकरण, सरोकार और स्रोत भी एक से हैं। इन निष्कर्षों पर बात फिर कभी, फिलहाल सवाल यह है कि 1857 के समकालीन स्रोत क्या कोई और भी हो सकते हैं? आधुनिक राष्ट्रवाद के 'नैरेटिव' में आने के पहले क्या भारतीय लोकचित्त 1857 को याद करता ही नहीं था? परखता ही नहीं था?

भारतीय लोकचित्त में यदि 1857 की कोई जगह न होती; यदि कुँवर सिंह और लक्ष्मीबाई के लिए लोक स्मृति में कोई स्थान न होता तो मध्यवर्ग द्वारा गढ़े गए राष्ट्रीय आत्मवृत्तान्त की कल्पना में 1857 को जगह ही क्यों मिलती? यह एक तथ्य है कि जब आधुनिक भारतीय मध्यवर्ग 1857 की स्मृतियों से अपना दामन बचा रहा था, तब भी लोकचित्त 1857 को याद रखे हुए था। जब सर सैयद अहमद बगावत का सबब यह बता रहे थे कि कंपनी सरकार ने 'दो शत्रु नस्लों-हिन्दू और मुसलमान की साझा पलटनें बनाकर उनके बीच एकता पनपाने की बेवकूफी की' (देखें बर्क और कुरैशी, पृ. 46), जब भारतेंदु मंडल के लेखक 1857 के बलवे का कलंक प्रतिष्ठित हिन्दू मुसलमान पर लगाने को बुद्धिहीनता का प्रमाण बता रहे थे, तब क्या व्यापक लोकचित्त भी 1857 को कलंक की तरह याद कर रहा था?

सुभद्रा कुमारी चौहान की प्रसिद्ध कविता 'झाँसी की रानी' बीसवीं सदी के दूसरे दशक में लिखी गई। तत्कालीन स्वतंत्रता संग्राम अपना पूर्वाभास 1857 में देख रहा था। बुंदेलखंड का प्रसिद्ध लोकगीत 'झाँसी की रानी' कविता में प्रतिध्वनित हो रहा था—'सिगरे सिपहियन को पेड़ा जलेबी आप चबाई गुड़ धानी रे/ख़ूब लड़ी मरदानी वो तो झांसी वाली रानी रे।' सुभद्रा जी की कविता है : बुंदेले हरबोलों के मुख हमने सुनी कहानी थी/ खूब लड़ी मरदानी वो तो झाँसी वाली रानी थी।

बुंदेले हरबोलों के ये बोल उस समय गूँज रहे थे, जिस समय हिन्दी साहित्य का आधुनिक काल आरम्भ हो रहा था—लेकिन इस आधुनिक काल का साहित्यिक कैनन 1857 की स्मृतियों से कतरा रहा था। इस समय भी और इस समय का इतिहास लिखते समय भी यह मान लिया गया था कि 1857 हिन्दी क्षेत्र के लोक गीतों तक ही सीमित रह गया था। कारण चाहे भय हो, चाहे 1857 का सैद्धांतिक नकार—लेकिन हिन्दी साहित्य के भारतेंदु युग में 1857 की गूँजती हुई अनुपस्थिति ऐतिहासिक सच्चाई है।

हिन्दी साहित्य के इतिहास लेखन में, स्वाभाविक रूप से, 1857 की एक नायिका रानी लक्ष्मीबाई का कोई उल्लेख नहीं है। रासो लिखने का सिलसिला, ऐसा मान लिया गया कि सदियों पहलै वीरगाथाकाल के साथ समाप्त हो गया। उसके बाद कोई रासो लिखा गया तो

वह उल्लेखनीय कैसे हो सकता है? रासो का संबंध लक्ष्मीबाई से हो तो वह हिन्दी साहित्य के कैनन के अनुकूल कैसे हो सकता है?

शायद इसीलिए हिन्दी साहित्य के इतिहास के ग्रंथों में न तो कल्यान सिंह कुड़रा कानूनगो का कोई जिक्र है और न उनके लक्ष्मीबाई रासो का। नहीं; यह उतना अनुपलब्ध भी नहीं था। जो प्रति मेरे पास है, उसका प्रकाशन वर्ष 1953 है, लेकिन इस रासो की रचना 1869 से पहले हुई थी। 1857 के केवल बारह वर्ष के भीतर भीतर! प्रकाशित प्रति में दी गई पुष्पिका इस प्रकार है "इति झाँसी को राइसौ बाई की लराई को सम्पूरन। मिती भादो बदी 4 गुरु संवत् 1926 मुकाम दलीप नगर लिख्याँस प्रधान जुगलकिशोर कुड़रा पोथी मजकूर की घरू।"

स्पष्ट है कि जुगलकिशोर कुड़रा की यह घरू पोथी संवत् 1926 (1869) में तैयार की गई। ये रासोकार कल्यान सिंह के खानदान से थे—और तत्कालीन दतिया रियासत में 'वकील' के पद पर थे। इस रासो का प्रकाशन सहयोगी प्रकाशन मंदिर, दतिया से 1953 में हुआ। प्रकाशन सूचना के अनुसार 'संग्रहकर्ता' हैं श्री शिवचरण दीक्षित और सम्पादक हैं हरिमोहनलाल श्रीवास्तव। अपने वक्तव्य में श्रीवास्तवजी कहते हैं "वर्णन की निष्पक्षता भी सिद्ध है, क्योंकि झाँसी के रायसौ के रचयिता कल्यान कवि झाँसी दरबार के आश्रित न थे। उनके विषय में जितना थोड़ा ज्ञात हो सका है उसके अनुसार वे दलीपनगर (दतिया) के कायस्थ थे और कानीगो (कानूनगो) के पद पर आसीन थे। एक विशिष्ट साहस का परिचय देते हुए शुद्ध देश प्रेम की भावना से प्रेरित होकर इस कवि ने वीरांगना लक्ष्मीबाई को श्रद्धांजलि भेंट की है। दतिया के महाराज विजय बहादुर की अंग्रेज भक्ति इतिहास से सिद्ध है। ऐसे नरेश के राज्य में बसकर महारानी लक्ष्मीबाई के रायसौ का निर्माण करना कवि की निर्भीकता और उसके बड़े प्रभाव का ज्वलंत प्रमाण है।" उपरोक्त को पढ़ते समय यह ध्यान में रखना चाहिए कि कम-से-कम बुंदेलखंड में विद्रोह न तो उच्च वर्गों तक सीमित था न उच्च जातियों तक। देवा, जालौन और कुनार तहसीलों के तहसीलदारों ने अगस्त-सितम्बर 1858 में इन तहसीलों के गाँवों के 'बागियों' और 'वफ़ादारों' की सूचियाँ तैयार की थीं। इनके अनुसार बागियों में कुरमी, काछी, सेंगर चमार और बनिया जातियों के बहुतायत लोग शामिल थे। अधिकतम गाँवों के बारे में तहसीलदारों का रिमार्क है "सभी ने या ज्यादातर ने बागियों का सशस्त्र रूप से साथ दिया।" (ताप्ती रॉय, 'दी पॉलिटिक्स ऑफ़ अ पॉपुलर अपराइजिंग बुंदेलखंड इन 1857'—(परिशिष्ट) दिल्ली, 1994, पृ. 250-4)

बहुत-से लोगों को लगता है कि ''1857 में नैतिकता का सवाल ही नहीं था, ज़्यादतियाँ दोनों तरफ़ से हुईं।" बात ठीक ही है, लेकिन लोकचित्त में सवाल युद्ध के दौरान की नैतिकता का ही नहीं, 'राजा और प्रजा', कंपनी सरकार और देशी राजाओं के बीच नैतिकता का भी था। कल्यान सिंह कानूनगो जैसे रासोकार हों, या लोकगीतों के अनाम रचयिता—वे 1857 को जिस 'नजरिए' से देख रहे थे, वह आधुनिक राष्ट्रवाद का नजरिया हो न हो, स्वाभाविक देश प्रेम का नजरिया अवश्य था। रासो के आरम्भ में ही कल्यान सिंह कहते हैं :

*छल बल सों झाँसी लई, गंगाधर की नार*
*ताको अब आगे कहत भलीभाँति व्योहार?*

रासो होने के नाते स्वाभाविक ही है कि कवि का बल युद्ध वर्णन और लक्ष्मीबाई के पराक्रम पर है। असल में, रासो लक्ष्मीबाई के दो युद्धों का वर्णन करता है। ओरछा के दीवान नत्थे खाँ के विरुद्ध युद्ध में उन्हें जीत मिली और अंग्रेजों के विरुद्ध युद्ध की कथा हम जानते ही हैं। यह

और बात है कि जीत से कहीं अधिक मार्मिक काव्यक्षण था—पराजय का क्षण। और उस आसन्न पराजय के सामने लक्ष्मीबाई की निराशा जितनी स्वाभाविक है, उतनी ही मार्मिक है निराशा के कर्त्तव्य के प्रति उनकी निष्ठा! पराजय होनी है और पराजय का अर्थ है—पराधीनता या मृत्यु। कल्यान सिंह उस मार्मिक पल को शब्दों में रचते हैं, जब लक्ष्मीबाई आखिरी लड़ाई के लिए चलते समय अपना चुनाव करती हैं। कल्यान सिंह की लक्ष्मीबाई को इस समय द्रौपदी याद आती है, और द्रौपदी को कष्ट से उबारने वाले कृष्ण के साथ-साथ रघुवीर याद आते हैं :

*छोड़ तन आसा मान पुलक निरासा कर*
*वासा के विलास त्याग मन में विचारिए।*
*करियो त्यारी अस्त्र बाँधौ रन झारी*
*चलबे की अब त्यारी को तुरंगहू समारिए॥*
*जैसे महाकष्ट तैं उबारी पंडु नारी प्रभु*
*मोए अधिकारी जान अरज उर धारिए॥*
*धन कौ न छोभ तन कौ न लोभ मो कि*
*ए हो रघुवीर मेरी लाज न बिगारिए॥*

लक्ष्मीबाई परास्त हुईं। लेकिन जहाँ तक 'लाज न बिगारने' का सवाल है; जहाँ तक उनके स्वदेश-प्रेम, पराक्रम और मानवीय गुणों को 'सँभारने' का सवाल है; उनके प्रभु भी कसौटी पर खरे उतरे और बुंदेलखंड के लोग भी। वे चाहे अनाम हरबोले गायक हों, चाहे ग्वालियर के रामानन्दी साधु गंगादास हों और चाहे दतिया के कायस्थ कुलोद्भव कवि कल्यान सिंह।

1857 की स्मृति के इन स्रोतों पर थोड़ा व्यवस्थित ध्यान दिया जाए तो शायद विभिन्न 'नजरियों' से किए गए अध्ययनों की हैरतअंगेज़, दिलचस्प समानता से आगे जाकर हम 1857 का नया, अधिक विश्वसनीय पाठ गढ़ सकें— और शायद भारत के सामाजिक इतिहास और उसमें ब्रिटिश हस्तक्षेप के परिणामों का भी।

[प्रथम स्वाधीनता संग्राम और साहित्य ?, 'समकालीन भारतीय साहित्य' जुलाई-अगस्त, 2007]

# नवजागरण तो जारी है, लेकिन...

'नवजागरण' तथा ऐसे अनेक और शब्दों के साथ एक दिक्कत है। नवजागरण, पुनरुत्थान, प्रबोधन, धर्म निरपेक्षता तथा ऐसे कई और शब्द हमारी अपनी भाषाओं की परंपरा से स्वाभाविक रूप से विकसित शब्द न होकर यूरोपीय शब्दों के अनुवाद हैं। अपने आप में यह कोई आपत्तिजनक बात नहीं है। आखिर नई, गैर-पारंपरिक अवधारणाओं को व्यक्त करने के लिए कोई भी संस्कृति या कोई भी विमर्श नए शब्द अनाता भी है और गढ़ता भी है। दिक्कत तब होती है, जब हम भूल जाएँ कि ऐसे शब्दों और उनमें निहित अवधारणाओं के विकास का एक निश्चित ऐतिहासिक सन्दर्भ होता है। इसलिए ऐसे शब्दों के प्रयोग की दो सम्भव स्थितियाँ बनती हैं। एक तो यह कि आप शब्द का ही अनुवाद न करें, बल्कि उन सामाजिक स्थितियों के भी अनुवाद की खोज करने पर तुल जाएँ, जिनमें कि मूल शब्द विकसित हुआ था। फिर भले ही इस क्रम में आपको अपने सामाजिक-ऐतिहासिक अनुभव का सार और स्वरूप ही तोड़ना-मरोड़ना पड़े। मिसाल के तौर पर, यूरोप में चूंकि असहमति और विरोध के साहित्य की अवधारणा राजसत्ता के विरोध के सन्दर्भ में विकसित हुई, इसलिए बहुत से इतिहासकारों और व्याख्याकारों के अनुसार हमारे सन्तों-भक्तों का साहित्य क्रान्तिकारी तो क्या, विद्रोही चेतना का भी साहित्य नहीं है, क्योंकि सन्तों-भक्तों में से अधिकांश ने अपने समय की राजसत्ता की मुखर आलोचना करने में कोई रुचि नहीं दिखाई है।

सामाजिक स्थितियों के भी अनुवाद की खोज करने वाली यह स्थिति सामाजिक अनुभव और उसकी बौद्धिक-सैद्धान्तिक व्याख्या के बीच की दूरी को बढ़ाती चली जाती है और व्याख्याकार अपनी सारी सदिच्छाओं के बावजूद वास्तविक रूप से अपने ही समाज में अप्रासंगिक होता चला जाता है। 'नवजागरण' सरीखे शब्दों को अपने सामाजिक सन्दर्भ में इस्तेमाल करने की एक वैकल्पिक पद्धति भी सम्भव है, जिसे हम अनुवाद के बरक्स सांस्कृतिक प्रामाणिकता की पद्धति कह सकते हैं। इस पद्धति में आग्रह-नवजागरण, विद्रोह, धर्मनिरपेक्षता या ऐसे किसी भी शब्द के मूल सांस्कृतिक आशय को समझते हुए उसे अपने सामाजिक-सांस्कृतिक अनुभव से जोड़ने का होता है। इस पद्धति में हम किसी शब्द (मिसाल के तौर पर 'नवजागरण' ही को लें) से सूचित होने वाली सांस्कृतिक प्रक्रिया के सार को समझने का प्रयत्न करते हैं। फिर यह देखते हैं कि क्या वैसी कोई सांस्कृतिक प्रक्रिया हमारे यहाँ घटित हुई है या हो रही है? यदि हां, तो फिर उस सांस्कृतिक प्रक्रिया का विशिष्ट सामाजिक आधार और ऐतिहासिक सन्दर्भ क्या है? हमारे अपने समाज की वास्तविक समस्याओं के बरक्स उस सांस्कृतिक प्रक्रिया का रुख और रवैया कैसा है? इस पद्धति से 'नवजागरण' शब्द का व्यवहार करें, तो हम यूरोप के 'रिनेसां' से मिलती-जुलती प्रक्रिया के लिए 'नवजागरण' शब्द का प्रयोग करेंगे, लेकिन सोलहवीं

सदी के इटली की सामाजिक परिस्थितियों के अनुवाद की खोज सोलहवीं, उन्नीसवीं या बीसवीं सदी के भारत में नहीं करेंगे।

सैद्धांतिक शब्दों के सांस्कृतिक रूप से प्रामाणिक प्रयोग पर बल देना ज़रूरी है, क्योंकि पिछले कुछ बरसों में हमारे बौद्धिक विमर्श की सीमाएँ भयानक रूप से उजागर हुई हैं। इन चिन्ताजनक सीमाओं का ही नतीजा है, कि हमारे एकदम आसपास चल रही दूरगामी और विस्मयकारी सामाजिक प्रक्रियाओं को समझने तथा उसकी सैद्धांतिक व्याख्या करने का कोई सार्थक उपक्रम हमारे बौद्धिक वर्ग के पास नहीं है। उपलब्ध सैद्धांतिक ढांचे अपर्याप्त सिद्ध हो चुके हैं। सामाजिक-सांस्कृतिक अनुभव से गहरा साक्षात्कार करते हुए उसकी सम्भावित दिशा को समझने और उसमें सार्थक हस्तक्षेप करने के लिए प्रामाणिक व्याख्या विकसित करने की ज़रूरत कितनी गहरी है—यह आज का हर संवेदनशील बौद्धिक व्यक्ति अपनी अनुभूति के धरातल पर महसूस करता है।

इस परिप्रेक्ष्य में अपने आसपास (खासकर हिन्दी भाषी क्षेत्र पर) नजर दौड़ाएँ, तो क्या दिखता है? जिस चश्मे से देखने की आदत हमें पड़ गई है, अगर उसे पहने रहें, तो वही सब तरफ़ मारामारी, अराजकता, आरक्षण की बलिवेदी पर प्रतिभा का हनन, खतरनाक जातिवाद का उभार, राष्ट्रवाद (खासकर इसके हिन्दुत्व छाप संस्करण) की पतली हालत, नैतिकता का ऐसा पतन, जिसमें समलैंगिकता तक की सामाजिक स्वीकृति की माँग की जा रही है। राष्ट्र नेताओं का अपमान, गाली-गलौज और न जाने क्या-क्या। चश्मे से ढँकी आँखें चीत्कार कर सकती हैं : देश-रसातल को जा रहा है, खासकर जातिवाद और आरक्षण के कारण।

प्रसंगवश, कुछ-कुछ ऐसी ही चीत्कारें इतिहास ने उस समय भी सुनी थीं, जब उन्नीसवीं सदी के समाज सुधारक सती-प्रथा का विरोध तथा स्त्री-शिक्षा का समर्थन कर रहे थे। ऐसी ही चीत्कारें तब भी सुनी गई थीं, जब ज्योतिबा फुले शूद्रों की 'गुलामगीरी' का मुख्य स्रोत जाति-व्यवस्था और ब्राह्मणवाद को निरूपित कर रहे थे और उनके भी बहुत पहले गोस्वामी तुलसीदास वर्णाश्रम पर संशय करने वाले निर्गुण पन्थी सन्तों को अज्ञ, अंध, अभागे ही नहीं, पाखंडी, कपटी और कुटिल तक कह चुके थे। तुलसीदास के लिए भी निर्गुण सन्तों के कारण देश कुछ-कुछ उसी तरह रसातल को जा रहा था, जैसे आज बहुत से लोगों के अनुसार 'आरक्षण की राजनीति' के कारण जा रहा है।

जिस ऐतिहासिक प्रक्रिया से 'नवजागरण' शब्द लिया गया है, उसका सार वस्तुत: यही था कि सर्वस्वीकृत मान्यताओं, प्रश्नातीत मर्यादाओं और दिव्य मान ली गई संस्थाओं से जिरह की जा रही थी। ब्रह्मांड के केन्द्र में पृथ्वी नहीं, सूर्य है और चिन्तन का मानदंड चर्च को नहीं, मनुष्य को होना चाहिए—ये दो वैज्ञानिक और बौद्धिक आग्रह उस प्रक्रिया में परस्पर गुंथ गए थे। इस गुंथाव के फलस्वरूप 'ज्ञान' का अर्थ ही बदल गया और साथ ही बौद्धिक विमर्श का परिप्रेक्ष्य भी। यहां ध्यान रखना चाहिए कि यूरोप के इतिहास में 'रिनेसां' और 'एनलाइटेनमेंट' दो अलग-अलग सांस्कृतिक प्रक्रियाओं को सूचित करने वाले शब्द हैं, जबकि भारत में उन्नीसवीं सदी से ही इन दोनों शब्दों (तथा इनके प्रति-शब्दों) का उन्नीसवीं सदी की सांस्कृतिक बेचैनी को व्यक्त करने वाले शब्द के तौर पर लचीले ढंग से व्यवहार होता रहा है। बहरहाल सामाजिक स्थितियों के भी अनुवाद का आग्रह किए बिना यदि हम 'नवजागरण' शब्द का प्रयोग अपने सन्दर्भ में करें, तो कह सकते हैं कि किसी उत्पीड़ित सामाजिक पहचान के द्वारा अपना ऐसा प्रबल आत्म रेखांकन—जिसके कारण शाश्वत, बल्कि दिव्य मान ली गई मान्यताओं और

संस्थाओं पर पुनर्विचार और समूचे समाज द्वारा आत्मन्थन का माहौल बन जाए–जनवजागरण की सूचना देता हैं। जाहिर है कि ऐसा आत्ममन्थन तभी उत्पन्न हो सकता है, जबकि उत्पीड़ित सामाजिक पहचान किसी हद तक सामाजिक शक्ति बन चुकी हो और यह सामाजिक शक्ति समाज के वास्तविक सत्ता तंत्र को जबर्दस्त चुनौती दे रही हो।

अपर्याप्त सिद्ध हो चुके सिद्धान्तों और अपने स्वार्थों को सामाजिक समरसता या मर्यादा का नाम देने वाले पूर्वग्रहों के चश्मे उतार कर देखें, तो यह बात बहुत छिपी नहीं है कि भारतीय सामाजिक सत्ता का अपना विशेष ढांचा है: जाति व्यवस्था और उसका सैद्धांतिक आधार यानी वर्णाश्रम। उन्नीसवीं सदी के सांस्कृतिक नवजागरण और उससे उपजी राष्ट्रवादी राजनीति की सबसे विकराल ऐतिहासिक सीमा यही थी कि उसने अपना प्रतिपक्ष केवल (या कम से कम मुख्य रूप से) औपनिवेशिक सत्ता और उसके सांस्कृतिक वर्चस्व को माना। यही कारण था कि राष्ट्रीय आंदोलन के विचार और भावबोध में वह डरावनी फाक पैदा हुई, जिसके चलते जातिवाद और सांप्रदायिकता जैसे सवाल 'राजनीतिक' नहीं, सिर्फ़ और सिर्फ़ 'सामाजिक सवाल थे। सामाजिक और राजनीतिक के बीच यह विचित्र विभाजन असल में सामाजिक सत्ता तंत्र का रूपान्तरण करने के बुनियादी काम की उपेक्षा या उसे समझने की असमर्थता या उससे कतराने की चतुराई को सूचित करता था। इस विभाजन की ही त्रसद परिणति यह थी कि जिस अंग्रेजी राज को सवर्ण राष्ट्रवादी सारे भारतीय जन समूह का सबसे बड़ा शत्रु मानता था, उसी अंग्रेजी राज को आत्म चेतस असवर्ण ब्राह्मण के वर्चस्व और दमन से मुक्ति का उपकरण मानने को मजबूर थे।

न तो जाति व्यवस्था का महिमामंडन उन्नीसवीं सदी के लिए अभूतपूर्व था और न उसका विरोध। मध्यकालीन सन्त राजसत्ता की उपेक्षा कर सकते थे, क्योंकि वह उनके अपने अनुभव जगत में सचमुच बहुत सतही और दूर की चीज थी, लेकिन एक भी मध्यकालीन सन्त या भक्त ऐसा नहीं है, जिसका पक्ष जाति व्यवस्था के प्रसंग में स्पष्ट न हो। बलाघात का फ़र्क़ निस्सन्देह है, लेकिन जाति व्यवस्था और वर्णाश्रम की विचारधारा के सन्दर्भ में किसी भी सन्त या भक्त कवि को उदासीन कहना मुश्किल होगा। जो लोग भक्ति–काव्य को नवजागरण का सूचक मानते हैं, वे स्वयं भक्तों की चेतना में वर्णाश्रम के सवाल की केन्द्रीय स्थिति और उसके सांस्कृतिक निहितार्थ की उपेक्षा कैसे कर सकते हैं, समझना मुश्किल है। मध्यकालीन भक्ति संवेदना की अपनी सीमाएँ भी, जाहिर है कि थीं। उनकी विस्तार से चर्चा का यह मौका नहीं। लेकिन उन सीमाओं की सबसे विडंबनापूर्ण परिणति हम जानते हैं। सारी तीखी जिरह और कठोर व्यंग्यात्मकता के बावजूद निर्गुण सन्त और उनके सामाजिक आधारों को सूचित करने वाली पन्थ परंपराएँ अन्ततः 'सनातन धर्म' के ही अन्तर्गत एक और जाति, एक और सम्प्रदाय बन कर रह गईं। सामाजिक सत्ता तंत्र और सांस्कृतिक वर्चस्व जिनका था, उन्हीं का बना रहा।

इस ऐतिहासिक विसंगति को दूर करने की एक सम्भावना उन्नीसवीं सदी के नवजागरण के सामने मौजूद थी। इस प्रसंग में 'ऐतिहासिक सीमाओं' का का राग अलापना व्यर्थ है, क्योंकि महाराष्ट्र के ज्योतिबा फुले ही नहीं, छत्तीसगढ़ के सतनामी भी उन ऐतिहासिक सम्भावनाओं का कुछ अता–पता देते हें, जिनहें उन्नीसवीं सदी का नवजागरण टटोल सकता था, बशर्ते कि सामाजिक–राजनीतिक मुक्ति के एजेंडा को जोड़ कर देखा जाता।

स वर्ण भद्र लोक की समस्या यह थी कि उसे विदेशी शासन के खिलाफ़ राजनीतिक लड़ाई की सफलता के लिए भी इस लड़ाई के 'सामाजिक' आधार को विस्तृत करना ही था, इसीलिए

मध्य तथा निम्न जातियों की आकांक्षाओं को भी समेटने के प्रयत्न सवर्ण सांस्कृतिक वर्चस्व के अन्तर्गत ही किए गए। ऐसे प्रयत्नों के फलस्वरूप धीरे-धीरे निम्न तथा मध्य जातियों की ताकत भी बढ़ी है और आकांक्षाएँ भी। दूसरी ओर सवर्ण वर्चस्व के प्रस्थान से बढ़े गए राष्ट्र, इतिहास, धर्म, संस्कृति, मर्यादा और समाज—इन सभी शब्दों व अवधारणाओं में निहित वर्चस्व की वास्तविकता से टकराने का सामर्थ्य और हौसला भी असवर्ण जातियों ने अर्जित किया है। हमारे देश के इस बहुजन समाज की राजनीति ने इतनी सफलता तो हासिल कर ही ली है कि वर्चस्वशाली तबके तरह-तरह के मोहक मिथक छोड़कर अपने हितों और स्वार्थों को खुले रूप में सामने रखने पर विवश हुए हैं। अभी कुछ ही बरस पहले तक राजनीतिक पार्टियों के टिकट-वितरण में ब्राह्मण सभाओं को अपनी उपस्थिति दर्ज नहीं करानी पड़ती थी। सवर्ण जातिवाद तो अपना काम अपने आप को राष्ट्रवाद कहकर ही चला लेता था। बहुजन समाज के आत्म रेखांकन का सबसे रोचक परिणाम यही है कि वर्चस्वशाली तबके अब 'राष्ट्रवाद' के आवरण से काम नहीं चला पा रहे हैं। उन्हें उसके पीछे वास्तविक जातिवाद को उजागर करने के लिए विवश होना पड़ा है।

सबसे महत्त्वपूर्ण बात यह है और यही समकालीन नवजागरण का सबसे गहरा प्रमाण है कि बहुजन समाज का आत्म रेखांकन केवल समकालीन राजनीति तक सीमित नहीं है। जिस तरह उन्नीसवीं सदी के नवजागरण ने औपनिवेशिक इतिहास के बरक्स अपना इतिहास 'राष्ट्रवादी इतिहास' विकसित किया था, ठीक उसी तरह हमारे आसपास बहुजन इतिहास विकसित करने की छटपटाहट दिख रही है। जब कोई दलित नेता लंका विजय का श्रेय राम की बजाय निषादराज को देने की बात करता है या रानी लक्ष्मीबाई की बजाय 'दलित वीरांगना झलकारी बाई' की प्रशंसा में कोई दलित कवि कविता रचता है, तो बात उनकी 'संकीर्णता' पर कुपित होने या हँसने की नहीं होती। समझने वाली बात यह है कि आज के दलित की आत्मचेतना सिर्फ़ समकालीन राजसत्ता में ही नहीं, बल्कि समूचे समाज के इतिहास बोध और सांस्कृतिक परंपरा में अपना हक माँग रही है। इस माँग की समग्रता का ही परिणाम है कि आज की दलित राजनीति और उससे भी कहीं अधिक आज की दलित-बहुजन-असवर्ण सामाजिक चेतना राष्ट्रीय आत्मबोध को अपने ढंग से परिभाषित करना चाहती है—बजाय प्रदत्त परिभाषाओं को शाश्वत और सनातन मानने के।

यही कारण है कि आज की बहुजन चेतना को भी मध्यकालीन निर्गुणपन्थी चेतना की तरह अपने वर्चस्व में समेट ले, ऐसी सामर्थ्य वर्णाश्रम के वर्चस्व तंत्र में नहीं बची है। इस अर्थ में समकालीन संस्कृति और राजनीति में बहुजन समाज का प्रबल आत्मरेखांकन भारतीय सामाजिक सत्ता से टकराने की हजारों साल पुरानी परंपरा का प्रामाणिक विस्तार है—अधिक आत्म चेतस और अधिक शक्ति संपन्न। इसी कारण इस नवजागरण की ऐतिहासिक और सांस्कृतिक जिम्मेवादी भी अभूतपूर्व है। इसे सिर्फ़ सवाल ही नहीं पूछने, बल्कि सवालों के जवाब भी देने है। सवाल इतिहास के भी हैं और वर्तमान के भी। सवाल सैद्धान्तिक भी हैं और नैतिक भी। बहुजन समाज अपनी ताकत तो पहचान गया है, लेकिन क्या इसे अपने दायित्व की भी वैसी पहचान है ? यह बहुत बड़ा 'लेकिन' है।

['हस्तक्षेप' (राष्ट्रीय सहारा), फरवरी, 1995]

# कहानी

# पान-पत्ते की गोठ

पलकें बंद हैं, आँखों में आकाश खुला हुआ है...उसका सांवला विस्तार फैलता जा रहा है...दृश्य निरंतर बदल रहा है...जो दीख रहा है, वह अब तक देखा आकाश ही है, या बंद आँखें अपना आकाश खुद रच रही हैं...।

यह जो आवाज़ गूंज उठी इस आकाश में...अहीर भैरव गाते मधुप मुद्गल, 'राम, राम, रोम-रोम, मन चित्त राम, राम की दुहाई है...अन्तकाल कोई ना सहाई है...' अब भी सुना है यह भजन, आँखें भर आई हैं। कैसा तो गाया है मधुप ने...एक-एक सुर छू लो, सुरों में बंधा एक-एक बोल जैसे मन में खुल रहा हो, मेरा अपना स्वर बन कर...आँखें भर न आएँ तो करें क्या, लेकिन इन सुरों के ऊपर तिरती, 'अन्तकाल कोई न सहाई है' को पीछे ठेलती यह दूसरी आवाज...? अरे, यह तो अम्मां की आवाज है, 'गोप रे, तेरे जैसा साधु आया ही क्यों इस कलजुग में रे...।'

क्या मैं मर चुका हूँ? अपने आपसे पूछा गोपाल चौरसिया ने।

बेकार की बात...'अन्तकाल कोई न सहाई है' का एहसास जीवितों को ही होता है, मर चुकों को नहीं। जो मर चुके हैं वे न सवाल पूछते हैं कि मर चुके हैं या नहीं...न मौत के गीत गाते हैं। मृत्यु-विलास तो बस जीवितों का ही मनो-विनोद है। मृतक अपने आपसे बात नहीं करते, जो जीवित छूट गए हैं, उनसे भले ही कर लेते हों...।

कहते हैं, मौत से ठीक पहले के पल में सारी जिन्दगी मन के पर्दे पर फ़ास्ट मोशन में चलने लगती है...मैं तो यह फ़ास्ट मोशन फ़िल्म तकरीबन हर रात देखता हूँ, तो क्या मैं हर रात मरता हूँ? कभी-कभी यह फ़िल्म जागती आँखों भी देखता हूँ...सिर्फ़ एकान्त में ही नहीं, किसी मीटिंग के दौरान, कोई किताब पढ़ते हुए, किसी से बात करते हुए, चलते हुए...तो क्या हर पल मौत से ठीक पहले का ही पल होता है?

वह पल...साइकिल के पैडल तेजी से मारते हुए...यादें अपनी मन-मर्जी से आ-जा रही हैं। बंद आँखों के खुले आकाश में सिलसिलेवार कहानी कहती फ़िल्म नहीं, प्रयोगवादी कोलाज की सी फ़िल्म चल रही है...पैडलों पर तेजी से चल रहे पाँव केवल साइकिल को आगे नहीं धकेल रहे, उन धोखों, उन उपहासों को पीछे धकेलने की भी कोशिश कर रहे थे, जो बरसों से आत्मा पर गिजगिजे कीड़ों की तरह रेंगते रहे थे...साइकिल तेजी से भागी जा रही थी.. फासले पीछे छूट रहे थे, लेकिन कीड़े थे कि हटने का नाम नहीं लेते थे...कब से चिपके, कितने सारे कीड़े...दिनोंदिन तादाद में बढ़ते कीड़े...छल, इस्तेमाल, विश्वासघात, उपहास के कीड़े...मेरा चेहरा कैसा दिख रहा होगा उस वक्त? शायद मुर्दे-सा, शायद सुलगती चिता-सा...एकाएक वह धक्का...पीछे से आती कार...गिरते-गिरते सुनाई पड़ीं...हा हा हा की आवाजें...जो अभी

भी माँ के डकराने-रोने की आवाज को मुँह चिढ़ाती मेरे कानों में पैठ रही हैं...हा...हा...ही...ही... कैसी रही...अबे निकल...कहीं देख न ले साला...'तेरे जैसा साधु रे...', 'अन्तकाल कोई न सहाई है...' 'कहीं देख न ले साला'...हुआ क्या था? कब हुआ था? कुछ ही देर पहले? दिन दो दिन पहले? महीनों या बरसों पहले?

प्रो. गोपाल चौरसिया कुलपति बन गए थे, अजब-गजब किस्म के कुलपति। वेशभूषा के प्रति लापरवाही तो चलिए बुद्धिजीवी सुलभ स्टाइल-स्टेटमेंट के खाते में आती थी, लेकिन बाकी हरकतें? किसी भी विभाग में, कभी भी पहुँच जाना...किसी हॉस्टल में नाश्ते के वक्त, किसी में लंच के वक्त पहुँच जाना...पहली आदत उन अध्यापकों को परेशान करने लगी थी जो यूनिवर्सिटी को क्लासलेस सोसाइटी बनाने के काम में लगे थे, क्लास में पढ़ाना जिन्हें निहायत उबाऊ और फालतू काम लगता था। दूसरी आदत से वे सांसत में थे जिन पर हॉस्टलों की जिम्मेदारी थी। शुरू-शुरू में लोगों ने यही समझा कि नया मुल्ला है, ज्यादा प्याज खा रहा है...लेकिन जल्दी ही बात साफ़ हो गई कि ईमानदारी से काम करना, चीजों पर निगाह रखना गोपाल चौरसिया का सहज स्वभाव था, नए मुल्ले का प्याज-प्रेम नहीं।

अपने सहज स्वभाव से गोपाल चौरसिया तरह-तरह की ताकतों को असहज किए दे रहे थे। किताबों की खरीद से लेकर इमारतों के निर्माण तक में हुए घपलों की जांच शुरू हो गई थी। कोचिंग सेंटरों में पढ़ाने वालों से चौरसिया ने जवाबतलब कर लिया था। कोढ़ में खाज यह कि नितानत अकेला इन्सान था यह, अपने अकेलेपन में पूरी तरह मगन। उस तक कोई समझदारी की बात पहुँचाने का कोई रास्ता कहीं से भी खुलता दिखता ही नहीं था। न किसी से मिलना, न जुलना, बस दफ्तर, लाइब्रेरी, लेबोरेट्री और शाम के समय साइकिल-सवारी...वीसी साहब को पता ही नहीं लगता था कि उनकी साइकिल कितने लोगों को ट्रक की तरह कुचलती चली जा रही थी। सामान्य छात्रजन गोपाल चौरसिया से जितने प्रसन्न, भाँति-भाँति के नेतागण उतने ही दु:खी। अध्यापक हों या छात्र, गोपाल चौरसिया किसी से ज़रूरी काम से ज्यादा का वास्ता नहीं रखते थे। उनसे भी नहीं जो चौरसिया की जाति के 'पिछड़ेपन' के कारण उन्हें 'अपना आदमी' मानते थे। उन्हें भी समझते देर नहीं लगी थी, अपनी जाति का भले ही हो, वीसी अपने किसी काम का तो नहीं है। ताकतवर लोगों के बीच जाति-धर्मनिरपेक्ष आम राय बनने लगी थी कि इस बीसी को सबक सिखाना विश्वविद्यालय के सुचारू संचालन के लिए परमावश्यक है।

सबक सिखाया जाए तो कैसे? जिस आदमी की जीवन-पुस्तिका में किसी पन्ने पर चील-बिलौंटा न बना हो, किसी पन्ने को छुपाकर रखने की जिसे ज़रूरत न पड़ी हो, उसे सबक सिखाएँ तो कैसे? जो आदमी कपड़े-लत्तों के मामले में जितना लापरवाह दिखता हो, काम-काज और नियम-कायदे के मामले में उतना ही चाक-चौबंद हो, उसे फँसाएँ तो कैसे फँसाएँ, कहाँ फँसाएँ?

एक तरीका हो सकता था...सूझ प्रो. गोपीनाथ की थी। अपनी मेधा के लिए विख्यात सिंह साहब ने एक रसरंजन-गोष्ठी में गोपीनाथ जी का आकलन यों किया था, 'प्रोफेसर गोपीनाथ बुद्धि-विकास के अवसरों की कमी या सत्संग के अभाव के कारण बन गए मूर्ख नहीं, जेनेटिकली डिफाइंड मूर्ख हैं, गोपीनाथ जी की जीवन-संगिनी सरस्वती, श्वसुर ब्रह्मा, गुरु बृहस्पति और सखा वेद व्यास होते तब भी वे मूर्ख ही रहते...।' छात्रों और प्रोफेसरों के बीच, इस आकलन पर आम सहमति बनते देर नहीं लगी थी।

गोपीनाथ जी का सुझाव वीसी साहब की साइकिल से जुड़ा था। साइकिलिंग गोपाल चौरसिया का पसन्दीदा व्यायाम था। शाम को ही नहीं कई बार रात के समय भी साइकिल पर तेजी से पैडल मारते, कैंपस के चक्कर लगाते वाइस चांसलर साहब कई लोगों के लिए कौतूहल और प्रेरणा के विषय थे, कई लोगों के लिए जाएके के। कुछ लोगों को उनकी इस आदत पर सैद्धान्तिक एतराज भी था। देर शाम, या शुरू होती रात लड़के-लड़कियों के ऐसे मधुर क्षणों की वेला होती थी, जिन क्षणों के बिना यूनिवर्सिटी में आना न आना बराबर ही कहा जा सकता था। अब बताइए, आपने प्रेमिका का हाथ थामा ही, कमरबहियाँ डाली ही कि सामने से साइकिल सवार वीसी साहब प्रकट...कोई बात हुई भला। कार में आएँ-जाएँ, खुद मस्त रहें, हमें मस्त रहने दें...ये तो साइकल पर खलीफा हारूं अल रशीद बने अपने बगदाद के चक्कर काट रहे हैं। यह नैतिक दारोगागीरी नहीं तो और क्या है? नौजवानों की प्राइवेसी का हनन नहीं तो और क्या है? वह भी, इस क्रांतिकारी कैंपस में, जहाँ छात्रसंघ के चुनाव मेस के खाने की गुणवत्ता के सवाल पर नहीं, मार्क्स बनाम गांधी बनाम अंबेडकर की बहसों पर जीते और हारे जाते थे...।

वीसी साहब की बेवक्ती साइकिलिंग को छात्रों के बीच मुद्दा बनाया जा सकता है, गोपीनाथ जी की इस सूझ का सैद्धांतिक प्रतिपादन किया प्रोफेसर पांडे ने, 'एभरीबडी हैज ए राइट टू प्राइभेसी जी...हाउ कैन ए भी सी.. मने...मतलब...' पांडेजी की अंग्रेजी आगे चल नहीं पा रही थी, सो मिसिरजी ने कुमुक पहुँचाई, 'ट्रैम्पल अपॉन डेमोक्रेटिक राइट्स ऑफ़ यंग जेनरेशन...।'

'वही...वही...' पांडे जी सप्तम स्वर में चहक उठे, 'वही तो मैं कह रहा हूँ डॉक सा'ब...युवा पीढ़ी के लोकतांत्रिक अधिकारों का हनन भला कैसे सहन किया जा सकता है...'

'मजाक के लिए ठीक है, पांडेजी...' सिंह साहब गोपीनाथ के बारे में अपना आकलन मन ही मन दोहराते हुए, धीर-गम्भीर स्वर में मुखरित हुए, 'सीरियसली इश्यू बनाने के चक्कर में मत पड़ जाइएगा...चौरसिया और हीरो बन जाएगा...वह साइकिल पर ही तो घूमता है, किसी लड़के-लड़की को खामखाह टोका है उसने कभी?'

पांडेजी कुनमुनाए ज़रूर लेकिन कहते क्या? सिंह साहब की बात में दम था। अपनी साइकिल सैर से लड़के-लड़कियों को होने वाली असुविधा गोपाल चौरसिया समझते थे, जल्दी ही उन्होंने जता भी दिया था कि किसी की निजी जिन्दगी में ताक-झांक करने में उनकी कोई दिलचस्पी नहीं। छात्रों को भी अपने अजब-गजब वीसी के अच्छे कामों की रोशनी में उनकी अजब-गजब हरकतों पर गुस्से की बजाए प्यार आने लगा था। गोपाल चौरसिया छात्रों के बीच वीसी के बजाए सीवीसी के नाम से लोकप्रिय होने लगे। सीवीसी याने साइकिल वाला वीसी...लेकिन पांडेजी, मिसिरजी, गोपीनाथ जी जैसी आत्माएँ वीसी के पहले लगने वाले 'सी' अक्षर का विस्तार साइकिल शब्द में नहीं, एक ठेठ देशज शब्द में करती थीं...वही शब्द जिसे गोपाल चौरसिया पर स्थायी रूप से चिपका दिया गया था। अपनी छात्रावस्था में वे चूतिया चौरसिया थे, और यहाँ चूतिया वाइस चांसलर...सीवीसी...साइकिल वाले वाइस चांसलर साहब कभी-कभी आधी रात को भी साइकिल लेकर निकल पड़ते थे। देर तक कैंपस में चक्कर लगाते रहते थे। इस वक्त देखने वालों को उनका पैडल मारने का अंदाज अजीब लगता था। पैडल पर दीवानावार तेजी से चलते पाँव, बदन में अजब सी अकड़ाहट, कंधे के झुकाव में सख्ती, आँखें सड़क से कहीं आगे, दूर निहारती हुई, चेहरे पर बेबस गुस्सा...आम तौर से बहुत भद्र,

बल्कि बेचारे से दीखने वाले गोपाल चौरसिया आधी को साइकिल चलाते समय अपने अतीत के न जाने किन प्रेतों से लड़ते थे कि खुद प्रेत जैसे दीखने लगते थे।

'ज़रूर कोई प्रेम-प्रसंग है...' सिंह साहब का अनुमान था, लेकिन इतने चुप्पे आदमी के प्रेम-प्रसंग की खबर निकालें तो कैसे? कहाँ से? कहीं कोई निशान रहा भी हो तो उसे पाना आसान नहीं, और स्वयं चौरसिया को कुरेदना असम्भव। सिंह साहब ने बस एक बार संकेत किया था, 'कोई बता रहा था, डॉक सा'ब कि कल रात आप काफ़ी टेंस थे, साइकिलिंग करते हुए...।'

गोपाल चौरसिया की जवाबी निगाहें सिंह साहब को भीतर तक चीर गई थीं। वे आँखें बलि के लिए सजाए जा रहे पशु की थीं, या अपनी पराजय का बोझ ढोते योद्धा की? वे निगाहें तिरस्कृत प्रेमी की थीं, या छले गए मित्र की? उन आँखों के पीछे खुद से हारा हुआ आदमी था, या हर हार को जीत में बदलने पर आमादा इंसान?

बोले कुछ नहीं थे गोपाल चौरसिया...बस हलकी-सी मुस्कान, खुद का मजाक बनाता लहजा, 'सूरत ही ऐसी दी है भगवान ने...क्या करूँ...' उस दिन पहली बार सिंह साहब को सीवीसी (चूतिया वाइस चांसलर) के प्रति करुणा हुई थी...कितना अकेला है यइ इंसान...न कोई भाई-बहन, न यार-दोस्त...जोरू न जाता...कोई मधुर प्रसंग जीवन में रहा भी हो...तो अब क्या जासूसी करना उसकी...।

यह बात किसी को नहीं बताई, सिंह साहब ने। उनके मन में चौरसिया के प्रति उपहास की जो विशाल इमारत थी, उसमें कहीं एक छोटा-सा कमरा हमदर्दी का बनने लगा था, जिसके बारे में मिसिर, पांडे और गोपीनाथ को बताने का कोई मतलब ही नहीं था।

पांडेजी को सीवीसी के औचक निरीक्षणों से कोई परेशानी नहीं थी। वे तो कहते थे कि सीवीसी (चूतिया वाइस चांसलर) से सेंट्रल विजिलेंस कमीश्नर ही बन जाएँ तो भी हमारा क्या उखाड़ लेंगे? बात सही थी क्योंकि पांडेजी क्लासलेस सोसाइटी बनाने के लिए नहीं, क्लास को ध्रुपद की तरह खींच देने के लिए विख्यात थे। पांडेजी की कठिनाई यह थी कि वीसी साहब का विषय तो विज्ञान था, लेकिन हिन्दी, अंग्रेजी साहित्य में रुचि रखते थे, सो कभी औपचारिक ढंग से, कभी यों ही अनौपचारिक तरीके से छात्रों से बात करने लगते थे। आदत से मजबूर थे, सो शुरू भले ही हिन्दी में हों, बीच में अंग्रेजी में प्रविष्ट ज़रूर हो जाते थे। पांडेजी का अधिकांश मौलिक लेखन अंग्रेजी में पढ़ी किताबों के ही बूते जिन्दा था, वीसी के साथ दो-चार बार बतिया चुके बटुकों के मन में पांडेजी की तेजस्वी मौलिकता के प्रति अश्रद्धा का उदय होने लगा था। इस अश्रद्धा के हमलों का मुकाबला पांडेजी निन्दा की गोलाबारी से कर रहे थे...

'अंग्रेजी में गोलेबाजी करते रहते हैं...कुछ समझ आता है तुम लोगों को? खाली अंग्रेजी का गोला फेंकने से होता है कुछ?' कहते-कहते पांडेजी ने अंग्रेजी गोले का मुँहतोड़ जवाब देता गोला पार्श्व भाग से दाग ही दिया था। काफ़ी देर से हठयोग-सा साध रहे थे, लेकिन उत्साह और हास्य की अभिव्यक्ति में देह-बल लगा, उसका कुछ प्रभाव अधोप्रदेश तक भी जा पहुँचा और गोला दग गया। कमरा पांडे-गंध से सुवासित और पांडे-ध्वनि से गुंजरित हो उठा। बटुकगण आह्लादित हो उठे, अंग्रेजी के साम्राज्यवाद के विरुद्ध ऐसी वीर-रसपूर्ण और सुवासित ध्वनियां इतिहास में कम ही अवसरों पर सुनी गई हैं, और फिर यह ध्वनि तो उन आचार्य की देह का प्रसाद थी, जो पिछले अनेक दशकों से अंग्रेजी लेखों और पुस्ताकें के अनुवाद को अपना मौलिक योगदान बताकर, शब्द और कर्म दोनों के जगत को सुवासित किए हुए थे।

पांडेजी ने सिंह साहब, गोपीनाथ जी, सुकुल जी आदि समानधर्माओं के बीच ही नहीं, एकाध और जगह भी अपना मूल विषाद प्रकट कर ही दिया, 'अब लीजिए, ये साले बनिये-बक्काल, तेली-तम्बोली भी भीसी बनेंगे, यह तो टू मच हो गया है जी...।'

पांडेजी के विषाद में सारे भद्र पुरुषों के विषाद का योग था। यह विषाद-योग ही वह दार्शनिक आधार था, जिस पर सारे मतभेदों के बावजूद पांडेजी, सुकुल जी, गोपीनाथ जी ही नहीं, धीर-गम्भीर सिंह साहब भी साथ खड़े थे। इस दार्शनिक आधार को प्रचंड अभिव्यक्ति पांडेजी के गगनभेदी चिंचियाते स्वर में ही मिलती थी...'चौरसिया...बताइए भला, चौरसिया...तम्बोली-तेली, बनिये-बककाल...सामाजिक न्याय वगैरह ठीक है, हम भी समर्थक ही हैं, मने सोशल जस्टिसवा के...लेकिन भीसी...यह तो सचमुच टू मच है, डॉक सा'ब...।'

बात सही थी, फिर भी, विषाद-योग की गुह्यता के उल्लंघन पर सिंह साहब को गुस्सा आया था...'यह गोपीनाथ तो अपनी मूर्खता का खोमचा सजाए घूमता ही रहता है, लेकिन पांडेजी को क्या हो रहा है...गोपीनाथ पर विद्वानों के सत्संग का असर भले ही न पड़ा हो, लेकिन उसके कुसंग में पांडेजी ज़रूर अपनी जन्मजात चतुराई खोते जा रहे हैं...किसी भी जगह चिंचियाने लगते हैं। बनिये-बक्कालों, तेली-तम्बोलियों को ठिकाने लगाने के लिए धीरज और गम्भीरता चाहिए...मुँह से या न जाने कहाँ-कहाँ से गोला फेंक देने से काम नहीं चलता...।'

सिंह साहब ने पांडेजी को कई बार समझाया दिखने में ही भोंदू हैं, वाइस-चांसलर पक्का घुन्ना है, सारी खबर रखता है, जानता है आप लोग क्या-क्या कहते हैं उसके बारे में, यह भी जानता है कि बात-बेबात खड़े होने वाले झंझटों का स्रोत आप ही लोग हैं...सँभलकर रहिए...

इस समय आईसीयू के बाहर खड़े पांडेजी का चेहरा पीला है, और सिंह साहब का लाल। मिसिर जी और गोपीनाथ जी तो आए ही नहीं कि हस्पताल में जमा बौखलाए लड़के-लड़कियों का झुंड कहीं कुछ कर न बैठे। पांडेजी सिंह साहब के साथ आए थे, वीसी साहब पर हुए कायराना हमले की निन्दा की, उनके प्रति मतभेदों के बावजूद अपना प्रेम रेखांकित किया, और किसी के कुछ पूछने या कहने के पहले ही अन्दर लपक लिए। सिंह साहब सब-कुछ के बावजूद सम्मान सबका पाते थे, उन्होंने भी दो शब्द कहे, अपराधियों के खिलाफ़ कड़ी कार्यवाही की मांग की, गोपाल चौरसिया के प्रति अपने ही नहीं, पांडेजी के भी आदर को रेखांकित किया...और अन्दर पहुँचे...

पांडेजी का चेहरा पीलिया के मरीज का सा हो रहा था, चिंघाड़ती आवाज चूं-चूं में बदल रही थी, 'मने डॉक सा'ब...अब...अब क्या होगा...।'

'घंटा होगा...' सिंह साहब अपना प्रसिद्ध धीर-गम्भीर भाव बनाए नहीं रख पा रहे थे, 'लौंडों को लगाते वक्त पूछा था आपने? क्या होगा...?'

'अब...डॉक सा'ब...किसी को क्या पता था कि टक्कर इतनी जोर की लग जाएगी, मैंने तो कहा था कि बस जरा-सी गाड़ी छुआ देना...पवन कुमार को खासकर समझाया था।' सिंह साहब आईसीयू की सफेद टाइल जड़ी दीवार निहार रहे थे। एकाएक उनके मन में वीभत्स विचार आया कि इस बेवकूफ पांडे की खोपड़ी दीवार पर दे मारी जाए...तो टाइल का रंग लाल होगा या इसके चेहरे की तरह पीला, बोले सिर्फ़ इतना, 'आप धन्य हैं महाराज...भेजा भी तो पवन कुमार को, चौरसिया अच्छी तरह जानता है आपके पवन-प्रेम

को...कुछ अंदाजा है, होश में आने पर उसे बस पवन का नाम लेना है, बाकी काम पुलिस ही पवन वेग से कर लेगी...।'

पांडेजी की वामपन्थी नास्तिकता पवनगामी हो चली थी, संस्कारगत स्मृति मन ही मन धाराप्रवाह बह निकली थी, होंठों की हलचल से सिंह साहब समझ गए, हनुमान चालीसा का पाठ चल रहा है, 'रामदूत अतुलित बल धामा अंजनि पुत्र पवनसुत नामा...' इस हाल में भी सिंह साहब को हंसी आ गई, 'वाह, क्या बात है पांडेजी, करतूत करवाई भी तो पवन कुमार से, गुहार भी लगा रहे हैं तो पवनसुत से...।'

'डॉक सा'ब...प्लीज...अभी नहीं...' अब जाहिर हो ही गया था तो पांडेजी थोड़े खुले स्वर में जारी हो गए, 'महावीर विक्रम बजरंगी कुमति निवार सुमति के संगी...।'

सिंह साहब चुटकी लेने की आदत से मजबूर थे, 'महाराज, पवन कुमार को अपना बजरंग बनाए घूमते थे, अब बजरंग बली से कुमति-निवारण की अपील कर रहे हैं...।'

'प्लीज, डॉक सा'ब'...पांडेजी लगभग रो दिए, 'दिस इज भेरी बैड...इस मुसीबत...'

सिंह साहब को रहम आ गया, 'अब जो हुआ सो हुआ, पांडेजी...पवन कुमार और दूसरे गणों की एलीबाई तैयार करवाइए, गाड़ी इधर-उधर करवाइए...वैसे भगवान की माया कौन जाने...शायद चौरसिया ही बात आगे न बढ़ाए...आखिरकार भला आदमी है बेचारा...हिम्मत रखिए...और हाँ, रुक क्यों गए...पाठ जारी रखिए, 'दुर्गम काज जगत के जेते सुगम अनुग्रह तुमरे तेते' जारी रखिए...।

...इस पल जो याद आया चला जा रहा है, वह मेरा अतीत है या किसी और का, फ़िल्म जो चल रही है, वह मेरे जीवन की है या किसी और के जीवन की...या अनेक किन्हीं औरों की...माँ की सूरत ऐसे दिखे, डकराहट ऐसे सुनाई पड़े तो समझो अन्त...माँ खुद चली जाती है, सन्तान आए, कभी नहीं चाहती...हालाँकि जानती है कि आना तो हरेक को है...लेकिन फिर भी। अब यहीं देखो कैसे बिगूचन में है, अम्मा देख रही है मेरी हालत, लाड़ से गोद में ले लेना चाहती है मुझे...मैं स्वयं भी तो फिर से वही छोटा-सा छौना हो गया हूँ, उसका 'लल्ला' जिसे अम्मा हँसकर गोद में ले लेती है...'आजा बेटा, बहुत दर्द है न, आ जा मेरी गोद में...ओले मेला छौना...ताता हो गई...आज अभी ठीक कर देगी अम्मा...' और अगले ही पल रो रही है। जहाँ वह है वहाँ मुझे गोद में लेने की बात भी मन में ला सकी, यह सोचते ही खुद को कोस रही है...'ना, ना रे...जबान जले मेरी...गोपू तू क्यों यहाँ आए...तू वहीं रह बेटा अभी देखा ही क्या है तूने?'

बहुत देख लिया अम्मा, बहुत देख लिया...विद्वानों की विद्वता देख ली, क्रान्तिकारियों की हकीकत देख ली, सुबह शाम मनुवाद को कोसने वाले पांडों, मिसिरों, गोपीनाथों का सच देख लिया...देख न तेरा बेटा...यहाँ पट्टियों में लिपटा पड़ा है...बाहर अभिनेता जमा हैं, तेरे दिलीप कुमार, देव आनन्द और रहमान पानी भरें इनके आगे...ये सब देख क्या बढ़िया सीनरी रच रहे हैं, दुःखी होने की......अभी चमकीली आतिशबाजी थी, तेज चलती साइकिल की सनसनाहट थी, सड़क पर धप से गिरने की आवाज थी...सफलता के मद में डूबे शिकारियों के ठहाके थे...और अभी-अभी अम्मा की यह डकराहट...अम्मा तो कब की चल बसी...हाँ, तो याद ही आ रही है न...नहीं...अम्मा मेरी यादों में नहीं बोल रही, अम्मा इस आकाश में, पल-पल रंग बदलती यादों की, चोटों की, दर्दों की इस चमकीली आतिशबाजी के बीच बोल रही है, मुझे गोद में बुला रही है...अम्मा किताबें ठीक कर रही है, बाबूजी से झगड़ रही है कि दुकान जाएगा,

तो गोपू पढ़ेगा कब...'अरे, तो पढ़ के कौन सी स्वर्ग में सीढ़ी लगानी है तेरे बेटे को री...चल खैर तेरी मर्जी...जब तक देह चल रही है तब तक तो चल ही रही है...' दुकान भेजने का आग्रह करके बाबूजी परंपरा निभाते थे, और अम्मा के जरा से प्रतिवाद के सामने समर्पण करके बेटे की सम्भावनाओं में झाँकते भविष्य की ताईद करते थे...

गोपाल को संकोच होता था, दुकान पर इतना काम...बाबूजी अकेले...।

दुकान सूरज नारायण के मन्दिर के सामने हुजरात रोड के कोने पर थी। छोटी-सी, लेकिन बेहतरीन पान-पत्ते वाजिब दाम पर बेचने के लिए मशहूर। ग्राहकों में पनवड़ियों से ज्यादा थे पान के शौकीन आम गृहस्थ। देसी बिलौआ, कलकतिया, बनारसी, मगही सभी तरह के पतों की दर्जनों गड्डियाँ रोजाना इस दुकान से निजी पानदानों तक का सफर करती थीं। पनवाड़ी ग्राहक 'दाम कम पत्ते ज्यादा' की चाल पर चलना चाहते थे, स्वाद का क्या है, वह तो बीड़ा बनाने के पहले मसालेबाजी करके सँभाल ही लिया जाएगा...बाबूजी को यह बात सुहाती नहीं थी। चीज बढ़िया बेचनी है, दाम ज्यादा होने के कारण कम बिक्री की परवाह वे करते नहीं थे। नतीजा प्रतिष्ठा देवी की कृपा बनी हुई थी, लेकिन श्री लक्ष्मी जी सदा सहाय का भंडार सदा भरा रहने की बस जगह कामचलाऊ रहता था।

उसी कामचलाऊ भंडार में कतरब्योंत करके बाबूजी ने अम्मा के लाड़ले, साधु-स्वभाव बेटे को ऊँची पढ़ाई के लिए घर से दूर, शहर से दूर भेजा था। अम्मा बड़ी शान से कहती थी, पड़ोसिनों, सहेलियों से, 'मेरा गोपू दसवीं-बारहवीं पास करके दुकान पे नहीं बैठने वाला, वो तो सोलह जमात पढ़ेगा...उसके बाद विलायत भी जाएगा...।'

पढ़ने के लिए तो गोपाल चौरसिया विलायत नहीं जा सके हाँ, पढ़ाने के लिए कई बार गए। खुद की पढ़ाई के लिए यही क्या कम था कि पान-पते की गोठ से निकलकर देश की राजधानी के जाने-माने शिक्षा-संस्थान तक पहुँच पाए...।

उस शिक्षा-संस्थान में पहला दिन...पान-पत्ते की गोठ के रहवासी का ताकत-कुर्सी, चमक-दमक की गोठ के निवासियों से पहला वास्ता...।

'नाम?'

'जी, गोपाल चौरसिया...।

पीछे से सिर पर धप्पा...'जी-वी नहीं, बेटा, सर...सर बोलते हैं, सीनियर्स को...।'

एक और धप्पा...'और सीनियर की जगह सामने सीनियरनी हो तो सर नहीं, मै'म...समझे कुछ सर गोपाल चौरसिया?'

सामने से अगला सवाल, 'एड्रेस क्या है सर गोपाल चौरसिया का?'

'जी...मतलब...सर...पान-पत्ते की गोठ...' वाक्य पूरा होने के पहले ही आश्चर्य भरा 'ऐं?' 'अबे चूतिया...' ऐं का समाधान करती एक आवाज बगल से, किसकी नहीं पता क्योंकि जिस फ्रेशर की धुलाई की जा रही हो, उसका आँख उठाकर इधर-उधर देखना वर्जित था, केवल आवाज सुनी जा सकती थी, जो सामने वाले प्रश्नकर्त्ता के लाभार्थ अवतरित हुई थी, '...इंजीनियर कहीं के, कुछ लिट-फिट पढ़ाकर, खासकर राष्ट्रभाषा का, तो समझ पाएगा कि हिज हाइनेस तम्बोली खानदान से ताल्लुक रखते हैं, और पान पत्ते की गोठ आपकी खानदानी रियासत का नाम है, गोठ माने गली दैट इज एली फॉर कल्चरल इललिटरेट्स लाइक यू...हिज हाइनेस सर गोपाल चौरसिया माँ-बाबूजी और में बी, अम्मा-दादा के महान सपनों को पूरा करने के इरादे से इस तुच्छ संस्थान को धन्य करने पधारे हैं...।'

'सर गोपाल चौरसिया बहुत लम्बा है यार, हिज हाइनेस के लिए छंगा सर विल बी मच मोर एप्रोप्रिएट...देख क्या सैम्पल है पान-पत्ते की गोठ का...मेरे हाथों में छह-छह उंगलियाँ हैं, जरा समझो बलम मजबूरियाँ हैं... ।'

रोक नहीं पाया था, अपनी तड़प को गोपाल, लेकिन क्या तड़प...बस आँख ही तो उठी थी कि तीन-चार थप्पड़...'आँख नीचे, आँख नीचे...आँख लाल नहीं करने का, वर्ना साले रात को हॉस्टल में पूरे का पूरा लाल हो जाएगा, छंगे से छक्का बन जाएगा, एक ही रात में...पूरी टीम बैटिंग करेगी...जिन्दगी भर टाँगें चौड़ी की चौड़ी रहेंगी... ।'

यह विज्ञान की उच्च शिक्षा के लिए बना एलीट संस्थान था, जल्द से जल्द अमेरिका प्रस्थान कर जाने की राह देख रहे भारत-भविष्यों के लिए बनाई गई सराय थी। भारतीय दरिद्र-नारायण के मत्थे कम खर्च में बेहद महँगी शिक्षा हासिल कर रंग-बिरंगे भारत-भविष्य यहाँ से पश्चिमोन्मुखी हो जाते थे, वहाँ पहुँचकर भरे गले से घोषणाएँ करते थे...आई लव माय इंडिया... । ठीक ही है, प्रेम विरह में पनपता है, तो क्यों न खुद ही विरह-दशा की रचना करके विरह-गीत गाया जाए...आई लव माय इंडिया... '

संस्थान से निकलने के बाद भी, यहाँ उन्हें दे दी गई पहचान ने गोपाल चौरसिया का पीछा कभी नहीं छोड़ा...पीठ पीछे तो अनिवार्य रूप से, कभी-कभी मुँह पर भी, तिर्यक भाव से उन्हें याद दिलाया जाता रहा था कि वे सबसे पहले और सबसे बाद हैं छंगा तम्बोली, चूतिया चौरसिया ही... ।'

उपकुलपति प्रो. गोपाल चौरसिया...अस्पताल के बिस्तर पर इस पल...कोई न कोई आवाज आती है...कह जाती है। छंगा तम्बोली...छंगा तम्बोली...चूतिया चौरसिया...चूतिया चौरसिया... ।

इन्हीं आवाजों के बीच गूँज रही हैं, पान पत्ते की गोठ की आवाजें। महानगर में रहते-रहते खुद गोपाल चौरसिया को पान-पत्ते की गोठ अजनबी लगने लगी थी...पान पत्ते की गोठ...क्या बेतुका नाम है...क्यों नहीं मेरी गली का नाम महारानी लक्ष्मीबाई वीथिका हो सकता था, या कम से कम पटेल नगर या नेहरू नगर जैसा कुछ...पान पत्ते की गोठ...किसी को बताते ही अटपटी हँसी झेलने को तैयार रहो... ।'

लेकिन इस पल वे छिप जाना चाहते थे उसी पान पत्ते की गोठ की गोद में। अम्मा तो रही नहीं, लेकिन गोठ सारे बदलावों के बावजूद है वहीं की वहीं...कुछ लोग ज़रूर चाहते थे कि उसे कोई सुसंस्कृत नाम दे दिया जाए। एक प्रस्ताव तो यह भी था कि गोठ को यहीं के सपूत, विश्वविख्यात वैज्ञानिक गोपाल चौरसिया का ही नाम दे दिया जाए, गोपाल चौरसिया ने सख्ती से मना कर दिया था। बीच-बीच में पान-पत्ते की गोठ से ही नहीं, अपने शहर भर से गोपाल चौरसिया को चिढ़ होने लगती थी, अजीब था इस शहर का मिजाज, अपने रूखड़ेपन पर गर्व करता, अपने हैंकड़पन पर इतराता... ।

इस पल, चिढ़ नहीं, केवल दर्द है...अपनी देह का ही दर्द नहीं, अपने रूखड़े, हैंकड़ शहर का भी दर्द...उस शहर के लिए तड़प रहे हैं, गोपाल चौरसिया...अपनी खुद की पान पत्ते की गोठ रच रहे हैं गोपाल चौरसिया...उसी में विचर रहे हैं गोपाल चौरसिया... ।

'चौरसिया' इस शब्द पर ही तो अपनी विद्वता और विट के लिए देश-देशान्तर में मशहूर सिंह साहब ने जुमला जड़ा था, 'भई इस चौरसिया में चार ही रस हैं न, गायब कौन-कौन से पाँच हैं...मौजूद कौन से चार हैं...किन चार रसों से बने हैं चौरसिया जी...रसराज श्रृंगार का तो अता-पता नहीं, हास्य के आलम्बन हैं...उत्साह से भरपूर हैं, यह हुआ वीर रस, और पांडेजी,

बुरा मत मानिएगा, आप सज्जनों के मन में भय का संचार तो किया ही है चौरसिया ने, सो तीसरा हुआ भयानक...अब चौथा...।''हें...हें...डॉक साहब।' भयभीत होने की सच्चाई पर खिसियाई हँसी का आवरण डालते हुए पांडेजी ने ही चौथा रस बताया था, 'अद्‌भुत...बल्कि वही मुख्य रस है...कैसे-कैसे अद्‌भुत नमूने हैं मेरे भंडार में, यही प्रमाणित करने को उतारा है धरती पर परमेश्वर ने अपने भीसी साहब को...सो, चौरसिया के चार रस हुए..., हास्य, वीर, भयानक और अद्‌भुत...।'

'बाकी पाँच भी धीरे-धीरे खुलेंगे...चौरसिया तो वीसी बनने के पहले थे न, कुछ ही दिनों में नौरसिया हो ही जाएँगे...वीभत्स और करुण समेत...।'

सिंह साहब की बात आज सच ही लग रही है। सिंहों, पांडों, मिसिरों, गोपीनाथों की वीभत्सता ने चौरसिया को करुण दशा में पहुँचा दिया है...चौरसिया से नौरसिया...।

अपनी नियति पर मुस्कुराहट रोकते नहीं बनी गोपाल चौरसिया से...पिटा हुआ इन्सान इतना तो कर ही सकता है...चार रस वाला चौरसिया मुस्कुरा रहा है, 'सिंह साहब, रसराज भी था मेरे जीवन में, सो पंचरसिया कहिए मुझे, कोरा चौरसिया नहीं...'

...उसकी हथेलियाँ मगही-सी थीं, नन्हीं-नन्हीं चिकनी और कोमल...और मेरे हाथ बिलौआ से, बड़े-बड़े, जरा कड़क से। बिलौआ गाँव के पान-पत्ते की विशेषता ही यह कि कत्था-चूना लगाकर जब बीड़ा बनाया जाए तो मुड़ने के कारण कड़क पत्ते की देह दरकने लगे...और मगही ऐसा कि बीड़ा बनाने वाले को भी लगे कि कितनी कोमल देह उसकी उँगुलियों का स्पर्श पा रही है...

उसके हाथ मगही से, मेरे बिलौआ से...यह बात बस पल भर को, मन के आकाश में कौंधकर ही वहीं लुप्त हो गई थी। कह तो खुद से ही नहीं पाया गोपाल...उससे क्या कहता...मन का सेंसर धमकाने लगा था, 'साले, इस पल भी तम्बोलीपन से बाज नहीं आ पा रहे हो...' खुद पर झेंप होने लगी थी। पान पत्ते की कौंध दबाकर कवि की उधार पंक्ति से काम चलाया था, 'उसका हाथ हाथ में लेते हुए मैंने सोचा, दुनिया को हाथ की तरह गर्म और सुन्दर होना चाहिए...।'

दुनिया को मगही पत्ते की तरह नर्म, सुन्दर और सुडौल क्यों नहीं होना चाहिए? दुनिया की कड़क-दरक को बिलौआ की तरह क्यों नहीं कहा जाना चाहिए? उसके हाथ को मगही और अपने हाथ को बिलौआ की तरह क्यों नहीं देख पाया मैं? इस वक्त गोपाल चौरसिया के मन में दर्द इस बात का कि सारिका के मन के कत्थे में बुरादे की मिलावट क्यों नहीं देख पाया मैं...।

मेरे अस्तित्व के तने पर कठफोड़वा की तरह अपने कटाक्षों से, तानों से जो खोखल उसने रचे, उन्हें वक्त रहते क्यों नहीं देख पाया मैं? जिससे भरोसा पाने का भरोसा था, उसके, सारिका के ताबड़तोड़ लांछनों का जवाब देते क्यों नहीं बना मुझसे...मन में कौंधा ज़रूर, लेकिन मुँह से क्यों नहीं निकला था...क्यों नहीं कह पाया कि कुछ दिन के लिए यह लगने की देर थी कि मैं किसी बड़े पद पर नहीं पहुँच पाऊँगा और तुम्हें पिंड छुड़ाने की हड़बड़ी पड़ गई थी, सारिका...।

दर्द गोपाल को कोई आज ही नहीं हो रहा था...आधी रात को पागलों की तरह साइकिल चलाता गोपाल बेबस क्रोध, तन-मन को निचोड़ते दर्द और परास्त प्रेम के प्रेतों से ही तो लड़ता था...मन से उठती चीख चेहरे को मुर्दे की तरह ठंडा या जलती चिता की तरह सुलगता बना देती थी...।'

ऐसा ही था वह पल भी...साइकिल के पैडल तेजी से मारते हुए, अपने आपको कोसते हुए, सन्नाटे को चीरती चीत्कार मन के आकाश में सुनते हुए, लगा था कि साइकिल की सीट की जगह बदन के नीचे आकाश का खालीपन आ गया है...वह पल नहीं, बस पल का छोटा सा टुकड़ा था, जब सड़क से टकराते बदन ने अजीब-सी थप की आवाज सुनी थी...सन्नाटे की आवाज...।

सिंह साहब डॉक्टर की अनुमति लेकर कमरे के भीतर आ चुके थे। बिस्तर के पास खड़े देख रहे थे, उन्हें दया आ रही थी, इस अभागे पर, जाने जिएगा या मरेगा...कितना बदमाश है पांडे...मजाकबाजी अपनी जगह, उखाड़-पछाड़ अपनी जगह...चलता है यह सब...लेकिन शुद्ध गुंडई...ऊपर से कहता है, 'बस गाड़ी जरा सी छुआ देने भर को कहा था...ताकि वीसी साहब छंगे तो हैं ही कुछ दिन लंगड़े रहने का भी सुख उठा लें...हैं...हैं...हैं...' अब साला हनुमानजी को मक्खन लगा रहा है...कुमति का संग खुद करें, सुमति इनहें हनुमान जी दिलवाएँ...बहूदे कहीं के...लेकिन वीसी ठीक हो जाएँ तो अनुरोध तो करूँगा कि माफ़ कर दें, पुलिस को नाम न दें...जेल जाना पड़ा तो झेलना तो पांडे के परिवार को पड़ेगा, पूरी कम्युनिटी की दुनिया भर में भद्द उड़ेगी, सो अलग...।

'राम, राम, रोम-रोम, मन चित राम राम की दुहाई है...अन्तकाल कोई ना सहाई है...।' जब भी सुना है यह भजन, आँखें भर आई हैं। कैसा तो गाया है मधुप ने...एक-एक सुर छू लो, सुरों में बँधा एक-एक बोल जैसे मन में खुल रहा है, मेरा अपना स्वर बनकर...आँखें भर न आएँ तो करें क्या...।

नहीं चाहिए ऐसी कातरता का वितान...नहीं चाहिए राम का नाम, कबीर का गान, मधुप का स्वर...नहीं चाहिए मुझे...बंद करो यह भजन...चुप रहो, मुझे कुछ कहना है, मेरी सुनो...

गोपाल चौरसिया कुछ कहना चाहते थे...बचपन से अब तक की चुप्पियाँ, अब तक झेले गए अपमानों और षड़यंत्रों की स्मृतियाँ, छंगा तम्बोली, चूतिया चौरसिया होने के सुगलते विरद गान...तेली-तम्बोली के वीसी बन जाने पर भद्र पुरुषों की पीड़ा, उस कार के धक्के से साइकिल की सीट से एकाएक शून्य में पहुँच जाने के एहसास का शॉक, तन के तने पर कठफोड़वा की चोंच के लगातार प्रहार से बने खोखल पर अपना खोखला गुस्सा...अम्मा की लोरियाँ, बाबूजी के कंधे पर सवार होने की स्मृतियाँ...सारिका की मीठी आवाज के सुर...इस्तेमाल किए जाने के दर्द, बेबसियाँ, सब कुछ...पान पत्ते की गोठ की गंध-दुर्गंध...उस गोठ के अँधेरे मकान से लेकर विशाल वीसी निवास तक की स्मृतियाँ...सब उनके कंठ तक आ रही थीं, सारी ताकत अपने वजूद की लगाकर वे सँजो रहे थे यह सब...उन्हें कहना था कुछ...कैसे कहें, किससे कहें...शुभ पाने का सुख, सुख देने वालों को शुक्रिया...दुख पाने की चोट...दुख देने वालों की माफी...

'पांडेजी...' बहुत धीमे स्वर में नाम उच्चारा, प्रो. गोपाल चौरसिया ने...पास ही खड़े सिंह साहब ने झुक कर ध्यान से सुनने का जतन किया। बेशक, गोपाल चौरसिया पांडेजी को ही याद कर रहे थे। अच्छा लगा सिंह साहब को। बच जाए तो अच्छा है...आखिरकार सहयोगियों के बीच उपहास का पात्र यह छंगा तम्बोली स्टूडेंट्स के बीच तो काफ़ी लोकप्रिय था...

था नहीं...सिंह साहब ने खुद को दुरुस्त किया...है...और भगवान करे कि 'है' के 'था' में बदलने की नौबत न आए।

...गोपाल चौरसिया इस हाल में पांडेजी को याद कर रहे हैं...बैर नहीं रहना चाहिए...हो सकता है, भगवान की कृपा से बच ही जाएँ वीसी साहब...और यदि वक्त आ ही गया है...तब

भी, दोनों ही हाल में मन में बैर का रहना ठीक नहीं, पांडेजी को भी कुछ पछतावा तो है ही...इस वक्त जता दें...बात खतम हो, बाद की बाद में देखी जाएगी। वीसी साहब चल बसे तो, और चलते रहे तो भी...आखिरकार हानि-लाभ जीवन-मरण, जस-अपजस विधि हाथ...देखा जाएगा...अभी तो किसी तरह कुछ सँभाल हो...दरवाजे के पास पहुँच कर, बाहर झांका सिंह साहब ने, 'पांडेजी, जरा आइए...।'

पांडेजी हनुमान चालीसा का मौन पाठ जारी रखे हुए अन्दर आ गए, सिंह साहब से आँखों-आँखों में ही पूछा, 'क्या बात है?' सिंह साहब ने धीरे से कहा, 'पास जाइए, चुप रहिएगा, आपका नाम ले रहे हैं, शायद माफ करने जैसी बात करेंगे, बेचारे भले आदमी ठहरे...।'

पांडेजी हनुमान जी से निस्तार की अपील करते-करते ही, बिस्तर की ओर बढ़े, पास पहुँच कर झुके, गोपाल चौरसिया के मुँह से फिर आवाज निकली, आँख एक पल को खुली, 'पांडेजी...।'

'जी...जी मैं ही हूँ...।' पांडेजी झुके...

पांडेजी झुके हुए हैं, सोच रहे हैं क्यों बुलाया मुझे ही इसने, कहना क्या चाहता है मुझसे... मुँह में कुछ हरकत हुई, जो कुछ गोपाल चौरसिया ने जिन्दगी भर एकत्र किया था, निकला...कोई शब्द नहीं, सिर्फ़ एक आवाज, बलिपशु की आखिरी चीख-सी, मरते योद्धा की अन्तिम ललकार-सी...अस्पष्ट लेकिन दमदार...और साथ में था, न जाने कबसे बाहर आने का रास्ता तलाशता, अपने वजूद में सारे आस-पास को समोता गुस्सा...सारे तिरस्कारों का जवाब देता पान-पत्ते की गोठ के रहवासी का तड़पता धिक्कार, पांडेजी के सारे चेहरे को लथेड़ता, बेबसी में सुलगता थूक का थक्का...।

['पाखी' फरवरी, 2014]

# व्यंग्य

# अपन को भी सीएट माँगता

एक सुन्दर युवती अपने प्रेमी के साथ पाक में नाच-गा रही है, 'जिन्दगी एक सफर है सुहाना... ।' एकाएक दो गुंडे प्रकट होते हैं। लड़का-लड़की अपने स्कूटर पर सवार हो भाग निकलते हैं। गुंडे जीप पर पीछा करते हैं लेकिन स्कूटर को पकड़ नहीं पाते, क्योंकि उसमें विशेष टायर लगे हैं। सीनियर गुंडा जूनियर गुंडे को धमकाता है, 'अब अपने को भी वही टायर माँगता।'

यह एक विज्ञापन है, जो इन दिनों दूरदर्शन पर दिखाया जा रहा है। आपको याद होगा, कुछ बरस पहले किसी ब्रांड के बिस्कुट 'गब्बर की असली पसन्द' कह कर बेचे जाते थे। अपना समाज काफ़ी तेजी से प्रगति-पथ पर दौड़ लगा रहा है। अब हमारे नायक वे लोग हैं, जो ताकत के बूते अपनी मनपसन्द चीज हासिल कर सके। परोपकारी लोग हमारे उपभोक्ता और विज्ञापनदाता की कल्पना को उतने नहीं भाते, जितने परपीड़क जन भाते हैं। इसीलिए तो गब्बर सिंह की असली पसन्द, देश छोड़ने के लिए तत्पर स्मगलर के लिए ज़रूरी चिली सास और अब यह टायर, जिसके कारण प्रेमी जोड़ा इस बार तो बच गया, लेकिन अगली बार? तब तो गुंडों की जीप में भी वही टायर लगे होंगे।

आधुनिक युग में विज्ञापन की महिमा अपार है। विज्ञापनों के रचयिता उपभोक्ता संस्कृति के सारतत्त्व को भलीभाँति समझते हैं। आखिर वे इस संस्कृति के रचयिता भी तो हैं। 'जमाना देगा साथ, अगर हो शक्ति तुम्हारे पास।'—यह एक मोपेड का विज्ञापन नारा भर नहीं है, यह उपभोक्ता संस्कृति में निहित शक्ति साधना का मूलमंत्र भी है। असली चीज है ताकत—बदन की, पैसे की, दिमाग की, डंडे की और ग्लैमर की। असली नैतिकता है—ताकत हासिल करना। यह बेकार का सवाल है कि कैसे, किन तरीकों से?

शक्ति और नैतिकता का संघर्ष पुराना है। उपभोक्ता संस्कृति के बहुत पहले से हर समाज के लोग अपने अनुभवों के आधार पर जानते रहे हैं, 'समरथ को नहि दोष गुसाईं।' लेकिन फ़र्क़ यह है कि उन समाजों में ताकत की धारणा इतनी दोटूक और आक्रामक न हो पाई थी और न ही इतनी सर्वव्यापक। यह सर्वव्यापकता उपभोक्ता संस्कृति को परिणति भी है और उसके अस्तित्व की शर्त भी। ताकत की सर्वोच्चता को सर्वव्यापक बनाने का काम टेलीविज़न से बेहतर कौन माध्यम कर सकता है? दृश्य का बल और ऐन आपके घर में अनिवार्य उपस्थिति का सामर्थ्य—दोनों मिल कर टीवी को बहुत गहरी मार करने वाला हथियार बना देते हैं।

ठीक इसी कारण, विकासशील देशों में टेलीविज़न की सामाजिक भूमिका पर बड़ी-बड़ी चिन्ताओं का सिलसिला पिछले दशक में बड़े धूमधाम से शुरू हुआ था। अब तो खैर, ऐसी चिन्ताएँ 'आउट ऑफ़ फै शन' है। हाँ, कुछ विधि-विधान ज़रूर पीछे छूट गया है। जैसे अपने ही यहाँ दूरदर्शन शराब और सिगरेट के विज्ञापन नहीं दिखाता। इस तरह 'सामाजिक जिम्मेदारी'

का खाना चाकचौबन्द हो जाता है। इन कुटेवों के विज्ञापन से बचे रहना क्या हमारे दूरदर्शन के भारी संयम और त्याग का परिचायक नहीं है ? इसे कहते हैं विधि-विधान का पालन। कुछ-कुछ वेसे ही, जैसे कभी-कभी कुछ बिल्लियाँ हज करने चल पड़ती हैं।

सामाजिक चेतना और प्रभाव की चिन्ता यदि सचमुच हो तो यह समझना मुश्किल नहीं है कि शराब-सिगरेट से कहीं ज्यादा खतरनाक है सोच का वह ढाँचा, जिसमें परपीड़ा का साक्षात अवतार ऐसा नायक बन जाए कि उसकी सिफारिश पर आप एक खास किस्म का बिस्कुट बेचने और खाने की सोचने लगे। कैसा अद्‌भुत है अपना समय कि एक तरफ़ हिंसा और नारी की असुरक्षित स्थिति पर हम सर धुनते हैं, दूसरी ओर ऐसे विज्ञापनों पर कोई चूँ तक नहीं करता। एक लड़की को सताने या उठा ले जाने पर उतारू गुंडे के जरिए सन्देश दिया जा रहा है कि आप अपनी गाड़ी में टायर-विशेष लगवाएँ। लड़की बची तो अपनी खुद की, अपने प्रेमी की या किसी और की सूझबूझ और बहादुरी के कारण नहीं, बल्कि टायर-विशेष के कारण। गुंडा भी समझदार है, उसने ठीक-ठीक सबक लिया है। अगली बार वह पीछे क्यों छूटे, वह भी उसी टायर के साथ आएगा और कामयाबी पाएगा।

'पैदाइशी रूप से मजबूत' टायर बनानेवाली कंपनी तो खैर यही सबक सिखाना चाहेगी कि आप उसका टायर लगाएँ, फिर चाहे लड़की उठाने की मुहिम पर निकलें या बैंक लूटने की। लेकिन सामाजिक चेतना का धनी अपना दूरदर्शन ? वह शराब-सिगरेट का विज्ञापन नहीं दिखाएगा, अँगूठा निशानों का को कमला या विमला बना कर कुछ कर दिखाने का जोश दिखाएगा, पौधों और बच्चों में फासला रखने का उपदेश देगा, साथ ही इस महान सत्य का साक्षात्कार भी कराएगा कि लड़की बची कैसे—क्योंकि टायर नहीं था। ठीक ही है, मामला मंडी का है। मंडी में सब बिकता है, अँगूठे का निशान हो या औरत की इज्जत।

पैसा कमाने की हवस ने यदि दूरदर्शन को इतना ही दूरदर्शी बना दिया है तो क्या हर्ज है कि ऐसे विज्ञापन भी दिखाए जाएँ कि आप बैंक इसलिए नहीं लूट सके कि ऐन वक्त पर छींक आ जाने से पिस्तौल हाथ से निकल गई (वह खास गोली खाई होती तो न छींक आती, न पिस्तौल हाथ से निकलती), आप अपने दुश्मन को वक्त पर ठिकाने नहीं लगा सके, क्योंकि छुरा एक खास कंपनी का बनाया हुआ नहीं था। आगे से खयाल रखें।

चलेगा। सब चलेगा। जमाना प्रतियोगिता का है। ताकत और मुद्रा का है। किसको फुरसत है कि इन फालतू बातों पर ध्यान दें ?

['नवभारत टाइम्स', दिसम्बर, 1991]

# पश्चात् बुद्धि के खेल

एक नेताजी हैं। बड़े शिष्ट, शालीन और चतुर। बड़े-बड़े लोगों की आँख के तारे। धुरंधर पत्रकारों के प्यारे। बहुत पढ़े-लिखे समझे जाते हैं। स्वयं को बड़ा सुलझा हुआ बताते हैं। टोयोटा हिन्दू राष्ट्र के हीरो कहलाते हैं। पिछले बरस, सभी के साथ ये धीर-गम्भीर नेताजी भी चुनाव मैदान में थे। एक छोड़, दो-दो चुनाव क्षेत्रों से। नई दिल्ली और गांधीनगर। खैर जीत तो दोनों जगह से गए, यह और बात है कि नई दिल्ली में उन्हें फकत पन्द्रह सौ वोट ज्यादा मिले, वह भी एक फ़िल्म अभिनेता के खिलाफ़। सो हमारे नेताजी ने नई दिल्ली सीट का परित्याग कर दिया। नतीजा यह कि अब इस ग्लैमरस सीट के अनाथ वोटर एक बार फिर से दो में से एक नाथ को तिलक करने की प्रक्रिया से गुजर रहे हैं। देखें किसकी गोटी लाल होती है।

लेकिन इस बीच धीर-गम्भीर व्यक्तितव को ज्ञानोदय हुआ है। आप फरमाते हैं कि दो सीटों से एकसाथ चुनाव लड़ने की व्यवस्था ही समाप्त होनी चाहिए। आप यह भी फरमाते हैं कि मैं तो शुरू से ऐसा ही मानता आया हूँ। कोई लाल जी से पूछे कि अन्नदाता, फिर पिछले ही साल दो सीटों से परचा भरने की हुड़क क्यों कर उठी थी? वैसे, ऐसे सवाल पूछने नहीं चाहिए। वजह यह कि यह तो लीला है। इच्छा हुई दो सीटों से परचा भर दिया। बीस से भर देते तो कौन माई का लाल रोक लेता? नेता हैं कि कोई मजाक? पुराणों में भगवान की लीला अपरम्पार बताई गई है। इन दिनों अपने देश के रहनुमाओं की लीलाएँ देखर कर स्वयं भगवान को लगता होगा कि उसकी लीलाएँ तो बस बाल-क्रीड़ाएँ भर थीं।

मामला जब लीला का हो तो सबसे ज्यादा दुर्गति भाषा की ही होती है। बेचारी न कुछ बता पाती है, न समझा पाती है। एक सुन्दर से मुख्यमंत्री हैं। संयोग की बात वे भी धीर-गम्भीर की भाँति लालधारी हैं। पिछले दिनों कहते भए कि त्रिया का चरित्र और पुरुष का भाग्य तो देवता भी नहीं जानते। अब जिस त्रिया को लक्ष्य करके यह कहा गया था, वे ठहरीं तपस्विनी—अमेरिका से अयोध्या तक डंका बजता है उनके नाम का। तपस्विनी के तेज से डर कर सुन्दर जी पलट गए, मुसीबत फिर भाषा की। मालूम पड़ा कि अज्ञानी लोग बात समझ ही नहीं पाए थे, उनका आशय कुछ और था। पत्रकारों ने तोड़-मरोड़ दिया, वगैरह-वगैरह।

कहीं हमारे धीर-गम्भीर नेताजी का आशय थी कुछ और निकला, तो? मसलन पिछले चुनाव में वादा था कि सेल्स टैक्स समाप्त कर देंगे, अब मालूम पड़ रहा है (खासकर उ. प्र. के व्यापारियों को) कि आशय कुछ और था। कोई पूछे कि सरकार, कैसा रहे कि आप वही बोलें जो आपका आशय हो? लेकिन फिर लीला तत्त्व का क्या होगा? और यह लीला तत्त्व तो सर्वव्यापी है। हमीं क्यों पिछड़े? उन्होंने कहा कि सौ दिन में महँगाई घटा देंगे—नहीं घटा पाए। हमने कहा, सेल्स टैक्स हटा देंगे। नहीं हटा पाए। हिसाब बराबर। प्रभु की माया, भगवान की लीला।

जो बात अब नेताजी को सूझ रही है, उसे कुछ लोग बेमिलावटी अवसरवाद भी कह सकते हैं। इतना तो सब मानेंगे कि है यह पश्चात बुद्धि का खेल। इसके कुछ और संस्करण भी हो सकते हैं। मसलन क्यों न फूलन देवी कहें कि मेरे चुनाव लड़ लेने के बाद दस्यु सम्राटों-साम्राज्ञियों के चुनाव लड़ने पर रोक लग जानी चाहिए। क्यों न राजेश खन्ना कहें कि मैं सांसद बन जाऊँ, तदुपरान्त व्यवस्था हो जाए कि पार्टी केवल पके-पकाए काडर को टिकट देगी। दूसरे शब्दों में, अपना काम निकल जाए, फिर जो कानून बनना है बन जाए। आप मरै, जग परलय।

यों तो भारतीय राजनीति पर चकित होना स्वयं ही बचपने का प्रमाण है। यहाँ क्या नहीं हो सकता? 'नहीं, नहीं, मैं इस लायक कहाँ' की रट लगाते सज्जन प्रधानमंत्री बन जाते हैं और फिर बने रहते हैं। पार्टी के आन्तरिक लोकतंत्र के झंडाबरदार पार्टी अध्यक्ष चुनाव जीते हुओं का कायाकल्प कर उन्हें नामजद बना देते हैं। सच्ची धर्मनिरपेक्षता की लाठी भाँजनेवाले खुले मंच पर एक सौ आठों, एक हजार आठों के चरण आँसुओं से पखार-पखार कर उन्हें मनाते हैं और परम त्यागी, महासंन्यासी ऐसी बातों पर तिलक-तिनक जाते हैं कि मैं गर्दन उचकाए रह गया, मुख्यमंत्री ने पहली माला किसी और के गले में डाल दी। सो ऐसे परिदृश्य में इस बात पर चकित होने से भला क्या लाभ कि साल ही भर पहले दो सीटों से तीर चलनेवाले योद्धा अब अज्ञानियों को समझा रहे हैं कि यह व्यवस्था ही समाप्त होनी चाहिए। हो सकता है कि जो चाय पीने नेताजी के घर पहुँचे, उनमें से किसी ने अपने भविष्य के लिए नेताजी के अतीत से प्रेरणा लेनी चाही हो। अब यह तो हो नहीं सकता न! लीला हरेक कैसे कर लेगा। सो नेताजी बोले, 'मैं लड़ा तो लड़ा, आगे से कोई दो सीटों से एकसाथ चुनाव न लड़े।'

एक बात समझ नहीं आई। इंग्लैंड-अमेरिका तक में जलसों में भाषण करने वाले नेताजी नई दिल्ली में एक भी चुनाव सभा में भाषण क्यों नहीं दे रहे? सारा जनसम्पर्क—टी पार्टी तक ही चल रहा है, पार्टी खुराना जी तक चल रही है। बात तो सच है कि शर्मदार की मौत है। लेकिन साहब, ऐसी भी क्या शर्म! अरे, क्षेत्र छोड़ दिया तो क्या, चुनाव—सभा तक तो पधारिए।

['नवभारत टाइम्स', जून 1992]

# संस्मरण

# जेएनयू में नेमिजी

## लेकिन पहले ग्वालियर में नेमिजी बल्कि कहिए 'नटरंग'

वे आठवें दशक के शुरुआती बरस थे। एक थे प्रेमचन्द कश्यप 'सोज'—ख्यात नाम पापाजी! एक थी नाट्य संस्था—'कला मंदिर'—ख्यात नाम पापाजी की संस्था। स्कूलों-कॉलेजों के वार्षिकोत्सवों के बाहर ग्वालियर में उन दिनों हिन्दी नाटक यदि कहीं था तो यहीं था, यहीं था, यहीं था! यह मत पूछिए कि कैसा था। जैसा भी था, बस था। 'पापाजी' लिखते थे, निर्देशन करते थे, अभिनय करते थे। ग्वालियर मेले में 'कला-मंदिर' के अपने नाटक होते थे, और बाहर नाम से नाटक बुलाने का भी ठेका 'कला मंदिर' के पास ही रहता था।

एक नाटक था, 'दिल्ली तेरी बात निराली'। 'कला-मंदिर' का सदाबहार प्रोडक्शन। लंबे-लंबे संवाद, भारी-भारी उपदेश, तगड़े-तगड़े व्यंग्य! और ऐन यथार्थ ( !) सी लगती मंच सज्जा।

(हालांकि यथार्थ-मंच सज्जा के मामले में जो ख्याति मराठी नाटकों की थी, उसका तो कहना ही क्या! 'आर्टिस्ट्स कंबाइन' संस्था स्वयं भी मराठी नाटक करती थी, बाहर से भी बुलाती थी। यथार्थवादी मंच सज्जा का आग्रह यथार्थतः बड़ी मार्मिक स्थितियाँ उत्पन्न कर देता था। किंवदंती है कि एक बार शिवाजी मंच पर अश्वारूढ़ होकर आए; अश्व महोदय एकाएक अपना 'पार्ट' भूल कर 'ओवरएक्टिंग' करने लगे—और शिवाजी बेचारे मंच की शहतीर से लअकने को विवश हो गए!)

यह किंवदंती सच हो सकती है, क्योंकि यथार्थ मंच सज्जा से प्रेम का एक प्रमाण तो स्वयं इन आँखों ने देखा था। नाग बोडस का नाटक था। नाग बोडस ग्वालियर के रंगमंच में ताजगी लाने वालों में से एक थे। लेकिन उन शुरू-शुरू के दिनों में, उनके उस नाटक में जिसका निर्देशन भी स्वयं बोडसजी ने ही किया था—नाटक का मध्यवर्गीय नायक मंच पर अपनी साइकिल के साथ ही अवतरित हुआ था। सो, किंवदंती के शिवाजी अश्वारूढ़ होकर आएँ—यह असम्भव तो नहीं।

इति क्षेपक। मुद्दे पर वापसी। 'कला-मंदिर' या नाटक का प्रतिष्ठान। प्रयोगों से सर्वथा दूर। परंपरा पुष्ट। दुष्टताओं के प्रति सचेत। प्रतिष्ठानी पवित्रता का आग्रही। सदस्यता भी ऐरे-गैरे को नसीब न थी। सब काम बहुत सोच-समझ कर किया जाता था।

जैसे कि हर शहर-कस्बे में होते हैं; ग्वालियर में भी चन्द खुराफाती नौजवान थे। जब तक कुछ अच्छा करने को न मिले तब तक दूसरों के यज्ञ-विध्वंस में ही जीवन खोजने वाले नौजवान। 'कला मंदिर' को भी ऐसे नौजवानों की जीवंतता झेलनी पड़ती थी। अपने लंबे इतिहास में 'कला मंदिर' ऐसे कई उत्पातियों को झेल चुका था।

लेकिन इस बार, आठवें दशक के इन शुरुआती सालों में एक गड़बड़ थी। ये यज्ञ-विध्वंसक कुछ पढ़ते-लिखते भी थे। जैस कि भावी इतिहास ने सिद्ध किया, इन अभय सेनानियों ने ठीक-

ठाक दिशा में प्रयाण भी किया; इनके मन में यह खुशफहमी गहरी थी कि सारा आकाश हमारा है। राजनीति से लेकर साहित्य तक; नाटक से लेकर पेंटिंग तक। इसी खुशफहमी (ये तो आस्था की कहते थे) के सहारे ये नौजवान किसी खोंचड़ से घबराते नहीं थे। प्रतिष्ठान से पंगा लेना इनकी एक्सपर्टाइज थी—चाहे फिर 'साहित्य सभा' हो चाहे 'कला-मंदिर'।

'कला-मंदिर' से झगड़ते समय जो 'अथॉरिटी' उद्धृत की जाती थी—वह थी 'नटरंग'!

तरह-तरह से, जगह-जगह पर, कही जाने वाली बात मुख्तसर में यों होती थी: ''आप कहते हें, आप बहुत बढ़िया 'थिएटर' कर रहे हैं। 'नटरंग' आपके थिएटर का नोटिस तक नहीं लेता। आप कहते हैं, आपके लिखे और खेले नाटक बिल्कुल आधुनिक और प्रासंगिक हैं। 'नटरंग' में छपे नाटकों से तो लगता है कि भारतीय नाटक कहाँ से कहाँ पहुँच गया और आप अभी भी एनुअल फंग्शन टाइप नाटक को ही ढोए जा रहे हैं। आप कहते हैं, नाटक की तकनीक यही हो सकती है—'नटरंग' में छपा फलां लेख देखिए या फलां फोटो देखिए—मंच-सज्जा एकदम अलग तरह की है।

उत्तर होता था, ''तो, अब हम 'नटरंग' से सीखें नाटक करना।''

प्रत्युत्तर होता था, ''क्यों नहीं सीखेंगे? 'नटरंग' से क्या धर्म भ्रष्ट हो जाएगा?''

किस्सा-कोताह यह कि 'नटरंग' का दबाव था—बदलने के लिए, सोचने के लिए, नए की छटपटाहट सुनने के लिए।

'कला-मंदिर' ने ब्रजमोहन शाह को 'त्रिशंकु' करने के लिए बुलाया। वह 'विचित्र' सा 'बेसिर पैर का' नाटक 'जनता जनार्दन' को भी ऐसा भाएगा, 'कला मंदिर' ने स्वयं सोचा तक नहीं था। 'त्रिशंकु' का होना, ग्वालियर के रंगकर्म के लिए 'भैरंट' (ग्वालियर की लोकभाषा के इस शब्द का शिष्ट प्रतिशब्द होगा—फैंटास्टिक।) घटना साबित हुआ।

'त्रिशंकु' के ग्वालियर आने में 'नटरंग' का भैरंट योगदान था—अप्रत्यक्ष ही सही!

लेकिन 'कला-मंदिर' का संस्थागत ढाँचा तो जैसा था, वैसा था। यों भी एक ही संस्था कितनी प्रतिभाओं का बोझ सँभाल सकती है? फिर 'कला-मंदिर' तो 'इन हाउस' प्रतिभाओं में गहरी आस्था वाला प्रतिष्ठान था। जो 'आउट ऑफ़ इन हाउस' थे, उन्हें 'कला-मंदिर' के बाहर ही कुछ करना था! वैसे भी, ''बहुत नटरंग-नटरंग करते रहते थे; खुद संस्था बनाओ, नाटक करो, टिकट बेचो, ऑडियेंस जुटाओ बेटा; तो पता चलेगा कि कैसे-कैसे नाटक करा देता है, नाटक का शौक।''

सो. डॉ. कमल वशिष्ठ ने पहलकदमी की। कुछ लोग जुटे। अग्रवाल बंधु द्वय—रामबाबू और पुरुषोत्तम। सत्येन्द्र। पूरन शंखवाय। सत्यपाल बत्रा। अशोक बुलानी। और एक नई नाट्य संस्था का जन्म हो गया। नामकरण वशिष्ठ जी ने ही किया—'नाट्यायन'। पहला नाटक चुना गया—'हत्या एक आकार की।' चुनाव के 'कलात्मक' कारण अपनी जगह, व्यावहारिक सत्य यही था कि इस नाटक में कोई फीमेल कैरेक्टर नहीं थी। कुल चार पात्र। चारों पुरुष। जिस 'आकार' की हत्या होनी थी—उसकी भूमिका मिली सत्येन्द्र को। जिसे हत्या करनी थी—उसकी भूमिका मिली पुरुषोत्तम को। बाकी षड्यंत्रकारी थे रामबाबू और सत्यपाल। जोर-शोर से रिहर्सल। टिकट बिकी। पोस्टर...आदि...आदि...। बहरहाल, नाटक हुआ, बहुत अच्छा हुआ।

हाँ, जब संस्था बनी तो उसके गठन की सूचना 'नटरंग' में प्रेषित की गई। हा हन्त! 'नटरंग' ने कोई नोटिस भी न लिया। शायद देर हो गई थी। अंक प्रेस में रहा होगा; लेकिन 'नटरंग' की बात-बात में दुहाई देने वाले 'नाट्यायन' सदस्यगण वह दुःखदायी अंक देखकर कलपते ज़रूर रहे।

लेकिन, जब मंचन की सूचना 'नटरंग' में छपी तो सारे मलाल दूर हो गए। 'नटरंग' का वह अंक बगल में दबाए-दबाए ही 'नाट्यायन' मंडली कॉफ़ी-हाउस पहुँचती थी ताकि अपनी सार्थकता की सनद फौरन हाजिर रहे!

क्रांतिकारियों और कलाकारों में एक समानता यह भी होती है कि बहुत दिनों तक वे एक-दूसरे से सहमत नहीं रह पाते। 'नाट्यायन' के सदस्य तो क्रांतिकारी-कलाकार एक ही साथ थे। सो, साल-दो साल में ही 'स्प्लिट' की नौबत आ गई। वशिष्ठ जी के डॉक्टरत्व से विद्रोह कर नई संस्था खड़ी हो गई। रामबाबू-सत्येन्द्र-पुरुषोत्तम की त्रिमूर्ति का 'रंगशिल्प'। पहला नाटक 'बाकी इतिहास'! मंचन की अनुमति के लिए नेमिजी को पत्र। तीन-चार लाइनों का उनका जवाब। 'बाकी इतिहास' का पुरुषोत्तम के निर्देशन में कुछ सफल-कुछ असफल मंचन!

'नटरंग'—नेमिजी की पुस्तक। पुस्तकें—नाटक के बारे में बहसें—और इन्हीं के बीच एकाएक कहीं से 'फाँसी के तख्ते से'...अनुवादक नेमिचन्द जैन...

लेकिन खैर यह तो किस्से में किस्सा हुआ जाता है। सो, किस्सा-कोताह यह कि कुछ अलग-सी छाप थी नेमिचन्द जैन नामक रंगकर्मी, लेखक, अनुवादक की जब 'रंगशिल्प' को रामबाबू-सत्येन्द्र के भरोसे छोड़कर भी पुरुषोत्तम अग्रवाल सन् सत्तर में जे.एन.यू. में दाखिला लेने पहुँचे। दाखिला हो भी गया। रोमांच इस बात का कि नामवरजी पढ़ाएँगे। क्या पढ़ाएँगे? साहित्य के रूपवादी सिद्धान्त—फिर अगले सेमेस्टर में साहित्य के मार्क्सवादी सिद्धान्त। वाह क्या बात है! इसी उम्मीद से तो आए थे!

अच्छा, यहाँ जे.एन.यू. में नाटक वगैरह का भी तो कुछ सीन होगा। हाँ, होते ही रहते हैं। मंच पर भी, सड़क पर भी और जिन्दगी में भी। साला नाटक ही नाटक है जे.एन.यू. में। अरे यार, वह तो खैर ठीक है लेकिन हिन्दी एम.ए. वालों को नाटक का कोर्स पढ़ाता कौन है?

नेमिजी!
क्या? नेमिचन्द्र जैन?
इति पूर्व पीठिका।

## जे.एन.यू. में नेमिजी

जे.एन.यू. में नेमिजी भारतीय भाषा केंद्र के छात्रों को पढ़ाते ज़रूर थे, लेकिन उनका मुख्य काम सौंदर्यशास्त्र और रंगकर्म का अध्ययन संस्थान विकसित करना था। वे कुछ ही बरस जे.एन.यू. में रहे और उनके जाने के साथ ही, यह संस्थान भी ठंडे बस्ते में चला गया। इसके दिन फिरे पूरे पच्चीस बरस बाद और अब जे.एन.यू. में स्कूल ऑफ़ आर्ट्स एंड एस्थेटिक्स बाकायदा काम कर रहा है।

पता नहीं, आज इस स्कूल के कितने छात्र और अध्यापक उन सपनों से वाक़िफ़ हैं या नहीं, जो पच्चीस-तीस बरस पहले देखे गए थे। पता नहीं कितने जानते हैं कि रंगकर्म अध्ययन-अध्यापन की स्वायत्तता के लिए नेमिजी ने कितने प्रयत्न किए।

साहित्य के विभागों में नाटक पाठ की तरह ही पढ़ाया जाता है। इसीलिए कुछ नाटक, मंच की दृष्टि से कठिन और कुछ सरल बना दिए जाते हैं। पाठकी के आधार पर। इस बात पर ध्यान दिए बिना कि नाटक—सिर्फ़ आलेख नहीं होता। आलेख के नाटक का रूप लेने में निर्देशन और अभिनेता/अभिनेत्री की भूमिका-निर्णायक होती है। कल्पनाशीलता और हिम्मत यदि हो तो मंच सज्जा को 'यथार्थपरक' की बजाय प्रतीकात्मक बनाया जा सकता है। 'अमंचीय' से

'अमंचीय' आलेख का मंचन किया जा सकता है। और फिर, मंचन एक समूह की समग्र शारीरिक क्रियाओं का, संगीत और ध्वनि का, मंचसज्जा का समुच्चय है। नाटक का 'अर्थ' इस समग्रता में ही है, केवल आलेख में नहीं।

ये सारी बातें बता देना कठिन नहीं है। कठिन है इनका अहसास करा पाना। कठिन है, इस समग्रता-बोध की स्वायत्तता को विद्यार्थी का। भावक का संस्कार बना पाना। ऐसा संस्कार यदि हो तो रंगकर्म के मूल्यांकन के प्रतिमान भी कुछ और हो जाते हैं, तथा उसकी समस्याओं का बोध भी कुछ और प्रकार का हो जाता है।

इस अहसास तक पहुँचने का एक ही तरीका है। नाटक से सक्रिय रूप से जुड़ना। मंच पर। नेपथ्य में। या प्रेक्षागृह में। नाटक की तमीज हासिल करने का तरीका यही है—नाटक करें या नाटक देखें। साहित्य की सभी विधाओं में, नाटक सर्वाधिक 'व्यावहारिक' विधा है—और सामूहिक भी।

जे.एन.यू. में नेमिजी नाटक पढ़ाते थे—आलोचक की तरह। अध्यापक की तरह। उनकी क्लास करने हम उनके केबिन में जाते थे। भारतीय भाषा केंद्र से दूर। क्लब बिल्डिंग की दूसरी मंजिल पर था नेमिजी का केबिन। एक बड़े हॉल में लकड़ी के पार्टीशनों की मदद से बना दिए गए चार-छह केबिनों में से एक। यही दफ्तर था, प्रस्तावित स्कूल ऑफ़ आर्ट्स एंड एस्थेटिक्स का। भारतीय भाषा केंद्र में तो नेमिजी की स्थिति 'अतिथि' वाली थी।

नेमिजी क्लास में भी बहुत धीमी आवाज में बोलते थे। उनकी धीमी आवाज में वाक्य सुगठित रूप से नहीं, बल्कि अपने बनते हुए रूप में ही आते थे। प्रभाव 'लेक्चर' का नहीं अनौपचारिक बातचीत का ही पड़ता था। इस अनौपचारिक बातचीत में भी नेमिजी ज़रूरी सूचनाएँ देते थे, व्याख्याएँ करते थे और विचार करने के लिए उत्तेजित करते थे। मुझे याद नहीं पड़ता कि कभी किसी क्लास रूम लेक्चर में उन्होंने अपने किसी लेख का हवाला दिया हो। ''जैसा कि मैंने फलाँ जगह लिखा है...'' यह टुकड़ा लगाने की ज़रूरत वे महसूस नहीं करते थे। बतौर अध्यापक के नेमिजी, क्लास में छा नहीं जाते थे। उन्हें सुन कर हम लोग 'चमत्कृत' नहीं होते थे, लेकिन उनकी बातें, उनके द्वारा उठाए गए सवाल क्लास के बाहर आपके साथ-साथ चले आते थे। आपसे बतियाते हुए, आपको कुछ बताते हुए और कई बार आपको खिझाते हुए।

नामवरजी की अध्यापन क्षमता तो विख्यात ही है। नामवरजी का क्लासरूम लेक्चर नेमिजी के लेक्चर से एकदम अलग तरह का होता था। एकदम सुगठित। सन्दर्भों-सूचनाओं और चुटकियों से भरपूर। एक आत्मसजग व्याख्यान, जबकि नेमिजी का लेक्चर होता था—अनौपचारिक बातचीत। बहुत फ़र्क़ था दोनों की अध्यापन-पद्धति में।

लेकिन ज्यादा महत्त्वपूर्ण थी एक बहुत गहरी समानता। नामवरजी और नेमिजी दोनों ही देश के अग्रणी बौद्धिक और महत्त्वपूर्ण आलोचक—लेकिन दोनों में से किसी ने कभी भी अपने अध्यापक अवतार का लाभ उठाकर अपने आलोचक अवतार को क्लास में प्रोमोट नहीं किया।

आज उन दिनों का जे.एन.यू. याद आता है, साथ में यह अहसास लेकर कि जे.एन.यू. को इतना स्पंदनशील विद्याकेंद्र बनाने में नेमिजी और उनके अनेक समकालीनों की भूमिका कितनी गहरी थी। जे.एन.यू. का छात्र सिर्फ़ पढ़ता ही नहीं, सीखता भी था। व्यापक जीवन से, चिन्तन सन्दर्भों और परंपराओं से जुड़ने की विद्या। पूरा वातावरण ही ऐसा था—और नेमिजी जिस संस्थान की कल्पना को मूर्त रूप दे रहे थे; उसमें तो पढ़ने, सीखने, जानने और करने के बीच पुल बनाए बिना कुछ हो नहीं सकता था।

नेमिजी ने जे.एन.यू. में ऐसा ही पुल बनाया। बल्कि वे स्वयं एक पुल के रूप में याद आते हैं। पुल विश्वविद्यालय की 'एकेडमिक' दुनिया और रूपंकर कलाओं की 'व्यावहारिक' दुनिया के बीच। पुल नाटक और दीगर कलारूपों के बीच। पुल नाटक को साहित्य के रूप में पढ़ने और रंगमंच के रूप में देखने और करने के बीच।

वह हम लोगों का पहला ही सेमेस्टिर था। अभी जे.एन.यू. आए कुछ ही महीने हुए थे। मालूम पड़ा कि नेमिजी का सेंटर थिएटर वर्कशॉप करने जा रहा है। कोई भी छात्र-छात्रा इसमें हिस्सा ले सकता है। बहुत से लोगों ने नाम लिखाए। वर्कशॉप होना था बंसी कौल के निर्देशन में और नाटक चुना गया...'रस गंधर्व'। पहले दो-चार दिन में ही मालूम पड़ गया कि थिएटर-वर्कशॉप केवल मंच पर होने का ग्लैमर नहीं, कड़ा अनुशासन और जबर्दस्त मेहनत भी है। बहुतों का उत्साह इन दो-चार दिनों में कालकवलित हो गया। अपने राम के लिए तो गनीमत यही थी कि ग्वालियर में तो पोस्टर भी खुद बनाने पड़ते थे, टिकट भी बेचने पड़ते थे—यहाँ कम-से-कम इन कसरतों से तो मुक्ति मिली। रिहर्सल, थोड़ी-बहुत दौड़-धूप और, हाँ, वर्कशॉप के ही अन्तर्गत थिएटर के विभिन्न पहलुओं के बारे में क्लासेज। बल लगातार देखकर और करके सीखने पर। अभिनय से लेकर रंगमंच की बनावट और रूपसज्जा तक। सबको सब कुछ करना था—आखिर में भले ही कोई मंच पर हो, कोई नेपथ्य में।

इस वर्कशाप में जे.एन.यू. के बुजुर्ग छात्रों की शिरकत थी, विजयशंकर चौधरी और त्रिनेत्र जोशी सरीखे बुजुर्ग। हम सरीखे नवागंतुक तो जे.एन.यू. में होने के अवसर का कण-कण तक पा लेना चाहते थे। सुमन, समीर, मदन, पूनम, सच्चिदानन्द, उनीता, सिंधु, सीताराम प्रसाद। इनमें से सबने आगे चलकर रंगमंच के काम में ही विशेषता हासिल की—ऐसा कुछ नहीं। यह लक्ष्य भी नहीं था। लेकिन इनमें से हरेक के मन में कला रूपों के प्रति सम्मान, प्रयोगों के प्रति उत्सुकता आज तक हुई है—यह निश्चित है।

कोई वातावरण तीस साल बाद भी आपकी आत्मा के आयतन को विस्तार दे—तो स्वाभाविक रूप से कृतज्ञता उमड़ेगी उस वातावरण के प्रति, उसे सम्भव करने वालों के प्रति।

जे.एन.यू. में नेमिजी की उपस्थिति के प्रति कृतज्ञता का बोध उन दिनों के अनेक छात्रों के मन में है। उनकी कल्पना का स्कूल ऑफ़ एस्थेटिक्स—एक तरह से विश्वविद्यालय के भीतर खुला विश्वविद्यालय था। नेमि जी की कल्पना के स्कूल ऑफ़ एस्थेटिक्स की भूमिका एक और विभाग बनकर रह जाने की नहीं, बल्कि विश्वविद्यालय समुदाय के हर सदस्य की संवेदना का परिष्कार करने की थी। वे स्वयं इस खुले विश्वविद्यालय के संयोजक थे—अध्यापक भी थे और गतिविधियों के भागीदार भी।

बंसी कौल के निर्देशन में 'रस गंधर्व' बहुत सफल रहा। ओपन एयर थिएटर का मंच बना प्रेक्षकों के बैठने का स्थान और उसके आसपास उगी हुई चट्टानें बनीं ऐसा मंच जो नाटक की संरचना सरीखा ही ऊबड़-खाबड़ मंचीय अवकाश रच रही थीं।

एक यही वर्कशॉप नहीं, नेमि जी के 'सेंटर' ने कई गतिविधियाँ कीं—हरेक का 'गाइडिंग प्रिंसिपल' एक ही था—रूपंकर कलाओं की प्रस्तुति और उन पर विचार के क्रम में अधिकाधिक लोगों की जीवंत हिस्सेदारी। इसी क्रम में आए—हबीब तनवीर, बादल सरकार, गिरीश करनाड, ब. व. कारंत, सुलभा देशपांडे और सोनल मानसिंह। कारंत, सुलभा देशपांडे और सोनल मानसिंह की प्रस्तुतियाँ पूर्वरंग थीं—उस यादगार पहल—'लेकडेम' की, जिसके जरिए स्पिक मैके ने

कलाओं को नौजवानों तक पहुँचाने की शुरुआत की और जो अब दिल्ली ही नहीं, देश भर में एक नियमित गतिविधि बन चुकी है।

नेमिजी का संबंध जे.एन.यू. से कम ही समय के लिए रहा, लेकिन कितनी ऊर्जा और कितना समर्पण था उनमें। इतने कम समय में कितना काम किया—इसका रोमांच इस वक्त उन कामों की 'याद' करके हो रहा है। और बेशक इन यादों में से कुछ छूट भी रही होंगी। एम.के. रैना का 'जुलूस', अनिल चौधरी का 'बकरी'—वर्कशॉप, प्रस्तुतियाँ, परिसंवाद कितना कुछ होता था सीमित साधनों और उस एक व्यक्ति के उत्साह के बल पर। उत्साह जो उस तक ही सीमित न रह कर बहुतों तक पहुँचता था और बड़े-बड़े कामों का बोझ उठाने वाली टीम अनायास ही तैयार हो जाती थी। एक काम की टीम ही अगले काम तक बनी रहे, ऐसा नहीं होता था, लेकिन उत्साह ज़रूर नई टीम तक ट्रांसमिट हो जाता था।

प्रयोगों के प्रति खुलेपन के कारण ही नेमिजी ने जे.एन.यू. पर एक फ़िल्म को भी प्रोत्साहित किया। दुर्भाग्य से, अब ज्यादा कुछ याद नहीं, सिवा इसके कि फ़िल्मकार लिंग्विस्टिक्स के विद्यार्थी थे और फ़िल्म कुछ इस कद प्रयोगधर्मा और उनके अपने व्यक्तित्व की छाप लिए हुई थी कि उसके औचित्य को लेकर कुछ विवाद भी हुआ था।

जे.एन.यू. में नेमिजी की उपस्थिति उनके छात्रों के परवर्ती जीवन में भी संवेदनशीलता और सक्रियता का स्रोत बनी रही है। कुछ के जीवन में तो बहुत प्रत्यक्ष रूप से। समीर वरण नन्दी आज तक अध्यापन करने के साथ-साथ हरिद्वार में रंगकर्म का सिलसिला जमाए हुए हैं—'रस गंधर्व' के प्रति, उसे सम्भव करने वाले नेमिजी के प्रति कृतज्ञता के साथ। सिंधु भागिया और सीताराम प्रसाद तो बाकायदा फुलटाइम रंगकर्मी हैं ही।

कुछ के जीवन में वह उपस्थिति कुछ दूसरे रूपों में है। कुछ अलग प्रकार की स्मृतियों के रूपों में। नाटक के परचे में हमें पेपर लिखना था 'आधे-अधूरे' पर। लिखा। नेमिजी ने उस पर ग्रेड दिया—ए प्लस। आमतौर से क्या, अपवादस्वरूप भी न दिया जाने वाला ग्रेड। फैकल्टी मीटिंग में उसे डिफेंड किया—यह कहकर कि 'इतना अच्छा है यह लेख कि इसे जस का तस 'नटरंग' में छापा जा सकता है।'

उस टर्म-पेपर के लेखक से नेमिजी ने नटरंग में लिखवाया भी—और बहुत बाद में जब एक बार कोई लेख समय पर अन्ततः नहीं ही पहुँच सका तो फोन करके गहरी वेदना से कहा, ''अखबारों में तुमहारी राजनैतिक टिप्पणियाँ पढ़ता रहता हूँ—लगता है एक और प्रतिभा को राजनीति निगल गई।''

वह विद्यार्थी राजनीति के प्रति नेमिजी की विरक्ति से तब भी असहमत था, अब भी असहमत है। हालाँकि अब वह उनकी विरक्ति का इतिहास-भूगोल कुछ बेहतर ढंग से जानता है।

नेमिजी का वह प्रिय विद्यार्थी उनके अंतिम संस्कार के दिन आँसुओं के बीच जिस वाक्य को बार-बार टकरा रहा था—वह यही वाक्य था। जो वादा वह करने की कोशिश कर रहा था—वह यही था कि रचना की दुनिया उसे ताकत देगी कि वह राजनीति की दुनिया को समझ सके और प्रार्थना कर रहा था कि नेमिजी की चेतावनी उसे याद बनी रहे—कि कहीं सचमुच राजनीति रचनात्मकता को निगल न ले।

['नटरंग'-74-76, सितम्बर, 2005]

# डायरी

# एकान्त की भूल-भुलैया

जाने माने कवि आक्टेवियो पॉज ने अपने देश मैक्सिको, के बारे में कुछ मार्मिक निबन्ध लिखे हैं। 1961 और 1972 के बीच लिखे गए इन निबन्धों के संकलन को शीर्षक दिया : 'दि लेब्रिंथ ऑफ़ सॉलिट्यूड'—'एकान्त की भूल-भुलैया।'

पॉज के विचारों और टिप्पणियों से बहुत से मैक्सिकन (गैर-मैक्सिकन भी!) असुविधा ज़रूर महसूस करते हैं, लेकिन इस बात से इनकार कोई नहीं करता कि इन निबन्धों में एक ओर मैक्सिकन होने का तीव्र, उल्लसित और वेदनापूर्ण बोध है तो दूसरी ओर मानव मात्र के इतिहास में अपनी उपस्थिति का उतना ही वेदना पूर्ण स्वीकार भी।

आक्टेवियो पॉज़ के अपने शब्दों में :

"अतीत ने हमें अनाथ बना कर छोड़ दिया है। उसने सारी पृथ्वी के साथ यही किया है। हमें अब मिलकर ही साझा भविष्य गढ़ना होगा। विश्व इतिहास अब हरेक की जिम्मेदारी है—और हमारी अपनी भूल-भुलैया अब मनुष्य मात्र की भूल-भुलैया है।"

इस एकान्त की भूल-भुलैया में जा पहुँचा मैं—दो मई दो हजार दो को। आक्टेवियो पॉज़ के मैक्सिकन 'एकान्त'; और मनुष्य मात्र के 'एकान्त' की भूल-भुलैया में। पूरे दो महीने के लिए। 'कॉलेकियो दि मेहिको' (स्पेनिश में 'मैक्सिको' नहीं 'मेहिको' ही कहते हैं) के एशिया-अफ्रीका अध्ययन केंद्र के निमंत्रण पर। निर्गुण भक्तिकाव्य, कबीर काव्य के अध्येता, उनके अपने शब्दों में 'आनरेरी कबीर पन्थी'—डेविड लारेंजन की कोशियों से 'प्रोफेसर विजितान्ते' (विज़िटिंग प्रोफेसर) की हैसियत से। बहुत प्रतिष्ठित, बहुत 'संपन्न' संस्थान है, 'कॉलेकियो' (कॉलेज)। हार्वर्ड और कैंब्रिज से होड़ करने वाला संस्थान।

सोचा नहीं था कि ये दो महीने—मई और जून ऐसे अद्‌भुत एकान्त के दो महीने होंगे। तीन करोड़ की आबादी और अंधाधुंध विस्तार वाले मैक्सिको नगर की अकूत गहमा-गहमी के बीच मेरा अपना एकान्त। ऐसा नहीं कि दोस्तों की कमी थी। कितने दिलचस्प लोगों से मुलाकातें हुईं, डेविड तो खैर हैं ही, उमा ठुकराल, सौरभ दुबे, शशि दिमड़ी, ईषिता, बारबरा, बेन्यामिन, जोशी जी, आद्रियाना, येमी, टेरेनी, सवि सावरकर; ओहाका में स्टीवेंसन और लिंडा...और वह अनाम यहूदी दंपती...

लेकिन फिर भी अपने साथ होने का ऐसा सुयोग; अपने से दूर जाने और अपने पास आने का ऐसा अवसर; खुद से बातें करने का मौका, खुद को परखने का ऐसा संयोग...याद तो नहीं पड़ता कि पहले कभी मिला हो।

स्पेनिश न जानने के कारण न अखबार तक पहुँच (टूरिस्टों के लिए अंग्रेजी अखबार 'मैक्सिको न्यूज' निकलता ज़रूर है, हर जगह मिलता नहीं!) न अपने इस एकान्त में टी.वी. की घुसपैठ...

ये दो महीने मेरे जैसे, 'एक्टिव', लोकप्रिय तो ख़ैर नहीं, लेकिन मित्रप्रिय अवश्य; 'मोबाइल' और 'मोबाइल-धारी' मनुष्य के लिए अनोखे थे।

ऐसा एकान्त...भीतर-बाहर का ऐसा सबद निरंतर...

कितना स्वाभाविक था कि मैक्सिको पहुँचने के दस दिन बाद ही कबीर पुस्तक पर काम शुरू कर दिया। कुछ नोट्स, किताबें साथ लाया था; कुछ डेविड की शानदार निजी लाइब्रेरी से मिलती गईं। किताब के दो अध्याय मैक्सिको में ही लिखे गए...और ढेर सारे नोट्स, आइडियाज, बहसें, अपने आप से ज़िरह, संवाद...ये सब दर्ज होते गए निजी डायरी में।

आगे जो कुछ है वह उन दो महीनों में लिखी गई डायरी पर ही आधारित है। इसमें कुछ ट्रेवेलॉग जैसा भी है; कुछ सोच-विचार जैसा भी। कुछ अपने आप से जिरह भी है; कुछ दूसरों से बहस भी। जो कुछ भी यह—भारी दबाव डालता है 'लिखे' और बाँटे जाने के लिए। सो, लिख रहा हूँ; ख़ासी उधेड़-बुन से गुजरने के बाद...उन दो महीनों के गुजर जाने के दो साल बाद!

इस अहसास के साथ कि इस जीवन यात्रा को अब दो खंडों में पहचाना जा सकता है। मैक्सिको के पहले और मैक्सिको के बाद!

अप्रैल के दूसरे पखवाड़े जब टिकट और वीसा प्राप्त करने मैक्सिकन एंबेसी गया, तब तक सिवा 'माया' सभ्यता और आक्टेवियो पॅज़ के, मैक्सिको का कुछ अता-पता नहीं था, हाँ, मैक्सिको सिटी के डरावने विस्तार के बारे में; मैक्सिको के उथल-पुथल भरे आधुनिक राजनैतिक इतिहास के बारे में भी कुछ धुँधला-धुँधला सा जानता था। दूतावास में मैक्सिको जाने के इच्छुक लोगों को दी जाने वाली स्टैंडर्ड प्रश्नावली के बीच में कहीं सामान्य सा दिखने वाला सवाल था—दीवाल पर टँगी हुई थी यह प्रश्नावली—'आप मैक्सिको में कहाँ-कहाँ जाने का इरादा रखते हैं?'

मतलब यह कि अगर आप सियापास या किसी और विद्रोही इलाके में जाने का 'टूरिस्ट इंटरेस्ट' ज़ाहिर कर बैठे, तो वीसा नहीं मिलेगा। यह भेद भी मैक्सिको पहुँच कर ही अपनी समझ में आया; क्योंकि अपने से तो ये सवाल पूछे ही नहीं गए। 'कॉलेकियो दि मेहिको' जा रहे 'प्रोफेसर विजितान्ते' से एक भेद भरे सवाल पूछना ग़ैर ज़रूरी था।

तो, दो मई को जा पहुँचे-मैक्सिको सिटी।

सारा ब्योरा तारीखवार ही है। और कोई सन्तोषजनक तरीका सूझा नहीं। ज़ाहिर है कि यह सब उन दो महीनों में लिखी गई डायरी पर ही आधारित है। यह भी ज़ाहिर है कि डायरी पर आधारित ही है—डायरी नहीं।

इस मामले में मैं पुराने किस्म का आदमी हूँ।

डायरी छपा कर नहीं, छुपा कर रखता हूँ।

## 3 मई, 2000

दिल्ली में वक्त होगा दोपहर बाद तीन बजकर पचास मिनट। तीन मई। यहाँ इसी तारीख की सुबह बस हुई ही है। पाँच बजकर बीस मिनट। ब्रह्म मुहूर्त। हम—दुनिया के पुरबिऐ—ऐतिहासिक समय में भले ग्लोब के पश्चिम से पिछड़े माने जाएँ पर; प्राकृतिक समय में तो आगे हैं ही। सूरज पहले पूरब में ही उगता है—और, जैसा कि बरसों पहले, परम देशभक्त मनोज कुमार अपनी महान फ़िल्म 'पूरब-पश्चिम' में कहते भए—'भारत दिल है उस पूरब का...'

वगैरह-वगैरह! मनोज कुमार के किसी उत्तराधिकारी को इस पर भी कुछ करना चाहिए कि 'पूरब' और उसका दिल भारत सूर्य-दर्शन पश्चिम से घंटों पहले कर लेता है।

बिस्तर छोड़े घंटे भर से ज़्यादा हो गया। नई जगह, पहली रात नींद नहीं आती, सपने आते हैं। उन लोगों के जिनसे आप कुछ दिन बाद फिर बतिया रहे होंगे। उन लोगों के भी, जिनसे अब आप सिर्फ़ सपने में ही बात कर सकते हैं।

सपने में ही था मैं। उसी दुनिया में, जो जगार की दुनिया में आने का पासपोर्ट मिलते ही पीछे छूट जाती है। लेकिन जगार की दहलीज़ पर पाँव रखते-रखते भी जो असली दुनिया बनी रहती है। जागते वक्त समझ में नहीं आता कि सपना दहलीज़ के इधर है या उधर? सपना तब था जब आँखें मुँदी हुई थीं—या अब शुरू हो रहा है, जब आँखें धीरे-धीरे खुल रही हैं।

क्या था सपने में? हर सपने की तरह यह सपना भी कई सपनों का कोलाज था। कोई दफ़्तर कोई म्यूज़ियम। कोई शहर या कई शहर—ग्वालियर, दिल्ली, मैक्सिको। सब गड्ड-मड्ड। 'हायब्रिड।'

संस्कृति की तरह सपने भी विशुद्ध नहीं होते। शायद होने भी नहीं चाहिए।

कल डेविड पहुँच गए थे, एयरपोर्ट। पहले तो ले गए अपने घर। वहाँ बारबरा और मैथ्यू से मुलाकात हुई। अपने प्रेम भरे स्वागत से मुझे कुछ ताजगी देकर डेविड ही यहाँ छोड़ गए—कासा दि कॉलेकियो। कालेज का गेस्ट हाउस। जो कालेज से खासा दूर एनेसितो आरटेगा में बना है। छोटी सी, लेकिन भव्य इमारत। कालेज के किसी संपन्न विद्यार्थी ने इसे कालेज को अर्पित कर दिया था—गुरु दक्षिणा। पाँच कमरे टी. वी. लॉज किचन। छोटा सा रीडिंग रूम भी। हल्का ब्रेकफास्ट 'सिनोरिटा' सुबह उपलब्ध करा देंगी—बाक़ी अपना बनाइए, खाइए, मस्त रहिए।

यहाँ की किसी संपन्न बस्ती के किसी भी मकान की तरह 'कासा' ऊँची चारदीवारी से घिरा हुआ है। किसी भी मकान के चौकीदारों की तरह कासा के चौकीदार भी 'गन' धारण किए रहते हैं। कंगाली के बीच संपन्नता के टापू पर रहने वालों को डर कर ही रहना पड़ता है—मैक्सिको हो या कराची या दिल्ली।

कासा के आँगन से बहुत सुन्दर दिख रहा है, चाँद। अपने कमरे से तो मैं आकाश का छोटा सा टुकड़ा भी नहीं देख सकता।

यहाँ कोई ख़ास जिम्मेदारी नहीं है। चार व्याख्यान देने हैं; डेविड, अन्य स्कालर्स (यहाँ इन्हें 'इन्विस्टिगेटर' कहते हैं) और छात्रों के साथ उनके काम-काज के बारे में चर्चा करनी है। इस वक़्त का सलीक़े से इस्तेमाल हो जाए तो कबीर वाली किताब पर काम कुछ आगे बढ़ सकता है।

कल कासा पहुँचते ही सबसे पहला परिचय हुआ—फिदेल कास्त्रो से। गुरखाली कद-काठी और वैसी ही शक्ल वाले फिदेल कास्त्रो कासा के चौकीदार हैं। अमेरिका के राष्ट्रपति लोग 'कास्त्रो' से जितने चिढ़ते रहे हैं, बल्कि डरते रहे हैं, यहाँ लैटिन अमेरिका के लोग इस नाम—फिदेल कास्त्रो-से उतना ही प्यार महसूस करते रहे हैं। इन कास्त्रो साहब से ही सीखकर मल्टीपल गैस बर्नर आन किया। 'इंडियन' चाय उन्हें भी पिलाई। जैसी मेरी स्पेनिश है; उससे जरा ही बेहतर कासा के कास्त्रो साहब की अंग्रेजी है। संवाद तो ख़ैर फिर भी हो गया—'नेक कही, बैनन; अनेक कही नैनन' की समयसिद्ध तकनीक की सहायता से। 'अँसुअन' और 'हिचकियन' की नौबत नहीं आई। उम्मीद है, आगे भी नहीं आएगी।

रात में सोते सक्त बेचैनी कैसी थी? क्या चाहिए था मुझे? बेकली स्मृतियों के कारण थी या आशंकाओं के? परेशानी आदत की जगह छूटने की थी या नई जगह पहुँच न पाने की? चाह प्रेम की थी या वासना की?

मत पूछो, ऐसे सवाल—अपने आप से भी।

इसलिए नहीं कि सच्चा जवाब दिल दुखाएगा। बल्कि इसलिए कि ऐसे सवालों के सामने सच्चा जवाब अपनी शक्ल-सूरत बड़ी तेजी से बदलता है। पहचान नहीं आता।

**4 मई**

सबसे पहला काम किया—डेविड को फोन। 'क्या हम लोग कल कासा दि फ्रीदा काल्हो' देखने जा सकते हैं?' 'क्यों नहीं, कल इतवार है। ज़रूर चलेंगे।'—डेविड से इसके अलावा और किसी जवाब की आशंका नहीं थी।

दिल्ली में ही कविता पंजाबी ने कह दिया था—'कासा दि फ्रीदा काल्हो' नहीं देखा तो मैक्सिको में कुछ नहीं देखा। सो मेरी 'टूरिस्ट लिस्ट' पर फिलहाल दो ही चीजें तो हैं—त्रात्स्की म्यूज़ियम और फ्रीदा काल्हो। फ्रीदा कालहो—दुनिया भर में जानी-मानी पेंटर, कम्युनिस्ट कार्यकर्त्ता—समूचे लैटिन अमेरिकी सांस्कृतिक इतिहास की अत्यन्त महत्त्वपूर्ण और विचारोत्तेजक उपस्थिति।

जो थोड़ी बहुत बातचीत अभी तक डेविड से हुई है, उससे लगता है कि बहुत कुछ है देखने समझने को। बिल्कुल विशुद्ध टूरिस्ट की तरह व्यवहार करे मनुष्य तो भी बहुत कुछ है देखने को 'माया' लोगों की इस मायानगरी में। बाई दि वे, मैक्सिको के इतिहास में 'माया' से कहीं अधिक, बलिक केंद्रीय उपस्थिति 'आज़्तेक' सभ्यता की है—और मैक्सिको उसी आज़्तेक सभ्यता के ध्वंस और नैरंतर्य का नगर है। उसी सभ्यता के अन्य सभ्यताओं के साथ संबंधों से बना है मैक्सिको का इतिहास और वर्तमान।

डेविड से बात करने के बाद से लगातार लग रहा है कि मैक्सिको के बारे में अपना सारा अज्ञान साथ लिए चले आना ठीक न था। कुछ तो दिल्ली में छोड़ आते यार। 'लेवेल आफ़ इग्नोरेंस' में कुछ तो कमी कर के आते। ख़ैर...अब तो जो करना है—यहीं करना है।

सबसे पहले तो कल, कासा दि फ्रीदा काल्हो और त्रत्स्की म्यूज़ियम जाना है।

इस फोन-कॉल के बाद डेविड कासा आ गए थे। कॉलेकियो पहुँच कर ज़रूरी औपचारिकताएँ पूरी कीं। 'कासा' ही नहीं, यहाँ के हर चौकीदार के पस 'गन' थी—लाइब्रेरी की चौकीदारी कर रहे बंदे के पास तक। और इनमें सबसे कम उम्र का चौकीदार अठारह बीस साल की उम्र का रहा होगा।

''एवरी बॉडी कैरिज़ ए गन हेयर...' इति डेविड उवाच! इसी सिलिसले में उन्होंने यहाँ होने वाली टैक्सी-रॉबरीज़ के बारे में बताया। सड़क चलते आवाज़ देकर टैक्सी बुलाना सेफ़ नहीं है। बेहतर है कि आप स्टैंड से ही टैक्सी लें—वरना सम्भावना है कि...'यादों में बस जाएँ'...बिना 'ऐसा कुछ' किए ही...

यहाँ की टैक्सियाँ भी खूब हैं। एक तो बढ़िया फैंसी कारें टैक्सी के रूप में चलती ही है—लेकिन टैक्सी के बारे में मैक्सिकन टच का एहसास होता है—इन छोटी, हरे रंग की फॉक्स वैगन कारों को देखकर, उनमें बैठकर। इन पुरानी कारों से ड्राइवर सीट के पास वाली पैसेन्जर सीट हटा दी गई है—सो पीछे की सीट पर दो या तीन सवारी बैठ सकती हैं। ऐन अपने आटो

रिक्शा की तरह—लेकिन पहिए तो चार ही होते हैं, सो ये कारें ऑटो से तेज़ चलती हैं—हालाँकि दिल्ली के ऑटो तेजी में किस फन्ने खाँ कार से कम हैं। इन टैक्सियों के ड्राइवरों की 'प्रतिष्ठा' (सवारियों की निगाह से) वैसी ही है—जैसी दिल्ली के ऑटो वालों की। लेकिन लोगों को बस या मेट्रो या निजी गाड़ी की बजाय कुछ लेना हो तो इन्हीं का सहारा है। रेडियो टैक्सियाँ काफ़ी महँगी हैं।

कॉलेकियो में सबसे पहली भेंट हुई 'सेंत्रो दि एशियाई अफ्रीका' की सेक्रेटरी (अपने मुहावरे में इंचार्ज) आद्रियाना से। इस महिला को लेकर मन में थोड़ा डर सा था। दिल्ली में ही दिलीप सीमियन ने इनकी ऐसी खूसट तस्वीर पेश की थी। आशंका थी—नकचढ़ी, सिड़ी सी, सनकी देवीजी से मिलने की। दिलीप के शब्दों में 'इलैक्ट्रीफाइंग एफेक्ट' से टकराने की।

एफेक्ट सचमुच इलैक्ट्रीफाइंग था—लेकिन बिलकुल उलटे मायनों में। बहुत चुस्त, सक्षम—और मदद के लिए तैयार—न केवल अपने काम-काज में दक्ष—बल्कि व्यवहार में इंसानियत से भरपूर। फिर दिलीप के मन में ऐसी छाप क्यों दूटी—आद्रियाना की ? दिलीप के साथ पहली मुलाकात के दिन किसी वजह से परेशान रही होगी यह; या दिलीप ही उस दिन कुछ ज़्यादा थका-माँदा रहा होगा। फिर कुछ फर्क़ डेविड के कारण पड़ा ही। 'प्रो. लोरेंजो' के 'एमिगो' (मित्र) के साथ तो आद्रियाना न केवल पहले दिन, बल्कि पूरे दो महीने बहुत ही खुलूस से पेश आईं—मदद के लिए हमेशा तैयार रहीं।

कुछ कमाल अपने राम के बुद्धूपन का भी रहा होगा। 'इलैक्ट्रीफाइंग एफेक्ट आफ़ ए डिफरेंट काइंड' पैदा करने में।

जोशी जी से भेंट हुई। श्री रसिक बिहारी जोशी यहाँ संस्कृत पढ़ाते हैं; लेकिन उनकी बोलचाल आम संस्कृत वालों की तरह 'पवित्र' न होकर जीवंत है। 'भाखा' और 'उर्दू' का बहिष्कार करने की आदत नहीं है उन्हें।

सौरभ दुबे भी मिले—'साला दि प्रोफेसर' (टीचर्स कॉमन रूम) में। मुझे बरसों पहले कलकत्ता सबाल्टर्न कान्फ्रेंस में उनसे हुई मुलाकात याद थी—और उन्हें यह याद था कि दिल्ली में मुझे देखा है। आज उनका सेमिनार था—छात्रों के साथ। बातचीत हो रही थी—'मिडनाइट्स चिल्ड्रन' पर। सौरभ का निश्चय है कि भारत के बारे में 'पढ़ाने' के लिए 'समकालीन' और ग़ैर-एकेडमिक पर ज़ोर देना बहुत जत्ररूरी है। बिल्कुल सही बात है। लेकिन अंग्रेजी ही क्यों ? फिर 'टेक्स्ट' कोई भी हो, ज़रूरत तो बातचीत की 'कैटेगरीज़' को बदलने की है। यह कोशिश सौरभ की बातचीत में ज़रूर झलकी, लेकिन चारों छात्रों की बातचीत में केंद्रीय सवाल यही लग रहा था कि इस उपन्यास में 'मैजिकल रियलिज़्म' है या नहीं।

मेरा सुझाव था कि समकालीन भारत को जानने के लिए भारतीय भाषाओं का साहित्य पढ़ने से ज़्यादा मदद, ज़्यादा अन्तर्दृष्टि मिलेगी। उपमहाद्वीप के विभाजन के सन्दर्भ में ही बात करें तो मंटो, कुर्रतुलऐन हैदर, इंतज़ार हुसैन, भीष्म साहनी के तो अंग्रेजी अनुवाद उपलब्ध हैं। इन्हें पढ़ना चाहिए।

यह खीझ बार-बार होती है कि अंग्रेजी में लिखते ही आप रातों-रात 'महान्' हो जाते हैं। और हिन्दी में... ? लेकिन पेश्तर इसके कि अपन 'हा हन्त हमारी हिन्दी' में छलाँग मार दें एक सवाल भी है। परेशान करने वाला सवाल।

क्या यह सही नहीं है कि 'हिन्दी जगत' के पुरोधाओं की कृपा से इस जगत की रचनात्मक अपेक्षाएँ इतनी घिसी-पिटी हैं और इसकी मर्यादाओं के प्रतिमान इतने जड़ हैं कि अव्वल तो

लेखक कोई गहरा चैलेंज ही महसूस नहीं करता—और चैलेंज महसूस करे भी, उसका सामना करे भी तो 'हिन्दी जगत'- उसे मजबूर कर देता है कि वह सार्थकता की बजाय शर्मिंदगी महसूस करने लगे। क्या इस जगत की मर्यादाओं और अण्पेक्षाओं से टकराना ज़रूरी नहीं ? क्या सारी समस्या अंग्रेजी के प्रभुत्व भर की है ? अरुंधती रॉय के सन्दर्भ में एक क्रांतिकारी हिन्दी लेखक का सुभाषित था—'एक छोकरी को लाखों की रायल्टी मिलती है; निर्मल वर्मा को कोई नहीं पूछता।'

ज़ाहिर है कि इस प्रसंग में, क्रांति प्रेम पर हिन्दी प्रेम भारी पड़ रहा है—इस प्रसंग से बाहर, असली सवाल यह है कि स्वयं उपरोक्त सुभाषितकार की निर्मल वर्मा के लेखन के बारे में क्या राय है।

इन सब के बीच डेविड से कुछ ज्ञान-चर्चा भी हुई। सन्दर्भ कबीर-रामानन्द संबंध। 'क्या बताती है किंवदन्तियाँ' वाला मेरा लेख डेविड को बहुत अच्छा लगा था। वे स्वयं कबीर—रामानन्द संबंध को सपाट ढंग से डिसमिस कर देने की पद्धति से असुविधा महसूस करते रहे हैं। यह सवाल, डेविड को भी केन्द्रीय महत्त्व का लगता है कि कबीर—रामानन्द संबंध को कोरी किंवदन्ती ही मान भी लें तो—रामानन्द ही क्यों ? ऐसा क्या था रामानन्द के व्यक्तित्व में, लोकमानस में उपलब्ध उनकी छवि में कि कबीर ही नहीं रैदास, धन्ना, पीपा सभी के गुरु के रूप में किंवदन्तियों ने रामानन्द की ही कल्पना की ?

मेरे लेख में उठाए गए सवालों और दिए गए साक्ष्यों के सन्दर्भ में डेविड से संवाद होता ही रहा है। इस संवाद में डेविड ने आज एक मार्के की बात जोड़ी। रामानन्द के विषय में सोचते हुए इस बात को निश्चय ही ध्यान में रखना होगा।

बात यह कि जिन ग्रन्थों में रामानन्द को कबीर का गुरु बताया गया है—उन्हें वे लोग भी प्रामाणिक मानते हैं जो इस संबंध को स्वीकार नहीं करते। आजकल फैशनेबल संकीर्ण अस्मितावाद के पैगंबरों और ख़लीफ़ाओ की तो ख़ैर बात ही क्या; लेकिन मिसाल के तौर पर भंडारकर हो या केल्वार्ट—यह कोई नहीं कहता कि नाभादास का 'भक्तमाल' या अनन्तदास की 'परचई' अप्रामाणिक है। उल्टे, इन्हीं के आधार पर कबीर की जीवनी गढ़ी जाती है—लेकिन इन्हीं लेखकों द्वारा वर्णित कबीर—रामानन्द संबंध को भंडारकर से लेकर केल्वार्ट तक बहुत से लोग ख़ारिज़ कर देते हैं। 'अगस्त्य संहिता' में वर्णित रामानन्द की जन्मतिथि के आधार पर।

''सवाल यह है कि 'अगस्त्य संहिता' ही स्वयं कितनी प्रामाणिक है और क्यों ?''—मैंने कहा।

''बिल्कुल ठीक सवाल है''—डेविड का कहना था, ''और यह भी कि आज के, आज से पहले के रामानन्द बतौर व्यक्ति के और बतौर सम्प्रदाय के, कबीर से किस तरह का संबंध बनाते रहे हैं।''

बात फिर रामानन्द की बदलती छवियों पर आ जाती है। इसी सवाल ने तो वह लेख लिखवाया था—किवंदन्तियों वाला। रामनन्द की, इतिहास क्रम में बनती, बदलती छवियों और उनके आस-पास विकसित किंवदन्तियों का सिलसिलेवार अध्ययन सचमुच ज़रूरी है।

करना ही है यह ज़रूरी काम।

कबीर वाली किताब पर तो सिलसिलेवार काम यहीं शुरू किया जा सकता है। कॉलेकियो में अपना कमरा है—हबीबी के साथ साझेदारी में—जो कमरे में टिकते ही कम हैं। कासा में अपना कमरा...और मैक्सिको में अपना एकान्त।

दिन ख़त्म हुआ—सुपर मारकेडो में शॉपिंग के साथ। कॉलेकियो से लौटते वक्त डेविड साथ ले गए—गोया उँगली पकड़कर। तोरतिया (ऐन अपनी चपाती—मैक्सिको के 'इंडियन' इस मामले में सच्चे 'इंडियन' थे; रोटी, मसाले और अचार के शौकीन), बिस्कुट, दूध, फल, योगर्ट। ख़रीदारी में डेविड का ध्यान लगातार इस बात पर था कि 'घास-पात' खाने वाले को ज़रूरी न्यूट्रीशन ज़रूर मिल जाए।

दो-चार स्पेनिश शब्द भी आज प्राप्त किए। ब्योनस दियास (दिन में किसी भी समय—ब्योनस = गुड़; दियास = दिन); ब्योनस तारदेस (दोपहर बाद से लेकर शाम तक)—गुडईवनिंग होती ही नहीं यहाँ तारदेस के बाद सीधे गुड नाइट—ब्योनस नाचेस, पार फाबोर (बराए मेहरबानी), ग्राशियस (धन्यवाद)!

ख़रीदारी करने के लिए—मारकेडो = मार्केट; लेचे = दूध; वरहुरा = हरापन; सब्जा; इसलिए = सब्जी काहिते = पैकेट; ब्लांको = सफेद। सो अपनी सिगरेट के लिए—"ऊन (एक) काहिते मार्लबरो व्लांको पार फाबोर।"—लाइट मार्लबरो का पेकेट सफेद रंग का जो होता है।

ख़ैर कल जाना है कासा दी फ्रीदा कालहो और त्रात्स्की म्यूज़ियम। सो, अब ब्योनस नाचेस।

## 5 मई

बहुत विशाल भवन है—कासा दि फ्रीदा काल्हो। उनका अपना 'घर' जिसे अब म्यूज़ियम में बदल दिया गया है—उनके परिवार वाले ही इसकी देख-रेख करते हैं। गहरे नीले रंग की ऊँची-ऊँची दीवारें—बड़ा सा दरवाजा।

फ्रीदा 1957 में अपने निधन तक सक्रिय थी—बतौर पेंटर के; और बतौर कम्युनिस्ट के। उनके पति रिबेरो भी पेंटर थे; कम्युनिस्ट भी। रिबेरो के ही प्रयत्नों से त्रात्स्की को मैक्सिको में राजनैतिक शरण मिली थी—और फिर रिबेरो ही ने त्रात्स्की की हत्या का प्रयत्न भी किया था। इस बारे में पूछे जाने पर रिरेरो ने जो उत्तर दिया—वह आँखें खोल देने वाला है—"मैं तो त्रात्स्की को मेक्सिको लाया ही इसलिए था कि क्रांति के उस दुश्मन का सफाया आसानी से किया जा सके।"

मानवीय संबंधों की क्या दुर्दशा कर डालती है—अपनी विचारधारा के सामने अपने विवेक का उत्साहपूर्वक बलिदान कर देने वालों की नैतिकता।

रिबेरो स्तालिनवादी थे—इसलिए 'क्रांति के दुश्मन' को मेक्सिको लाने में मदद भी की और उस पर गोली भी चलाई...

लेकिन कुछ लोगों का कहना है, मामला इतना सीधा नहीं था। रिबेरो पहले सचमुच त्रात्स्की के हितचिन्तक थे (खुद स्तालिनवादी होने के बावजूद) फिर दोनों के बीच कुछ 'पर्सनल' सा हुआ, और इस 'पर्सनल' से उपजी खुंदक को रिबेरो ने 'पॉलिटिकल' बना दिया।

तो, ऑफ्टर ऑल, पर्सनल इज पॉलिटिकल।

फ्रीदा की पेंटिंगों में से जिस एक ने अन्तरात्मा को छुआ; उसका शीर्षक है: 'मार्क्सवाद अपाहिजों को ताकतवर बनाता है।' (अन्य पेंटिंगों से अलग, इसका शीर्षक स्वयं कैनवास पर ही है—और स्पेनिश के साथ-साथ अंग्रेजी में भी 'मार्क्सिज़्म गिव्स स्ट्रेंग्थ टू दी इन्फर्म्स, क्रिप्ल्ड'—'इन्फर्म्स' और 'क्रिप्ल्ड' दोनों शब्दों का प्रयोग ध्यान खीचता है; उसका एक निश्चित आशय है।) फ्रीदा अपाहिज थीं।

इस पेंटिंग में, ऊपर ले बाएँ सिरे पर दुनिया के गोले को कवर करता हुआ सफेद कबूतर है; दाएँ पर कार्ल मार्क्स हैं। उनका बायाँ हाथ 'अंकल साम' की गर्दन मरोड़ रहा है और दायाँ,

कैनवास के बीचोंबीच बनी स्वयं फ्रीदा की छवि की रक्षा करने आ रहा है। इस हाथ पर आँख बनी है; अपाहिज फ्रीछा की बैसाखियाँ दूर गिरती दिख रही हैं—वे अपने पैरों खड़ी हैं।

इस म्यूज़ियम में फ्रीदा का ही नहीं, रिबेरो तथा उनके अन्य मित्रों का भी काम सुरक्षित है। और उनके द्वारा दूर-दूर से जुटाई गई कलाकृतियाँ, लोक कृतियाँ और 'उपयोगी वस्तुएँ' भी; ऐसी 'उपयोगी' वस्तुएँ, जिनकी सत्ता उपयोग के साथ ही समाप्त नहीं हो जाती, बल्कि जो अपने सौन्दर्य और अपने स्टेटमेंट के कारण सत्तावान हैं। उपयोग और सौन्दर्य के बीच जो दूरी आधुनिक कला में पैदा हुई—ये वस्तुएँ उसका प्रतिवाद हैं। इस म्यूज़ियम के सर्वाधिक प्रसिद्ध और लोकप्रिय खंडों में से एक है: किचन और डाइनिंग रूम: कहाँ-कहाँ से जुटाए गए और अपने हाथों बनाए गए बरतनों और फर्नीचर के कारण।

फ्रीदा के बेडरूम में लगे अनेक फोटोग्राफ्स में से एक तुरंत ध्यान खींचता है—उस चेहरे की कोमलता और करुणा भरी सपनीली आँखों से आँख हटाए नहीं हटती। यह चेहरा, यह फोटोग्राफ—माओत्से तुंग का है।

यह चेहरा इतना करुण, इतना कोमल भी दिख सकता था।

कम्युनिस्ट आस्था की पंच पवित्रात्माओं (मार्क्स-एँगेल्स- लेनिन-स्टालिन-माओ में से दो एँगेल्स और लेनिन इस 'कासा' की दीवारों से गायब ही हैं। केवल एक जगह जहाँ पाँचों के फोटो सिलसिलेवार लगे हैं—एँगेल्स और लेनिन नज़र आते हैं।

रोचक बात है कि फ्रीदा काल्हो का अस्थिकलश यहाँ सुरक्षित है...

और वह आख़िरी कैनवास भी जिस पर वे काम कर रही थीं। ईज़ल पर टँगा कैनवास-सामने फ्रीदा की व्हील चेयर। लगता है—कहीं गयी हैं...अभी आकर फिर से काम शुरू कर देगी। रंग, ब्रश, पेंसिलें...सब कुछ वैसे का वैसा रखा है। पोर्ट्रेट लगभग पूरा हो चुका है, बस कुछ लास्ट टचेज़ बाक़ी है; यहीं कहीं होंगी फ्रीदा...आकर अभी उठाएँगी ब्रश और बस...लास्ट टचेज़...

उनकी व्हील चेयर के सामने यह आख़िरी, लगभग पूरा हो चला पोर्ट्रेट स्टालिन का है।

उस दौर में, पश्चिम के 'असन्तुष्टों' के लिए कम्युनिज़्म की अपील और उसमें भी स्टालिन और माओ की ऐसी केंद्रीयता समझ में आती है। पश्चिमी पूँजीवाद अपने सारे पतन के बावजूद अपने-आपको जीवित रखे था। सारे अश्लील शोषण के साथ—फ्रीदा जैसी संवेदनशील आत्मा के चारों तरफ़ फैला था वह। उधर थीं स्टालिन और माओ की छवियाँ। ऐसे लौह पुरुषों की छवियाँ जिन्होंने अपने-अपने समाजों में इस पतनशील अश्लीलता को उखाड़ फेंका, नया समाज क़ायम कर दिया जिसमें नए इंसान का जन्म हो रहा है—इस उम्मीद के साथ ही तो फ्रीदा माओ की सपनीली आँखों में झाँकती होंगी। इस आस्था के साथ ही तो उस खाली व्हील चेयर के सामने वाली जगह को स्टालिन का चेहरा भर रहा है...स्टालिन शब्द का अर्थ होता है—लौहपुरुष। स्टालिन का असली नाम तो सुगाशिल था।

लेकिन क्या इस आस्थापूर्ण महिमामंडन में निर्णायक भूमिका—'दूरी' की नहीं थी। भौतिक और भौगोलिक दूरी। आप पूँजीवाद की पतनशीलता से, अश्लीलता से अवसन्न हैं; लेकिन उसके द्वारा उपलब्ध कराए 'चुनाव' का लाभ उठाने की स्थिति में भी हैं। भौतिक रूप से भी, नैतिक रूप से भी। अपने चुने हुए की 'अभिव्यक्ति की स्वतंत्रता' आपको असंदिग्ध और निर्विवाद लगती है। उसी व्यवस्था में, आपका दैनिक अस्तित्व, नैतिक बेचैनी और आत्म संघर्ष के साथ ही सामाजिक-आर्थिक सुरक्षा से भी परिभाषित होता है। लेकिन यह रोजमर्रा की सुरक्षा,

उसी रोजमर्रा के नैतिक आत्म संघर्ष और अश्लीलता के साक्षात्कार से उत्पन्न होने वाली यातना का कोई इलाज तो उपलब्ध करा नहीं सकती।

इस यातना से मुक्ति के सपने के केन्द्र में है—लौह पुरुष की छवि। बदलाव के सुदृढ़, निर्मम मसीहा की छवि। इस छवि के सहारे आप अपनी नैतिक वेदना से टकराने की हिम्मत और ताक़त हासिल करते हैं। इस छवि में आपकी आस्था आपको अपने आस-पास की सड़ाँध के बावजूद साँस लेने का आधार देती है।

लेकिन इस छवि में आपकी आस्था को निर्धारित करती है—दूरी। छवि और उसकी वास्तविकता से आपकी दूरी। असल में यह दूरी आपको एक और चुनाव की सुविधा देती है। अपने आस-पास के प्रति विरक्ति का चुनाव—उस चुनाव को भी जब चाहें तब छोड़ देने का चुनाव; नैतिक वितृष्णा का चुनाव और उस नैतिक वितृष्णा से परे जाने का भी चुनाव।

बहुत मोहक और प्रबल होते हैं—आस्था के बंधन।

सच तो शायद यह है कि विवेक आस्था का विकल्प हो नहीं सकता। आस्था चाहे पुट्टुपर्थी के चमत्कार-पुरुष में हो, चाहे सुदूर पूर्व के लौह पुरुष में।

क्या विवेक संपन्न आस्था असम्भव है?

कभी लगता है हाँ, कभी लगता है ना।

आज ही तो कौन ज़िक्र कर रहा था?...क्यूबा की टूरिज्म इकॉनॉमी का। क्यूबा आने वाले टूरिस्टों में 'सेक्स-टूरिस्ट' भी बड़ी संख्या में आते हैं। स्वास्थ्य और शिक्षा संबंधी नीतियों और कार्यक्रमों की सफलता ने क्यूबा में स्वस्थ, शिक्षित 'सेक्स वर्कर्स' की उपलब्धता बढ़ा दी है।

वहाँ एड्स का कोई ख़तरा नहीं है।

जाने इसमें कितनी सच्चाई है, कितनी कहने वाले की कल्पना। परमपिता परमात्मा करे कि एड्स की अनुपस्थिति वाला हिस्सा सच्चाई हो,और 'सेक्स टूरिज़्म' कहने वाले की कल्पना। आमीन।

आक्टेवियो पॉज़ का कहना है कि अपनी हत्या से कुछ ही समय पहले त्रात्स्की ने लिखा था :

"अगर दूसरे महायुद्ध के बाद भी यूरोप के विकसित देशो में क्रांति नहीं होती तो विश्व इतिहास की पूरी की पूरी मार्क्सवादी समझ पर पुनर्विचार करना ज़रूरी होगा।"

ज़रूरी हो तो गया था; पुनर्विचार किया भी गया। हालाँकि माना नहीं गया, अभी भी नहीं माना जाता कि पुनर्विचार जारी है।

### 6 मई

आज डेविड ने कुछ मित्रों को खाने पर बुलाया। उमा ठुकराल, उनके पति शशि दिमड़ी। बेन्यामिन और उनकी पत्नी। सौरभ। ईषिता अभी अमेरिका में हैं—शायद अगले सप्ताह लौटेंगी।

मुझे ले जाने डेविड स्वयं आने वाले थे; लेकिन कुकिंग में व्यस्त होने के कारण अपनी बेटी रेबेका को भेजा। लगभग सारा खाना डेविड ने ही बनाया था—और ठेठ हिन्दुस्तानी—मटर पनीर तक। पनीर याने पनीर; चीज़ नहीं। खुद बनाया गया पनीर। उमा जी रसमलाई बना लाई थीं; और न जाने कहाँ से भोजन के बाद पानमसाले के पाउच भी प्रकट हो गए।

चपाती की कमी तो यहाँ मैक्सिको में खटकती ही नहीं—तोरतिया चपाती का ही मैक्सिकन नाम है।

सो, आनन्द आ गया—इस ठेठ हिन्दुस्तानी खाने में—और डेविड के बनारस—नास्टेल्ज़िया में; सौरभ के रिसर्च—मेमायर्स में—और बेन्यामिन; बारबरा की चुटकियों में। विभिन्न दालों के स्वाद की चर्चा चल रही थी; मैंने कहा कि 'आई होप ही हैज कुक्ड अरहर दाल...'

'खैर, दालें तो और भी हैं, बढ़िया पौष्टिक...' किसी ने कहा।

''ज़रूर हैं, लेकिन एमांग ऑल ऑफ़ देम अरहर इज़ दि दाल''—अरहर की दाल के प्रति मेरी आस्था की यह घोषणा शशि जी को बहुत भा गई...बार-बार दोहराया उन्होंने इसे। दाल के सच्चे शौक़ीन होने के नाते वे भी जानते हैं कि 'अरहर इज़ दि दाल।'

सभी अब तक जान गए हैं—चार दिन बहुत होते हैं—कि मुझे खाना बनाना नहीं आता। सभी ने सलाहें दीं कि क्या-क्या चीज़ें आसानी से बनाई जा सकती हैं। बेन्यामिन को सच्चा आश्चर्य था कि बरसों हॉस्टल में रहने के, इतना घूमने के बावजूद मुझे ख़ाना बनाना क्यों नहीं आता।

''कोशिश मैंने की है—दो एक बार...लेकिन बात यह है कि मुझे बढ़िया, स्वादिष्ट खाने का शौक़ है...और अपना बनाया खाना मुझसे खाते नहीं बनता!...आई लव गुड फूड-हेंस आई हेट कुकिंग।''

उमा जी और शशि जी वापसी में 'कासा' छोड़ गए; रसमलाई इतनी बढ़िया लाई थीं उमा जी कि मैं पूछ ही बैठा लौटते वक्त—''कैसे बनाई इतनी बढ़िया रसमलाई आपने?'

''दूध और शक्कर से।'' उमा जी ने जवाब दिया।

**10 मई**

कल कॉलेकियो में ही डेविड, उमा, सौरभ, रसिक बिहारी जोशी, बेन्यामिन सभी ने कह दिया था कि दस मई को 'कासा' में ही रहना बेहतर होगा। हर जगह ट्रैफिक जाम होगा, कॉलेकियो में भी कुछ काम-धंधा होने वाला नहीं है; छुट्टी न होते हुए भी अन-आफिशियली यह छुट्टी का ही दिन है।

क्योंकि दस मई-मदर्स डे—मैक्सिको या शायद सारे उत्तर, मध्य और दक्षिण अमेरिका में बहुत ही धूमधाम से बनाया जाता है। सब अपनी माताओं को बाहर खाना खिलाने ले जाते हैं, उपहार देते हैं; कुल मिलाकर दस मई, मदर्स डे का मतलब है—मस्ती का दिन! त्योहार!

तो, दस मई-मदर्स डे...बहुत सारे डेज (वेलेन्टाइन डे, फादर्स डे, सन्स डे न जाने क्या-क्या) की तरह कारपोरेट कैपिटलिज़्म की एक और बदमाशी। कन्ज्यूमर कल्चर की एक और अमेरिकन कमोडिटी।

ज्ञान चक्षु खुले आक्टेवियो पॉज़ की पुस्तक पढ़कर।

दस मई-मदर्स डे—अमेरिकन निर्यात नहीं—मैक्सिकन निर्यात है। मदर्स डे मैक्सिको का अपना जातीय पर्व है। स्पेनिश आक्रमण से पहले आज़्तेक तथा अन्य सभ्यताओं की अपनी कल्पना भूमि से उपजा पर्व। अमेरिकन कारपोरेट्स को इसके 'इंटरनेशनलाइज़ेशन' का ही श्रेय जाता है 'इन्वेंशन' का नहीं।

पॉज़ बताते है; स्पेनिशों के आक्रमण के पहले के मैक्सिको में दो मातृ-छवियाँ थीं। लालोरोना और चिनगादा। लालोरोना—धरती माँ की सी छवि। अपनी सन्तानों के लिए हर दुख सहने वाली माँ। दस मई इसी मातृ-छवि के प्रति कृतज्ञता का दिन है।

लेकिन एक और मातृ-छवि है। पॉज़ के अनुसार मैक्सिकन चरित्र की भूल-भुलैया को समझने की कुंजी। चिनगादा। पॉज़ का कहना है कि 'चिनगादा' मातृ-छवि को समझने की कुंजी है। पॉज़ का कहना है कि 'चिनगादा' मातृ-छवि को समझने के लिए इस शब्द को, इसकी व्युत्पत्ति को समझना ज़रूरी है। दारियो रूबियो को उद्धृत करते हुए पॉज़ बताते हैं कि चिनगादा शब्द आता है आज़्तेक शब्द 'चिन्गास्ते' से। इस शब्द से निकले शब्दों के कई रूप सारे लैटिन अमेरिका में व्याप्त हैं। 'चिन्गास्ते' का अर्थ है—हीनतर, पराभूत, कमतर। इस शब्द की धातु है—'चिनगादा'—जो कि अश्लील शब्द है; मतलब होता है—किसी के साथ जबरदस्ती करना। मैक्सिको में किसी से कहना, 'वेते आला चिनगादा'—उसे गाली देना है।

पॉज़ के अनुसार "भाड़ में जाओ" गो टु हेल से बहुत-बहुत ज़्यादा कठोर है—'वेते आला चिनगादा।'

'चिनगादा' वह माँ है, वह स्त्री है—बल्कि स्त्री की मातृ-छवि है—जो किसी अनधिकृत व्यक्ति द्वारा 'ली' गई है। बलात्कार के ज़रिए; या स्वयं 'चिनगादा' की अवैध, अपवित्र वासना या चरित्रहीनता के ज़रिए।

'चिनगादा' शब्द पहले है; उससे जुड़ने वाली मिथकीय या ऐतिहासिक छवियाँ बाद में। 'चिनगादा' किसी स्त्री के नाम से बन गई अभिव्यक्ति नहीं; ऐसी गाली है जो किसी भी ऐसी स्त्री के लिए इस्तेमाल की जा सकती है—जो अवैध रूप से 'ली' गई है। इससे ज़्यादा फ़र्क़ नहीं पड़ता कि इस 'लिए' जाने का माध्यम बलात्कार था, या स्त्री की अपनी 'चरित्रहीनता'।

कुछ-कुछ वैसा ही, जैसा संस्कृत शब्द 'धृष्टा' के साथ है।

तमाम 'पैगन' सभ्यताओं की तरह मैक्सिको में भी मातृ-छवि का स्थान केन्द्रीय नहीं तो महत्त्वपूर्ण अवश्य था। हुआन दिएगो को जहाँ गुआदालुपे की 'वर्जिव' ने दर्शन दिए—और जिस दर्शन के बाद मैक्सिको में रोमन कैथोलिक ईसाइयत के तीव्र प्रसार का रास्ता साफ़ हुआ—वहाँ पहले माता—तोनान्तजिन—का ही मंदिर था।

'चिनगादा' की अमूर्त धारणा, मैक्सिकन कल्पना में मूर्त होती है डॉना मालिन्चे (स्पेनिशो द्वारा दिया गया नाम—डाना मारिना) के व्यक्तित्व में। मालिन्वे आज़्तेक स्त्री थी, जो स्वेच्छा से स्पेनिश आक्रान्ता कोरटेज़ की रखैल बन गई थी। याने वह 'चिनगादा' का देहधारी रूप थी।

आज तक विदेशी प्रभावों का, राजनीति, अर्थव्यवस्था या संस्कृति में अंधाधुंध स्वागत और समर्थन करने वाले मैक्सिकन मुहावरे में 'मालिना-चिस्तास' (मालिन्वे की औलाद) की पदवी से नवाज़े जाते हैं।

दारू पीकर मस्ती करते, मैक्सिकन एक पूरी परंपरा की ऐतिहासिक विडम्बना को अपने अवचेतन में लिए, अपनी भाषा-परंपरा में धारण किए चिल्लाते हैं; विवा मैक्सिको! हिजोस द ला चिनगादा।— ज़िन्दाबाद मैक्सिको ज़िन्दाबाद—हम हैं चिनगादा की औलाद।

कितना विचित्र, विरोधाभासों से भरा, जटिल संबंध है—मैक्सिको के वर्तमान में, वर्तमान ही क्यों, समूची जातीय सांस्कृतिक स्मृति में—मूलनिवासी और आक्रान्ता के बीच। 'इंडियन' और स्पेनिश के बीच। मालिन्चे और कोरटेज़ के बीच।

पॉज़ के शब्दों में, ''मैक्सिकन कल्पना, बोध और संवेदना में कोरटेज़ और मालिन्चे को हासिल विचित्र शाश्वतता से पता लगता है कि ये दोनों ऐतिहासिक व्यक्ति भर नहीं, कुछ और भी हैं। वे एक गूढ़ संघर्ष के प्रतीक हैं। ऐसा गूढ़, गुप्त संघर्ष जिसका समाधान हम आज तक नहीं खोज पाए हैं।''

सच में, यह संघर्ष गूढ़ और गोपनीय है; सतह पर इसका कहीं कोई पता नहीं लगता। मैक्सिको के लोग स्पेनिश बोलते हैं—स्पेनिश हैं नहीं। आज़्तेक सभ्यता की स्मृतियाँ सुरक्षित रखते हैं, लेकिन स्वयं को आज़्तेक, ज़ापोतेक और माया से ऊपर 'मैक्सिकन' के रूप में पहचानना, पहचनवाना चाहते हैं। 'कालोनियल' शासन से मुक्ति के सदियों बाद भी 'प्लाजा ऑफ़ थ्री कल्चर्स' के ज़रिए मैक्सिको के सांस्कृतिक जीवन में स्पेनिश उपस्थिति को सेलिब्रेट करते हैं। कैथोलिक चर्च से पहले के रीति-रिवाजों के प्रति उत्साह रखते हुए भी अधिकांश मैक्सिकन कैथोलिक ही हैं—वर्जिन ऑफ़ गुआदालुपे के चमत्कार के कारण।

डॉना मालिन्चे को आज तक माफ न कर पाए मैक्सिकन (जिनमें 'शुद्ध' इंडियन और 'शुद्ध' स्पेनिश खोज निकालना अब मुश्किल है); उस स्त्री को 'चिनगादा' कहकर धिक्कारते स्पेनिश; एक विचित्र सी, मोहक और हिंसक साफ़गोई के साथ चिल्लाते हैं।

विवा मैक्सिको हिजोस द ला चिनगादा।

ज़िन्दाबाद मैक्सिको ज़िन्दाबाद, हम हैं चिनगादा की औलाद।

['अन्यथा' प्रवेशांक, 2004]

समीक्षा/सिनेमा-नाटक

# भारतीय सिनेमा के आदिकवि

भारतीय परंपरा में वाल्मीकि को आदिकवि कहा जाता है और उनकी रामायण को आदिकाव्य। कारण यह कि वाल्मीकि के पहले शब्द थे, कथानक थे, लेकिन कविता नहीं थी। परंपरा इस मार्मिक तथ्य को रेखांकित करती है कि कविता का अर्थ है, एक-एक शब्द और फिर उनके समग्र संयोजन में 'गिरा अरथ जल बीचि सम' का सन्तुलन कायम कर देना। वाल्मीकि ने यही तो किया। एक और काम आदिकवि ने किया। उन्होंने देवताओं की स्तुतियाँ रचने के स्थान पर दैवी विपत्तियों पर विजय पाने वाले मनुष्य को अपनी रचना का नायक बनाया और लक्ष्य भी। वाल्मीकि के राम उनके अपने शब्दों में 'मनुष्य' है—पूरी ताकत और सीमाओं के साथ।

लगभग यही स्थिति सिनेमा के प्रसंग में सत्यजित राय की है। उनकी पहली ही फ़िल्म 'पाथेर पांचाली' में हम चलती फिरती तस्वीरों को कविता में बदलते देखते हैं। 'पाथेर पांचाली' के पहले भारत में सिनेमा की तकनीक थी, कथ्य था, अभिनय था, सिनेमा की अपनी विशाल दुनिया थी। लेकिन बतौर एक सर्जनात्मक माध्यम के, भारतीय सिनेमा की न तो अपनी कोई भाषा थी और न ही पहचान।

राय की सर्जना-यात्रा का एक दिलचस्प तथ्य यह है कि उनकी अधिकतर फ़िल्में साहित्यिक कृतियों पर आधारित हैं। जीवन जगत से अपना खुद का रिश्ता रचने की बातें इस तथ्य से कटती-सी लगती हैं। राय के बारे में यह कहने वालों की कमी भी नहीं रही है कि 'वे सिर्फ़ उत्कृष्ट साहित्य को सिनेमा में बदलना जानते हैं—सो भी उधार लिए मुहावरे के जरिये।' मजेदार बात यह है कि इसी के साथ राय पर साहित्यिक कृति के साथ बेवफाई करने के आरोप भी लगते रहे हैं। 'शतरंज के खिलाड़ी' पर तो गोया तूफान ही उठ खड़ा हुआ था, इस फ़िल्म को लेकर सन्देह आज तक बने हुए हैं। राय अपने संस्कारों के चलते साहित्य की सर्जनात्मक संवेदना से गहरी ऊर्जा तथा प्रेरणा पाते थे। लेकिन अपने वक्तव्यों तथा फ़िल्मों से सवाल लगातार उठाते रहे; क्या किसी कहानी या उपन्यास पर फ़िल्म बनाने का अर्थ उसे जस का तस परदे पर उतार देना है? यदि हाँ तो क्या फ़िल्म का अपना कोई सर्जनात्मक वजूद नहीं? या फिर फ़िल्म को उपलब्ध साहित्य से क्या कोई वास्ता ही नहीं रखना चाहिए?

असल में, ये दोनों रवैये फ़िल्म की अपनी शख्सियत को नकारते हैं, खास अतिरंजनापूर्ण ढंग से। राय का बौद्धिक मिज़ाज अतिरंजना का कोई रूप स्वीकार नहीं कर पाता था। उनका तरीका साहित्यिक कृति को अपने भीतर रचा बसा लेने के बाद उसे 'भूल जाने' का था। साहित्यिक कृति राय की अपनी व्याख्या और सिनेमा कल्पना को स्फुरण देने वाली शुरुआत भर होती थी। इस के जरिए वे शब्द की सर्जनात्मक परंपरा से जुड़ते थे और फिर जीवन तथा अनुभव से अपने स्वायत्त रिश्ते का संसार रचते थे। 'शतरंज के खिलाड़ी' को ही लें तो फ़िल्म में एक तरफ़ वाजिद अली शाह और औट्रम के संबंधों तथा दूसरी तरफ़ मीर और मिर्ज़ा के

पारंपरिक तथा पारिवारिक रिश्तों का विस्तार घटनाक्रम की त्रासदी को और सघन बनाता है। इस तरह, सतह पर कहानी को तोड़ने-मरोड़ने वाली फ़िल्म आन्तरिक संरचना के स्तर पर कहानी की संवेदना को और भी तीखे रूप में सम्प्रेषित करती है। घटना दर घटना, संवाद दर संवाद 'वफादारी' बरतने वाली 'परिणीता' और 'देवदास' की बजाय 'भूल जाने' की यह 'राय पद्धति' सिनेमा की स्वायत्तता के लिए ज़रूरी तो थी ही, स्वयं साहित्यिक रचना की बदलती व्याख्याओं को रेखांकित करने में भी सहायक थी।

सिनेमा के अपने मुहावरे के प्रति राय का आग्रह 'डिटेल्स' के प्रति उनकी सावधानी तथा हर तरह की अतिरंजना से कतराते हुए मित-कथन पर निर्भर रहने की शैली में व्यक्त होता था। परिवेश चाहे घोर गरीबी का हो, चाहे सामंती वैभव का—राय की फ़िल्मों का मुख्य सरोकार साधारण मानवीय स्थितियों में गुँथ कर सामने आने वाले जीवन मूल्यों के संघर्ष से ही है। ये जीवन मूल्य किताबी नहीं हो सकते, रोज़मर्रा के जीवन के उतार-चढ़ाव में ही इनकी पड़ताल होती है। 'अपुर संसार' के अंतिम दृश्य में अपू के बेटे का सवाल है,अपने पिता से: 'तुमि के?' यह संबंध को परिभाषित करने की चुनौती है। इसका उत्तर है: 'तोमार बोंधु'—यह पलायन से वापस लौटते पिता के नए जीवन मूल्य का रेखांकन है। अब संबंध पिता पुत्र का उतना नहीं, जितना मित्रता का है। यह पचास का दशक था। नवें दशक के अन्त तक 'शाखा प्रशाखा' में आदर्शवादी दादा अपने छह-सात बरस के पोते को बहुत ही सहज रूप से 'दो नंबर की कमाई' की चर्चा करते सुन अवसन्न है। यहाँ मित्रता का तो क्या, संवाद का संबंध भी महज मृग मरीचिका है।

ये दोनों स्थितियां साधारण मनुष्यों के जीवन की साधारण स्थितियां है, इनमें झाँकती बेचैनी अद्‍भुत या महत नहीं है। राय की मितकथन शैली में ऐसी बेचैनी भावुकता का भी रूप नहीं ले पाती और ठीक इसी कारण वह संवेदनशील दर्शक की अपनी बेचैनी की अत्यन्त व्यथापूर्ण व्यंजना करने लगती है।

यह उपलब्धि अनोखी है। सिनेमा का अपना भारतीय मुहावरा गढ़ते हुए मानव जीवन के साधारण में निहित वेदना और जिजीविषा की असाधारणा व्यंजना—यही बात सत्यजित राय को भारतीय सिनेमा का आदिकवि बनती है।

['नवभारत टाइम्स', मई, 1992]

# आस्था की आत्मीय आलोचना

श्याम बेनेगल की अपेक्षाकृत अचर्चित फ़िल्म अनुग्रहम 1982 में रिलीज हुई थी। मैंने यह फ़िल्म 24 नवम्बर को दिल्ली में देखी और डायरी में कुछ नोट्स ले लिए आज भी नौ साल बाद पीछे मुड़कर देखने पर लगता है कि अनुग्रहम की प्रासंगिकता बढ़ी ही है। केवल फ़िल्म संबंधी विमर्श के संबंध में ही नहीं, हमारे व्यापक सांस्कृतिक संकट और आत्म अनुसंधान के सन्दर्भ में भी। अनुग्रहम हमारे सामाजिक अनुसंधान के कुछ पहलुओं पर ध्यान खींचने वाली फ़िल्म है। यह काम फ़िल्म अपने फ़िल्मपन को कुर्बान करके नहीं, बल्कि ठेठ फ़िल्म बनी रह कर ही करती है। फ़िल्म सामाजिक आलोचना का पैंफलेट नहीं और इसी कारण अधिक महत्त्वपूर्ण भी है।

अनुग्रहम का परिवेश ठेठ तेलगु है। समय है इस सदी का चौथा दशक। यह फ़िल्म भारतीय जनमानस के लोक-विश्वासों, अंधविश्वासों, जनजीवन को निर्धारित करने वाले शक्ति-संबंधों और अंधविश्वास तथा शक्तिसंबंध के अन्तस्संबंध को लगावपूर्ण अनुसंधान का विषय बनाती है। यह विषय सन् 82 से कहीं ज्यादा आज के समय में प्रासंगिक हो उठा है। आधुनिकता के अधिकांश रूप-राज्यसत्ता, विज्ञान, राष्ट्रवाद समेत तमाम विचारधारा आज धुंधले पड़ गए हैं। विकल्पहीनता और कशमकश का समय है। अंधाधुंध उपभोग की संस्कृति बड़ी तेजी से विशिष्ट मनुष्य और समाज को नामरूपहीन उपभोक्ता समुदाय में बदलती जा रही है। ऐसे में, दुनिया भर में लोग अपनी अस्मिता के किसी सुलभ पहलू से चिपके रहना चाहते हैं। परंपरा, अस्मिता और एथनिसिटी के प्रति पैदा हुए तीव्र आकर्षण का कारण आधुनिकीकरण के उपकरणों की अपर्याप्तता और उनके धुंधलेपन में भी निहित है। यह अपर्याप्तता आधुनिक मानस के अहंकार से उपजी है। आधुनिकता से पहले की चीज दोयम दर्जे की है, आधुनिक आग्रह ही किसी धारणा या सोच की प्रासंगिकता के अनिवार्य मापदंड है, ऐसा मानने वाले आधुनिक अहंकार ने किसी पूर्व-आधुनिक विचार या धारणा के लिए सम्मानपूर्ण स्थान की गुंजाइश ही नहीं छोड़ी। दूसरी ओर इन दिनों के फ़ैशनेबल परंपरा-प्रेम की सबसे बड़ी विशेषता यह है कि वह स्वयं को आधुनिकता के पूर्ण नकार से ही परिभाषित करता है। इस हद तक कि कुछ लोग विधवा-दहन की बर्बरता को परंपरा बताते हैं, और इसके विरोध को आधुनिकता के मर्ज। विशुद्ध आधुनिकता के अलमबरदार हों या विशुद्ध परंपरा के नगाड़ची—दोनों के लिए ही परंपरा एक सपाट पद है, जिसे या तो पूरा रद्द किया जाना है या पूरा स्वीकार। दोनों ही के लिए परंपरा और आधुनिकता की समस्या का कोई गहरा संबंध सामाजिक सत्ता के सार की समस्या से है ही नहीं। गोया परंपरा या आधुनिकता को सामाजिक शक्ति संबंधों से टकराए बिना समझा जा सकता है।

इस समय लोकप्रिय परंपरा-आधुनिकता अस्मिता विवाद के अधिकांश का सबसे भयानक खोखलापन दो तरह से जाहिर होता है। एक तो यह मान्यता कि आधुनिकता या परंपरा एक

दूसरे से नितान्त भिन्न अस्तित्व रखती हैं। दूसरी यह मान्यता कि अस्मिता, आधुनिकता और परंपरा के विकल्प, तथा जनजीवन में व्याप्त पारंपरिक (या आधुनिक) मिथक हवा में ही जैसे पात्र करते हैं। सामाजिक सत्ता संघर्ष की इस उपेक्षा का अलग ही एक आयाम धारणा में भी व्यक्त होता है कि परंपरा एक ही है, किसी देश या धर्म की जनता के तमाम विश्वास एक से ही है इसीलिए उनसे एक साथ ही निबटा जा सकता है।

अनुग्रहम इस खोखलेपन का सशक्त प्रतिवाद करने वाली रचना है। कहना मुश्किल है कि श्याम बेनेगल अपनी फ़िल्म को सजग रूप में इस विवाद में उतार रहे हैं या नहीं। लेकिन जो कला दृष्टि संघर्ष के स्थानीय स्वरूप का अनुसंधान करती है, वह सजग या सहज रूप से सपाट आधुनिकता और परंपरा प्रेम दोनों को ही तीखे सवालों से बींधती ज़रूर है। इसी कारण, अनुग्रहम हमारे समकालीन विवादों के सन्दर्भ में नए सिरे से प्रासंगिक हो उठने वाली रचना है।

इस फ़िल्म का ढांचा दोहरे स्तर पर पारंपरिक है। एक स्तर पर तो कथानक ही हमारे समाज की टिपीकल लोकथाओं का समकालीन विस्तार है। व्यावहारिक, सफल बड़ा भाई, भाभी, असहाय माँ, दिवा स्वप्न देखनेवाला, अव्यावहारिक निठल्ला छोटा भाई अर्थात नायक। उसकी सरल हृदय पत्नी। गाँव का दुष्ट जमींदार, जो नायक के अपने जीवन का खलनायक भी है। लोककथा के सारे तत्त्व यहाँ मौजूद हैं—वरदान या (अनुग्रह) देने वाले रहस्यपूर्ण देवता समेत। दूसरे स्तर पर (यानी फ़िल्म विधा के अपने स्तर पर) भी फ़िल्म सजग रूप से, लोकप्रिय भारतीय फ़िल्म का ढांचा ही अपनाती है। कथानक का सुगठित नैरेटिव जो सिलसिलेवार घटनाओं में खुलता है, बाकायदा विकसित चरित्रविधान और एक ''थीम सांग'' भी जो कि बार-बार लौटता है। ढाँचे की यह दोहरी पारंपरिकता अनुग्रहम को सहज सम्प्रेषणीय बनाने के साथ-साथ, आत्म अनुसंधान के संबंध में अधिक आत्मीय बनाती है।

निठल्लेपन और अपमान से क्षुब्ध परशुराम (अनन्त नाग) एक दिन घर छोड़ कर चल देता है। यही फ़िल्म का आरंभ है। यहाँ थीम सांग के जरिए फ़िल्म का मुख्य सवाल प्रस्तुत कर दिया जाता है, यह अनुग्रहम है या अभिशाप? कोई बताए। देने वाला कोई है भी? कोई बताए। जहाँ तक वरदान या अनुग्रहम देने वाले स्थानीय देवता अपिकुंडू स्वामी के होने का सवाल है, इसका निश्चित उत्तर कैसे हो सकता है? परशुराम जब यह सवाल अपनी माँ या गाँव का बड़े-बूढ़े से पूछता है, तो वे सवाल की धृष्टता पर मुँह पीटने लगते हैं। दूसरी ओर गाँव का मास्टर इस सवाल का जवाब विस्तृत रूप से ही दे सकता है। बहरहाल, परास्त हो कर गाँव से पलायन करते परशुराम को अपिकुंडू स्वामी अनुग्रह देते हैं एक जड़ के रूप में जिसे सात बार घिरकर खिलाने से गर्भपात हो जाएगा। इस सिद्धि की साधना तभी तक सम्भव है, जब तक कि अनुग्रहित परशुराम पूर्ण ब्रह्मचर्य का पालन करे। अपिकुंडू स्वामी स्थानीय देवता हैं। सैयद बाबा या ब्रह्म बाबा की तरह के। परशुराम के सामने वे एक साधुबाबा के रूप में प्रकट हुए हैं। सवाल-जवाब एक तरफ़; परशुराम अपिकुंडू स्वामी की उपेक्षा कैसे करे? जबकि गाँव के एक और अनुग्रहित व्यक्ति गिरेवे का अनुग्रह एकदम सही निकलता है। वह गाँव में कुँआ खोदने की सही जगह निर्धारित करने वाला व्यक्ति है। खुद परशुराम के परिवार ने जब कुँआ खुदवाया तो गिरेवे की बताई जगह पर पहले तो चट्टान निकली लेकिन जब डायनामाइट लगाया गया तो पानी निकल आया। यह कुँआ फ़िल्म के नैरेटिव में धीरे-धीरे आने वाली त्रासदी का एक माध्यम भी बन जाता है। जब परशुराम यह कुँआ खुदवा रहा था तो बड़े

भाई ने आरोप लगाया कि कुँआ परशुराम की पत्नी की सुविधा के लिए खुदवाया जा रहा है। चिढ़कर परशुराम ने कुँआ अधूरा ही छोड़ दिया। वह कुँआ परशुराम के आँगन में ही अपिकुंडू स्वामी की सामर्थ्य का प्रमाण देता रहता है और भविष्य में वे वही अनुग्रहम की विकटतम वेदना का वाहक भी बनेगा।

इस पृष्ठ भूमि में स्वभावत: स्वयं अपिकुंडू स्वामी द्वारा साक्षात प्रकट हो कर दिया गया अनुग्रहम परशुराम के व्यक्तिगत, सामाजिक जीवन को पूरी तरह बदल देता है। उसे दी गई सिद्धि का भास स्वयं उसे तथा अन्य लोगों को तरह-तरह से होने लगता है। परशुराम को नींद में देवी मंदिर की घंटियाँ सुनाई देती हैं। अपनी पत्नी अनुसूया के साथ उसके संबंध सिद्धि से परिभाषित होने लगते हैं। उसके स्वप्न में देवी देती है—अनुसूया के रूप में। ब्रह्मचर्य व्रत पर यह परशुराम के अवचेतन का बल है। शुरू में ब्रह्मचर्य को परशुराम की नाराजी समझने वाली अनुसूया जल्दी ही अपने पति की दिव्यता के मिशन को स्वीकार कर लेती है। अनुसूया की सास भी उसे कर्त्तव्य (याने परशुराम का ब्रह्मचर्य भंग न होने देने) की याद दिलाती ही रहती है।

गाँव का जमींदार भैरवमूर्ति पाप का देहधारी रूप है। अपने अपंग भतीजे वासु की पत्नी (स्मिता पाटिल) पर कुदृष्टि रखने वाला। जमींदार वासु पर अत्याचार करता है, और वासु की असहायता पति-पत्नी को और निकट लाती है। परशुराम को दर्शन देने वाली देवी उसे बार-बार बताती है कि गाँव में पाप है। देवी का यह कथन स्वयं परशुराम की चेतना का ही कथन है और पाप की असह्य मूर्त अभिव्यक्ति-भैरवमूर्ति के सिवा गाँव भर में और कोई नहीं।

परशुराम को मिलने वाले देवी के इस सन्देश के साथ एक घटना और घट जाती है। अनुसूया जानती है कि परशुराम को देवी दर्शन देती है। खुद उसी की शक्ल में। परशुराम के इस विषय (या सिद्धि) का वह अपने ढंग से उपयोग करने की ठान लेती है और देवी परशुराम को बता देती है कि भैरव मूर्ति पापी है। अब परशुराम के लिए एकदम साफ़ है कि गाँव में पाप है और भैरवमूर्ति पापी है। यही तो कहा है देवी ने। पाप क्या है ? भैरवमूर्ति की कामुकता। इस कामुकता का फल क्या है ? वासु की पत्नी का गर्भधारण करना। इस पाप का प्रतिकार क्या है वासु की पत्नी का गर्भपात।

इस पूर्णत: स्पष्ट, सन्तोषजनक व्याख्या के नैतिक बल से भरा परशुराम पहली बार अपिकुंडू के अनुग्रह का प्रयोग करने की ठानता है, भैरवमूर्ति के सामने इसकी बकायदा घोषणा करते हुए। भैरवमूर्ति जैसे अपने पाप से डरते हुए परशुराम का नैतिक आवेश स्वीकार कर लेता है लेकिन अनुग्रहम के प्रयोग के बाद तृप्त क्रूर हंसी के साथ बताता है कि वह तो सन्तान उत्पन्न नहीं कर सकता। वासु का नि:सन्तान हो जाना तो स्वयं भैरवमूर्ति के हित में है।

भोले विश्वासी परशुराम के दिल यह विस्फोटक वेदना का क्षण है। उसे अपिकुंडू स्वामी के अनुग्रह पर पूरा विश्वास है। वह जानता है कि वासु की पत्नी का गर्भ गिर जाएगा। यह जानना ही तो विडंबना है। पापी भैरवमूर्ति उसकी सिद्धि का अपने हित में इस्तेमाल कर ले गया, इस छल की वेदना में अनुसूया से लिपटकर रोते-रोते उसे अपिकुंडू स्वामी की शर्त याद आती है। पापी द्वारा प्रयुक्त अपनी सिद्धि का प्रभाव नष्ट करने के लिए वह अपनी ओर से बड़े से बड़ा बलिदान करने के लिए तैयार है। वह अनुसूया के तमाम विरोध के बावजूद उसके साथ सम्भोगरत होता है। इस दृश्य में अनुसूया के विरोध, कामशैथिल्य और फिर हृदयभेदी पछतावे को वाणीश्री ने जिस भावप्रणता और संयम के साथ सम्प्रेषित किया है वह स्मरणीय

है। परशुराम तो सम्भोग कर, एक पाप को दूसरे पाप से काटकर बिलकुल तनावमुक्त है। चैन की नींद सो रहा है, अनुसूया कमरे का दरवाजा खोलते ही अपनी सास की धिक्कार भरी निगाहों के सामने पड़ती है...

अगल दृश्य सुबह का है। परशुराम सो कर उठता है। आज उसके कानों में घंटियाँ नहीं बज रहीं। यानि अपिकुंडू स्वामी ने अपना अनुग्रह वापस ले लिए, यानि वासु की सन्तान बच जाएगी, यानि वह पाप मुक्त हुआ। बेहद खुश, खिलखिलाता परशुराम पाप मुक्ति की माध्यम अनुसूया को पुकारता हुआ बाहर निकलता है। कहाँ है अनुसूया? परशुराम की निगाह घर के बाहर, अधबने कुँए तक जाती है, नीचे तक। वहाँ अनुसूया की क्षत-विक्षत लाश पड़ी है। असह्य पीड़ा, आतंक और अबूझ प्रश्नों का यह क्षण परशुराम की चेतना से विष बुझे तीर की तरह टकराता है। वह चीख उठता है और हम उसे बलिपशु की तरह डकराते हुए, चिल्लाते हुए देखते हैं। इधर अनुसूया की अर्थी सज रही है। वह चीख रहा है—स्वामी यह कैसे हो गया? मैंने क्या पाप किया था? इधर सागर गरज रहा है। फ़िल्म के बीच कई बार आने वाली सागर तट की वह चट्टानी दरार भी पीछे छूट गई है, परशुराम भागा जा रहा है। इधर परदे पर एक प्रश्न उभर रहा है, कौन सी थीं वो अदृश्य शक्तियाँ जिन्होंने इन लोगों की जिन्दगी का ये हाल किया? इसके बाद हम एक नया, अनपेक्षित (या सम्भवत: वक्तव्यपूर्ण) दृश्य देखते हैं। जमींदार की कोठी के लान में वासु की पत्नी अपने बच्चों को खिला रही है और दूर छत पर क्षुब्ध भैरवमूर्ति पाँव पटक रहा है।

फ़िल्म के घटनाक्रम का इतना विस्तृत विवरण देने का कारण है। यह फ़िल्म अनजाने ही पारंपरिक भारतीय (विशेष कर हिन्दू) स्वभाव की कुछ आस्थाओं की बड़ी आत्मीय लेकिन बेबाक आलोचना करती है। कृति की संरचना की सतह पर तेल की तरह तैरती सामाजिक सांस्कृतिक आलोचना करना तो खैर बहुत सरल है, इसलिए हर अनुशासन में यह बहुत फै शनेबुल भी है। लेकिन अनुग्रहम में आलोचना कथानक के विकास में निहित है, और जैसा कि मैंने ऊपर कहा, ढाँचे की दोहरी पारंपरिकता (लोककथा की सी बनावट, पारंपरिक फ़िल्म का प्रभाव) इस आलोचना को आत्मीय बनाती है। भारतीय स्वभाव की एक आस्था यह है कि सामाजिक और लौकिक विकृतियों का सामना अलौकिक हस्तक्षेप के जरिए ही किया जा सकता है। जब-जब धर्म की हानि होती है, ईश्वर अवतार लेते हैं। इसी विश्वास का विस्तार यह है कि स्थानीय पाप का दंड स्थानीय देवता देते हैं। इस आस्था-विश्वास में मनुष्य कर्ता नहीं है, वह केवल दैवी हस्तक्षेप के लिए कामना और प्रार्थना कर सकता है। अनुग्रह की प्रतीक्षा, और प्राप्ति के बाद कृतज्ञता की अभिव्यक्ति कर सकता है। परशुराम और अनुसूया इसी ठेठ, पारंपरिक भारतीय आस्था के शिकार हुए हैं। बिना पैंफलेट का रूप लिए अनुग्रहम उन अदृश्य शक्तियों की ओर इशारा कर पाती है, जिनका उल्लेख फ़िल्म के अन्त में परदे पर उभरने वाले सवाल में किया गया है। ये दोनों पति-पत्नी अपराधी नहीं हैं फिर भी दंड उन्हीं को मिला। सबसे ज्यादा अनुसूया को। स्त्री होने के नाते वह भैरवमूर्ति की कामना की भी शिकार है और सास के धिक्कार की भी। उसने परशुराम का ब्रह्मचर्य टूट जाने दिया। खुद परशुराम के लिए वह, उसकी देह, उसकी पापमुक्ति का जरिया है। स्त्री-पुरुष संबंध का सबसे प्राकृतिक पक्ष-सम्भोग—उसके लिए दारुण आत्मधिक्कार का कारण है। आत्महत्या ही ऐसे में इकलौता उपाय है। क्यों?

क्योंकि अदृश्य शक्तियों द्वारा रची गई चेतना के कारण अनुसूया पूरी गम्भीरता और निश्छलता के साथ यह समझती है कि भैरवमूर्ति की कामुकता का दंड दैवी हस्तक्षेप के जरिए दिया-दिलाया

जा सकता है। अलौकिक में यह आस्था भारतीय जनता की सिर्फ़ कमजोरी नहीं रही है, बल्कि उसकी ताकत भी रही है। इस आस्था के जरिए जो फैंटसी रची जाती है, कई बार ऐन लौकिक धरातल पर संगठित मानवीय प्रतिरोध की प्रेरणा बन जाती है। इसलिए इस आस्था के साथ सच्चा रिश्ता बनाना आधुनिक बुद्धिवादी के लिए कठिन हो जाता है। वह इसे या तो एकदम रद्द कर देता है, या महिमामंडन के फेरे में पड़ जाता है। अनुग्रहम की खूबी यही है कि फ़िल्मकार बड़ी हद तक दोनों भ्रान्त अतिरेकों से स्वयं को मुक्त रख पाया है। अलौकिक को लौकिक हस्तक्षेप में बदलने के बजाए परशुराम अन्त तक अलौकिक पर ही भरोसा रखता है, स्वयंसजग कर्ता शक्तियों से लेन-देन का रिश्ता बनाने के बजाय वह पूरी तरह उन्हीं असैनिक शक्तियों पर निर्भर करता है। माननीय विवेक की ऐसी पूर्णता तथा निश्चित और निश्चिंत उपेक्षा भारतीय समाज में अन्याय के असहनीय स्वीकार तथा सामाजिक व्यवस्था में आने वाले ठहराव के लिए भी जिम्मेवार है। यह उपेक्षा स्वयं एक अदृश्य शक्ति है जिसके बारे में कहना सचमुच मुश्किल है यह अनुग्रह है या अभिशाप। मुश्किल इसलिए क्योंकि इसने कई बार भारतीय मनुष्य के जीवन में इकलौते सहारे की भूमिका भी निभाई है।

अनुग्रहम भारतीय पारंपरिक स्वभाव में बद्धमूल इस अदृश्य शक्ति को स्वायत्त तथा अमूर्त बना कर पेश नहीं करती। बेनेगल मनुष्यों, संयोगों और विश्वासों की आवाजाही बीच इस अदृश्य शक्ति को रखते हैं। इसलिए वे बेलाग टिप्पणी करते हुए भी भोले लोगों के प्रति न तो क्रूर होते हैं, और न इस परंपरा के सामने चौंधियाते हैं। पाप का प्रतिकार करने के सहज मानवीय विवेक की उपेक्षा और साथ ही अलौकिक पर अत्यधिक विश्वास त्रासदी उत्पन्न करता है। इसलिए यह फ़िल्म इतनी प्रासंगिक है क्योंकि यह न तो आधुनिकतावादी दृष्टि कोण से पीड़ित है और न ही अंध परंपरा-प्रेम से। यह फ़िल्म भारतीयता से चिढ़ने वाले या उसे वर्क में लपेट कर बेचने वाले बुद्धिजीवी की नहीं, बल्कि भारतीयता की व्यथा आत्मा में झेलने वाली बुद्धिजीवी फ़िल्म है।

['पटकथा', दिसम्बर 1991]

# बौनेपन से छुटकारे की जद्दोजहद : 'आइंस्टाइन'

'आइंस्टाइन' सचमुच अनोखा नाटक है। अनोखा इस अर्थ में कि इसके सर्जनात्मक अनुसंधान का लक्ष्य मानवीय संबंध नहीं बल्कि विज्ञान का स्वभाव, बल्कि कहें कि ज्ञानमात्र में सक्रिय जिज्ञासा का स्वभाव है। मानवीय संबंध इस अनुसन्धान की पृष्ठभूमि का काम करते हैं, वह भी इस चेतावनी के साथ कि 'महत्त्व वैज्ञानिक के जाती तजुर्बों का नहीं, उसके वैज्ञानिक तजुर्बों का है।' नाटक में आइंस्टाइन के जीवन के जिन व्यक्तिगत प्रसंगों, संबंधों का संकेत किया गया है, उनका उपयोग नाटक की संरचना में विज्ञान के अपने स्वभाव और संघर्ष की पड़ताल के लिए ही किया गया है। क्या यह सही प्रविधि है?

नाटक में एक जगह आइंस्टाइन बड़े पुरजोर लहजे में कहते हैं, "हम लोग साइंस के स्टूडेंट्स हैं, बुतपरस्त नहीं हो सकते। किसी कीमत पर नहीं।" यह प्रतिज्ञा नाटक की संरचना में बद्धमूल है। बहुत रोचक और मार्मिक ढंग से हम नाटक में देखते हैं कि किस तरह अरस्तू और न्यूटन का वैज्ञानिक चिन्तन एक तरह के सत्ता प्रतिष्ठान में बदल गया और आइंस्टाइन को कदम-कदम पर इस सत्ता प्रतिष्ठान और इसके 'फिलसतीन' अनुयायियों से टकराना पड़ा। असल में यह टकराहट, नाटक के आइंस्टाइन के शब्दों में "बौपनेपन से छुटकारा पाने की यह जद्दोजहद" ही नाटक का कथ्य है। इस कथ्य को नाटककार ने मानवीय संबंधों और अमूर्त्त कथनों के ज़रिए नहीं, बल्कि ठोस वैज्ञानिक बहसों, मन्तव्यों और फार्मूलों के ज़रिए आर्टिकुलेट किया है—और इस धरातल पर नाटक के अनोखेपन की सफलता असंदिग्ध है।

लेकिन बुतपरस्ती का सन्दर्भ क्या सिर्फ़ सैद्धांतिक होता है? नाटक की भूमिका में प्रख्यात वैज्ञानिक प्रो. जयन्त नारलीकर ने पूछा है, "आइंस्टाइन असाधारण वैज्ञानिक थे यह इतिहास बताता है। परन्तु वे मानव कैसे थे?" आगे वे कहते हैं, "विज्ञान की गुत्थियाँ सुलझानेवाले इस वैज्ञानिक का अपना व्यक्तित्व भी गुत्थियों से भरा था। इस नाटक में हम उन गुत्थियों की झलकें देखते हैं।" दुर्भाग्य से ये झलकें आइंस्टाइन के जटिल व्यक्तित्व को समझने में पाठक या दर्शक की कोई खास मदद नहीं करतीं, बल्कि एक तरह की बुतपरस्ती को ही बढ़ावा देती प्रतीत होती हैं ये गुत्थियाँ सिर्फ़ एकान्तप्रियता और सनकीपन की 'हार्मलेस' गुत्थियाँ भर नहीं थीं, जैसा कि नाटक में आई झलकों से मालूम पड़ता है। अपनी पहली पत्नी और परिवार के साथ आइंस्टाइन के तनावपूर्ण संबंधों की चर्चा तो होती ही रही है। इधर उनकी जो कुछ चिट्ठियाँ प्रकाश में आई हैं, उनसे तो ज़ाहिर होता है कि पत्नी के प्रति आइंस्टाइन का रवैया निहायत तानाशाहीपूर्ण और पुरुषवादी था। निस्सन्देह इस एक 'ब्लाइंड स्पॉट' से न तो आइंस्टाइन की वैज्ञानिक उपलब्धि का महत्त्व कम होता है, न उनकी जनपक्षपधरता का। इसलिए इसे 'स्कैंडल' बनाकर चटखारे लेने की हिमायत कोई नहीं कर रहा है, लेकिन मोहन महर्षि जैसे समर्थ नाटककार को आइंस्टाइन के व्यक्तित्व के इस पहलू से सर्जनात्मक मुठभेड़ तो करनी ही चाहिए थी।

सिर्फ़ इसलिए नहीं कि व्यक्तित्व का यह पहलू हमें आइंस्टाइन को समझने में मदद देता है, बल्कि इसलिए कि यह पहलू एक सांस्कृतिक स्थिति की ओर संकेत करता है और इसका गहरा संबंध विज्ञान और संस्कार के अन्तस्संबंध से है। खोज के धरातल पर जो व्यक्तित्व अब तक के वैज्ञानिक विमर्श के प्रस्थानों पर पुनर्विचार करने की सामर्थ्य रखता है, मानवीय व्यवहार के धरातल पर, स्त्री–पुरुष संबंध के प्रसंग में वही व्यक्तित्व कोई नया व्यवहार प्रस्तावित नहीं कर पाता, बल्कि पुरुषोचित दम्भ को अपना सहज अधिकार मानता है। यह अन्तर्विरोध उस विश्वव्यापी अन्तर्विरोध का एक संकेत मात्र है; जिसके तहत हम देखते हैं कि संसार के अधिकांश वैज्ञानिक और विज्ञान के सत्ता प्रतिष्ठान वैयक्तिक, सामाजिक और राजनीतिक व्यवहार के धरातल पर घनघोर रूप से यथास्थिति और जड़ता के समर्थक होते हैं। आइंस्टाइन की मकबूलियत की एक वजह यह थी कि वे ऐसे नहीं थे, वैज्ञानिकों के 'सामान्य' स्वभाव के विपरीत उनका स्वभाव मुखर जनपक्षधरता का था। वे विज्ञान को सिर्फ़ प्रयोगशाला या ब्लैकबोर्ड तक सीमित 'मेथड' नहीं मानते थे, बल्कि विज्ञान की नैतिकता के सवालों से टकराने का भी जोखिम उठाते थे। ऐसी स्थिति में उनके व्यक्तित्व के पुरुषवादी पहलू का दोहरा महत्त्व है। वह पारंपरिक संस्कार का रूपक तो है ही, उस संस्कार के प्रसंग में 'वैज्ञानिकता' की निष्फलता का भी रूपक है; उसी वैज्ञानिकता की निष्फलता का, जिसे परिवर्तनकामिता, क्रान्तिकारिता का पर्याय मानना बहुत–से लोगों, बल्कि विचारधाराओं का संस्कार–सा बन गया है। इस पहलू से टकराना वैज्ञानिकता और नैतिकता के अन्तस्संबंध के मूलभूत सवाल से टकराने का माध्यम हो सकता था। इसकी उपेक्षा ने नाटक की बौद्धिक संपन्नता को कम किया है।

इस कमज़ोरी को यदि छोड़ दें तो यह निस्संकोच कहा जा सकता है कि नाटक सर्वथा भिन्न प्रकार की नाटकीयता को अत्यन्त सरल ढंग से सम्भव करता है। यह नाटकीयता मानवीय संबंधों या स्थितियों की नहीं, जिज्ञासा और वैज्ञानिक खोज की नाटकीयता है। हम देखते हैं कि सहज आश्चर्य, प्रश्नाकुलता और विस्मय किस प्रकार विज्ञान के सत्ता प्रतिष्ठान की दृष्टि में 'पाप' बन जाते हैं, अरस्तू एक वैज्ञानिक का नहीं, ऐसे पैगम्बर का नाम बन जाता है, जिसके पवित्र शास्त्र से सम्वाद नहीं किया जा सकता, उसका तो केवल अनुगमन ही सम्भव है। सहज विस्मय से वंचित होकर महान प्रतिभाएँ भी 'बौनेपन' की गिरफ़्त में आ जाती हैं, और सहज विस्मय को, वैज्ञानिक पद्धति से जाँच वाले प्रयोगों को 'शूद्रों का काम' घोषित कर दिया जाता है। वैज्ञानिक सत्ता प्रतिष्ठान की इस जड़ता को नाटक लम्बे वृत्तान्त के ज़रिए नहीं, जादुई सपने के ज़रिये पड़ताल का विषय बनाता है, इस तरह एक छोटा–सा दृश्य एक तरह का 'साइनेक्डोके' बन जाता है, और इसमें शूद्र शब्द का प्रयोग सत्ता प्रतिष्ठान के ख़िलाफ़ जिज्ञासा के संघर्ष को विश्वव्यापी स्मृति का सन्दर्भ दे देता है। आइंस्टाइन के यूरोप में शूद्र नहीं होते थे, लेकिन 'आइंस्टाइन' देखनेवालों के भारत में होते हैं। प्रयोग के निषेध ने यूरोप के खगोल विज्ञान को जड़ बना दिया, और उसी निषेध ने भारत में सुश्रुत और चरक के चिकित्सा विज्ञान की परंपरा को विज्ञान की बजाय चमत्कार में बदल डाला। यह सांकेतिक अंडरस्टेटमेंट मोहन महर्षि के आलेख की विशेषता है, जो अन्य प्रसंगों में भी दीखती है, जिस तरह की सघन बौद्धिकता को मोहन महर्षि का 'आइंस्टाइन' नाटकीयता में बदल डालता है, उसमें किसी तरह के 'ओवरस्टेटमेंट' या 'मेलोड्रामा' की गुंजाइश है भी नहीं।

नाटक की संरचना 'ऑटोबायोग्राफिकल नोट' की है। अड़सठ वर्षीय विश्वविख्यात आइंस्टाइन दर्शकों को अपने जीवन में झाँकने का अवसर दे रहे हैं। बेशक इस ईमानदार चेतावनी

के साथ कि, ''कुछ बच रहा है मेरी जिन्दगी में जिसे अनकहा नहीं छोड़ा जा सकता है...जिसे कहना आसान भी नहीं...कहना तो क्या, महसूस करना भी मुश्किल है...इसमें धोखा हो सकता है।'' कहने की विधि है। आइंस्टाइन के बचपन, नौजवानी और बुढ़ापे की, जिज्ञासा, संघर्ष और उपलब्धि की मंच पर एक साथ उपस्थिति और उनका परस्पर सम्वाद। इस तरह नाटक अतीत से वर्तमान की ओर बहता वृत्तान्त बनने की बजाय, दर्शक के लिए समय के विविध बखानों के साथ एक अन्तर्क्रिया का रूप ले लेता है। इस अन्तर्क्रिया की परिणतियाँ दो हैं। एक तो आत्मकथा या कनफेसन की प्रामाणिकता के साथ इस बात का अहसास कि ''साइंस में क्रान्तिकारी विचार किसी सिलसिलेवार सोच का नतीजा नहीं होते। इलहाम यानी इंट्यूशन अहम रोल अदा करता है।'' दूसरी इस बात का रेखांकन कि, ''अभी की सारी एजुकेशन, साइंस सिखाने-पढ़ाने के तरीके बच्चों की जहनी गुलामी की तरफ़ धकेलते हैं। कमाल तो ये है कि इस सबके बावजूद आदमी में अब भी जानने की उत्सुकता, आगे बढ़ने की चाह जिन्दा है।''

आइंस्टाइन का होना और इस नाटक का होना दोनों अपने-अपने स्तर पर इस चाह के प्रमाण ही तो हैं।

निस्सन्देह यह एक जबर्दस्त नाट्यालेख है, लेकिन अपने स्वभाव से ही अत्यन्त सीमित दर्शक वर्ग को स्वीकार होने के लिए अभिशप्त भी। पिछले वर्ष राष्ट्रीय नाट्य विद्यालय द्वारा इसकी प्रस्तुति में गिने-चुने ही दर्शक थे, और यह सच है कि वह प्रस्तुति निर्देशकीय कल्पनाशीलता और अभिनय दोनों के लिहाज़ से लाजवाब प्रस्तुति थी। ज़ाहिर है कि उस प्रस्तुति की विस्तृत चर्चा यहाँ सम्भव नहीं, सिर्फ़ यह कामना की जा सकती है कि ऐसे और भी नाटक लिखे जाएँ, ऐसी और भी प्रस्तुतियाँ हों।

अन्त में, एक गुत्थी जो समझ में नहीं आई। सम्वाद हिन्दी में और सारे रंगसंकेत अंग्रेज़ी में। वैसे तो यह हमारे समय की सच्चाई की ही एक झलक है, और शायद इस बात की चेतावनी भी कि जो रंगमंडली अंग्रेज़ी से वाक़िफ़ न हो, इस नाटक को हाथ न लगाये। बहरहाल यह स्थिति खटकती तो है—यह 'खटकना' स्वयं में एक अलग टिप्पणी का विषय है।

['कथादेश', मार्च, 1997]

# स्तम्भ

# सत्य के प्रयोग और भारत की खोज

वह सत्ताईस मई की दोपहर थी। आधे सोते आधे जागते कानों में दूर से अजीब-सी आवाज आ रही थी, "जलाओ घी के...मर गया... ।" रुँधे गले में फँसती आवाज माँ की थी...झकझोरते हाथ माँ के थे, "उठो, उठो...नेहरूजी नहीं रहे।" नीचे गली से कोई फिर चिल्लाया, "जलाओ घी के..." माँ फिर बोलीं..."उठ जाओ, नेहरू नहीं रहे।" और एक आँसू टपका मेरे गाल पर। थोड़ी देर बाद पिता दुकान बढ़ाकर घर आए...माँ की ही तरह पस्त भीतर कुछ टूटा हुआ लिए हुए।

आज उनतालीस बरस बाद भी ये दोनों आवाजें साथ-साथ गूँजती हैं कान में। गली से उठती आवाज के रूप और संस्करण अब कई हैं, लगता है उनकी ताकत भी कई गुना बढ़ गई है। माँ की आवाज जैसे पीछे छूट गई, मद्धम पड़ गई। उस गली से आती आवाज का तर्क भी समझ आता है। आखिर वह मोहल्ला हमारे शहर में हिन्दू महासभा का गढ़ माना जाता था। लेकिन माँ? लेकिन पिता? उन्हें तो कभी नेहरू के प्रति प्रेम या सम्मान बहुत जोर से जताते सुना नहीं था। उनकी दुनिया तो धर्म से ही परिभाषित होती थी—और हिन्दू सभा की, उसके विविध संस्करणों की आवाज-चीख-चीखकर कहती थी, कहती है कि नेहरूजी के कारण छद्म धर्मनिरपेक्षता की नींव पड़ी। फिर क्यों हमारे धर्म-भीरु, कांग्रेस-विरोधी घर में उस रात चूल्हा नहीं जला? क्यों माँ-बाप का व्यवहार ऐसा था जैसे सिर से किसी बड़े का साया उठ गया हो!

आज बहुत से लोग भारतीय जनमानस में गांधीजी की उपस्थिति को तो सहज मानते हैं, नेहरू के बारे में जताया जाता है कि उनका तो सोच-विचार; मन-संस्कार सब कुछ विलायती था—उनका भला क्या संवाद भारतीय जनमानस से। वे भारत को समझते भी कहाँ थे—वे तो आपादमस्तक पश्चिमी रंग में रँगे थे!

लेकिन क्या वह घर अनोखा था, जहाँ उस रात चूल्हा नहीं जला? या वह घर देश के लाखों-करोड़ों साधारण घरों में से ही एक था? क्या खो दिया था उस दोपहर इन तमाम घरों ने?

आज इतने बरस बाद लगता है कि बहुत से बुद्धिजीवी संवाद की मानवीय विधि को ही नहीं समझते। इसीलिए तो चर्चा 'विरासत' की होती है, उस जादू की नहीं, जो ऊपर से विपरीत ध्रुवों पर खड़े लगते व्यक्तियों के बीच प्रेम और संवाद का रिश्ता सम्भव करता है। ऐसा तो है नहीं कि गांधीजी नेहरू की सोच से नावाक़िफ़ थे। औद्योगीकरण का मसला हो या संगठित धर्म के प्रति दृष्टि का—गांधीजी अपनी सोच से नेहरू की भिन्नता भली-भाँति जानते थे। फिर भी, गांधीजी आश्वस्त थे कि "स्फटिक की भाँति निर्मल हृदयवाले जवाहरलाल के हाथों देश का भविष्य सुरक्षित है?"

ऐसा मानने में हर्ज नहीं कि गांधीजी अपनी और नेहरू की सोच को 'सांस्कृतिक राष्ट्रवादियों' और कुछ उत्साही गांधीवादियों से बेहतर ढंग से जानते-समझते थे। हमें बजाय

गांधीजी की गलती बखानने के, पूछना यह चाहिए कि गांधीजी नेहरू को वरीयता आखिरकार दे क्यों रहे थे? इस सवाल के जरिए हम उस संवाद तक पहुँच सकेंगे—जो एक ओर गांधीजी और नेहरू के बीच; दूसरी ओर नेहरू और भारतीय जनमानस के बीच लगातार चलता रहा।

सच तो यह है कि इस जनमानस के साथ संवाद स्थापित करने के धरातल पर नेहरू गांधीजी से भी अधिक प्रेरक व्यक्तित्व हैं। उनके मुहावरे में 'धार्मिकता' न थी; रहन-सहन में 'पारंपरिकता' भी नहीं थी। ज़रूरत पड़ने पर 'अपने' लोगों की कठोरतम आलोचना करने का साहस था—और पारंपरिक 'धर्मप्राण' भारतीय जनता के साथ संवाद इतना सहज था कि वे बाँधों और कारखानों को 'नए भारत के नए तीर्थस्थल' कह सकते थे।

गांधी और नेहरू भारतीय जनमानस के लिए केवल राजनेता, केवल राष्ट्रनिर्माता भी नहीं, बल्कि सहयात्री और मार्गदर्शक थे। जिसे 'धर्मप्राणता' कहा जाता है; उसका सबसे सार्थक अंश क्या है? मनुष्य की दैनन्दिन दुष्टता के बावजूद परिपूर्ण, आदर्श मानव हो सकने की सम्भावना में विश्वास! यह विश्वास ही वह आध्यात्मिक सार है, जिसका भले-बुरे (ज्यादातर बुरे-बुरे ही) ढंग से उपयोग संगठित धर्मसत्ताएँ करती आई हैं। इसी आध्यात्मिक सार पर आधारित नैतिक मूल्यों को राजनीति के केन्द्र में रखने के कारण हमारा स्वाधीनता आन्दोलन दुनिया-भर के उत्पीड़ित लोगों के लिए प्रेरणा का सतत स्रोत बन सका।

गांधीजी को भी 'धर्मप्राणता' का यह आध्यात्मिक सार बैठे-बिठाए नहीं मिल गया था। उन्होंने इसे जटिल तप से अर्जित किया और अपने जीवन को जब स्वयं परखना चाहा, उस परख की कथा कहनी चाही तो उस कथा को नाम दिया, 'सत्य के प्रयोग'। गांधीजी के जीवनतप के प्रकाश ने नेहरू को ही नहीं, उनके अन्य अनेक साथियों को भी राह दिखाई। हिन्दू राष्ट्रवादी गोडसे द्वारा गांधीजी की हत्या के बाद नेहरू ने देशवासियों से यही कहा था, 'रोशनी बुझ गई।'

गांधीजी स्वयं को सनातनी हिन्दू कहते थे। नेहरू स्वयं को अस्तित्व मात्र के अद्वैत में विश्वास करने वाला 'पैगन' (बहुदेववादी, प्रकृतिपूजक, बहुलतावादी) कहते थे। गांधीजी की सनातनी हिन्दू आस्था उनसे बेखटके कहलाती थी कि "मैं हिन्दू भी हूँ, मुस्लिम भी, ईसाई भी, पारसी भी।" इस धरातल पर गांधी का 'सनातन' धर्म और नेहरू का पैगनिज्म वस्तुतः एक ही है। और यह सनातन पिपासा ही भारतीय सांस्कृतिक अनुभव में बहुलता और संवाद-धर्मिता का संस्कार बन गई है। इस संस्कार का श्रेष्ठतम रूप नेहरू के मिजाज में रचा-बसा था।

और इसी के साथ थी—भारत के उत्थान-पतन के कारणों को समझने की बेचैनी। मूर्खतापूर्ण दम्भ या उतने ही मूर्खतापूर्ण विलाप की बजाय अपने व्यक्तिगत और सामाजिक-सांस्कृतिक 'आत्म' की खूबी-खामी समझने की बेचैनी। अतीत को सिर पर ढोते फिरने की बजाय उसके साथ वर्तमान और भविष्य के सपनों का नैतिक तालमेल बैठाने की बेचैनी। नेहरू की खोज वस्तुतः अपनी जगह की तलाश थी। उनके खुद के लिए; उनकी सांस्कृतिक परंपरा के लिए अपनी जगह की तलाश। यह तलाश व्यक्तिगत-सामाजिक; नैतिक-राजनीतिक; भौतिक-आध्यात्मिक के विरोधी जोड़ों में बँटी हुई न होकर एक पूरेपन की तलाश थी।

जैसे गांधीजी को अनेक प्रयोगों का सार जीवनतप से मिला; वैसे ही उस जीवनतप की रोशनी में अपनी साधना जोड़कर नेहरू ने पूरेपन को हासिल करने के हौसले के साथ 'भारत की खोज' की। वे भारत रचने का दम्भ नहीं पाल रहे थे। उन्हें यह भी गुमान नहीं था कि भारत की आत्मा केवल रोजमर्रा की राजनीति, उसके नारों या किसी भी तरह के प्रतीकों में बैठे बिठाए मिल जानेवाली है। उनकी खोज का लक्ष्य प्रतीकों के मानवीय सरोकार को समझना था। 'भारत

की खोज' के प्रसंग में ही उन्होंने स्वयं को यह जानते पाया, कि जब हम 'वन्दे मातरम्' या 'भारत माता की जय' कहते हैं तो हमारे मन में क्या भावना होनी चाहिए। देश का इतिहास, भूगोल, संस्कृति, विरासत सब कुछ लेकिन सर्वोपरि देश का साधारण से साधारण इंसान। यही है भारत माता—एक तरह से आप स्वयं हैं भारत माता! बार-बार कहते थे नेहरू अपने श्रोताओं से। गांधीजी के मार्मिक शब्द चित्र का वह आखिरी आदमी जिसकी आँख का आखिरी आँसू पोंछना है—वह है भारत माता का ठोस-रूप भारत का देहधारी अवतार। उसी की जय है भारत माता की जय!

इस आखिरी आदमी की जय ठोस योजना के बिना सम्भव नहीं। न तब थी, न अब है। ऐसी योजना बनाने और लागू करने के क्रम में गलतियाँ ज़रूरत हुई हैं—लेकिन क्या सिर्फ़ गलतियाँ? तीन बरस पहले प्रकाशित पुस्तक 'टेरर इन दि माइंड ऑफ़ गॉड' में मार्क युरगेंसमेयेर ने सवाल उठाया है कि जिस आध्यात्मिक खोखेलपन का सामना आज मानव समाज कर रहा है—क्या उसका संबंध हमारी सामाजिक-राजनीतिक संस्थाओं के चरित्र से नहीं है?

भारतीय स्वाधीनता आन्दोलन सारी दुनिया के लिए प्रेरक इसीलिए बना कि वह उपरोक्त सवाल से तब टकराया जब लोग यह सवाल पूछने के लिए शब्दावली तक नहीं गढ़ पा रहे थे। स्वतंत्रता के बाद कोशिश की गई एक आत्मनिर्भर राष्ट्रराज्य के गठन के साथ-साथ ऐसे समाज के भी निर्माण की जिसकी संस्थाएँ मनुष्य को उसका पूरापन हासिल करने में सहायता दे सकें। बिना बुनियादी ढाँचे के; बिना सामाजिक समता के; बिना नैतिक राजनीति के—ऐसा पूरापन सम्भव नहीं; इन चीजों के बिना वह आध्यात्मिक खोखलापन आकर रहेगा—जिसकी परिणति युरगेंसमेयेर के शब्दों में, 'परमात्मा के मानस में आतंक' की स्थिति में हुई है।

नेहरू की खोज ऐसे 'भारत की खोज' थी जो इस आध्यात्मिक खोखलेपन के प्रतिवाद का स्वर बन सके। इस खोज में उनकी असफलता हिमालय न चढ़ पाने की असफलता जैसी है; और ऐसी असफलता किसी तरह दो सीढ़ी चढ़कर बेडरूम में पहुँच जाने की सफलता से निश्चय ही अधिक मूल्यवान् है!

नेहरू की 'असफलता' के इस मूल्य को वे सब समझते थे जो उन्नीस सौ चौंसठ की उस सत्ताईस मई की दोपहर बेबस आँसू बहा रहे थे...

और शायद वे भी समझते हैं (हालाँकि किसी और जगह खड़े होकर) जिनके लिए दो हजार तीन की इस सत्ताईस मई के ही दिन नहीं, दिनों दिन नेहरू फ़िज़ूल होते जा रहे हैं...

['निज ब्रह्म विचार' (2004), राजकमल प्रकाशन]

# अटलांटा की तीर्थयात्रा

चौबीस नवम्बर की सुबह। पिछले पाँच दिनों से मौसम अनपेक्षित रूप से चमकीला रहा है। साल के इन दिनों में अटलांटा के लोग ऐसी चमकीली धूप की उम्मीद नहीं करते, ये तो रिमझिम के दिन हैं। अमेरिका के उत्तरी हिस्सों में तो बर्फ पड़नी शुरू भी हो गई—लेकिन यहाँ इस दक्षिणी राज्य जॉर्जिया के महानगर अटलांटा में धूप चमक रही है—पिछले पाँच दिनों से। आज चौबीस नवम्बर को जैसे प्रकृति ने भूल-सुधार किया—तड़के से ही हलकी-हलकी बूँदें पड़ रही हैं। बीच-बीच में बौछारें भी। जो हो, किंग सेंटर तो जाना ही है।

कई महीने पहले जब अमेरिकन अकेडमी ऑफ़ रिलीजन की सालाना बैठक में शामिल होने, पर्चा पढ़ने का निमंत्रण मिला था—तभी से उत्सुकता के साथ-साथ मन में तीर्थयात्री की सी श्रद्धा भी व्यापती रही है। उत्सुकता समानधर्मा अध्येताओं के साथ मुलाकातों की और श्रद्धा मार्टिन लूथर किंग (जूनियर) की जन्मस्थली-कर्मस्थली की यात्रा कर पाने के अवसर की। वह अवसर आज सामने है। कबीर की कविताओं का श्रेष्ठतम अंग्रेजी अनुवाद करने वाली, कबीर की समर्पित अध्येता लिंडा हैस साथ हैं। हम लोग मार्टिन लूथर किंग सेंटर जा रहे हैं। सेंटर माने उन कई भवनों का संकुल—जिनसे किंग का संबंध था; उनका चर्च, उनका घर, दूसरे चर्च, संग्रहालय। उस इमारत की दीवार पर ही लिखे हैं किंग की प्रसिद्ध 'आई हैव ए ड्रीम' स्पीच के ये शब्द: "मैं सपना देखता हूँ कि एक दिन मेरे चार नन्हें-मुन्नों की परख उनके रंग के आधार पर नहीं, उनके चरित्र के आधार पर की जाएगी।" यह विश्वविख्यात भाषण मार्टिन लूथर किंग ने 28 अगस्त, 1963 को वाशिंगटन में ढाई लाख लोगों की सभा में दिया था। संग्रहालय में इस भाषण का टेप चल रहा था—लिंडा को रोमांच हो आया—जो उनकी आँखों के पानी में झलक रहा था—"पता है, पुरुषोत्तम! मैं थी वहाँ...उन लाखों लोगों में एक—किंग का सपना सुनती हुई, देखती हुई।"

संग्रहालय के स्वागत कक्ष में एक अद्‌भुत पेंटिंग थी—स्वागती की टेबल के ऐन ऊपर। महात्मा गांधी और मार्टिन लूथर किंग दोनों एक साथ। पेंटर ने जैसे इतिहास के तथ्य की उपेक्षा कर उसके नैतिक सत्य को सजीव कर दिया था। क्या हुआ जो ये दोनों अहिंसा साधक कभी एक-दूसरे से नहीं मिले—वे थे तो एक ही राह के राही। गांधीजी की ऐसी दूसरी तस्वीर मैंने नहीं देखी—इसमें वे किंग की ही तरह अश्वेत—नीग्रो (!)—दिखते हैं, और कुछ ऐसा है रेखांकन में कि बरबस मेरे मुँह से निकला—"ही लुक्स लाइक ऐन एंग्री ब्लैक मैन।" क्रुद्ध अश्वेत के रूप में गांधी!

मार्टिन लूथर किंग का जन्म 15 जनवरी, 1920 को अटलांटा में हुआ था। सीनियर किंग पादरी थे, और उनके यशस्वी पुत्र का पादरी बनना भी तय ही था। उन्होंने बाकायदा धर्मशास्त्र का अध्ययन किया और बोस्टन यूनिवर्सिटी से थ्योलॉजी के पी.एच-डी. होकर लौटे। 1954

में वे पादरी नियुक्त हुए। अगले ही साल, बीसवीं सदी के अमेरिकी इतिहास की वह यादगार घटना घटी। रोज़ा पार्क नामक अश्वेत महिला ने रंगभेद के विरुद्ध एक छोटा-सा विद्रोह कर दिया—इस छोटे-से विद्रोह ने अमेरिका के दक्षिणी राज्यों में चले आ रहे रंगभेद को अमेरिकी लोकतंत्र पर सबसे बड़े प्रश्नवाचक में बदल डाला। रोज़ा पार्क ने सिटी बस में, अश्वेतों के लिए आरक्षित पिछले हिस्से में बैठने से इनकार कर दिया था—इस इनकार ने नागरिकों के समानाधिकार आन्दोलन के बहुत प्रचंड आन्दोलन की ज़रूरत को पुरजोर ढंग से रेखांकित कर दिया।

उन्नीसवीं सदी में, अब्राहम लिंकन ने दासता को एक व्यापारिक संस्था के रूप में तो समाप्त कर दिया था; दासों की खरीद-बिक्री पर तो रोक लगा दी थी; लेकिन नस्ल और रंग पर आधारित भेद-भाव और सामाजिक अन्याय जारी रहा। अमेरिका के दक्षिणी राज्यों में तो इस नस्ल भेद की शक्ल बहुत ही बदसूरत थी। छिट-पुट विरोध भी होता रहता था—लेकिन रंगभेद को सामाजिक स्वीकृति ही नहीं, कानूनी मान्यता भी प्राप्त थी। बस में, अश्वेतों के लिए अलग किए गए पिछले हिस्से में जाने से इनकार करके रोज़ा पार्क ने इस स्वीकृति और मान्यता को चुनौती दे डाली।

रोज़ा पार्क के इस इनकार से जो आन्दोलन उत्पन्न हुआ, मार्टिन लूथर किंग जल्दी ही उसकी अगली कतार में आ गए। नस्लभेद विरोधी आन्दोलन के ही नहीं, समता और न्याय के विश्वव्यापी आन्दोलन के प्रवक्ताओं में भी उनकी गिनती पहली पाँत में होने लगी। उनके समर्थकों और विरोधियों को जो बात सबसे अजीब लगी—वह थी अहिंसा पर उनकी अडिग आस्था। जॉन एच. फ्रैंकलिन का कहना है, "अहिंसा में किंग का विश्वास शायद पहले से ही था, लेकिन 1957 में उनकी भारत यात्रा और जवाहरलाल नेहरू से उनकी मुलाकात ने इस आस्था को अडिग निश्चय का रूप दे दिया।"

किंग की मृत्यु के लगभग पैंतीस साल बाद, आज यह कहना गलत न होगा कि अहिंसा सचमुच न केवल जनान्दोलन के लिए सहायक रणनीति, बल्कि वास्तविक परिवर्तन की शर्त भी है। गांधीजी को लगभग शब्दश: प्रतिध्वनित करते हुए किंग ने अपने अन्तिम भाषण में जो सच्चाई बयान की, उस पर आज शायद उतनी बहस न हो जितनी कि पैंतीस साल पहले हुई थी। किंग ने कहा, "बरसों से हम मनुष्य युद्ध और शान्ति की बातें करते आए हैं, लेकिन अब सिर्फ़ बातों से नहीं चलेगा। अब दुनिया के सामने मसला अहिंसा या हिंसा के बीच चुनाव करने का नहीं, बल्कि अहिंसा या सर्वनाश (नॉन वायलेंस ऑर नॉन एग्जिस्टेंस) के बीच चुनाव करने का है।" दो टूक शब्दों में बयान की गई यह सच्चाई केवल किंग सेंटर के कोने-कोने में ही नहीं, दुनिया-भर के कोने-कोने में उकेरी गई, गूँजती हुई प्रतीत होती है—अहिंसा या सर्वनाश!

अहिंसा के रास्ते की मुश्किलें और मोहभंग किंग के आन्दोलन को भी झेलने पड़े। अहिंसा और हृदय-परिवर्तन का रास्ता सदा सफलता की ओर नहीं जाता। भारत का विभाजन और उसके साथ हुई हिंसा इसका विकट प्रमाण है। नस्लभेद विरोधी आन्दोलन की अहिंसात्मक रणनीति के सामने भी समस्याएँ आईं। 1966 में किंग की शिकागो यात्रा बहुत कामयाब नहीं रही—सिविल नाफरमानी की रणनीति बहुत से श्वेतों का हृदय परिवर्तन करने की बजाय, उनके हिंसक क्रोध को और भी बढ़ाने लगी। स्वयं अश्वेतों में अहिंसा को लेकर असन्तोष पहले से था, वह भी अभिव्यक्त होने लगा।

हिंसा-अहिंसा की समस्या अन्तत: नैतिकता की समस्या है—और इसीलिए इसके सन्दर्भ में गम्भीर विमर्श और खुला संवाद ज़रूरी है। व्यवस्था में अन्तर्निहित, अव्यक्त हिंसा का सामना

क्या सचमुच हृदय-परिवर्तन पर भरोसा करके किया जा सकता है? मनुष्य के स्वभाव की दृष्टि से देखें तो क्या आक्रामकता भी उसका वैसा ही अंश नहीं, जैसा कि करुणा? असली समस्या क्या शक्ति की नहीं? क्या हिंसा शक्ति की ही एक अभिव्यक्ति नहीं? और क्या शक्ति की साधना मनुष्य का स्वभाव नहीं?

यह वाजिब प्रश्न है। इसी मूल प्रश्न से आरम्भ कर नीत्शे ने ईसाइयत को 'सेंटीमेंटल' कहकर रद्द कर दिया था। सवाल वाजिब है—लेकिन क्या नीत्शे का और उनसे प्रभावित बहुत से विचारकों का खोजा गया जवाब भी वाजिब है? आक्रमकता—माना कि मनुष्य की प्रकृति का अंग है तो क्या उसे मानवीय संस्कृति का आधार भी होना चाहिए? सच पूछें तो सही सवाल यही है। क्या हम मनुष्य सिर्फ़ प्रकृति का विकास भर हैं या संस्कृति का परिणाम भी? और परिवर्तन की, या अपनी बात कहने की जो विधि हिंसा के रास्ते गुजरती है, क्या वह किंग की इस चेतावनी की उपेक्षा कर सकती है: 'अहिंसा या सर्वनाश!' परिवर्तन का जो स्वप्न हिंसा पर ही आधारित हो, वह क्या सचमुच दूरगामी परिवर्तन को सम्भव कर सकता है? गांधी और किंग के सामने इस प्रश्न का उत्तर स्पष्ट था—सारे खतरों और सारी असफलताओं के बावजूद। उनके स्वप्न का आधार था—अहिंसा में अडिग विश्वास!

हमारा समय स्वप्नहीनता का समय है—फिर भी लोगों के अपने छोटे-छोटे सपने तो हैं ही। उन सपनों में क्या नैतिक है, क्या अनैतिक? हिंसा और अहिंसा अथवा अहिंसा और सर्वनाश के चुनावों में किस चुनाव के साथ जाते हैं हमारे सपने? यह सवाल हमारे लिए है और हममें से हरेक को इसका जवाब खुद ही तलाशना होगा—खुद ही तराशना होगा। जिन्होंने अपने जवाब तलाशे और जिए, उनसे संवाद करके हम सीख सकते हैं, लेकिन जूझना तो खुद ही होगा।

गांधीजी की तरह किंग भी गहरे धार्मिक व्यक्ति थे। गांधीजी की तरह वे धर्मविश्वास का सिर्फ़ 'मुहावरे की तरह उपयोग' नहीं करते थे, उसे जीते थे। उनके लिए धर्म एक प्रदत्त सत्य था, लेकिन उस सत्य से संवाद करने का तेजस्वी ढंग उनके धर्मविश्वास को नया अर्थ दे देता है। वे बिना कोई घोषणा किए, अन्यायपूर्ण व्यवस्था का समर्थन करती धर्मसत्ता से जा टकराते हैं। धर्म द्वारा किए जानेवाले दावों को, आध्यात्मिक तृप्ति के वादों को वे एक नई जमीन पर ले जाते हैं। धर्म अगर सचमुच प्रेम करना सिखाता है, वैर पालना नहीं, तो यह प्रेम केवल अपने या अपने जैसों के प्रति कैसे सीमित हो सकता है? आत्म की कोई भी अभिव्यक्ति अन्य के प्रति वैर या विद्वेष पर कैसे आधारित हो सकती है?

वहाँ किंग सेटर में किंग की शिकागो यात्रा की फ़िल्म दिखाई जा रही है। एक श्वेत युवती किंग को गाली दे रही है—किंग उसकी ओर बढ़ते हैं—"तुम्हारे जैसी सुन्दरी युवती, तुम्हारे जैसी सुसंस्कृत युवती ऐसी भद्दी जुबान कैसे बोल सकती है? तुम बात करो न मुझसे—गाली क्यों?—वह युवती अब शरमाती हुई किंग से हाथ मिला रही है। किंग के होंठों पर मुस्कान है—और यह फ़िल्म देखनेवालों की आँखों में...।

किंग अन्तिम बार 3 अप्रैल, 1968 के दिन टेनेसी में बोले। दूसरे ही दिन उन्हें गोली मार दी गई। आत्मविश्वास और आस्था का अद्भुत दस्तावेज है किंग का यह अन्तिम भाषण—'आई हैव बीन टू माउंटेन टॉप।' पर्वत शिखर से देखा है मैंने—परमात्मा ने दिखाया है मुझे—एक दिन हम पहुँचेंगे उस 'प्रॉमिस्ड लैंड' में जहाँ लोगों की परख उनके जन्म से नहीं, उनके कर्म से होगी—'भले ही मैं साथ न होऊँ।' और दूसरे ही दिन...।

किंग ने अपनी भारतयात्रा के दौरान कहा था, ''दिल्ली आया हूँ यात्री की तरह, गुजरात जाऊँगा तीर्थयात्री की तरह।'' यह 1957 की बात है। तब मार्टिन लूथर किंग के लिए गांधी का जन्मप्रदेश तीर्थस्थल था—आज के गुजरात में हिंसा से पीड़ित लोगों को साबरमती आश्रम तक में शरण नहीं मिल पाती। संग्रहालय के गांधी-कक्ष से गुजरते हुए बार-बार किंग की कही यह बात याद आती रही। लिंडा हैस को याद दिलाया किंग का यह कथन और हम दोनों के ही शब्द जैसे कुछ देर के लिए चुक गए।

संग्रहालय की श्रद्धांजलि पुस्तिका में पैट्रिस मैतियर नाम के किसी यात्री की श्रद्धांजलि है—जो हम से बस दो ही दिन पहले बाईस तारीख को वहाँ आया था। इस श्रद्धांजलि में न केवल इस अश्वेत तीर्थयात्री की निजी श्रद्धा है, बल्कि किंग के कारण जो फ़र्क़ आया, उसका लाजवाब मूल्यांकन भी। पैट्रिस ने लिखा है, 'डॉ किंग, जो कुछ आज हूँ, आप ही के कारण। मेरी सबसे अच्छी दोस्त श्वेत है, और जो हालत आपके समय में थी, वैसे आज होती तो मैं उसे पास भी न फटकने देता। जो कुछ आपने किया, उसके लिए आभार। मुझे खुशी है कि आज मैं अलग-अलग नस्लों के लोगों से मिल सकता हूँ। यह एक नया ही तजुर्बा है सीखने का। बस और क्या कहूँ, सिवा इसके कि आपसे प्यार है और आपकी बहुत याद आती है।'

तीर्थ का शाब्दिक अर्थ है—जलस्थल। जल के साथ पवित्रीकरण का संबंध मनुष्य की कल्पना ने हजारों साल पहले जोड़ा था। सेमेटिक धार्मिक परंपरा में तो इस संबंध का अपना विशिष्ट ऐतिहासिक अर्थ था—जेरुसलम के प्राचीन मन्दिर में उपासक पवित्रता प्राप्त करते थे बलिपशु के रक्त से। जॉन द बैपटिस्ट अपने शिष्यों को बपतिस्मा—पवित्रीकरण—प्रदान करते थे—जल से। यह एक नई धर्मदृष्टि का, एक नई पवित्रता का प्रस्ताव था। नजारथ के अशान्तचित्त युवक जीसस को जॉन ने नदी के जल से ही बपतिस्मा दिया था। यह बात और है कि बाद में जीसस के चर्च ने 'पवित्रता' के लिए न जाने कितने मनुष्यों का रक्त बहाया! बहरहाल, तीर्थयात्रा का अर्थ है जल के सम्पर्क से पवित्र होना! रक्त की बजाय जल से बपतिस्पा लेना।

डॉ. मार्टिन लूथर किंग जूनियर की तस्वीरों, मुद्राओं, भंगिमाओं और शब्दों के बीच से गुजरते, 'आई हैव ए ड्रीम' स्पीच की श्रोता लिंड हैस के पवित्र रोमांच को छूते, पैट्रिस मेतियर के मार्मिक शब्दों को पढ़ते, क्रुद्ध  अश्वेत के रूप में उकेरे गए गांधी को देखते जो पानी अनजाने ही आँखों में भरने लगा था—वह पवित्र के पास होने की कृतज्ञता का जल था। बपतिस्मा का जल। तीर्थ का जल।

['निज ब्रह्म विचार' (2004), राजकमल प्रकाशन]

# 'गीता धर्म' और 'गीता हृदय'

'गीता हृदय' शीर्षक से गीता का भाष्य करते हुए स्वामी सहजानन्द सरस्वती ने जो 'प्रारम्भिक शब्द' लिखे, उन्हें ध्यान से पढ़ना और गुनना चाहिए। लिखते हैं, ''बेशक गीता के साथ मेरा पहला संबंध केवल धार्मिक था—धार्मिक उसी मानी में जिसमें इस शब्द का आमतौर से व्यवहार किया जाता है और अब भी तो वह संबंध धार्मिक ही है। फ़र्क़ इतना ही है कि पहले का 'केवल' हट गया है। या यों कहिए कि धर्म का रूप बहुत व्यापक बन गया है। इसे व्यापक तो और लोग भी कहते और मानते हैं। मगर मेरे संबंध में इसकी व्यापकता कुछ निराली है और 'गीता-हृदय' की पंक्तियाँ इसे साफ़ बताती हैं। सारांश यह कि गीता के सार्वभौम धर्म ने मेरे धर्म को भी अपना लिया है और उसे भी सार्वभौम बना डाला है। यही तो मेरे वेदान्त का असली अद्वैतवाद है। एक समय था, जब मैं गीता में संकुचित मुक्ति का मार्ग देखता था, निष्क्रिय वेदान्तवाद और अध्यात्मवाद की झाँकी पाता था। परन्तु आज ये सभी चीजें व्यापक और सार्वभौम हो गई हैं, पूर्ण सक्रिय हो गई हैं। एक वक्त था—और वह आज से प्राय: छह साल पहले तक था जब मैं मानता था कि मेरे जैसे गीता-प्रेमी के लिए मार्क्सवाद में स्थान नहीं है—और यह कि गीताधर्म का मार्क्सवाद के साथ मेल नहीं है—विरोध है! मगर आज? आज तो यह खयाल सपने की चीज हो गई है और मैं न सिर्फ़ यह मानता हूँ कि गीताधर्म का मार्क्सवाद के साथ विरोध नहीं है; किन्तु मेरे जानते गीताधर्म मार्क्सवाद का पोषक है। मेरे खयाल से गीता के 'सर्वभूतात्मभूतात्मा' और 'सर्वभूतहितेरता:' सिवाय सच्चे मार्क्सवादियों के और कौन हो सकते हैं? वही तो समस्त मानव समाज का पुनर्निर्माण इस तरह करना चाहते हैं कि एक भी आदमी दुखी, पराधीन, समुन्नति के सभी साधनों से वंचित न रहने पाए।'' ('स्वामी सहजानन्द सरस्वती ग्रन्थावली-3' प्रकाशन संस्थान, नई दिल्ली, 2003, पृ. 4-5)।

सहजानन्द सरस्वती के 'गीता-हृदय' का अद्वितीय महत्त्व इस बात से है कि उसकी रचना जनता को प्रभावित करने के लिए पवित्र धर्म-ग्रन्थ का उपयोग करने की उपयोगितावादी रणनीति के तहत नहीं हुई। इस महत्त्व को समझने-स्वीकारने के लिए उनकी हर स्थापना से सहमत होना कतई ज़रूरी नहीं। ज़रूरी है उस कशमकश के प्रति संवेदनशील होना जिससे सहजानन्द सरस्वती के उपरोक्त शब्द ही नहीं, उनकी सारी सक्रियता उपजी—जिसके कारण उनका जीवन-संघर्ष सम्भव हुआ। कशमकश इस बात पर कि 'मेरे जैसे गीता प्रेमी के लिए मार्क्सवाद में स्थान' है, या नहीं है! इसी बुनियादी सवाल के साथ सहजानन्द 'गीता-हृदय' की खोज करते हैं। यह खोज इतनी विचारोत्तेजक इसलिए है कि उनके पास हिन्दू धर्म-दर्शन और स्वयं गीता संबंधी वाद-विवाद की गहरी जानकारी भी है और मार्क्सवादी पद्धति और सरोकारों का गहरा बोध भी। साथ ही है जनजीवन के साथ वास्तविक जुड़ाव और खासकर इस बात के अनुभव कि ''किसान कैसे लड़ते हैं?'' इस लड़ाई की भाषा विकसित करने में सहजानन्द के 'गीता-प्रेम'

की अपनी भूमिका थी। इस भूमिका का विचारोत्तेजक अध्ययन हाल ही में युवा इतिहासकार अरुण कुमार ने अपनी पुस्तक 'रि-राइटिंग दि लैंग्वेज ऑफ़ पॉलिटिक्स' में किया है।

सहजानन्द सरस्वती जानते हैं कि हिन्दू परंपरा में मोक्ष को मानव जीवन का सर्वोच्च लक्ष्य माना गया है। मोक्ष-मुक्ति काहे से? संसार चक्र से। तरीका क्या है? समाज से उदासीनता। आत्मलीनता। वैराग्य। इन पारंपरिक प्रश्नोत्तरों से अच्छी तरह वाक़िफ़ सहजानन्द इनके निष्कर्ष को स्पष्ट शब्दों में 'संकुचित मुक्ति का मार्ग' कहते हैं। यह मार्ग आत्म की चेतना और समाज के प्रति उदासीनता को एकदम पर्यायवाची नहीं तो परस्पर निर्भर तो बना ही देता है। इस मार्ग पर चलकर सर्वभूतहितरत होने की दशा जीवनक्रम को परखने का नैतिक प्रतिमान बनने की बजाय एक असम्भव, अव्यावहारिक आदर्श बन जाती है। संकुचित मुक्ति का यह मार्ग अन्याय और अकरुणा के औचित्य निरुपण का; सामाजिक उत्पीड़न और संरचनागत अन्याय को दैवीय व्यवस्था मानने का मार्ग भी बन जाता है। 'निष्क्रिय वेदान्तवाद और अध्यात्मवाद' ऐसे ही औचित्य निरुपण—रेशनलाइजेशन—का सैद्धान्तिक रूप है।

'गीता-प्रेमी' सहजानन्द सरस्वती का सवाल इस रेशनलाइजेशन की बुनियादी खामी पर उँगली रखता है। मोक्ष यदि लक्ष्य है—तो अव्वल तो वह मनुष्य मात्र का लक्ष्य है; इसीलिए वे गीता को धर्म-विशेष के प्रतीक या पवित्र-ग्रन्थ की तरह नहीं पढ़ते। वे उसे मनुष्य मात्र की मुक्ति-कामना के प्रसंग में पढ़ते हैं, और इसीलिए गीताधर्म को ऐसी मुक्ति-कामना का सार्वभौम धर्म मानते हैं। 'गीता-हृदय' की विस्तृत भूमिका में वे इस बात पर बल देते हैं कि "धर्म-अधर्म की सर्वसाधारण धारणा निहायत ही थोथी और ऐन मौके पर खतरनाक हो जाती है।" असली सवाल है—करणीय कर्म के प्रतिमान का। नैतिक कर्म के निर्धारण का—और इस प्रसंग में सहजानन्द याद दिलाते हैं, "कि जहाँ गीता में शुरू से लेकर अन्त तक कर्म का उल्लेख सैकड़ों बार कर्म शब्द से करने के अलावे कार्य, कर्त्तव्य, युद्ध, यज्ञ, यत्न, योग आदि शब्दों से किया है, तहाँ धर्म शब्द मुश्किल से किसी-न-किसी रूप में—अधर्म, धर्म्म, साधार्म्य के रूप में भी—सिर्फ़ तैंतीस बार आया है।" (वही, पृ. 115) दूसरे शब्दों में, गीता का उद्देश्य 'धर्म-अधर्म की सर्वसाधारण धारणा' का प्रचार करना नहीं, बल्कि उस धारणा को प्रश्नविद्ध करना है। इस धारणा के स्थान पर नैतिक कर्म की प्रतिष्ठा करना है। धर्म की प्रचलित धारणा का विस्तार बल्कि रूपान्तरण ही कर डालता है—'गीता-धर्म।'

गीता का बल धर्म पर नहीं कर्म पर है—इसे तार्किक ढंग से रेखांकित करते हुए सहजानन्द कर्म के नैतिक मूल्यांकन का सवाल उठाते हैं। उनका यह सवाल गीता को तरह-तरह के 'धर्मशास्त्रियों के झमेलों' से मुक्तकर परिवर्तनोन्मुख कर्म के ग्रन्थ में तब्दील कर देता है। स्वामीजी के कोई बीस साल बाद लोकप्रिय हुए मुहावरे की सहायता लें तो मुक्तिकामी धर्मशास्त्र—लिबरेशन थ्यॉलॉजी—के ग्रन्थ के रूप में। स्वामीजी का सवाल स्वाभाविक और सहज है—इसी कारण 'निष्क्रिय वेदान्तवाद' के लिए विस्फोटक भी।

सवाल यह है कि गीता द्वारा वर्णित स्थितप्रज्ञ कर्मयोगी यदि 'सर्वभूतहितरत' होता है तो वह शोषण और अन्याय के प्रति उदासीन कैसे रह सकता है? सर्वभूतहित—सभी का भला-मानव समाज का पुनर्निर्माण किए बिना; प्रकृति के प्रति शुद्ध दोहन के दृष्टिकोण का त्याग किए बिना कैसे सम्भव है? यदि मोक्ष की साधना सभी को करनी चाहिए तो ऐसी साधना सम्भव करने वाले समाज का निर्माण करने के कर्म के प्रति 'कर्मयोगी' उदासीन कैसे रह सकता है? इसी सवाल से वह सवाल निकलता है जिसके उत्तर का विस्तार समूचे 'गीता-हृदय' में किया

गया है—"गीता के सर्वभूवात्मभूतात्मा और सर्वभूतहितेरता: सिवाय सच्चे मार्क्सवादियों के और कौन हो सकते हैं?"

अभाव से, अप्रिय से, असुन्दर से मोक्ष का सपना मनुष्य का सार्वभौम और शाश्वत सपना है। अन्याय, अत्याचार और अनावश्यक बन्धनों से मुक्ति की इच्छा ही मनुष्य को मनुष्य बनाती है। मोक्ष की पारंपरिक अवधारणा इस इच्छा का अस्तित्व स्वीकार तो करती है, लेकिन केवल आध्यात्मिक सन्दर्भ में, केवल व्यक्ति के प्रसंग में। इसीलिए 'संकुचित अर्थ' में। मोक्ष की यह इच्छा-मुमुक्षा—मनुष्य की चेतना में बद्धमूल है। इसी बद्धमूल मुमुक्षा के कारण; अपने 'संकुचित रूप' के बावजूद मोक्ष की पारंपरिक धारणा लोगों को आकर्षित करती आई है।

'गीता-हृदय' मुमुक्षा का तार्किक अर्थ विस्तार करता है। वह मुमुक्षा के आध्यात्मिक पहलू के साथ उतना ही अनिवार्य सामाजिक पहलू जोड़ देता है। सहजानन्द सरस्वती के गीता-पाठ के फलस्वरूप मोक्ष की धारणा अपने सहज, स्वाभाविक सन्दर्भ से फिर से जुड़ जाती है। यह सन्दर्भ है वेदना की द्वन्द्वात्मकता का। मनुष्य का अस्तित्व है ही इस द्वन्द्वात्मकता के फलस्वरूप। सहजानन्द सरस्वती अपनी गहरी अन्तर्दृष्टि और गम्भीर तार्किकता के सहारे रेखांकित करते हैं कि मनुष्य की आध्यात्मिक वेदना और उसकी सामाजिक वेदना एक ही द्वन्द्वात्मक समग्रता में स्थित है। 'सामाजिक' की उपेक्षा करने वाला 'अध्यात्मवाद' संकुचित है।

सहजानन्द सरस्वती के विचार तब और भी महत्त्वपूर्ण लगते हैं जबकि इस बात का ध्यान रखा जाए कि उनके समय तक दुनिया में कहीं भी धार्मिक संवेदना और मार्क्सवादी दृष्टि के बीच ऐसे विचारोत्तेजक संवाद का अता-पता नहीं था। ईसाई परंपरा के भीतर लिबरेशन थ्यॉलॉजी विकसित होने में अभी बीस-पचीस बरस बाक़ी थे। अन्तोनियो ग्राम्शी के विचारों के प्रभाव में यूरोपीय कम्युनिस्ट पार्टियों ने धर्म के प्रति अपने रुख पर पुनर्विचार किया—उनसे सहजानन्द सरस्वती के वाक़िफ़ होने का कोई प्रमाण नहीं मिलता। मार्क्स का जो लेखन मनुष्य की आध्यात्मिक वेदना के संगठित धर्म द्वारा वस्तुकरण पर विचार करता है—वह भी स्वामाजी को सुलभ नहीं था।

लेकिन जो उन्हें सुलभ था, उसका महत्त्व कम नहीं है। 'गीता-हृदय' भारतीय चिन्तन परंपरा, हिन्दू धर्म विमर्श के अपने वाद-विवाद और गीता की पारंपरिक व्याख्याओं, भाष्यों से लेखक के ऐसे गहरे और आत्मीय परिचय का साक्ष्य देता है, जिसे प्रमाणित करने के लिए उद्धरणों के साक्ष्य देने की ज़रूरत नहीं पड़ती। इसी परिचय के आधार पर स्वामीजी सहज रूप से मानकर चल सकते थे कि सृष्टि का निर्माण करके उससे अलग अपनी सत्ता में मगन रहनेवाले ईश्वर की अवधारणा गीता के केन्द्र में नहीं है। उनके लिए ऐसा मानकर चल सकना सहज इसलिए था क्योंकि भारतीय दर्शन परंपरा का कोई भी विद्यार्थी जानता है कि इस परंपरा में ईश्वर और ईश्वरवाद बहुत प्रबल नहीं है। 'वेदनिन्दक' होने के कारण 'नास्तिक' कहे गए बौद्ध, जैन और चावार्क दर्शन ही नहीं; वेद को स्वीकार करने के कारण 'आस्तिक' माने गए सांख्य की दर्शन प्रणाली में भी ईश्वर महत्त्वहीन है। वह निर्माता नहीं, स्वयं एक वैचारिक निर्मिति है। स्वयं वेदान्त का ब्रह्म भी ईश्वर से गुणात्मक रूप से भिन्न विचार है। वेदान्त के अद्वैतवाद और यहूदी-ईसाई-इस्लामी परंपरा के एकेश्वरवाद में गहरा फ़र्क़ है—और इस फ़र्क़ की उपेक्षा करने वाले न अद्वैतवाद की सीमा-सम्भावना समझ सकते हैं न एकेश्वरवाद की।

सहजानन्द सरस्वती का 'गीता-धर्म' केवल उनकी मौलिक प्रतिभा का चमत्कार नहीं है। वे पारंपरिक विमर्श का मनमाना पाठ नहीं गढ़ते। उस विमर्श की अपनी सत्ता को बनाए रखते

हुए वे उसकी अपनी तार्किक परिणति के सवाल उठाते हैं। ये सवाल उठाए जा सकते हैं क्योंकि स्वयं उस पारंपरिक विमर्श में इन्हें उठाए जाने की तार्किक गुंजाइश मौजूद है। ज़रूरत उस गुंजाइश को रेखांकित करने की हिम्मत की थी—सहजानन्द सरस्वती का 'गीता-हृदय' यह हिम्मत करता है। इसीलिए उनका गीता-पाठ, बहुत से आधुनिक गीता-पाठों की तुलना में, पद्धतिगत रूप से पारंपरिक विमर्श में अपना स्थान बना सकने में अधिक सक्षम है। बावजूद उन निष्कर्षों के जो गीता के पारंपरिक व्याख्याकारों में से अधिकांश को असुविधाजनक ही लगेंगे।

ज़रूरत मार्क्सवादी विमर्श की तार्किक परिणतियों का संकेत करने वाली हिम्मत की भी थी। सहजानन्द सरस्वती के पास यह हिम्मत भी थी। इसका पहला प्रमाण तो अपने 'गीताप्रेमी' होने की घोषणा करना ही था। इसी हिम्मत के कारण वे गीता को वर्ग-संघर्ष की अवस्था विशेष के 'ऐतिहासिक दस्तावेज' की तरह नहीं, ऐसे जीवन्त पाठ की तरह पढ़ते हैं, जो नैतिक कर्म निर्धारित करने की शाश्वत समस्या के प्रसंग में विचारोत्तेजना देता है।

धर्म के संबंध में विकसित हुए मार्क्सवादी विमर्श की मूलभूत समस्या यह है कि वह एकेश्वरवाद की धारणाओं से गहरे में 'कंडीशंड' है। इसीलिए इस विमर्श में धर्म और ईश्वरवाद को ही नहीं, आध्यात्मिकता और ईश्वरवाद को भी पर्याय मान लिया गया है। धर्म की परिघटना को सिर्फ़ एकेश्वरवादी धर्मों तक सीमित कर लेने का ही परिणाम है कि न तो धर्म और अध्यात्म के बीच भेद-विवेक किया जाता है; और न धर्म की समूची परिघटना की विश्वसनीय समीक्षा विकसित हो पाती है। धर्म परिघटना की एकेश्वरवाद से भिन्न समझ और परंपरा के गहरे जानकार सहजानन्द 'मार्क्सवाद और धर्म' पर विस्तृत विचार करते हैं। इस विचारक्रम से जो निष्कर्ष वे प्राप्त करते हैं वह रोचक और विचारोत्तेजक तो है ही—'आस्थावान' मार्क्सवादी के लिए खासा असुविधाजनक भी है: ''ऐसे धर्मों या धर्म की सम्भावना भी इससे सिद्ध हो जाती है, जिनका विरोध मार्क्स को इष्ट नहीं है। हमने गीताधर्म के निरुपण में धर्म का जो रूप गीता को मान्य बताया है वह तो वर्तमान धर्म से जुदा ही है। इसलिए उसके साथ भी मार्क्स का विरोध नहीं है, ऐसा सिद्ध हो जाता है।'' (वही, पृ. 78)

जाहिर है कि यह निष्कर्ष विवादास्पद है लेकिन ध्यान देने की बात यह है कि सहजानन्द के अनुसार 'गीता-धर्म' कोई संगठित धर्म, किसी समूह विशेष की अस्मिता का वाचक नहीं, किसी तरह का आस्थातंत्र नहीं, बल्कि नैतिक कर्म की मानवीय खोज का प्रस्ताव है, इसीलिए वह मार्क्सवाद का विरोधी नहीं, उसका पोषक है।

['निज ब्रह्म विचार' (2004), राजकमल प्रकाशन]

# भावनाओं का बवाल है, भैया

जी हाँ, सवाल नहीं बवाल! अपने देश में राजनीति, बल्कि समूचा सामाजिक सत्ता-विमर्श अब ऐसी स्थिति को प्राप्त हो गया है कि भावनाओं के सवाल की जगह बवाल की ही बात करनी चाहिए। इस बवाल का एक कमाल यह भी है कि संसार के सबसे बड़े लोकतंत्र के प्रधानमंत्री महोदय एक अमेरिकी प्रोफेसर को चेतावनी दे रहे हैं। विरोधी दलों—कांग्रेस और राष्ट्रवादी कांग्रेस—की महाराष्ट्र सरकार जेम्स लेन के ही नहीं, उनसे बातचीत करने वाले विद्वानों के भी खिलाफ़ कानूनी कार्रवाई करने की तैयारी कर रही है। कम-से-कम महाराष्ट्र में तो जेम्स लेन की किताब 'शिवाजी: हिन्दू किंग इन मुस्लिम इंडिया' एक महत्त्वपूर्ण चुनावी मुद्दा बन ही गई है। सवाल एक अकादमिक किताब का न रहकर मराठा और हिन्दू अस्मिता का बन गया है।

एकाएक मन में आता है: जेम्स लेन को कैसा लग रहा होगा, इस वक्त! शायद उन्हें गर्व हो रहा है कि उनकी किताब को मुद्दा बनाकर संसार का सबसे बड़ा लोकतंत्र अपने प्रतिनिधियों का चुनाव कर रहा है। शायद उन्हें डर लग रहा हो कि न जाने अब किस ग्रीन कार्ड होल्डर 'सच्चे भारतीय' का दूरस्थ राष्ट्रवाद जोर मार जाए। शायद उन्हें चिन्ता हो रही हो उन मित्रों की, जिनके प्रति आभार प्रकट करने का 'अपराध' उन्होंने किया है। हो सकता है उन्हें खीझ हो रही हो कि कहाँ झंझट मोल ले ली।

अनुमान ही किया जा सकता है; पता नहीं जेम्स लेन को कैसा लग रहा होगा इस समय!

जो साफ़ दीख रहा है, वह यह कि हमारे राजनेताओं को कैसा लग रहा है। प्रधानमंत्री ने कुछ दिन पहले कहा था कि पुस्तकों पर प्रतिबन्ध लगाना व्यर्थ है। यदि आपकी भावनाएँ आहत हुई हैं तो पुस्तक का जवाब पुस्तक से दीजिए। स्वाभाविक रूप से उनके इस बयान से बहुत सारे लोग प्रभावित हुए; प्रधानमंत्री की राजनीति के कई विरोधियों को सुखद आश्चर्य भी हुआ: "कितनी सही बात कह दी, अटलजी ने!" यह और बात है कि 'सुखद आश्चर्य' उत्पन्न करने वाली ऐसी बातों पर अटलजी आमतौर से अटल नहीं रहते। दंगा पीड़ितों के बीच कहते हैं: "क्या मुँह लेकर दुनिया के सामने जाऊँगा?" और कुछ ही दिन बाद न्यूटन के क्रिया-प्रतिक्रिया सिद्धान्त के नरेन्द्र मोदी संस्करण पर स्वीकृति का ठप्पा लगा देते हैं। सो, कम-से-कम अपन को तो कोई आश्चर्य हुआ नहीं—न सुखद न दुखद! जब ऐसा लगने लगे कि महाराष्ट्र के गृहमंत्री को हिन्दू / मराठा अस्मिता की चिन्ता प्रधानमंत्री से कहीं ज्यादा है तो प्रधानमंत्री सुखद आश्चर्य उत्पन्न करने पर भला क्यों अटल रहें? गनीमत इतनी ही समझिए अभी तक उन्होंने माननीय गोपीनाथ मुंडे के सुझाव का समर्थन नहीं किया है।

मुंडेजी का सुझाव वैसे है जोरदार। क्यों न हो, वे हैं ही जोरदार आदमी। उनकी माँग है कि जवाहरलाल नेहरू की पुस्तक 'भारत की खोज' पर प्रतिबन्ध लगाया जाए। कारण यह कि

इस पुस्तक में शिवाजी के बारे में जो 'आपत्तिजनक' बातें कही गई हैं वे 'भावनाओं को आहत' करने वाली हैं। मुंडेजी को थोड़ा और आगे बढ़ना चाहिए। इसी बहाने उन्हें कुछ किताबें पढ़ लेनी चाहिए। खोजेंगे तो पाएँगे कि एक 'भारत की खोज' क्या, ऐसी अनेक पुस्तकें हो सकती हैं, जो उनकी कोमल भावनाओं को ठेस पहुँचाएँ। फिर उन्हें अपने जैसे और लोगों के बारे में भी सोचना चाहिए। जैसे उनकी भावना को पुस्तक विशेष ने ठेस पहुँचाई, वैसे और किताबें और लोगों को ठेस पहुँचा सकती हैं। सो क्यों न लक्षणों का उपचार करने की बजाय सीधे रोग की जड़ पर ही हमला किया जाए! भय, भूख, भ्रष्टाचार से मुक्त समाज तो राम जाने बनेगा या नहीं; पुस्तक-मुक्त समाज तो बनाया ही जा सकता है। लेकिन कुछ पुस्तकें तो अपने काम की भी होती हैं—उनसे समाज को भला क्योंकर मुक्त किया जाए।

इस उलझन का एक समाधान विचारार्थ प्रस्तुत है। ऐसा करें कि 'आहत भावनाओं और आक्रान्त अस्मिताओं' का एक राष्ट्रीय आयोग बनाएँ। निश्चिन्त रहें, ऐसे आयोग के गठन पर साम्प्रदायिक या हिन्दुत्ववादी होने का आरोप लगाने का कोई खतरा नहीं है। आहत भावनाओं को लेकर बवाल मचाने पर हिन्दुत्ववादियों का एकाधिकार थोड़े ही है। उल्टे, 'सेटेनिक वर्सेज' विवाद के जमाने में तो सलमान रश्दी हिन्दुत्ववादियों के हीरो ही हुआ करते थे। यह भी याद करें कि भंडारकर इंस्टीट्यूट पर 'सांस्कृतिक कार्रवाई' करने वाले मराठा महासंघ और सम्भाजी ब्रिगेड की 'प्रगतिशील' सामाजिक भूमिका की याद दिलानेवालों में घोर हिन्दुत्व विरोधी, परम प्रगतिशील बुद्धिजीवी भी तो हैं। उनका कहना है कि भंडारकर इंस्टीट्यूट में तोड़फोड़ तो खैर अतिरेक हो गया—लेकिन पुणे के ब्राह्मण बुद्धिजीवियों को भी तो अपनी औकात में रहना चाहिए। फिर, ऐसे आयोग में स्वाभाविक रूप से सभी सामाजिक, राजनीतिक, सांस्कृतिक अस्मिताओं के प्रतिनिधि तो होंगे ही। चलिए, लोकतंत्र का भी तकाजा पूरा हुआ और भिन्नता, बहुलता का भी।

कानून बना दिया जाए कि कोई भी पुस्तक तभी प्रकाशित हो सकती है जबकि उसे आहत भावनाओं और आक्रान्त अस्मिताओं का राष्ट्रीय आयोग पास कर दे। सभी प्रतिनिधि एक-दूसरे की भावनाओं का तो खयाल रख ही लेंगे—और इस प्रकार उन नामुराद पुस्तकों और विचारों से समाज को मुक्ति मिल जाएगी जिनके कारण इतने सारे कोमलचित्त लोगों को दुखी होना पड़ता है।

ऐसा आयोग एक और लिहाज से भी महत्त्वपूर्ण होगा। इस वक्त दुनिया-भर में बहुत से लोग सार्वभौम मूल्यों, लोकतांत्रिक संस्थाओं जैसे 'आउटडेटेड' विचारों के विरुद्ध संघर्ष कर रहे हैं। असल में, ऐसे 'उत्तर आधुनिक' दौर में तो ये बेकार की चीजें बस यों ही घिसट रही हैं। अभिव्यक्ति की स्वतंत्रता, विचार का अधिकार, हर मनुष्य के कुछ अनिवार्य अधिकार—ये सब तो यूरोपीय प्रबोधन के पैदा किए हुए वहम भर हैं। हर समाज की अपनी नैतिकता है; और वह अपना प्रतिमान आप है।

अपना देश सदियों से जगद्गुरु चला आ रहा है। अपना आयोग एक बार फिर इस पदवी की सार्थकता प्रमाणित करेगा। भिन्नता, बहुलता, अस्मिता जैसे मसलों के सामाजिक रूपों को कैसे साधा जाए—इस प्रश्न का उत्तर संसार-भर को सुझाने का गौरव एक बार फिर जगद्गुरु को ही मिलेगा। बुद्धिजीवियों, किताबों, विचारों की खुराफ़ातों का ऐसा बहुलता-संवेदी समाधान, उलझनों को सुलझाने का ऐसा गुर सिवा जगद्गुरु के भला और कौन दे सकता है? जो दुष्ट नहीं मानते, उन्हें भी अन्ततः आर्यावर्त्त को जगद्गुरु मानना ही पड़ जाएगा।

इसी के साथ उन बौद्धिकों, लेखकों, कलाकारों वगैरह का उचित उपचार भी हो जाएगा जो न जाने कैसी-कैसी हवाई बातें करते रहते हैं। ऐसी-ऐसी बातों के असर में जो अपनी परंपरा और पहचान से कट जाते हैं। अपने लोगों की भावनाओं को, अपने 'सामाजिक आत्म' को सीधे, सपाट ढंग से व्यक्त करने की बजाय इस खामखयाली में रहते हैं कि सामाजिक हो या वैयक्तिक—आत्म की सीमाएँ बनती-बिगड़ती रहती हैं। जो आत्म के साथ-साथ अन्य की भी बात करने की हिमाकत करते हैं। और तो और जो आत्म तक स्वयं को सीमित रखने की बजाय अन्य के फटे में टाँग भी अड़ाते हैं। अब इन जेम्स लेन को ही ले लीजिए—भई आप अमेरिकी हैं—अमेरिका के बारे में लिखिए—आपको क्या लेना-देना भारत राष्ट्र के महाराष्ट्र से! सीधी-सी बात है! न जेम्स लेन भावनाओं को ठेस पहुँचाते, न भंडारकर इंस्टीट्यूट के 'सांस्कृतिक आतंकवादी' (यह विश्लेषण सम्भाजी ब्रिगेड के स्वनामधन्य प्रवक्ता का दिया हुआ है) भावनाओं को ठेस पहुँचाने के कुकृत्य में सहयोग करते, न 'सामाजिक रूप से प्रगतिशील' मराठा महासंघ के वीर 'सीधी कार्रवाई' करने को विवश होते।

सीधी-सी बात है और सीधे-से ढंग से, सभी समझदारों को समझ भी आ गई है। तभी तो एक तरफ़ प्रधानमंत्री बौद्धिकों को चेतावनी दे रहे हैं, दूसरी ओर श्री शरद पवार, महाराष्ट्र के गृहमंत्री पाटिल साहब इस सीधी-सी बात को उसकी सीधी-सी परिणति तक पहुँचाने के लिए भी कटिबद्ध हैं। बाईस मार्च को उन्होने पत्रकारों को बताया कि पुणे के पुलिस कमिश्नर को आदेश दे दिए गए हैं कि भंडारकर इंस्टीट्यूट से जुड़े लोगों के खिलाफ़ उचित कार्रवाही करें। और उन लोगों का क्या जिन्होंने वहाँ तोड़-फोड़ की—वे तो नायक हैं। 'सांस्कृतिक आतंकवादियों' को ठीक कर देनेवाले नायक!

जाहिर है कि लोकतंत्र का मतलब है—लोगों की इच्छा पर चलनेवाला तंत्र। ये हजारों संस्थाएँ, मर्यादा, कानून, शक्ति-विभाजन, बौद्धिकों का सम्मान—क्या होता है यह सब! असली लोकतंत्र तो वही है, जिसे कुछ खलबुद्धि लोग भीड़तंत्र कहकर अपमानित करते हैं। सच तो यह है कि लोकतंत्र वहीं तक अच्छा जहाँ तक दुनिया में दिखावे के काम आए, अपनी सत्तापरक राजनीति को छिपाने के काम आए। ऊपर से, यह चुनाव का मौसम। आखिर, भावना का बवाल है, भैया! इसी बवाल के बूते तो सारा खेल चल रहा है—यह खेल चलता ही रहे—इस पुण्य कार्य में प्रस्तावित 'आहत भावना-आक्रान्त अस्मिता आयोग,' का योगदान दूरगामी होगा। कृपया विचार करें!

['निज ब्रह्म विचार' मार्च, 2004, राजकमल प्रकाशन]

# कविता

# अश्वमेध

तुम बहुत सरपट दौड़े हो
थोड़ा ठहर जाओ
न, तुम नहीं थके,
जानता हूँ
लेकिन तुम्हारी दौड़ ने बहुतों को कुचला है
ठहर जाओ।

तुम्हारी रगों में फड़कती बिजली
तुम पर नहीं
दूसरों पर गिरती है
कोई वल्गा नहीं तुम्हारे मुँह में
फिर भी तुम्हारी पीठ खाली नहीं
वहाँ सवार है पताका
जिसकी फहराती नोंक
तुम्हें नहीं दूसरों को चुभती है
ठहर जाओ।

तुम पूजित हो, अलंकृत हो
ऊर्जा तुममें छटपटाती है

सारी दूब को रौंद कर जब तुम लौटोगे
बिना थके भूमंडल को नाप लेने के
उन्माद से काँपते, सिर्फ़, सिर्फ़ उत्तेजना के कारण
हाँफ़ते
तब तुम्हें काट डालेंगे
वे ही लोग—जिनके लिए तुम दौड़े थे।

वे काट डालेंगे
तुम्हारा प्रचंड मस्तक।

तुम्हारा मेध
उनका यज्ञ है।

['हंस', 1986]

## चिट्ठी

मैं हरिद्वार आऊँगा, समीर
तुमसे मिलने, ख़ुद से मिलने
बहुत दिनों, महीनों, बरसों सोचा
चिट्ठी लिखूँ
लिखकर पूरी नहीं कर पाया,
जो लिखना था नहीं लिख पाया

गोरख पांडे कनकराज की राह गए, समीर
उनका फ़ैसला अखबार में छपा है
लेकिन बहती नदी ने तुमसे...
तुमसे ज़रूर वह भी कहा होगा
जो अखबार में नहीं छपा है।
उसे सुनने आऊँगा, समीर
भगीरथी को छूने।

तुम्हारी कविता में वह बौद्ध भिक्खु आया
उसने वह कुआँ दिखाया
जिसमें पानी था, मंत्र भी दिया—'एत्थ'
फिर डूब गया—गहरे मौन में
मैं ही नहीं समझ पाया
मैं ही नहीं चल पाया।
लेकिन एक दिन ऐसा आएगा, समीर
जब मैं आऊँगा हरिद्वार
चलकर आऊँ या उड़कर
बस में आऊँ या कलश में
आऊँगा ज़रूर
किसी दिन
हरिद्वार

[अप्रकाशित]

## स्मृति

नाचते मोर के पैरों की हरक़त
जिससे मनुष्य ने सीखा कत्थक
ताथेई...ताताथेई...ताथेई...ता...

घनी हरियाली में छुपती
सिर्फ़ बेचैन आत्मा को दिखती...कोयल की कूक

उस पल के नाज़ुक सन्तुलन में विफलता
सच को देख पाने, सह जाने और कह पाने में चूक

बाक़ी बस कलेजे के अनन्त सूराख में
बरबस उठती हूक।

[अप्रकाशित]

## उत्तररामचरित का एक श्लोक हिन्दी में

पड़ते हैं हृदय पर घन मार घन
टुकड़े टुकड़े तब भी हुआ नहीं मन
काया चाहे अकुलाए बार बार मोहवश
लेकिन मूर्च्छित नहीं है तब भी चेतन
एक आग-सी लगती है सारी देह में
फिर भी भस्म नहीं हुआ है ये तन
कितने ही प्रहारों से भेदे मर्म विधि
नहीं होता, नहीं होता, नहीं होता नष्ट ये जीवन।

[अप्रकाशित]

## विद्याधर

पुरानी किताब पलटते पलटते
पड़ी एकाएक निगाह
ओह!

यह तो पंख है
उसी सुनहरी तितली का
जिसके पीछे बरसों दौड़ा किया था
मैं।

एक पल पकड़ी ही गई
तितली
आह!
कैसी थरथराती छुअन
कैसे चितकबरे धब्बे सुनहरे पंख पर
जैसे धरती से फूटा इन्द्रधनुष।

किताब, कापी के पन्नों के बीच दबा
तितली का पंख विद्या देता है
बताया गया था मुझे।

पंख नुचा, तितली मरी
मैं बना विद्याधर।

[इंद्रप्रस्थ भारती]

## वसीयत

छूट गईं जो अधूरी, मुलाकातें तुम्हें देता हूँ
हों न सकी जो बातें, तुम्हें देता हूँ
जो कविताएँ लिख न पाया, तुम्हें देता हूँ
जो किताबें पढ़ न पाया, तुम्हें देता हूँ

मर कर भी न मरने की यह वासना
स्मृति की बैसाखियों पर जीने की यह लालसा
तुम्हारी कल्पनाओं, यादों के आकाश में
तारे ही तरह टिमटिमाने की यह कामना
यह भी तुम्हें देता हूँ

जहाँ से शुरू होती है आगे की यात्रा
वहाँ से साथ रहना है सिर्फ़ वह जो किया
अपना अनकिया सब का सब
पीछे छोड़
कभी वापस न आने का वादा
तुम्हें देता हूँ।

['नया ज्ञानोदय', जुलाई, 2015]

## समुद्र किनारे मीरा

तुम्हारी बाट देखते देखते
मैं स्वयं आ पहुँची तुम तक
मेरे समुद्र श्याम
अब तो अपनी बनाओ मुझे—निठुर

मत भरमाओ मुझे
मत छलो स्वयं को अब और
ये जो उठती लहरें जिनकी बेचैनी बढ़ती पल प्रतिपल
ये लहरें नहीं तुम्हारे गहन अन्तस में
छुपी उत्कंठाएँ हैं—लालसाएँ हैं ये—प्रिय मेरे,

यह जो विस्तार फैला वहाँ तक   दूर तलक
यह विस्तार तुम्हारे पुष्ट, साँवरे वक्षस्थल का है
समुद्रश्याम
अँकवार लो मुझे
यह जिसे सब अस्ताचलगामी सूर्य-सा देख रहे हैं
यह तो है स्यान्तक मणि
द्विगुणित कर रही अपनी शोभा
तुम्हारे वक्षस्थल के मादक वर्ण से

तुम्हारा वक्षस्थल जिसके वर्ण में
घुल मिल गया है मेरी पुतलियों की
आतुरता का वर्ण
जिसमें समा गई है मेरी आँखों की प्रतीक्षा

इतने लोभी हो तुम साँवरे,
तुमने मन ही नहीं, वर्ण भी हर लिया है
समर्पिता का

खड़ी हूँ तुम्हारे किनारे
यहाँ आ पहुँचने के बाद
उत्कंठा से—लज्जा से आरक्त
वैदूर्यमंडित, स्यान्तकसज्जित
तुम्हारे वक्ष के वाष्प से पूरित
आपादमस्तक प्रेमालोकस्नाता स्त्री मैं
खड़ी हूँ तुम्हारी पुकार की प्रतीक्षा में
तुम्हारे स्पर्श की बाट जोहती—साँवलिया!
पगतलों में अपनी लालसा लहरों से गुदगुदी करके
सताओ मत निर्दयी
पल पल खिसकती है पाँव तले से धरती
डर लगता है ना...नाथ जी!
पगतल को गुदगुदा कर लौटती हर लहर
रेत को ही नहीं थोड़ी थोड़ी कर मुझे भी ले जाती है
अपने साथ...
कितना मीठा है डर...कितना मादक धीरे-धीरे रीतना...
अब न लौटूँगी कान्हा...पूरी की पूरी रीते बिना

लौटने में चमकता अँधेरा है...स्वर्ग का...धर्म का...
डरती हूँ घिर न जाऊँ सदा के लिए चमकीले अँधेरे में
छोड़ आई सब कुछ पीछे
मेड़ता, मेवाड़, वृन्दावन...सारे रण
पीछे छूट गए हैं तुम्हारी सखी से...रणछोड़
सम्मुख है केवल नील ज्योति प्रसार
शुद्ध श्यामल पारावार
तुम्हारा अनन्त प्यार
विराट वक्ष—मेरे एक आधार
अब न लौटाओ मुझे
बढ़ाओ बाँहें समा लो मुझे...छुपा लो
छुपा-छुपी में अब तो खिला लो मीता
अपनी मीरा को
लो मुझे...मैं आई...समुद्रश्याम।

['प्रतिलिपि बेवजीन', सं. : गिरिराज किराडू, जून, 2008]

# सरयू की मिट्टी

माँ की कथा में
उसका बेटा
राम की अयोध्या का साधु था
शाप-भ्रष्ट तपस्वी
जिसे कपड़े नहीं सुहाते थे
जिसे बिस्तर पर नहीं
जूतों पर नींद आती थी
जिसकी तृप्ति व्यंजनों से
नहीं
मिट्टी से होती थी!
मिट्टी—गमलों, क्यारियों की
मिट्टी—दीवार पर पुते लेप की
चूने की
सड़क की गली की
ग़रज़ कि जगह जगह की
मिट्टी में खोजता था
न जाने क्या
माँ की कथा में उसका बेटा।

मिट्टी खाता था
हरेक से बहस करता था
कमर के नीचे के नंगेपन की
ढँकने की हर कोशिश
व्यर्थ करता था।
माँ की कथा में उसका बेटा।

जब पहुँचा वह अपने राम की नगरी
सब हुए चकित, हत्प्रभ
उसे पता था हरेक मोड़
हर गली उसकी अपनी थी
हर पदचाप उसने पहले सुनी थी
हर जगह से
वह पहले भी गुजरा था
हनुमानगढ़ी, कनक भवन,
सरयूतट

हर जगह उसका आना
दोबारा आना था।

माँ की कथा जिसने भी सुनी
दोबारा सुनी
जो भी उसमें आया
दोबारा आया।
अयोध्या में जहाँ भी गया माँ का बेटा
दोबारा गया!

फुर्ती से भागते शापभ्रष्ट साधु के पीछे
मन ही मन उसे दुलराती,
इतराती माँ
चली जा रही है दौड़ती-सी माँ
अपनी कथा में, अपनी कथा के बाहर भी
नज़र उतारती बेटे की
अपने आँचल की छाँव में
शापभ्रष्ट साधु को सँवारती।

आगे आगे बेटा-पीछे माँ,
साथ तीर्थ करने आए लोगों का समूह
(समूह के बिना होती कहाँ माँ की कथा)
माँ की आँखों में
आशंका के अँधेरे और आस्था की दिप-दिप
बेटे की पाँवों में उड़ चलने-सी फुर्ती
हाथों में, मुँह में जगह जगह की मिट्टी
मन में न जाने कैसी अतृप्ति
माँ की कथा में कुछ ऐसा घटने
की उत्सुकता
जो तय है पहले से
और किसी को नहीं पता
—क्या होगा—क्या होगा

सरयू की कीचड़ तक पहुँचा बेटा
कोई रोक सके इसके पहले ही
खा गया मुँह भर मिट्टी

एक बार-दो बार- तीन बार
और फिर...
तृप्त खिलखिलाहट...बच्चे की अपनी हँसी
बस! अब बस!
कभी नहीं खाऊँगा मिट्टी अब
तलाश यहाँ पूरी हुई—सरयू की कीचड़ में...
देख माँ देख...आखिर खा ली मैंने मिट्टी यहाँ की...
सब चुप थे...सिर्फ़ खिलखिलाहट बोलती थी
सब तरफ़ छाए मौन के बीच
बेटे की पाँवों तले पानी की आहट बोलती थी...
और ऐसे उतरती थी आस्था
माँ की आँखों में
जैसे बेबस कवि के मन में कविता

माँ की कथा समाप्त हुई यहाँ
शाप भ्रष्ट तपस्वी की खोज समाप्त हुई यहाँ
बन गया वह बेटा माँ का—पूरमपूर
सोने लगा बिस्तर पर
पहनने लगा पूरे कपड़े
खाने लगा वही जो सब खाते थे
उसे भी आने लगी घिन मिट्टी खाने से
ये सब बातें जो माँ की आस्था थीं
लेती रहीं धीरे-धीरे रूप
लुभावनी स्मृति का—माँ की कथा का।

रोमांचित होता रहा बढ़ता बालक
अद्‌भुत कथा का बना वह नायक
मिट्टी खाने की गन्दी आदत पीछे छूट गई
देह के रोम रोम में बस गई मिट्टी
की अद्‌भुत-अपूर्व कथा।

और फिर जैसा कि होना ही था
एक सर्द दोपहर
माँ स्वयं हो गई मिट्टी!
बन गई खुद एक कथा!
परदेस से आया बेटा
बस कुछ घंटे पहले

अब आगे आगे लपकने वाला
किलकने वाला बच्चा नहीं था वह
शापभ्रष्ट साधु अब केवल माँ की
बुझ गईं आँखों में था
बेटा अब मिट्टी खाने नहीं
मिट्टी पहुँचाने आया था।

फूँक फूँक कदम रखता
उधेड़-बुन मन ही मन करता
गया वह श्मशान तक
जैसे सब जाते हैं
बहाए कुछ आँसू उसने
जैसे सब बहाते हैं
तेरह दिन तक सुना उसने
गरुड़ पाठ
जैसे सब सुनते हैं
सोचा अब समाप्त हुई माँ—
समाप्त हुई
उसकी कथा

फिर भी कहीं किसी अदृश्य खूँटी पर
टँगी रह गई थी माँ की कथा
जैसे उन अन्तिम दिनों की वह
सच्ची साथी माँ की—उसकी पुरानी घड़ी
कहीं से बार-बार झाँकती थी
किसी छुपी खिड़की से—माँ की कथा

परखने उसकी सत्यता
बेटा एक दिन फिर जा पहुँचा
हनुमानगढ़ी, कनक भवन, सरयूतट
और जनम भूमि
जहाँ बरसों पहले के वे तीर्थयात्री
नहीं गए थे
वे ही तीर्थयात्री जो
शाप भ्रष्ट साधु की कथा सुनकर
कभी माँ पर हँसते थे
कभी मन में रोते थे

जो खुद चाहें न चाहें
माँ की कथा में तो होते थे

सीढ़ियाँ चढ़ता हनुमानगढ़ी की
बेटा घबराया बन्दरों से
अटपटी सीढ़ियों ने दर्दीले कर दिए
उसके घुटने
विशाल परकोटे के विस्तार में छुपे
देवस्थान की लघुता से
चकरा गया माथा उसका
जब उतरा वह हनुमानगढ़ी से
तो नहीं जानता था
बिलकुल नहीं जानता था
मार्ग कनक भवन का

पहुँचा जब सरयूतट पर
वहाँ पक्के घाट थे
उतर चुकी साँझ का अँधेरा था
पुल पर ट्रकों की आवाजाही थी
बहते बहते थक कर ठहर गए
पानी के टुकड़े थे
कैसी कैसी आवाजें थीं
फिर भी जैसे सन्नाटा था
कहीं नहीं थी माँ की आवाज़
उसकी कथा का स्वर कहाँ था?
कहीं नहीं थी रोमांचक स्मृति
पूर्वजन्म की
कहीं नहीं था आशंकित अस्तित्व
पूर्वजन्म का
भीतर बाहर सब ओर
सबद निरन्तर भी कहाँ था
बस...
एक विराट् रिक्तता थी
सब कुछ जल्दी से निबटा देने की
हड़बड़ी थी
कहीं बैठने का धीरज कहाँ था
वापस ले जाने को कार खड़ी थी।

सरयू की जो मिट्टी फिर से चखने
आया था
वह सिर्फ़ माँ की कथा में थी
वे रास्ते, वे मोड़ जिन पर चला था
पूर्वजन्म में
सिर्फ़ माँ की कथा में थे

वह साधु जो शापभ्रष्ट हो उसकी
कोख में आ बैठा था
वह सिर्फ़ और सिर्फ़ माँ की कथा में था।

सरयू तट की इस ठहरी संध्या में तो
केवल भारी अँधेरा था
रुका हुआ जल था
ठिठक गई हवा थी
कथा से बाहर आ जाने की
अनजान व्यथा थी।

व्यथा के साथ, हाँ उसके साथ ही
सन्तोष था, तर्क था, दर्प था
कपोल कल्पना को पहचान लेने का
पूर्वजन्म के भार से आखिरकार
पिंड छुड़ा पाने का सुकून था

फिर भी वापस लौटते
कार की सीट पर गर्दन टिकाए
सिगरेट धौंकते
बेटे की छाती में दर्द था...

सरयू की मिट्टी छू तक न पाने का दर्द
कनक भवन का रास्ता भूल जाने का दर्द
केवल चालीस बरस पहले आरम्भ हो पाने का दर्द
शापभ्रष्ट साधु को कोख से आँख तक
रखने वाली माँ की भोली कथा से
सदा के लिए बाहर फिंक जाने का दर्द।

['दस बरस' (दूसरी जिल्द), दिसम्बर, 2002, सहमत, सम्पादक : असद जैदी]

## नालंदा

मेरी किताबों की अलमारियों में से एक में रखी है
यह डिबिया
धातु की इस छोटी सी डिबिया में
हैं कुछ कण उस मिट्टी के
जिसमें रची-बसी हैं अस्थियाँ
उनकी जो लौट कर नहीं गए
जो लौटते तो भी वहीं आते जहाँ से लौट रहे थे

वे आए थे सात समंदर पार से
उन्हें जाना था सात समंदर पार
वे आए थे बार-बार
उन्हें जाना था बस एक बार
वे नहीं गए वापस
वापस जाते भी तो वहीं आते जहाँ से वापस जा रहे थे

वे खोजने आए थे वे जानने आए थे
वे महाद्वार पर आसीन महागुरु को सन्तुष्ट कर ही
प्रवेश कर पाए थे
जीवन-भर खोजते रहे वे
जानने का दावा करना कभी सूझा नहीं उन्हें

वे कक्ष से निकलते थे कक्षा में जाने के लिए
कक्षा से निकलते थे
पुन: कभी कक्ष में न आने के लिए
लेकिन आते थे
और पछताते थे
बारम्बार आते थे बारम्बार पछताते थे
एक पल आया जब वे
न कक्ष में आए न कक्षा में और न पछतावे में
वे गए उस सन्नाटे में
जिसे हम सब शास्ता की करुणा समझते हैं
वे गए उस स्मृति में, स्मृति-विहीनता में
जिसे डिबिया में रखी
मिट्टी के कण धारण करते हैं

ये कण बस बतियाते रहते हैं किताबों से
लगता है सब ठीक-ठाक है
एकाएक हूक-सी उठती है मिट्टी से
नालन्दा...नालन्दा...नालन्दा...

['नया ज्ञानोदय', जुलाई, 2015]

❑❑❑